作者简介

谢贵安 1962年生，湖北襄阳人。武汉大学历史学院暨中国传统文化研究中心教授、博士生导师。主要研究方向为明清文化史和中国史学史。出版《旅游文化学》（高等教育出版社1999年）、《旅游风俗》（湖北教育出版社2001年）等著作，在《旅游学刊》等专业刊物发表旅游文化论文多篇。

谢　盛 1987年生，湖北武汉人。广西师范大学历史文化与旅游学院硕士研究生。在《紫禁城》发表《明太祖的宫廷娱乐生活》、《明宪宗与明孝宗的宫廷娱乐》、《明武宗肆无忌惮的娱乐生活》等文；在《新东方》发表《从〈清实录〉看海南的航海与海盗问题》等论文。

中国专门史文库

中国旅游史

谢贵安 谢盛 著

武汉大学出版社
WUHAN UNIVERSITY PRESS

图书在版编目(CIP)数据

中国旅游史/谢贵安,谢盛著 .—武汉：武汉大学出版社,2012.2
(2014.8 重印)
中国专门史文库
ISBN 978-7-307-09310-2

Ⅰ.中…　Ⅱ.①谢…　②谢…　Ⅲ.旅游—历史—中国　Ⅳ.F592.9

中国版本图书馆 CIP 数据核字(2011)第 225747 号

责任编辑：李　琼　　责任校对：刘　欣　　版式设计：马　佳

出版发行：**武汉大学出版社**　(430072　武昌　珞珈山)
(电子邮箱：cbs22@whu.edu.cn　网址：www.wdp.whu.edu.cn)
印刷：武汉中远印务有限公司
开本：720×1000　1/16　印张：33.75　字数：485 千字　插页：3
版次：2012 年 2 月第 1 版　　2014 年 8 月第 2 次印刷
ISBN 978-7-307-09310-2/F・1605　　定价：85.00 元

总　序

冯天瑜

人类历史是一个有机整体的发展历程，社会、经济、政治、文化等要素彼此交融、相互渗透在这个整体之中，起伏跌宕、波澜壮阔地向前推进。因此，历史研究不能满足于现象的“个体描述”，而应当关注“总体历史”，关注社会综合结构（社会形态）的演化，从而发现历史大势及其规律，诚如太史公所称，他治史绝非满足于枝节性的记载，其宏远目标是“究天人之际，通古今之变”。

然而，“总体”由“专门”综合而成，“一般”植根于“个别”之中，对于“总体历史”的认识、对于社会结构的真切把握，必须建立在历史现象分门别类的深入辨析的基础之上。太史公通过“本纪”探究自五帝、夏、商、周、秦，直至汉武帝的纵向专史进程；通过“世家”开辟横向的列国专史；又以八“书”，并述礼、乐、律、历、天官、封禅、河渠、平准，开文化、科技、财经等专门史之先河；“大宛列传”、“货殖列传”实为民族史、中外交通史、商业史之雏形……正是有了诸多专门史具体而微的考实，太史公方能造就整体史学大业，“成一家之言”。《汉书》以下的正史又将《史记》的“书”扩设为“志”(律历志、礼乐志、刑法志、食货志、天文志、地理志、艺文志，等等)，形成较为翔实、细密的专史篇章。

中国史学有着深厚的专门史传统，不仅表现在《史记》、《汉书》等正史为其保留较充分的展开空间，而且自成格局的专志也纷至沓来，如后魏郦道元《水经注》是专论山川地理的志书发轫，两宋以下，各种专史（如金石志、画谱、学案、盐政、畴人传，等等）相继从通史中独立出来，斐然成章，构筑一个大的学术门类。中国的专史之早成、之丰硕，置之古代世界史坛，亦足称先进。

时至近现代，随着学术分科向广度与深度拓展，专门史更成为历史研究蓬勃兴盛的领域。上世纪前半叶，商务印书馆出版王云五主编的《中国文化史丛书》，在“大文化”名目下，囊括了各类专门史论著，从《文学史》、《美术史》到《财政史》、《赋税史》、《中外交通史》，以至《赌博史》、《娼妓史》，尽纳其中，反映了古今中西文化激荡之际的民国学界专史研究的实绩。上世纪80年代，上海人民出版社推出新的《中国文化史丛书》，收入“文化热”时期的数十种论著（包括《小学史》、《甲骨史》、《杂技史》、《园林史》、《染织史》等以往少见的分科史著），是我国专门史成果的又一次结集。

近年来，专门史研究有新的发展，在高等教育的一级学科历史学之下，设置专门史二级学科，多所大学及科研院所设立经济史、文化史、社会史等专门史研究机构，探究领域有所拓殖，新史料的开掘、新方法的运用皆有创获，人才成长、论著涌现，蔚然大观。武汉大学出版社推出的《中国专门史文库》便在此种新气象之下应运而生。

本文库以几种早年蜚声学坛的专史作为引领篇什，更多地选入近十年来的专史佳品，其中又分两类，一为曾经出版，现经作者认真修订补充，二为新作。本文库拟分数辑，分批推出，期以共襄专门史研习之大业。

2011年10月19日　书于武昌珞珈山

目　　录

绪论：

中国旅游史的概念界定与学术源流

旅游是人类的天性，几千年来，人类总是在出与处之间寻找平衡。非定居无以为家，非出游则无以开拓胸襟。中国自有历史以来，祖先们的出行和旅游活动从未停止，随着这一活动的渐次展开和向前发展，旅游文化日益丰富，旅游审美愈益提高，成为中华文明的重要精神财富。为了总结这一文明成果，需要展开对中国旅游史的研究。探讨数千年来的中国旅游史，则必须要对“中国旅游史”的概念进行界定，而对中国旅游史概念下定义，又必须从“旅游”概念的起源、演变和民族特色说起。

一、“旅游”的概念

1. “旅游”概念的起源

“旅游”一词起源很早，在南朝梁代沈约（441—513 年）的《悲哉行》中便已出现，其诗曰：

旅游媚年春，年春媚游人。徐光旦垂彩，和露晓凝津。时嘤起稚叶，蕙气动初华。一朝阻旧国，万里隔良辰。

从这时算起，“旅游”词汇的产生距今已有1500余年了。

此后，“旅游”一词不断见诸典籍。唐初王勃在《涧底寒松》中载：“岁八月壬子，旅游于蜀，寻茅溪之涧。”唐代诗人高适在其《别韦五》诗中，也使用了“旅游”一词：“徒然酌杯酒，不觉散人愁。相识仍远别，欲归翻旅游。夏云满郊甸，明月照河洲。莫恨征途远，东看漳水流。”① “欲归翻旅游”，是说韦五本来要回家的，却反倒出去旅游了。古代的旅含义与今天基本相同，古代的游虽然含义较广，但游览观光始终是游的基本内容之一。尤其是唐代的文人，可以说是无行不游，无游不览。如李白的“一生专好名山游”，陆龟蒙的“陵阳佳地昔年游”，罗隐的“一年两度锦城游”等，其“游”字均是游览之义。由此可见，高诗中的“旅游”与今义基本相同，都不外乎指旅行游览活动。宋无名氏《异闻总录》卷1曰：“临川画工黄生，旅游如广昌，至秩巴寨，卒长郎岩馆之。”明吴承恩《杂著》：“东园公初晋七衰，言开曼龄，是日高晏……会有京华旅游淮海浪士，闻之欢喜。”从上可见，中国历代文献中都有“旅游”这一词汇。

不过，中国人对于旅游行为的界定和概括，最早还不是“旅游”这一双音节词，而是“旅”、“游”、“行”等一系列单音节字，用这些字来概括旅游，最早可追溯到上古时期。

“旅”字早在周代金文里就有了。“旅”有旅客、客居和旅途之义。《周易·复卦》载：“先王以至日闭关，商旅不行。”是指旅客。《左传·庄公二十二年》载：“羁旅之臣，幸复免负檐。”是指客居。《尔雅·释宫》谓：“旅，途也。”是指旅途。

“游（遊）”字产生更早，在商代甲骨文中已经出现。“游（遊）”有遨游和游览之意。《诗·大雅·卷阿》云：“岂弟君子，来游来歌，以矢其音。”又《诗·唐风·有杕之杜》曰：“彼君子

---

① 高棅选编：《唐诗品汇》第61卷，上海古籍出版社1982年版，第545页。

兮，噬肯来游。”郑玄给它的注是：“游，观也。”以上均是游观和游览之意。游（遊）还有嬉戏和玩乐之意，如《论语·述而》“志于道，据于德，依于仁，游于艺”中的“游”就是此意。

“行”字早在商代甲骨文中也已出现，是道路之意，由道路引申为在路上走。《诗·唐风·有杕之杜》曰：“独行踽踽，岂无他人？”《墨子·公输》：“行十日十夜，而至于郢。”都是行走之意。外出走出，不可能不光顾四周的风景和奇异风俗，所引发的审美愉悦和求知冲动自不能免。

由上可知，“旅游”这一概念虽然源于南朝梁代，但概括旅游的词汇可以上溯到商代甚至更早。事实上，只要有了人类，便有了旅游行为，有了旅游行为，便随之出现了指称这些活动的观念，文字发明后，便产生了“旅”、“游”、“行”等单音节字以及“旅游”、“游览”、“观光”、“踏青”等双音节词和概念。可以说，中国人的旅游活动不仅发生很早，而且对这一活动的记载也很早，对其指称、概括和界定也十分久远。

2. “旅游”概念的古今差异

本书既然是关于中国旅游史的著作，因此便十分关注历史上的旅游概念与今天有什么不同，与西方相比有什么差异。以笔者观察，与今天相比，古代的旅游概念有以下特征：

第一，古代的旅游重视劳作性出行，排斥休闲性出游。

中国是个农本社会，人们重视劳作的价值，排斥游戏和享乐。正如韩愈在《进学解》中所说“业精于勤而荒于嬉”。在此背景下，休闲性旅游遭到摒弃，甚至皇帝的旅游活动也受到抵制。《清史稿·吴熊光传》载，嘉庆皇帝“东巡返”时，吴熊光等人在夷齐庙前迎驾。只听皇上大发感叹道：“道路风景甚佳！”吴熊光却说：“皇上此行，欲稽祖宗创业艰难之迹，为万世子孙法，风景何足言耶？”嘉庆讨好吴熊光道：“汝苏州人，朕少扈跸过之，其风景诚无匹。”但吴熊光故意扫他的兴：“皇上所见，乃剪采为花。苏州惟虎丘称名胜，实一坟堆之大者！城中河道逼仄，粪船拥挤，何足言风景？”嘉庆不悦，反驳道：“如汝言，皇考（指乾隆）何为六度至彼?”吴熊光叩头辩道：“臣从前侍皇上谒太上皇帝，蒙谕‘朕临御六十年，并无失德。惟六次南巡，劳民伤财，作无益害有益。将来皇帝如南巡，而汝不阻止，必无以对朕’。仁圣之所悔，言犹在耳。”同僚听后，“皆震悚，壮其敢言”。看来，古代意识形态的主流儒家思想对游山玩水且劳民伤财般的旅游充满敌意。

中国传统的“旅游”概念，以及由“旅”和“游”所组成的各种相关概念，还具有浓厚的华夏民族特色和人文特征，含有伦理关系的深刻意蕴，反映了中国传统社会重等级、崇道德的伦理特征。

第二，中国古代旅游概念具有重等级的特征。

重等级表现为旅游概念多与旅游者的社会等级相联系。中国古代旅游的概念五花八门，有“观光”、“踏青”、“游览”等，但最能反映中国旅游特色的名词是“游”。以“游”为词根组合而成的词汇反映了中国人重视社会等级和伦理秩序的社会心理。中国古代社会“君君臣臣”的等级观念，使旅游名称也带有了明显的等级特征和阶层特色，不同的社会等级使用不同的旅游概念，如君主之“游幸”、文官之“宦游”、文人之“游学”、商人之“游贾”、侠士之“游侠”、僧道之“云游”等。

中国传统社会的最高阶层是君主及其后妃，他们的旅游概念有其专有名词，那就是“游幸”和“巡游”。《北史·崔光传》载，崔光谏灵太后时，要求她“辅神养和，简息游幸”。后蜀何光远在《鉴戒录》中称：“隋炀荒淫，徭役不常，征敛无度，竭生民之财产，为巡幸之资粮。”又称唐代皇帝“淡薄声色，杜绝巡游”。①何氏又载，前蜀太祖的两位徐姓太后和太妃，“姊妹以巡游圣境为名，恣风月烟花之性，驾辎軿于绿野，拥金翠于青山，倍役生灵，颇销经费，凡经过之所、宴寝之宫，悉有篇章刊于玉石。自秦、汉

① 何光远：《鉴戒录》卷2，载《唐五代宋笔记十五种》，辽宁教育出版社2000年版，第10页。

以来，妃后省巡，未有富贵如兹之盛者也”①。《辽史》中也有《游幸表》，专载帝王的巡幸旅游活动。

君主下面的阶层是文官士大夫，他们也有自己的特定词汇“游宦”和“宦游”，意思是做官前为入仕奔波各地，做官后异地为官，迁转不定，概括了文人士大夫宦海浮沉的人生经历，以及游宦过程中游山玩水的活动。《文选·（陆机）赴洛诗》“羁旅远游宦，托身承华侧”、《世说新语·栖逸》“孟万年及弟少孤，居武昌阳新县。万年游宦，有盛名”、宋陆游《剑南诗稿》卷75《闲中戏赋村落景物》“游宦才能薄，还山日月长”、元欧阳玄《渔家傲》“八月都城新过雁，西风偏解惊游宦”都用了“游宦”一词。“游宦”有时也写作“宦游”，《汉书·司马相如传》“长卿久宦游，不遂而困”、唐杜审言《和晋陵陆丞早春游望》“独有宦游人，偏惊物候新”、王勃《杜少府之任蜀川》“与君离别意，同是宦游人”都用的是“宦游”一词。

文官下面的社会阶层是未入仕的文人，他们的特定旅游概念是“游学”，其含义是四处讲学和外出求学，概括了他们游、学合一的活动和经历。《韩非子·五蠹》云：“国平养儒侠，难至用介士，所利非所用，所用非所利。是故服事者简其业，而游学者日众。”《史记·秦始皇本纪》载：“异时诸侯并争，厚招游学。”以上游学就是四处讲学，这个意思后来称为“游讲”。《北史·熊安生传》曰：“安生在山东时，岁岁游讲，从之者倾郡县。”游学也指书生学子外出求学。《史记·陈丞相世家》云：“有田三十亩，独与兄伯居。伯常耕田，纵平使游学。”《后汉书·郑玄传》称：“吾家旧贫，为父母群弟所容，去厮役之吏，游学周秦之都。”又《北史·樊深传》：“游学于汾晋间，习天文及历算之术。”文人学子的游学活动，是士大夫游宦的先声，游学成功则进而游宦，故游学与游宦一样，是能文善诗的文人们的旅游活动。但由于游学者尚未入仕，故在词汇上只能用“游学”来表示其身份。

---

① 何光远：《鉴戒录》卷5，载《唐五代宋笔记十五种》，辽宁教育出版社2000年版，第26~29页。

文人下面的社会阶层是商人，其特有的旅游概念是“游贾”。《管子·揆度》载：“守四方之高下，国无游贾，贵贱相当，此谓国衡。”《出三藏记集》卷13《安玄传第三》载：“安玄，安息国人也……汉灵帝末，游贾洛阳。”沈士弘辑《闽海赠言》卷五载王廷稷的《别沈宁海将军镇浙闽》道：“未能浮海乘槎行，已信将军细柳营。沙瘠桑麻俱落种，风寒狐鼠亦潜形。波涛不动娱游贾，烟雨余闲问偶耕。方藉使君常作镇，宁知浙水促飞旌。”

如果说商人还是入世的社会阶层的话，那么游侠则是半入世半出世的社会阶层，他们以侠犯禁、四处游荡、行侠仗义的活动，则有“游侠”一词作为专称。司马迁称赞他们说：“今游侠，其行虽不轨于正义，然其言必信，其行必果，已诺必诚，不爱其躯，赴士之厄困。”①《史记·汲郑列传》说汲黯“好学游侠，任气节”。游侠后来成为传奇小说和武侠小说反映的对象，前者如唐《虬髯客传》中的虬髯客，后者如清《野叟曝言》中的文素臣。游侠们为行侠仗义而游历天下，成为古代旅游活动之一。

降至僧道，则完全成为出世的社会阶层，他们别有专门概念“游方”，以指称其修行问道、周游四方的旅游活动。南朝梁慧皎《高僧传》卷7《释慧观》有云：“十岁便以博见驰名，弱年出家，游方受业。”唐僧人贾岛《送灵应上人》诗道：“遍参尊宿游方久，名岳奇峰问此公。”《水浒传》第四回记：“智深道：‘俺行脚僧人，游方到此经过，要买碗酒吃。’”俗话说“天下名山僧占多”，僧人寺庙多建于名山之上，而寺庙本身又是重要的旅游景观，游方僧人来往于古刹名寺，实际上就在游赏古迹名胜。僧人无公事之烦扰，所以他们与自然风景更易在精神上融为一体。僧人的“游方”有时也称作“云游”，意谓像行云一样行踪飘忽，到处漫游。唐李益《李尚书诗集·入华山访隐者经仙人石坛》云：“夙驾升天行，云游恣霞宿。”《三国演义》第七十回讲：“山上有一老僧，法名普静，原是汜水关镇国寺中长老，后因云游天下，来到此处。”云游僧人像闲云野鹤，游遍了天下名山大川。以上事实说明，旅游概念

---

① 《史记·游侠列传》。

中深蕴着传统社会重等级的特点。

第三，中国传统旅游具有崇道德的特征。

崇道德表现为旅游概念与道德评价相结合。以“游”为词根组成的名词又反映了中国社会崇道德的特点。由于传统的农业社会排斥旅游，因此旅游概念有中性的词汇，但很少有褒义的名称。正如明代田汝成在《西湖游览志·叙》中指出：“客有病予此书多述游冶之事，歌舞之谈，导欲宣奢，非以长化也。”① 中国古代一般把旅游分为中性概念和贬义概念两种，前者不违背道德，如“游览”、“观光”、“游玩”、“游历”、“游履”等，后者则为道德所不容，如“游燕”、“盘游”、“淫游”、“游冶”、“游荡”、“逸游”、“浪游”等。这是针对游乐过度，醉心旅游而放纵自己，超越了中庸的界限，而产生的贬义旅游概念。

“游燕”是游玩宴乐有点过分的意思，所以古人常在劝谏时使用它。《史记·主父偃传》中徐乐上书言时务道：“弘游燕之囿，淫纵恣之观，极驰骋之乐。”游燕有时也写作“游谯”，《文选·七发》云：“往来游谯，纵恣乎曲房隐闲之中，此甘餐毒药，戏猛兽之牙也。”

“盘游”，是游乐而流连忘返的意思。《尚书·五子之歌》道：“(太康）乃盘游无度。畋于有洛之表，十旬弗反。”后蜀何光远在《鉴戒录》中载：唐朝末年，昭宗流离失所，播迁岐地，何皇后居然还“恃其深宠，不顾阽危，酷好畋游，放弄于两舍之外，践踏苗稼，百里飞埃”。有位隐士叫同谷子，直诣昭宗行在劝谏，并赋《咏五子之歌》诗曰：“邦惟固本自安宁，临下常须驭朽惊。何事十旬游不返，祸胎从此构殷兵。”又赋诗曰：“唯彼陶唐有冀方，少年都不解思量。如今算得当时事，首为盘游乱纪纲。”② “盘游”也写作“游盘”。《文选·补亡诗》曰：“彼居之子，罔或游盘。”

“淫游”指沉湎于超出伦理规范的旅游。《离骚》云：“羿淫游

① 田汝成：《西湖游览志·叙》，上海古籍出版社 1980 年版。

② 何光远：《鉴戒录》卷 2，载《唐五代宋笔记十五种》，辽宁教育出版社 2000 年版，第 7 页。

以佚田，又好射夫封狼。”

“游冶”原指野游，或男女同游，如唐李白《李太白诗》卷4《采莲曲》写道：“岸上谁家游冶郎，三三五五映垂杨。”后多指追求声色、寻欢作乐的旅游活动。《唐宋诸贤绝妙词选》卷2载欧阳修《蝶恋花·春晓》道：“玉勒雕鞍游冶处，楼高不见章台路。”

“游荡”是游乐放荡的意思。《后汉书·王丹传》载：“其轻黠游荡废业为患者，辄晓其父兄，使黜之。”又《三国志·魏武帝纪》裴松之注引《曹瞒传》云：“太祖少好飞鹰走狗，游荡无度。”宋袁采在《袁氏世范》卷1《睦亲·分给财产务均平》中指出：在分配家产时，“若父祖出于公心，初无偏曲，子孙各能戮力，不事游荡，则均给之后，既无争讼，必致兴隆”。

“逸游”，指不拘常理超越礼度的旅游。《尚书·大禹谟》引益的话说：“吁戒哉！儆戒无虞，罔失法度，罔游于逸，罔淫于乐。”《汉书·五行志》有“去贵近逸游不正之臣”之语。明《醒世恒言》卷24的篇名就叫“隋炀帝逸游召谴”。《李师师外传》载，宋徽宗扮成商人赵某，面见汴京名妓李师师，但师师不理睬他，后老鸨听说来者是皇帝后，深恐，但李师师却镇定地说：“无恐……若夫天威震怒，横被诛戮，事起佚游，上所深讳，必不至此。可无虑也。”① 叶适在《醉乐亭记》中发议论道：“古之善政者，能防民之佚游，使从其教。”

还有更具有贬义的旅游词汇——“狎邪游”。《李师师外传》指出：“徽宗帝即位……童贯、朱勔辈复导以声色狗马宫室苑囿之乐。凡海内奇花异石，搜采殆遍。筑离宫于汴城之北，名曰艮岳。帝般乐其中，久而厌之，更思微行，为狎邪游。”这些史料说明，传统旅游概念具有道德评判的意味。

第四，传统旅游概念反映了中国旅游者对宗法伦理关系的执著追求。

中国人在宗法关系下同族聚居所形成的人伦亲情和乡土观念，

---

① 《李师师外传》，载《唐宋传奇集》，上海古籍出版社1998年版，第382页。

使中国的旅游者始终把家园当作旅游的终点和自己的人生归宿，反映了中国人对自身命运的终极关怀。如果说西方人最终的归宿是天堂的话，那么中国人最终的归宿是自己的故乡，“树高千丈，叶落归根”，成为中国游子的最终选择。这种观念深刻体现在中国古代“旅游”概念所具有的两种含义之中。

古代“旅游”的第一层含义与中国现代旅游概念相近，即非定居性的外出旅行。然而，“旅游”一词自产生之日起就包含着与今不同的悲切基调，沈约的诗名就叫《悲哉行》，其诗最后两句发出了由旅游而自然引起的悲叹：“一朝阻旧国，万里隔良辰。”中国传统旅游概念中蕴含的这种悲苦惨淡的基调，乃是相对于居家的温馨和血亲的聚集而产生的。由于旅游使亲人聚居的温暖局面遭到破坏，因此，把旅游视为悲苦之事，就不只是如西方人那样，仅仅是出于对旅途艰辛的客观恐惧，而是因离开“首属群体”迫于无奈的选择而引起心灵深处的折磨。

“旅游”概念的第二层含义是旅居他乡，甚至还包括长期寄居他乡的意思。唐贾岛《上谷旅夜》称：“世难那堪恨旅游，龙钟更是对穷秋。故园千里数行泪，邻杵一声终夜愁。”唐尚颜《江上秋思》道：“到来江上久，谁念旅游心，故国无秋信，邻家有夜砧。”明文徵明在《榨上闻雨有怀宜兴杭道卿》中也谓：“应有旅游人不寐，凄凉莫到小楼前。”清陆以湉《冷庐杂识·孔宥函司马》：“廿载邗江路，行吟动值秋……旅游复何事，飘泊问沙鸥。”① 将旅居外地视为“旅游”，乃是中国传统社会独特的乡土观念的产物。现代旅游概念认为，暂时性和非定居性的外出旅行才叫旅游，而中国古代则将长期离乡定居的行为也称为“旅游”，这里面包含了深刻的人文关怀。因为中国人认为，尽管他们离乡远居，但他们的根在故乡，不管身在何处，最终都是要回归故土的。总之，中国人在精神上一直是把包括迁居在内的所有的离乡活动，都视为“暂时性”的旅游。

---

① 以上见罗竹风主编：《汉语大词典》第6册，汉语大词典出版社1990年版，第1589页。

与“旅游”概念相应，中国古代旅游者的概念——“游子”也有暂时外出与远徙他乡的两层含义。“游子”尽管远离定居地，成为社会组织的“游离分子”，但在精神上仍然处在伦理秩序和宗法关系的观念网络之中，为血缘亲情和乡思乡愁所牵引。对于古代人而言，旅游与其说是他们旅行游览的游戏娱乐活动，不如说是被迫离开家园前往陌生之地劳作的人生漂泊。这种“在外苦淹留”的“羁旅”之感，对大河大陆性地理环境培育出来的、以小农经济为基础的中国旅游者来说，更加强烈而深切。这使反映中国古代旅游的其他概念也都蒙上了悲伤忧愁和凄凉之色，如“羁旅”、“旅愁”、“天涯孤旅”等。正是旅游者对离乡远游的悲叹和“回顾望旧乡”的旅游追求，给中国传统旅游打上了鲜明的人文关怀的烙印。即使中国人早已定居国外，事业有成，但他们仍然视自己为“海外游子”，自称“旅美华人”、“旅法华人”等，始终有着强烈的寻根追祖、兔死首丘的愿望，反映出对自己安身立命和人生归宿的终极关怀。

中国人把整个人生历程视为旅游的行程，把故乡既作为人生拼搏的支点，也作为人生旅程的归宿，即使游子不能在有生之年回归故里，但是故乡也是他们魂牵梦绕的精神归宿。这种对游子归宿的终极关怀，正是中国传统旅游最基本的人文精神。

第五，古代旅游概念具有农本意蕴。

上述道德评价性旅游概念，是以农本的立场审视的，实际上也反映了中国社会“农本”的特征。为了突出重农抑商和重本抑末，保证将农民附着在土地上，农本社会对离开土地和家乡的“游”的行为，一般是持排斥态度的。苏秦“出游数岁，大困而归”，其兄弟嫂妹妻妾皆笑之，说：“周人之俗，治产业，力工商，逐什二以为务。今子释本而事口舌，困，不亦宜乎!”① 对“游”的鄙视一目了然。汉高祖刘邦的父亲也曾对刘邦年轻时“不能治产业”的“亡赖”游荡行为十分不满②。随着重农抑商政策的日益推广，

---

① 《史记·苏秦列传》。

② 《汉书·高帝纪下》

社会竭力把农民附着于土地上，故反对“离乡轻家”的旅游行为，把随意旅游视为不正经的活动，称不务农的流浪者和旅行者为“游民”①、“游手好闲之徒”，称其行为是“游手”②、“浮游”③和“游惰”，乾隆《峄县志·地理》中贾名葵对“民弃本业，好游惰”作了针砭；另一方面，甚至把旅行和旅游的商人也视为眼中钉，称为“商工游食之民”④、“末技游食之民”⑤。《荀子·成相》载：“臣下职，莫游食。”杨倞注曰：“游食，谓不勤于事，素飡游手也。”《新唐书·窦轨传》称：“周洛间，因隋乱，人不土著，轨下令诸县，有游手末作者按之，由是威信大行，民皆趋本。”这里的“游”都是贬义极强的概念。

与古代旅游概念不同，现代旅游概念则抹去了伦理色彩和悲情基调，具有游玩和快乐之义，形成了一种“大众旅游”，人们通过旅行社积极主动地出门旅游，甚至跨国游玩，再也不见往日的悲苦和乡思之痛了。这可从当代学者对旅游所作的定义中看出来：“旅游是在一定的社会经济条件下产生的一种社会经济现象。是以满足人们休息、消遣和文化需要为主要目的的、非定居者的旅行和暂时居留所引起的一切现象和关系的总和。”⑥ 于光远也指出：“旅游是现代社会中居民的一种短期的特殊生活方式。这种生活方式的特点是：异地性、业余性和享受性。”⑦ 休息、消遣、娱乐是现代旅

① 《礼记·王制》：“无旷土，无游民，食节事时，民咸安其居。”

② 《后汉书·章帝纪》：“今肥田尚多……务尽地力，勿令游手。”又王符《潜夫论·浮侈》：“今举世舍农桑，趋商贾，牛马国舆，真塞道路，游手为巧，充盈都邑。”

③ 《庄子·在宥》：“浮游不知所求，猖狂不知何往。”《汉书·食货志》：“民浮游无事，出夫布一匹。”

④ 《韩非子·五蠹》：“夫明王治国之政，使其商工游食之民少而名卑。”

⑤ 《汉书·食货志》内载贾谊上书称：“今背本而趋末，食者甚众，是天下之大残也。”他建议：“今殴（驱）民而归之农，皆著于本，使天下各食其力，末技游食之民，转而南亩。”

⑥ 孙文昌主编：《旅游学导论》，青岛出版社1992年版，第6页。

⑦ 乔修业：《旅游美学》，南开大学出版社1990年版，第1页。

游的特点，也是这个时代旅游概念的基本内涵，这已与古代“旅游”、“游”等概念的含义相去很远了。

3. 旅游概念的中西差异

如上所述，中国的“旅游”概念具有自己的特色，重视从道德伦理的角度评判旅游活动，然而，与此不同，西方则侧重于从旅游的外在形式去界定其概念。如果说中国传统的旅游概念侧重于表达旅游者的宗法归属、身份等级和内心感受的话，那么西方旅游概念侧重于表达旅游外在的客观方式。

如果说中国传统旅游概念着重表达人与人之间的关系的话，那么西方的旅游概念则侧重于表达人与自然的关系。西方社会在18世纪以前一直是将旅游当作征服自然的旅行和探险活动，并在旅游概念上有所表达。

西方社会普遍使用的英文“tourism”(旅游)一词，最早见于1811年英国出版的《牛津词典》，词义是：离家远行，游览参观一些地方后，又回到家里。在此之前，“旅游”一词的英语原文是“travel”(长途旅行、依次经过)，是由“travail”转化而来。后者具有“阵痛、艰苦、困难和危险”的含义，反映出西方人对旅游的最初恐惧。但富于冒险精神的西方人，以其无畏的行动冲破了对恶劣的自然环境的惧怕，踏上了征服自然的行程。在19世纪工业革命发生的同时，他们终于用自信的“tourism”一词取代了具有恐惧感的“travel”一词。“tourism”显然来源于tour（环行），它表明西方社会已经结束了旅游者可能一去不返的痛苦历史，绝大多数的旅游者均能借助工业文明创造的条件，顺利平安地回到家里。在工业革命以前，欧洲道路非常原始，人们只能步行或骑马旅行，在英国逢上雨季，载人或载货较多的马拉车几乎无法行走。1750年以后，发明了修筑铺有硬质路面、能全年承受交通的道路的技术。乘四轮大马车行进的速度从每小时4哩增至6哩、8哩甚至10哩。夜间旅行也成为可能。因此，从爱丁堡到伦敦的旅行，以往要花费14天，这时仅需44小时。旅游终于成为不再令人烦恼的事情。

自从《牛津词典》确立了“tourism”一词的正统地位后，西方旅游学家均从不同的侧面对这一表达“旅游”的词汇进行各自的解释和阐发。为了顺应已经到来的以大众参与为特征的休闲时代，不少学者尝试将旅游从人生劳作和经济活动中剥离出来，变成人类的一种纯粹的享受和休闲行为。如法国学者让·梅特森对旅游概念进行了明确的界定：“旅游是一种消遣活动……其目的在于消遣、休息或为了丰富他的经历和文化教养。”把旅游作为一种单纯的消遣和文化活动。世界旅游组织认为旅游是为消遣而外出至异地，至少逗留 24 小时以上的旅行活动。现代瑞士学者汉泽尔克和克拉普夫在他们合著的《普通旅游学纲要》一书中，开始将旅游概念界定为旅游行为引起的各种现象和关系的总和：“旅游是非定居者的旅行和暂时居留而引起的现象和关系的总和。这些不会导致永久居留，并且不从事赚钱的活动。”该定义被旅游科学专家国际联合会所采用，被称为“艾斯特”定义。这个定义把人类暂时出门旅行的各种活动及其所产生的各种关系的总和都包括在内，但仍试图把劳作活动如商务旅游等“赚钱的活动”排除在外。

西方旅游概念，除“tourism”（旅游）、“tour”（环行）和“travel”（长途旅行、依次经过）外，在英文中表示旅游活动的词汇还有 trip（短途旅行）、voyage（远航）、journey（有目的的旅行）。这些概念均是从旅游方式（如长短环直等）上来界定的，而与旅游者的社会阶层无关，也不含有对旅游活动的道德评价。“travel”（词源有阵痛和痛苦之义）反映出旅游者对长途旅行可能遇到的种种困难的恐惧，表明西方旅游概念更倾向于表达人与自然的关系。现代西方学者对旅游概念的阐发，仍然注重旅游活动的客观方式（如 24 小时以上、异地旅行等），而不涉及旅游者的阶级属性和身份地位。但对于旅游者是否“赚钱”较为看重，这无疑是对西方“重利”的社会心理的反映，在某些旅游学家看来，旅游这种休闲活动，应该将无时不有的营利之心摒除在外。如果说中国的旅游概念倾向于表达旅游的社会形式尤其是伦理规范的话，那么西方的旅游概念则倾向于表达旅游的客观方式。

4. 旅游的定义

在古今交汇和中外交融之际，旅游概念的界定自有时代特色和国际含义。旅游不再具有传统的伦理特色，也不再独立于西方概念之外，而呈现出世界性的认同。有鉴于法国让·梅特森和世界旅游组织将旅游视为一种消遣活动的观念，中国的一些学者也将旅游当作一种游览、享受和消遣的活动。有人指出："旅游是旅行和游览的复合词，其中旅行是手段，游览是目的。"①

在此背景下，我们撇开概括旅游的具体词汇不谈，撇开古今、中西旅游的文化背景差异不谈，从人类旅游活动的实质上去观察，可以对旅游作如下界定：

旅游是人类的一种行为方式，是兼具劳作与休闲双重性质的人类非迁居性的旅行活动。偏重于劳作性的旅游叫价值创造性旅游，侧重于休闲性的旅游叫价值欣赏性旅游。时间的推移，导致旅游劳作性与休闲性的此消彼长，从而表现出人性从必然王国向自由王国转变的历史进步。与此相应，参与该项活动的社会阶层也日益扩大。旅游的结果是主观世界与客观世界日渐广阔的交合和共进，以及文化空间的不断跨越和联结、异质文化圈的不断沟通和交融，从而导致旅游个体审美认知能力的连续提高及整个人类社会日益多样性的统一。

这个定义顾及旅游古今的差异和劳作与休闲的关系，兼顾了异地性、业余性、享受性和审美性的特点，同时也考虑到现代旅游的大众性特征。如果我们仔细考察，就能发现，旅游是一个动态的概念，其发展有两个方面的指标，第一是旅游休闲成分的增长。旅游身上兼具劳作与休闲两种相反相成的要素，时代越古，劳作成分越多，休闲成分越少；时代越近，劳作成分越少，而休闲成分越多。第二，与休闲成分的增长相应的是参与休闲旅游的社会阶层的扩大。旅游阶层的扩大与休闲成分的增长是同一过程的两个方面。旅游阶层是旅游活动的主体，也就是旅游的休闲或劳作成分的载体。

---

① 谭宗尧：《旅游营销学》，经济科学出版社 1988 年版。

时代越古，承担劳作性旅游的社会阶层越多，而从事休闲性旅游的阶层越少；时间越近，从事休闲性旅游的阶层越多，而承担劳作性旅游的阶层越少，换句话说，现代旅游的发展标志，就是从事休闲性旅游的社会阶层日益扩大。因此，本书将旅游社会阶层的变化消长，纳入中国旅游史研究的范围之中，并作为旅游概念界定的参照之一。

二、中国旅游史的概念、范围与内容

1. 中国旅游史的概念与范围

中国旅游史，是研究中国旅游活动发展、旅游观念演进、旅游文学进步、旅行设施完善、旅行制度沿革，以及各阶层旅游情况及转换、社会节奏快慢变化等过程，特别是反映具有中国特色的旅游活动及其历史的学问，是旅游学和历史学之间的交叉学科。

中国旅游史的范围，并无严格的限定，这是旅游的动态属性和变化莫测的特点所决定的。然而，任何历史都受当下观念和环境的影响，因此，本书也以现代旅游的概念为重要参照，确定中国旅游史的研究和描述范围，侧重于休闲娱乐性的旅游活动，对于劳作旅游虽然兼顾，但尽量不作烦琐的描述和引申。在概念的使用上，以旅游作为整个旅行和出游的总体概念，但有时候“旅游”与“旅行”兼用，这时候，前者一般侧重于游览和出游，后者侧重于旅行和出行。在旅游文学作品中，游记和山水诗将成为主要探讨的内容，而旅游小说则不在探讨范围之内。旅游小说源于《穆天子传》，在明清时期达到高潮，出现了《镜花缘》、《三宝太监下西洋》和《老残游记》等。与游记和山水诗相比，旅游小说主要是创作和虚构而成的，故本书略焉不叙。此外，西方旅游史将成为中国旅游史的参照，但不会作为本书的内容加以介绍。

2. 中国旅游史的主体内容

不同的学者，对旅游史的内容的取舍会有所不同，本书认为中国旅游史应该包括如下内容：

第一，中国历代的旅游活动。

从远古时代的部落联盟酋长的巡行，到秦汉时帝王的巡游；从魏晋南北朝时期文人士大夫的游山玩水，到唐宋时文官的宦游和山水之旅；从明代文人和文官的徜徉山水、“尽游玩之适”的独抒性灵，到近代走出国门、前往西方考察和留学的跨国之旅，再到现代大众旅游的兴起和旅行服务机构的普及，构成了中国旅游史的发展主脉，自然也成为本书描述和撰写的主要对象。尽管在古代无法将劳作旅行与休闲旅游截然分开，然而，本书仍然尽量侧重于休闲旅游，突出其核心地位。

第二，中国主要旅行家的经历。

现代旅游是大众旅游，在旅行社的安排下，进行着行程固定的游览和购物活动，没有多少惊天动地的举动。然而中国古代的旅行主要是精英活动，一些伟大的旅行家进行着震惊全国甚至世界的探险旅游和科学考察，像张骞的“凿通西域”，司马迁的全国历史考察，法显和玄奘的天竺取经和冒险之旅，徐霞客的全国漫游和地理考察等，都青史有名。除了中国的旅游者外，来华外国旅行家如马可·波罗、利玛窦等人及其活动，也是中国旅游史的组成部分。对这些旅行家的活动和人生经历，是中国旅游史不能回避的重要课题和重要内容。

第三，中国历代的旅游观念。

儒家既奉献了“知者乐水，仁者乐山”、“游者人之恒情也”①的思想，也提出了“父母在，不远游”、“无淫于游”等观念。“知者乐水，仁者乐山”是一种“比德”观，即赋予自然山水以道德人格，然后再通过旅游从山水中获得道德启示。“比德”观念的出现，既表明人们对自然美的感受已与实用感分离，出现精神的需要；另一方面又表明它将审美引入修身的路途，变成道德情感的满足，使人性得以陶铸和提扬。同时，儒家的“进退二观”对中国士大夫的旅游影响也至为深远。孟子指出：“士穷不失义，达不离

---

① 唐甄：《潜书·善游篇》。

道。……得志，泽加于民；不得志，修身见于世。穷则独善其身，达则兼济天下。”① “进”指进入庙堂，治理国家，“退”指隐居山林，保持操守。当一位士大夫仕途失意时，为了维护内心的平衡与纯真，保持节操，隐居山林，纵情山水，通过游历名山大川来排遣心中的郁闷，无疑是最佳的手段。于是，古代出现了无数的隐士，而历代隐士都把山水旅游当作仕途失意时的心理寄托。“父母在，不远游”是儒家的一种特殊的旅游观念，对旅游史影响深远。《晋书·赵至传》载，赵至“又将远学，母禁之”。道家也有一些代表性的旅游观念，如“归依山林”和“栖岩养性”。如果说以“入世”精神为指归的儒家“退隐山林”观念的最终目的是修身立德的话，那么以“出世”为指归的道家“归依自然”思想的最终目的则是超越道德、恢复人的自然本性。归依自然的优游山林者，深受老庄“逍遥”思想影响，超越社会道德，不为红尘羁绊，他们“性本爱丘山”，把自己的生命融入大自然中。道家“归依自然”的观念与儒家“退隐山林”的区别还在于：归依自然一般是“栖岩养性”，大多是在山水之间居住和修炼，以养性和养生，试图超越生命的极限；而退隐山林则是在山水之间居住和优游，以养情和养德，以备再次出山。

当然，中国社会也有一些更为积极的旅游观念，如“壮游天涯”和“行万里路”，鼓励人们勇敢地走出家门，成为社会从封闭走向开放的催化剂。《周易·乾卦》提出了“天行健，君子以自强不息”。荀子则指出：“不登高山，不知天之高也；不临深溪，不知地之厚也。”② 左思的《咏史》诗“振衣千仞岗，濯足万古流”，倾吐了他壮游天涯的雄俊志向和豪迈气概。南朝时宗悫的“愿乘长风破万里浪”的壮游志向，影响了一代又一代人，李白“长风破浪会有时，直挂云帆济沧海”的雄心大志的形成，便是得力于他的滋润。“读万卷书，行万里路”，是在大唐盛世所形成并盛行的健康豪迈的旅游观念。一改过去旅游告别之际的伤感情

① 《孟子·尽心上》。
② 《荀子·劝学》。

绪，唐代出现了洒脱的别离观念。王勃在《杜少府之任蜀川》中，就表达了对旅行远游分别时的乐观情怀："城阙辅三秦，风烟望五津，与君离别意，同是宦游人。海内存知己，天涯若比邻，无为在歧路，儿女共沾巾。"这种乐观豁达的情怀，影响了宋代的秦观，他的"两情若是久长时，又岂在朝朝暮暮"，就表现出对外出旅游的旷达胸襟。这些旅游观念的考察，应是中国旅游史的主要内容之一。

第四，旅游文学作品起源与发展，形式与特点。

中国旅游文学作品，包括游记、山水诗和旅游小说等。中国传统游记的内容丰富多彩，关于自然、社会、人心者无所不有。有的侧重于审美，着重描写旅游者的内心在外界刺激下的愉悦感受，如苏辙的《黄州快哉亭记》；有的侧重于道德的塑造，注重心灵在自然作用下的净化和升华，如韩愈的《燕喜亭记》、管同的《余霞阁记》；有的侧重于科学考察，着力描摹自然现象并探讨其产生的原因，如《徐霞客游记》；有的侧重于社会观察，详尽叙述社会状态及风土人情并进而窥透其历史成因，如《马可·波罗游记》；有的则侧重于旅途中的艰难历程，状摹旅游者探险的过程并探索人生的意义，如《大唐西域记》。由于文化背景的差异，中国游记反映了中国民族旅游性格内敛的特征，即不太着意于旅游行为的外在描写，而十分注重旅游者内心的审美感受和道德升华，同时较少描述社会状况和探讨自然规律。中国人主客混融的原逻辑思维特征和"天人合一"的观念，使他们注重天人之间的和谐与统一，注重自然对象与人心之间的对应与联系，因此游记乃以记述主体对客体的心灵感应和审美感受为特征。苏辙在《黄州快哉亭记》中就描写了自然景观与主观感受之间的密切关系："盖亭之所见，南北百里，东西一舍。涛澜汹涌，风云开阖。昼则舟楫出没于其前，夜则鱼龙悲啸于其下。变化倏忽，动心骇目。"袁枚在《游桂林诸山记》中对自己重游桂林的心灵活动作了表述："一丘一壑，动生感慨。"中国古代游记常成为旅游者抒发内心感受和情绪的载体，他们借景议政，如元结的《右溪记》记叙了发现并兴修道州城西附近一条无名小溪的过程，"而主题思想则在议论朝廷用人不当，感慨名位和才用不符”①。柳宗元的《至小丘西小石潭记》显示出坦荡磊落的清高君子的胸襟情怀，也寄托着志士仁人离群索居的凄怆感慨。中国传统游记还表露出旅游者对自身道德的塑造和心性的修养。如韩愈在《燕喜亭记》中就把游赏山水与陶冶自己的道德人格相联系。柳宗元的《愚溪诗序》也借山水表现自己“善鉴万类”的道德判断力和“清莹秀澈”的高洁品格。由于专注旅游者自身的主观所见及心灵感受，经常忽略同游者的活动，多数游记仅在最后提一下同游者的姓名。在现实生活中，中国人倾心于人际关系和社会伦理的观察；而在旅游活动中，则将上述情况抛诸脑后，着力于描述旅游者自身的心灵活动。袁宏道《游盘山记》中，瞩目于盘山的审美特征和自己的性灵塑造：“泉莽莽行，至是落为小潭，白石卷而出，底皆金沙，纤鱼数头，尾鬣可数，落花漾而过，影彻底，忽与之乱。游者乐，释衣，稍以足沁水，忽大呼曰奇快。”只在游记的末尾写道：“偕游者，曰苏潜夫、小修、僧死心、宝方、寂子也。其官于斯而以旧雅来者，曰钟刺史君威也。”清人汪琬对江苏吴县光福镇西碛山东的马驾山香雪海景观作了游览，在其《游马驾山记》中着力描绘了梅的颜色和形状，只在最后提了一句：“同游者，刘天叙、潘㥶，门人句容王介石及儿子筠。”可见，中国传统的游记比较倾向于描写旅游者内心的感受。

山水诗起源于先秦，《诗经》中“关关雎鸠，在河之洲”便是对山水风景的描绘，但其真正成型则在南朝时期，谢灵运和谢朓的山水诗清新脱俗，成为山水诗的样板。以上文学作品将在本书中有所描述和讨论。

3. 中国旅游史的基础和背景内容

除了上述主体内容外，中国旅游史还有一些基础和背景内容。这些内容虽非旅游史的核心问题，但与旅游相关，是其条件、基础和背景。之所以未将它们称为主体内容，是因为它们有时候并非专

① 倪其心等：《中国古代游记选·前言》，中国旅游出版社1985年版，第9页。

为旅游或旅游者所开设，但却与旅游或旅游者相关联。

第一，旅行设施的建设、弛废与完善。

旅行设施并非一定为旅游者所建，但它的确成为旅游的重要条件。为了控临天下，秦帝国大规模修建了道路。秦始皇为便于巡游，下令修筑了通向全国的驰道。秦朝的“驰道”以咸阳为中心，“东穷齐燕，南极吴楚，江湖之上，濒海之观毕至。道广五十步，三丈而树，厚筑其外，隐以金椎，树以青松”。① “直道”从咸阳北的云阳至九原郡（今包头西南），全长一千八百里。此外在西南近疆地区修筑了五尺道，在今日之湖南、江西、广东、广西之间修筑了新道，形成了以咸阳为中心四通八达的道路网。此后巡游时，遇水搭桥，整治了不少道路。此外，历朝政府还修建了不少亭台楼阁和游园禁苑，许多虽非公共旅游设施，但也不排斥偶尔或经常对外开放，因此也具有旅游的功用。如商纣王的鹿台、楚国的章华台、汉武帝的上林苑、曹魏的铜雀台、唐代的华清池，北宋徽宗的艮岳等就是如此。北齐皇室修建园林一事，在《北史·魏收传》中有载：“三台成，文宣（帝）曰：‘台成，须有赋。’（杨）愔先以告收，收上《皇居新殿台赋》，其文甚壮丽。时所作者自邢邵已下，咸不逮焉……太宁元年……（武成）帝于华林别起玄洲苑，备山水台观之丽，诏于阁上画收，其见重如此。”北宋徽宗帝即位后大修游观园林，“童贯、朱勔辈复导以声色狗马宫室苑囿之乐。凡海内奇花异石，搜采殆遍。筑离宫于汴城之北，名曰艮岳。帝般乐其中”②。

除了道路、宫观外，旅行设施还有旅馆、客舍。古代的旅舍包括私人逆旅、官办驿站和寺院旅舍。逆旅在上古文献中就已出现，战国时出现第一个发展高峰，但随着法家当政并推行重本抑末政策，私营逆旅遭到沉重打击。汉初推行无为而治，逆旅重获发展。此后私人逆旅和旅馆一直为出行的旅客提供食宿服务。与官营驿亭

---

① 《汉书·贾山传》。

② 《李师师外传》，载《唐宋传奇集》，上海古籍出版社1998年版，第382页。

的官商作风不同，私营旅店在经营上比较灵活，服务周到，因此成为官营驿亭的主要竞争对手。官办驿站是中国古代官吏公务旅行的服务体系驿传上的站点，分布在整个驿路上。官员根据不同的身份和地位，享受着驿传提供的不同级别的服务。与民营逆旅相比，官办驿站的经营机制十分僵化，官僚在使用驿站时公私不分，常导致驿站不堪重负，处于破产边缘，不少驿站成为荒无人烟的废墟，于是，驿和亭，成为送别的背景，人鬼相遇的场合，具有苍凉和悲壮的意味。与此同时，驿站还笼罩着一股浓厚的等级观念和势利风气。寺院旅舍也是古代接待旅客的设施，起初为接待游方僧人之用，后向游人开放，以达“结善缘，行方便”的目的。最初的寺院旅舍是东汉明帝永平十年（67年），政府为来华印度高僧沙门摄摩腾、竺法兰二人建立的“精舍”白马寺。此后，佛教渐盛，僧人来往日益增多，寺庙成了他们的当然旅店。与此同时，寺院旅舍也接纳非释僧旅客，文人及一般旅客止宿寺庙竟成一时风气。上述设施也是中国旅游史的基础内容之一。

第二，旅行政策与制度的制定、弛废与强化。

中国历代政府对旅行和旅游都有一定的政策与管理制度。中央集权的政治结构是建立在被形容为“汪洋大海”一般的人数众多、居住分散、自给自足的小农家庭之上，为了加强对这些基层百姓的控制，历代中央政府都千方百计地防止他们四处流动和迁移，用“重农抑商”政策和“安土重迁”观念来束缚他们，使古代下层人的旅行和旅游活动大为减少。为了限制百姓外流和出门旅行，集权政府还四处设卡，检验通行证和符节，并实行宵禁制度。关卡一般设在城门和关隘等处，如孟尝君出函谷关时，遇卡不过，手下人装鸡鸣骗得关开，才逃出关去。至于出入城门，更是门禁森严。通行证和身份证古代基本是二者合一，称为“符”“节”或“传”，早在周代就已推行。《周礼·地官·大司徒》载：“无节者不行于天下。”没有通行证或身份证，外出旅行和旅游必将遇到种种麻烦。即使持有符节，夜晚也不许行走，《周礼·秋官》中的司寤氏，就是“禁宵行者、夜游者也”。南宋叶适所讲的一句话“古之善政者，能防民之佚游，使从其教”①，集中地反映了古代政府对百姓旅游所持的基本政策。这些措施导致了中国老百姓的喜静厌动心理。奈特·毕乃德曾对中国基层社会的这种静态状况做过分析，指出：“中国一直存在着某种流动：官员不得在家乡地区担任公职，政府的各级官员候选人必须通过乡试、省试和京试；军人和役卒由政府调遣；商人和运输工人在外乡工作；在经济和政治的大动乱时期，被逐出家门者到边远地区或海外去谋生。除了这些例外的情况，中国人一般只到附近的城镇，不会到更远的地方去冒险。”②与此同时，中国历代政府还实行严格的旅行等级制度，根据不同的官员品级和身份等级，使用不同样式的交通工具，并在狭路相逢时确定通过的秩序。如汉代规定，官员出行乘车必须乘“法驾”，太守的法驾是四匹马拉的车，向上僭越和向下自贬，都要受到惩罚。这些内容，虽不是旅游史的主体内容，但却是中国旅游史的基础内容，也在了解和研究之列。

第三，旅游与中国社会阶层的关系，与中国社会节奏的变化等。

旅游史不能仅仅就事论事，还必须将旅游置于中国社会背景中，才能弄清其特色和面貌。中国传统社会普遍存在的宗法专制政治，对传统旅游有着十分重大的影响。中国古代政治结构是一种金字塔形的中央集权制度，这种制度的基础是宗法一体化组织。宗法制是以血缘为纽带的氏族社会的产物。到了周代则把它加以完善，确立了以嫡长子继承的基本原则，从王室到卿大夫、诸侯、士，以至于黎民百姓之家，都采用宗法制作为社会秩序的胶合剂，形成了“家庭—国家”一体化的社会结构，国家成为家庭组织的放大。在宗法制家庭中，父亲是一家之长，由嫡长子继承其位，父亲对全家人都拥有支配权。这种原则应用到国家身上，则国王（后来称皇帝）是一国之主，对全国人都有绝对的统治权。至高无上的君主

① 叶适：《醉乐亭记》，载《历代山水小品》，湖北辞书出版社 1994 年版，第 426 页。

② ［美］奈特·毕乃德：《现代化与近代初期的中国》，载［美］布莱克编，杨豫等译：《比较现代化》，上海译文出版社 1996 年版，第 223 页。

是孤家寡人，为了行使其绝对权威，不得不设官分职，建立了从中央到地方的一系列机构，皇帝—丞相—中央六部—各省—各府—各州县—各乡，从上到下，犹如一座坚固的金字塔，把整个社会牢牢控制在皇帝一人手中。这种专制制度，使中国传统旅游格局呈现“下静上动”的特征。但随着文人士大夫在意识形态领域的掌权，皇帝也被牢牢限制在紫城深宫之内，于是出现了“两头静中间动”的特色。中间是流动的文官集团，起着连接和沟通上下两极的作用。

除了专制政府稳定社会的政策使下层群众很少远游外，宗法一体化社会结构对古代旅游尤其是下层社会的旅游，也起了很大的抑制作用。宗法制讲究同族聚居，故产生了重血缘、重乡土的特点。同宗同族的人聚居在同一村落，祭祖的祠堂和埋葬祖先的坟墓都在这块土地上，成为族人重要的精神圣地。族人一生下来，就受到族长及同族人的关照，在其思想受到禁锢的同时，也沐浴着浓浓乡情。生在这片土地上，死则葬入祖坟，“入土为安”。宗法观念成为族人的重要凝聚力，使人产生了无尽的“桑梓之情”，无论走到哪里，都觉得根在故乡。正是这种浓厚的乡土观念对人们的外出旅游影响很大，使人很难离乡轻家地外出行游，即使不得已出了门，也是戚戚哀哀，思乡悲别。古代文学作品中反映游子思乡的内容层出不穷。同时，由于生活在社会基层和宗法网络中的广大百姓极少出门，缺少与其他地方的比较，所以总是觉得自己的家乡是最美的地方。于是出现了一种循环：农民越是出门少，越是觉得家乡美，越是觉得家乡美，越是不愿出门旅游和旅行。浓厚的乡情生动地体现在风行于民众之口的谣谚之中，如：“美不美，乡中水；亲不亲，故乡人。”“离家一里，不如屋里。”① 由于热爱家乡，连家乡的乡音都十分珍惜：“离乡不离腔。”“丢了家乡口，不如守家狗。”出于片面而执著地对家乡的热爱和依恋，中国古人排斥外出旅行，认为离乡的行人是很可怜的。有谚为证：“出门三里地，就是他乡人。”“出门人，三分小。”“物离乡贵，人离乡贱。”古代人安土重

① 元·佚名：《朱砂担》。

居，不愿离乡远游，亦是缘于他们对出门所遇困难的恐惧。谚曰："出得门多，受得罪多。""在家不是贫，路贫贫杀人。""在家千日好，出外半时难。"① 另一方面，下层社会在整体趋静的情况下，也有局部的游动。如古代江湖文化就是民间的一种动态文化，作为江湖文化的主要承传者的游侠、艺人和行商，他们的旅游活动则对整体主静的下层社会作了动的补充。宋明以后，商品经济发展导致了下层社会商务旅游的蓬勃兴起，但仍不足以改变农业大国整体趋静的风尚。宗法制导致对家园的眷恋和热爱，使国人较少跨出国门去旅行，除了张骞、班超、法显、玄奘、汪大渊、郑和等中国社会的非常之人（多是军人、商人、僧人或宦官）敢于出国旅游外，作为社会主流的文人士大夫和农民很少有跨国旅游的纪录。

在对下层百姓进行抑制的同时，专制政府对中间的文人士大夫的旅行旅游则网开一面，因为社会需要运转和循环，若将全社会的旅行和旅游都加以限制，则社会必然窒息，政权必然瘫痪。鉴此，专制政府不仅不限制社会中层的文人士大夫的旅行，反倒鼓励他们走出家门，出来做官，到各地去赴任，以实行对社会尤其是下层社会的控制。为了强化皇帝专制，防止贵族官员独霸一方，隋唐后推行了科举制，通过从社会各阶层中选拔优秀人才出来做官，消除官员的世袭弊端。于是，求学旅游、赶考旅行、赴任旅行、谪宦旅游风行不衰，旅游者来往如梭，川流不息。科举制所引起的读书热和官吏文人化浪潮，推动了游山玩水、寻访古迹等审美旅游的发展。

中国社会重男轻女的传统，导致男游女守格局的出现。"男主外女主内"限制了妇女的出行与旅游。东汉班昭在《女诫》中要求妇女"行己有耻，动静有法"，"专心纺绩，不好嬉笑"。唐代宋若华、宋若昭在《女论语》中也提出，妇女"行莫回头，语莫掀唇，坐莫动膝，立莫摇裙，喜莫大笑，怒莫高声，内外各处，男女异群，莫窥外壁，莫出外庭。出必掩面，窥必藏形"，又说："女处闺门，少令出户。"宋司马光在其《家范·治家》中就要求"女子出门必拥蔽其面，夜行以烛，无烛则止"，"妇人送迎不出门，

① 褚人获：《隋唐演义》卷10。

见兄弟不逾阈（门槛）”。清王之铁在《王朗川言行汇纂》中规定妇德十三条，其中有“一曰干预外政；二曰入寺烧香”；“八曰看龙舟，观灯会，诸外场杂沓事”。更严厉的是，除要求妇女遮面慎行外，五代以后甚至强迫妇女缠足以限制其行动。元伊世珍《琅（环）记》中载：“本寿问于母曰：‘富贵家女子必缠足，何也?’其母曰：‘吾闻之，圣人重女而使之不轻举也，是以裹其足，故所居不过闺阈中；欲出，则有帷车之载，是无事于足也!’”裹足之风后来席卷至下层妇女，而她们无车可坐，旅行和旅游的自由更是不复存在。后出的《女儿经》明白指出：“为甚事，裹了足?不因好看如弓曲，恐她轻走出房门，千裹万缠来拘束。”裹足使妇女失去了旅行的基本权利，成为完完全全的“内人”了。胡朴安纂辑的《中华全国风俗志》上编中引述了古代各种方志古籍的记载，反映出古代妇女很少有旅游的机会：“宁海县：妇女不出街市，此其俗之美者。”“金华县：女事妇工，不出闺门。”“东阳县：妇人女子，深处闺门，虽亲戚邻里亦不少接……其声色游燕玩赏花石之乐，举不崇尚。”“龙游县：妇人少出户庭。”“黄陂县：途鲜游女，贾人行客过其都，未尝见妇女面。”“云梦县：知遵礼法，妇女无游冶之风。”① 这些记载反映出古代妇女被排除在旅游行列之外，并且被旧式文人加以病态的赞美。

男游女守观念，使旅游成为男子的特有权利，而妇女不得不在家独守空闺，导致闺思闺怨文学的泛滥。汉代《古诗十九首》之一《庭中有奇树》，反映的就是妻子对远游他乡的丈夫的闺思之情，妻子见庭中佳木枝条又绿，不禁想起了远行的丈夫，乃“攀条折其荣，将以遗所思”，但因“路远莫致之”，其实她心里也明白“此物何足贡，但感别经时”罢了。三国曹植在《七哀诗》中，曾拟作闺怨情态道：“明月照高楼，流光正徘徊。上有愁思妇，悲叹有余哀。借问叹者谁，言是宕子（即荡子、游子）妻。君行逾十年，孤妾常独栖。君若清路尘，妾若浊水泥。浮沉各异势，会合何时谐?愿为西南风，长逝入君怀。君怀良不开，贱妾当何依?”

① 以上皆引自胡朴安：《中华全国风俗志》，河北人民出版社 1986 年版。

尽管古代社会在节假日为妇女近游娱乐留下了一个缺口，但男游女守观念，仍使绝大部分妇女失去了远游的可能。

社会节奏的快慢及其变化，也与旅游风俗及旅行工具的选择有密切关系。战国时人出行乘马车，至赵武灵王胡服骑射后，中原开始出现骑马风尚，旅行速度和社会节奏随之加快。直到两汉，中原社会仍然以乘马车为主，官员乘法驾。刘邦彭城大败急于逃命时，仍然是乘马车奔逃。魏晋南北朝时，社会骑乘风尚为之一变，上下都以乘牛车为荣。史载石崇与王恺斗富的内容之一就是比牛车的快慢。社会节奏随之变慢，与慢条斯理的魏晋风度相匹配。唐代建立后，“大有胡风”，社会上下都以骑马为荣，不但官员上朝骑马进入，就连女人也是如此，有诗云“虢国夫人承主恩，平明骑马入宫门”。宦官也不例外，“两骑翩翩来者谁，黄衣使者白衫儿”。社会节奏急剧加快，唐代也成为最有活力的王朝之一。降至南宋，社会上开始流行乘轿出行，至明清时蔚然成风，导致社会节奏顿时减缓，整个国家和民族四平八稳，官员出行做事慢腾腾，使中国社会迅速落后于西方。当洋人的坚船利炮和突突而过的小火轮进入中国时，老大帝国便不堪一击了。改革开放后，高铁迅速发展，时速三百多公里，中国社会节奏进入了历史上最快的时期。从上可见，旅游并非孤立的出行和游玩活动，与社会制度、阶层和节奏都有联系，这些与旅游相关的社会制度、阶层和节奏应该属于中国旅游史的基础和背景内容，而载入史册。

三、中国旅游史的学术源流

1. 中国旅游史的学术前史

随着中国现代旅游活动的兴起，对中国旅游史的学术研究也渐次展开，出现了大量的研究成果①。比较早的代表作是民国时期江

---

① 对旅游史学术成果进行综述的学者不少，如张楠楠的《中国旅游史研究综述》(《天中学刊》2010 年第 4 期，第 106~107 页)、许春晓的《中国旅游史的研究成就及其学术意义》(《湖南师范大学社会科学学报》2003 年第 6 期，第 69~74 页）等。

绍原的《中国古代旅行之研究》(商务印书馆 1935 年版) 一书，它对中国古人的旅行风俗和民族心理进行了深入的探讨，因而被誉为中国旅游史研究的开山之作①。

改革开放后，中国旅游史的研究与撰著进入加速发展时期，各种旅游史著作层出不穷，旅游通史、区域旅游史和专题旅游史的成果纷纷涌现，呈现出繁荣局面。

首先，旅游通史著作不断问世，胡世健和张敦仁合著的《华夏旅游史话》(旅游教育出版社 1989 年版)、章必功的《中国旅游史》(云南人民出版社 1992 年版)、王子今的《中国古代行旅生活》(商务印书馆 1996 年版)、王晓云的《中国旅游史话》(黄山书社 1997 年版)、王淑良的《中国旅游史》古代部分和近现代部分(旅游教育出版社 1998、1999 年版)、郑焱的《中国旅游发展史》(湖南教育出版社 1999 年版)、彭勇主编的《中国旅游史》(郑州大学出版社 2006 年版)、马勇与余冬林及周霄合著的《中国旅游文化史纲》(中国旅游出版社 2008 年版) 等著作先后出版。

其次，断代旅游史的论著接连产生，专著有陈建勤的《明清旅游活动研究》(中国社会科学出版社 2008 年版)、巫仁恕和狄雅斯的《游道：明清旅游文化》(台北三民书局 2010 年版)、张俐俐的《近代中国旅游发展的经济透视》(天津大学出版社 1998 年版)等，论文有刘德谦的《群书中先秦旅游活动绎释》(《北京联合大学学报》1995 年第 3 期)、陈新岗的《秦汉旅游主体的构成》(《齐鲁学刊》2002 年第 4 期)、周思琴的《魏晋旅游文化繁荣之二重因素》(《宁夏大学学报》1998 年第 3 期)、魏向东和张承宗的《魏晋南北朝旅游风俗初探》(《江海学刊》2001 年第 2 期)、刘春香的《魏晋南北朝时期的休闲游览活动》(《许昌学院学报》2010 年第 1 期)、滕新才的《明朝中后期旅游热初探》(《北方论丛》1997 年第 3 期) 等。

再次，区域旅游史的论著纷纷发表或出版，专著有黄家城的

---

① 王德刚：《中国旅游学研究探源——简述〈中国古代旅行之研究〉》，《桂林旅游高等专科学校学报》1999 年增刊。

《桂林旅游史略》(漓江出版社 1998 年版)、向玉成的《乐山旅游史》(巴蜀书社 2005 年版) 等，论文有朱国才的《宋室南移贵游渐盛——浙江旅游史略》(《杭州大学学报》1986 年第 3 期)、林聿的《杭州古代旅游业发展历程探索》(《商业经济与管理》1988 年第 2 期)、陈建勤的《明清长江三角洲地区旅游活动及其社会意义》(《扬州大学学报》1995 年第 5 期)、陈建勤的《明清时期的旅游消费及其支出——以长江三角洲地区为例》(《消费经济》2000 年第 4 期)、拜根兴的《魏晋南北朝时期陕西旅游简论》(《渭南师专学报》1994 年第 3 期) 等。

复次，专题旅游史的论著不断出现，专著有王仁兴的《中国旅馆史话》(中国旅游出版社 1984 年版)、郑向敏的《中国古代旅馆流变》(中国旅游出版社 2000 年版)、喻学才的《中国旅游文化传统》(东南大学出版社 1995 年版)、谢贵安的《旅游风俗》(湖北教育出版社 2001 年版) 等，论文有郑焱的《中国近代第一家旅行社——中国旅行社述论》(《史学月刊》1996 年第 4 期)、张俐俐的《近代中国第一家旅行社述论》(《中国经济史研究》1998 年第 1 期) 等。

最后，对古代旅行家的研究也成果迭现。如许宗元的《孔子思想与旅游文化》(《山东大学学报》1995 年第 4 期)、李小波和赵夏的《比德之旅与心旅之路——孔子、庄子的旅游思想比较》(《旅游学刊》第 2001 年第 1 期)、王重九的《司马迁“南游”年岁和有关问题考辨》(《渭南师专学报》1994 年第 1 期)、吴必虎的《徐霞客的生命路径及其区域景观多样性背景》(《北京大学学报》1998 年第 3 期)、邬秋龙的《徐霞客出游考述》(《无锡教育学院学报》2000 年第 1 期)、文明元的《云南旅游资源的拓荒者徐霞客》(《云南民族学院学报》1995 年第 3 期)、王安庭的《徐霞客西南游旅费杂考》(《山西师范大学学报》1995 年第 1 期)、刘明的《徐霞客西南远行述评》(《苏州大学学报》1999 年第 1 期) 等。

在上述旅游通史的研究成果中，值得一提的是王淑良的《中国旅游史》，分别对中国古代和近代旅游现象作了较为系统的缕述，并勾勒出各历史时期旅游的不同形态，被称为“中国第一本较系统的旅游史书”。郑焱的《中国旅游发展史》则侧重于历史上旅游活动与旅游经济之间的联系，比较重视各历史时期旅游交通与设施、旅游活动类型、旅游景点建设与开发、旅行家等专题的探讨。然而，旅游通史的研究和撰著，也存在一些问题和不足，由于缺乏相应的理论和方法，特别是旅游概念的界定比较模糊，导致研究和描述的对象不明，每本书都有自己的理解和选择，使得旅游史的面貌五花八门。

2. 本书的特点

本书力图继承前人在中国旅游通史研究和撰述上的优良传统，吸取其优秀成果，尽量避免上述问题和缺陷，在概念的界定、体例的制定、范围的划定和内容的取舍上都有自己的特色，特别是突出中国旅游史的传统文化特色和底蕴。

本书的特点是，从“旅”、“游”、“旅游”概念入手，探讨中国传统旅游的伦理意蕴和宗法关系。同时对儒、道、佛、玄诸家的旅游观念进行逐一介绍、辨析和探讨，将传统旅游活动背后的思想观念揭示出来。

本书还将旅游与传统社会结构联系起来考察，认为中国传统社会是个金字塔形的结构，上面的塔尖是位于权力顶端、在紫禁城深宫中深居简出的皇帝及其家族，下面的塔基是附着于土地上“安土重迁”的广大农民，中间的部分则是流动的文人士大夫集团，将静态的社会上层和下层连接和沟通起来。中国的旅游主要发生在中间阶层，产生于文人士大夫的宦游和游学活动中。当然，这种两头静中间动的结构并非一开始如此，也并非恒久不变。其实，中国传统社会最初的阶层有两极，即游民和农民，游民特别是其中的流氓并不安于社会基层的本分耕作，而整日游手好闲，结交豪杰，一旦风起云涌，他们便乘势而起，夺取政权，成为帝王，为了加强对农民的统治，便引入文人士大夫为其治理天下，并通过三年迁转的“宦游”形式，防止其尾大不掉。然而，一旦文人士大夫掌握了意识形态大权后，便一手用“父母在，不远游”和“安土重迁”观念按住基层的农民，一手用“无淫于田无逸于游”和“长治久安”

观念按住上层的帝王，对上下两个阶层的旅游都加以限制，导致中国传统社会整体趋静。虽贵为皇帝，也不能随意出游，许多生性好动的帝王，只得偷偷地“微服私游”。帝王从动态的流氓，变成静态的贵族。与此相反，附着于土地上的农民，在土地减少、赋税加重和商业兴起的背景下，不少人开始抛弃土地，从事游贾活动，“人为铜钱，游遍世间”，如宋代和明朝中后期就是如此。静态的农民，又演为动态的流民。在中国社会这种动静转换过程中，旅游活动发生着起伏变化，这是其他国家的旅游活动所没有的特殊现象。本书对此有较多的揭示。

第一章

先秦旅游的兴起

旅游在人类生活的早期，属于劳作性质的旅行活动。生活在原始生态环境中的初民，在他们周围的资源不足取用时，不得不向大自然的纵深处前进。这样，采集、渔猎、游牧、交换、迁徙等原始的旅游活动便产生了；远行和登临这些空间逾越方式，也成了旅游的基本形式。以劳作为主的旅行使先民突破了聚居的生活定势，自然引发了游戏性的旅游行为。为了向旅游者提供服务，便产生了早期的旅游中介；为了规范旅游行为，同时还产生了旅游制度和法规。于是旅游文化各个环节及层面的诸多现象便一一发生了。旅游文化的发展历程，反映了人类在旅游活动中的创造过程，也反映了旅游主体在旅游中的“人文化成”过程。远古时期，中国旅游文化和西方旅游文化系统分别在欧亚大陆的东西两端发生并成型。由于地理环境和社会土壤的差异，两大地区形成了具有各自特色的旅游文化体系。中国的旅游文化重在向内修身和悦意，西方旅游文化重在向外探求和征服；前者以向善为目的，后者以求真为指归。先秦时期的旅游活动对中国旅游形态的形成起到了奠基作用。

第一节 中国旅游的发端与兴起

欧亚大陆是人类文明历史演进的主要空间舞台，在欧亚大陆的东端，分布着中国文化圈，形成了中国旅游文化体系。这个体系孕育、发生和形成于中国先秦时期。先秦时期是中国旅游发生和初步发展时期，旅游由劳作性旅游扩展到游戏性旅游，旅游的中介和伦理规范也随之产生和发展，与此相应，早期的旅游观念也逐步形成，并反映出农本社会的基本特征。

一、巡游、游学等劳作性旅游的产生

先秦时期，是中国旅游的蒙昧阶段。中国旅游活动产生于原始社会时期，当时的旅游文字关于旅游文化现象最早的记载要数甲骨文。甲骨文中“旅”字呈两人为伍行走之貌，反映出当时的旅行是集体的行动，个人的旅行条件并不具备，而部落联盟首长和早期帝王的巡游才有较为充足的条件。

劳作性旅游在先秦时期因生存和生活之必需而发生并发展起来。在各种远行、游猎、商游、游学、游说等旅行活动中，“帝王”巡游是最为突出的劳作性旅游现象。先秦旅游是以帝王巡游及其“控临”活动为基本特征的。帝王巡游的根本目的是为了控临天下，稳定他们初奠的中国疆土。作为部落或国家的最高统治者，帝王巡游前呼后拥，可以称得上是中国最大规模的团体旅行。与帝王的大规模且频繁的旅游相比，其他阶层的旅游则显得微不足道。

先秦时期的帝王巡游分为前后两个时期：夏之前和夏以后。在“人民少而禽兽众”的洪荒年代，人们被恶劣的自然环境包围着，但那些上古“帝王”——实际上是部落联盟首领，却创榛辟莽，巡游天下。黄帝和尧、舜、禹就是这样的“帝王”。他们借助当时社会刚刚聚积起来的权力和财力，在征服的土地上来回巡视，以加强对疆土的控制。

黄帝是“五帝”之一。他打败炎帝后占据中原，“披山通道，未尝宁居”，不时巡游天下，东至于泰山和大海，西至于空桐，南

至于江、湘，北至于釜山。①。传说黄帝在恒山漫游时得一神兽名白泽，能悉知天下名山中的神怪，便让人把白泽所描述的神怪画下来，成《白泽图》，以作为远足登山者趋利避害的指南。

黄帝孙子颛顼继承了部落联盟首领之位，也经常巡游天下，《山海经》记有其行止和波及的地方多达17处，旅行足迹遍及东、西、南、北，山中海外，而黄帝游历区域只限于《西山经》，说明颛顼时代交通已较黄帝时有所进步。颛顼可谓是继黄帝之后的“帝王”旅行家，《史记·五帝本纪》称他“北至于幽陵，南至于交阯，西至于流沙，东至于蟠木。动静之物，大小之神，日月所照，莫不砥属”。

尧在位时也常巡游天下，发现舜为人孝悌，乃妻以二女。为了考验他，尧让舜在暴风雷雨时到山林川泽中行走，结果“舜行不迷”，尧认定他贤能，便命其摄政。舜摄政及继位后，曾到全国各地巡游，当他最后一次向南巡游时，“崩于苍梧之野。葬于江南九疑，是为零陵”②。

舜的继承人禹，曾代父治水，“行山表木，定高山大川”，“居外十三年，过家门而不敢入”，“陆行乘车，水行乘船，泥行乘橇，山行乘檋”，“载四时以开九州，通九道，陂九泽，度九山”，为了“相地宜所有以贡，及山川之便利”，他开始踏勘九州，“禹行自冀州始”，然后遍游兖州、青州、徐州、扬州、荆州、豫州、梁州和雍州。禹继位后，又巡游天下，不幸病逝于会稽。③ 他的一生几乎全是在旅行中度过的，堪称史前中国最伟大的旅行家。远古神话则反映出大禹治水时充满传奇色彩的旅行经历，向东到过太阳升起之地扶桑、九津、青羌之野，奇树如云的攒树之所和高峻的扪天之山，珍禽聚集的鸟谷，盛产九尾狐的青丘之乡以及黑齿之国，向南到过交趾和孙朴国，炎热的丹漆国，沸水漂漂的九阳之山，以及羽人国、裸民国和不死之乡，向西到过王母居住的三危山和积金山，向北到过正人之国、夏海之穷等地。

---

① 《史记·五帝本纪》。
② 《史记·五帝本纪》。
③ 《史记·五帝本纪》。

随着夏启建国，阶级形成，帝王成为国家权力的最高体现。巡游成为他们控临疆土维护王朝统治的工具。周朝帝王巡游出行之前，均要举行盛大的仪式，祭告天地、社稷、宗庙，沿途还要祭祀名山大川，并通知四方诸侯官吏于各自边界迎候，以此实现对诸侯的监控。周昭王在向南巡狩时，卒于江上。

春秋时期，由于帝王权力的衰落，其他社会阶层的劳作性旅游活动获得了很大的发展。当时，各国游学或外交旅行活动十分盛行。孔子（前552—前479年）为了恢复宗周时的礼治、王道而周游列国，进行游学和游说。《吕氏春秋·遇合》称："孔子周流海内，再干世主，如齐至卫，所见八十余君，委质为弟子者三千人。"他的足迹遍及齐、卫、陈、匡、蒲、魏、曹、宋、郑、周、叶、蔡、楚等春秋时的诸侯国。孔子的再传弟子孟子（前372—前289年）在40岁后，开始周游诸国，游说宋、魏、鲁等六国君主，用丰富的旅途经历和道听途说的见闻，打动君主，受到了热情接待和丰厚的馈赠。墨家始祖墨子（约前468—前376年）也"周行天下，上说下教"，游历于鲁、齐、梁、楚各地，宣传非攻和兼爱思想。墨家弟子在游说诸侯国途中，着短衣，穿草鞋，疾步如风，不乘车马，注重身体力行和言传身教。苏秦、张仪等人也因游说活动，而纵横天下。苏秦每一次游说诸侯，"出游数岁，大困而归，兄弟嫂妹妻妾窃皆笑之"①。后刻苦自励，终于在第二次游说时大获成功，使东方六国"合纵抗秦"。这次成功得力于他在旅途中的地理形势考察和对各国大势的判断。其同门师弟张仪出山后，也游说秦惠王，成功推行了"连横亲秦"的外交策略。

先秦时期，商人的游贾活动也频繁展开。早在《尚书·酒诰》中就有"肇牵车牛远服贾"的记载。《周易》也记载了不少商务旅游活动，其中需、随、复、丰、旅等卦最为集中。如《复卦》的卦辞说："复。亨。出入无疾，朋来无咎。反复其道，七日来复。利有攸往。"意思是卜得此卦，则出门经商不会病，能够顺利地赚回钱，七天就可以走个来回。春秋战国时，商人的旅游活动比较频

① 《史记·苏秦列传》。

繁。郑国商人弦高远行贩牛，子贡、范蠡也都往来经商，白圭的商务活动使其成为巨富。大商人吕不韦前往赵国首都邯郸经商，并来往各地进行买卖，最终待价而沽，买来了秦国的大权。先秦时，其他阶层的旅游虽不及帝王巡游显赫，但也开始分其光彩。

二、游畋、游览等休闲性旅游的兴起

劳作性旅游引发了休闲性（即游戏性）旅游的产生。据《风俗通》载，原始部落首领共工之子脩“好远游，舟车所至，足迹所达，靡不穷览”。传说黄帝妻子嫘祖也好游，死后被尊为路神。夏以后，国家产生，阶级形成，帝王成为国家权力的最高体现。他们的巡游除了控临疆土之外，还因权力的滥用而出现了伴随性的娱乐活动，甚至发展为专门性的娱乐性旅游。夏王太康，性好出游，结果为羿所逐。周穆王的巡游则富于浪漫神奇的色彩。据《列子·周穆王》载，周穆王受到西方魔术师的诱惑而“肆意远游”。《穆天子传》则以浪漫的笔调将此次西巡描述得出神入化，说他不远万里，抵达昆仑，在瑶池会见了西王母。同时还游览了春山、文山、九阿，流连于黄帝的行宫、园林以及夏启的故居，驾鹿在山中穿行，或采集玉石，或观赏桑事，或水边读书，或露宿于野，或聚饮，或游猎垂钓。穆王的这次出游，大约发生在公元前9世纪，《左传》对此也有记载，称穆王“欲肆其心”，渴望得到驰骋放肆的快意，要走遍天下，使各处都留下自己的车马迹。其行走路线的距离，《穆天子传》卷4称“各行兼数三万有五千里”，而《竹书纪年》更夸大其词地说穆王“西征还，履天下亿有九万里”。西周末，幽王因宠幸褒姒而肆意游乐，终于国破身亡。春秋时鲁庄公也曾专程到齐国观社，以尽欢娱。

从劳作向休闲旅游的转变，晏子对此有敏锐的觉察，指出上古“天子适诸侯曰巡狩”，巡狩目的“无非事也”，而今之巡狩则“不然”，游玩的目的十分明显，弄得劳民伤财。① 狩猎本来是先民的劳作性旅行活动，到后来竟被游乐化，成为上流社会帝王和贵族们

---

① 《孟子·梁惠王下》。

的休闲旅游活动，反映了人性追求轻松自由的不可遏止的冲动。甲骨文中就记载了许多商代帝王狩猎的事情，达186条之多。商朝诸君酷好游猎，已经到了不要命的地步，武乙“猎于河渭之间，暴雷，武乙震死”①。周初虽以殷为鉴，但后代国王都难遏游猎欲望，昭王、宣王也都因为游猎而丧生。宣王游猎甫田时，“四黄既驾，两骖不猗。不失其驰，舍矢如破。萧萧马鸣，悠悠旆旌”②，十分壮观。西周对游猎有制度性的规定，据《毛诗训诂传》称猎场的规模“天子百里，诸侯四十里”。周朝还专设“驺虞”职官，管理苑囿和游猎事务，将平时豢养的群兽，在国王游猎时驱赶出来，供国王射猎之用。东周时，一年四季都有游猎活动，即春曰搜，夏曰苗，秋曰狝，冬曰狩。

先秦其他社会阶层的游戏性旅游与其劳作性旅行相伴而生。孔子一行在周宋观礼、观蜡，便具有游览观光的性质。他还曾“登东山而小鲁，登泰山而小天下”。孔子可谓深通登临之乐。登临高山，可以开阔视野，俯视广袤空间。山岳是大自然景观的骨干和中心，为旷观远望提供了高空优势，孔子不断地登临更高的山岳，反映了他的审美追求。当曾点述说自己的志向是“将暮春者，春服既成，冠者五六人，童子六七人，浴乎沂，风乎舞雩，咏而归”时，孔子表示由衷的赞同：“吾与点也!”③ 说明他也是十分向往休闲旅游的。公元前544年，吴公子季札在鲁国旅行访问时，顺次欣赏了宗周、邶、鄘、卫、郑、齐、豳、魏、唐等地的音乐以及宗周的舞蹈，用以鉴别和评价各国不同的民风与政风之美，使旅游的游戏审美性更加突出。在上层社会以巡游和狩猎为娱乐的同时，下层群众也开始在民俗性节日将旅游作为男女嬉戏的活动。《诗经·君子阳阳》反映青年男女相约去郊外旅游。《野有蔓草》和《泽陂》写在郊外漫游时，意外遇到了美丽人儿，结伴同游。《溱洧》则描写了少男少女在良辰美景中结伴游春的美丽图景。《诗·大

① 《史记·殷本纪》。
② 《诗·小雅·车攻》。
③ 《论语·先进》。

雅·板》吟云："昊天曰旦，及尔游衍。"所谓"游衍"，就是包括旅游在内的游乐活动。

这种将旅游游戏化、审美化的倾向，在当时的典籍中能够得到充分的印证。《周易》对旅游的性质和价值作了简要的论述，《观卦》六五爻辞称："观国之光，利用宾于王。"到异国去出使旅游，作为东道国国王的贵宾，去游观那里的民风、政绩和其他美好的事物，是吉利的。这里率先提出了"观光"的概念，至今台湾仍用观光指代旅游。《豫卦》中提出了"由（游）豫"的概念。爻辞九四解释云："豫大有得，志大行也。"是说由豫是一种大有益处的活动，是可以纵志肆为的乐事。表明当时的人对旅游的意义有了一定的积极认识。《山海经》以审美眼光描写了许多史前的山川风景："槐江之山……南望昆仑，其光熊熊，其气魂魂"，"爰有滛水，其清洛洛"。又写道："太华之山，削成四方。其高五千仞，广千里。"反映出当时的旅游者已经利用巅峰开阔了视野，纵览山川。《山海经》所记"游戏之山"、"发鸠之山"、"空桑之山"等大多是从游览视角记述的。它还将许多异地山川中的事物冠以"美贝"、"美桑"等以"美"为名的称呼，《山海经》中有50多个条目记述奇异的国风和民俗，如聂耳国、枭阳国、长臂国、黑齿国、无肠国等，既开明代《西游记》之先声，也开三千年后《格列佛游记》之先河。有人指出："在原始条件下，《山海经》的远方信息，只能来自旅行见闻或旅行交往中的传闻。一些风光、风情与传说的叙述，反映着远古旅行家对远方大自然和社会的向往。"①《吕氏春秋》集中讨论了游览的实践特征与规范。在《仲夏记》里，作者从气象、生态和人体生命活动的规律等几个方面论证，指出仲夏（阴历五月）"可以居高明，可以远眺望，可以登山陵，可以处台榭"，是一个可以尽收游览旷观之美的最佳节令。作者还十分精辟地讨论了游览区别于一般活动，特别是区别于一般享乐活动的特征和旨趣。

---

① 张复：《旅游文化》，北方文艺出版社1991年版，第23页。

第二节 早期旅游观念的萌生与形成

旅游活动本是迫于劳作谋生的自发行为，但一旦旅游活动发展起来，便萌生和形成了最初的旅游观念。最早的旅行和观光概念出现于远古占卜书《周易》之中，其爻辞与殷商甲骨文在贞卜的事项、用语和篇幅上都很相似。爻辞中关于旅行的内容比较丰富，约有29个卦中含有旅行的内容，如果将涉及游猎、出入、往来、涉水、等客、作客、商旅、迁徙的内容计入的话，则多达220个条目。如《大畜》载“良马逐，利艰贞，曰闲舆卫，利有攸往。”意思是驾上好马拉的马车去旅行，尽管道路艰险，仍会一路顺利和平安。《周易》中最早出现了“旅”、“观光”、“由豫”等概念。由于旅途险恶和交通艰难，先秦百姓对出游都深怀戒惧，以为旅途中布满鬼怪神奸和异域凶民。然而，部分文人却产生了壮游观念，他们以“人定胜天”思想为指导，鼓励人们勇敢地跨出家门，壮游天涯。荀子指出：“不登高山，不知天之高也；不临深溪，不知地之厚也。”① 为了鼓励被保守观念羁绊着的人们踏上旅游之路，还为其设计了具体方法。《老子》指出：“千里之行，始于足下。”《礼记·中庸》也说：“行远必自迩，辟（譬）如登高必自卑。”荀子认为，千里远行是一小步一小步积累而成的：“不积跬步，无以至千里。”他还鼓励人们，走得慢不要紧，只要踏踏实实地去走，就一定能到达终点：“骐骥一跃，不能十步，驽马十驾，功在不舍。”② 这些观念，对于上古旅行的发展，确实起到了推进作用。

春秋战国时期，是百家争鸣的时代，各种旅游观念和思想纷至沓来。儒家提出了君子“比德”的旅游观念和“进退二观”。所谓君子“比德”观，是指将山水附会上道德品性，进而鼓励人们到山水中去旅游，以从山水中获得道德力量。“比德”观的创始人孔

---

① 《荀子·劝学》。

② 《荀子·劝学》。

子提出："知者乐水，仁者乐山；知者动，仁者静；知者乐，仁者寿。"① 他曾通过观察河水的流逝，发出"逝者如斯夫，不舍昼夜"② 的感叹，从中获得洞察宇宙和人生奥秘的智慧。这对孟子有较大的影响。《孟子·离娄下》载：徐子问曾子道："仲尼亟称于水曰：'水哉！水哉！'何取于水也？"曾子答道："原泉混混，不舍昼夜，盈科而后进，放乎四海，有本者如是：是之取尔。"可见曾子也认为水有德行，君子当吸取之。旅游山川成了儒家锻冶道德的手段。文化的实质是"人化自然"。把山水自然赋予道德品格，是先秦时"人化自然"的必然结果，将游览山川这种人类审美和怡情活动当作道德修身看待，是以伦理为核心的儒家思想改造世界的一种努力。正是孔夫子"知者乐水，仁者乐山"的旅游观念，促进了中国士大夫的山水旅游活动，使历代儒生士大夫都纵情山水，以涵养性情。由于比德观的影响，中国古代的旅游出现向善的倾向，塑造了中国旅游者的道德人格。先秦时期，是人类正在用人的理性化育自然的时代，所以把山川自然赋予道德人格，并通过对山川的旅游观览来反照人类，陶铸人品。

儒家还提出了促进旅游的"进退二观"。孟子提出"穷则独善其身，达则兼济天下"③，独善其身的良好办法就是退隐山林，保持操守。当一位士大夫仕途失意时，为了维护内心的平衡与纯真，保持节操，隐居山林，纵情山水，通过游历名山大川来排遣心中的郁闷，无疑是最佳的手段。向以复古为宗的儒家，其"退隐山林"观念取自于原始社会的隐逸高士。如尧时的许由和舜时的无择。他们在人类走出大自然形成大社会的过程中，执著地留在自然山水中，枕石漱水，保持着纯真的心灵。于是，富有崇古情怀的儒家认为，若仕途畅达，则进而兼济天下，若仕途穷困，则退而独善其身，像上古的隐士那样纵情山水之间，保持操守、陶冶性情。"进退二观"对士大夫的旅游影响深远。儒家在建立"修身、齐家、

① 《论语·雍也》。
② 《孟子·离娄下》。
③ 《孟子·尽心上》。

治国、平天下”人生坐标的同时，也提供了士人“进”与“退”的选择。于是，古代出现了无数的隐士，都把山水旅游当作仕途失意时的心理寄托。

道家祖师老子在其《道德经》中，向人们描述了回归自然状态的“魅力”。他还提出了“得至美而游乎至乐”的旅游观念。在《庄子·田子方》中，孔子与老子对“游是”进行了讨论。孔子问：“请问游是。”老聃答道：“夫得是至美至乐也。得至美而游乎至乐，谓之至人。”可见老子把“至美”和“至乐”作为“游”的最高境界。庄子则提出了“乘物以游心”的观念，认为人应该超越物质，达到让心灵自由遨游的境界，让“万物与我为一”①。为此，他提出了“逍遥游”的观念，并用飘逸和洒脱的文笔描写了“逍遥游”的美妙意境。他认为“天地有大美而不言”，因此他不断幻想自己变身为鲲鹏和蝴蝶，在大自然中遨游和飞翔，以追求自然界的自由之境，感知“山林与，皋壤与，使我欣欣然而乐与”② 的快乐。当然，庄子的这种旅游观，是非现实的，属于“神游”观念，开启了中国传统旅游中另类的观念，苏轼的“故国神游”即属此类。此外，庄子追述舜时的隐士无择，当舜将禅位于他时，坚辞不受，说：“就薮泽，处闲旷，此江海之士，避代之人，闲暇者之所好也。”③ 勾画了回归自然的真隐之士的潇洒。

由于先秦时期上层贵族追求极意游乐，导致了休闲娱乐性旅游的抬头。但是，在征服自然和创造财富能力极其低下的上古社会，不可能让这种瓦解人们劳作意志的行为任意蔓延，于是，为了遏止这股浊流，社会礼制和伦理思想开始对游戏性旅游加以限制，并制定出一套伦理规范和礼乐制度，以对这种能令人麻醉的“幽灵”进行防范。“君子所其无逸”，就是远古产生的一种较为健全的游乐规范和观念。君子的行为不是为了安逸玩乐，而是为了勤于政事。《孟子》所载夏谚道：“吾王不游，吾何以休；吾王不豫，吾

① 《庄子·人间世》；《庄子·齐物论》。

② 《庄子·知北游》。

③ 《后汉书·逸民列传》。

何以助。一游一豫为诸侯度。”表明在夏代百姓的心中，帝王巡游应是以处理政事、为民谋福为宗旨的。对于那些漫无节制的享受性旅游，先秦伦理和礼制便加以抵制和约束。《尚书·无逸》中舜将丹朱的“漫游”作为反面教材警示群臣。该篇还认为，夏王太康失国完全是由于盘游无度，十旬不返的缘故。同时以周文王为正面教材，指出“文王不敢盘于游田”，所以才“享国五十年”之久，并进而提出了针对游戏性旅游的伦理规范：“无淫于观、于逸、于游、于田。”《尚书·大禹谟》中，亦把限制游乐与加强法制、任贤去邪等主张并提，提出了“罔失法度，罔游于逸，罔淫于乐”的准则和规章。当然，先秦也注意到游乐发生的必然性，并不反对适度游乐——“引逸”，只反对过度的游乐——“不适逸”者。《尚书·多士》称：“上帝引逸，有夏不适逸，则惟帝降格。”反对的是《无逸》所说的那种“不知稼穑之艰难，不闻小人之劳，惟耽乐之从”的旅游行为。因此，正确的旅游规范是“先知稼穑之艰难乃逸”，即游戏必须以劳作为前提，旅游也不例外。

至此，中国古代旅游文化基本定型。旅游的劳作性得到肯认，而其游戏性虽然受到承认，但被套上了伦理和礼制的规范。旅游文化的主体一直以上层社会成员为基本构成，社会的下层则被农本社会束缚在土地上，少有出游。旅游的客体、中介、制度乃至风俗等环节和因素都因为主体的活动而迭相发生，并因为主体道德修身的取向而形成相应的伦理特征。在世界东方的广大区域里，形成了以观物修身为主旨、以稳健内敛为性格的独树一帜的中国旅游文化体系。

第三节　早期旅行制度、风俗和设施的出现

一、先秦旅行制度

随着旅行和旅游活动的发生和发展，中国出现了旅行制度和规范。周朝时，便设立了旅行管理的官员。周文王的官吏中设置有交通事务的主管官员，职能是“依其山川，通其舟车”。据《国语·

周语》中引述《秩官》记载，周初已形成一整套迎宾的专职吏员、程序和规格。关报、向导、郊外迎接、道路清理、宗庙祭礼、宾馆管理、途经安全乃至贵宾的饮食、取暖、洗濯、车马保养等都有专人管理，接见有严格的规格。要求做到亲切周到，“宾入如归”，“小大莫不怀爱”。

同时，统治者为了政权的稳固，制定了限制下层群众旅游和旅行的制度。具体说来，就是实行关禁和通行证制度，在城门、路口、关隘等处设立岗哨或稽查站，布置兵士，盘查来往行人，检查通行证——传、符、节等；在旅馆住宿则需出示身份证，严格规定“无节者不行于天下”，没有通行证不许外出旅行。《周礼·地官》规定“大司徒”的职责之一是“令无节者不行于天下”。郑玄注释说“有节乃得行，防奸私也”。还规定“比长”的职责是掌管邻里的和睦和安定，若邻里某家犯罪需迁往他乡时，则要插上旗帜并发给通行证“节”，并由比长送达。如果既无比长送行(“授”)，又无通行证(“节”)，则可将这家人关进监狱(“圜土”)。又在“掌节”中叙述了各种通行证、身份证的形式和形状，以及这些证件在旅行时的作用：掌节掌管邦国所用的节，辨别各种节的用处，以辅行王者的政令。守邦国的诸侯用玉节，守都鄙的大夫用角节。凡邦国使臣所用的节，山地之国所用的铸有虎形的节，平地之国所用的铸有人形的节，泽地之国所用的铸有龙形的节，都用金属制成，同时还以刻有文字的竹箭“英荡”作为辅助证件。出入关门用符节，货物通行用玺节，通行道路用旌节，各种节都有规定的有效日期，到期则归还注销。凡通行天下的行旅必须有节，同时附上“传”(信符)，如果没有节的话，抓住了就要关进监狱。另外，“司关”和“司门”中也讲到当时使用通行证的情况。总之，周时的通行证由节和传两部分组成，节是凭证，传是刻有持节者身份、任务的信符。以节为主，辅助以传。尽管《周礼》附会了后人理想的成分，但多少能够反映周代旅行制度上的一些梗概。周代还推行宵禁制度，规定夜间不许出门和行走。据《周礼》载，当时还设立了管理宵禁的官职司寤氏。《周礼·秋官·司寤氏》云：“御晨行者，禁宵行者、夜游者也。”战国时齐国孟尝君连夜逃离秦国时，遇关受阻。关隘实行的是宵禁，鸡鸣天亮时才会开门放行。于是孟尝君的门客学鸡叫，这才得以逃脱虎口。

对旅行的管理，还包括对私人逆旅的限制和规范。战国时，法家在一些国家当政，推行打击私营逆旅措施。在云梦睡虎地秦简中，发现了魏国律令《魏户律》及《魏奔命律》，上面均有打击商人和私营旅馆主的法令。其大意是说，对于商贾和经营逆旅（旅馆）的人，不准立户，还要杀掉他们，让他们的同族兄弟去充军。这些早期的旅行制度和政策，对旅游起到了或促进或抑制的作用。

西周时形成了旅行上的“贱避贵”制度。其中的“清道回避”制度，不仅要求行人回避君主和官吏，而且政府派人清除道路上的行人。周天子每次出行，都有卫士前呼后拥地为他清道开路。据《周礼·秋官》“士师”之职为“王燕出入，则前驱而辟道”，还负责“跸宫中庙中”。据注释称：“国有事，王当出，则宫正主禁绝行者。若今时卫士填街跸也。”所谓跸就是把街上行人赶走以保证帝王行走安全，反映了上古时代尊贵者在交通旅行上享有优先权。尽管“清道回避”制度扰民万分，但在统治者眼中却是一种威风。不过，孟子认为，如果国君能够很好地治理国家，即使享受这一权利，也是可以接受的。① 官吏出行时也要求百姓回避。《周礼》记载了回避官吏出行的很多规定，如《秋官》“乡士职”载：“三公若有邦事，则为驱而避。”又“遂士”载：“六卿若有邦事，则为前驱而避。”“县士”载：“若大夫有邦事，则为之前驱而避。”可见周朝官吏出行时都有相应的“清道回避”制度维护其安全和显示其威风。春秋时，卿大夫在旅行途中若与平民百姓狭路相逢，则怪其不避，鞭打百姓。《韩诗外传》卷8载：晋君召大夫伯宗，伯宗道逢辇者（驾车人），因为对方的车在路中间行驶，没有回避，伯宗便令其车右挥鞭欲打对方。出行相遇时的“贱避贵”原则，在战国时仍然流行。如果尊者发扬风格，以贵避贱，甚至会让尊者的门人感到羞耻。赵国上卿蔺相如位在名将廉颇之上，但是“望见廉颇，相如引车避匿”，让蔺相如的门人无地自容，指出：“臣所以

---

① 《孟子·离娄下》：“君子平其政，行辟人可也。”

去亲戚而事君者，徒慕君之高义也。今君与廉颇同列，廉君宣恶言而君畏匿之，恐惧殊甚，且庸人尚羞之，况于将相乎！臣等不肖，请辞去。”①

由于父系社会取代了母系社会，妇女地位急剧下降，于是在旅行中形成了“女避男”的制度。妇女在旅行中必须回避男子，否则将受到严厉的处罚。据《淮南子》称，此法始于颛顼之时：“帝颛顼之法，妇人不避男子于路者，拂之于四达之衢。”即把“冒犯”男人的妇女放在通衢大道上“除其不祥”。

二、先秦旅游风俗

先秦旅游是一件十分困难的事，因此常常要靠信仰和风俗支撑。出行前，一般要进行“祖道”和饯行，以抚慰出行的决心。

所谓祖道，就是举行一些宗教迷信的仪式，如旅行者若乘车出行，则从车的左边上车赶车一圈下来，再由巫祝登车接过车辔。将预先堆在地上的土堆用菩刍棘柏装饰，作为行神的象征，用脂和羝羊作为祭品，滤酒焚香以祭，然后用车把菩刍棘柏及土堆载走，其意义是“喻无险也”。这种祖道活动也叫“犯跋”。当然这套仪式并不包括徒步行走的人，而且随着时代的推移，这套仪式也在不断地变化。通过祖道仪式，将道神或行神祭祀好，以免道神或行神在旅客出行的途中发怒和施威，导致灾难或不测。

最早的祖道活动见载于《诗经》，《烝民》篇说：“仲山甫出祖。”是说仲山甫出行时进行了祖道活动。《韩奕》篇也提到过祖道活动：“韩侯出祖。”东周时的史籍《左传·昭公七年》也有关于祖道的记载：“梦襄公祖”，“襄公将适楚，梦周公祖而遣之”。这里的“祖”都是动词，即祖道。荆轲在前往秦国刺秦王之前，也曾在易水河祖道祭神，演出了“风萧萧兮易水寒，壮士一去兮不复还”的悲壮一幕。

由于出行不易，道路艰阻，游客很有可能一去不复返了，因此家人朋友在其出行时，常常要举行隆重的饯行仪式，置办酒宴，为

---

① 《史记·廉颇蔺相如列传》。

之送行，于是形成了饯行风俗。饯行仪式是从祖道发展而来的，从娱神的祖道，演变为娱人的饯行。饯行风俗早在西周时就已盛行。据《诗经·崧高》载："申伯信迈，王饯于郿。"是说申伯在住宿后准备离开，周王在郿地为他饯行。《诗经·泉水》又说："出宿于干，饮饯于言。"也反映了古代旅行时饯行送别的习俗。《仪礼·聘礼》载："乃舍軷饮酒于其侧。"郑玄解释说："大夫道祭无牲牢，酒脯而已。故祭毕，又于旁饮酒以饯别也。"可见，古代旅行者出行时，先要祖道，即祭路神，然后另设酒宴以饯行送别。可以说饯行与祖道是一对孪生兄弟，二者并举，反映了古人出行前既敬神又重人，既求行神保佑旅行者，又请旅行者自我保重。这是中国文化中神教未能控制世俗的表现之一。

三、先秦旅游设施与条件

先秦时期，中国出现了最早的旅游设施，诸如游园、道路、旅馆等。

随着帝王率先将旅游游乐化，上层社会的专用景观和游园开始营建。据先秦典籍记载，商之鹿台、周之骊山，皆是当时帝王旅游的专门游园。春秋战国时期，上层社会兴建的游观苑囿令人目不暇给，如郑国的原圃，晋国的桃园，秦国的畤原、具圃，鲁国的浦囿、蛇渊园、郎园、鹿囿，齐国的姑棼、贝丘，吴国的琅玡台，越国的乐野、驾台、离台、冰室，楚国的荆台、层台、章华台、云梦泽等，都是著名的园林。

与帝王巡游相应的是道路的大规模建设和整治。据《诗经》载，早在公元前10世纪，周朝就进行了披荆斩棘拓修道路的工程。《大雅·大东》描述了周初可以称为最早公路的"周行"（或称"周道"）大道，"周道如砥，其直如矢"，形容它像磨刀石一样平，像出弦的箭一样直。但它是"君子所履，小人所视"的等级特权之路，专供帝王和贵族们使用。《诗经》还多次提到过"行彼周道"，"瞻彼周道"，"踧踧周道"，"周道倭迟"。从《考工记》所记的野途五轨或三轨推算，周代城市间的大道，约宽7米至15米；从《国语》和《周礼》记载可知，周代的大路旁也种有树木，可以说是秦汉驰道的鼻祖。

旅馆的建设，在周的先人公刘迁都豳地，对新都城进行建设时，就有所规划。当时称之为“庐旅”。此后还将旅馆建设与道路修筑结合进行，在大道的两旁栽上成排的树，每十里建有庐舍为旅行者提供饮食，并建有“寓望”(又称“舍”)，用来接待一般旅客。周代在朝廷还建立了专门接待国宾的食宿设施——“馆”，并制定了“宾入如归”的管理方针。至春秋战国时期，周朝瓦解，列国并立，各诸侯国均以平等身份交往，所以当时各国都设立了自己的国宾馆——“诸侯馆”。据《左传》载，襄公三十一年，郑国子产随郑伯往晋，晋侯不见，把他们安置在简陋的馆舍中。子产不满，“使尽坏其馆之垣而纳车马”。于是，晋国掌管宾客事务的官员士文伯说，虽然晋国盗贼充斥，但是“令吏人完客所馆，高其闬闳，厚其墙垣，以无忧客使”。他指责子产“今吾子坏之，虽从者能戒，其若异客何？以敝邑之为盟主，缮完葺墙，以待宾客。若皆毁之，其何以共命？”子产则辩解说，他们从郑国带来了很多贡物，却久不得召见，而贡物却不能久露于外，故坏宾馆之墙垣使车马进来，并责备晋国使“诸侯舍于隶人，门不容车”，怠慢宾客。晋侯无奈，只得接见了郑伯。当郑伯及子产一走，晋国“乃筑诸侯之馆”。诸侯馆可以说是我国最早见于史籍的国宾馆。

除了国宾馆和诸侯馆外，先秦时历代政府都建立了官方驿站体系。

驿传制度至少起源于殷商时代。于省吾在其《甲骨文字释林·殷代的交通工具和驲传制度》一文中指出：“前人多说驲传之制起于春秋，现在知道殷代已有‘遷’和‘传’。‘遷’与‘逕’是‘驲’的本字，‘驲’是后起的假借字。古籍称乘车曰驲曰传，乘马曰递曰驿，二者是有分别的。后世专以马递，所以驿字行而驲字废，更不知道初名之本作逕或遷。”自殷商以来，我国便出现了为驿传服务的官方旅馆，其名称繁多，如传舍、驿、舍邮亭、亭、驿站、马递铺、铺舍等。战国时，“亭”似乎已在驿传中发挥着重要作用。据贾谊《新序·杂事四》称：梁边县“与楚邻界，梁之边亭与楚之边亭皆种瓜”。又《高士传》卷上载：始皇赐金璧“置阜乡亭"。以上两处记载都是后人追记的，是否战国时驿传旅馆称"亭"，尚待进一步考证。当然，如果出行于野，那就只得临时建立宿营地。周王经常在野外会同诸侯，便以车搭建宿舍。据《周礼·天官》记载："掌舍，掌王之会同之舍，设梐枑再重，设车宫辕门。"

除了官方旅馆外，先秦时私人逆旅也开始出现。据说远古时"许由辞尧之命，而舍于逆旅"，当是私人开设的小旅馆。《周易》的旅卦专门用于占卜旅行吉凶。该卦讲了三个旅行事件。其中讲到，某旅客住进旅店，买了一个男仆，不料旅店着火，男仆和钱随之丢失，只得换了一家旅店。虽然又找到了一些钱，但还是心生不快。这里反映出远古已经有了旅店服务的雏形。这种旅馆在春秋战国时期获得了很大的发展。西周武王灭商后，大封天下，师尚父受封于齐，向东就国时，晚上就下榻逆旅，但他"道宿行迟"，"逆旅之人"就指责他"客寝甚安，殆非就国者也"。师尚父于是"夜衣而行，犁明至国"。① 《庄子·山木》也有"阳子之宋，宿于逆旅"的记载。商鞅在所依靠的秦孝公死后，仓皇出逃，但在过关后受阻，只得逃到一家私人逆旅投宿，但因没有身份证("验")而遭拒。《史记·商君列传》载："秦孝公卒，太子立。公子虔之徒告商君欲反，发吏捕商君。商君亡至关下，欲舍客舍。客人不知其是商君也，曰：'商君之法，舍人无验者坐之。'商君喟然叹曰：'嗟乎，为法之敝一至此哉！'" 此事说明，战国时私人客舍或逆旅已经常见，但在秦国这样的法家执政的国家，还是受到了严格的限制。

先秦旅游乘坐的工具，经历了一个从牛车到马车的过程。原始时代人们出行多乘牛车。宋人程大昌称："上古驾车则皆驾牛，无用马者，故《易》曰'服牛乘马'也，又曰'皖彼牵牛，不以服箱'，则牛服之谓也。"② 然而，他却不知周代以后出行多乘马车。西周穆王乘八骏马西游昆仑，春秋战国时不仅作战用战车（马

---

① 《史记·齐太公世家》。

② 程大昌：《演繁露》卷1"牛车"。

车)，出行也多乘马车。孟尝君门客冯谖曾埋怨“出无车”。南辕北辙故事中，驾车人自诩“吾马良”，也说明当时以乘马车为时尚。

先秦旅行在外，吃饭问题常需自己解决。除官员依靠驿传外，庶民旅客外出旅行或游学必须自带干粮，沿途饮爨，相当麻烦。《庄子·逍遥游》称：“适百里者宿舂粮，适千里者三月聚粮。”意思是说，旅行百里之外的旅客，要隔夜捣舂粮食；旅行千里之外的，要花三个月时间来准备粮食。《庄子·胠箧篇》又讲：“某有所贤者，赢粮而趣之。”是说知道某人贤明后，便自带(“赢”是“担”的意思）粮食前往就学。该书《庚桑楚篇》还记载：南荣趎曾打算向庚桑子学习，庚桑子说：“我的才学不够，不足以教你。你为什么不到南面去拜老子为师呢?”于是，南荣趎便“赢粮，七日七夜至老子之所”。好学上进的南氏挑着粮食，走了七天七夜来到了老子的家，向这位道家鼻祖求学。《列子·汤问》也记述了一次古代自备粮食的旅行：商丘开借来粮食，用畚箕挑着，来到子华的家。如果自带粮食在路上吃完，那么旅行者只好讨饭了。《列子》载：“韩娥东之齐，粮匮。过雍门鬻歌假食。”韩娥东至齐国，途中粮尽，只好在雍门卖唱乞食。旅行者如果粮尽，一时又不能讨到饭吃，就只能挨饿了。据《论语》载，孔子周游列国时，在陈绝粮，随行者多病，莫能站起，真可谓山穷水尽。

上古旅行，除了自带粮食外，还必须自带锅盆自己做饭。尚秉和指出：“古裹粮旅行，饭须自炊者，势也。自炊则须携釜鬲。”釜是锅，鬲是盛器。据《孟子·万章下》载：“孔子之去齐，接淅而行。”赵岐解释说“淅”就是“渍米”，即淘洗过的米。当时由于遇到突发事件，来不及做饭，端起淘米就跑，说明孔子旅行自备饮具做饭。另据《史记·蔡泽传》记载道：“蔡泽者，燕人也。游学干诸侯小大甚众……去之赵，见逐。之韩、魏，遇夺釜鬲于途。”蔡泽在前往韩、魏的旅行途中，自带锅盆等炊具，某次不幸遇盗，炊具竟被夺了去。尚秉和推断道：“盖春秋时虽有逆旅，而不鬻食。客至，假釜鬲为炊。少则可，众则有时不给。故必自携，始便于用。夫釜鬲尚须自备，则匕箸碗勺之类，更不待言。以是证古行李之繁多，过今日十倍。”旅行者如果幸运，也会遇到善良的人供其饮食。有一次，子路随孔子外出旅行，与孔子走散，遇见一老翁，老翁“止子路宿，杀鸡为黍而食之”①。“为黍”，意思是做小米饭。然而，先秦时期人烟稀少，能够在外面碰见人实属不易，忍饥挨饿应是行旅之常态。中国人就在这样的条件下，艰难地、勇敢地跋涉着，前进着。

① 《论语·微子》。

第二章

秦汉旅游的进步

秦汉（前 221—220 年）是中国中央集权制大帝国形成时期，国家的统一和疆界的扩大，为旅游提供了良好的条件。为了控制幅员辽阔的国土，秦汉帝国建立了四通八达的邮路和驿站，大大促进了公务旅行，加快了社会节奏。秦皇汉武的强力统治，导致帝王巡游大规模地频繁举行。汉初 70 年的无为而治，造成了商务旅游的发达和私人逆旅的复兴，而武帝时抗击匈奴和振作有为的政策，又使探险旅游、考察旅游迭相兴起。随着丝绸之路的开辟，往来于途的西方商人和僧人频繁地进入中国腹地。独尊儒术的政策，使儒家学说独盛一时，游学成风，同时也使儒家伦理本位的旅游观盛行于世。与此同时，道家的旅游观也为世所重，引起了东汉一大批高士逸民回归自然。这一切都表明了秦汉两代是中国旅游史上长足进步的时期。

第一节　秦皇汉武诸帝的大规模巡游

秦汉时期，帝王巡游成为令人瞩目的旅游活动。

秦灭七国后，为巩固统一，秦始皇从始皇二十七年到始皇三十七年的11年间，进行了五次大规模的巡游。第一次巡陇西、北地。第二次东行郡县，攀上邹峄山，立石。继续旅行，登上了巍峨的泰山，封五大夫松，立石刻碑以颂秦德。然后向东沿渤海前进，登芝罘、琅琊，过彭城（徐州），南渡淮水，登衡山，折而北还，经南郡由武关回到首都咸阳。第三次东游，至阳武博浪沙，经历了刺客袭击的惊心动魄的场面后，继续东游，再登芝罘、琅琊，过恒山，从山西上党归咸阳。第四次，秦始皇东临碣石，观看了波涛汹涌的大海。第五次，是向南出游，至云梦，登九嶷山，祭祀虞舜。然后折而向东，过丹阳，抵杭州，临浙江，因水波汹涌，乃西行一百二十里，从狭处渡江，上会稽，祭祀大禹。然后自海船向北行至琅琊，登荣成、芝罘，在海边射杀一巨鱼。当回驾至平原津时，不慎得病，至沙丘而崩。其巡游足迹遍及秦朝疆域。西至陇西、北地，东至山东泰山、渤海、芝罘、琅琊，南至湖南衡山、南郡，湖北云梦，浙江钱塘、会稽，北至河北碣石、沙丘。黄河上下，大江南北，无不毕至。

与“秦皇”齐名的“汉武”，其巡游无论是从次数、区域，还是从规模上看，都胜过秦始皇，是汉以前皇帝中巡游次数最多、范围最广和规模最大的帝王。汉武帝的远游，以东巡和西游为最著。向东巡游共达13次之多，遍及东部许多重要地区，沿途经过了华山、嵩山、泰山等著名旅游胜地，最远抵达大海和辽西。向西巡游有6次，远抵陇地。向北和向南各一次。他的一生，有很大一部分时间是在旅途中度过的。身为国家最高统治者，四处巡游，对于了解下情、布置工作、抚定四方起到了重要作用。如元鼎四年冬十月，巡幸至夏阳、汾阴、荥阳、洛阳等地后，在诏书中称自己曾“询问耆老”。另一次巡游至黄河决口，令随从负薪堵之。他的西巡和北巡均是为了抗击外族侵扰，抚慰边陲民心。此外，汉武帝还有为数甚多的近游，主要是幸临行宫。武帝出巡，规模和声势都极为浩大，如元封元年冬十月，为震慑匈奴，他亲率大军北上，“行自云阳，北历上郡、西河、五原，出长城，登单于台，至朔方，临北河。勒兵十八万骑，旌旗径千余里，威震匈奴”。①

武帝之后，西汉诸帝再未有过如此大规模的巡游。汉宣帝多次巡游甘泉宫，郊祀于泰畤；巡游雍县，祭祀五帝，都属于近游。汉成帝倒是进行过四次河东巡幸，游过云阳，行幸了初陵。元延二年，他“行幸长杨宫，从胡客大校猎。宿萯阳宫”。②

至东汉，帝王巡游势头又呈旺盛之象。东汉开国皇帝刘秀，一生多次巡游。如建武十七年夏四月，他“南巡狩，皇太子及右翊公辅、楚公英、东海公阳、济南公康、东平公苍从，幸颍川，进幸叶、章陵。五月乙卯，车驾还宫”。在外游玩了一个月。十九年秋九月，他又“南巡狩，幸南阳，进幸汝南南顿县舍，置酒会，赐吏人”，免当地租税两年，可以说是衣锦还乡。然后继续前进，幸临淮阳和沛。直至次年二月，才车驾还宫。此次出巡，历时半年。二十年冬十月，再次东巡狩，过鲁，达东海、楚和沛国。十二月车驾还洛阳。三十年二月，他又一次东巡狩，幸鲁，进幸济南。中元元年正月，他东巡泰山封禅，“柴望岱宗，登封太山；甲午，禅于梁父”。北海王兴、齐王石朝于东岳。③ 据《续汉志》载：“时上御辇升山，即位于坛南，北面……再拜。禅祭地于梁阴……其玉牒文秘，刻石文辞。”至夏四月份才还都，巡游长达四个月。他还多次西游长安。建武二十二年春闰月，“幸长安，祠高庙，遂有事十一陵”。中元元年四月，“游幸长安，戊子，祀长陵”。④ 他数次巡游，都令诸王跟随，或令诸王汇合某地朝拜，有控制诸王之意。

汉明帝于永平二年冬十月“西巡狩，幸长安”，祭祀高祖庙及其他皇陵，“历览馆邑，会郡县吏，劳赐作乐”。十一月经过萧何、霍光墓，扶轼致敬。又“进幸河东”，赐所过官吏各有差，然后还至洛阳，历时长达二月有余。五年冬十月，明帝“行幸邺，与赵王栩会”。与刘秀巡南阳相似，明帝行邺也算是荣归故地，故常山

① 《汉书·武帝纪》
② 《汉书·成帝纪》。
③ 《后汉书·光武纪》。
④ 《后汉书·光武纪》。

三老请求优免赋税，遂免赋六岁，劳赐县吏。六年冬十月，明帝又东巡鲁地，致祭东海恭王陵墓，会见沛王刘辅、楚王刘英、济南王刘康等七个宗王，以敦睦亲情。十二月还幸阳城，遣使祭中岳。此次东巡，历时三月。十年闰月，明帝又向南巡游，幸南阳，祭祀章陵，瞻仰旧宅，“礼毕，召校官子弟作雅乐，奏《鹿鸣》。帝自御埙篪和之，以娱嘉宾”。明帝共计东游四次，西游和南游各两次。

汉章帝巡游比较注重节俭和避免扰民。建初七年九月巡游偃师、卷津、河南时，下诏：“车驾行秋稼，观收获，因涉郡界。皆精骑轻行，无它辎重。不得辄修道桥，远离城郭，遣吏逢迎，刺探起居，出入前后以为烦扰。动务省约，但患不能脱粟瓢饮耳。所过欲令贫弱有利。无违诏书。”此次东巡，还游览了淇园，进幸邺城。是年十月又西巡长安、槐里，获白鹿。幸长平，御池阳宫，东至高陵，造舟于泾水而还。历时三月。此后他又频繁出游，到过颍阳、南阳、江陵、定陶、济南、东阿、赵国、安邑、睢阳、沛、寿春等地，登临过泰山，遣使祭南岳、北岳，游观了盐池，当时的盐池长五十一里，宽七里，周长一百一十六里。尽管他的巡游有“宣声教”、“践堤防”、“询访耆老”、敦睦亲情、监控宗藩的目的，但也有游玩的意图。虽然他一再要求地方官不得遣使奉迎，自称不要扰民，但如此频繁地出游，仍然对百姓是一个沉重的负担。①

汉和帝也多次巡游，曾于永元十六年行幸缑氏，登百岯山。②汉安帝在延光三年春东巡狩，幸泰山，祭告岱宗。又曾西行长安，与三辅守令和掾史等“作乐”。四年二月南巡南阳，结果“帝不豫”，“幸叶，帝崩于乘舆，年三十二。秘不敢宣，所在上食问起居如故”，还都后才敢发丧。③ 安帝是继秦始皇之后另一个死在巡游途中的皇帝。汉桓帝巡游的游乐性质昭然若揭：多次校猎上林苑和广成苑，南巡时“幸云梦，临汉水”。汉灵帝也不例外，巡游时

---

① 《后汉书·章帝纪》。

② 《后汉书·和帝纪》。

③ 《后汉书·安帝纪》。

多极意寻欢，校猎上林苑和广成苑。光和四年，“驾四驴，帝躬自操辔，驱驰周旋，京师转相放效”。① 东汉从光武帝刘秀，明帝刘庄、章帝刘炟，到桓帝、灵帝，都不停歇地巡游，直到东汉最后一个皇帝献帝为豪强曹操所控制，东汉皇帝的肆意巡游才终于停止。

综合而言，秦汉帝王巡游的目的，以控临天下为主，以娱乐游玩为辅，通过对地方藩王的召集以增加中央的凝聚力和对地方的掌控，通过对山川的封禅祭祀等宗教活动，以实现对天下的精神统治，是工作与游戏相结合的一种旅游活动。其间工作与休闲成分之多寡，又因人而有稍异。汉武帝出巡多有征匈奴、考察形势的目的，但也包含着寻仙和游玩的意味，沿途游山玩水，封禅祭祀，所幸之地不是行宫，就是名山大川，如华山、泰山、嵩山等。像桓灵诸帝，巡游的游乐性质十分明显。秦汉帝王的巡游，规模巨大，千乘万骑，前呼后拥，是中国古代最大的旅游团，但其费用大多由沿途地方政府提供，是公费旅游的始作俑者。对于皇帝的巡游，当时的大臣是极力推崇的。秦宰相李斯在《上秦二世书》中提出“治驰道，兴游观，以见主之得意”的观点，西汉文学家司马相如也在《上林赋》中夸耀天子游猎时的盛大和奢华，大肆宣扬帝王的巡游活动，以强化中央集权制度。

秦汉时期是帝王巡游的黄金时代，魏晋以后，豪强大族控制政权，帝王巡游的美好时光宣告结束，世家大族的恣游活动取代帝王巡游，成为中国旅游史下一阶段的重要形态。

第二节　凿通西域与丝绸之路上的商务及宗教旅游

西汉初，实行“与民休息”政策，使商务旅游得到空前发展：“汉兴，海内为一，开关梁，弛山泽之禁，是以富商大贾周流天下。”② 商人们不仅忙碌经商，而且悠然游玩，常常“千里游傲，冠盖相望”。然而，随着贾谊、晁错重农抑商政策的推行，商务旅

① 《后汉书·灵帝纪》。

② 《史记·货殖列传》。

游受到抑制，及至武帝时张骞通西域后，又迎来了一个商务旅游的高峰，这便是在新开辟的丝绸之路上，从事国际商业活动，从中原到西域的商人和从外国到中国的贾客，络绎不绝。稍后，天竺僧人也沿着这条国际通路，来到中国，传播佛教，使宗教旅游活动得以展开。

一、西汉张骞的探险旅游与“凿通”西域

“凿通”西域、开辟丝绸之路的是汉中成固人张骞（前164—前114年）。张骞在汉武帝时期在朝廷担任郎（侍从）官，“为人强力，宽大信人”，具有坚强不屈、心胸博大和信守诺言的品德，以及“能涉远”的体力和技能，正是这样的品德和技能，使他在重重危机和艰难险阻面前，能够克服一切困难，实现探险旅游，完成重大使命。

张骞在历史上的最大贡献，便是两次出使西域，打通了汉朝与西域各国的联系，开辟了历史上的丝绸之路，使中西商人、传教士和使者往来不绝，推进了影响深远的国际旅游。他第一次奉汉武帝之命出使西域是在公元前138年。当时活跃在北方的匈奴对汉朝造成了很大的威胁，为了打破匈奴对汉朝的包围、联合西域各国共同对付匈奴，汉武帝决定招募勇士前往西域。汉武帝听说在敦煌、祁连一带曾生活过一个游牧民族大月氏（上古史书称为“禺氏”），秦汉之际攻占了附近乌孙国的土地，并与匈奴发生冲突。汉初，大月氏多次被匈奴冒顿单于打败；大月氏人被迫西迁至西北伊犁一带，赶走“塞人”，重新建国，但仍然时刻不忘报复匈奴，于是汉武帝派遣主动请缨的张骞携带结盟的书信，出使西域，联合大月氏，夹击匈奴。这无疑是一次冒险活动和探险之旅。把书信送达大月氏国，需要远行3 000多公里的艰难旅程，沿途既要穿过关山重重，又要突破匈奴人的层层包围，但张骞无所畏惧，带着100名使团人员，由一个归化的“胡人”——堂邑氏的家奴堂邑父做向导和翻译，向西域挺进。

汉代的所谓“西域”，有狭义和广义之分。狭义的西域，只包括敦煌、祁连以西，葱岭以东，天山南北，也就是今天的新疆地

区。而广义的西域，则包括新疆天山南北及葱岭（即帕米尔）以西的中亚、西亚、印度、高加索、黑海沿岸，甚至远达东欧、南欧。西域的天山北路为匈奴右部的右贤王和右将军所辖；天山南路气候干燥，仅散布着一些宜于耕种的绿洲，多以农业为生，兼营畜牧，汉初形成36国，建有城郭庐舍，被称为“城郭诸国”。若以道里计，则由甘肃出玉门、阳关南行，傍昆仑山北麓向西，经且末（今且末县）、于阗（今和田县），至莎车，为南道诸国；若出玉门、阳关后北行，由姑师（今吐鲁番）沿天山南麓向西，经焉耆、轮台、龟兹（今库车县），至疏勒，则为北道诸国。张骞通西域前，天山南路诸国也被匈奴征服，匈奴在焉耆设“僮仆都尉”，征收各国的粮食和羊马。在新疆西北部的伊犁河一带原住着“塞人”，后被大月氏人赶走，而大月氏后又被乌孙所驱逐。葱岭以西，分布着大宛、乌孙、大月氏、康居、大夏诸国，虽未直接沦为匈奴属国，但多少也受制于匈奴。张骞此行的目的，就是联合大月氏，沟通西域，在葱岭的东部和西部打破匈奴的控制，建立起汉朝的威信和影响。张骞便肩负这样的使命在茫茫大地上探索前行。

然而，张骞一行经陇西（今甘肃临洮）进入河西走廊后，不幸被匈奴骑兵俘获，解至匈奴王庭（今乌兰巴托附近）。张骞在匈奴被迫娶当地人为妻，并生了儿子，但他始终保留着汉使符节，时刻寻找逃出匈奴的机会。10年后，元光六年（前129年）张骞等人趁机逃脱。因为他们已学会了匈奴语言，身着胡服，并深谙通往西域的道路，因此未被匈奴人查获。张骞一行穿过茫茫沙漠，取道天山南路，经车师、焉耆、龟兹、疏勒，向西翻过葱岭，抵达大宛（今乌兹别克斯坦的塔什干附近）、康居（今哈萨克斯坦东南）和大夏（今阿姆河流域），最后才来到了大月氏（今阿富汗境内）。这次旅行极其艰苦，荒凉的戈壁滩上，热浪袭人；陡峭的葱岭上，白雪皑皑，寒风刺骨；沿途人烟稀少，水源奇缺，加上匆忙出逃，没有足够的食品，断粮后，仅靠堂邑父射杀的禽兽充饥，真可谓风餐露宿，备尝艰辛。许多随从因饥渴、疾病倒毙途中，葬身黄沙。但当他们找到大月氏国准备结盟时，发现已时过境迁。“行国”大月氏在这十余年里不断迁徙，先是在伊犁河一带被世敌乌孙驱逐，被迫向西迁移，而伊犁河畔则成了乌孙的居留地。后大月氏在阿姆河一带征服了当地的大夏国，因贪恋这里的地肥水美，无意东还报复匈奴了。张骞在大月氏盘桓一年多，在此期间曾越过妫水南下，抵达大夏的蓝氏城（今阿富汗的汗瓦齐拉巴德）。因最终无法说服大月氏，张骞一行于元朔元年（前128年）只得踏上返回的征程。为了防止被匈奴人截获，他们改行塔里木盆地的南沿、昆仑山北麓的"南道"，从莎车，经于阗（今和田）、鄯善（今若羌），进入羌人地区，但不料再次被匈奴骑兵俘获，扣留了一年多。元朔三年（前126年）初，张骞趁匈奴内乱之机，带着自己的匈奴族妻子和堂邑父，辗转逃回长安。这次出使西域，从武帝建元二年（前139年）出发，至元朔三年归汉，前后共历13年之久，100人的使团，回到家乡时仅剩张骞和堂邑父2人。尽管没有达到联合大月氏夹击匈奴的目的，但却对西域的地理、物产、风俗有了比较详细的了解，张骞将这些情况向武帝作了汇报，受到朝廷的重视。此后张骞随卫青出征，"知水草处，军得以不乏"而立功，被武帝封为"博望侯"。

张骞第二次出使西域，是在元狩四年（前119年）。此前，在卫青等将领的征讨下，汉朝已将匈奴势力逐出了河西走廊，张骞率领使团得以顺利地到达伊犁河畔的乌孙王国。这次使团规模达300人，每人配备两匹马，共带来牛羊万头以及价值"数千巨万"的金帛财货，试图游说乌孙国王及其部众迁到敦煌一带居住，以"断匈奴之右臂"。尽管这一目的没有达到，但张骞分派的使者却顺利到达大宛、康居、大月氏、大夏、安息（波斯）、于阗等国。元鼎二年（前115年）乌孙派使者数十人相随张骞回到长安。第二年，张骞去世，但通西域的步伐并未停止，汉朝派出的使者陆续到达安息、身毒（印度）、奄蔡（在咸海与里海间）、条支（安息属国）、犁轩（附属大秦的埃及亚历山大城）。在安息，汉朝使者曾受到两万人的盛大欢迎。在汉使西行的同时，西域各国的使者也不断千里迢迢地造访长安。随着中外商人将中国的丝绸源源不断地运往西域和欧洲，张骞开辟的这条道路也获得了一个特有的名称——丝绸之路。

张骞开通丝绸之路后，汉朝与西域各国以及与阿拉伯、埃及的来往日益密切和频繁，“使者相望于道，一辈大者数百，小者百余人”，与此同时，商人和僧侣等旅游者也不绝于道，“远者八九岁，近者数岁而返”。其中商人数量最多，“驰命走驿，不绝于时月，商胡贩客，日款于塞下”①，西域各国的一些贵族子弟也来到汉朝游学和观光，观赏“杂艺奇戏”并“遍观各仓库府藏之积”，有时还跟随皇帝出巡各地，对中国的地大物博赞叹不已。这些经过丝绸之路来华的使者、商人和贵族子弟，可以算是中国旅游史上第一批外国游客。

西汉以前，西域对中原人来讲是十分陌生的神秘远方。张骞开通西域，实现了中原农耕文化与西北游牧文化的跨越与联结，成为中国旅游史上的壮举。司马迁在赞许张骞的西域旅行时，用了“凿空”一词来形容，十分贴切。

在开辟西域通路的同时，张骞还曾试图开辟从西南通向身毒（今印度）的通路。在大夏时，他意外见到了四川的邛竹杖和蜀布等商品，得知由蜀地西南取道身毒也可通向大夏。回国后，他便劝武帝从蜀往西南另辟一条直通身毒和中亚各国的道路。元狩元年（前122年），张骞派遣四支探险队，从四川的成都和宜宾等地分头出发，向青海南部、西藏东部和云南前进，希望到达身毒。四支探险队各行一两千里时，受阻于西南诸夷，被迫停止前进。不过，探险队已抵滇国，发现当地人“乘象以战”，故称其为“乘象国”。他们还获悉蜀地商人经常来到滇国贸易，以及昆明一带的少数民族“无君长”、“善寇盗”等情况。

二、东汉班超出使西域的冒险旅游

张骞通西域后，东西方来往频繁。然而匈奴趁两汉之交的中原之乱控制了西域。东汉明帝时，窦固派班超出使西域，恢复了丝绸之路。

班超（32—102年）是扶风平陵（今陕西咸阳东北）人，为

---

①《汉书·张骞传》。

史学家班彪幼子，班固之弟、班昭之兄。班超少有大志，为维持生活，曾替官府抄写文件，但他不满足于每天伏案挥毫的工作，决定投笔从戎，“当效傅介子、张骞立功异域”，人或笑之，他慨然说：“小子安知壮士志哉!”① 永平十六年（73 年），时任假司马的班超随奉车都尉窦固出征匈奴，他率兵出击伊吾（今新疆哈密西四堡），又鏖战蒲类海（今新疆巴里昆湖），斩俘甚众。窦固对他刮目相看，决定派他出使西域。班超带着从事郭恂，率领 36 名部属向西域前进。首先抵达鄯善（今新疆罗布泊西南）。鄯善王对班超等人的态度是前恭后倨，使班超觉察到其中必有缘故，一打听，原来是匈奴已派来使者。班超当机立断，召集部下说：“不入虎穴，焉得虎子。当今之计，独有因夜以火攻虏，使彼不知我多少，必大震怖，可殄尽也。”于是趁着天黑，率将士直奔匈奴使者驻地，因风放火，同时猛击战鼓，大声呐喊，匈奴人猝不及防，被杀 30 余人，其余的葬身火海。鄯善王只得见风转舵，表示愿意归附汉朝。班超凯旋还都，受到举国赞誉。

明帝当即令班超为军司马，让他再次出使西域。这次，班超等人来到于阗（今新疆和田），杀死了阻碍汉使的巫者，于阗王慑于班超的威名和勇气，当即下令杀死匈奴使者，归附东汉。第二年，班超一行又通过小路向疏勒进发。疏勒当时被匈奴人扶立的龟兹（今新疆库车县城东郊）国王控制。班超派手下田虑只身前去架橐城招降疏勒国王兜题。兜题毫无投降之意，被田虑劫持。班超进入架橐城，召集疏勒文武官员，揭露龟兹的欺压行径，另立忠为国王，平定了疏勒。

公元 75 年，明帝去世，焉耆（今新疆焉耆回族自治县）趁机杀死东汉的西域都护陈睦。龟兹、姑墨（今新疆温宿、阿克苏一带）等国也起而响应，进攻疏勒。时在架橐城的班超与疏勒王忠互为犄角，拒守城池一年有余。公元 76 年，章帝即位，觉得班超独木难支，诏令其班师。疏勒人听后十分恐惧，有人甚至绝望自杀。班超返经于阗时，于阗上下也失声痛哭。于是，班超毅然决定

---

① 《后汉书·班超列传》。

留在西域。他重返疏勒，平定了两座已投降龟兹的城市，又率领疏勒等国军队，攻破龟兹的盟国姑墨。公元 80 年，班超上书，提出平定西域各国的主张。章帝于是派代理司马徐干率领一千人增援班超，还任命班超为将军长史。公元 89 年，班超征发于阗等国士卒两万余人，进攻莎车。龟兹王调温宿、姑墨、尉头的军队共五万余人救援莎车。班超运用调虎离山之计，直扑兵力空虚的莎车营帐，斩杀五千余人，缴获大量马畜财物，莎车国被迫投降。汉和帝永元二年（90 年）夏，班超打败前来报复的大月氏 7 万军队，使大月氏与汉朝通好。在此形势下，龟兹、姑墨、温宿等国都纷纷归降汉朝。朝廷任命班超为都护，徐干为长史。六年（94 年）秋，班超调发龟兹、鄯善等八国的部队 7 万人，进攻焉耆、危须、尉犁，平定了西域最后的三个国家，至此，西域 50 余国皆归附东汉，班超终于实现了立功异域的抱负，被封为定远侯。

公元 97 年，班超派遣部下甘英出使大秦（罗马帝国）。甘英自龟兹出发，经莎车翻过葱岭，进入安息（今伊朗）、阿蛮（哈马丹）、斯宾（巴格达东南），抵达西海（今波斯湾）旁的条支城，全程超过 1.5 万余公里。甘英虽然没能与罗马政府直接接触，但却实现了中国人第一次到达地中海东岸（现在的希腊附近）的旅行，还带回了大量关于中亚、印度、西亚和罗马等地的信息。公元 166 年，大秦王安敦（罗马帝国皇帝）的使者来到东汉访问，实现了东西两大帝国的沟通和交流。

三、丝绸之路上的商务与宗教旅游

张骞出使西域，开辟了东西方之间经济文化交流的通道——丝绸之路①。丝绸之路从长安经河西走廊到达新疆，以天山为界分为南北两道，北道被称为草原之路；南道又以塔克拉玛干沙漠为界，分为南北两条支路，均被称为绿洲之路。南北两道的三支路线分别是：第一，天山北路：西安（长安）—敦煌—哈密—乌鲁木齐—

---

① “丝绸之路”开辟很早，但命名较晚，是 19 世纪末德国地理学家李希德·霍芬在《中国》一书第一卷中提出的。

伊犁—俄罗斯境内—罗马；第二，西域北路：西安—敦煌—哈密—吐鲁番—焉耆—库尔勒—库车—阿克苏—喀什—帕米尔高原—中亚；第三，西域南路：西安—敦煌—楼兰—且末—尼雅—和田—喀什—帕米尔高原—中亚—西亚。丝绸之路全程长7000余公里，沿途穿越广袤的田野、无边的沙漠、茫茫的草原和陡峭的雪山。丝绸之路的开通，不仅扩大了中国人的空间视野和地理知识，而且促进了中国和西方之间的国际旅游。

首先，丝绸之路促进了沿丝绸之路进行的商务旅游的发展。汉朝商人或来到中国的外国商人，将中国精美的手工艺品丝绸、瓷器、铜器、铁器、漆器、玉器传到西方，而西域胡商则将西方各国所产的蓝宝石、宝石、金银器、玻璃制品、珍珠、土耳其石、罗马及波斯的银币、毛织品、地毯、毛皮、骆驼、狮子、鸵鸟以及苜蓿、葡萄、胡桃（核桃）、石榴、胡麻（芝麻）、胡椒、胡豆（蚕豆）、胡瓜（黄瓜）、大蒜、胡萝卜等运到中国。著名的大宛汗血马为汉所重，“使者相望于道以求之”，商人便将西域的宝马牵到中国来贩卖。在这些商品中，以丝绸最为著名。丝绸是蚕茧缫丝后织成，在中国古代的遗迹中就曾发现了茧，殷代的甲骨文中也有“蚕”、“桑”、“绢”、“帛”等文字，可见，蚕丝技术源于商代，在汉代达于成熟，成为丝绸之路上商人争相背负和驮运的货物。有些宗教旅游者，来华之初为了谋生，也一度从事商务活动，如安玄来到洛阳后曾经“游贾”。

其次，丝绸之路促进了宗教旅游的发展。通西域后，大月氏的使臣来到西汉，将佛教传入中原。《魏略·西戎传》称：“昔汉哀帝元寿元年（前2年），博士弟子景卢受大月氏王使伊存口授浮屠经。”① 但也有一种说法，是景卢自己前往大月氏时，大月氏王让太子口授佛经给景卢的。据刘宋时宗炳《明佛论》称，西汉末刘向在其《列仙传》中，把74个佛教徒列了进去，说明西汉成、哀之间佛教已传入中国了。

东汉明帝永平十年（67年），明帝夜梦金人在殿庭上飞行，询

① 鱼豢：《魏略·西戎传》，载《三国志·魏志》卷30裴松之注。

问群臣时，太史傅毅回答说是西方有神，其名曰佛。陛下所梦金人想必就是佛吧。明帝便派遣中郎将蔡愔、秦景、博士王遵等 18 人去西域求佛。蔡愔等人在大月氏遇见了迦叶摩腾、竺法兰两位沙门，从他们那里获得佛像和经卷，用白马驮着，与两位沙门一起回到洛阳。明帝专门为两位沙门建造了精舍白马寺。到了东汉末桓、灵时代（147—189 年），通过丝绸之路前往中国的西域佛教徒相继而至，如安世高、安玄从安息前来，支娄迦谶、支曜从月氏前来，竺佛朔从天竺前来，康孟祥从康居前来。竺佛朔（一作竺朔佛）灵帝时从月氏来到洛阳，身携《道行般若经》梵本，然后译成汉文。

之后，安世高避乱前往江南，将佛教进一步传至中国内地。据史籍记载，安世高于桓帝建和初年（147 年）至灵帝建宁中（170 年前后），在洛阳译经讲经之后，南游豫章、浔阳、会稽等地。

随着商务和宗教旅游的发展，西方的音乐、舞蹈、绘画、雕塑、杂技也通过丝绸之路传入中国，丰富了中原地区的文艺生活。

当然，秦汉时，以广州为起点的海上丝绸之路已经萌芽，在广州西汉南越王墓出土文物中，发现了非洲象牙和一只与伊朗出土的波斯薛西斯王类同的银器——银盒，这是迄今发现的最早的海上舶来品。不过，这一海上丝绸之路在当时的影响甚微，国际旅游者仍然是循着张骞开辟的陆上丝绸之路相继抵达中国的。

第三节　游学的兴盛与历史考察之旅

在西北艰苦卓绝的探险旅游展开的同时，秦汉在中原地区也开始了优雅别致的游学之旅。

秦代，楚国上蔡人李斯与韩国人韩非，都曾游学荀卿，并西游关中，受到秦始皇的重视。由于推行焚书坑儒政策，秦朝的游学之士多是法家和道家。如阳武人陈平，在秦朝时“好读书，治黄帝、老子之术”，与其兄陈伯一起生活，靠家中三十亩地维持，然而

“伯常耕田，纵平使游学”。①

西汉建立之初，奉行黄老无为政治，道家、儒家等各派学子，都游学四方。及至汉武帝推行“罢黜百家，独尊儒术”后，政府设五经博士，招收弟子，于是各国儒生游学都下至全国各地。西汉齐国临淄人主父偃，早年学长短纵横术，“晚乃学《易》、《春秋》、百家之言。游齐诸子间，诸儒生相与排傧，不容于齐”，于是“北游燕、赵、中山，皆莫能厚，客甚困。以诸侯莫足游者，元光元年，乃西入关见卫将军”，曾经自称“臣结发游学四十余年”②。西汉著名学者扬雄，少时在家乡蜀地游学，拜严君平为师。《汉书·王贡两龚鲍传》称“扬雄少时从游学”。也有一些人跟随扬雄游学，《汉书·扬雄传》载：扬雄因病免官，虽然复召为大夫，但家里很穷，又好喝酒，人们很少登他的门。不过，“时有好事者载酒肴从游学”，巨鹿人侯芭便是其中之一，接受了《太玄》和《法言》的学习。《汉书·叙传》记载，班彪“幼与从兄嗣共游学，家有赐书，内足于财，好古之士自远方至，父党扬子云以下莫不造门”。可见西汉游学之风盛行于世。

东汉初，鉴于“四方学士多怀协图书，遁逃林薮”的情况，光武帝十分重视儒学，于是四方学士都“云会京师”，朝廷乘机恢复西汉的五经博士制度，让十四博士“各以家法教授”，并修建了太学，于是天下士子争赴首都洛阳就学，“游学增盛，至三万余生”，甚至连“匈奴亦遣子入学”。③ 据《后汉书·李杜列传》载，汉中南郑人李固“少好学，常步行寻师，不远千里”，后来到京师游学，四方学子慕其学风，也来到京师拜访他。李固有一位弟子，是汝南人郭亮，“年始成童，游学洛阳”。南阳襄乡人何颙“少游学洛阳”④，涿郡安平人崔琦字，“少游学京师，以文章博通称”⑤。

---

① 《汉书·陈平传》。
② 《汉书·主父偃传》。
③ 《后汉书·儒林列传》。
④ 《后汉书·党锢列传》。
⑤ 《后汉书·文苑列传》。

犍为武阳人张皓是张良六世孙，也是“少游学京师”。在此游学成风的时代，成就了许多儒学大师，马融就是其中之一。据《后汉书·马融列传》载：扶风茂陵人马融英俊多才，听说京兆人挚恂隐于南山教授儒术，名声很大，便“从其游学，博通经籍”。马融的学生郑玄，为了给《春秋传》作注释，游学各地，交流切磋。一次与服虔“遇客舍”，听说服虔的《春秋传注》已经完成，认为自己难有所突破，便放弃了注释的打算。①

汉代游学之风的盛行，营造了一个追求知识、重视旅行和踏查的学习风气。西汉时，司马迁（约前145—约前87年）便是一位重视旅游，并通过旅游来考察历史文化的文人士大夫。他是左冯翊夏阳（今陕西省韩城市）人，在父亲司马谈做了太史令后，随父来到西汉帝国的首都长安，向当时经学大师董仲舒学习公羊《春秋》，向孔安国学习古文《尚书》，受到了游学之风的浓烈熏陶和影响。

20岁时，司马迁开始了考察中国历史和地理的旅游活动：“二十而南游江、淮，上会稽，探禹穴，窥九嶷，浮于沅、湘。北涉汶、泗，讲业齐、鲁之都，观孔子之遗风，乡射邹、峄，厄困鄱、薛、彭城，过梁、楚以归。”② 这次考察旅游的具体行动是：从长安出发，经过南阳、南郡（湖北江陵），抵达长沙，一路凭吊屈原和贾谊的遗迹，体会这两位谪臣的凄凉心情；然后沿湘江而行，登上九嶷山，拜谒舜的零陵。又来到湘西，顺沅江而下，入于长江，登上雄伟的庐山，眺望和缅怀大禹疏通九江的胜迹和功绩。又向东抵达浙江，登临绍兴会稽山，观察禹穴和古越国的遗址；还游览姑苏山，俯瞰太湖，在城内参观战国公子春申君的宫室。复渡江北上，在淮阴搜集韩信的生平史料。来到山东，拜谒孔子在曲阜的遗踪，踏查孟子在邹县的遗迹。复南游彭城和丰沛，对西汉开国君臣刘邦、萧何、曹参、樊哙、周勃、夏侯婴等人举事前后的逸闻和遗踪作了收集和考察。又东游魏国都城大梁，考察名震遐迩的信陵君事迹。这次旅行，其踏查足迹遍及今陕西、河南、湖北、湖南、江

---

① 《世说新语》卷2，《文学》。

② 《史记·太史公自序》。

西、浙江、江苏、山东、安徽等地。公元前110年，司马迁还跟着汉武帝东巡泰山封禅，并巡游至渤海和碣石，从辽西过北边九原折回甘泉，全程长达一万八千里。这次东游之后，司马迁升为郎中，“奉使西征巴、蜀以南，南略邛、笮、昆明”，进行了一趟长距离的西南之旅。此后，司马迁因陪侍武帝巡狩和封禅，游历了更多的地方，足迹踏遍了大半个中国，在旅行中，还特别注重踏查和记录秦朝的直道。

司马迁的历史文化考察旅游，是为其撰写《史记》而下的工夫。有鉴于五帝事迹百家异传，他通过西至崆峒、北过琢鹿、东渐于海、南浮江淮的旅游考察，将所闻长者传闻与史书参对，然后撰写了《五帝本纪》。在撰写五帝之一的黄帝事迹时，针对黄帝的历史疑云重重、黄帝的陵墓异说纷呈的情况，传说司马迁亲自外出实地考察，出长安，沿“秦直道”北上，经过长途跋涉，来到翟道城（今黄陵）桥山一带，通过观察地形，访问耆老，抄录碑文，并与史料和文献对照，经过四十余日的考察，基本确定了黄帝葬于桥山的结论。返回长安后，在《五帝本纪》中庄重地写下了“黄帝崩，葬桥山”的文字。① 他用在淮阴游访中搜寻的资料，撰成了《淮阴侯列传》；在大梁踏查时，专门凭吊了侯生之夷门，撰入《魏公子列传》中；北行直道，亲见长城的雄伟，在《蒙恬列传》中作了记录；出使邛笮和昆明，将当地的各族风情写进《西南夷列传》；出游齐国，见当地山海环境和民俗土风，确信太公、桓公治齐之政声；游历鲁国，观孔府庙堂和车服礼器以及诸生彬彬有礼，证明孔学之圣明；亲随武帝巡游五岳四渎，封禅泰山，细察方士祠官之所为，于是撰写了《封禅书》。登庐山，近俯九江，观禹穴，远望五湖，雄视洛汭诸河，行舟淮泗之上；西游蜀川岷江，推及李冰离堆；北巡黄河，近察龙门，负薪治水，堵塞决堤，然后将这些经历和思考写入《河渠书》中。“司马迁周行全国游观广览，

---

① 黄帝陵从此被正式确认。司马迁考证桥山后不久，当地官员便建造了“轩辕庙”。唐代宗大历年间，在城北桥山西麓正式建庙。宋太祖开宝五年，因河水侵蚀，把庙址从西山麓移至东山麓，遂相沿至今。

正是他获得知识撰写《史记》的成功原因之一。”①

司马迁《史记》的成功，后人多以为是得“江山之助”。苏辙在《上枢密韩太尉书》中指出：“太史公行天下，周览四海名山大川，与燕、赵间豪俊交游，故其文疏荡，颇有奇气。”马存在《赠盖邦式序》中也认为：“子长平生喜游，方年少自负之时，足迹不肯一日休，非直为景物役也，将以尽天下之大观，以助吾气，然后吐而为书。”

司马迁考察历史文化之旅，与张骞通西域一样，也是秦汉旅游史上的不朽华章。

第四节　秦汉旅游观念的提升

一、秦汉儒家旅游伦理观念的影响

西汉以后，儒家被推上独尊的地位，其“罔游于逸”和“无淫于游”的旅游观念也大行其道。儒家的旅游观念有着强烈的伦理性和制约性。除了鼓励文人士大夫旅游外，对社会的上层君主和下层农民均提出了限制措施。《汉书·五行志》有“去贵近逸游不正之臣”之语，仍把过度旅游当作制约的对象。秦汉帝王巡游是旅游史上的现象，然而，由于儒家旅游伦理的加强，帝王的巡游也受到了抑制，以至于帝王有时候不得不放弃大张旗鼓的巡游，转而从事微服出游。据《汉书·东方朔传》载：建元三年，武帝“微行始出，北至池阳，西至黄山，南猎长杨，东游宜春”，“微行常用饮酎已”。武帝与侍中常侍武骑，以及待诏陇西北地善于骑射的良家子，在殿门期会，“微行以夜漏下十刻乃出”，天明时“入山下驰射鹿豕狐兔，手格熊罴”，甚至踩踏百姓庄稼，“民皆号呼骂詈”，这自然引起了以儒家思想武装起来的臣子的劝谏。西汉成帝从鸿嘉元年二月起，“始为微行出”。② 对此，张宴解释道：“于后

① 刘德谦：《秦汉旅游特征剖视》，《旅游论坛》1986年第9期。

② 《汉书·成帝纪》。

门出，从期门郎及私奴客十余人。白绣组帻，单骑入市里，不复警跸，若微贱之所为。"《汉书·五行志》将成帝“好为微行出游”，一行人“白衣袒帻，带持刀剑。或乘小车，御者在茵上，或皆骑，出入市里郊野，远至旁县”的行为视为灾异之象。即使微行出游，仍然受到谷永的极言强谏，指斥成帝“独违道纵欲，轻身妄行”，甚至说他“积失君道，不合天意”，要求他“克己复礼，毋二微行出饮之过”。成帝初始大怒，继则意解自悔。① 儒家“罔游于逸”和“无淫于游”的观念获得胜利。

对于文人士大夫，儒家鼓励他们出游，不过要受“仁山知水”“君子比德”观念的指引。刘向《说苑·杂言》借孔子的话对“知者乐水，仁者乐山”作过阐释：

> 夫水者，君子比德焉。遍予而无私，似德；所及者生，似仁；其流卑下，句倨皆循其理，似义；浅者流行，深者不测，似智；其赴百仞之谷而不疑，似勇；绰弱而微达，似察；受恶不让，似贞；包蒙不清以入，清洁以出，似善化；主量必平，似正；盈不求概，是度；其万折必东，似意。是君子见大水观焉尔。

刘向又解释说：

> 夫宠炭巃嵸，万民所观仰。草木生焉，众物立焉，飞禽萃焉，走兽休焉，宝藏殖焉，奇夫息焉，育群物而不倦焉，四方并取不而不限焉。出云风，通气于天地之间，国家以成。是仁者之所以乐山也。②

汉代成书的《韩诗外传》卷三也对“知者乐水”作过解释：

---

① 《汉书·谷永传》。

② 刘向著，王锳、王天海译注：《说苑全译》，贵州人民出版社 1992 年版，第 749~750 页。

“夫水者，缘理而行，不遗小间，似有智者；动而下之，似有礼者；蹈深不疑，似有勇者；障防而清，似知天命者；历险致远，卒成下毁，似有德者。天地以成，国家以宁，品物以正，此智者所以乐水。”汉人所撰的《尚书大传》借孔子之口解释“仁者乐山”道：“夫山者，嶷然高，嶷然高则何乐焉？山，草木生焉，鸟兽蕃焉，财用殖焉，生财用而无私为，四方皆伐焉，每无私予焉，出云风以通乎天地之间，阴阳和合，雨露之泽，万物以成，百姓之享，此仁者之所以乐山也。”这里把山水这两种自然现象施予道德秉性，然后要求知者和仁者通过“乐山”和“乐水”去获取山水的涵养和滋润，这就鼓励人们到山水自然中去游观，从中接受启发和陶冶。

通过旅游活动来完善人的道德品格，这种观念在秦代《吕氏春秋·诬徒》中有所表达：“达师之教也，使弟子安焉，乐焉，休焉，游焉，肃焉，严焉。此六者得于学，则邪僻之道塞矣，理义之术胜矣。”意思是说，游、乐和休之类的活动，与安、肃、严一样，都有助于从事学习和修身，堵塞邪僻之道。《吕氏春秋》是杂家著作，但这一思想显然具有儒家倾向。汉代成书的《礼记》中也有类似的旅游观念。其《少仪》篇称：“士依于德，游于艺。”朱熹解释说：“游者，玩物适情之谓。”又谓：“艺则礼乐之文，射、御、书、数之法，皆至理所寓，而日用之不可阙者也。朝夕游焉，以博其义理之趣，则应务有余而心亦无所放矣。”① 这里的“游于艺”是把含有“至理”的射猎、驾车等旅游活动及其他游戏当作塑造德性的手段。其《学记》篇把旅游视为学习的手段之一，而学习则是使人尊师重道、建树良好品德的途径。其曰：“不兴其艺，不能乐学。故君子之于学也，藏焉，修焉，息焉，游焉。夫然，故安其学而亲其师，乐其友而信其道。”张舜徽解释道：“藏、修者，谓藏身于本业之内，修其职事，不敢怠惰也；息、游者，谓休息于工作之余，出游于外，以弛解其疲惫也。”“必常置身高明之域，然后心与目不蔽于浅近，有以发吾胸中闳廓俊迈之趣。所居弥

① 朱熹：《论语集注大全》卷7，景印文渊阁四库全书本。

峻，所涵弥远，由是变化气质，开展襟怀，大有益于成事立业，此人之所以贵登临也。岂第流览景物哉！”① 游与藏、修、息等一样，都是学习的手段，通过游这种活动使君子的胸襟和品德得到开拓和陶冶。

儒家“父母在，不远游，游必有方”的旅游观念，在汉代产生了一定的影响，但因人而异，产生过不同的效果。如益州刺史王阳，赴任途中见巴山蜀水险恶难行，为了“孝子不登高，不临危”的古训，便告病回家。然而，后来另一位益州刺史王尊上任时，则以尽忠观念为指导，勇往直前。“王尊为刺史，至其坂问吏曰：‘非王阳所畏之道也？’吏曰：‘是。’(尊) 叱其驭曰：‘驱之！’王阳为孝子，王尊为忠臣。”② 尽孝则不必远游，尽忠则必须远游，在于人怎样取舍罢了。

二、秦汉休闲审美性旅游观念的发展

如果说秦汉儒家的旅游观念是以游为修德的手段的话，那么秦汉道家归依自然的旅游观念，则是为了休闲审美和栖岩养性。它塑造了一大批真心归依山水的隐士旅游者，在游观大自然中超越世俗的道德和法则，追求生命的愉悦和永恒。《后汉书·逸民列传》记载的一些真心归依自然的隐士，受过道家黄老思想的影响。京兆人高恢，是梁鸿的友人，“少好《老子》于华阴山中……终身不仕”；矫慎，字仲彦，也是“少好黄老，隐遁山谷，因穴为室，仰慕松、乔导引之术”；法真，字高卿，“性恬静寡欲……幽居恬泊，乐以忘忧，将蹈老氏之高踪，不为玄纁屈也”。这些隐士喜好老庄之书，故以栖岩养性和优游山林为归宿，如“台佟，字孝威……隐于武安山，凿穴为居，采药自业……存神养和”，“戴良，字叔鸾……因逃入江夏山中，优游不仕”。所以，范晔在传后的《赞》中称隐士们“江海冥灭，山林长往，远性风疏，逸情云上。道就

① 张舜徽：《晴川阁修复记》，《中国文化》1995 年秋季号（总第 12 期）。

② 《世说新语·言语》刘孝标注。

虚全，事违尘枉”，是真正的纵情山水的隐士旅游者和道家回归自然旅游观念的体现者。

有些文人士大夫初无归依自然的思想，但经过宦海浮沉后，便也产生了优游山林的旅游观念。东汉太史令张衡在受宦官排挤后，退而独善其身，向往“追渔父以同嬉，超埃尘以遐逝，与事乎长辞”、“于焉逍遥，聊以娱情”和“极般游之至乐，虽日夕而忘劬”① 的优游生活。

汉代盛世下物质丰富、条件优越的社会环境，激起了人的审美欲望和休闲冲动，旅游观念也随之一变。《淮南子·泰族训》指出：

> 凡人之所以生者，衣与食也。今囚之冥室之中，虽养之以刍豢，衣之以绮绣，不能乐也：以目之无见，耳之无闻。穿隙穴，见雨零，则快然而叹之，况开户发牖从冥冥见炤炤乎！从冥冥（见炤炤）犹尚肆然而喜，又况出室坐堂见日月光！见日月光旷然而乐，又况登泰山履石封以望八荒，视天都若盖，江河如带，又况万物在其间乎！其为乐岂不大哉？

这是一次人性的解放，让人意识到，在大自然中旅游是一种发自内心的冲动，是一种人生之大乐。汉初枚乘在《七发》中，以“说七事以启发太子”的寓言故事，探讨了旅游符合人性的观点：“浮游观览”，有“其乐忘死”的功效；“游涉校猎”，能够“陶阳气，荡春心”，“动心惊耳”；曲江“观涛”，可以“澡概胸中，洒练五藏，澹澉手足，颒濯发齿”；登高览胜，“原本山川，极命草木”，可以“分决狐疑，发皇耳目”。总之，旅游能够使人的身心获得一番彻底的涤荡和升华。

在自然人性论的影响下，汉代开始滋生纵情游乐的旅游观念。《古诗十九首·生年不满百》唱道：“生年不满百，常怀千岁忧。昼短苦夜长，何不秉烛游？为乐当及时，何能待来兹？”这对帝王

---

① 张衡：《归田赋》。

贵戚产生了深刻的影响，导致了他们恣意放纵的旅游行为。以汉武帝为首的帝王贵戚们，整日讲宴游和微行，猎于山冈林壑之间，观惊涛于曲江之畔，并被一些御用文人写进华美藻饰的文赋之中。在这种背景下，社会追求悠闲自在的居住环境和旅游氛围。《后汉书·仲长统传》载其《乐志论》谓："使居有良田广宅，背山临流，沟池环匝，竹木周布，场圃筑前，果园树后。"在其中悠然自得地旅游和生活："踌躇畦苑，游戏平林，濯清水，追凉风，钩游鲤，弋高鸿，讽于舞雩之下，咏归高堂之上。"这种视旅游为休闲、审美和享乐的观念，已开始偏离儒家的旅游比德观。

除了游览山川河流自然景色外，汉人的旅游审美对象有了进一步的扩大，对人文景观如乡村土风和都市胜景都有审美的冲动，东汉班彪在其《游居赋》中，便提出了"历九土而观风，亦哲人之所娱"的旅游观念。《古诗十九首》中则表达了对都市旅游的向往："驱车策驽马，游戏宛与洛。洛中何郁郁，冠带自相索。长衢罗夹巷，王侯多第宅。两宫摇踵望，双阙百余尺……"东汉班固的《两都赋》、张衡的《两京赋》和《南都赋》皆为都市风貌在游客心中的形象。

此外，秦汉还产生了壮游天下的积极旅游观念。张骞凿空西域时，便胸怀壮行天涯的探险旅游观念。这种观念影响到东汉的班超，使后者产生了"不入虎穴，焉得虎子"的思想，对于冲破神奸观念，克服对毒蛇猛兽的畏惧心理，勇敢地外出探险旅行，起到了鼓舞作用，它导致了"明知山有虎，偏向虎山行"谚语的产生。

第五节　秦汉旅游制度与风俗

一、秦汉旅行制度

以法家立国的秦代，建立了完善的旅行法规。除了维护统治的"车同轨"规定外，在《秦律》中又制定了针对旅行的相关法令，如《游士律》、《戍律》、《捕盗律》、《行书律》、《传食律》、《关市律》等，意在禁止非法旅行，保护合法旅行并维护交通秩序。

其中规定：公务人员出差外地需持符节（相当于今天的介绍信和身份证）；一般百姓如欲迁徙或旅行则须持有符传（相当于介绍信和通行证）；商贾到外地从事商务旅游，应查验符传，并交纳商品税和过境税。对于私人逆旅业，政府也规定了严格的法令：旅馆主人必须检查前来投宿的旅客的符传并登记在册。如果接待了无符传或伪造符传的旅客，旅馆主将与旅客一起遭到惩治。防守关卡的将卒，必须查验旅客的符传，渎职者究治。对于冒名顶替和篡改符节的游人，须交司法机关严处。在打击非法旅行的同时，秦政府对合法旅行进行保护。《秦律》规定："有贼杀伤人冲道（即要冲之道），偕旁人不援，百步中比野，当赀二甲。"其意谓，当旅客在交通要道上旅行受到盗贼袭击并被杀伤时，百步以内的人看见了而不援救者，将按野斗的性质惩处，罚款两领衣甲的实物。该律还规定：官方驿传和私人逆旅的负责人，必须保证旅客的生命和财产安全，以及旅客的合法供应。秦代旅行制度还制定了君臣出行时的等级规范：皇帝出行的仪仗的规模和排场要超过臣下，而臣下旅行时不能接近皇上，必须回避。秦始皇曾看到丞相李斯出行时仪仗盛大，颇感不悦，侍从将这一情况密报李斯，李斯立即减少随从车骑，以免冒犯皇帝。

汉代的旅行法规强化了以"贱避贵"为原则的旅行等级制度。这既是为了保持狭路相逢时旅行的秩序，也是为了维护等级制度及其伦理观念。可以说，旅行中的交通秩序的维护与社会中等级制度的保持是一脉相承的。汉代旅行制度规定，皇帝出行，仪仗须繁盛，可以"备千乘万骑"。司马相如的《子虚赋》反映了汉武帝"王车驾千乘，选徒万骑"的状况。扬雄的《甘泉赋》也曾描述皇帝乘舆出行时"敦万骑于中营兮，方玉车之千乘"的盛大场面。

汉朝还规定了按身份等级拥有档次不同的交通工具的制度。帝王所乘车舆必须是最为豪华精美的，随从的车骑人数，也必须超过任何臣下。同时，还规定了旅行中所行道路的等级差别。皇帝行走的是"驰道"（可称为高速马路），宽五十步（相当于今天的69米）。驰道正中三丈宽的道路，是天子御用道路，甚至驰道的某些路段也成为皇帝的专用御道，任何人包括太子在内都不得随意穿行。即使皇帝恩准某些人可行驰道，也是只能“行旁道”，不能行“中央三丈”。武帝时，江充任绣衣使者，见馆陶公主在驰道上行驶，上前阻挡，公主说“有太后诏”，江充便下令“独公主得行，车骑皆不得”，并将公主的随从车骑“尽劾没入官”。江充还曾遇见太子家使乘车行于驰道，遂将其扣押，太子请求宽免，遭到拒绝。① 甚至太子本人在驰道上行驶和横穿，也被严格禁止。据《汉书·成帝纪》载：成帝为太子时，皇帝急召他入宫，“太子出龙楼门，不敢绝驰道，西至直城门，得绝乃度”，这才进入宫内。皇上怪他来迟，他将情况一讲，皇上很高兴，觉得太子守规矩，于是修改法令，“令太子得绝驰道”。至汉平帝元始元年（1 年），朝廷正式“罢明光宫及三辅驰道”，京畿地区禁行驰道的旅行法令宣告废止。

东汉时，恢复了西汉旧制，将宫城及附近的大道的某些路段定为皇家专用的御道。《太平御览》卷 195 引陆机《洛阳记》云：“宫门及城中大道皆分作三，中央御道，两边筑土墙，高四尺余，外分之，唯公卿尚书章服从中道，凡人行皆左右。”驰道中央的路面为皇帝专用的御道，两边用四尺高的土墙与外道隔开。但是规定“公卿尚书”等人可行御道。东汉末，由于汉室衰微，曹植不遵避行御道的制度，驰行于驰道之中。据《三国志·魏书·陈思王植传》载：“（植）尝乘车行驰道中，开司马门出。太祖大怒。公车令坐死。由是重诸侯科禁，而植宠日衰。”曹操对曹植的处罚，是做给外人看的。

除了制定专用御道制度外，秦汉时还制定并推行了清道回避制度。所谓清道回避制度奉行的仍然是“贱避贵”原则，在皇帝、贵戚和官员出行时，将道路上的百姓清理出去，让前者顺利通过。

秦代的清道回避制度不太严格。人们回避时只需与车驾保持一定的距离即可，故常可从旁观察皇帝出行的威仪和排场。据《史记·项羽本纪》载：“秦始皇帝游会稽，渡浙江。（项）梁与籍（项羽之名）俱观。籍曰：‘彼可取而代也。’梁以此奇籍。”刘邦

---

① 《汉书·江充传》。

在咸阳也见过秦始皇出行的仪仗。据《史记·高祖本记》载:“高祖常繇咸阳,纵观,观秦皇帝,喟然太息曰:‘嗟乎,大丈夫当如此也!’”此外,秦始皇在博浪沙遭到刺客的袭击,也说明清道制度并不十分严格。

然而,清道回避制度在西汉时变得更加严格,其处罚也更加严厉。据贾公彦为《周礼·天官冢宰·宫正》所作的疏正中指出:“大驾行幸,使卫士填塞街巷以止行人,备非常也。”说的就是汉代的情况。《汉旧仪》也记录道,皇帝出行时,“卫官填街,骑士塞路”,甚至“丞相九卿执兵奉引”。当时设有专职清道官“执金吾”,其属官有“式道左右中侯、丞”。《后汉书·百官志四》称执金吾“本有式道,左右中侯三人”,“车驾出,掌在前清道”。这些记载,反映了汉代皇帝出行时前呼后拥,卫官填街,骑士塞路和行人避让的纷乱景象,以及汉代跸警制度较秦代更为严格的状况。另据《史记·张释之冯唐列传》载:文帝出行经过中渭桥时,忽有一人从桥下跑出,“乘舆马惊”,于是将此人捕获后交给廷尉张释之惩治。审问时,这个人说自己是长安县民,忽听警跸,来不及回避,便藏匿桥下。过了很久,以为皇上乘舆已过,才敢出来,没想到一抬头便看见了乘舆车骑,吓得赶紧逃走。张释之判处罚金。但文帝大怒,说:“此人亲惊吾马,吾马赖柔和,令他马,固不败伤我乎!”但张释之说,如果当时您“立诛之”也就算了,但现在既然交给我这个廷尉处理,就应该依法处置。由此可见,汉代对犯跸惊驾的人规定处以罚金,但实际上处罚可能更为严厉,甚至可以“立诛之”,反映了旅行制度中的等级森严和冷酷。汉代的某些皇族成员,在得到皇帝的恩准后,也可以享受皇帝出行的规格威风凛凛地招摇过市。《史记·梁孝王世家》载:“(孝王)得赐天子旌旗,出从千乘万骑,东西驰猎,拟于天子。出言跸,入言警。”

汉代一般官吏出行,按规定也由仪仗士兵在前面吆喝清道,让行人回避。官员的清道行为不能称为“跸警”,而改称“喝道”。晋代崔豹在其《古今注·舆服》中指出:“两汉京兆、河南尹及执金吾、司隶校尉,皆使人导引传呼,使行者走,坐者起。”导引传呼就是喝道。此后每当官员出行,都有吏卒举着“肃静”和“回避”的牌子清道。

若路上相遇，必须按“贱避贵”原则，百姓让道于官吏，甚至须下车回避，否则将治罪。《后汉书·邓晨传》李贤注引《东观汉记》说：邓晨与刘秀（尚为平民）“共载出，逢使者不下车，使者怒，颇加耻辱”。刘秀于是自称“江夏卒使”，邓晨更名侯家丞。“使者以其诈，将至亭，欲罪之”。后因新野县宰潘叔求情，“得免”。

汉代对旅行工具车舆也有严格的等级规定。西汉时规定，不同级别的官员使用不同颜色和质地的车盖和车轮。《汉书·景帝纪》载：“中元六年，诏三百石以上皂布盖，千石以上皂缯覆盖，二百石以上白布盖。”汉朝规定，一般大臣的车盖高不得超过一丈，只有皇帝特恩才能使用一丈高的车盖。《汉书·黄霸传》载：皇帝恩准扬州刺史霸“官赐车盖，特高一丈，别驾主簿车，缇油屏泥于轼前，以章有德”。当时还规定，只有贵族才能使用红色车轮，所以朱轮成了贵族的代称。《汉书·杨恽传》载：“恽家盛时，乘朱（轮）者十余人。”以乘朱指代杨恽家有贵人。《翟方进传》载，王莽为了镇压造反的翟义，立即封车骑都尉孙贤等55人为列侯，并“遣使者持黄金印、赤绂繸、朱轮车，即军中拜授”。《李寻传》称外戚王根“将军一门九侯，二十朱轮，汉兴以来，臣子贵盛，未尝至此”，把朱轮与侯相提并论，足见乘车轮者的社会地位之高。朱轮的含义，在《后汉书·舆服志》中有解释：“皇太子、皇子皆安车，朱班轮。”“公列侯安车，朱班轮。”原来，允许乘朱轮而行的是皇太子、皇子、公和列侯。换句话说，只有太子、皇子和三公、列侯才有资格乘朱轮安车出行。对于整车的车制，也根据不同的等级作过规定。如规定只有皇帝可以乘坐帷车。帷车也叫軿车（辎车），是一种平顶而四周有帷幕遮挡的车。但东汉外戚势大，曾僭越等级，乘坐軿车。据《东观汉纪》载：“梁冀僭侈，作平上軿车。”

除了皇帝和贵戚外，西汉法律还规定官吏乘车必须乘“法驾”。法驾就是法定的应该乘坐的马车。如太守所乘之车应为四匹马（驷）拉的车。《汉书·朱买臣传》载，朱买臣做了会稽太守后，长安的厩吏（管马和马车的官吏）“乘马来迎”。古人在注释这句话时解释说："按照惯例，大夫应该乘官车驾驷马。" 如果官吏不按规定的等级乘车，不论是向上僭越还是向下自贬，都要受到处罚。韦玄成由于在祭祀时没乘法驾而骑马前往，结果被削爵为关内侯。《汉书·鲍宣传》说鲍宣到他的属地去，"乘传（驿传）去法驾，驾一马（用一匹马拉车），舍宿乡亭，为众所非"，因而"坐免"。此外《后汉书·谢夷吾传》说谢氏迁巨鹿太守，春天出行时"乘柴车（简陋的车），从两吏（只让两个官吏跟着）。冀州刺史上（上奏）其仪序失中，有损国典，左转（降职）下邳令"。以上三例都是官吏旅行时乘车非礼，不按规定的制度执行而被贬官的事件。三人或只用一马驾车，或乘坐简陋的柴车，或只骑马而不坐车，都违背了汉代旅行的等级制度，有损汉家官吏之威仪，故将他们贬官或免职。汉景帝时还曾下令官吏的车驾衣服应各有等级，出行时尤应穿戴和乘坐符合身份的衣服和车驾。《汉书·景帝纪》云：

> （六年）五月，诏曰："夫吏者，民之师也。车驾、衣服宜称。吏六百石以上，皆长吏也。亡度者，或不吏服出入闾里，与民亡异。令长吏二千石车朱两轓（车两边的耳，用以障泥）；千石至六百石朱左轓。车骑从者不称其官衣服、下吏出入闾巷亡吏体者，二千石上其官属，三辅举不如法令者，皆上丞相御史请之。"

至于商贾，汉代对其使用交通工具有严格的限制，禁止他们乘马车甚至骑马。《汉书·高帝纪》云："贾人不得乘骑马！"《舆服志》也规定："贾人不得乘马车、除吏。" 在一味推行重农抑商的汉廷眼中，商贾不耕不织，投机倒把，唯利是图，故必须对其旅游采取限制措施。

二、宵禁、关禁与通行证制度

秦汉时，宵禁、关禁与通行证制度仍然执行，并对旅游产生着制约和影响。

宵禁就是禁止晚上出行和旅客夜行。据《史记·李广传》载：李广"尝夜从一骑出，从人田间饮。还至霸陵亭。霸陵尉醉，呵止广。广骑曰：'故李将军。'尉曰：'今将军尚不得夜行，何乃故也！'止广宿亭下。"李广身为赫赫有名的将军，仍不得不服从宵禁令，在霸陵亭夜宿以待天明，其他的人就不用说了。

宵禁令在东汉更为严格，连皇帝都不得违背。东汉初，光武帝刘秀因打猎迟归，违背了宵禁令而进城不得。《后汉书·郅恽传》载："(恽) 为上东城门候。帝尝出猎，车驾夜还，恽拒关不开。帝令从者见面于门间。恽曰：'火明辽远。'遂不受诏。"这反映了宵禁令的严肃性令皇帝都无可奈何。东汉时的宵禁令，甚至允许对违禁者格杀勿论。

关禁制度与通行证制度是相协配的制度，官府在交通要隘设关卡检查通行证或身份证。古代关卡包括城门、关隘、路口等处设立的岗哨和检查站，行人至此，须出示通行证或身份证，方可过关，否则将被拘捕入狱。此外，通行证或身份证的检查，还与旅馆的管理制度相配合。旅馆主检查完客人的通行证或身份证后，才能登记住宿，否则，一律拒之不纳。汉文帝十二年二月之前，一直在实行通行证制度。至十二年三月，由于社会趋于稳定，经济开始繁荣，文景之治的盛世正在到来，所以文帝下诏废除了通行证和身份证制度。《汉书·文帝纪》载："(十二年) 三月，除关无用传。"传，张宴的解释是："信也，若今过所也。"如淳注解道："两行书缯帛，分持其一，出入关，合之乃得过，谓之传也。"李奇则认为："传，棨也。"其实，传既可用帛书写身份，也可用棨（刻木而成之符）写明身份。帛或棨均一分为二，一份由守关者保留，一份由旅行者自己拿着，以备返回关卡时查验。守关人将两份帛或棨一合拢，如相符便放行，若不相符便拘押。显然这种制度比先秦时要严密得多。这种限制旅行的制度，在汉文帝十二年三月被废止。

但七国之乱后，汉代的承平景象被打破，于是通行证和身份证制度又得到恢复。《汉书·景帝纪》记载道："四年春，复置诸关用传出入。"讫汉之终，通行证和身份证制度都施行不辍。据《汉书·终军传》载："军从济南当诣博士，步入关，关吏予军繻。军问：‘以此何为？’吏曰：‘为复传，还当以合符。’军曰：‘大丈夫西游，终不复传还。’弃繻而去。军为谒者，使行郡国，建节东出关，关吏识之，曰：‘此使者乃前弃繻生也。’”张晏解释“繻”道：“繻音须。繻，符也。书制裂而分之，若券契矣。”苏林补充道：“繻，帛边也。旧关出入皆以传。传烦，因裂繻关合以为符信也。”可见，入关时关吏在帛上写下旅行者的身份、特征等文字，然后一分为二，其一留关吏手中，另一份由旅行者随身带着，若要回头入关，必须将二份裂帛合拢，若文字相符即可放行。从《终军传》还得知汉过关时需检查通行证，而不过关时，则不必携带通行证。尽管汉代关卡对通行证的检查十分严格，但仍有人因伪造通行证而蒙混过关。如宁成就是伪造证件而出关的。据《汉书·宁成传》载：“成刑极，自以为不复收，乃解脱，诈刻传出关归家。”颜师古注释道：“传，所以出关之符也。”终军入关是从外地至关中，需在入关时发给通行证（裂帛），以备返回时合验放行；而宁成则是京官，不存在由外入内之说，故其出关之传必与终军不同。它可能由京城的有关部门发放，然后由关吏检查一下就行了，而不必由两半帛或棨合拢验对。否则，宁成即使伪造了通行证，在关卡那里也合不拢。宁成的这种出关通行证——传，与战国时孟尝君所用的传是同一种类型，所以孟尝君才能篡改“传”而顺利过关。

西汉末，过关通行证需要购买，这与终军过关时关吏主动给予“繻”有别。据《后汉书·郭丹传》载，郭丹在西汉末西入长安，过函谷关就是买符入函谷关的，原文说：“（丹）从师长安，买符入函谷关，乃慨然叹曰：‘丹不乘使者车，终不出关。’”至更始二年，郭丹果然“持节使归南阳安集受降”，“果乘高车出关，如其志焉”。更始帝败，郭丹历险阻，找到更始帝刘玄的妻子，“奉还节传，因归乡里”。郭丹把出使所持的节以及证明身份兼作通行证的传，还给了更始帝的妻子，表明使臣的气节和信念。

王莽新朝时，沿袭了通行证和身份证制度，但有小的改动。由于王莽钱币改革失败，百姓都不使用新朝所铸的大小五品钱币，只使用传统的大小二品的钱币。为了推行新朝钱币，王莽便在通行证和身份证制度上做文章，下令以新朝钱币作为通行证和身份证的辅助证件，不带新朝钱币的旅客，餐馆、旅馆不准接待；关卡渡口的守吏一经发现，即行拘捕。据《汉书·王莽传》载："吏民出入，持布（币）钱以副符传，不持者，厨传勿舍，关津苛留。公卿皆持以入宫殿门，欲以重而行之。"颜师古注释说："厨，行道饮食处，传，置驿之舍也。苛，问也。"他进一步说明："旧法，行者持符传，即不稽留。今更令持布钱，与符相副，乃得过也。"可见，王莽对通行证和身份证制度只作了一些补充，目的是推动币制改革，"以重而行之"。新朝对通行证和身份证制度的执行是十分严格的，这与王莽篡汉，担心臣民谋反有关。《王莽传》中记载了王莽对严格盘查的关吏门卫大力支持的事实。第一则载："公卿入宫，吏有常数，太傅平晏从吏过例，掖门仆射苛问不逊，（太傅下属）戊曹士收系仆射。莽大怒，使执法发车骑数百围太傅府，捕士，即时死。"第二则载："大司空士夜过奉常亭，亭长苛之。告以官名，亭长醉曰：'宁有符传邪？'士以马捶击亭长，亭长斩士，亡，郡县逐之。（亭长）家上书，莽曰：'亭长奉公，勿逐。'大司空邑斥士以谢。"前一则所讲乃关禁门卫制度，是旅行制度中重要的一环。大臣入宫晋见，其从吏皆有定数，门吏专门检查过往行人，包括按制放行，违制则问。后一则所讲乃宵禁及通行—身份证制度。大司空王邑手下之士，仗势欺人，不遵制度，终为亭长所斩。其若随身携带了符传等证明身份的证件，也许不至于被斩身亡。

东汉建立后，关禁及通行证和身份证制度有了一些变化。如果旅行者能得到一张官方授予的特别通行证，可以享用官办驿道设施，且沿途有人护送，畅达无阻。据《高士传》卷上载："申屠蟠济阴王子居同在太学。子居病困，以身托蟠，蟠即步负其丧至济阴，遇司隶从事于河巩之间。从事义之，为符传护送蟠。蟠不肯，投传于地而去。"这里的符传相当于一份特别通行证，持之可驰驿而行。尚秉和在《历代社会风俗事物考》中指出："从洛阳至济阴，东行不过关。然从事特认符传，云护送者，盖有符传，即可舍亭驿，免驿，免宿逆旅，行路益便也。"尚氏所说甚是。

三、秦汉旅游风俗

制度是政府制定的法规，而风俗则是民间约定俗成的规矩和风尚。秦汉民间在旅游上也形成了自己的风俗和时尚。

对行神的祭祀和祖道活动，在汉代依然风行。公元前153年，被废掉的太子、临江王刘荣因罪被汉景帝征召入朝，临行前，他“祖道于江陵北门，既已上车，轴折车废”，江陵父老私下议道：“吾王不反（返）矣！”果然刘荣入朝后畏罪自杀。① 以轴折车废预示刘荣一去不返，恐怕是古代史家的附会。《汉书·疏广传》记载道：“公卿大夫故人邑子设祖道，供张都门外，送者车数百辆。”这是一次空前的祖道盛会，后来晋代的张协还为此专门写了首《咏史》诗，描绘当时祖道的盛况：“蔼蔼东都门，群公祖二疏，朱轩曜金城，供张临长衢。”汉武帝时，贰师将军李广利率兵出击匈奴前，“丞相为祖道，送至渭桥”②。在居延汉简中，也发现了当时祖道的记载：“候史褒予万岁候长祖道钱，出钱十付第十八候长祖道钱，出钱十付第廿三候长祖道钱。”东汉学者蔡邕曾写过一篇《祖饯祝》，以作为祖道时的祝词，其中写道：

> 令岁淑月，日吉时良。爽应孔嘉，君当迁行。神龟吉兆，林气煌煌。著卦利贞，天见三光。鸾鸣雍雍，四牡彭彭。君既升舆，道路开张。风伯雨师，洒道中央。阳遂求福，蚩尤辟兵。仓龙夹毂，白虎扶行。朱雀道引，玄武作侣。勾陈居中，厌伏四方。往临邦国，长乐无疆。

这篇祝词突出描写了天气晴朗、道路开张、诸神护持而行的景象，是在祈求旅行的顺当和安全。

由于祖道与饯行相随而举行，所以又称为“祖饯”。东汉时有一个京兆尹叫第五永，他升为都军御史后，即将赴幽州任职，众官

---

① 《史记·五宗世家》。

② 《汉书·刘屈牦传》。

员都前往送行，举行了祖饯仪式。《后汉书·高彪传》载："时京兆第五永为督军御史，使督幽州，百官大会，祖饯于长乐观。"可见祖饯在汉代的流行盛况。

汉代还形成了一种新的旅游风俗，即出行前折柳送别。折柳相送似可以在《诗经·采薇》中找到源头："昔我往矣，杨柳依依。"以柳枝的随风飘摇表示别情的依依，真的是恰如其分。然而，作为一种风俗，折柳送别确切地说是起源于汉代的都城长安。长安的居民为客人送行时，都要送到郊外的灞桥边，然后折下一枝细柳，送给行人，以表送别相思之情。据《三辅黄图》卷六"桥"载："灞桥，在长安东，跨水作桥。汉人送客至此桥，折柳赠别。王莽时灞桥灾，数千人以水沃救不灭。"灞桥后来重建，取了个吉利的名字叫"长存桥"。

第六节　秦汉旅游设施与条件

秦汉时期交通的发展极大地推动了旅游活动的繁荣。秦始皇为便于巡游和控临天下，曾下令大规模地修筑驰道。秦朝的"驰道"以咸阳为中心，"东穷燕齐，南极吴楚，江湖之上，濒海之观毕至。道广五十步，三丈而树，厚筑其外，隐以金椎，树以青松"①。秦朝所修的驰道，可以迅捷地通向今陕西、甘肃、河南、山东、山西、江苏、浙江、湖南、湖北、四川等 12 个省份，连接全国各重要的城镇和边塞。驰道按秦尺（约合 23 公分）计算宽约 69 米，路面用黄土夯固，路基边坡用铁锤夯实，沿道路每隔 7 米栽一棵护道的松树。据现代学者实地考察，发现驰道路面余宽仍在 45 米以上。驰道的建设与李斯有莫大的关系。李斯在狱中自陈他对秦国的七大功劳之一是："治驰道，兴游观，以见主之得意。"如将李斯此言与秦史所载为驰道天下、治离宫别馆周遍天下"斯皆有力焉"两相印证，可知李斯所指的确就是全国游路的开辟，以便秦始皇的

---

① 《汉书·贾山传》。

天下巡游。① 除驰道外，秦汉时所筑道路又有从今湖北、湖南通向两广“南越”地区的新道，跨越秦岭通向汉中和巴蜀的子午道、褒斜道，通往西南夷的五尺道，通夜郎的夜郎道，通往北边萧关的回中道，通西域的西域大道，以及通往九原的直道。秦代的直道从咸阳北的云阳至九原郡（今包头西南），全长1800里。形成了以咸阳为中心四通八达的道路网。此后诸帝巡游时，都遇水搭桥，也整治了不少道路。秦始皇还开通灵渠，沟通了长江与珠江水系。

从秦始皇开始，建立了祭祀天下名山的制度，其中太室、恒山、泰山、会稽山、湘山、华山、薄山、岳山、岐山、吴岳、鸿冢、渎山为法定祭祀的12座名山。至汉武帝时，出现了“五岳”观念的萌芽，东岳泰山，西岳华山，北岳恒山，南岳衡山，中岳嵩山逐渐被人认可。秦皇汉武的巡游及其祭祀制度，促进了旅游景观的开发与认知。

而汉武帝的巡游，则带来了另一些旅游景观的建设。武帝将他在对外沟通中未能实现的目标，都建设成游观景点，时时观览，以弥补内心的缺憾。如他想打通西南夷道，寻找海外仙山，均以失败告终。于是凿昆明池于上林苑，又起座座宫观；拟蓬莱、瀛洲、方丈于太液池，以满足游观海中仙山的欲求。这便是扬雄《羽猎赋》序中所写的：“穿昆明池，象滇河，营建章、凤阙、神明、驭娑，渐台、泰液象海水，周流方丈、瀛洲、蓬莱。”据《三辅黄图》等载，汉凿昆明池周匝40里，占地332顷，池中习战水军各具楼船百艘，戈船数十。上林苑周袤三百里，绕山濒水，内有六池（昆明池即其中之一）、市郭、宫殿、鱼台、犬台、兽圈，仅只离宫就多达70所，皆能容千骑万乘；植有群臣远方所献名果奇卉，亦养天下异兽珍禽，纵横路经供天子驰车走马，苑中麋鹿熊罴可供秋冬之日射猎。长安城西，两宫间有太液池水，水中渐台矗立，又为仙山三座，刻金石为鱼龙，荷菰遍满，水鸟翔集，帝妃游船撷菱采莲，遥观雾中蓬莱仙山……为达到既游宫苑亦游天下的效果，不惜财货民力，这让人不得不感慨：“游观侈靡，穷妙极丽！”所以辞

---

① 刘德谦：《秦汉旅游特征剖视》，《旅游论坛》1986年第9期。

赋家们才为赋提出讽谏，劝谕后世帝王的游观不要过分奢侈。①

秦汉时期，旅游设施的建设与完善，为游客提供住宿的公私旅舍颇值一提。秦汉的旅舍分为三种，即私人逆旅、官办驿站和寺院客舍。

第一，私人逆旅。

汉代逆旅随着商业活动的活跃而获得发展。在“船车贾贩周于四方”，“千里游敖冠盖相望”的情况下，私营旅店业迅速发展起来。与官营驿站或邮亭的官商作风不同，汉代私营逆旅在经营上比较灵活，在亭舍不能住宿时，可以到逆旅去投宿。逆旅常与驿亭争利。汉武帝就曾有过这样的经历。《汉武故事》中称，汉武帝微服出游，至柏谷，本来准备投宿官亭（驿站），但因亭长不让进，只好住宿私人逆旅。

东汉时私营旅馆成为受旅客欢迎的投宿之所。《后汉书·黄宪传》有“颍川荀淑至慎阳，遇宪于逆旅”的记载。旅馆主为客人服务周到，甚至有免费或减价提供住宿的。据《后汉书·周防传》载，周防的父亲周扬，是汝南汝阳人，“少孤微，尝修逆旅以供过客而不受其报”。由于主人殷勤，使得客人也主动为旅店做些事情。如打扫一下卫生等。《东观汉记》载：“伦（第五伦）自度仕宦牢落（即没长进），遂将家属客河东，变易姓名，自称王伯齐，常与奴载盐北至太原贩卖。每所至客舍，去辄为粪除。道上号为道士，开门请求，不复责舍宿直。”② 由于第五伦每次住店都把房间打扫得干干净净，所以人们称他为有道之士，并主动邀请他住宿，并不再收其房钱了。另据《郭林宗别传》载：“林宗每行宿逆旅，辄躬洒扫。及明去后，人至，见之曰：‘此必郭有道昨宿处也。’”东汉私营旅店极大地方便了南来北往的旅行者，受到了旅客的欢迎，连曹操也在《步出夏门行》中大为赞赏：“逆旅整设，以通商贾。”

---

① 刘德谦：《秦汉旅游特征剖视》，《旅游论坛》1986年第9期。

② 刘珍等撰，吴树平校注：《东观汉记校注》下，中华书局1987年版，第664页。

与东汉私营旅店欣欣向荣的景况相反，官办的驿馆则每况愈下，于是本应享受驿馆服务的政府官吏也放弃他们的“享受”，投宿到私营旅店中来，以至于和帝时政府不得不以行政命令的方式维护摇摇欲坠的驿传制度，下令全国郡县的上计人员，今后不得投宿于私营客店，只能投宿于政府驿馆。

第二，官办驿站。

中国古代官吏的公务旅行，依靠的是另一种旅馆系统，即官办的驿站，驿站是政府开通的交通传递系统——驿传上的站点，散布在整个驿路上。驿站也叫驿舍、传舍、邮亭、亭、马递铺、铺舍等。在“官本位”的古代，官僚出行和旅游，常常是下榻在驿站中的。他们根据自己的身份和地位，享受着驿传提供的不同级别的服务。驿站由于是官办的招待所，它的经营机制是十分僵化的，通过赋役的形式，让驿站附近的百姓提供经费和劳力，而官僚在使用驿站时的公私不分，常常导致驿站不堪重负，百姓家破人亡，因此，驿站常常处于破产边缘，不少驿站成为荒无人烟的废墟，于是，驿和亭，成为送别的背景，人鬼相遇的场合，具有苍凉和悲壮的意味。

秦帝国已开设了遍及全国的驿站网络。规定十里一亭。亭长是主持一亭事务的吏员。亭的功能是为停留公家行旅提供宿食之馆，也兼负捕盗之责。《风俗通义》指出：“亭，留也；今语有‘亭留’、‘亭待’，盖行旅宿食之所馆也。亭亦平也；（民有）讼诤，吏留辩处勿失其正也。亭吏旧名负弩，改为亭长，或谓亭父。”刘邦在秦代就曾担任过秦朝的亭长。颜师古解释说：“亭有两卒，一为亭父，掌开闭扫除，一为求盗，掌逐捕盗贼。”据《汉书·高祖本纪》载，刘邦“及壮，试吏，为泗上亭长”。说明亭这种官方招待所的负责人，是由政府任命并纳入官僚体系的。

汉代的驿站制度更加完善，亭成为最为常见的官方招待所和治安、行政单位。《汉书·百官公卿表》载：“大率十里一亭，亭有长；十亭一乡，乡有三老、有秩、啬夫、游徼。”汉代的亭还兼有行政机构的职能。《食货志》称大司农颜异曾任济南亭长。《赵广汉传》载：赵广汉曾经召见湖都亭长，湖都亭长经过界上亭时，界上亭长还让他带话问赵广汉好。《沟洫志》载：一次黄河在馆陶和东郡金堤决口，结果“坏败官亭室庐且四万所”。东汉时，亭随处可见。仅《后汉书》所载的有关亭的事实就有很多。如《后汉书·刘宠传》曰：“尝出京师，欲息亭舍，亭吏止之曰：‘整顿洒扫，以待刘公。’”又《王忳传》曰：“妾夫为涪令，之官，过宿此亭。”《范式传》也说：“辟公府之京师，道宿下亭。”《张武传》曰：“父业郡门下掾，送太守妻子还乡里，至河内亭。”《逸民列传》则记载了隐士韩康受桓帝征召后，在亭舍所遇到的一次有趣的遭遇，说桓帝备上玄纁之礼，以安车聘韩康前来为官。使者奉诏来到韩康家，韩康不得已，答应跟随前来。但是他辞坐安车，自乘柴车，一大早便先使者而出发。至一官亭，亭长因为韩康将经过这里，正在调用人和牛来修道桥。只见韩康乘柴车戴幅巾过来，以为是老农，便夺其牛。韩康当即将牛解下来给他。过了一会儿，使者至，告诉亭长“夺牛翁乃征君也”，并准备杀掉亭长。但韩康却说：“这是我自愿给他的，亭长何罪？”亭长由于不识韩康，加上“只认衣服不认人”，所以闹了误会。可见，亭是政府为招待过往公干人员而设的旅馆，亭长负责接待过往官客，甚至还负责维修驿道。

汉代的亭还称为“邮亭”。邮原为传递文书者或步行者所居之舍，后与亭基本同义。《汉书·循吏列传》曰：“黄霸为颍川太守，使邮亭。”《后汉书·赵孝传》载：“（孝）父普，王莽时为田禾将军，任孝为郎，尝从长安还，欲止邮亭。”这些邮亭不仅仅用来接待传递文书的信使，而且已成为兼接待官差的官办旅舍了，与亭已无任何区别。

汉代，大郡的亭称为都亭。据《汉书·酷吏严延年传》载，严延年为洛阳太守时，为政苛酷，常处死囚。一次他的母亲从东海来到洛阳，恰恰见到延年处死犯人的判决，“母大惊，便止都亭，不肯入府。年出至都亭谒母，母闭阁不见。延年免冠顿首阁下，良久，母乃见之”。除官员外，只有像严母这样的太守戚属才可留居。都亭的形制是建有阁，阁中为馆驿，是旅客下榻之处。从严延年在阁下磕头见其母的情景可以看出，其母住在楼上。汉代基层的驿亭叫乡亭。“乡亭”之名见于《汉书·鲍宣传》，丞相司直郭钦劾奏鲍宣“行部乘传去法驾，驾一马，舍宿乡亭，为众所非”。

汉代在驿道上的官设的招待所除亭外，还有传舍。《汉书·郦食其传》记：“沛公至高阳传舍。”颜师古注道：“传舍者，人所止息。前人已去，后人复来，转相传也。”《汉书·尹翁归传》说：“是日移病不听事，因入卧传舍，闭阁思过。”《何武传》载：“武行部必先即学宫见诸生，然后入传舍。”传舍也是官办招待所，设在驿道上。如《汉书·龚胜传》载龚胜辞官回归故里，皇帝下令准其用驿路，并宿传舍：“行道舍传舍，县次具酒肉，食从者及马。”允许他的随从和马也都在传舍中吃饭或食草料。说明传舍是官办旅馆。传舍既为官设，必有专官掌管，掌管之人被称为“丞”和“传吏”。据《汉书·魏相传》载：“御史大夫桑弘羊客，诈称御史止传。丞不以时谒，客怒，缚丞。”颜师古注道：“传谓县立传舍。”传舍非官不许入，故客诈称御史。可见传舍是县立驿馆，有驿丞管理。另据《后汉书·光武纪》载：“至饶阳，官属皆乏食，光武乃自称邯郸使者入传舍，传吏方进食，从者饥，争夺之。”这里的传舍管理者则称“传吏”。

随着张骞凿通西域，周边少数民族和外国使节及客商纷涌入京，所以政府在长安修筑了国宾馆叫“蛮夷邸”，由大鸿胪料理掌管，以接待“夷”客和外宾。

第三，寺院客舍。

汉代，中国为游客提供食宿的机构，除了私人逆旅和官方驿站外，还出现了一种新的形式，即寺院客舍。两汉之交，佛教传入，各寺庙为接待游方僧人，设立客舍，后来也向游人开放，以“结善缘，行方便”。永平十年，印度高僧沙门摄摩腾、竺法兰二人来中国传教，明帝敕令建“精舍”以接待。精舍建在洛阳雍门外三里御道南，是为白马寺。此后，佛教渐盛，僧人来往日益增多，寺庙成了他们的当然客店。

秦汉为旅客饮食提供的设施和条件，尚不完善。游客出行在外，常常得自寻食物。一次，光武帝刘秀行军至饶阳无蒌亭住宿。当时天气寒烈，众皆饥疲，冯异从外面弄来了一碗豆粥给刘秀吃了。第二天早上，刘秀对诸将说："昨得豆粥，饥寒俱解。"行军至南宫时，遇大风雨，光武引车入道旁空舍歇息，冯异又寻来了麦饭给刘秀，才聊解光武帝之饥。这是战争年代，官亭供给入不敷出是正常现象。但在承平之时，许多私人逆旅也不提供饮食，得靠旅客自己动手做饭。据《汉武故事》记述，汉武帝微服出游至柏谷，投宿私人逆旅。武帝向主人乞讨"浆饮"(汤水)。逆旅翁说："我只有尿，没有浆饮!"因怀疑汉武帝一行是盗贼，逆旅翁为稳住武帝等人，令逆旅妪"出谢客杀鸡作食"，自己准备聚合青壮鸣鼓讨贼。武帝预知其谋，天刚破晓便率众逃去。从汉武帝投宿后"乞浆饮"，说明私人旅馆是不提供饮食的，逆旅妪杀鸡做饭以待武帝，是为稳住他，并不是客店的服务项目。东汉时，情况仍然如此。据《后汉书·周防传》载，周防父亲周扬曾建"逆旅"(私营旅店）以招待客人，而不收取费用。所谓不收费显然指的是不收房费，如果是不收饭费，如何承受得起？由此可见当时仍是由旅客自己烧火做饭。另据《晋阳秋》记载道：东汉末曹操的荆州刺史胡质为官清廉，儿子胡威探望父亲，临告别时，胡质给儿子一匹绢作为路费，以换取"道路粮"。胡威辞父回家，"每至客舍，自放驴，取樵炊爨"。吃罢饭，就随其他旅客一起上路。胡质帐下有一位都督，与胡威素不相识，故意在胡威回家前请假还家，在百余里外等着胡威，与胡威结伴而行，每次都主动给胡威做饭端上。说明当时旅客须自备粮食，自己生火做饭。

秦汉的行客和旅游者，便是在这种条件下，踏上漫漫征程，追寻山川胜景和都市风情，实现跋涉的收获和审美的愿景。

第三章

魏晋南北朝旅游的飞跃

魏晋南北朝时期（220—580年），中国思想和文化出现了一大变局，由于政局动荡，皇权飘摇，为皇权独尊的儒学地位受到动摇，道家复兴，佛学崛起，玄学风行，出现了儒、释、道、玄多元并行的思想格局，既造成了思想观念的混乱，也促进了思想的自由和人性的复归。文人士大夫狂达逍遥，恣意纵情，畅游山水之间，追求旅游的审美，将休闲审美性旅游提升到一个很高的层次，是中国旅游史上的一次飞跃。就旅游主体来讲，此时的文人士大夫的旅游性格既内敛又外张，审美观念向前突进，形成了"畅神""聘怀"和"适情悦意"的旅游价值观，由此影响到旅游客体的扩展，更大范围的山川名胜"靡不毕践"，被纳入到旅游文化系统之中，成为主体寄情投射的对象。与此同时，驿站设施及其制度的完善，使旅游文化在物质和制度层面得到了更大程度的发展。

第一节 狂达逍遥的士大夫旅游

魏晋南北朝的三百余年里，中国旅游文化有了长足的进步和发展，表现为贵族恣游所带来的休闲审美性旅游的空前繁荣。

一、文人士大夫旅游花样的翻新

由于政局动荡，灾害频仍，魏晋南北朝时期帝王的权威受到世家大族的挑战，巡游活动几乎停止，即使平时的近游也受到约束。与此相反，手握重权的世家大族则狂达恣肆，他们的恣意旅游成为时代特征，形成历史上有名的“魏晋风流”，并出现了旅游文化的第一个辉煌时期。

极意恣游的贵族士大夫被称为“贵游子弟”。如王隐《晋书》称：“魏末，阮籍嗜酒荒放，露头散发，裸袒箕踞。其后贵游子弟阮瞻、王澄、谢鲲、胡毋之之徒，皆祖述于籍，谓得大道之本，故去巾帻，脱衣服，露丑恶同禽兽，甚者名之为通，次者名之为达也。”① 这些贵游子弟，对儒家信条产生动摇，而对老庄道家学说和《周易》则奉若圭臬，刻意模仿洒脱旷达和“回归”自然的风度。

贵族恣游的花样十分繁多，有谈游、评游、咏游、啸游、优游、纵游、壮游等。

谈游，是贵游子弟三五成群，或访寺庙，或游山林，一边旅游一边清谈。晋贵族王衍等“诸名士共至洛水戏”时，裴頠“谈名理，混混有雅致”，张华“论《史》、《汉》，靡靡可听”，王衍“说延陵、子房，亦超超玄箸”，王济与孙楚“各言其土地人物之美”，王济云：“其地坦而平，其水淡而清，其人廉而贞。”孙楚云：“其山崔巍以嵯峨，其水泙渫而扬波，其人磊砢而英多。”②谈游往往是颇富机锋的。据《晋书·孙绰传》载：孙绰“尝与习凿齿共行”出游，孙绰走在前面，便回过头对后面的习凿齿说道：“沙之汰之，瓦石在后。”但习凿齿立即反击道：“簸之扬之，糠秕在前。”王羲之与谢安共游冶城城楼，谢安“悠然远想，有高世之志”。王羲之则以历代帝王的实干精神来反对清谈，说：“夏禹勤

① 《世说新语·德行》刘孝标注。

② 《世说新语·言语》。

王，手足胼胝；文王旰食，日不暇给，今四郊多垒，宜人人自效，而虚谈废务，浮文妨要，恐非当今所宜。”而谢安则答道：“秦任商鞅，二世而亡，岂清言致患邪？”反映了在魏晋人心中清谈的神圣地位。

评游，与谈游不同，它是一种边旅游边对旅游对象做直接评论和议论的游玩形式。贵族们良好的教育，使他们在旅游时能较准确地表达对旅游对象的感受。会稽郡有长山县（即今金华市），县中有山逶迤而长，县因山而得名。晋贵族林公，游览长山后，一言以蔽之：“何其坦迤。”人以为评论得体。画家顾恺之，字长康，曾前往会稽旅游，饱览了当地的山水。回来后，人问山川之美，他答道：“千岩竞秀，万壑争流，草木蒙笼其上，若云兴霞蔚。”这里显然是以一个画家的眼光来评价旅游对象的。王献之，曾往山阴旅游，回来后亦评论其所游，谓：“从山阴道上行，山川自相映发，使人应接不暇，若秋冬之际，尤难为怀。”① 山阴属会稽郡，据《会稽郡记》称：“会稽境特多名山水，峰崿隆峻，吐纳云雾，松栝枫柏，擢干竦条，潭壑镜彻，清流泄注。王子敬（献之）见之曰：‘山水之美，使人应接不暇。’”与贵族交游密切的道壹道人，姓竺，名德，曾从建康还会稽东山，“经吴中，已而会雪下，未甚寒。诸道人问在道所经，壹公曰：‘风霜固所不论，乃先集其惨淡；郊邑正自飘瞥，林岫便已皓然。’”② 准确地道出了下雪前后的变化过程。评游是较早的旅游审美活动，它已摆脱了谈游的玄远与虚渺，而开始直接对旅游对象进行议论和评价。

咏游，是贵族边游边咏，触景生情。曹操曾“东临碣石，以观沧海”，咏诗成《观沧海》一首：“东临碣石，以观沧海，水何淡淡，山岛竦峙。树木丛生，百草丰茂。秋风萧瑟，洪波涌起。日月之行，若出其中，星汉灿烂，若出其里。幸甚至哉，歌以咏志。”陶潜是晋宋之际的咏游的代表人物。他在《归去来兮辞》中称自己“临清流而赋诗”，即且游且吟。他曾前往斜川（在今江西

① 《世说新语·言语》。
② 《世说新语·言语》。

都昌县附近的湖泊中）旅游，赋《游斜川》一诗，诗序称："辛酉正月五日，天气澄和，风物闲美，与二三邻曲，同游斜川。临长流，望曾城（山名）。鲂鲤跃鳞于将夕，水鸥乘和以翻飞。彼南阜（指庐山）者，名实旧矣，不复乃为嗟叹。若夫曾城，傍无依接，独秀中皋；遥想灵山，有爱嘉名。欣对不足，率尔赋诗。悲日月之遂往，悼吾年之不留。各疏年纪乡里，以记其时日。"谢灵运（385—433年），是谢家大族的后代，名将谢玄之孙。曾任永嘉太守、临川内史等职，喜欢遨游山水，每次出游，从者百余人，且游且咏，留下了许多描写江南自然山水的诗歌。曾游览过永嘉江中的孤屿山（在今浙江温州市南），触景生情，吟咏出《登江中孤屿》："江南倦历览，江北旷周旋。怀新道转回，寻异景不延。乱流趋正绝，孤屿媚中川。云日相辉映，空水共澄鲜。表灵物莫赏，蕴真谁为传？想象昆山姿，缅邈区中缘。始信安期术，得尽养生年。"描绘了江中孤岛所见的秀媚景色，抒发了对求仙寻道的信念。他曾从上虞县的石壁精舍出发乘舟至湖中旅游，且游且吟，成《石壁精舍还湖中作》一诗。诗中描写游湖的乐趣和从中体会到的人生哲理。其中"昏旦变气候，山水含清晖，清晖能娱人，游子憺忘归"抒发了旅游者为明丽的山水所陶醉的情态。谢灵运酷嗜游山登险，罢官后，他每次出游都有数百人相随。一次他庞大的旅游团从始宁南山伐木开路，直抵临海。临海太守竟误以为山贼临城。桓玄游江陵城南楼，"吟啸良久，遂而下笔"①。梁代何思澄尝游庐山，咏《游庐山》一诗。

啸游，是边旅游边长啸，宣泄情绪。魏晋贵族崇信自然，不拘礼数，旅游途中，性之所至，则啸鸣不已，呐喊宣泄。此亦其人性情率真处。阮籍"尝游苏门山"，"嘐然长啸，韵响寥亮"，结果引起了一位真人苏门先生的啸呼："先生喟然高啸，有如凤音。"②此事在《世说新语·栖逸》中记载得也很生动，说阮籍善长啸，可"闻数百步"。他听说苏门山中有一位真人，便前往拜访，见

① 《世说新语·文学》。

② 《世说新语·栖逸》刘孝标注引《魏氏春秋》。

“其人拥膝岩侧，籍登岭就之，箕踞相对”。阮籍对他大谈古今，他毫不回应。阮籍又对他谈“有为之教、栖神道气之术”，他仍不理睬。阮籍“因对之长啸”。许久，真人才笑着说：“你再长啸一次。”阮籍复啸，兴尽而退，回到半山处，忽听见山上闻“嗜然有声，如数部鼓吹，林谷传响”，回头一看，真人正向着他长啸呢。隐士陶潜也曾“登东皋以舒啸”①。晋人成公绥曾作《啸赋》，描写了当时贵族们啸游的情况：“逸群公子，体奇好异，敖世忘荣，绝弃人事，希高慕古，长想远思……狭世路之阨僻，仰天衢而高蹈，邈跨俗而遗身，乃慷慨而长啸。于时曜灵俄景，流光濛汜，逍遥携手，踌躇步趾，发妙声于丹唇，激哀音于皓齿，响抑扬而潜转，气冲郁而熛起，协黄宫于清角，杂商羽于流徵，飘浮云于泰清，集长风乎万里。曲既终而响绝，遗余玩而未已，良自然之至音，非丝竹之所拟。……若乃登高台以临远，披文轩而骋望，喟仰抃而抗首，嘈长引而憀亮。……若乃游崇冈，陵景山，临岩侧，望流川，坐磐石，漱清泉，藉皋兰之猗靡，荫修竹之蝉蜎，乃吟咏而发叹，声驿驿而响连，舒蓄思之悱愤，奋久结之缠绵，心涤荡而无累，志离俗而飘然。……乃知长啸之奇妙，此音声之至极。”②《啸赋》将魏晋贵族啸游时的情态描绘毕致，把长啸形容得十分美妙奇丽。它是最能体现当时贵游子弟放纵性情的形式之一。登高临谷，面对群山，一声长啸，引起千谷回响，此情此景，确能抒泄情绪，令人忘机。

优游，是优哉游哉的漫游，是魏晋时期最能显现贵族们优雅姿态和玄远镇定风度的一种形式。优游首先是比较雅致的旅游，如兰亭之游即属此类。永和九年三月，王羲之（321—379 年）与名士谢安、孙绰等 41 人来到今绍兴县西南二十七里处的兰渚，以修禊为名游春。兰渚风景绝佳，“有崇山峻岭，茂林修竹；又有清流激湍，映带左右”。他们坐列于曲溪旁，在上游放置酒觞令其顺流漂下，停在谁的面前便由谁饮之。他们在自然山水间游目骋怀，“极

① 《归去来兮辞》。

② 《晋书·文苑列传》。

视听之娱”。做到形式上的优游容易，做到内心的优游则难。王胡之任吴兴太守时，前往所辖于潜县优游。据《吴兴记》载：“于潜县东七十里有印渚，渚旁有白石山，峻壁四十丈，印渚盖众溪之下流也。印渚以上至县，悉石濑恶道，不可行船。印渚以下，水道无险，故行旅集焉。”王胡之优游印渚后，赞叹道：“非唯使人情开涤，亦觉日月清朗。”① 谢安住会稽上虞时，“优游山林六七年间，征召不至”②。内心的优游，往往在环境恶劣的情况下更能得到映衬。《世说新语·雅量》载：“谢太傅（安）盘桓东山时，与孙兴公诸人泛海戏。风起浪涌，孙王诸人色并遽，便唱使还。太傅神情方王（旺），吟啸不言。舟人以公貌闲意说（悦），犹去不止。既风转急，浪猛，诸人皆喧动不坐。公徐云：‘如此将无归。’众人即承响而回。于是审其量，足以镇安朝野。”

纵游，即纵情旅游，孙统，字承公，“性好山水，及来鄞县……纵意游肆，名阜胜川，靡不历览”③。《世说新语·任诞》说他“每至一处，赏玩累日，或回至半路却返”。《晋书·孙统传》载：孙统辞官不就，“家于会稽。性好山水，乃求为鄞令，转在吴宁。居职不留心碎务，纵意游肆，名山胜川，靡不穷究”。他的弟弟孙绰，字兴公，“博学善属文，少与高阳许询俱有高尚之志。居于会稽，游放山水，十有余年，乃作《遂初赋》以致其意”。他鄙视假隐士山涛的为人，说：“山涛吾所不解，吏非吏，隐非隐，若以元礼门为龙津，则当点额暴鳞矣。”他十分看重张衡、左思之赋，每对人说：“《三都》、《二京》，五经之鼓吹也。”曾作《天台山赋》，自称能够“掷地有声”。王徽之，字子猷，他的恣游与“乘兴而来，兴尽而返”的成语相联。《世说新语·任诞》载：“王子猷居山阴，夜大雪。眠觉，开室命酌。四望皎然，因起彷徨，咏左思《招隐诗》，忽忆戴安道（逵）。时戴在剡，即便乘小船就之。

① 《世说新语·言语》。

② 《世说新语·赏誉下》引《续晋阳秋》，载《诸子集成》八，中华书局1954年版，第122页。

③ 《世说新语·任诞》刘注引《中兴书》。

经宿方至。造门不前而返。人问其故，王曰：‘本乘兴而行，兴尽而返。何必见戴？’”这种旅游完全是一种率由性情的活动。嵇康与吕安友善，“每一相思，千里命驾”①。在交通不便的时代，一动相思之念，便千里探访，无疑属于纵情旅游的行为。据宋明帝《文章志》载：“（谢）安纵心事外，疏略常节，每畜女奴，携持游肆也。”这在《晋书·谢安传》中也有反映：“安虽放情丘壑，然每游赏，必以妓女从之。”刘宋贵族徐湛之，也常肆意游玩，他养有门生千余，“皆三吴富人子，姿质端美，衣服鲜丽。（他）每出入行游，涂巷盈满。泥雨日，悉以后车载之。文帝每嫌其侈纵”。他出为南兖州刺史时，“广陵旧有高楼，湛之更修整之，南望钟山。城北有陂泽，水物丰盛，湛之更起风亭、月观、欢台、琴室，果竹繁茂，花药成行。招集文士，尽游玩之适”②。梁贵族傅君蒨“有时载伎肆意游行，荆楚山川，靡不毕践”③。北朝士大夫也有南朝之风，纵情旅游。据《北齐书·王昕附晞传》载：王晞“美容仪，有风则”。东魏末年，“随母兄东适海隅，与邢子良游处”，邢子良十分赏识他的“清悟”，曾在书信中称赞他“旷达不羁，简于造次，言必诣理，吟咏情性，往往丽绝”。王晞后“遨游巩洛，悦其山水，与范阳卢元明、钜鹿魏季景结侣同契，往天陵山，浩然有终焉之志”。他“性闲淡寡欲，虽王事鞅掌，而雅操不移。在并州，虽戎马填间，未尝以世务为累。良辰美景，啸咏遨游，登临山水，以谈燕为事，人士谓之物外司马”。北齐的邢邵也喜纵游山川，“少在洛阳，会天下无事，与时名胜专以山水游宴为娱，不暇勤业”④。贵族纵情恣意地旅游把旅游的娱乐性和享受性提高到一个很高的水平。

壮游，是一种胸怀广阔、立志远游的旅游活动。晋代赵至，字景真，少时为了出游“阳病数数，狂走五里三里，为家追得”，16

---

① 《世说新语·简傲》。
② 《南史·徐湛之传》。
③ 《南史·傅君蒨传》。
④ 《北齐书·邢邵传》。

岁时“遂亡命径至洛阳”，“弃亲远游”。① 荀羡是光禄大夫荀崧之子，在京口时，“登北固望海云：‘虽未睹三山，便自使人有凌云意。’”② 许询，字玄度，旅游时十分矫健，据《世说新语·栖逸》载：“许询好游山水，而体便登陟，时人云：‘许非徒有胜情，实有济胜之具。’”

神游，是一种超然物外的心路旅程，是游心的状态。人并没有外出旅游，但却借助绘画或想象，完成一次次的山水之旅。南朝刘宋时的宗炳将所游名胜画于四壁，然后置榻于室，卧以游之，或者弹奏琴弦，以体会声震众山的感觉。《宋书·宗炳传》载：“好山水，爱远游，西陟荆、巫，南登衡、岳，因而结宇衡山，欲怀尚平之志。有疾还江陵，叹曰：‘老疾俱至，名山恐难遍睹，唯当澄怀观道，卧以游之。’凡所游履，皆图之于室，谓人曰：‘抚琴动操，欲令众山皆响。’”

由上述可见，文人士大夫们的旅游，五花八门，极尽休闲审美性旅游之态。

二、贵族恣游、个性张扬的原因与实质

从以上的叙述中可以发现，魏晋南北朝时贵族的恣意旅游，形成了一种潇洒、放达的社会旅游风尚，他们在旅游时，不拘礼节，恣意纵情。如王献之只要得知某处名胜佳绝，也不管主人是否同意，径入人家观赏，可以说到了痴迷的程度。《世说新语·简傲》载：“王子敬（献之）自会稽经吴，闻顾辟疆有名园，先不识主人，径往其家。值顾方集宾友酣燕，而王游历毕，指挥好恶，傍若无人。”王献之丝毫不顾及主人的感受，对着名胜佳园大发议论。那么这种恣情纵意的旅游和个性张扬的行为形成的原因有哪些呢？

第一，门阀制度是贵族恣游的社会原因。首先，门阀制度使士大夫们有时间和精力从事旅游，并且能够尽兴。苏轼有名言谓：“江山风月，本无常主，闲者便是主人。”魏晋南北朝的士大夫们

① 《世说新语·言语》刘孝标注。
② 《世说新语·言语》。

便是一帮有闲阶层。在汉代，世家大族必须通过中央集权制国家所规定“经明行修”的条件才能步入仕途，而魏晋南北朝时期他们只要依靠自己的经济和军事实力，便能参与政权甚至把持政权。由于世家大族利益的稳定，他们对王朝的江山并不关心，经常通过“九品中正制”将自己的人安插进各级政府乃至朝廷。士族们一般担任“清闲”的官职，能够不被俗务所累，有充足的精力从事旅游活动。其次，门阀制度保证了世家大族拥有强大的经济实力。像王谢家族、竹林七贤等大多拥有自己的庄园，占有大量的良田。士大夫们凭借政治特权和经济实力，“耕当问奴，织当访婢”，腾出精力，极意旅游。据《宋书·谢灵运传》载：“灵运因父祖之资，生业甚厚。奴僮既众，义故门生数百，凿山浚湖，功役无已。寻山陟岭，必造幽峻，岩嶂千重，莫不备尽。登蹑常著木履，上山则去前齿，下山去其后齿。尝自始宁南山伐木开径，直至临海，从者数百人。临海太守王琇惊骇，谓为山贼，徐知是灵运乃安。又要琇更进，琇不肯，灵运赠琇诗曰：‘邦君难地险，旅客易山行。’在会稽亦多徒众，惊动县邑。”再次，门阀士族为标榜家世，大力撰著“地记”，将地方人物与风土结合一起，为夸示郡望的卓异和门第的高贵，“矜其乡贤，美其邦族”，以示“人杰地灵”。如《会稽记》对会稽郡的山水作了描述；盛弘之的《荆州记》和袁山松的《宜都记》刻画了三峡的壮丽风景，《益州记》对峨眉山的描绘，《湘中记》对衡山的讴歌，无疑起到了旅游手册的作用，刺激了士人的旅游欲望。

第二，国家分裂、政治动荡和斗争残酷，是部分处于弱势的文人士大夫逍遥山林、忘情旅游的政治原因。从东汉末的党锢之祸，到魏晋南北朝的篡弑相仍，内祸频起，“公侯构篡夺之祸，骨肉遭枭夷之刑，群王被囚槛之困，妃主有离绝之哀”①，使文人士大夫不敢直面残酷的政治，只得玄谈忘机、纵情山水和归隐养性，“是时裂冠毁冕相携持而去之者，盖不可胜数”。王微“素无宦情”，“龙居深藏，与蛙虾为伍”，宗炳优游山林，终身不仕。

---

① 《晋书·齐王冏传》。

第三，推崇老庄、崇尚自然是文人士大夫恣意旅游的思想原因。自东汉晚期迄于南朝，社会危机加重，自然灾害频仍，儒家思想无力解释这些现象以凝聚人心。坞堡和庄园的盛行，阻隔了区域间的经济联系，为了对抗中央集权制的强力控制，世家大族特别提倡"无为"。《文心雕龙·论说》篇形容道："迄今正始，务欲守文，何晏之徒，始盛玄论，于是聃（老子）周（庄周）当路，与尼父（孔子）争途矣。"老庄思想流行，推动了玄学的崛起。玄学以老庄思想为核心，参以佛教的某些观念。老庄思想中，老子的"致虚极，守静笃"、庄子的"知足逍遥"、"独与天地精神相往来"、"游心于淡，合气于漠"、"大林丘山之善于人也，亦神者不胜"等思想，促进了归依山水，逍遥林泉旅游的兴起，士大夫们常常"登山临水，竟日忘归"。

第四，个体生命意识的全面觉醒，是士大夫恣意旅游的人性原因。由于战乱和人祸频发，生死无常，上至曹魏皇室，下至文人，都有人生短促、及时行乐的思想。曹植《送应氏》云："天地无终极，人命如朝霜。"《古诗十九首·驱车上东门》云："浩浩阴阳移，年命如朝露，人生忽如寄，寿无金石固。""人生天地间，忽如远行客。"孔融《杂诗》云："人生自有命，但恨生日稀。"徐干《室思》云："人生一世间，忽若暮春草。"阮籍《咏怀》云："人生若尘露，天地邈悠悠。"陶潜《杂诗》云："人生无根蒂，飘如陌上尘。"李泽厚指出："在表面看来是如此颓废、悲观、消极的感叹中，深藏着的恰恰是它的反面，是对人生、生命、命运、生活的强烈的欲求和留恋。"① 当时的人认为"名不常存，人生易灭，优游偃仰，可以自娱"，"逍遥一世之上，睥睨天地之间，不受当时之责，永保性命之期。如是，则可以凌霄汉，出宇宙之外矣，岂羡夫入帝王之门哉"②，"夫死生是失得之大者，故乐莫甚焉，哀莫深焉"③。对人生短促的惋惜，生死无常的喟叹，使他们强烈追

---

① 李泽厚：《美的历程》，安徽教育出版社 1994 年版，第 91 页。

② 《后汉书·仲长统传》。

③ 陆机：《大暮赋序》。

求生命的价值和快乐的意义，特别是精神上的自由，希望在有限的岁月中充分享受自由、乐趣，使个人与天地合而为一，与清丽的山川融为一体，与大自然进行心灵交流。①

然而，魏晋南北朝时期文人士大夫的这种旅游实质，仍然是中国传统社会特征的表现。这种狂达逍遥、恣情任意的旅游风格，看似改变了中国传统的稳健内敛的旅游性格，但实际上，这种改变仍然是比较有限的。民族的旅游性格是一种国民性，一旦生成，一个朝代或一个阶层是难以令其完全改变的。

其一，就整个社会而言，旅游仍是十分少见的现象和活动。比如，晋车骑将军孔愉未入仕时，曾优游名山，当地百姓从未在山中见过这样衣着鲜丽、神态潇洒的旅游者，以为见到了神仙，遂为其立庙祭祀。此即后来的孔郎庙。② 梁代刘订是汉胶东王刘寄的后代，“每游山泽，辄留连忘返”，“在林谷间，意气弥远”，结果当地的樵刍之人还以为他们见到的旅游者是神仙呢。③ 反映了当时入山旅游的人是很少的，以至于当地百姓把珍稀的旅游者误作神仙了。

其二，就贵族阶层而言，他们的恣游表面上狂达逍遥，实际上是一种内心忧虑的掩饰，以狂放不羁来掩饰自己对国破家残的忧虑。有不少例子说明，他们在旅游时常触景生情，产生强烈的忧患意识和忧愁心绪。“新亭挥泪”就是一个典型的事例。据《世说新语·言语》载：“过江诸人，每至美日，辄相邀至新亭，藉饮宴。周侯（觊）中坐而叹曰：‘风景不殊，正自有山河之异。’皆相视流泪。唯王丞相（导）愀然变色曰：‘当共戮力王室，克复神州，何至作楚囚相对！’”晋代陈逵，字林道，曾应邀与都中诸贵族游

---

① 以上参见周思琴《魏晋旅游文化繁荣之二重因素》(《宁夏大学学报》1998年第3期)、汤蓉岚《醉心山水任意逍遥——魏晋南北朝旅游热及其原因初探》(《台州师专学报》2001年第4期）和陈金鑫《从行壮志深的羁旅征成到旷达的玄游——曹魏、西晋旅游风格初探》(《怀化学院学报》2004年第4期）等文。

② 《世说新语·栖逸》。

③ 《南史·刘订传》。

于牛渚。由于陈逵很会清谈，大家打算一起把他驳倒，结果陈逵“以如意拄颊，望鸡笼山叹曰：‘孙伯符（策）志业不遂！’于是竟坐不得谈”。陈逵的一句充满忧患意识的话，结果撩动了大家的心弦，使大家一下子陷入了忧虑与深思之中。可见贵族的优游，实际上暗含着忧游。贵族旅游还常生时光易逝、人生难再的忧虑。桓温北征时故地重游，睹物生情，顿发“物是人非”之叹。《世说新语·言语》载：“桓公北征，经金城，见前为琅邪（内史）时种柳，皆已十围，慨然曰：‘木犹如此，人何以堪？’攀枝执条，泫然流泪。”魏晋南北朝时期的这种忧患意识，在袁山松的怪游中也可得到印证：“袁山松出游，每好令左右作挽歌”，时人谓“袁道上行殡”。① 这难道不是当时贵族对时局失去信心的表现吗？又据《魏氏春秋》载：“阮籍常率意独驾，不由径路，车迹所穷，辄恸哭而返。”天性率真的阮籍在旅游时的“车迹所穷”(走到尽头）实际上是社会没有前途的暗示与象征。在这样的历史背景下，贵族们的恣游显然是一种“欲说还休，却道天凉好个秋”的复杂心态的流露。

其三，魏晋南北朝的贵族恣游，在个性张扬的同时，也未能超脱中国传统的乡情牵引。如谢朓在游览南京长江南岸的三山时，因景兴情，吟成《晚登三山还望京邑》一诗，其中流露出浓厚的思乡情怀：“佳期怅何许，泪下如流霰。有情知望乡，谁能鬒不变。”他从建康赴宣城太守任中，在诗中也表达了对故乡的追思和对自己旅游的孤独之感：“天际识归舟，云中辨江树。旅思倦摇摇，孤游昔已屡。”梁代诗人王籍往浙江绍兴东南若耶山下的若耶溪旅游时，睹景思乡，对在外远游已产生了厌倦悲愁之情：“此地动归念，长年悲倦游。”②

其四，此时尽管儒家地位受到动摇，但非礼勿动、非礼勿言的伦理教条仍在一部分人心中生根，使旅游中的人性抒张受到压抑。齐时，贵族刘琎“与友人会稽孔逖同舟入东，于塘上遇一女子。

① 《世说新语·任诞》。
② 王籍：《入若耶溪》。

逖目送曰：‘美而艳！’ 琎曰：‘斯君子所宜言乎？非吾友也。’ 于是解裳自隔”①。旅游中的所见所感本是人生的重要收获，但孔逖对美的赞叹却遭到鄙视，反映出当时民族旅游性格的保守和内敛特性仍未发生改观，对纯粹自然美和女性自然美的欣赏仍与伦理道德挂钩。

其五，旅游本是一种游戏和享乐，游戏的功能之一就是使人从其所承担的社会角色中解脱出来，达到浑然忘机的状态。但这一时期的贵族恣游仍然打着浓厚的伦理等级烙印，旅游中的等级观念仍十分强烈。如桓玄在旅游时狂放肆意，盛气凌人。据《世说新语·捷悟》载：“桓南郡（玄）好猎，每田狩，车骑甚盛，五六十里中，旌旗蔽隰。骋良马，驰击若飞。双甄所指，不避陵壑。或行阵不整，麏兔腾逸，参佐无不被系束。”他的参军桓道恭常自带绛绵绳别腰中。桓玄问其何为？他答道：“公出猎时好捆人。当我被缚时，手不堪被刺绳所捆，故带软绳。”桓玄旅游时，利用权势将行伍不整的从游者或导致麏兔逃逸的随从，用刺绳捆缚起来，反映出中国古代旅游中的伦理等级特色，即将社会地位带入旅游活动之中。

其六，与西方社会同一时期相比，魏晋贵族恣游缺乏航海旅游活动。《世说新语·雅量》所载的那则有关谢安与孙兴公诸人泛海旅游的史实，却反映了士大夫们普遍的怕海心理。除了谢安以外，其他人一见“风起浪涌”，“色并遽，便唱使还”，“既风转急，浪猛”时，诸人“皆喧动不坐”。生动而深刻地揭示出东方民族系恋土地，惧怕海洋的稳健内敛的旅游性格。

第二节　分途而进的农、牧帝王旅游

在文人士大夫狂达逍遥、优游山林之际，部分帝王的逸游活动也在疯狂展开，不过没有前者那么得象忘言、富有玄意和步伐一致，而是南北异趣、分途而进，魏晋南朝农耕政权的帝王旅游为世

---

① 《南史·刘琎传》。

家大族的光辉所掩盖，呈现出近游、宫室园囿之游和微服私游的萎靡特点，而北朝的帝王由于出身于游牧民族而具有大规模巡游、纵游和游畋的雄壮特点。

一、魏晋南朝帝王的宫室园囿之游

魏晋南北朝时期，两晋和南朝帝王的大规模巡游趋于沉寂。汉献帝长期被曹操所控持，基本上失去人身自由；曹魏自曹芳以后，大权基本上旁落司马懿家族之手，晋朝皇室也常为世家大族王氏、谢氏、庾氏、桓氏、刘裕等所控持，南朝也不例外，萧道成、萧衍、侯景、陈霸先等人先后胁持皇室，甚至篡权夺位。与此相应的是，帝王的旅游也常为世家大族所限制和把持。据《晋书·简文帝纪》载，简文皇帝司马昱“尝与桓温及武陵王晞同载游版桥，温遽令鸣鼓吹角，车驰卒奔，欲观其所为。晞大恐，求下车，而帝安然无惧色，温由此惮服”。司马昱的旅游是被权臣桓温挟持的，后者在旅游过程中作威作福，恐吓皇族。武陵王司马晞被吓得半死，司马昱表面上“安然无惧色”，其实内心十分恐惧，据载：“温既仗文武之任，屡建大功，加以废立，威振内外。帝虽处尊位，拱默守道而已，常惧废黜。”南齐皇帝东昏侯萧宝卷也受外戚、权臣江祏管束，不能随意旅游，及至“祏等既诛，帝恣意游走，单骑奔驰，谓左右曰：‘祏常禁吾骑马，小子若在，吾岂能得此’”①，反映了皇帝旅游在当时的局促状态。

在此背景下，帝王的大规模巡游基本停止，像秦皇汉武那样的巡幸全国已成绝响，此时魏晋和南朝的帝王，要么多进行园林宫室之游，要么便微服私游。像曹魏时，便大修铜雀台，作宫室游观。据《三国志·魏书·明帝纪第三》载：魏明帝曹叡，青龙元年“大治洛阳宫，起昭阳、太极殿，筑总章观。百姓失农时，直臣杨阜、高堂隆等各数切谏，虽不能听，常优容之”。裴松之注引《魏略》曰：“是年起太极诸殿，筑总章观，高十余丈，建翔凤于其上；又于芳林园中起陂池，楫棹越歌；又于列殿之北，立八坊，诸

---

① 《南史·江祏传》。

才人以次序处其中，贵人夫人以上，转南附焉，其秩石拟百官之数。帝常游宴在内，乃选女子知书可付信者六人，以为女尚书，使典省外奏事，处当画可，自贵人以下至尚保，及给掖庭洒扫，习伎歌者，各有千数。通引谷水过九龙殿前，为玉井绮栏，蟾蜍含受，神龙吐出。使博士马均作司南车，水转百戏。岁首建巨兽，鱼龙曼延，弄马倒骑，备如汉西京之制，筑阊阖诸门阙外罘罳。”当时太子舍人张茂以吴、蜀数侵，“诸将出征，而帝盛兴宫室，留意于玩饰，赐与无度，帑藏空竭”，深以为忧。少帝齐王曹芳也耽于宫室苑囿之游。据《三国志·魏书·少帝纪》载，齐王曹芳在嘉平六年九月被废时，皇太后和众大臣曾历数他的游乐无度的罪行：“皇帝芳春秋已长，不亲万机，耽淫内宠，沉漫女德，日延倡优，纵其丑谑。”裴松之注引《魏书》道：“皇帝即位，纂继洪业，春秋已长，未亲万机，耽淫内宠，沉漫女色，废捐讲学，弃辱儒士，日延小优郭怀、袁信等于建始芙蓉殿前裸袒游戏，使与保林女尚等为乱，亲将后宫瞻观。又于广望观上，使怀、信等于观下作辽东妖妇，嬉亵过度，道路行人掩目，帝于观上以为燕笑。于陵云台曲中施帷，见九亲妇女，帝临宣曲观，呼怀、信使入帷共饮酒。怀、信等更行酒，妇女皆醉，戏侮无别。”“帝常喜以弹弹人”，“日将妃后游戏无度，至乃共观倡优，裸袒为乱，不可令皇太后闻”。“帝至后园竹间戏”，“日游后园”。他还反问：“我作天子，不得自在邪?”终致被废。蜀后主刘禅也在宫内与小黄门嬉游。《三国志·蜀书·谯周传》载，谯周指责后主刘禅“至于四时之祀，或有不临，池苑之观，或有仍出”，他要求“省减乐官”。

两晋时，帝王旅游也多为园林和宫室之游。或在园林中游戏，或在宫室中游宴，都属于近游。近游的特点是能够避免长途巡游时的安全忧虑。《晋书·武帝纪》载：司马炎在“平吴之后，天下乂安，遂怠于政术，耽于游宴”。《晋书·天文志下》也说：“太康末，武帝耽宴游，多疾病。”武帝的后宫之游是十分著名的，他曾坐上羊车在后宫行走，羊走到哪个后妃的住处，他便在哪里过夜，于是嫔妃们纷纷在门口种上竹子或洒上盐水，吸引羊车来到自己的宫门。据《晋书·后妃传上》载，左思的妹妹左芬，是司马炎的贵嫔，善于写作，曾撰《离思赋》。她“姿陋无宠，以才德见礼。体羸多患，常居薄室”，不过，“帝每游华林，辄回辇过之。言及文义，辞对清华，左右侍听，莫不称美”。司马炎在游华林园回来时，造访才女贵嫔，也算是不惟貌取人吧。晋朝的后妃也好作宫室园林之游。据《晋书·后妃传下》载：河南荥阳郑氏女阿春，是一位带着一个男孩的寡妇，投靠舅舅吴氏。当时琅琊王司马睿尚是丞相，死了夫人，想纳吴氏女为夫人。郑阿春“及吴氏女并游后园”，有人见到后对司马睿说道：“郑氏女虽嫠，贤于吴氏远矣。”于是郑阿春被纳为琅琊夫人。司马睿就是后来的东晋元帝，郑阿春的儿子司马昱后来做了皇帝，就是简文帝。

南朝皇帝也很少有长途巡游的机会和环境，因此他们基本上好作园林宫室之游。宋少帝刘义符，好游园，纵乐无度，被废掉。据《南史·宋本纪·少帝本纪》载，少帝刘义符，景平二年五月，皇太后与大臣们商量，将他废为营阳王。当时他正“于华林园为列肆，亲自酤卖，又开渎聚土，以象破冈埭，与左右引船唱呼，以为欢乐。夕游天泉池，即龙舟而寝”。被废后幽于吴郡，被徐羡之和邢安泰杀于金昌亭，时年19岁。继位的宋文帝刘义隆，也好游园。《南史·宋本纪·文帝纪》载：他在元嘉二十三年“筑北堤，立玄武湖于乐游苑北，兴景阳山于华林园，役重人怨”。他还在二十五年闰二月“大搜于宣武场。三月庚辰，校猎”。这是近郊的游猎活动，与北魏皇帝的长途巡游和游畋活动不可同日而语。前废帝刘子业，据《南史·宋本纪·前废帝纪》载，“好游华林园竹林堂，使妇人裸身相逐，有一妇人不从命，斩之”。景和元年九月三日他曾“幸湖熟，奏鼓吹”，八日“还宫”，在外面玩了五天，算是南朝皇帝中走得比较远、时间比较长的旅游了。他此前曾听说“湘中出天子”，于是“将南巡荆、湘以厌之”，但还没有来得及作规划中的长途巡游，便被湘东王刘彧所废，为阮佃夫、寿寂之所杀，终年17岁。后废帝刘昱也常常微服私游。升明元年七月七日夜，他微服出游，来到新安寺，乘着夜色把庙里的狗偷出去，在野外煮熟吃掉。

齐高帝萧道成也好游宴，据《南史·齐本纪·高帝纪》载：

"颇喜游宴、雕绮之事。"齐武帝萧赜也游苑囿和宫室。据《南史·后妃列传·齐武穆裴皇后传》载，齐武帝"宫内御所居寿昌画殿南阁，置白鹭鼓吹二部，乾光殿东西头，置钟磬两厢，皆宴乐处也。上数游幸诸苑囿，载宫人从后车。宫内深隐，不闻端门鼓漏声，置钟于景阳楼上，应五鼓及三鼓。宫人闻钟声，早起庄饰"。他还多次"车驾数幸琅邪城，宫人常从，早发，至湖北埭，鸡始鸣，故呼为鸡鸣埭"。《南史·王弘传附融传》载，永明末，齐武帝欲北伐，令毛惠秀画《汉武北伐图》，"图成，上置琅邪城射堂壁上，游幸辄观焉"。永明九年，齐武帝还举行"芳林园禊宴"。齐废帝郁林王萧昭业，更有游宴、游园和微服私游的喜好，甚至游乐得有点变态。据《南史·齐本纪·废帝郁林王纪》载，他做皇太孙时就养成了微服夜游的习惯，当时他的父亲文惠太子还活着，对他的起居作了严格的规定，于是他偷来父亲的钥匙配了一把带在身上，一到半夜乘父亲熟睡之际，打开后门，与几个贴身侍从外出游荡，天亮之前又偷偷潜回，神不知鬼不觉。萧昭业继位后，常与左右近臣"微服游走市里。又多往文帝崇安陵隧中，与群小共作诸鄙亵掷涂赌跳、放鹰走狗杂狡狯。……取诸宝器以相击剖破碎之，以为笑乐"，他还"常裸袒，着红紫锦绣新衣、锦帽、红縠裈，杂采袙服。好斗鸡，密买鸡至数千价"。后为西昌侯萧鸾遣萧谌所杀，时年22岁。

萧梁皇帝也多作宫室园林之游。《南史·梁本纪·武帝纪》载，梁武帝萧衍，天监四年二月"立建兴苑于秣陵建兴里"。他还于大同四年九月，"阅武于乐游苑"。太清元年春正月九日，还曾"游苑成，舆驾幸苑"。简文帝萧纲也好游禁苑。据《南史·梁本纪·简文帝纪》载，承圣三年三月，"帝又与宫人幸玄洲苑，复见大蛇盘屈于前，群小蛇绕之，并黑色"。萧纲的游兴遭到败坏，但随游的宫女却说："此非怪也，恐是钱龙。"萧纲这才高兴起来。

南朝最后一个小王朝陈朝，其皇帝也爱宫室园林之游。据《南史·陈本纪·宣帝纪》载，太建元年七年闰九月"甘露频降乐游苑"。于是宣帝陈顼"舆驾幸苑采甘露，宴群臣，诏于苑龙舟山立甘露亭"。

二、南朝昏君荒淫游乐的典型

在南朝皇帝中，最荒唐、残忍的游乐皇帝，要算齐废帝萧宝卷。据《南史·齐本纪·废帝东昏侯纪》载，他的旅游和玩乐到了无所顾忌和无以复加的地步。萧宝卷做太子时“便好弄”，“在宫尝夜捕鼠达旦，以为笑乐”。继位后，曾被权臣所制，但“自江祏、始安王遥光等诛后，无所忌惮，日夜于后堂戏马，鼓噪为乐。合夕，便击金鼓吹角，令左右数百人叫，杂以羌胡横吹诸伎”。为了游玩，他舍得精力，能够“吃苦”，为练习马术，先练习骑木马，“始欲骑马，未习其事，俞灵韵为作木马，人在其中，行动进退，随意所适，其后遂为善骑”。在骑行出游时，“陵冒雨雪，不避坑阱”。“喜游猎，不避危险”。他的逸游罪行令人发指，罄竹难书，只能略举数端：

第一，游苑无状。萧宝卷喜欢在禁苑中戏耍和胡闹。在“苑中立店肆，模大市，日游市中，杂所货物，与宫人阉竖共为裨贩。以潘贵妃为市令，自为市吏录事，将斗者就潘妃罚之”。“又开渠立埭，躬自引船，埭上设店，坐而屠肉”。百姓作歌嘲笑道：“阅武堂，种杨柳，至尊屠肉，潘妃酤酒。”永元二年六月，“车驾于乐游苑内会，如三元，都下放女人观”。

第二，十分讲究出游的行头、骑乘的工具、猎具和排场，过于奢华和浪费。他骑马出游时，行头繁多，穿着“织成裤褶，金薄帽”，“锦绣诸帽数十种，各有名字”。其中“戎服急装缚裤，上着绛衫”是他经常的穿着，“以为常服，不变寒暑”。骑乘的工具颇为齐全和讲究，“马乘具用锦绣处，患为雨所湿，织杂采珠为覆蒙，备诸雕巧”；还随身带着喝水的瓠瓢（马勺），“驰骋渴乏，辄下马解取腰边蠡器，酌水饮之，复上驰去”。他骑马时总是“执七宝缚稍（矛）”，“又有金银校具（打猎的工具）”。出游时排场很大，“教黄门五六十人为骑客，又选营署无赖小人善走者为逐马鹰犬，左右数百人，常以自随，奔走往来，略不暇息”。

第三，在沿途道路和游玩地点不计血本地进行布置。为了出游，在“巷陌悬幔为高障，置人防守”，称为“屏除”。高障之内，

“设部伍羽仪，复有数部，皆奏鼓吹羌胡伎，鼓角横吹”。还“置射雉场二百九十六处，翳中帷帐及步障，皆袷以绿红锦，金银镂弩牙，毒瑁帖箭”。

第四，在出游时不顾身份，丑态百出，“逞诸变态，曾无愧颜”。他宠幸潘贵妃，“每游走，潘氏乘小舆（或卧舆），宫人皆露裈，着绿丝屩，帝自戎服骑马从后”。他还骑着马与佞臣一起并驾齐驱，每次出游，“辄与鹰犬队主徐令孙、媒翳队主俞灵韵齐马而走，左右争逐之”。

第五，出游时大肆清道跸警，驱赶路人，骚扰万端。当陈显达叛乱被平息后，萧宝卷“渐出游走，不欲令人见之，驱斥百姓，唯置空宅而已”。他的出游，“率一月二十余出”，一个月出游二十余次，显然不可能是远游，都是近游。他的出游非常随意，“或于市肆左侧过亲幸家，环绕宛转，周遍都下”；出行时间昼夜无常，或在三四更时，“鼓声四出，幡戟横路，百姓喧走，士庶莫辨”，或者深夜返回，“火光照天”。由于他“既往无定处，尉司常虑得罪，东行驱西，南行驱北，应旦出，夜便驱逐，吏司奔驱，叫呼盈路。打鼓蹋围，鼓声所闻，便应奔走，临时驱迫，衣不暇披，乃至徒跣走出，犯禁者应手格杀”。其结果是给老百姓带来了极大的灾难，“老小震惊，啼号塞道。处处禁断，不知所过”。为了回避，“疾患困笃者，悉扛移之。无人扛者，扶匐道侧，吏司又加捶打，绝命者相系”。红白喜事受到严重干扰，“至于乳妇昏姻之家，移产寄室，或舆病弃尸，不得殡葬”。甚至抬病人而行者，见到萧宝卷一行突至，慌乱间“弃病人于青溪边者，吏惧为监司所问，推置水中，泥覆其面，须臾便死，遂失骸骨”。甚至官僚都难以幸免。有一次，萧宝卷出游，正逢“前魏兴太守王敬宾新死未敛，家人被驱，不得留视，及家人还，鼠食两眼都尽”。另一次出游，遇“长秋卿王儇病笃”被抬着往家赶，仪卫不让通过，结果“死于路边”。连丹阳尹王志也“被驱急，狼狈步走，惟将二门生自随，藏朱雀航南酒垆中，夜方得羽仪而归”。

第六，萧宝卷出游时，十分残忍和变态，毫无人性。一次，他“尝至沈公城”，遇一妇人临产不能逃避，他入其家问为什么不走，回答“临产不得去”，他竟丧心病狂地“因剖腹看男女”。另一次，萧宝卷一行“至蒋山定林寺，一沙门病不能去，藏于草间，为军人所得，应时杀之”。随从韩晖光说老和尚太可怜了，不料他竟说：“汝见獐鹿亦不射邪？”说完对着沙门尸体“百箭俱发”。谁妨碍他出游，他都不顾一切地清除，甚至连已故的父亲都毫不顾惜。一次萧宝卷“东入乐游，人马忽惊”，问随臣朱光尚原因，朱光尚为了让他收敛，假托鬼神意志，回答道：“向见先帝（指萧宝卷的父亲齐明帝萧鸾）大瞋，不许数出。”萧宝卷竟“大怒，拔刀与光尚等寻觅（明帝鬼形），既不见处，乃缚菰为明帝形，北向斩之，悬首苑门”。为了游乐，连老子的形象都要污辱。

萧宝卷的逸游无度，给国家、社会带来了极大的灾难和恶劣的后果。萧宝卷一行“每还宫，常至三更，百姓然后得反。禁断又不即通，处处屯咽，或泥涂灌注，或冰冻严结，老幼啼号，不可闻见”。时人以其所围处号为“长围”。为了回避皇帝一行，“百姓无复作业，终日路隅。从万春门由东宫以东至郊外，数十里，皆空家尽室”。他的“从骑及左右因之入富家取物，无不荡尽”，搞得“工商莫不废业，樵苏由之路断”。富贵人家也难以幸免，为了防止在路上遇见萧宝卷，“贵人富室者，皆数处立宅，以为避围之舍”。他害完别人又害自己。由于他老是点着火把夜游，结果“火又烧璇仪、曜灵等十余殿及柏寝，北至华林，西至秘阁，三千余间皆尽”。结果萧衍起兵，围住了建康城。忍无可忍的齐雍州刺史王珍国、侍中张稷率兵入殿，杀死了萧宝卷，时年19岁。

齐废帝东昏侯萧宝卷是南北朝帝王逸游的典型代表，其变态、不计后果，罔顾民生的行为，是那个时代人生无常，因此极意追求及时行乐，甚至娱乐至死的心态的表现，是那个战乱无已、篡弑无常的特殊年代的社会现象的缩影。

三、北朝皇帝大规模的巡游与游畋

北朝皇帝由于具有游牧民族的血统或游牧传统，因此在旅游上与南朝帝王异趣，常常从事大规模和远距离的巡游和游猎，成为魏晋南北朝时期帝王旅游上的异数。同时，北朝皇帝也开始吸收汉族皇帝大兴离宫游苑的风尚，建立了许多游乐的景观。

1. 北魏皇帝的游畋与巡游

北魏太祖道武皇帝拓跋珪，是个典型的有着游牧传统的帝王，在位期间出征、游猎等巡游活动从未间断。据《魏书·太祖纪》载，登国元年正月，他即代王位始，就不断巡狩。是年二月，“幸定襄之盛乐”。四月改称魏王后，五月便“车驾东幸陵石”，七月时“车驾还盛乐”。八月又“北逾阴山，幸贺兰部”，一年中几乎都在巡游。二年十月，拔跋珪“幸濡源”，十一月“遂幸赤城”，十二月，又“巡松漠。还幸牛川”。三年二月，“帝东巡”，至四月，“幸东赤城”。六年二月“幸纽垤川”。七年春正月，他又“幸木根山，遂次黑盐池。飨宴群臣，觐诸国贡使。北之美水。三月甲子，宴群臣于水滨，还幸河南宫。……秋八月，行幸漠南，仍筑巡台”。八年春正月，“帝南巡。二月，幸羖羊原，赴白楼。六月，车驾北巡”。九年三月，他再次北巡，七月“还幸河南宫”。皇始元年春正月，拓跋珪一行“大搜于定襄之虎山，因东幸善无北陂”。他称帝后，“建天子旌旗，出入警跸”，九月“次阳曲，乘西山，临观晋阳”。十月，“车驾出井陉，使冠军将军王建、左军将军李栗五万骑先驱启行。十有一月庚子朔，帝至真定”。二年二月，他“进幸杨城”。

天兴元年春天，他的“车驾自中山行幸常山之真定，次赵郡之高邑，遂幸于邺”，“帝至邺，巡登台榭，遍览宫城，将有定都之意”。不久“车驾自邺还中山，所过存问百姓。诏大军所经州郡，复赀租一年”。二年春正月他“车驾北巡”，五月时又“车驾东巡，遂幸涿鹿，遣使者以太牢祠帝尧、帝舜庙。西幸马邑，观㶟源”。六年七月“车驾北巡，筑离宫于犲山，纵士校猎，东北逾罽岭，出参合、代谷。九月，行幸南平城，规度㶟南，面夏屋山，背黄瓜堆，将建新邑。辛未，车驾还宫”。天赐元年十一月，“上幸西宫”，十二月，“车驾幸犲山宫”。直至二年二月，车驾才还宫。四月，“车驾有事于西郊，车旗尽黑”。三年春正月甲申，“车驾北巡，幸犲山宫。校猎，至屋孤山。二月乙亥，幸代园山，建五石亭。三月庚子，车驾还宫。夏四月庚申，复幸犲山宫”，遂“登定襄角史山，又幸马城”。甲午，车驾还宫。八月，又“行幸犲山宫，遂至青牛山。丙辰，西登武要北原，观九十九泉，造石亭，遂之石漠。九月甲戌朔，幸漠南盐池。壬午，至漠中，观天盐池；度漠，北之吐盐池。癸巳，南还长川。丙申，临观长陂。冬十月庚申，车驾还宫”，一路上游山玩水，是一次典型的休闲性的巡游。四年五月，他再次“北巡，自参合陂东过蟠羊山，大雨，暴水流辎重数百乘，杀百余人。遂东北逾石漠，至长川，幸濡源。……秋七月，车驾自濡源西幸参合陂。筑北宫垣，三旬而罢，乃还宫”。八月，又幸犲山宫，十一月，车驾还宫。五年春正月，“行幸犲山宫，遂如参合陂，观渔于延水，至宁川”。六年十月戊辰，一生都在巡游的拓跋珪崩于天安殿，时年 39 岁。

北魏世祖太武帝拓跋焘，也继承了父祖的游牧传统，在位期间大肆巡游。《魏书·世祖纪上》载，始光元年夏四月，“东巡，幸大宁。秋七月，车驾还宫”。二年十月“车驾北伐”，三年正月车驾回宫。六月，又“幸云中旧宫，谒陵庙；西至五原，田于阴山；东至和兜山”。秋七月帝“亲登台观走马；王公诸国君长驰射，中者赐金锦缯絮各有差”。八月时，车驾还宫。

北魏的高宗文成帝拓跋濬，也一生巡游不断，登山渡河，狩猎游宴。据《魏书·高宗纪》载，他 5 岁时，便跟随世祖北巡，继位后更是跋涉不止。兴安二年五月“行幸崞山”，七月又“行幸阴山”。车驾还宫后，于九月壬子“阅武于南郊”。冬十一月，“行幸信都、中山，观察风俗”，然后还宫。六月再次“行幸阴山”，至八月始“车驾还宫”。十一月又“行幸中山，遂幸信都”。十二月“还幸灵丘，至温泉宫”，然后车驾还宫。

太安元年六月，“帝畋于棱倪山”。还宫不久又于七月“行幸河西”。次月回宫。二年八月，“畋于河西”。十月始还宫。三年正月，“畋于崞山”。还宫后，又于五月“畋于松山”。六月，他从宫中出游，“行幸阴山”。八月，“畋于阴山之北”，然后还宫。四年正月，他开始了东巡旅程，先“行幸广宁温泉宫，遂东巡平州”，然后“至于辽西黄山宫，游宴数日，亲对高年，劳问疾苦”。二月丙子，“登碣石山，观沧海，大飨群臣于山下”，并“改碣石山为乐游山，筑坛记行于海滨”，接着“南幸信都，畋游于广川”。三月，“观马射于中山”，并模仿父祖的政策“所过郡国赐复一年”。至六月，文成帝又坐不住了，“畋于松山”。七月“行幸河西”，两个月后才还宫。冬十月，他又开始“北巡，至阴山”，“车驾次于车轮山，累石记行”。五年六月戊申，又“行幸阴山”。

和平元年的七月，拓跋濬又“行幸河西”。九月舆驾还宫。二年二月，复“行幸中山”，“至于邺，遂幸信都”，舆驾所过，“皆亲对高年，问民疾苦。诏民年八十以上，一子不从役”。在旅途中，皇帝还与群臣比赛射箭，“灵丘南有山，高四百余丈。乃诏群官仰射山峰，无能逾者。帝弯弧发矢，出山三十余丈，过山南二百二十步，遂刊石勒铭”，然后舆驾还宫。秋七月，他又迫不及待地“行巡山北”。次月舆驾还宫。三年二月，他率队“畋于崞山，遂观渔于旋鸿池”。六月，他“行幸阴山”，七月又“幸河西”。四年四月，“上幸西苑，亲射虎三头”，与其父亲野外射熊杀虎相比，这种在禁苑中射虎的举动毫无惊人之处。五月“行幸阴山”。七月文成帝下诏道：“朕每岁以秋日闲月，命群官讲武平壤。所幸之处，必立宫坛，糜费之功，劳损非一。宜仍旧贯，何必改作也。”八月，“畋于河西”。并再次下诏说：“朕顺时畋猎，而从官杀获过度，既殚禽兽，乖不合围之义。其敕从官及典围将校，自今已后，不听滥杀。其畋获皮肉，别自颁赉。”九月“车驾还宫”。五年六月照例“行幸阴山”，七月“行幸河西”。九月车驾还宫。六年二月，文成帝“行幸楼烦宫”，次月车驾还宫。五月，“帝崩于太华殿，时年二十六”。

北魏显祖献文帝拓跋弘，同样继承了先辈们的游猎传统。据《魏书·显祖纪》载，太和元年四月，皇帝“幸白登山”，又“幸崞山”。

北魏孝文帝拓跋宏（后改拓跋姓为元姓，故又称元宏）是历史上推行汉化政策的著名皇帝，他在位时也经常从事大规模的巡游。据《魏书·高祖纪》载，太和四年四月“幸白登山”。五月一日，“幸火山”，然后还宫。到七月时，再次“行幸火山”。五年春正月，“车驾南巡”。“至中山，亲见高年，问民疾苦”。二月，“车驾幸信都”，然后车驾返经中山，还都。三月一日，“车驾幸肆州”，“讲武于云水之阳”。“所经，考察守宰，加以黜陟”，车驾还宫。夏四月，又“行幸方山”。直到十七年时，他开始巡幸洛阳，并准备迁都于此。九月，他“幸洛阳，周巡故宫基址”后很有感慨，对侍臣说：“晋德不修，早倾宗祀，荒毁至此，用伤朕怀。”遂咏《黍离》之诗，“为之流涕”。然后“观洛桥，幸太学，观《石经》”。他诏令六军开拔，自己“戎服执鞭，御马而出”。十月一日“幸金墉城”，接着“幸河南城”和“幸豫州”，暂停于石济。

十九年八月正式迁都洛阳后，孝文帝仍屡有大规模巡游活动。二十一年正月“车驾北巡”。二月来到太原，亲见高龄老人，问所不便。接着“车驾至平城”，拜谒了永固陵。又“行幸云中”。三月，“车驾至自云中”，谒金陵。然后“车驾南巡”，经过离石，来到平阳，遣使者以太牢之礼祭祀唐尧。四月，“幸龙门”，又以遣使者祭祀夏禹。稍后，“行幸蒲坂”，遣使者祭祀虞舜，并下诏修尧、舜、夏禹庙。然后，“行幸长安”。武兴王杨集始前来朝拜皇帝。在长安，孝文帝“亲见高年，问所疾苦”，并“幸未央殿、阿房宫，遂幸昆明池”，遣使者以太牢礼祭祀汉帝诸陵。五月“车驾东旋，泛渭入河”，并遣使者以太牢礼祭祀周文王于酆，祭武王于镐，遣使祭华岳。六月，车驾从长安返回。七月又“行幸河南城”，“讲武于华林园”。此后又进行过南征和巡狩，反映了游牧民族虽然定都中原，但仍然改不了游牧习惯。这与南朝适成对比。

自孝文帝定都洛阳，鲜卑民族开始大规模汉化后，北魏皇帝的巡游规模便日益缩小，次数也开始变得稀疏。在《魏书》中能够举出的例子已经不多了。据《魏书·孝庄纪》载，孝庄皇帝元子攸曾于武泰二年四月在元颢陷荥阳，尔朱世隆弃虎牢遁还时，被迫“车驾北巡”，“幸河内”。这显然不是原来意义上的巡游了。到北魏末，皇室沦落到为大族控制的地步，旅游也不能如意。北魏孝静帝元善见便是如此。据《魏书·孝静纪》载，“帝尝与猎于邺东，驰逐如飞”。结果监卫都督乌那罗受工伐从后面喊住孝静帝：“天子莫走马，大将军怒。”大将军就是后来被追尊为齐文襄帝的高澄。孝静帝曾与高澄一起游宴，后者用大觞劝酒道：“臣澄劝陛下酒。”孝静帝不悦，曰：“自古无不亡之国，朕亦何用此活！”高澄听后大怒：“朕！朕！狗脚朕！”让手下季舒“殴帝三拳”，然后“奋衣而出”。身为皇帝而受此大辱，元魏皇帝恣意巡游的日子终结了。

2. 北齐北周皇帝等而下之的巡狩活动

北魏统治中原后，继之而起的东魏和西魏，北齐和北周，虽然皇族多有游牧血统，在旅游上显现出放牧民族的巡狩畋猎传统，但毕竟逐渐汉化和中原化，其大规模出游和巡狩的活动日益减少。无论是在《魏书》、《北齐书》还是在《周书》中，像孝文帝以前的那种恣意巡游和畋猎的情况，已经比较少了。

北朝的另一个王朝北齐，其皇帝也有游乐和狩猎的爱好。据《北齐书·文襄纪》载，高澄在控制东魏政权、尚未篡位的时候，好山园游宴。元象元年，他任吏部尚书，招揽人才，“每山园游燕，必见招携，执射赋诗，各尽其所长，以为娱适”。文宣帝高洋，篡位自立为帝，亦善巡游，并建楼台游苑等景观。据《北齐书·文宣纪》载，高洋在天保九年三月“至自晋阳”。夏四月大旱，“帝以祈雨不应，毁西门豹祠，掘其冢”。六月“帝自晋阳北巡”，“至祁连池”，然后回到晋阳。十一月又从晋阳出巡，来到邺城，“登三台，御乾象殿，朝宴群臣，并命赋诗”。高洋其人“外柔内刚，果敢能断”。游玩不忘国事，一次“尝于东山游宴，以关陇未平，投杯震怒，召魏收于御前，立为诏书，宣示远近，将事西伐”。然而，“六七年后，以功业自矜，遂留连耽湎，肆行淫暴。或躬自鼓舞，歌讴不息，从旦通宵，以夜继昼。或袒露形体，涂傅粉黛，散发胡服，杂衣锦彩。拔刃张弓，游于市肆，勋戚之第，朝夕临幸。时乘驼驼牛驴，不施鞍勒，盛暑炎赫，隆冬酷寒，或日中暴身，去衣驰骋，从者不堪，帝居之自若。亲戚贵臣，左右近习，侍从错杂，无复差等，征集淫妪，分付从官，朝夕临视，以为娱乐”。其行为竟堕落到南朝齐帝萧宝卷的地步。北齐后主高纬也好游乐。据《北齐书·斛律金附光传》载，后主中北周反间之计，将除掉斛律光，但苦于无法，大臣祖珽出主意道："正尔召之，恐疑不肯入。宜遣使赐其一骏马，语云'明日将往东山游观，王可乘此马同行'，光必来奉谢，因引入执之。"后主"如其言"召光至，被"引入凉风堂，刘桃枝自后拉而杀之"。从这个例子看，高纬是常与斛律光等大臣一起游玩东山的。后主游乐之无状，甚至超过南朝的萧宝卷，不仅荒唐，而且极其残忍。他与南阳王高绰沆瀣一气，互相"切磋"玩乐"技艺"。据《北齐书·武成十二王传·南阳王绰传》载，高绰始十余岁时"爱波斯狗"，当"尉破胡谏之"时，他"欻然斫杀数狗，狼藉在地"，吓得"破胡惊走，不敢复言"。后做了司徒、冀州刺史，"好裸人，使踞为兽状，纵犬噬而食之"。左迁定州后，"汲井水为后池，在楼上弹人。好微行，游猎无度，恣情强暴，云学文宣伯为人"。"有妇人抱儿在路，走避入草，绰夺其儿饲波斯狗。妇人号哭，绰怒，又纵狗使食，狗不食，涂以儿血，乃食焉"。后主听说其暴行后，诏令锁拿高绰赴行在，但到了以后却"宥之"，并问"在州何者最乐"，高绰回答："多取蝎将蛆混，看极乐。"后主立即"夜索蝎一斗，比晓得三二升，置诸浴斛，使人裸卧斛中，号叫宛转。帝与绰临观，喜噱不已"，他还责怪高绰说："如此乐事，何不早驰驿奏闻！"高绰从此为后主宠幸，拜为大将军，"朝夕同戏"。君臣以罪恶为游乐的行为真是骇人听闻，令人发指。

北周太祖文帝宇文泰，也有游牧遗风，多次出征或巡狩。《周书·帝纪·文帝纪下》载，魏大统十四年五月，"太祖奉魏太子巡抚西境，自新平出安定，登陇，刻石纪事。下安阳，至原州，历北长城，大狩。将东趣五原，至蒲川，闻魏帝不豫，遂还。既至，帝疾已愈，于是还华州"。另据《周书·李贤传》载"太祖之奉魏太子西巡也，至原州，遂幸贤第，让齿而坐，行乡饮酒礼焉。其后，太祖又至原州，令贤乘辂，备仪服，以诸侯会遇礼相见，然后幸贤第，欢宴终日"。这次出巡，胁持西魏太子同行，是南北朝政局下皇帝旅游的特殊产物。太祖最后一次出巡，是在魏恭帝三年四月，据《周书·文帝纪下》载，"太祖北巡狩"，至秋七月时，"度北河”，九月“太祖有疾，还至云阳”，在此崩逝，车驾“还长安发丧”。这次出巡，有点像秦始皇最后一次出游，死于途中。另据《周书·晋荡公护传》载，“太祖西巡至牵屯山”，不幸遇疾，驰驿召晋荡公宇文护来见，托以后事。高祖武帝宇文邕，也常率师出征行幸。据《周书·帝纪·武帝下》载，建德五年春正月癸未，他“行幸同州”，然后“行幸河东涑川，集关中、河东诸军校猎”。十二月，来到晋州。当时北齐正在进攻晋州，宇文邕“乘常御马，从数人巡阵处分”，及将战，臣下劝皇帝换乘骏马，但他却说：“朕独乘良马何所之?”于是众志成城，大破齐军。宇文邕之出巡，在《周书·宣帝纪》中也有记载，说“高祖每巡幸四方”，便让太子留京监国。北周宣帝宇文赟，也常巡狩和行幸。《周书·宣帝纪》载，他做太子时，父皇便“诏皇太子巡西土，因讨吐谷浑”。大象元年正月，开始“东巡狩”，“行幸洛阳”。次月下诏道“河洛之地，世称朝市。上则于天，阴阳所会；下纪于地，职贡路均。圣人以万物阜安，乃建王国。时经五代，世历千祀，规模弘远，邑居壮丽”，并称“高祖神功圣略，混一区宇，往巡东夏，省方观俗，布政此宫，遂移气序”。因此他“一昨驻跸金墉，备尝游览，百王制度，基趾尚存”，打算修复旧都。三月“至自东巡，大陈军伍，帝亲擐甲胄，入自青门。皇帝衍备法驾从入。百官迎于青门外”。但是天公不作美，“其时骤雨，仪卫失容”。

与北魏孝文帝以前的皇帝巡游相比，此后的帝王，特别是东魏、西魏、北齐、北周的帝王之游幸，基本上朝近游和宫室苑囿之游转变，无复往日游牧民族长途巡狩和畋猎的气概和风光。特别是北朝皇族的汉化，导致深宫长养的后嗣帝王贪图享乐，注重宫室苑囿之游，有时在受到儒家伦理约束后，不得不悄然地从事微服私游。南北朝的旅游活动有日益趋同的趋势。

与狂达逍遥、恣情任意、文采斐然的士大夫们的旅游相比，魏晋南北朝帝王们的巡游，充满着功利、享乐甚至变态。尽管作为“虽尊亦人”的帝王也有自己的人性解放和个性张扬的需要，但是社会责任和国家重担要求他们在旅游时区别于常人，一旦他们未能做到，便难逃千古骂名和口诛笔伐。与文人士大夫的旅游相比，帝王旅游虽然规模很大，但逊色很多。

四、北朝游牧皇帝的巡游典型

北魏太宗明元帝拓跋嗣，也秉承了先人的游牧传统，大肆巡狩和出游。据《魏书·太宗纪》载，永兴二年七月，“立马射台于陂西，仍讲武教战”，显现出游牧民族寓武备于游猎的传统。四年二月，拓跋嗣又来了一个惊人的游乐之举，“登虎圈射虎”。秋天到了，一片金黄的时候，他又开始了“东巡”，“大狝于石会山”，然后“临去畿陂观渔”，又来到了濡源。接着“西巡，幸北部诸落”，赐当地头人缯帛。八月“车驾还宫”，大获而归，来到西宫后，大飨群臣将吏，“以田猎所获赐之，命民大酺三日”。他个人的游猎成了全国性的狂欢。但很快他又坐不住了，十二月，“车驾北巡，至长城而还”。五年春正月他举行了大阅兵活动——“大阅”，“畿内男子十二以上悉集”。不久又“大阅于东郊”，这次检阅规模宏大，前军有三万人，另有十二万骑兵，分十二路排列，“帝临白登，躬自校览焉”。二月“幸高柳川”，“车驾还宫”。回来后也不安生，在北苑修建了观赏用的鱼池。夏天来了，明元帝又开始了“车驾西巡”，五月“行幸云中旧宫之大室”，六月“西幸五原，校猎于骨罗山，获兽十万”。可见是不改游牧旧习。七月，“还幸薄山。帝登观太祖游幸刻石颂德之处，乃于其旁起石坛而荐飨焉。赐从者大酺于山下”。然后“车驾自大室西南巡诸部落，赐其渠帅缯帛各有差”。遂“南次定襄大落城，东逾十岭山，田于善无川”，八月才“车驾还宫”。

神瑞元年二月“幸犲山宫”，五月“车驾还宫”。六月又“幸犲山宫”，然后再“车驾还宫”。二年四月，夏天来到，车驾又开始“北巡”。五月抵达参合，东幸大宁。然后“田于四岬山”。六月他再次来到去畿陂“观渔”。后暂停濡源，在这里“筑立蟀台”。明元帝在此有一个惊人的成果，便是“射白熊于颓牛山，获之”。然后，“幸赤城，亲见长老，问民疾苦，复租一年”。又南行至石亭，巡幸上谷，“问百年，访贤俊，复田租之半”。接着“幸涿鹿，登桥山，观温泉”，并派使者以太牢礼祭祀黄帝庙。一行又来到广宁，“登历山，祭舜庙”。七月时，“还宫，复所过田租之半”。

泰常元年春正月，明元帝“行幸犲山宫。戊子，车驾还宫”。但到了六月，车驾又开始“北巡”。七月，“帝自白鹿陂西行，大狝于牛川。登釜山，临殷繁水而南，观于九十九泉”。然后车驾还宫。犲山宫的生活让他留恋，因此十月时他再次“幸犲山宫”，次月还宫，回来后在北苑修建了游玩用的蓬台。二年五月“车驾西巡，至于云中，遂济河，田于大漠”。十二月，又“田于西山”，然后车驾始还宫。三年六月，车驾西返。十月又在西苑修建游玩的宫室。四年正月一日，迫不及待的明元帝“车驾临河，大搜于犊渚”。车驾还宫后，又在蓬台北面修建宫殿。四月他开始“南巡，幸雁门。赐所过无出今年租赋”。五月一日，“观渔于灅水”，然后车驾还宫，免沿途一年的租赋。秋天来了，层林尽染，明元帝又开始“东巡，遣使祭恒岳”。车驾还宫后“所过复一年田租”。十二月又开始“西巡，至云中，逾白道，北猎野马于辱孤山。至于黄河，从君子津西渡，大狩于薛林山”。五年正月一日，才“自薛林东还。至于屋窦城，飨劳将士，大酺二日，班禽兽以赐之”，然后车驾还宫。夏四月，在灅水南建筑离宫。六月帝驾“行幸翳犊山”。七月时“西至于五原”，并“幸云中大室，赐从者大酺”。八月，车驾还宫。六年正月“行幸公阳”。六月“北巡，至蟠羊山”。七月，他又开始“西巡，猎于柞山”，在这里，他获得了比颓牛山射杀白熊更大的胜利，“亲射虎，获之”，然后抵黄河。八月“大狝于犊渚”。九月车驾还宫。十月，他又“行幸代”。十二月又“西巡狩，至于云中”。

七年正月一日，明元帝带着庞大的公费旅游队伍，“自云中西行，幸屋窦城，赐从者大酺三日，蕃渠帅缯帛各有差”。二月车驾还宫，赐从者布帛各有差，大飨于西宫。十月车驾还宫，复所过田租之半。为了征伐滑台，皇帝决定亲征，于是“车驾南巡，自出天门关，逾恒岭”。八年正月，“行幸邺，存恤民俗”。三月，“帝田于邺南韩陵山，幸汲郡，至于枋头”。又在灵昌津渡河，“幸陈留、东郡”。然后又“济河而北，西之河内，造浮桥于冶坂津”。四月又“幸成皋城，观虎牢”，最后“遂至洛阳，观《石经》”，

“还幸河内，北登太行，幸高都”。六月，明元帝又开始“北巡，至于参合陂，游于蟠羊山”。七月，游幸三会屋侯泉，命皇太子率百官跟随。八月，“幸马邑，观于灅源”。九月乙亥，车驾还宫。十一月，这位巡游一生、戎马一生的皇帝“崩于西宫，时年三十二”。

拓跋嗣是北朝游牧政权皇帝肆意巡游和大规模游畋的典型代表，是游牧皇帝旅游生活的集中缩影。他们旅游的频度远超汉族帝王，但是，由于北朝半壁江山的限制，其巡游的范围和区域，又远逊于秦皇和汉武。不过，到了清代，牧猎民族满族统一天下，其帝王的巡游范围越过了半壁江山的限制，可是，由于汉化的加深，清帝在南巡的频度上又受到了较大的限制。

第三节　以僧侣为主的国际旅游与航海旅游

尽管士大夫在名山大川中狂达恣意地旅游，帝王及其庞大的仪卫队在各地巡游和游畋，但他们却很少有海上旅游的，找得到的例子也只有谢安等人“泛海戏”的记载。在航海旅游上作出贡献的，则是非主流的社会成员，如佛教徒和商人。

魏晋南北朝时期，由于在海上航行的商人较前增多，因此使此前已经开始的海上丝绸之路得到进一步的拓展。中国商人备好货物后，在广州装船后起航，经过南海、印度洋和波斯湾，把丝绸、陶瓷、茶叶等商品运达国外，甚至运抵大秦（古罗马帝国）。然后，他们又将金银器、琉璃、象牙、沉香等外国商品运回广州。当时通过广州来华经商的国家和地区已增至15个。为了适应海上丝绸之路的需要，广州已能建造4层的楼船，高达3~4米，能够有效抵御海上的巨浪，同时还能建造装载万斛货物和搭载500~600人的船舶。从广州至那婆提（今爪哇）定期航船的航班期是50天。除广州外，三国时吴国在建安郡侯官（今福建福州）也建设了造船中心，建造海船。海员多是从福建和广东挑选的水手，他们驾着海船向北抵达辽东，向南则通向南海。

在文人士大夫们优游山林之时，一位僧人却在海上战胜惊涛骇浪，完成了跨海之旅。他就是东晋末的高僧法显，先经陆上丝绸之路到达天竺（今印度）取经，然后经海上丝绸之路回到东晋首都建康。他的旅游路线是"长安—西域—印度—斯里兰卡—印度尼西亚—建康"。

法显（约337—422年）俗姓龚，平阳（今山西汾县西南）人。当时传入中土的佛法缺乏戒律，于是法显于东晋隆安三年（399年，后秦弘始元年），与同学慧景、道整、慧应、慧嵬一起从长安出发，沿河西走廊前往天竺取经。当时法显已经63岁，比后来西行取经的唐僧玄奘出发时的年龄（28岁），大了35岁。第二年夏天，法显一行在张掖与另一批西行的僧人宝云、智严等相遇，结伴同行，于秋天抵达敦煌。经过西域的焉夷（今新疆焉耆附近），向西南穿过今塔克拉玛干大沙漠，到达于阗，翻越葱岭。在经过4年徒步跋涉的艰辛旅程后，抵达印度。关于法显到印度的旅游经历，梁代僧祐在其《出三藏记集》中曾有生动而惊险的描述：

> 西度沙河，上无飞鸟，下无走兽，四顾茫茫，莫测所之，唯视日以准东西，人骨以标行路耳。屡有热风、恶鬼，遇之必死。显任缘委命，直过险难。有顷，至葱岭。岭冬夏积雪，有恶龙吐毒风，雨沙砾。山路艰危，壁立千仞。昔有人凿石通路，傍施梯道。凡度七百余梯，又蹑悬絙过河数十余处。仍度小雪山，遇寒风暴起，慧景噤战不能前，语显云："吾其死矣，卿可时去，勿得俱殒。"言绝而卒。显抚之号泣曰："本图不果，命也奈何！"复自力孤行，遂过山险。凡所经历，三十余国，至北天竺。

这一经历，与在中原或江南优游的文人士大夫截然不同。法显一行到达印度时，只剩道整和法显两人了。他们于公元402年进入北印度境内，踏遍印度名山古寺，访求佛经。法显经过今印度河流域，从巴基斯坦来到阿富汗境内，再折转回巴基斯坦，然后向东进入恒河流域，到达了向往已久的天竺境内，又经过尼泊尔南部，来到东天竺，在摩竭提国（即摩揭陀）首都巴达弗邑（今巴特那）

留居3年，学习梵书和佛律。公元410年，法显决定只身从海路返回祖国，由东天竺的海港多摩梨帝（今德姆卢克）登上了开往狮子国（今斯里兰卡）的海船。法显到狮子国后，在那里旅居2年，于公元412年（东晋义熙八年）9月，离开狮子国，搭乘两条同行的由大秦（东罗马帝国）回国的中国海洋商船，与400余名乘客一起东归故土。船上准备了从斯里兰卡、马六甲海峡到广州的50天的淡水和粮食。不料船队离岸两天后，便遇上了海上暴风，迷失了航向，商船又开始漏水，商人们慌乱中将沉重的货物抛入海中。船舶漏洞被堵住后，继续在海上漂流了105天，遇见了许多“鼋鼍怪异之属”，“大海弥漫无边，不识东西，唯望日月星宿而进”，最后到了南海的“耶提婆国”(今苏门答腊岛或爪哇岛)①，在此居留5个月之久，然后换船北渡，又遇大风，商人们怪罪法显所携带的佛像惹怒了海神，打算将其推入海中，法显誓死保卫住了佛像和佛经。经过两个多月的漂流，在粮尽水绝之际，于公元413年5月13日漂到青州长广郡牢山（今山东省即墨县）南岸。法显在海上的经历，僧祐的《出三藏记集》也有精彩的记录，与文人士大夫的游记完全不同，节录于此：

> 既而附商人大舶还东，舶有二百许人。值大暴风，舶坏入水，众人惶怖，即取杂物弃之。显恐商人弃其经像，唯一心念观世音及归命汉土众僧。大风昼夜十三日，吹舶至岛下，治舶竟前，时阴雨晦冥，不知何之，唯任风而已。若值伏石及贼，万无一全。行九十日，达耶婆提国。停五月日，复随他商侣东趣广州。举帆月余日，中夜忽遇大风，举舶震惧。众共议曰：“坐载此沙门，使我等狼狈，不可以一人故令一众俱亡。”欲推弃之。法显檀越厉声呵商人曰：“汝若下此沙门，亦应下我；不尔，便当见杀！汉地帝王奉佛敬僧，我至彼告王，必当罪汝！”商人相视失色，俛而止。既水尽粮竭，唯任风随流。忽至岸，见藜藿菜依然，知是汉地，但未测何方。

---

① 也有人认为耶婆提是中美洲洛杉矶到墨西哥的耶卡普尔科一带。

法显登陆后，引起轰动，受到长广郡太守李嶷的热烈欢迎。法显在佛教领袖、净土宗始祖慧远的诚邀下，改经陆路，于义熙九年(413年）到达建康（今南京)，完成了前后达15年之久的翻山跨海国际大旅游。后来，法显将远赴天竺取经的旅行经过写成了《佛国记》一书（又称《法显传》、《佛游天竺记》、《历游天竺记传》等)，对所经过的中亚、印度、南洋31国的山川地理、交通、宗教、文化、物产、风俗民情、社会经济作了前所未有的记载，这是中国与印度、斯里兰卡之间陆地和海洋交通的最早记述，也是中国第一部关于中亚、印度、南洋的完整游记。

法显西游，除了对佛教本身有意义外（如带回戒律、大乘教义和顿悟学说等)，在中国旅游史上所具有的意义也十分巨大：第一，法显西行，是当时中国人所到之地最多，旅途最远的旅游活动。《高僧传》指出“皆汉时张骞、甘父所不至也”。第二，法显是真正到达印度的第一人。在法显之前，中国僧人或居士前往西天取经者多有其人，但是他们多半止于西域，并未亲临天竺。汤用彤先生说：“故海陆并遵，广游西土，留学天竺，携经而反者，恐以法显为第一人。”① 第三，对中国旅游文学作品游记是一个发展，开创了“硬派”游记，其《佛国记》与士大夫山水游记风格截然不同，充满着冒险和大气。日本人将该书译为《法显传——中亚、印度、南海纪行研究》。该书被认为是与唐玄奘的《大唐西域记》和义净的《大唐西域求法高僧传》及《南海寄归内法传》鼎足而立的重要游记。印度史家曾感叹地说：“如果没有法显、玄奘和马欢的著作，重建印度历史是不可能的。”

受法显天竺求法成功的鼓舞，晋末宋初掀起了一场西行求法的国际旅游运动。在此之前，朱士行、康法朗、于法兰、竺佛念、慧常、进行、慧辩、慧叡、支法领、法净等西行求佛，但只到了西域。自法显后，昙学、威德等8人，僧纯、昙充、道曼等人，智猛

---

① 汤用彤：《汉魏两晋南北朝佛教史》，上海书店1991年版，第380页。

与昙纂、竺道嵩等 15 人，法勇、僧猛、昙朗等 25 人，沮渠京声，道泰，法盛共师友 29 人，僧表，法维和道普等人纷纷前往西天求法。在所有这些西行求法者中，法显无疑是最突出的一个。

法显等人之所以能够完成如此长途远行和跨海旅游，是由于其佛教徒的特殊身份和文化取向造成的。处于非主流社会、为正统儒生攻击为“无父无君”的佛教徒，为了坚定的宗教信仰，超脱人世的苦海和追求来世的幸福，有着儒家中庸平和观念陶铸出的常人所没有的偏执气质和无畏精神，在旅游活动中独树一帜：去发别亲的“无父”行为，使其超脱了“孝”的羁绊，敢于“父母在而远游”，“登高临危”去云游；为了在深山密林中禁欲修行，他们修建寺庙，结果“天下名山僧占多”，促进了旅游景点的建设；在虔诚信仰的激励下，他们跨越高山、远涉重洋去“西天”取经，出现了古代鲜见的冒险旅游和航海旅游，但佛教亦强调坐禅入静，故未能改变传统社会稳健内敛的民族旅游性格，但他们某些具体的旅游活动却成为旅游史上的壮举，法显的越山航海跨国大旅游就是在这种背景下实现的。

除了僧侣外，还有商人在海上丝绸之路上来往旅游。法显在航海途中所遇见的许多商人为中国人。另外，浙江会稽郡沿海的商人也常常“海行”经商或打鱼，漂流至海外的“亶洲”。商人重利轻义的商务旅游活动，由于史料的缺乏，无法展开叙述。

在僧、商之外，中国使团的国际航海旅游已经开始。僻处东南的三国时的吴国，由于北出中原、西通巴蜀的道路被阻，因此转而从东南沿海寻找出路，发展起了航海旅游。吴国不仅派卫温等人乘船到达台湾，而且还派使臣经海路出使越南等国。

《三国志·吴书·吴主孙权传》载，黄龙二年正月，孙权“遣将军卫温、诸葛直将甲士万人，浮海求夷洲及亶洲”。夷洲据称就是台湾。而“亶洲在海中”，长老们传言：“秦始皇帝遣方士徐福将童男童女数千人入海，求蓬莱神山及仙药，止此洲不还。”这个亶洲“世相承有数万家，其上人民，时有至会稽货布，会稽东县人海行，亦有遭风流移至亶洲者”。卫温的这次探寻，因为亶洲“所在绝远，卒不可得至，但得夷洲数千人还”。

三国吴时，“扶南诸外国来献瑠璃”，扶南王“遣使献乐人及方物”。黄武年间，孙权乃派宣化从事朱应和中郎将康泰出使南海诸国，展开外交活动。二人从海上来到林邑（越南中南部）、扶南（柬埔寨）。在扶南，他们对当地诸王的政治、法律、外交、军事、造船、物产、风俗等情况有所观察和了解。在这里，他们还遇到中天竺的使臣陈宋，“具问天竺土俗”。他们乘船游历了南洋群岛的一些岛屿。途遇外国航船，经向外国旅游者打听，得知从南洋群岛可以直接航行到大秦（罗马帝国）。他们在旅游中，观察到许多奇异风俗。在寻国，发现“国人犹裸，唯妇人着贯头”，二人感叹道：“国中实佳，但人亵露可怪耳。”由于他们的意见，“寻始令国内男子着横幅”。他们通过亲身游历或道中传说，了解到一百多个国家的情况，“其所经及传闻，则有百数十国”。① 后来朱应撰写了《扶南异物志》，康泰撰写了《吴时外国传》，记述了他们的出使经历和海上奇遇。这次出使旅行，是中国首次派出专使从海上航行，与南海诸国交往，其意义堪与两汉时期张骞、班超之通西域相媲美。

在中国人出行海外的同时，也有外国人从海上来到中国。大秦商人秦论便从海道经交趾来到三国吴都建业（东晋改名建康），拜见孙权，介绍了大秦的风俗民情，然后于嘉禾年间（232—238年）回国。可见，当时国际航海旅游已经展开。

第四节　旅游观念的同归与审美意识的觉醒

一、殊途同归的旅游观念

魏晋南北朝时期，是个政治大动荡而思想大解放的时期，多元文化并存，各种思想观念盛行于世，儒、释、道各家的旅游观念并行不悖。儒家“知者乐水，仁者乐山”和“独善其身”退隐山林的观念，道家狂达逍遥、回归自然和入山修道、养生成仙的思想，

---

① 《梁书·海南传总叙》。

佛教的“青青翠竹，尽是真如，郁郁黄花，无非般若”① 的观览方法，风行士大夫间，合奏成洒脱玄远、恣意纵情的旅游主题，也使中国稳健内敛的旅游风尚在上层社会发生了一定的变异。

这一时期，失去独尊地位的儒家思想，其旅游观念仍有一定的市场，影响着一部分人的旅游行为。“父母在，不远游”的观念在当时的士大夫中有所显现。《世说新语·言语》载：“桓公（温）入峡，绝壁天悬，腾波迅急，乃叹曰：‘既为忠臣，不得为孝子，如何?’”儒家“罔游于逸”和“无淫于游”的旅游观念，对当政者的旅游行为也有一定的影响。司马炎逼魏禅让后，在登基诏书上表白自己“禁乐府靡丽百戏之伎及雕文游畋之具”②，以讨好民众。南齐高帝萧道成喜好游宴，但临终时省悟，下诏省游费，回到了儒家旅游观念上。《南史·齐本纪·高帝纪》载：齐太祖高皇帝讳道成“颇喜游宴、雕绮之事”，临死前，下诏道：“凡诸游费，宜从休息。自今远近荐献，务存节俭，不得出界营求，相高奢丽。金粟缯纩，敝人已甚，珠玉玩好，伤俗尤重，严加禁绝。”汉化程度较深的北魏孝文帝也受到儒家戒逸游观念的影响。据《魏书·景穆十二王列传·南安王传》载，孝文帝元宏告诫南安王元桢所宜慎者有三：“一者，恃亲骄矜，违礼僭度；二者，傲慢贪奢，不恤政事；三者，饮酒游逸，不择交友。”并且强调“三者不去，患祸将生”。北齐孝昭帝高演未继位前，对于文宣帝高洋的逸游行为深表忧虑。《北齐书·孝昭纪》载：“时文宣溺于游宴，帝（指高演）忧愤表于神色。”高洋察觉后，对高演说：有你这个弟弟帮我料理国事，“我何为不纵乐”？高演“唯啼泣拜伏，竟无所言”。高洋受到感动，将酒杯掷于地说：“自今敢进酒者，斩之!”但不久故态复萌。北周武帝宇文邕以儒家“无淫于游”的观念，抨击北齐后主高纬“丑声夙著，酒色是耽，盘游是悦”③，以为自己寻找道德制高点。此外，儒家禁止妇女出游的观念，对游牧政权的皇室

① 《祖庭事苑》卷5，《俱舍颂疏》。

② 《晋书·武帝纪》。

③ 《周书·帝纪·武帝下》。

居然也产生了影响。据《魏书·景穆十二王列传·任城王传》载，任城王拓跋彝之兄拓跋顺对汉文化比较痴迷，受到儒家思想的影响，对妇女出游比较忌讳。他16岁就精通《杜氏春秋》，“于时四方无事，国富民康，豪贵子弟，率以朋游为乐，而顺下帷读书，笃志爱古”，他见“灵太后颇事妆饰，数出游幸”，便当面谏诤道：“《礼》，妇人夫丧，自称未亡人，首去珠玉，衣不被彩。陛下母临天下，年垂不惑，过甚修饰，何以示后世?”灵太后惭而不出，还宫后责备拓跋顺道：“千里相征，岂欲众中见辱也!”拓跋顺答：“陛下盛服炫容，不畏天下所笑，何耻臣之一言乎?”

儒家在约束旅游的同时，也为旅游留了一条退路，其“进退二观”鼓励士大夫在不得志时，退隐山林，独善其身。晋朝庾峻指出：“是故圣王之御世，因人之性，或出或处。故有朝廷之士，又有山林之士。朝廷之士，佐主成化，犹人之有股肱心膂，共为一体也；山林之士，被褐怀玉，太上栖于高丘，高节出于众庶，其次轻爵服，远耻辱，以全名，最下就列位，虽无功而能知止……使莫若听朝士时时从志山林……然后出处交泰，提衡而立，时靡有争，天下可得化矣。”① 在此观念指导下，出现了许多退游山林的隐士。东晋时的陶潜，可以说是士大夫中受“退隐山林”和“回归自然”观念影响的典型人物。他自幼受当时风行的道家“归依自然”思想影响，“质性自然”②，“性本爱丘山”，这是他辞去彭泽县令的原因之一。此外，他之所以去官，也是由于仕途不达，“不愿为五斗米折腰”，乃挂冠而去，退隐山林以独善其身。他在《归去来兮辞》中，叙述了自己归隐后悠然自适的旅游生活：“策扶老以流憩，时矫首而遐观。云无心以出岫，鸟倦飞而知还。景翳翳以将入，抚孤松而盘桓。”“或命巾车，或棹孤舟。既窈窕以寻壑，亦崎岖而经丘。木欣欣以向荣，泉涓涓而始流。”最后，陶潜以归依自然的心态对待生死荣辱，在旅游山水中融入自然：“已矣乎，寓形宇内复几时，曷不委心任去留，胡为乎遑遑欲何之？富贵非吾愿，

① 庾峻：《上晋武帝疏》，载《晋书》卷57。
② 陶潜：《归去来兮辞》。

帝乡不可期。怀良辰以孤往，或植杖而耘耔。登东皋以舒啸，临清流而赋诗。聊乘化以归尽，乐夫天命复奚疑！"《归去来兮辞》中，反映了作者归隐自然的观念及儒家退隐山林独善其身的思想。陶潜在其诗中也倾诉了归依自然的思想，《归田园居》说："少无适俗韵，性本爱丘山。""久在樊笼里，复得返自然。"在《饮酒》里讲："采菊东篱下，悠然见南山。"陶潜对庄子和孔子的思想都很追慕，这在其诗里有反映："此中有真意，欲辨已忘言。"是从《庄子·齐物论》"辨也者，有不辨也，大辨不言"和《庄子·外物》"言者所以在意也，得意而忘言"中脱胎而来；"先师有遗训，忧道不忧贫"，是把孔子称先师，将《论语·卫灵公》中孔子的话"君子忧道不忧贫"引用而来，可见陶潜寄情山水的旅游观是受道、儒两家影响的。陶潜的隐逸生活，使他的道德情操得以升华。

然而，一些士大夫将儒家的这种退隐观念，提前到入仕的阶段，一面敷衍着政务，一面投身旅游，即进退合一，名为入仕，实则退隐，逍遥宴饮，放浪形骸，形成所谓"大隐隐于市"的观念。向秀、郭象声称："圣人虽在庙堂之上，然其心无异于山林之中。"山涛的儿子山简，永嘉三年出为征南将军、都督荆、湘、交、广四州诸军事、假节，镇守襄阳，鉴于"于时四方寇乱，天下分崩，王威不振，朝野危惧"的情况，"简优游卒岁，唯酒是耽。诸习氏，荆土豪族，有佳园池，简每出嬉游，多之池上，置酒辄醉，名之曰高阳池"。时有童儿歌曰："山公出何许，往至高阳池。日夕倒载归，酩酊无所知。时时能骑马，倒着白接䍦。举鞭问葛疆：何如并州儿？"① 葛疆是山简的爱将，其家在并州。像山简这样的人显然不是不务世事的道家之徒，而是持有儒家"进退二观"的士大夫。王戎"以晋室方乱，慕蘧伯玉之为人，与时舒卷，无蹇谔之节"，"与时浮沉"，担任司徒后，"虽位总鼎司，而委事僚案。间乘小马，从便门而出游，见者不知其三公也"。②

与儒家"争途"的道家思想，开始产生越来越大的影响。魏

① 《晋书·山涛子简传》。

② 《晋书·王戎传》。

晋南北朝时期，老庄思想及佛学影响加剧，发扬个性、回归自然的旅游观念日盛一日。魏晋时玄学推重《老子》、《庄子》和《周易》等三玄之书，提倡“无为”或“自然”，所以当时的士夫们主张张扬个性，摆脱社会礼教的羁绊，如刘伶“纵酒放达，或脱衣裸形”，客人来访也不遮蔽，声称以天地为房屋，以居室为衣裤。这种返本原始，回归自然的思想，成为当时的人们纵情山水的旅游观念形成的基石。正如刘勰在《文心雕龙·明诗》中指出的那样：“庄老告退，山水方滋。”当时的“竹林七贤”阮籍、嵇康、向秀、阮咸、山涛以及刘伶，放浪形骸，寄情山水，把人们返归自然的旅游观念发挥到极致。张湛在注《列子·杨朱篇》时，指出：“任情极性，穷欢尽娱，虽近期促年，且得尽当生之乐也。”又说：“惜名拘礼，内怀于矜惧忧苦以至死者，长年遐期，非所贵也。”这种思想虽有“及时行乐”的不良因素，但从旅游文化角度来讲，却削减了人们给旅游附载的过多的实用价值，如游学、游宦、游商等的做法，促进了娱乐性旅游的发展。当时，“归隐自然”、“栖岩养性”的道士纵情山水，不拘礼数，表现出对道德的超越。据《世说新语·栖逸》载：“阮步兵（籍）啸，闻数百步。苏门山中，忽有真人，樵伐者咸共传说。阮籍往观，见其人拥膝岩侧。籍登岭就之。”阮籍所见的这位真人，就是栖岩养性寄情山水的道士。同篇又载：“嵇康游于山中，遇道士孙登，遂与之游。”此孙登亦是栖岩养性、游山玩水的道人。比较知名的道士是葛洪，他虽然把登山游岳附上了种种神秘可怕的观念，但他本人则长期栖岩养性，游山玩水，将自己的生命投入郁郁森森的大自然中。

道家归依自然、遁逸养生的观念，通过玄学而影响到“竹林七贤”等一大批文人士大夫。据《晋书·阮籍传》载：阮籍本有“济世志”，但身陷“魏、晋之际，天下多故，名士少有全者”的恶劣环境，“籍由是不与世事，遂酣饮为常”，转而笃信老庄，崇尚自然，“傲然独得，任性不羁”，终日“饮酒昏醉，遗落世事”，每以醉酒装疯蔑视礼法，以痴游山水放荡情怀，“登临山水，终日忘归”，“率意独驾，不由径路，车迹所穷，辄恸哭而返”。阮籍以“自然”对抗“名教”，对抗正统思想。嵇康优游闲适。他在《赠秀才入军》诗中称自己："息徒兰圃，秣马华山。流磻平皋，垂纶长川。目送归鸿，挥手五弦。俯仰自得，游心太玄。嘉彼钓叟，得鱼忘筌。郢人逝矣，谁与尽言?"嵇康"有奇才，远迈不群"，据《晋书·嵇康传》载，他"美词气，有风仪，龙章凤姿，天质自然"，"学不师受，博览无不诵，长好老庄"。在《赠秀才入军》中以自己的悠闲旅游生活而自得。他还吟道："淡淡流水，沦胥而逝；泛泛柏舟，载浮载滞。微啸清风，鼓楫容裔。放棹投竿，优游卒岁。"他或痴迷竹林之游，或漫游山野，口尝百草，"会其得意，忽焉忘返"，或者"得鱼忘篓"，"得意忘言"，在山水中领略玄趣，追求与道契合的精神境界。"时有樵苏者遇之，咸谓之神"，疑遇神仙。嵇康向往"返乎自然"，隐于深山。据《世说新语》载，"嵇康游于汲郡山中，遇道士孙登，遂与之游"，下山后又遇到道士王烈，便结伴同游，攀山登岭，探石室，寻幽谷，渴了饮石钟乳，饿了就吃石髓，喝山泉，迷恋道家虚静养生的旅游生活。与阮籍、嵇康同道的刘伶，也期望"以天地为一朝，万期为须臾，日月为扃牖，八荒为庭衢。行无辙迹，居无室庐，幕天席地，纵意所如"，出游时，常乘一鹿车，携一壶酒，使人荷锸而随之，要求"死便埋我"。在《酒德颂》中他称自己所追求的境界是"兀然而醉。恍尔而醒。静听不闻雷霆之声，熟视不睹泰山之形，不觉寒暑之切肌，利欲之感情。俯视万物，扰扰焉若江海之载浮萍"，完全继承了庄子"逍遥游"的神游心态。刘伶保命成功，"竟以寿终"。南阳人刘驎之，字子骥，"少尚质素，虚退寡欲，好游山泽间，志存遁逸"。① 其他的名士大多受到道家和玄学的影响，表达了"朱门何足荣，未若托蓬莱"，"放情凌霄外，嚼蕊挹飞泉"、"寻我青云友，永与时人绝"的志向②；写下了对"朝采南涧藻，夕息西山足，轻条像云构，密叶成翠幄"生活的向往。③

道家隐逸养性的旅游观念，不仅影响到南朝的士人，也影响到

① 《世说新语·栖逸》。
② 郭璞：《游仙诗》。
③ 陆机：《招隐诗》。

北朝的皇帝。据《魏书·显祖纪》载，显祖献文皇帝拓跋弘“雅薄时务，常有遗世之心”，才22岁就将帝位禅给太子，册文声明：“(太子) 其践升帝位，克广洪业，以光祖宗之烈，使朕优游履道，颐神养性，可不善欤?”在诏书中称自己“希心玄古，志存澹泊。躬览万务，则损颐神之和……爰命储宫，践升大位。朕方优游恭己，栖心浩然”。自称太上皇帝，迁居“采椽不斫，土阶而已”的崇光宫。次年崩逝。

由道家发展来的道教，形成了“入山修炼”和“栖岩养性”的观念，塑造了一大批真心归依山水的道士旅游者，在游观大自然中超越世俗的道德和法则，形成了具有道教特色的旅游观念，对道士和隐士旅游的兴盛起了推动作用。许多道士选择名山作为洞天福地，试图通过在其中“仰吸天气，俯饮地泉”达到修身养性、得道成仙的目的。道藏所推崇的“十大洞天”、“三十六小洞天”、“七十二福地”等道教圣地，基本上是中国旅游名胜。魏晋南北朝时的道士旅游者有葛洪、陆修静、陶弘景等人。葛洪游遍南北名山，交游论道，对登山涉水时驱除妖魔的法术提出了令当时旅游者深受鼓舞的方法。在《抱朴子·内篇·登涉》中指出，旅游者只要背挂镜子，怀揣登山符，即可驱赶妖魅，逢凶化吉。陆修静晚年隐居庐山，和慧远、陶渊明等僧儒交游登临。“山中宰相”、著名道士陶弘景，在道教旅游观念的指导下，徜徉山水之间，发现了山水的美丽，在《答谢中书书》中宣称：“山川之美，古来共谈。高峰入云，清流见底。两岸石壁，五色交辉。青林翠竹，四时俱备。晓雾将歇，猿鸟乱鸣。夕日欲颓，沉鳞竞跃。实是俗界之仙都。自康乐以来，未复有能与其奇者。”

佛教“青青翠竹，尽是真如（不生不灭的实体或宇宙全体），郁郁黄花，无非般若（脱离妄想归于清静的智慧）”① 的旅游观念在魏晋南北朝时期也比较盛行。魏晋南北朝是佛教迅猛发展的时期，僧侣昙柯加罗、于法兰、支道林、释道安、释慧远等人或隐居深山，或游方寺庙，促成了“天下名山僧占多”的格局。佛教徒

---

① 《祖事庭苑》卷5，《俱舍颂疏》。

追求佛国神山似的山水美景，力图在清幽寂静的山林中，营造潜心修炼、超凡脱俗以臻涅槃之境的优雅环境，在山光水色中谈佛澄怀，参透禅机，通过山水观览而起到真如在心的作用。曹魏嘉平二年（249年），中天竺沙门昙柯迦罗（法时）东游洛阳，建立羯磨法，创行受戒，中国才有本地出家的和尚，登坛受戒最早的僧人为朱士行。此后，僧人们追求修行的山水环境。于法兰听说剡县山水在东南最为奇异，于是千里踏访。支道林尽管平时十分节俭，但不惜重金买山隐居。① 北朝高僧道安纵游北方山水飞龙山、太行山、恒山、王屋山、女林山等，并鼓动僧徒出游山川。他的高徒慧远和尚远游南方，对庐山风景倾慕不已，便在此结庐而居，修建僧寺。慧远诸人“以隆安四年仲春之月，因咏山水，遂杖锡而游。于时交徒同趣三十余人，咸拂衣晨征，怅然增兴。虽林壑幽邃，而开途竞进；虽乘危履石，并以所悦为安”。这些四大皆空的僧人，却对自然山水如痴如醉：“斯日也，众情奔悦，瞩览无厌”，“欣以永日”。佛教不像儒家那样，把自然道德化，而是认为山水是无生命的客观事物，但此次游庐山，这些僧人却被山水深深吸引：“夫崖谷之间，会物无主，应不以情而开兴，引人致深若此。”②

中国人特别重视培养坚定的意志，也比较重视塑造旅游中必不可少的勇敢品格。不少人一直通过旅游来磨砺自己的雄心壮志，产生了“壮游天涯”的旅游观念。魏晋南北朝时期，壮游天涯的观念继续发展。曹魏时，“三曹”鉴于战乱频仍、生命短促，从最初对死亡的恐惧，上升到对永恒的追求，因此希慕军旅征戍的功名，从而产生了“行壮志深”的旅游观念。曹操“登高必赋，及造新诗，被之管弦，皆成乐章”③。他率军北征乌桓，路径碣石山，被壮阔景象所折服，写出了千古绝唱《步出夏门行》，在归途中发出“老骥伏枥，志在千里。烈士暮年，壮心不已”的豪迈誓言。曹植

① 《世说新语·排调》。

② 《游石门诗序》，载倪其心等编：《中国古代游记选》，中国旅游出版社2000年版，第8页。

③ 《魏书·曹操传》。

鉴于“中原何萧条，千里无人烟”的情形，表达“吾行将远游”、“闲居非吾心，甘心赴国忧”的壮志豪情。晋代葛洪在长期的登山旅游过程中，塑造了坚定的意志和勇敢及冒险精神，他在《抱朴子·外篇》卷39《广譬》中指出：“坚志者，功名之主也。……登山不以艰险而止，则必臻乎峻岭矣。”左思在其《咏史》之五，倾吐了他壮游天涯的雄俊志向：“振衣千仞岗，濯足万古流。”成安绥则倾诉了“登箕山以抗节，浮沧海以游志”的雄阔胸怀。南朝时宗悫更有“愿乘长风破万里浪”的壮游志向。

总之，魏晋南北朝时期，儒道释玄等旅游观念多元曲调相互配合，奏出了这一特殊历史阶段的旅游乐章。

二、觉醒的山水审美意识

中国人在原始时代对大自然是敬畏和崇拜的，“山林川谷丘陵，能出云，为风雨，见怪物，皆曰神”，认为高山是与神灵沟通的神秘所在，因此出现了封禅泰山的活动和仪式。由于崇拜山水，因此觉得人应该以山水为师，于是出现了“知者乐水，仁者乐山”的比德观念，与此同时，部分文人在徜徉山水中，感受到大自然的美丽，像庄子在“游于濠梁之上”时发现了天地之“大美”。至魏晋南北朝时，文人士大夫在儒家比德观念松弛之际，道家归依自然思想的影响下，被动或自觉地、整体性地发现了自然之美，从而萌发了对山水的强烈的审美意识。

魏晋南北朝是中国人山水审美意识的觉醒时期，特别是文人士大夫，不再简单地将山水视为“比德”的对象，而是不由自主地发现了山水本身的美学价值，被深深吸引，难以自拔。也有部分士人是在失意沉沦的时候被动地发现了山水之美，“背山临流”本是为了“不受时责”，“悦山乐水缘不容于时”。① 无论怎样，自然的美丽还是被感知到了，捕捉到了。据《世说新语·言语》载，王武子和孙子荆便“各言其土地人物之美”。而顾恺之从会稽回来时，“人问山川之美”，顾以“千岩竞秀，万壑争流，草木蒙笼其

① 转引自吴功正：《六朝美学史》，江苏美术出版社1994年版。

上，若云兴霞蔚”来回答什么是会稽山川之“美”。同书《品藻》载：桓玄问刘太常，他与谢安、子敬等人物相比各有什么长处，刘回答说：“楂、梨、橘、柚，各有其美。”用自然界的不同美丽，来说明人物的各有所长。显然，当时的文人士大夫已经对自然之美了然在胸，高谈阔论了。

西晋士人对山水的痴迷达到疯狂的程度，像阮籍“登山临水，竟日不归”。羊祜“乐山水，每风景必造岘山，置酒言咏，终日不倦”。他曾感慨道：“自有宇宙，便有此山。由来贤达胜士，登此远望，如我与卿者多矣！皆湮灭无闻，使人悲伤。如百岁后有知，魂魄犹应登此也。”邹湛说：“公德冠四海，道嗣前哲，令闻令望，必与此山俱传。至若湛辈，乃当如公言耳。”① 羊祜不仅认识到山水之美，而且还体悟到山水之永恒与人生之短促。石崇“昼夜游宴，屡迁其座，或登高临下，或列坐水滨，时琴瑟笙筑，合载车中，道路并作，令与鼓吹递奏”。左思在《招隐》诗中认识到“山水有清音，何必丝与竹”？承认山水本身就蕴有音乐般的韵律与美感。

晋室南迁后，背乡离土的“过江”士人心灵破碎，但一见到江南的青山绿水，便悠然忘忧，好像一只温柔的手将心灵抚慰。王羲之在《兰亭诗》中表达了山水对心灵的震动和冲击：“仰视碧天际，俯瞰渌水滨。寥阒无涯观，寓目理自陈。大哉造化工，万殊莫不均。群籁虽参差，适我无非新。”

南朝时，士大夫对山水的审美已趋成熟，每登山临水都能产生感官快感和审美愉悦。谢灵运、谢朓、鲍照等都是如此。谢灵运任永嘉太守时寻访山水，“肆意游遨，遍历诸县”。他在《游名山志序》中指出：“夫衣食，人生之所资；山水，性分之所适。”看来，山水之美是人性之所好。在《山居赋》注文中称：“途路所经见也，则乔木茂竹，缘畛弥阜，横波疏石，侧道飞流，以为寓目之美观。”把山水旅游当作适情悦性的审美活动。谢朓在宦游途中或公事之余，穿林游谷，写下了许多精美的山水诗文，抒发了对自然美

①《晋书·羊祜传》。

的由衷情感。孔淳之“性好山水，每有所游，必穷其幽峻，或旬日忘归”①。袁山松欣赏“山水之美也……流连往宿，不觉忘返”②。宗炳“每游山水，往辄忘归”③。陶弘景“身既轻捷，性爱山水，每经涧谷，必坐卧其间，吟咏盘桓，不能已已”，称自己每对山水之美，便身不由己地受到感召：“吾见朱门广厦，虽识其华乐，而无欲往之心。望高岩，瞰大泽，知此难立止，自恒欲就之。”④ 他对人间浮华毫不羡慕，而独对高岩大泽痴迷不已。萧子显对人事与社会不感兴趣，而对山水之丽则难以拒绝：“简通宾客，不畏鬼神，性爱山水。”⑤

一旦发现了自然之美，便无法忍受缺乏自然美的生活，一定要营造出美丽的自然环境。《世说新语·任诞》载：“王子猷尝暂寄人空宅住，便令种竹。或问：‘暂住何烦尔?’王啸咏良久，直指竹曰：‘何可一日无此君!’”谢灵运也“凿山浚湖，功役无已”，以营造美丽的生活环境。

山水的美丽，提高了魏晋南北朝人的艺术审美能力，有时不再纯粹依赖于山水客体的刺激，而靠主观的“会心”也能获得审美的愉悦。据《世说新语·言语》载：“简文帝入华林园，顾谓左右曰：‘会心处不必在远，翳然林水，便自有濠濮间想也，觉鸟兽禽鱼自来亲人。’”

用自然之美来比喻人物之秀，是魏晋南北朝人审美意识觉醒和延伸的表现。山水和自然的美丽已获得普遍的认可，为了赞美人物，最好的形容就是拿自然之美来比拟。《世说新语·容止》载：“嵇康身长七尺八寸，风姿特秀，见者叹曰：‘萧萧肃肃，爽朗清举。’或云：‘萧萧如松下风，高而徐引。’山公云：‘嵇叔夜之为人也，岩岩如孤松之独立，其醉也，傀俄若玉山之将崩!’”又

---

① 《宋书·孔淳之传》。
② 袁山松:《宜都记》。
③ 《宋书·宗炳传》。
④ 《南史·陶弘景传》。
⑤ 《南史·萧子显传》。

载："海西时，诸公每朝，朝堂犹暗，唯会稽王来，轩轩如朝霞举。"还有记载说："谢车骑道谢公：'游肆复无乃高唱，但恭坐捻鼻顾睐，便自有寝处山泽间仪。'"有人赞叹王恭的形象时称"濯濯如春月柳"。

心灵与自然契合和共振时，欣悦之情便抑制不住地洋溢和舒张，并谱出美妙的图卷和游目骋怀的旅游华章。

魏晋南北朝文人士大夫审美意识的觉醒，直接的文化成果便是中国山水画、山水诗的独立以及山水游记雏形的出现。中国山水画的形成，比欧洲的风景画形成独立画科要早一千余年。顾恺之论画道："凡画人最难，次山水，次狗马……"① 将山水画与人物画和动物画相提并论。他画过《雪霁望五老峰图》、《庐山图》和《山水》等画。画过《秋山图》的山水画家宗炳"栖丘饮谷三十余年"，将所历山水画在卧室四壁，昼夜"卧游"。当时的山水画家还有很多，如戴逵创作过《剡山图卷》，陶弘景画过《山居图》，张僧繇作过《雪山红树图》。王微在《叙画》中指出山水画不是"案城域，辨方州，标镇阜，划漫流"的平面地图，而是有生命的艺术图卷。他指出："望秋云，神飞扬，临春风，思浩荡。""以明神降之，此画之情也。"宗炳阐述了山水画的创作原则是"以形媚道"和"畅神"。

与此同时，山水诗开始独立，形成特殊的文学体裁。谢灵运、谢朓等在旅游的同时，都留下了许多优美的山水诗作。如谢灵运《泰山吟》云："岱宗秀维岳，崔萃刺云天。岝崿既崄巇，触石辄芊绵。"《悲哉行》中描写景物道："萋萋春草生，王孙游有情。差池燕始飞，夭袅桃始荣。灼灼桃悦色，飞飞燕弄声。檐上云结阴，涧下风吹清。幽树虽改观，终始在初生。松茑欢蔓延，樛葛欣虆萦。"著名的《登池上楼》一诗写景道："潜虬媚幽姿，飞鸿响远音。薄霄愧云浮，栖川怍渊沈。进德智所拙，退耕力不任。狥禄反穷海，卧痾对空林。衾枕昧节候，褰开暂窥临。倾耳聆波澜，举目眺岖嵚。初景革绪风，新阳改故阴。池塘生春草，园柳变鸣禽。祁

① 转引自张光福：《中国美术史》，知识出版社1982年版，第186页。

祁伤豳歌，萋萋感楚吟。索居易永久，离群难处心。持操岂独古，无闷徵在今。”他还写了《游南亭诗》：“时竟夕澄霁，云归日西驰。密林含余清，远峰隐半规。”在《游赤石进帆海诗》中咏道：“首夏犹清和，芳草亦未歇。水宿淹晨暮，阴霞屡兴没。”又在《登江中孤屿诗》中写道：“江南倦历览，江北旷周旋。怀新道转回，寻异景不延。乱流趋孤屿，孤屿媚中川。云日相辉映，空水共澄鲜。表灵物莫赏，蕴真谁为传。想像昆山姿，缅邈区中缘。始信安期术，得尽养生年。”还写了《登永嘉绿嶂山诗》、《郡东山望溟海诗》、《游岭门山诗》等。南齐的谢朓也写了不少的山水旅游诗。如《宣城郡内登望》曰：“寒城一以眺，平楚正苍然。山积陵阳阻，溪流春谷泉。威纡距遥甸，巉岩带远天。”又《冬日晚郡事隙》云：“案牍时闲暇，偶坐观卉木，飒飒满池荷，翛翛荫窗竹。檐隙自周流，房栊闲且肃。苍翠望寒山，峥嵘瞰平陆。”在《后斋回望》中，甚至对登轩四望，观察风景的情形和感受也作了细致的描述：“高轩瞰四野，临牖眺襟带。望山白云里，望水平原外。夏木转成帷，秋荷渐如盖。巩洛常睠然，摇心似悬旆。”在《游山》诗中，更是直接抒发了自己对山水审美的感触：“托养因支离，乘闲遂疲蹇。语默良未寻，得丧云谁辨？幸莅山水都，复值清冬缅。凌厓必千仞，寻溪将万转。坚崿既崚嶒，回流复宛澶。杳杳云窦深，渊渊石溜浅。傍眺郁篻簩，还望森栟榈。荒隩被葴莎，崩壁带苔藓。鼯狖叫层嵁，鸥鸟戏沙衍。触赏聊自观，即趣咸已展。经日惜所遇，前路欣方践。无言蕙草歇，留垣芳可搴。尚子时未归，邴生思自免。永志昔所钦，胜迹今能选。寄言赏心客，得性良为善。”《游敬亭山》写得更加生动真切：“兹山亘百里，合沓与云齐。隐沦既已托，灵异居然栖。上干蔽白日，下属带回溪。交藤荒且蔓，樛枝耸复低。独鹤方朝唳，饥鼯此夜啼。滞云已漫漫，夕雨亦凄凄。我行虽纡组，兼得寻幽蹊。绿源殊未极，归径窅如迷。要欲追奇趣，即此凌丹梯。皇恩竟已矣，兹理庶无睽。”又作《晚登三山还望京邑》曰：“灞涘望长安，河阳视京县。白日丽飞甍，参差皆可见。余霞散成绮，澄江静如练。喧鸟覆春洲，杂英满芳甸。”这样的山水诗，无疑反映了士人审美意识的复苏和觉醒。

最后，山水游记的雏形也产生了。东晋庐山诸僧人《游庐山诗序》、南朝宋鲍照《登大雷岸与妹书》、梁陶弘景《答谢中书书》、吴均《与宋元思书》、北魏郦道元《水经注》中的部分篇章就有山水游记的影子。如《登大雷岸与妹书》记山水之游道："向因涉顿，凭观川陆，遨神清渚，流睇方曛。东顾三洲之隔，西眺九派之分；窥地门之绝景，望天际之孤云……南则积山万状，争气负高，含霞饮景，参差代雄。……西南望庐山，又特惊异。基献江湖，峰与辰汉连接。上常积云霞，雕锦缛。"所有这一切，都是当时文人士大夫审美意识觉醒的直接表现。

第五节 魏晋南北朝的旅行制度、风俗与设施

一、魏晋南北朝的旅行制度

魏晋南北朝时，旅行制度对于前代，或有继承，或有发展。

魏晋朝廷对出行工具和服饰都制定了一系列的制度，不同阶层的出行工具有不同的规定。天子所乘的工具有猎车、游车等。据《晋书·舆服志》载："猎车，驾四马，天子校猎所乘也。重辋漫轮，缪龙绕之。一名阘戟车，一名蹋猪车。魏文帝改名蹋兽车。《记》云'国君不乘奇车'，奇车亦猎车也。古天子猎则乘木辂，后人代以猎车也"，还有"游车，九乘，驾四，先驱之乘是也。"是天子出行时的先驱之车。

此外，魏晋朝廷还制定了"远游冠"、"高山冠"等以旅游为名的帽冠。远游冠地位尊崇。如果晋升高位和禅让帝位，都要给受益者以"远游冠"，表明旅游对于晋升者的象征性权利和重要性地位。《三国志·魏书·武帝纪》载：建安十九年三月，"天子使魏公位在诸侯王上，改授金玺，赤绂、远游冠"。据《晋书·舆服志》载："远游冠，平上帻武冠。"《南史·宋本纪·武帝本纪》载："晋帝加帝（指宋武帝刘裕）位相国、总百揆、扬州牧，封十郡为宋公，备九锡之礼，加玺绂、远游冠、绿綟绶，位在诸侯王上。""高山冠"则是使者、谒者所戴的帽冠。《晋书·舆服志》载："高

山冠，一名侧注，高九寸，铁为卷梁，制似通天。顶直竖，不斜却，无山述展筒。高山者，《诗》云‘高山仰止’，取其矜庄宾远者也。中外官、谒者、谒者仆射所服。”应劭曰：“高山，今法冠也，秦行人使官亦服之。”而《汉官仪》云“乘舆冠高山之冠，飞翮之缨”，然则天子亦有时服焉。《傅子》曰：“魏明帝以其制似通天、远游，故改令卑下。”看来，其地位逊于远游冠。

魏晋南北朝的旅行制度还包括宵禁。据《三国志·魏武纪》裴松之注载，曹操为洛阳北部尉时，“小黄门蹇硕叔父夜行，即杀之”。足证对犯夜之人处罚很严。晋代的宵禁制度仍时见记载。《世说新语·政事》说：“王安期作东海郡，吏录一犯夜人来。王问‘何处来?’云：‘从师家受书还，不觉日晚。’王曰：‘鞭挞宁越以立威名，恐非致理之本。’使吏送令归家。”所谓“犯夜人”就是违反宵禁令的人，从王承（字安期）的话中可以看出，违反宵禁的人按律当施以鞭刑。但此人十分幸运，遇到了王承这样尊重读书和师道的人，所以免受处罚。宁越，是春秋时爱读书的人，此指犯夜人。《世说新语·政事》还记载了另一件有关宵禁的事：“殷浩始作扬州，刘尹行，日小欲晚，便使左右取袱。人问其故，答曰：刺史严，不敢夜行。”刘尹在天色将冥的时候便打开铺盖睡觉，足见当时宵禁之严。宵禁对象并非专门针对平民，官员也不例外。

旅行秩序和礼仪也是旅行制度的一部分。北魏有避中丞出行的法令。“魏氏旧制，中丞出，清道，与皇太子分路行，王公皆遥住车，去牛，顿轭于地，以待中丞过，其或迟违，则赤棒棒之”。但这一制度，在北齐时一度不行。然而，至武成帝高湛的第三个儿子琅琊王高俨担任御史中丞，迁司徒、尚书令、大将军、录尚书事、大司马后，高湛决定推行旧制：“自都邺后，此仪浸绝，武成欲雄宠俨，乃使一依旧制。初从北宫出，将上中丞，凡京畿步骑，领军之官属，中丞之威仪，司徒之卤簿，莫不毕备。”而“帝与胡后在华林园东门外张幕，隔青纱步障观之”。甚至皇帝“遣中贵骤马趣仗，不得入，自言奉敕，赤棒应声碎其鞍，马惊人坠”。高湛不但不怪罪，反而“大笑，以为善。更敕令驻车，传语良久”①。旅行秩序一般实行“贱避贵”的原则，但有时候却有模糊地带，出现争路的纠纷。据《魏书·神元平文诸帝子孙·元志传》载：元志，字猛略，为人清辩强干，担任洛阳令时，“不避强御”，一次“与御史中尉李彪争路”，二人一起入见孝文帝，各面陈理由。李彪说：“御史中尉避承华车盖，驻论道剑鼓，安有洛阳县令与臣抗衡？”但元志却说：“神乡县主，普天之下谁不编户？岂有俯同众官，避中尉？”意思是说，洛阳令是首都父母官，这里的人是洛阳的编户百姓，我怎能与众官一样去避一个中尉？孝文帝判决道：“洛阳我之丰沛，自应分路扬镳。自今以后，可分路而行。”二人步出宫门，元志“与彪折尺量道，各取其半”。

二、魏晋南北朝时期旅行风俗与风尚

魏晋南北朝时期，社会上仍然流行祖饯风俗。祖道之风最为炽烈的时代是晋朝。晋人嵇含在《祖赋序》中指出：“祖之在于俗尚矣，自天子至于庶人莫不咸用。”文人士大夫更是行必祖道，祖道必诗。如陆机就写有《祖道潘正》、《祖道毕雍孙刘边仲潘正叔诗》，孙楚也写有《祖道诗》，此外还有董京的《之冯翊祖道诗》、牵秀的《祖孙楚诗》、王浚的《祖道应令诗》、王赞的《侍皇太子祖道楚淮王二王诗》等，都是有关祖道的诗作。张华也写有几篇祖道诗，如《祖道征西应诏诗》等，其中《祖道赵王应诏诗》说：“发轫上京，出自天邑。百寮饯行，缙绅具集。轩冕峨峨，冠盖习习。恋德惟怀，永叹弗及。”从诗中可知，此时的祖道正在向饯行倾斜，祭神成分减少而惜别成分增多。这从下面的例子中还可以得到印证。据《世说新语·方正》载：“杜预之荆州，顿七里桥。朝士悉祖。”由于杜预出身贫贱，所以贵族杨济不买账，“不坐而去”，跑去戏马，后来长舆找到他，“抱内车共载，归坐如初”。从“坐”的字面揣度，杨济是没有参加祖道后的宴饯，即没有坐在宴席上，后为长舆找回，归坐如初。又据《排调》载：谢安初隐东

① 《北齐书·武成十二王传·高俨传》。

山，后出山当了桓温的司马，“将发新亭，朝士咸出瞻送。高灵时为中丞，亦往相祖。先时多少饮酒，因倚如醉”。显见此时的祖道，已以饯行为主要活动了。可见，魏晋以后，以祭祀行神为特征的祖道活动日渐衰微，成为历史的陈迹。祖道作为一种古老的风俗信仰，虽然在民间日渐衰微，但却作为一种仪式保持在政府的某种重大祭礼中。据唐司马贞《索隐》在为《史记·五宗世家》作注时说：“今祭礼，以軷壤土为坛于道，则用黄羝或用狗，以其血衅左轮也。”这显然是对周时祖道礼仪的继承和沿袭，只不过稍微改进了一些而已。唐代尚有此制度，那么魏晋南北朝时期想必也在延续。

祖饯活动很快过渡到饯行，饯行起初是在祭礼后，在祭礼现场旁边饮酒告别。后来则发展为临行前，亲朋好友专门置办酒席为之送行。汉末大学者郑玄辞别朋友前往袁绍处做官时，朋友们便设宴为之饯行。据《世说新语》卷 2《文学》刘孝标注记载：袁绍征召郑玄为官，当郑玄离开时，朋友们“饯之城东”，一定要把郑玄灌醉。当时与会者三百余人，“皆离席奉觞，自旦及暮”地敬郑玄酒。郑玄大概“饮三百余杯，而温克之容，终日无怠”。从这段记载可见，朋友们为郑玄饯行是设了酒宴的，与后世的饯行之意无二致。这里已不见了祖道的宗教仪式。饯而不祖的现象自魏晋以后日益突出。

文人们对世界的认识日益明晰，对旅程上将遇到的艰难险阻有了比较科学的认识。他们发现旅途中神怪的出现并无多大根据，所以在进行祖道活动时，对行神的敬重让位于对人的尊重。于是，在魏晋的祖道活动中，多侧重于饯行活动，饯行送别逐渐取代了祖道祭神。据《三国志·魏书·管辂传》载：“馆陶令诸葛原迁新兴太守，辂往祖饯之，宾客并会。”从“宾客并会”可以想到，这些人是管辂为诸葛原设宴饯行时的陪客，说明了这里祖饯的主要内容就是置办酒筵为行人饯行。此外，从晋代文人士大夫们的祖道诗中可以看出，饯行成为送别行人的主要内容。如张华在《祖道征西应诏诗》中叙述道：“庶寮群后，饯饮洛湄。感离叹凄，慕德迟迟。”又如何敬祖在《洛水祖王公应诏诗》中讲：“游宴绸缪，情恋所亲。薄言饯之，于洛之滨。”以上两首诗虽为“祖道”，但实际上都讲的是“游宴”、“饯饮”的内容，反映了社会的知识层中，对祖饯祭神的内容已作了置换，而将原来居于第二位的饯行内容提升到主要位置。由于饯行是人们对行人的送别，所以魏晋以后行人出门前依依惜别的情调代替了祭神时庄严肃穆的气氛。晋代饯行，以石崇的金谷园为最著名的场所。据《晋书·石崇传》载：“(石崇)出为征虏将军，假节、监徐州诸军事，镇下邳。崇有别馆在河阳之金谷，一名梓泽。送者倾都，帐饮于此焉。”金谷园在洛阳近郊，洛阳士人送客，多在金谷园张设帐幕，设宴饯行。

魏晋南北朝时期出现了乘牛车出行的旅游时尚。战国秦汉以乘马车为时尚，汉代若乘牛车，则多为贫士，为人不齿。但汉魏之交，骑乘风尚开始转向，乘牛车变得高贵，成为身份的象征。《后汉书·单超传》形容宦官单超富贵时说“其仆从皆牛车而从列骑”。《晋书·舆服志》称：“自古贵者不乘牛车，汉末诸侯寡弱，贫者至乘牛车。自灵、献以来，天子至士遂以为常乘。”魏晋时，乘牛车出行风尚正式形成。乘牛车者多为富贵之人，因为牛车“负重致远安而稳也”。王导夫人曹氏嫉妒丈夫在外面的侧室，要去报复，王导驾牛车去追赶曹氏。石崇与王恺斗富时，有一项就是比赛牛车的快慢。《世说新语·汰侈》载：“(石崇）牛形状气力不胜王恺牛，而与恺出游，极晚发，争入洛城。崇牛数十步后迅若飞禽，恺牛绝走不能及。每以此……事为搤腕。乃密货崇帐下……御车人……问驭人牛所以驶。驭人云：牛本不迟，由将车人不及制之尔。急时听偏辕则驶矣。恺悉从之，遂争长。石崇后闻，皆杀告者。”东晋政府只准乘车不许骑马的规定，无疑为东晋乘牛车出行之风起到了推波助澜的作用。后来竟无人会骑马了。庾翼岳母阮氏观赏女婿骑马表演，结果庾翼“始两转，坠马堕地”。南朝也是以乘牛车为荣。《宋书·刘德愿传》就曾渲染刘德愿驾牛车技术之高：“德愿善御车，尝立两柱，使其中劣（仅）通车轴，乃于百余步上振辔长驱，未致数尺，打牛奔从柱间直过，其精如此。”《颜氏家训》载：“江左尚书郎乘马，则御史治之。颜延年罢官，骑马出入，世称放诞。”“梁世士大夫……出则车舆，入则扶持，郊郭之内，无乘马者。周宏正为宣城王所爱，给一里下马，常服御之，举朝以为旷达。”北朝皇室本来是骑马民族，但北朝生活方式后来向南朝看齐，所以北朝贵族中也盛行驾牛车出行。北魏皇族北海王元祥、咸阳王元禧、彭城王元勰等曾经一起乘坐犊车去朝见宣武帝元恪。北魏旧制，中丞出行时，千步以内都要清道，王公大人都要停下牛车，“去牛，顿轭于地，以待中丞过”。据《魏书·艺术传·晁崇传》载，天兴五年，“舆驾所乘巨犗数百头亦同日毙于路侧，自余首尾相继。是岁天下之牛，死者十之七八”。看来牛车十分普及。《周书·于谨传》载：于谨字思敬，是河南洛阳人，曾跟随晋荡公宇文护东伐有功，“天和二年，又赐安车一乘”。所谓安车，就是牛拉的有坐垫的车。

三、魏晋南北朝的旅游设施和条件

魏晋南北朝是审美意识觉醒的时期，上至帝王下至文人莫不痴迷于游，在此背景下，许多旅游设施被创制出来。北朝皇帝大修直道和猎道。北魏太祖道武皇帝拓跋珪在天兴元年春天，“发卒万人治直道，自望都铁关凿恒岭至代五百余里”。这是继秦汉直道之后，又一次大规模地修筑直道。文成帝拓跋濬在和平二年二月，“发并、肆州五千人治河西猎道”①。此外有些旅游工具也在进步。如谢灵运因为喜欢登山，因此发明了一种登山木屐，“上山则去其前齿，下山则去其后齿”，有利于行路平稳和节省体力，被人称为“谢公屐”。这一时期的旅游设施有长足发展的，则是名山胜水、宫室苑囿等旅游景观的发现和建设。

由于佛教和道教的盛行，许多山川成了神秘而庄严的宗教圣地和景观，六朝时开发的名山有青城山、罗浮山、茅山、龙虎山等，佛教的三大石窟敦煌莫高窟、龙门石窟和云冈石窟，也是魏晋南北朝时期的产物。此外，当时百姓为了纪念历史名人而修建了一些建筑，也成为旅游景点。据《晋书·羊祜传》载：羊祜，字叔子，泰山南城人，在襄阳和荆州一带驻防时，善待百姓，结果“襄阳

---

① 《魏书·高宗纪》。

百姓于岘山祜平生游憩之所建碑立庙，岁时飨祭焉。望其碑者莫不流涕，杜预因名为堕泪碑”。这些庙和碑，不断有人前来凭吊和旅游。

如果说民间所建的景观对外开放的话，那么帝王所修的宫室苑囿则仅仅成为他们自己的旅游场所。元嘉二十三年宋文帝在建康“筑北堤，立玄武湖于乐游苑北，兴景阳山于华林园，役重人怨”①。南齐废帝郁林王萧昭业的父亲文惠太子曾“立楼馆于钟山下”，号曰“东田”，“太子屡游幸之”。齐武帝萧赜“又于青溪立宫”，号曰“旧宫”。② 萧宝卷点火把夜游，失火将宫殿游苑烧毁殆尽。随从赵鬼读《西京赋》，念到“柏梁既灾，建章是营”一句时，触动了萧宝卷的神经，开始大规模营造宫室游苑：

> 于是大起诸殿，芳乐、芳德、仙华、大兴、含德、清曜、安寿等殿，又别为潘妃起神仙、永寿、玉寿三殿，皆匝饰以金璧。其玉寿中作飞仙帐，四面绣绮，窗间尽画神仙。又作七贤，皆以美女侍侧。凿金银为书字，灵兽、神禽、风云、华炬，为之玩饰。椽桷之端，悉垂铃佩。江左旧物，有古玉律数枚，悉裁以钿笛。庄严寺有玉九子铃，外国寺佛面有光相，禅灵寺塔诸宝珥，皆剥取以施潘妃殿饰。性急暴，所作便欲速成，造殿未施梁桷，便于地画之，唯须宏丽，不知精密。酷不别画，但取绚曜而已，故诸匠赖此得不用情。又凿金为莲华以帖地，令潘妃行其上，曰：“此步步生莲华也。”涂壁皆以麝香，锦幔珠帘，穷极绮丽。絷役工匠，自夜达晓，犹不副速，乃剔取诸寺佛刹殿藻井、仙人、骑兽以充足之。武帝兴光楼上施青漆，世人谓之“青楼”，帝曰：“武帝不巧，何不纯用琉璃。”
>
> 又以阅武堂为芳乐苑，穷奇极丽。当暑种树，朝种夕死，

① 《南史·宋本纪·文帝纪》。

② 《南史·齐本纪·废帝纪》。

死而复种，率无一生。于是征求人家，望树便取，毁彻墙屋，以移置之。大树合抱，亦皆移掘，插叶系华，取玩俄顷。划（铲）取细草，来植阶庭，烈日之中，至便焦燥。纷纭往还，无复已极。山石皆涂以采色，跨池水立紫阁诸楼，壁上画男女私亵之像。明帝时多聚金宝，至是金以为泥，不足周用，令富室卖金，不问多少，限以贱价，又不还直。①

面对萧宝卷的铺张浪费和豪华奢靡，张欣泰对舍人裴长穆说："宫殿何事顿尔！夫以秦之富，起一阿房而灭，今不及秦一郡，而顿起数十阿房，其危殆矣。"裴长穆答道："非不悦子之道，顾言不用耳。"有时候，皇帝因为迷信活动而建景观。永明中，齐武帝萧赜因为"望气者云新林、娄湖、青溪并有天子气，于其处大起楼苑宫观，武帝屡游幸以应之；又起旧宫于青溪，以弭其气"②。南朝梁、陈两代也大兴宫苑。据《南史·梁本纪·武帝纪》载，梁武帝萧衍，天监四年二月"立建兴苑于秣陵建兴里"。《南史·陈本纪·武帝纪》载：太建元年七年闰九月"甘露频降乐游苑"，于是陈宣帝"舆驾幸苑采甘露，宴群臣，诏于苑龙舟山立甘露亭"。

北朝皇帝在从游牧生活向农耕生活转变时，特别追求宫室苑囿的建设和游玩。北魏太祖道武皇帝拓跋珪迁都平城时，不仅大规模营建宫室，而且修建了许多离宫游苑。天兴二年春率军出征高车部族，"以所获高车众起鹿苑，南因台阴，北距长城，东包白登，属之西山，广轮数十里。凿渠引武川水注之苑中，疏为三沟，分流宫城内外。又穿鸿雁池"。这是北魏兴建的一个规模巨大的游苑，是游牧民族逐水草迁徙习惯的根本性改变。三年三月"穿城南渠通于城内，作东西鱼池"。三年春六月，"发八部五百里内男丁筑漯南宫，门阙高十余丈；引沟穿池，广苑囿；规立外城，方二十里，

① 《南史·齐本纪·废帝东昏侯纪》。
② 《南史·齐本纪·和帝纪》。

分置市里，经涂洞达”。① 太宗明元帝拓跋嗣于永兴五年“穿鱼池于北苑”。神瑞元年“起丰宫于平城东北”。二年六月他在濡源筑立蜂台”。泰常元年十一月“筑蓬台于北苑”。二年七月，“作白台于城南，高二十丈”。三年十月又“筑宫于西苑”。四年正月又“筑宫于蓬台北”。九月，“筑宫于白登山”。五年四月，“起灅南宫”。六年二月“发京师六千人筑苑，起自旧苑，东包白登，周回三十余里”。八年十月，他又大兴土木，“广西宫，起外垣墙，周回二十里”。② 世祖太武帝拓跋焘，在始光二年三月，“营故东宫为万寿宫，起永安、安乐二殿，临望观，九华堂”。三年秋七月，“筑马射台于长川”。③ 高宗文成帝拓跋濬在兴安二年二月，“发京师五千人穿天渊池”。七月“筑马射台于南郊”，太安三年十月，为了“东巡”，他诏令太宰常英“起行宫于辽西黄山”。四年三月，又“起太华殿”。九月建筑宫殿游苑，“太华殿成”。④ 显祖献文帝拓跋弘，太和元年五月“太和、安昌二殿成。起朱明、思贤门”。九月“起永乐游观殿于北苑，穿神渊池”。⑤ 孝文帝拓跋宏，太和五年夏四月，“行幸方山。建永固石室于山上，立碑于石室之庭；又铭太皇太后终制于金册；又起鉴玄殿”⑥。

北齐文襄帝高澄“于邺东起山池游观，时俗眩之”。上行下效，他的长子河南康舒王高孝瑜，“遂于第作水堂、龙舟，植幡槊于舟上，数集诸弟宴射为乐。武成幸其第，见而悦之，故盛兴后园之玩，于是贵贱慕斅，处处营造”。⑦ 文宣帝高洋曾经“发丁匠三十余万营三台于邺下，因其旧基而高博之，大起宫室及游豫园。至是，三台成，改铜爵曰金凤，金兽曰圣应，冰井曰崇光”。⑧ 对于

---

① 《魏书·太祖纪》。
② 《魏书·太宗纪》。
③ 《魏书·世祖纪上》。
④ 《魏书·高宗纪》。
⑤ 《魏书·显祖纪》。
⑥ 《魏书·高祖纪》。
⑦ 《北齐书·文襄六王列传·河南康舒王孝瑜传》。
⑧ 《北齐书·文襄纪》。

高洋修三台一事，《北史·魏收传》也有记载：“三台成，文宣（帝）曰：‘台成，须有赋。’（杨）愔先以告收，收上《皇居新殿台赋》，其文甚壮丽。时所作者自邢邵已下，咸不逮焉。……帝曾游东山，敕收作诏，宣扬威德，譬喻关西。俄顷而讫，辞理宏壮，帝对百僚大嗟赏之。”此处还记载了太宁元年武成帝高湛“于华林别起玄洲苑，备山水台观之丽”的事情，当时武成帝“诏于阁上画收”。北周太祖文帝宇文泰大象元年二月“发山东诸州兵，增一月功为四十五日役，起洛阳宫”。①

魏晋南北朝的旅游设施和条件，也包括旅客的食宿条件。当时旅客出行，不少人仍然自带干粮糗（熟米粉）、锅巴和面饼等。《南史·孝义传上》载：“宋初吴郡人陈遗，少为郡吏，母好食铛（锅）底饭。遗在役，恒带一囊，每煮食辄录其焦以贻母。后孙恩乱，聚得数升，恒带自随。及败逃窜，多有饿死，遗以此得活。”有时旅客也携带肉脯和鱼干上路。据《晋书·孝友传》载：桑虞出行宿店，同店旅客遗失了自带的肉脯。除了带干粮外，旅客还常带米自己做饭。潘岳在《上客舍议》中称客舍“刍秣成行，器用取给”，向住客有偿供应饲料和粮食以及灶具等物，由客人自己“炊爨”。两晋以后，旅途饮食条件有所改进。随着商业的发展和旅客的增多，私营旅馆也开始出售食物给旅客。据《世说新语·假谲》载：“晋明帝……阴察军形势，未至十余里，有一客姥居店卖食。”这个客姥便是旅店老板娘，她“居店卖食”，说明客店已开始向旅客出售食物。此事在《晋书·明帝纪》中亦有记载，称明帝自出侦伺敌情时“见逆旅卖食妪”。另据《魏书·崔光传》载：北魏崔光弟崔敬友，“置逆旅于肃然山南，大路之北，设食以供行者”。这是南北朝时旅店兼供饮食的最好证据。除了逆旅兼营饮食外，此时的酒店、餐馆为客人提供饮食也蔚然成风。据《世说新语·任诞》记载：“阮宣子（修）常步行，以百钱挂杖头。至酒店，便独酣畅，虽当世贵盛，不肯诣也。”阮修出外旅行时，就到酒店去喝酒，而不肯到富贵之家去吃饭。另据《伤逝》载，汪

① 《周书·帝纪·文帝纪下》。

浚冲曾与嵇康、阮籍在黄公酒垆吃过酒。《北齐书·彭城王浟传》载，其下属投宿在外，吃了鸡汤馆的鸡羹却不肯付钱，高浟得知后责问他："食鸡羹何不还价直也?"有钱的士大夫们在旅行时，则寻访当地的名吃特产。《晋书·蔡谟传》载："谟初渡江，见彭蜞，大喜曰：'蟹有八足，加以二螯。'令烹之。既食，吐下委顿，方知非蟹。"被谢尚好一顿讥笑。谢灵运在《答弟书》中称自己"前月十二日至永嘉郡，蛎不如鄞县，车螯亦不如北海"。以上是魏晋南北朝时期旅客饮食之大概。

住宿的设施和条件，仍然分为三种，即私人逆旅、官办驿站和寺庙客舍。

第一，私人逆旅。当时私人旅馆发展很快，西晋时，嫉妒私营旅店成就的一些政府官员，借口"逆旅逐末废农，奸淫亡命多所依凑，败乱法度"，主张禁止民间开店，改设官办的"官樆"，"使老少贫户守之，又差吏掌主，依客舍收钱"。① 即让老百姓在官营旅馆中服务，而由官吏掌管收钱。这种荒唐的建议遭到了潘岳的强烈反对，他写了一篇《上客舍议》的奏疏，递给了皇上。在奏议中，他强调了逆旅的重要作用，驳斥了废止逆旅的错误思想，描写了当时私营旅店业的发展盛况，指出：

> 方今四海会同，九服纳贡，八方翼翼，公私满路。近畿辐辏，客舍亦稠。冬有温庐，夏有凉荫，刍秣成行，器用取给。疲牛必投，乘凉近进，发槅马鞍，皆有所憩。又诸劫盗皆起于回绝，止乎人众。十里萧条，则奸宄生心；连陌接馆，则寇情震慑。且闻声有救，已发有追。不救有罪，不追有戮，禁暴捕亡，恒有司存，凡此皆客舍之益，而官樆之所乏也。又行者贪路，告籴炊爨，皆以昏晨。盛夏昼热，又兼星夜。既限早闭，不及樆门。或避晚关，迸逐路隅，祇是慢藏诲盗之原。苟以客舍多败法教，官守棘樆独复何人？……今贱吏疲人，独专樆税，管开闭之权，藉不校之势，此道路之蠹，奸利所殖也。率

---

① 《晋书·潘岳传》。

> 历代之旧俗，获行留之欢心，使客舍洒扫，以待征旅择家而息，岂非众庶颙颙之望！

潘岳对私营旅馆价值的认识，在古代重农抑商打击逆旅的背景下是具有划时代意义的，它为旅馆业的发展起到了重要的保护作用。潘岳的奏议递上去后，“朝廷从之”。西晋政府终于没有废除民间旅馆而代之以官樆。朝廷只是禁止政府工作人员住逆旅，下令“使者不得宿肆上”。

第二，官办驿站。当时驿站仍在维持着官差旅行者的生活和交通，据《三国志·吴书·三嗣主传》载：迎立孙休时，孙綝派宗正孙楷与中书郎董朝前往迎驾，十月行至曲阿，“是日进及布塞亭。武卫将军（孙）恩行丞相事，率百僚以乘舆法驾迎于永昌亭，筑宫，以武帐为便殿，设御座”。然而，官方驿站充满着官本位气息和势利风气。据《世说新语·雅量》载：褚裒（字季野）从章安县令的位置上升为太尉记室参军，乘坐商人的船，送几位故吏投钱唐亭住宿。当时县令沈充正送客过浙江（钱塘江），亭吏见沈县令驾到，便把褚裒驱赶到驿亭的牛屋里住下。沈充认出被赶的人就是诸参军时，把亭吏鞭挞了一顿以表歉意。沈充还问褚裒：“伧父欲食饼不?”可知当时驿站供应饼食。联系到汉代亭长夺韩康牛的事例，可以得知亭吏在长期的送往迎来活动中，养成了以衣冠取人的恶劣作风。不仅驿吏势利，而且住宿官亭的官员也养成了势利风气。据《世说新语·容止》载：

> 庾长仁与诸弟入吴，欲往亭中宿。诸弟先上，见群小满屋，都无相避意。长仁曰：“我试观之。”乃策杖将一小儿，始入门，诸客望其神姿，一时退匿。

此亭当是一个乡亭，本为接待过往公差官员，但先庾长仁到达的诸“群小”却抢占了官亭，他们可能是级别较低的吏员，养成了以貌取人的官场恶习，对庾长仁的诸弟的到来了无避意。但一见官相十足的庾长仁进来，断定他是大官，便赶快爬起来避让。古代的驿站常常是文人士大夫的出发点，当然也就成了亲朋好友的送别之地，从而使驿站产生了浓厚的离别色彩和悲凉气氛。晋代谢安离京赴桓温军当司马时，“将发新亭，朝士咸出瞻送”。新亭是建康附近的驿亭，是晋代最著名的驿舍，“新亭挥泪”的典故就发生在这里。此地风景优美，故成为东晋朝士送行的地方。客人在此分别后，便沿驿道远行而去。晋代“支道林还东，时贤并送于征虏亭”①。正是在送行的过程中，相别不知何日再相逢的离情愁绪便弥漫胸中，正是“多情自古伤离别，更那堪冷落清秋节”。驿亭成了诗人描写离情伤别的背景和象征。东晋吴郡（今苏州）城外还有金昌亭。《世说新语·轻诋》云：“褚太傅（季野）初渡江，尝入东，至金昌亭。”晋代的亭在西南地区也有设置。据晋常璩《华阳国志·南中志》载：“朱提郡……自僰道、南广有八亭，道通平夷。”僰道在今四川宜宾，南广在今云南盐津，平夷在今贵州毕节，这些地区在晋代均有官方旅舍——亭。

北魏在其都城洛阳也修建了专门招待外国使节和少数民族贡臣以及外商的国宾馆，叫做“四夷馆”。据杨衒之《洛阳伽蓝记》卷3记载：“永桥以南、圜丘以北，伊洛之间，夹御道有四夷馆。”该书进一步指出四夷馆共有四馆：“一名金陵，二名燕然，三名扶桑，四名崦嵫。”“吴人投国者处金陵馆；北夷来附者处燕然馆；东夷来附者处之扶桑馆；西夷来附者处之崦嵫馆。”“自葱岭以西至于大秦，百国千城，莫不款附；商胡贩客，日奔塞下。”北魏的国宾馆对于远来的宾客来说，无疑是一个温馨安宁的家。公元6世纪时，柔然可汗丑奴的弟弟阿那瓌于正光元年（520年）抵达北魏首都朝见皇帝，表示愿归属于魏，受到魏孝明帝的盛情款待，被封为蠕蠕王，下榻于洛阳的燕然馆。

南朝各代皆定都于建康（今南京），建康也设有接待外宾的国宾馆。据《建康地志》载：“显仁馆在江宁县东南五里青溪中桥东湘宫巷，下古高丽使处。”这里的显仁馆便是接待朝鲜使臣的国宾馆。南齐的驿站由于官员滥用，不堪重负。公差和使者们“朝辞

① 《世说新语·雅量》。

禁门，情态即异，暮宿村县，威福便行”，甚至“恐喝传邮”①。南朝梁时，鄱阳王萧恢出任益州刺史时，发现“成都去新城五百里，陆路往来，悉订私马，百姓患焉，累政不能改”，于是他“乃市马千匹，以付所订之家，资其骑乘，有用则以次发之，百姓赖焉”②。有时候，一些地方官干脆因噎废食。南齐始兴内史范云在境内“罢亭候，商旅露宿，郡中称为神明”③。

第三，寺院客舍。魏晋南北朝时期，佛教兴盛，寺院的规模和实力使其有能力为旅客提供住宿之所。最初的寺院旅舍是用来接待云游僧人的。东汉明帝永平十年（67 年），印度高僧沙门摄摩腾、竺法兰二人来中国传教。明帝敕令建“精舍”以接待他们。精舍建在洛阳雍门外三里御道南，是为白马寺。此后，佛教渐盛，僧人来往日益增多。寺庙成了他们的当然旅店。北魏首都洛阳的永明寺，就是皇帝建立的接待异域僧人的寺院。据《洛阳伽蓝记》卷 4 载：

> 永明寺，宣武皇帝所立也。在大觉寺东。时佛法经像盛于洛阳，异国沙门，咸来辐辏，负锡持经，适兹乐土。世宗故立此寺以憩之。

这个时期的寺庙多不向俗人开放住宿，但偶尔也向士大夫开放。如梁代刘慧斐还都途中，“经寻阳，游于匡山，过处士张孝秀，相得甚欢，遂有终焉之志。因不仕，居于东林寺”④。

魏晋南北朝时期旅行条件，还包括旅客的旅费。当时的旅费既有钱，还有米和绢。一般携带钱数千文或米数斛。《晋书·食货志》载：晋惠帝“荡阴反驾”时“囊钱三千以为车驾之资”。《晋书·魏咏之传》载，18 岁的任城人魏咏之“赍数斛米西上，以投

① 《南齐书·竟陵王子良传》。
② 《梁书·鄱阳王恢传》。
③ 《梁书》卷 13《范云传》。
④ 《梁书·处士传》。

(殷) 仲堪”。《晋书·习凿齿传》载，桓温曾请知天象的蜀人算晋朝的寿命还有多长，其人回答说还有很长，桓温很不高兴，第二天，就“送绢一匹，钱五千文以与之”。这位星象家便求助于习凿齿，说：“我现在收到了一匹绢，是想让我自缢而死。给我五千钱，是让我买棺的。我担心没有人为我收尸，因为您为人仁厚，想请您把我装入棺材并做标记。”习凿齿告诉他：“你差点儿冤死了。这匹绢是向你开玩笑的，而那五千钱是作为你路上的资费。这是打算让你离开的。”旅费多半自备，但也有朋友资助的情况。魏邯郸淳《笑林》载：吴峻有好的名誉，只是“性俭吝”。张温准备出使蜀地，与吴峻告别。吴峻进里屋很久才出来，对张温说：“准备择一端布送您，但没有粗的。”有些贵族则巧取豪夺出行的费用。渔阳王高绍信“行过渔阳”时，“与大富人钟长命同床坐”，要求“与长命结为义兄弟，妃与长命妻为姊妹”，并以此为由“责其阖家幼长皆有赠贿，钟氏因此遂贫”。① 地方官员赴任和卸任时的旅费，政府规定由百姓出。《隋书·百官志上》载：梁代“郡县吏有书僮，有武吏，有医，有迎新、送故等员。亦各因其大小而置焉”。陈代承袭梁朝惯例，“郡县官之任代下，有迎接送故之法，饷馈皆百姓出，并以定令”。南朝州郡支出中有送迎钱一项，看来地方官府也出一部分费用。富人出行，资费甚众，难免引起歹人的注意。西晋时，陆机前往洛阳，随身携带大量财物。行至江淮一带，“游侠不治行检”的戴渊纠集强盗“攻掠商旅”，盯上了陆机，而陆机勇敢而智慧地面对，终于化解了这场危机。②

魏晋南北朝的旅行者，便是在上述条件和环境下出行和旅游的。考虑到上述条件的艰难，魏晋南北朝士人的激情旅游和浪漫旅游，仍是一种不太容易的事。

---

① 《北齐书·文襄六王传》。

② 《世说新语·自新》。

第四章

隋唐五代宋元旅游的拓展

隋唐五代宋元时期（581—1367年）是中国旅游史上的另一个重要阶段。隋唐北宋结束了魏晋南北朝三百余年的分裂和战乱，建立了人类历史上最文明的科举制度，迎来了文官宦游的辉煌时期。五代和南宋的分裂，促使南方水上丝绸之路及航海旅游的兴起。蒙古汗国——元帝国的建立，使得整个欧亚大陆的草原通道得以沟通，中外国际旅游来往频繁，使东西方两大文明区域联系更加紧密。承魏晋余绪，这一时期的旅游文化取得了长足的进步与发展，旅游设施和条件日益完善，审美意识不断提高。山水诗更加丰富，而独立的山水游记正式形成并脱颖而出。

第一节　科举推动下的文官宦游

隋唐统一全国后，经济改观，交通方便，贞观之治时期，“天下大稔，流散者咸归乡里，斗米不过三四钱，终岁断死刑才二十九人。东至于海，南极五岭，皆外户不闭，行旅不赍粮，取给于道路焉”①。这

① 《资治通鉴》卷一九三《唐纪九·贞观四年》。

就为旅游的发展提供了良好的外部环境和物质条件。文官宦游便在这优越的社会环境下迅速兴起。

一、文官宦游的兴起

文官宦游是中国旅游史上，继魏晋南北朝贵族恣游后又一个重要的发展阶段。文官制度的确立使文官宦游成为独耀星空的旅游活动。为了消除魏晋南北朝时期的贵族专权现象，隋朝开始推行科举制选拔官吏，从此掀起了读书热和官吏文人化浪潮，导致了求学旅游、赶考旅游、赴任旅游、谪宦旅游风行不衰，推动了游山玩水、寻访古迹等审美旅游的发展。文采飞扬的文官及其后备力量文人士子，且学且宦且游，把传统旅游活动推向辉煌的顶点。文官胸怀儒家“修身、齐家、治国、平天下”的目的，肩负着代天子君临下民的重任，奔走在各个任所，沿途凭吊古迹，在“乐山”与“乐水”中把自己修身成“仁者”与“智者”。他们以其文学才华，吟诗赋词，创作游记，为山川名胜增添了文化积淀，准确地勾画了文官宦游的典型模式。杜甫、李白、白居易、苏轼、欧阳修，以及后来的袁宗道、纪昀等足迹遍及中国，遗踪四处可见，又成为后世的旅游对象和资源。

隋唐以后的科举制导致了文官制度的逐步确立。文人士子通过游学读经，参加科举考试步入仕途，成为文官。为了防止文官专权或腐化，朝廷采取任期制，规定文官在某地任官满三年，必须经过考核，然后或升或降，转到另一地方为官。文官在这一制度下，终身迁转不定，宦海沉浮，形成古代特有的旅游形式——文官宦游。文官宦游是古代旅游最基本的形式，它是传统社会统治机制的产物，是“上动下静”格局中“动”的部分，是沟通皇室上层与农民下层之间的联系纽带。赖文官的宦游，以静为本的古代社会得以循环和发展。唐代进士、散朝郎王勃自称是“宦游人”，尝游览江南名楼滕王阁，并挥毫写下了《滕王阁序》。他用“宦游”来概括作为文官的自己宦海沉浮的人生经历，是很确切的。宋代苏轼在《游金山诗》中也有“我家江水初发源，宦游直送江入海”一句，以“宦游”指其文官迁转生涯。

中国地大物博，名山胜水很多，但以静为本的传统社会中，参与旅游的人数却并不很多。以至于使不少的山水成为“养在深闺人未识”的自然之物。文官宦游，则使这些山水被纳入具有文化修养的旅游者的审美眼光之中，成为“旅游客体”或“审美对象”。

隋代文官孙万寿，父亲孙灵晖是北齐的国子博士，自己14岁时就“受五经，略通大义，兼博涉子史”，是靠学问入仕的。他的宦游活动从其《赠亦邑知友》中可以看出梗概：“羁游岁月久，归思常搔首”，“数载辞乡县，三秋别亲友”，“昔时游帝里，弱岁逢知己。旅食南馆中，飞盖西园里”，“凤池时寓直，麟阁常游止，胜地盛宾僚，丽景相携招。舟泛昆明水，骑指津渭桥。祓除临灞岸，供张出东郊”，“欢娱三乐至，怀抱百忧销”。诗中叙述了他离家游宦的生涯。宦游中，他与同僚或上司泛舟骑马，游园登阁，觅胜地，观丽景，快活自在，但也不免有临景时的惆怅和羁旅中的思乡。一旦步入仕途，便身不由己地在宦海中沉浮，“一朝牵世网，万里逐波潮”是其宦游生活的真实写照。“万寿本自书生，从容文雅，一旦从军，郁郁不得志”，深刻反映了隋代文官的独立意识以及与武官之间的格格不入。另一位文人裴矩“及长好学，颇爱文藻”，成为隋代的一位文官，曾任给事郎、民部侍郎、内史侍郎等职。他的为官生活是一种典型的宦游生涯。曾“奉诏巡抚岭南”，但未行而吴越之地叛乱，往岭南的道路被阻断，他率军平之，救广州之围。炀帝时，奉命往西域外商云集的张掖掌管贸易，并从诸胡商处打听“其国俗山川险易”，撰《西域图记》3卷。他还“从帝巡于北塞”，“从幸江都宫”①。裴矩为官宦游，活动范围十分广泛，向北及突厥领地，向西及张掖，南至广州，东抵扬州，足迹遍及中国，沿途观风巡俗，游山玩水，既完成了公干，又进行了旅游。

唐代以降，科举制盛行，文官多为进士出身。在宦游生涯中，文官且宦且游，留下了许多旅游足迹和旅游文学作品。进士陈子

① 《隋书·裴矩传》。

昂，曾任右拾遗。在仕途生活中，游历了很多地方，曾从四川出巫峡，沿江东下，过湖北荆门时，有感而吟，成《度荆门望楚》一诗：“遥遥去巫峡，望望下章台。巴国山川尽，荆门烟雾开。城分苍野外，树断白云隈。今日狂歌客，谁知入楚来。”武则天万岁通天元年，随武攸宜征契丹，“因登蓟北楼，感昔乐生、燕昭之事，赋诗数首，乃泫然流涕而歌”，写下了千古绝唱《登幽州台歌》：“前不见古人，后不见来者。念天地之悠悠，独怆然而涕下。”中宗景龙初进士及第的张九龄，玄宗时官至同中书门下平章事、中书令。为官同时，游览山水，怡悦性情。曾游庐山，作诗记游。著名诗人王维，开元九年进士，宦游生涯比较曲折。初任大乐丞，后贬济州司仓参军，复擢为右拾遗，转监察御史，曾奉使至边塞，在凉州河西节度使幕兼判官。安史之乱后在长安任伪职。乱平，降职。官终尚书右丞。晚年信奉佛理，在终南山和辋川别墅过着半隐生活。在宦海沉浮中，他始终不忘对自然之美的追求，不断地游览山川景物，并用自然洗练的语言，创造鲜明的诗意境界，把山水风景描写得意境悠远。《山居秋暝》就是他对秋山旅游后的吟咏之作，把新雨后的晚间秋景、山水风物描写得似画又胜似画，生动有趣。他的《终南山》则描写了游览秦岭后的印象和感受：“太乙近天都，连山到海隅。白云回望合，青霭入看无。分野中峰变，阴晴众壑殊。欲投人处宿，隔水问樵夫。”他在南京旅游时，游玩了秦淮河的支流青溪，赋《青溪》诗一首：“言入黄花川，每逐青溪水。随山将万转，趣途无百里。声喧乱石中，色静深松里。漾漾泛菱荇，澄澄映葭苇。我心素已闲，清川淡如此。请留盘石上，垂钓将已矣。”晚年居关中蓝田县的辋川别墅，漫游四周景物写成《辋川集》，共有 20 首旅游诗。原集有序文道：“余别业在辋川山谷，其游止有孟城坳、华子冈、文杏馆、斤竹岭、鹿柴、木兰柴、茱萸沜、宫槐陌、临湖亭、南垞、欹湖、柳浪、栾家濑、金屑泉、白石滩、北垞、竹里馆、辛夷坞、漆园、椒园等，与裴迪闲暇，各赋绝句云尔。”戴叔伦是贞元进士，曾任抚州刺史、容管经略使，游兰溪时，写下了“凉月如眉挂柳湾，越中山色镜中看”的优美诗句。此外，那些非进士出身的文官，受时代的影响，仍然具有极高的文化素养，如唐代文官段成式，是靠荫袭步入仕途的。曾任秘书省校书郎，官至太常少卿。家中藏书甚多，人又博闻强记，著有《酉阳杂俎》等书。他是一位且宦且游的旅游爱好者。据《唐语林》卷2载：

> 段郎中成式，博学文章，著书甚多。守庐陵，尝游山寺，读一碑，二字不过，曰："此碑无用于世矣。成式读之不过，更何用乎?"客有以此二字遍问人，果无知者。连典江南数郡，皆有名山：九江匡庐、缙云烂柯、庐陵麻姑。前进士许棠寄诗云："十年三领郡，领郡管仙山。"庐陵时，为人妄诉，逾年方辨，乃退居于襄阳。温博士庭筠亦谪随县尉，节度使徐太师留在幕府，与成式尤相善。尝送墨一挺与庭筠，往复致谢，搜故事凡几函。

段成式的宦游生涯也是十分典型的。既有为官之迹，又有游山之趣，复有与友人之交游。诚为文官宦游之基本范式。宦游生活比较典型的还有沈既济，他在《任氏传》中讲述道："建中二年，既济自左拾遗于金吾将军裴冀、京兆少尹孙成、户部郎中崔需、右拾遗陆淳，皆适居东南，自秦徂吴，水陆同道。时前拾遗朱放，因旅游而随焉。浮颍涉淮，方舟沿流，昼宴夜话，各征其异说。"① 边游边谈天说地，各讲异闻。

宋代的文官宦游不逊于前代。宋进士梅尧臣曾于宋仁宗康定元年知襄城县，前往邻县游鲁山（一名露山），成《鲁山山行》诗以记游："适与野情惬，千山高复低。好峰随处改，幽径独行迷。霜落熊升树，林空鹿饮溪。人家在何许？云外一声鸡。"苏舜钦《淮中晚泊犊头》："春阴垂野草青青，时有幽花一树明。晚泊孤舟古祠下，满川风雨看潮生。"欧阳修《丰乐亭记》："修既治滁之明年，夏，始饮滁水而甘，问诸滁人，得于州南百步之近。其上丰山

---

① 沈既济：《任氏传》，载《搜神记·唐宋传奇集》，上海古籍出版社1998年版，第222页。

耸然而特立，下则幽谷窈然而深藏，中有清泉滃然而仰出。俯仰左右，顾而乐之。于是疏泉凿石，辟地以为亭，而与滁人往游其间。”并成《丰乐亭游春》一诗：“红树青山日欲斜，长郊草色绿无涯。游人不管春将老，来往亭前踏落花。”晚年退居安徽颍州（今阜阳县），游颍州西湖，成《采桑子》词十首，其一云：“群芳过后西湖好，狼藉残红，飞絮濛濛，垂柳栏杆尽日风。笙歌散尽游人去，始觉春空。垂下帘栊，双燕归来细雨中。”张先以秘书丞知吴江县，后辟为永兴军通判，以尚书都官郎中致仕。晚年来往于杭州、吴兴间，过着优游的生活。张先 86 岁时在故乡吴兴度寒食节时写《木兰花》一词：“龙头舴艋吴儿竞，笋柱秋千游女并。芳洲拾翠暮忘归，秀野踏青来不定。　　行云去后遥山暝，已放笙歌池苑静。中庭月色正清明，无数杨花过无影。”南宋朱熹称自己在与后任完成交接手续后，“即日出城，游山玩水”①。

元代文官吴澂历任江西儒学副提举、翰林学士等职，后辞官归山讲学。他曾于宦游中遍历山川，并在《送何太虚北游序》中强调了游的重要意义。元代名士麻革一生爱游，“饱经穷极幽深”，后听友人说浑源景美，“独恨未尝一游焉”②，最终登临了此山。元代文士虞集在《小孤山新修一柱峰亭记》中，表达了旅游怡情的观念：“明日登小孤山，观其雄特险壮，浩然兴怀，想夫豪杰旷逸名胜之士，与凡积幽愤而怀感慨者，登兹山也，未有不廓然乐其高明远大而无所留滞者矣。”

二、失意文官的边疆旅游

中国古代的边疆地区，历来是经济不发达、文化欠繁荣的地区，少有游人，而一些不得志的文人，为了求得功名，前往边疆地区从军或出使；同时，大量优秀的文官仅因政见不合等原因，被贬斥到这些地区，他们把先进文化和文明带到那里，既游览当地的山水风物，吟诗赋词，挥毫泼墨，把旅游主体的审美眼光投注到旅游

① 朱熹：《晦庵集》卷 26《与陈师中书》。

② 麻革：《游龙山记》。

客体身上，把诗词楹联镌刻在山石之上，使自然山水受到“人化”，成为审美对象；同时，又为当地留下了很多文化遗迹和人文景观，把中国古代旅游范围的边线扩展至当时的版图疆界。在边疆和僻壤从事旅游的文官，主要是不甚得志的边塞诗人和被贬失意的谪宦，因为独特的人生遭遇，他们游他人所未游，在古代旅游史上写下了重要的华章。边塞诗人投身军旅或出使边塞，足历北疆；谪宦则多被贬南部边穷地区。他们的旅游活动，使古代旅游范围在空间上向纵深发展。不得志的文人，常铤而走险，到北部边疆从军和出使，以求博得功名。正如高适在《送蹇秀才赴临洮》说的那样：“怅望日千里，如何今二毛，犹思阳谷去，莫厌陇山高，倚马见雄笔，随身唯宝刀。料君终自至，勋业在临洮。”高适早岁家贫，客游梁宋间，落拓失意后举有道科，授封丘尉。后曾参加河西节度使幕府，游览了西北边塞的雄旷风光。他常“残更登陇首，远别指临洮”。他还奉使出游蓟北。作为一位著名的边塞诗人，王之涣“歌从军，吟出塞……传乎乐章，布在人口”①。他的《凉州词》描写了西北边塞风光。岑参北游河朔，曾两度从军，充安西节度使掌书记及安西北庭节度判官。他对北疆“北风卷地白草折，胡天八月即飞雪”，“瀚海阑干百丈冰，愁云惨淡万里凝”和“平沙莽莽黄入天”、“火云满山凝未开”的独特景色作了生动的描述。

谪宦则多被贬于南方的边远地区和少数民族地区，如柳宗元之被贬永州和柳州、韩愈之被放阳山和潮州、苏轼之被谪惠州和儋州等，均对当地的山川秀色作了游览和描述。柳宗元是唐代著名的谪宦，“永贞革新”失败后，被贬为永州（今湖南零陵）司马。唐时，这里是边穷地区。柳宗元在这里旅游山水，保持着对自然的贴近。他曾游览了愚溪，对愚溪及其附近的愚丘、愚泉、愚沟、愚池、愚堂、愚亭、愚岛八处景物均一一作了观赏，并作《八愚诗》，刻于溪石之上。他还写了一篇《愚溪诗序》，描绘了此地的特异景色：“嘉木异石错置，皆山水之奇者”，“峻急多坻石”，“幽邃浅峡”，并用旅游者的主观意识审视这些景物，把作者因贬谪后

---

① 靳能：《王之涣墓志铭》。

所产生的悲观低沉的情绪投射在这些景物身上，使愚溪也似乎成了“无以利世，而适类于余”的对象了。最后，柳宗元从悲观中超脱出来，产生了摆脱尘世的烦恼、回归自然的念头，于是愚溪也随之具有了拟人化的品性，而与作者浑然一体，同归自然：“溪虽莫利于世，而善鉴万类，清莹秀澈，锵鸣金石，能使愚者喜笑眷慕，乐而不能去也。余虽不合于俗，亦颇以文墨自慰，漱涤万物，牢笼百态，而无所避之。以愚辞歌愚溪，则茫茫然而不违，昏然而同归，超鸿蒙，混希夷，寂寥莫我知也。”从逆境中挣脱出来，是谪宦在旅游时产生的另一种情绪。宋代苏轼被贬广东惠州时，通过旅游来调节自己的心情。他曾于绍圣元年十月十二日与幼子苏过一起游增城的白水山及山上的佛迹院，并洗了温泉澡。“循山而东，少北有悬水百仞。山八九折，折处辄为潭，深者缒石五丈不得其所止。雪溅雷怒，可喜可畏。”①

谪宦的旅游，导致旅游客体或景观的扩充和增多。苏轼被贬海南后，生活环境更加恶劣，但他仍然尽游玩之适，曾游澄迈通潮阁。据《清一统志·琼州府·古迹》载：“通潮阁在澄迈县治西。宋苏轼尝憩其上，有诗。”谪宦的旅游遗踪，又成了后世的旅游景观。

隋唐五代宋元时期除了文官宦游外，还有下层社会的商人远游、市民郊游和僧道云游等。

第二节　商品促进下的市民都市旅游

隋唐五代宋元时期，是中国商业都市发展的重要时期。隋唐时期的长安，是国际大都市。晚唐迄宋，又处在“唐宋变革”时期，出现了里坊制崩溃、临街而市和市场繁荣、商品经济发展的格局，城市的宵禁逐渐解除，充满着喧嚣嘈杂、热闹拥挤的生活情调。无数外地商人和农民来到城市交换商品并顺便游览都市风貌，更有大量农民涌入城市成为摆摊和开店的“坐贾”，变成市民。面对日益

① 苏轼：《游白水书付过》。

喧嚣嘈杂的生活，市民们又产生了远离尘嚣，到郊外踏青、游湖的旅游冲动，于是都市旅游在“进”与“出”之间形成张力，并得以全面展开。

外地商人入城观览城市风景和民俗，以及本城市民到郊外旅游，是中国古代都市旅游的两个既有区别又相互交错的方面，构成都市旅游的全貌。外地人涌入城市，促成都市旅游的繁荣。宋代葛立方在《韵语秋阳》卷 13 载：“俗言：‘腰缠十万贯，骑鹤上扬州。’言扬州天下之乐国。”这是外地人携巨款到扬州去消费、潇洒和进行都市旅游的表现，并且已成为当时旅游的时尚。

本城市民暂离喧嚣和工作的旅游，一般到本城郊外进行休闲活动，或在城内特定的节日纵游放松，形成以近游为主的特征，其内容包括踏青、游湖和节庆娱乐活动等。王禹偁在《李氏园亭记》中赞赏近游“游赏兼息，近而不劳”。隋唐五代宋元的首都，其附近各有一个旅游胜地供市民游览，如唐朝长安的曲江池、北宋汴京的金明池、南宋临安的西湖，都是市民争往旅游的风景名胜。《醒世恒言》卷 14 专门就都城风景与市民旅游作过一番议论：

> 从来天子建都之处，人杰地灵，自然名山胜水，凑着赏心乐事。如唐朝便有个曲江池，宋朝便有个金明池，都有四时美景，倾城士女王孙，佳人才子，往来游玩。天子也不时驾临，与民同乐。

隋、唐时期的首都长安，其市民在休暇或节庆之时，会从事近游和郊游活动。隋代刘彧上奏称“窃见京邑……每以正月望夜，充街塞陌，聚戏朋游”，“内外共观，曾不相避”，① 反映了当时长安和洛阳市民游乐的盛况。

唐都长安市民的都市旅游，一般是郊游，且常在春天进行。《唐诗纪事》卷 13 载，贾曾陪皇帝郊游，作《奉和春日出苑瞩目应令》诗，其中有“彤闱晓辟问安回，金辂游春博望开”两句。

---

① 《隋书·刘彧传》。

"游春"即踏青旅游，专在春天出城赏景。《开元天宝遗事》谓："长安春时，盛于游赏。"① 在长安的郊游中，曲江池的旅游最为繁兴。曲江池原是长安城东南的一条小运河的一段，经玄宗修浚开凿后，成为风景旅游区，烟水明媚，花木茂盛，南有紫云楼、芙蓉苑，西有杏园、慈恩寺，附近还有一个名为乐游园的小山。曲江池成为市民旅游的胜地。杜甫《丽人行》谓"三月三日天气新，长安水边多丽人"，李商隐曾"驱车登古原"。李濬还记载了一起发生在曲江池的旅游趣事：

> 曲江池本秦时岂洲，唐开元中，疏凿为胜境。南即紫云楼、芙蓉苑，西即杏园、慈恩寺，花卉环周，烟水明媚。都人游赏，盛于中和上巳节。即锡宴臣僚，会于山亭，赐太常教坊乐，池备彩舟，唯宰相、三使、北省官、翰林学士登焉。倾动皇州，以为盛观。
>
> 裴休廉察宣城，未离京，值曲江池荷花盛发，同省阁名士游赏。自慈恩寺，各屏左右，随以小仆。步至紫云楼，见数人坐于水滨，裴与朝士憩其旁。中有黄衣半酣，轩昂自若，指诸人笑语轻脱。裴意稍不平，揖而问之："吾贤所任何官？"率尔对曰："喏！郎不敢，新授宣州广德令。"反问裴曰："押衙所任何职？"裴效之曰："喏！郎不敢，新授宣州观察使。"于是狼狈而走，同座亦皆奔散，朝士抚掌大笑。不数日，布于京华，后于铨司访之，云："有广德令请换罗江令矣。"②

这是两位即将前往宣城赴任的官员——宣州观察使和他的未来属员广德县令，他们在美丽的曲江不期而会，可惜由于下属的无礼，使相会变得不甚愉快，下属自己也十分尴尬。

除了东南外的曲江外，唐代长安的东郊旅游也十分兴盛。长安

---

① 王仁裕：《开元天宝遗事》下，中华书局2006年版。

② 李濬：《松窗杂录》，"补遗"，载《唐五代宋笔记十五种》，辽宁教育出版社2000年版，第7页。

郊游风景区主要是长安京兆府所属的万年县乡里所在地，以及昭应、蓝川等县部分地界，大致范围是东至临潼骊山温泉和华清宫一带；西至唐长安外郭城的通化门、春明门、延兴门一线的东面城墙；南至浐河；北至皇家禁苑。东郊的风景名胜包括山川、宫阙、寺观和私家别业，有后世文人所称诩的“骊山晚照”、“灞柳风雪”和“八水绕长安”中的浐河、灞河等。① 在东郊，除了皇帝的离宫禁苑外，还分布着很多皇家贵族和高官的私家园林别业，不仅建筑规模宏大，而且布局合理，结构别致，环境清幽，景色宜人，是长安上层市民的度假和旅游胜地。唐高宗女儿太平公主的别业南庄，是士大夫们十分向往的旅游景点。沈佺期曾往一游，赋诗称赞道：“主第山门起灞川，宸游风景入初年。凤凰楼下交天仗，乌鹊桥头敞御宴。往往花间逢彩石，时时竹里见红泉。”② 李乂在其《奉和初春幸太平公主南庄应制》诗中对在这里的旅游生活也有描述：“平阳馆外有仙家，沁水园中好物华。地出东郊回日御，城临南斗度云车。”韩愈也来游玩过，在《游太平公主山庄》中颇有赞叹：“公主当年欲占春，故将台榭压城闉。欲知前面花多少，直到南山不属人。”太平公主山庄从东郊灞川一直到终南山麓，可见占地面积很广，台榭宫观竟有与城阙争辉之势。除了皇族别业外，东郊还有官僚所建的私人别业，如韦嗣立的“骊山别业”（也称“逍遥谷”）。据史载，他“尝于骊山构营别业，中宗亲往幸焉”，并封韦嗣立为逍遥公，“名其所居为清虚原、幽栖谷”。③ 张说、张礼都曾来游访。李公别业也十分迷人。楼颖在《东郊纳凉忆左威卫李录事收昆季太原崔参军三首》中介绍道：“仆三伏于通化门东北数里避暑之地，地即故倅天官顾公之旧林，今贰宰君李公之别业。右抵禁御，斜界沁园，空水相辉，步虹桥而下视；竹木交映。”园林中的池沼可以泛舟游览。唐卿山亭也是私人别业，宋之

① 此段参见张毅，陈正奇：《唐都长安东郊的旅游风景区》，《西安文理学院学报》2009 年第 1 期。

② 沈佺期：《陪幸太平公主南庄诗》，载《全唐诗》卷 96。

③ 《旧唐书·韦思谦传附韦嗣立传》。

问曾陪武驸马来此游宴："骏马香车，出东城而临甲第。林园洞启，亭壑幽深，落霞归而叠嶂明。"①

长安东郊灞桥一带，风景绝佳，每至初春，两岸柳絮纷飞，成为长安人送别的最好地点。夏天降临，东郊又成为市民避暑纳凉的上乘去处。楼颖的《东郊纳凉忆左威卫李录事收昆季太原崔参军三首》谓："纳凉每选地，近得青门东。林与缭垣接，池将沁水通。枝交帝女树，桥映美人虹。想是忘机者，悠悠在兴中。"秋天这里也是人们寻景之处。白居易在《城东闲游》中称："宠辱忧欢不到情，任他朝市自营营。独寻秋景城东去，白鹿原头信马行。"灞桥为东出长安的必经门户，官方设有驿站，官员、市民、商人往来不绝，带动了民间旅馆、酒楼等商业服务的发展，形成了丝竹、歌舞纷呈的热闹景象。杜颜在《灞桥赋》中对此有生动的描述。《开元天宝遗事》卷下亦载："长安自昭应县至都门，官道左右村店之民，当大路市酒，量钱数多少饮之。亦有施者为行人解之，故路人号为歇马杯。"

唐代其他城市的旅游，虽不如长安发达，但并未间断。白居易在《和三月三十日四十韵》诗中，反映他在苏州郊游时的情景："仙亭日登眺，虎丘时游预。"

五代北宋时，政治中心东移，首都建于开封，号称汴京，城市功能已从单纯的政治型变为政治、文化、工商综合型。如果说唐以前的市民多是政府官员及其家属的话，那么两宋时期的市民增加了大量的工商服务业者。《清明上河图》和《东京梦华录》及《梦粱录》反映了宋代城市的繁荣和发达，也就从那个时候开始，我国以经商为主的市民的旅游，便如火如荼地开展起来。北宋的金明池成为市民旅游的风景名胜。明代小说《警世通言》卷30《金明池吴清逢爱爱》以北宋汴京金明池为创作背景，描绘了市民的旅游盛况。小说称，开封府员外吴子虚有一位风流博浪之子吴清，与宋朝皇室赵八节使的两个儿子相好，一日赵家二位公子前来拜访吴清，对吴清说："即今清明时候，金明池上，士女喧阗，游人如

---

① 宋之问《奉陪武驸马宴唐卿山亭序》，载《全唐文》卷241。

蚁。欲同足下一游，尊意如何？”吴清自然愿往。于是有了下面的场景发生：

> 小员外（吴清）便教童儿，挑了酒樽食罍，备三匹马，与两个同去。迤逦早到金明池。陶谷学士有首诗道：“万座笙歌醉后醒，绕池罗幕翠烟生。云藏宫殿九重碧，日照乾坤五色明。波面画桥天上落，岸边游客鉴中行。驾来将幸龙舟宴，花外风传万岁声。”三人绕池游玩，但见：桃红似锦，柳绿如烟。花间粉蝶双双，枝上黄鹂两两。踏青士女纷纷至，赏玩游人队队来。三人就空处，饮了回酒。吴小员外道：“今日天气甚佳，只可惜少个侑酒的人儿。”二赵道：“酒已足矣，不如闲步消遣，观看士女游人，强似呆坐。”三人挽手同行。

这是一幅热闹、鲜艳的都市旅游风俗画。

南宋偏安临安，使杭州迅速发展成为繁华之区，市民旅游重心在西湖。吴自牧《梦粱录》卷2《清明节》：“官员士庶，俱出郊省坟，以尽思时之敬。车马往来繁盛，填塞都门。宴于郊者，则就名园芳圃，奇花异木之处；宴于湖者，则彩舟画舫，款款撑驾，随处行乐。此日又有龙舟可观，都人不论贫富，倾城而出，笙歌鼎沸，鼓吹喧天，虽东京金明池未必如此之佳。殢酒贪欢，不觉日晚。红霞映水，月挂柳梢，歌韵清圆，乐声嘹亮，此时尚犹未绝。男跨雕鞍，女乘花轿，次第入城。又使童仆挑着木鱼、龙船、花篮、闹竿等物归家，以馈亲朋邻里。杭城风俗，侈靡相尚，大抵如此。”

除了首都外，两宋时其他都市的旅游也十分繁盛。如北宋的重镇洛阳，以种植牡丹闻名于世，故有游览和观赏花卉的传统。欧阳修在《洛阳牡丹记·风俗记》中载：“洛阳之俗，大抵好花。春时，城中无贵贱皆插花，虽负担者亦然。花开时，士庶竞为游遨。”“负担者”显然是指小商小贩，正是洛阳的普通市民。洛阳的造园和游园之风也很兴盛。李格非在《洛阳名园记·湖园》中描写道：“洛人云，园圃之胜不能相兼者六：务宏大者，少幽邃；人力胜者，少苍古；多水泉者，艰眺望。兼此六者，惟湖园而已。予尝游之，信然。在唐为裴晋公宅园。园中有湖，湖中有堂，曰百花洲，名盖旧，堂盖新也。湖北之大堂曰四并堂，名盖不足，胜盖有余也。其四达而当东西之蹊者，桂堂也。截然出湖之右者，迎晖亭也。过横池，披林莽，循曲径而后得者，梅台、知止庵也。自竹径望之超然，登之修然者，环翠亭也。渺渺重邃，犹擅花卉之盛，而前据池亭之胜者，翠樾轩也。其大略如此。若夫百花酣而白昼眩，青苹动而林阴合，水静而跳鱼鸣，木落而群峰出，虽四时不同，而景物皆好，则又其不可殚记者也。"苏辙对洛阳的都市旅游作过一番介绍："洛阳古帝都，其人习于汉唐衣冠之遗俗，居家治园池，筑台榭，植草木，以为岁时游观之好。其山川风气，清明盛丽，居之可乐。平川广衍，东西数百里，嵩高、少室、天坛、王屋，冈峦靡迤，四顾可挹；伊、洛、瀍、涧，流出平地，故其山林之胜，泉流之洁，虽其闾阎之人与公侯共之。一亩之宫，上瞩青山，下听流水，奇花修竹，布列左右，而其贵家巨室，园囿亭观之盛，实甲天下……"① 北宋诗人韩维在西京洛阳曾受到晏殊的宴请和招待，留宿西京留守府，在游览东池后写诗一首《宿西京府署晚游东池》："牢落悲春事，萧条作晚游。清光溢平沼，凉思近高楼。碧树森将合，朱栏渺若浮。公来慰羁寓，华月许移舟。"② 当时著名的学者邵雍在观赏了洛阳的牡丹花市后，写下了《看花四绝句》："洛阳相望尽名园，墙外花胜墙里看。手摘青梅供按酒，何须一一具杯盘?""洛阳相识尽名流，骑马游胜下马游。乘兴东西无不到，但逢青眼即淹留。""洛阳春日最繁华，红绿阴中千万家。谁道群花如锦绣，人将锦绣学群花。""南园桃李近方栽，浇水未干花已开。山果野蔬随分有，交游不厌但频来。"③ 又在与当时著名历史学家司马光一起赏花后，写下了《和君实端明洛阳看花》诗："洛阳最得中

① 苏辙：《栾城集》卷 24，《洛阳李氏园池诗记》，景印文渊阁四库全书本。

② 韩维：《南阳集》卷 8，《律诗》，景印文渊阁四库全书本。

③ 邵雍：《击壤集》卷 13，《看花四绝句》。

和气，一草一木皆入看。饮水也须无限乐，况能时复举杯盘。”“洛阳花木夸天下，吾辈游胜庶士游。重念东君分付意，忍于佳处不迟留。”“洛阳交友皆奇杰，递赏名园只似家。却笑孟郊穷不惯，一日看尽长安花。”“南园一色栽桃李，春到且图花早开。多谢主人情意厚，天津客不等闲来。”

元代的都市旅游，表现在大都、扬州、杭州、泉州等城市旅游的盛行上。《马可·波罗游记》有生动的记录，如该书记录了元人游杭州西湖时的情景：“湖中还有大量的供游览的游船或画舫，这些船长约十五至二十步，可坐十人、十五人或二十人。船底宽阔平坦，所以航行时不至于左右摇晃。所有喜欢泛舟行乐的人，或是携带自己的家眷，或是呼朋唤友，雇一条画舫，荡漾水面。画舫中，舒适的桌椅和宴会所必需的各种东西一应俱全。……船身两侧都有圆形窗户，可随意开关，使游客坐在桌前，便能饱览全湖的风光。这样在水上的乐趣，的确胜过陆地上的任何游乐。”① 由此可以想见其他城市的旅游情况。

第三节 教徒、商人和使者的远行与国际旅游

隋唐时期，由于国家统一、交通方便，人们可以经由陆上丝绸之路通向西域和世界，而外国旅行家则可以逆向进入中国。元代，整个欧亚大陆被统一，通向欧洲的北方草原之路畅行无阻，方便了罗马教廷的使者和教徒以及商人来到东方。五代和两宋时期，陆上丝绸之路被阻断，又促使了海上丝绸之路的开通和发展。隋唐五代宋元时期，是僧人、天主教士、商人和使者开展国际旅游的时代，也是进行航海旅游的时代，在中国旅游史上有着重要的地位。

一、僧人求法传经与海陆国际旅游

隋唐五代宋元时期，首先值得介绍的是佛教徒的国际旅游和航

---

① 马可·波罗著，梁生智译：《马可·波罗游记》，中国文史出版社1998年版，第205~206页。

海旅游。文官宦游无论怎样繁兴，也都只是在中原和边疆旅游，而跨国和航海的旅游，则由佛教徒和商人来实现。这是因为这些人处于非主流的地位，故能成就主流社会成员所不能完成的历史使命。有人统计，从陆路前往西天取经的僧人，公元3—4世纪有7人，5世纪有61人，6世纪有14人，7世纪有56人，8世纪有32人。从公元3至8世纪，共有170人不顾安危，远涉险阻到西天求经，然而平安返回的只有43人，大多数人长眠于沙漠和雪山。在他们之中，最有代表性的是玄奘的长安—西域—印度—西域—长安的陆路国际大旅游。此外，还有高僧从海路到国外传播佛学，如鉴真东渡日本的航海国际旅游，这些旅游事迹均名垂史册。僧人的云游活动在此时期真可谓大放光彩。

玄奘（602—664年），俗姓陈，名祎，号三藏法师，出生于河南洛阳洛州缑氏县（今偃师市南）。11岁（一说13岁）在洛阳净土寺出家为僧。时值隋末战乱，他避难来到长安，为拜师学佛，又经汉川抵达成都。数年后，又出川东游至荆州，折而北上至相州、赵州，再返回长安。他在国内东西南北各处奔波，翻山越岭，具有不畏艰险的求真精神，为他日后前往西天取经打下了基础。

唐太宗时期，玄奘有感于国内佛学各派众说纷纭，为了到印度取回真经，踏上了艰难而危险的征程。这次旅行可谓一波三折。当时突厥控制了北方草原和丝绸之路的大部分地段，新兴的唐王朝禁止国民私自出国旅行。玄奘向太宗表请西行，未获批准。然而，玄奘还是于贞观元年（一说三年）“冒越宪章，私往天竺”，从长安出发，经过兰州到达凉州，凉州都督李大亮强令玄奘返回长安。但当地慧威法师却令徒弟慧琳、道整二人秘送玄奘出境。他们昼伏夜行，来到瓜州，而捉拿玄奘的公文正好递达，但州吏李昌赞同玄奘的求法宏愿，私放玄奘赶快前行。玄奘所乘马匹倒毙，便买了一匹老瘦赤马，在新收徒弟石盘陀陪同下继续前进，而慧琳、道整二人不愿远行，已折回凉州。

玄奘二人乘夜偷渡玉门关，被哨兵发现，差点被箭射中。校尉王详劝玄奘到敦煌修行，但玄奘表示宁可受刑，也不愿在此停留。王详只得放行。然而，徒弟石盘陀却持刀威胁玄奘放他回去，玄奘只得孤身一人冒险前进。经过“上无飞鸟，下无走兽，复无水草”的长达八百里的莫贺延碛（也叫沙河）时，迷了路，牵马饮水时，行李也全掉入水中，在短暂的动摇后，他不改初衷，继续西进。途中，白天黄沙弥漫，晚上骨骸的磷火闪烁，令人毛骨悚然。玄奘曾经五天四夜滴水未进，干渴难忍，幸亏马发现了水草，才走出流沙，到达伊吾（今哈密），随后来到高昌，受到国王麹文泰的热情接待。高昌王用扣留的方式想留他在当地传教，但玄奘用绝食的方式加以拒绝。国王深为感动，不仅放他西行，还给他配备了 4 个徒弟，30 匹马和 25 个仆役，并写了 24 封公文给途中的官员要求关照。

玄奘一行西行至屈支国（即龟兹，今库车县之轮台），遇大雪封路，逗留两月。然后翻越葱岭北边的冰山，山上积雪终年不化，玄奘等人晚上就卧冰休息。经过 7 天跋涉才下了山。三至四成的同伴死在途中，牛马死得更多。他们继续西行，经赤建国（今塔什干）至飒秣建国（也叫康国，今撒马尔罕城东）。这里的居民不信佛教，想用火烧玄奘的徒弟，幸好国王及时制止，使玄奘等人顺利通过。在缚喝国（今阿富汗北境巴尔赫），玄奘一行留住一月有余，学习佛经。随后，玄奘等人从东南翻越六百里的大雪山，进入梵衍那国（今阿富汗巴米扬），翻越黑岭，进入北天竺境内。

在西行过程中，玄奘等人屡遇强盗，财物尽遭劫掠，同行者绝望悲号，他却劝慰和鼓励众人继续前进。沿恒河前进时，遇一伙强盗，认为玄奘适于祭祀突伽天神，便将他绑上祭坛，正在这时，狂风突起，吹折树干，强盗惧而释之。玄奘一行迤逦南行，瞻拜圣迹，来到摩揭陀国（今印度比哈尔邦巴特那和伽耶地区），进入著名的那烂陀寺，在百岁高僧戒贤门下受学五年，钻研佛经。然后遍游五天竺各地，向东最远到达了迦摩缕波，向南最远到达达罗荼，向西最远到达了阿点婆翅罗。每至一地，玄奘都访谒名僧，寻求梵本，并与当地学者论辩，声震天竺。当时称霸五天竺的戒日王听说后，特来拜访，并于曲女城（今印度恒河西岸之勒克）举办大法会，五天竺的 18 位国王均来参加，大小乘教的高僧及婆罗门等 7 000余人亦来出席。玄奘受请为法会的论主，宣扬大乘佛学思想，结果18日都无人敢来发难。会后，玄奘决意东归，戒日王见留不住，便再邀18位国王于首都钵罗那迦城，举行75日的无遮（布施）大会，隆重地为玄奘饯行。贞观十九年（645年）玄奘向戒日王等人辞行，经由天山南路的于阗、楼兰回到长安，受到了大唐王朝官民的狂热崇拜，"道俗奔迎，倾都罢市"，李世民敕命宰相房玄龄率文武百官出面欢迎。

玄奘西行全程五万余里，在印度游学17年。所撰《大唐西域记》，记载了今印度、阿富汗、巴基斯坦、尼泊尔、孟加拉国以及中亚等138国的政治、经济、文化和风土人情，其中110国是玄奘亲历的，28国是他听闻的。这部游记对于中亚、南亚和西亚的历史和地理的研究，有重大的、无可取代的价值。

除了玄奘陆上西行跨国旅游外，唐代的高僧还多次从海上出国旅行，在中国国际旅游和航海旅游史上写下了壮丽篇章。义净、鉴真和尚就是其中之二。

义净（635—713年），俗姓张，字文明，祖籍范阳（今河北涿县，一说为齐州人，即今山东济南）。7岁时，父母将他送入齐州西南土窟寺学习，14岁出家，从慧智禅师受具足戒。后前往东都洛阳学习佛法，发现这里教派众多，观点歧异，便西行至长安学习，但仍然有许多疑惑未解，于是决定前往天竺取经求法。由于陆上丝绸之路因西域动乱而受阻，且吐蕃道更加艰险，因此打算从海路前进。当时广州是海上丝绸之路的起点之一，南亚、西亚各国前来贸易的海船云集于此。唐高宗咸亨元年（670年），义净在长安与同道处一、弘祎相约东下广州，但处一因母年事已高作罢，弘祎至江宁而中止。义净途经丹阳时，玄逵加入同行。咸亨二年秋天，义净在扬州遇见将赴龚州（今广西平南县）上任的州官冯孝诠，后者邀其同至广州，并给予资助，还与波斯船主商定，同意义净等人搭船前往天竺。广州港停泊着婆罗门、波斯、狮子国、大食等国的海船，形体较大，船深约六七丈。在等船期间，义净返回齐州告别慧智，再回到广州。

这年的十一月，义净搭乘波斯商船泛海南行。同行者只有徒弟善行，其他人因故退缩。在海上航行20天后，他们到达室利佛逝

(今苏门答腊)，在此学习声明学（音韵学）半年。善行因病回国，义净只得孤身乘船前行，于咸亨三年五六月抵马来半岛南端的末罗瑜国，再经羯荼国，到达裸人国，向西北航行半月后抵达东天竺的耽摩梨底国，与已在那里多年的唐朝僧人大乘灯相遇，于是向他学习梵语一年。大乘灯原籍爱州（今越南清化），幼时随父母迁往杜和罗钵底国，出家后来到长安从玄奘受学，在乘船前往天竺，途经耽摩梨底国时遭劫掠，被迫滞留 12 年。耽摩梨底国离中天竺的那烂陀寺已不是很远了，但途中常有强盗袭扰。义净等来了一个机会，几百名商人前往中天竺，义净与他们结伴而行。然而义净途中不幸染病，"身体疲羸"、"孤步险隘"，落在队伍的后面，遭到强盗打劫，受尽凌辱，几乎丧命，但义净仍然坚持信念，赶上了商队，来到了心中的圣地那烂陀寺。义净以那烂陀寺为起点，北行至毗舍离国，再西北行至拘彝那竭，又西南行到波罗奈城东北的鹿苑鸡岭，然后重回那烂陀寺，向著名僧人宝师子和智月等学习佛教经典和各种学问，翻译佛经，了解佛教教规和社会习俗，前后共历 11 年。武周垂拱三年（687 年），义净踏上归途，再次经过室利佛逝时，停留两年多时间进行翻译和著述。其间他曾随商船回到广州寻找纸墨和书手，并于当年返回室利佛逝。天授二年（691 年），他先派大津将翻译的佛经和著述《南海寄归内法传》等送回国内。证圣元年（695 年），义净携弟子贞固和道宏，离开室利佛逝从海路回国。抵达洛阳时，受到盛大的欢迎，武则天不仅派使者前往迎接，而且亲自率文武百官到洛阳上东门外迎接，诏命义净住洛阳佛授寺。玄宗先天二年（713 年）正月，义净卒于长安大荐福寺翻经院，享年 79 岁。

另一位在海上从事国际旅游的僧人鉴真，俗姓淳于，扬州人，14 岁在大明寺出家，18 岁时由南山律宗创始人道岸律师授菩萨戒。曾云游长安、洛阳，27 岁时重回扬州，修寺塑像，宣讲律藏。40 余年间剃度僧人 4 万余人，被尊为授戒大师。当时日本佛教戒律不备，急于寻求授戒高僧。公元 733 年，日本僧人荣睿、普照随遣唐使入唐，访求十年后，于天宝元年（742 年）到达扬州，决定邀请鉴真去日本传授戒律。鉴真表示"是为法事也，何惜身命"，不顾弟子们劝阻，决意东渡。在10多年间，共有六次东渡，最后才获得成功。

鉴真的六次东渡过程历尽波折。第一次东渡是公元742年冬，鉴真与弟子21人在4名日本僧人的陪同下，在扬州附近的既济寺造船。因同行徒弟道航开玩笑惹恼了僧人如海，后者便诬告鉴真一行造船欲与海盗勾结，将攻扬州。地方官淮南采访使班景倩迅即拘留了所有僧众，并限令日本僧人即刻回国。第二次东渡是公元744年，鉴真与潜藏下来的荣睿、普照等100余人再次扬帆出发，船舶在长江口被风浪打翻，将船修好再次出海，不料又被大风刮至舟山荒岛，5日后获救，被送往明州余姚（今浙江宁波）阿育王寺休息，越、杭、湖、宣等州的寺院乘机邀请鉴真讲法，东渡事被迫搁置。第三次东渡，当鉴真结束巡回讲法后，在阿育王寺做准备时，越州僧人为挽留鉴真，向官府控告日本僧人潜藏中国“引诱”鉴真东渡，于是官府将荣睿械送杭州。荣睿途中佯装“病死”，逃了回来。第四次东渡，鉴真等人准备从福州买船出海，刚走到温州，便被截住，送回扬州，原来是鉴真留在大明寺的弟子灵佑担心师父安危，苦求扬州官府阻拦的。第五次东渡是公元748年，荣睿、普照再次来到大明寺促请鉴真东渡。鉴真便率僧人、工匠、水手等35人，从崇福寺出发，由长江入海，鉴真一行为等顺风，在舟山群岛停留数月。刚入东海，船便遭到北风狂袭，连续漂流16天才登上陆地，后来竟漂流至振州（今海南三亚），不得不入住当地大云寺。一年后，鉴真北返，经过万安州（今海南万宁）、崖州（今海口）、雷州、梧州到达始安郡（今桂林），在这里的开元寺住了一年，被迎往广州讲法，途径端州（今肇庆）时，荣睿在当地龙兴寺病故。在广州，鉴真意欲前往天竺，被劝阻。夏天来了，鉴真动身北上，经过韶州时，普照告辞，鉴真发誓“不至日本国，本愿不遂”。然而，由于水土不服和旅途疲劳，鉴真双目失明。越过大庾岭时，大弟子祥彦在吉州（今江西吉安）坐化，鉴真悲痛之余，继续北行，经过庐山、江州（今江西九江）、润州江宁县（今江苏南京），回到扬州。第五次东渡，由于鉴真游遍半个中国，声名大振，于是日本遣唐使藤原清河、吉备真备、晁衡等人于唐天宝十二年（753年）来到扬州，再次恳请鉴真一同东渡。当时唐玄宗本欲派道士前往日本传教，为日本所拒，于是禁止鉴真出海。鉴真秘密乘船来到苏州黄泗浦，转乘遣唐使大船，一行共24人。十一月船队扬帆出海，普照也从余姚赶来同行。是月下旬，鉴真所乘舟船与晁衡等人所乘舟楫失散，十二月初所剩两船中又有一艘触礁，直到公元754年1月17日（日本天平胜宝五年十二月二十日），鉴真所乘的船舶终于抵达日本萨摩国川边郡秋妻屋浦（今鹿儿岛县川边郡秋目浦）。一个多月后，鉴真等人在隆重的欢迎仪式中进入首都奈良。第六次东渡终于成功，这时，鉴真等人已经为东渡奋斗12年了。日本天皇任命鉴真为大僧都，日本人尊称他为“过海大师”，他成为日本律宗的始祖。

在玄奘、义净西天求法的同时，唐代还有不少僧人前往天竺取经。根据义净在归国途中逗留室利佛逝时写的《大唐西域求法高僧传》和《南海寄归内法传》等书来看，从太宗贞观十五年（641年）到武后天授二年（691年）的40余年间，共有玄照、道琳、木叉提婆和慧琰等57位僧人前往天竺游历和取经，这些僧人包括今属朝鲜的新罗、高丽，今属越南的交州、爱州等地的僧人。这些僧人中，有20余人是通过吐蕃道去的天竺，30余人是经广州航海前往。

宋代仍有中国僧人不顾险阻前往国外从事宗教传播和旅游，兰溪道隆就是其中之一。兰溪道隆（1213—1278年），俗姓冉，是四川人。13岁出家，曾拜无准、痴绝道冲和北涧居简等为师，后住宁波天童寺。南宋淳祐六年（1246年），兰溪道隆带领弟子义翁、龙江等东渡日本，传播佛教。前往大宰府，住福冈筑前圆觉寺，移住京都来迎院，后开创建长寺，为建长寺第一代住持。日本第八十八代后嵯峨帝，听说兰溪道隆的佛学深厚，便召入宫中，听其说法。兰溪道隆上殿后唱出一偈云：“红稀绿暗春将暮，欲问春归那一方；戏蝶尚贪残蕊蜜，狂蜂犹恋故园香。新池莲挺玉钱细，古岸柳飞金线长；莫谓兰溪不分付，谁家好子肯承当。”嵯峨帝以为善，敕住京都建仁寺，后移住建长寺。有人向幕府进谗，使兰溪道隆在日本遭受到不公正的待遇，受尽委屈。兰溪道隆被调往山梨甲斐，但他依然弘法不辍，受到日本僧人和俗众的欢迎，纷纷前来归依。道隆大师自明其志道：“我为弘法，逾海入国。得周旋皇，未遑诱导遐陬。今罹谗至此，天龙岂有意？”住三年后仍回建长寺。但谤议仍然不断，又被迫移往山梨甲州。事实真相大白后，请住寿福寺，仍归建长寺居住。公元1278年因病圆寂，终年66岁。日本天皇敕赐“大觉禅师”称号，为日本禅师尊号之始。门下弟子有苇航、桃溪、无及和约翁等。

此外，佛教信徒的旅游也具有坚忍不拔的精神。金朝潞州民女、佛教信徒崔法珍，断臂劝募，刻印大藏经《赵城金藏》(今《中华大藏经》的底本）近7000卷。据《赵城金藏》的跋文年序中知，金熙宗皇统九年（1149年)，为了劝募信众捐资刻经，崔法珍自断一条胳膊，从山西河津出发，过黄河，到秦地白水、昆沙镇、蒲城，后又返回晋南，历太平、解州、安邑、夏县、翼城、猗氏、荣河、万泉、临汾等地，后又南行至芮城、平陆，旁涉晋东南的潞州、长子等地。她像苦行僧那样在深沟大壑和荒村野岭中行走，无论严寒酷暑，风霜雨雪，都不懈地行走和劝募，终于感动了很多信众，他们纷纷施舍钱财、牲口和布帛，有的甚至倾其所有捐助。到金世宗大定十三年（1173年）劝募完成，共经历了24年。至皇统十八年（1178年)，在山西解州（今运城市解州镇）静林山天宁寺终于刻成了达6000多万字的《赵城金藏》。崔法珍将印本送到金中都（燕京)，受到了金世宗的接见，并在圣安寺设坛为她授比丘尼戒（即尼姑)，后被赐封为紫衣宏教大师。

正是这些“无父无君”的僧人，才有坚忍不拔的毅力和超越传统社会的冒险精神，在宗教意识的支配下，冒着风浪和海波，前往海外取经和传道，创造了中国旅游史上的辉煌篇章。

二、商人与使者的国际旅游

隋唐五代宋元时期，是中国政治、经济和文化的隆盛时期，特别是“唐宋变革”所带来的商品经济繁荣局面，导致商人旅行频繁和商务旅游发达。如著名的南京长干里便是以商人远游经商而出名的。李白在其《长干行》中以一位少女思念远游经商的丈夫的口吻说道："十六君远行，瞿塘滟滪堆。门前迟行迹，一一生绿苔。"反映商人出门之久及行程之远。白居易在《琵琶行》中记述了一位愁闷的少女，她的丈夫就常外出商游："商人重利轻别离，前月浮梁买茶去。"宋代商务旅游更趋频繁。《梦粱录》卷13称："今诸镇市，盖因南渡以来，杭为行都二百余年，户口蕃盛，商贾买卖者十倍于昔，往来辐辏，非他郡比也。"与内陆商务旅游相比，中国的国际商务旅游影响更大，商人们离乡远行，乘风破浪，远达波斯湾和东非海岸，将闻名世界的中国产品丝绸、茶叶和瓷器行销各地。与此同时，由于中国的国际影响，许多国家派使者来华，中国也相应地派出了使臣，使这一时期出使旅游也相应兴盛。在此背景下，陆海丝绸之路发挥着重要的作用。

隋唐初期，北方草原被强大的游牧政权突厥所控制，丝绸之路一度中断，但太宗李世民时代，唐朝击溃了突厥，恢复了丝绸之路的畅通，保证了中国和阿拉伯商人的来往和旅行。然而，自唐朝衰落和灭亡后，直到元朝的建立，丝绸之路中断达三个半世纪。蒙古汗国和元朝建立后，陆上丝绸之路重新打通，特别是草原丝绸之路，更是畅通无阻。

在陆上丝绸之路时断时续时，中原王朝为了生存和发展，转而向南开辟海上丝绸之路。隋炀帝重视开辟海上新航路，以广州为起点，沿安南（今越南）海岸航行，通过真腊海岸，到达马来半岛北部东岸。唐贞观年间，每年来广州的阿拉伯等国商船多达40艘。当时唐朝与南洋和波斯湾地区形成了6条定期航路，其中2条是由中国商船使用，另外4条分别为波斯商船、阿拉伯商船、锡兰婆罗门商船和遣唐使船专用。其中有一条航线自广州起程经过南海、印度洋和波斯湾达于非洲东海岸各国，途经90多个国家和地区，被称为"广州通海夷道"，为当时世界上最长的国际航路。唐代中后期，广州拥有能制造楼船、斗舰等船舶的规模巨大的造船业，外国人所著的《中国印度见闻录》称"只有庞大坚固的中国渔船，才能抵御波斯湾的惊涛骇浪，而畅行无阻"①，因此外国商人皆爱搭

---

① 穆根来等译：《中国印度见闻录》，中华书局1983年版。

乘中国商船。宋代，广州的造船业规模更大，所造海舶可载数百人，甚至还能在船上养猪和酿酒。中国的海船还安装了世界最先进的指南针作为导航仪器。元代，泉州是世界最大的港口之一，所造海船船体巨大，适合远洋航行。至正六年（1346年），摩洛哥人伊本·白图泰在泉州“看到港内停有大艟克约百艘，小船多得无数”，所有艟克都挂着3至10扇帆，载海员600人，战士400人，尾随柴水供应船3艘。这些艨艟巨舰多由刺桐港打造。马可·波罗在泉州见到了以下景象，“大汗又下令准备了十四艘船，每船有四桅杆，能扬九帆”，“其中至少有四五艘船可容纳船员二百五十或二百六十人”。政府还设立泉州等处市舶司，以管理海外贸易。广州建造了可远航爪哇（印尼）的大船500艘。大船可载上千人，共四层，卧室、客厅、货仓、厕所一应俱全，从广州航海可通向140余国，其中三条航路比较固定：一条通向爪哇北岸；一条通向地中海亚平宁半岛，一条通向非洲东岸。至元二十一年（1284年）以后，政府决定对海外贸易实行垄断，由政府提供船只和资金，招人经营外贸，所得利润政府分七成，承包人分三成，以此取代和禁止民间私自贸易，但无法做到对私人航海贸易的禁绝，故官方和民间的海外贸易和航海旅游都非常发达。

在从事远航和国际旅游的中国商人中，元代的汪大渊（1311—？年）是最著名的一位。但在他之前，中国人已经比较频繁地从事国际或航海旅游。天宝元年（751年）在唐朝与大食（阿拉伯）军队交战中被俘的杜环（杜佑之侄），在巴格达、摩洛哥等地游历了11年。对阿拉伯斋戒、禁酒、禁止音乐等风俗以及伊斯兰教的仪式作了考察，并看到过一些中国画匠、纺织和造纸工人在当地旅居和工作。杜环于宝应元年（762年）乘中国商船航海回到广州。宋代周去非在公元1178年撰著的《岭外代答》中描述过非洲东部沿海各国的情况，说明当时中国商人此前已到过那里。到汪大渊时，将这种国际旅游和航海旅游推向了高峰。汪大渊，字焕章，南昌人。其身份史无明载，但据学者们的研究和分析，汪大渊应该是一位具有一定文化程度的外贸商人。由于本钱并不多，因此他没有自己的商船，而是搭他人的商船将自己的商品远销海外，旅行资费是自己筹借的。这从他在《岛夷志略》的自序“少年尝附舶以浮于海”中可以看出来。汪大渊到海外旅行，前后共有两次。张翥在《岛夷志略》序中称汪大渊“冠年尝两附舶东西洋”。第一次是至顺元年（1330年），年仅20岁的汪大渊来到泉州，游览了这个世界级的大商港，发现港湾里停着来自南洋、阿拉伯各地的大小商船，看到有着各种肤色和讲着各种语言的外国商人、水手和使臣来来往往，摩肩接踵，见到中西奇货异物堆积如山，琳琅满目，深深触动了汪大渊的好奇心、发财梦，决心随船远航。于是他从泉州搭乘商船向大海深处进发，经过海南岛、占城、马六甲、爪哇、苏门答腊、缅甸、印度、波斯、阿拉伯、埃及，横渡地中海到摩洛哥，再回到埃及，出红海到索马里、莫桑比克，横渡印度洋回到斯里兰卡、苏门答腊、爪哇，经澳洲到加里曼丹、菲律宾，于元顺帝元统二年（1334年）夏秋返回泉州，前后历时5年，航行范围主要在印度洋及其周边。第二次是元惠宗至元三年（1337年）冬，汪大渊再次从泉州出发，历经南洋群岛、阿拉伯海、波斯湾、红海、地中海、非洲的莫桑比克海峡和今澳大利亚，历时2年，于至元五年（1339年）秋天返回泉州。航行范围主要在南洋各地。汪大渊两次出海航行，游历南洋各岛和印度洋沿岸各地，远达东非海岸，范围之广是法显、玄奘和鉴真等人所未及的，因此被西方学者称为“东方的马可·波罗”。汪大渊第二次返航后，着手撰写《岛夷志》，把两次航海途中所见所闻记载下来。正逢泉州路修方志，地方官员见其书大为赞赏，当即将《岛夷志》收入《泉州路清源志》中。后汪大渊回到故乡南昌，将《岛夷志》节录成《岛夷志略》，在南昌印行，而全本的《岛夷志》却因元末兵燹部分散失，明朝后完全失传，现在能够看到的就是《岛夷志略》。《岛夷志略》共分100条，其中99条为其亲历所见，涉及220余国家和地区。

在商人前往海外进行国际与航海旅游的同时，中国的使者也被派到海外，从事公务旅游活动。唐宪宗元和五年，内给事张惟则从新罗出使回来，讲述他在航海旅途中的一段奇遇：“于海上泊洲岛间，忽闻鸡犬鸣吠，似有烟火，遂乘月闲步，约及一二里，则见花木台殿，金户银阙，其中有数公子，戴章甫冠，着紫霞衣，吟啸自若。”张惟则知道这些公子身世奇异，请求谒见。诸公子问他从何来，他实言以告。诸公子回答：“唐皇帝乃吾友也，汝当旋去，为吾传语。”随即命一青衣人捧上一只金龟印，放进宝盒，授给了张惟则，对他说：“请将此送给皇帝。”张惟则于是将宝盒抱回舟中，但“回顾旧路，悉无踪迹”。① 这则故事充满了海外奇谈，但它证明了唐代使臣经常跨海出使的历史事实。北宋时，中国使臣也经常从海路出使朝鲜。神宗时，有一位使臣随从，名丰稷，字相之，明州鄞（今宁波）人，曾随从安焘出使高丽，“海中大风樯折，舟几覆，众惶扰，莫知所为。稷独神色自若”，使臣安焘赞叹道：“丰稷君的深沉和镇定，是无法测量的！”后来神宗召见丰稷，问他：“卿昔在海中遭风波，何以不畏？”丰稷答道：“巨浪连天，风涛固其常耳。凭仗威灵，尚何畏？”神宗大悦，将他提升为监察御史。②北宋末，为了与新兴的金朝政权联合起来对付辽朝，宋金建立了海上之盟。在这段期间，宋朝派遣了一批批的使者，从山东半岛的登州渡海前往辽东。为避人耳目，只说派人到东北是为了买马，从事马政。当时的使臣都称自己航海很不容易，说“艰难险阻，始达其国”。但清代的昭梿对此说法持怀疑态度，金朝当时已据会宁，今盛京诸地，俱为所有，“宋使自登州航海，可朝发而夕至，何艰难之有？岂政不识海道，故纡其路与？抑记事家之附会也”③。其实，对于北宋末的使臣来讲，一向惯于陆行而不善于航海，有此感叹，也是人之常情。

三、外国人的来华旅游

隋唐五代宋元时期，是中国传统社会政治、经济和文化发展的隆盛时期，对世界各国产生了强烈的影响，各国使者、商人、学者、僧侣络绎不绝地梯航而至，促进了国际旅游和航海旅游的发

---

① 苏鹗：《杜阳杂编》中，载《唐五代宋笔记十五种》，辽宁教育出版社 2000 年版，第 11 页。

② 《宋史・丰稷传》。

③ 昭梿：《啸亭杂录》卷 10“海道”，中华书局 1980 年版，第 319 页。

展。日本先后16次派遣唐使来中国出使，其留学生和僧人也不断到中国来学习。朝鲜、越南、爪哇等国不间断地遣使来华。阿拉伯、威尼斯等地商人先后来到中国，以香料、珠宝交换中国的瓷器、茶叶和丝织品。

到中国来游历的外国僧人，主要有日本的寂照、成寻等。寂照(962—1034年）是日本天台宗僧人，一作寂昭，为京都人，俗名大江定基、三河圣，世称文章博士。寂照与妻子感情很深，痛失爱妻后难以排遣，便出家为僧。师事寂心（庆滋保胤），又随源信学习台教，从仁海学习密教。此后游历各国。入宋要求获准后，于长保五年（1003年）乘船渡海来到北宋，拜谒了真宗皇帝，真宗赐以紫衣，并敕号为圆通大师。寂照来到天台山参访礼拜，并向方丈呈上日本源信和尚所托的天台宗疑问27条。当寂照打算东归日本时，被宋朝佛教界僧人所挽留。仁宗景祐元年圆寂于杭州，终年73岁。

稍后来到宋朝的日本僧人还有成寻。成寻（1011—1081年），俗姓藤原氏，7岁出家，也是日本的天台宗僧侣。延久四年（1072年）三月，60余岁高龄的成寻，率领弟子数人乘中国商人曾聚的商船进入北宋，在天台山和五台山等地游方求法，共一年零三个月，收获颇丰。后居汴京太平兴国寺传法院，与日称、天吉祥、慧贤、慧询等僧人翻译经书。因祈雨有功，成寻获赐“善慧大师”称号，并任译经场监事。成寻打算东渡回国，为神宗挽留，于是将所获佛书527卷，托弟子带回日本，呈献白河天皇，自己则留在宋朝。宋元丰四年（1081年）圆寂，享年71岁，敕葬于天台山国清寺，墓铭“日本善慧国师之塔”。成寻在世时，曾用汉文日记体撰成《参天台五台山记》，共8卷，464篇，记述他在宋朝旅游的经历。其中备述其航海时的艰辛。如三月十九日：“上帆，乱声击鼓，出船，爰东风切扇，波涛高猛，心神迷惑，不修行法，心中念佛。随波上下，船亦转动，波打上坏，上人涩损，坏载大船上，坏高五尺，海上至大船上六尺。敢不足言。予终日不食，圣秀、心贤、长明不觉醉卧，余人颇宜。予倚悬大袋，终日竟夜辛苦。”二十日庚子，天晴，“飞帆驰船，云涛遮眼，只见渺渺海，不见本国山岛。午时，比过高丽国耽罗山，予颇宜，少食了。三人重醉，同昨日，唐人中二人醉卧。申时，少雨下。入夜，不晴，不见星宿，只任风驰船，不知方角由唐人所申，终夜雨气不散，只以非大雨为悦，闻风浪声，犹如鸣雷”。可见成寻等人航海旅行之不易。在进入中国内地后，成寻一行前往天台山，据其载，五月十二日，“过十五里，午时至天姥。出钱百五十文，令吃酒十三人。过十五里，申时，过新昌县界，入台州天台县界，名关岭。高山顶夜。过关岭一里，至郑一郎家宿。七时行法了。于轿诵加经六卷”。十三日午时，“见赤诚山，山顶有塔。遥以礼拜智者大师入灭出，始以拜见，感泪难抑”。尽管成寻的汉语水平不高，但他的日记仍然记述了日本僧人航海和游历宋朝的艰难历程。

如果说日本僧人从东面来华的话，那么天主教士则从西方来到中国。无论是罗马天主教士还是日本僧人，都是到中国来的宗教旅游者。在马可·波罗前后到达蒙古的西方传教士、使臣和商人留有行纪的不下十人，不过，在汉文典籍中却很少记载。为了配合十字军东征，13 世纪中叶，教皇英诺森四世和法王路易九世，先后派出宗教使团前往当时处于极盛时期的蒙古金帐汗国，争取与蒙古人形成反穆斯林同盟。圣芳济教团的教士普拉诺·卡尔比尼一行沿北路前往蒙古。他们于公元 1245 年从法国里昂出发，穿过中欧和俄罗斯（金帐汗国属地），从中亚地区来到蒙古汗国首都哈尔和林，发现当地云集着各国使者 4 000 多人。1247 年，卡尔比尼等人返回里昂，并向教皇递上有关蒙古风俗习惯、生活方式、宗教信仰和国家制度的报告。1252 年，圣芳济教团的教士古尔奥修·鲁布鲁克一行横渡黑海，在克里米亚港口索达（今乌克兰苏达克）登岸，与同行者骑牛到达伏尔加河下游地区，再从里海边骑马到咸海边，然后过阿姆河向东行进，到达巴尔喀什湖，再沿准噶尔阿拉套山脉北麓一直走到阿拉湖，从这里到达黑额尔齐斯河谷，穿过大片沙漠终于见到蒙古人的驿站。最后他们在广阔的平原上看到了哈尔和林，发现它是一座由土城墙拱卫的城市，除了大汗的宫殿，还修有佛教庙宇、伊斯兰教寺院和基督教教堂。在这里，他们遇到许多欧洲的手工艺匠人。1255 年，鲁布鲁克等人启程回国。他们指出，中国的东面濒临大海，西方古地理学所称的赛里斯和中国人，其实是一个国家和她的人民。罗马教皇使者马黎诺里于至正二年（1342年）七月到达上都，向元顺帝献骏马。此事见于《元史》及元末人文集中，其马称为“天马”。在天主教使团来蒙古的同时，天主教士不断进入元朝。孟帖·科儿维诺（John of Monte Corvino）留居大都三十余年（1294—1328年），据说曾劝说汪古部长阔里吉思归依天主教。和孟帖同来的佩鲁贾人安德鲁（Andrew of Perugia）曾在泉州当主教，在他的墓碑中证明了这一点。① 传教士鲁布鲁克（William of Rubruk）也曾来到中国游历。1292年，约万尼·蒙迪科维诺从霍尔木兹经海路旅行到印度的科曼德尔海岸，在那里居住一年。1293年，他由南印度沿海路航行到中国，在中国从事传教活动达35年。蒙氏在他寄回意大利的书信中，详细描述了旅游中所见的当地人的生活方式、商业贸易情况和出海航行感受。鄂多立克于1318—1330年在亚洲游历12年，有《鄂多立克游记》行世。他先从霍尔木兹到达印度的塔纳城（今孟买），游历了南印度海岸地区和锡兰岛。后来经苏门答腊、爪哇和马来半岛，进入南中国海抵达杭州，最后到达汗八里，旅居三年返回，从黄河中游地区到长江流域，抵西藏。游记详细记录了拉萨城的情况和游历中遇到的奇风异俗。1339年，法国人约万尼·玛里尼奥尼被教皇派往中国。1342年，他穿过亚洲大地抵达汗八里，居住传教四年后从刺桐泉州经海上丝绸之路经印度到霍尔木兹回国。

就在欧洲传教士、使团来华的同时，外国商人也纷纷到中国从事商务旅游。早在唐代，中国的繁荣富强和对外开放的器量，吸引了大量国外商人来华旅行经商。据《大唐西域记》载，唐僧玄奘西行时，在路上看见“商旅商胡数十”同行。天竺僧人无畏三藏来唐时，也和“商旅同次”。到了蒙古汗国及其继承者元帝国时代，连通欧亚的草原丝绸之路被重新打通。马可·波罗在其游记中曾提到过“牌子”，这是元朝皇帝颁发的一种可以在蒙古帝国版图

---

① ［英］道森编，吕浦译：《出使蒙古记》，中国社会科学出版社1983年版，第261页。

内自由旅行的通行证。因为蒙古势力抵达西亚，所以在中国与欧洲之间，持有这种牌子的商人可以直接来往进行贸易活动。来到中国的商人，以阿拉伯人为多。经商和游历是阿拉伯帝国和伊斯兰教义倡导的重要事务。阿拉伯旅行家苏莱曼曾来到中国和印度旅行和经商。851 年，他的旅游见闻被写成《苏莱曼游记》，记录了他从阿曼出发前往中国时所经过的岛屿，以及阿拉伯商人在广州侨居的情况。这是阿拉伯人关于中国和印度沿海地区的最早的记录。

此外，阿拉伯的学者也游历过中国。《古兰经》载有穆罕默德的话："学问虽远在中国，亦当求之。"这引起了一些学者对中国的向往。10 世纪的历史学家、巴格达的旅行家马苏迪，有"阿拉伯的希罗多德"之称，曾游历中国、印度、锡兰、巴勒斯坦、埃及等国家和地区，将旅行经历撰成《黄金草地和钻石之乡》、《报道与观察》等游记。在《我的探险》中，认为中国人是世界上最聪明的人。来到中国的阿拉伯旅游家还有伊本·白图泰，1304 年生于阿拉伯帝国治下的丹吉尔城（今属摩洛哥）。1325 年，开始了他的漫长的旅游行程。先到西亚、东非、东欧，到过伏尔加河下游的金帐汗国首都萨赖。在游历了撒马尔罕后，向南翻越兴都库什山，进入印度。1342 年前往中国旅行，但在印度南部遭到抢劫，不得不渡海到了马尔代夫，在这里凑足了旅费后，才乘船来到斯里兰卡，沿着海上丝绸之路，一路航行来到中国的著名港口泉州。在这里，他见到港口停泊着百艘大船和千余艘小船，外国商人蜂拥而至，而中国商人不断从这里扬帆远航。他从泉州游历到元朝首都汗八里（今北京）。又于 1349 年折回泉州，乘海船南行，经过斯里兰卡驶入阿拉伯海，循波斯湾，顺幼发拉底河到达叙利亚，经埃及返回故乡丹吉尔。他一生漫游了 29 年，在陆地和海洋上旅行长达 2 万余公里。晚年口述其游历见闻，由他人写成了世界闻名的《伊本·白图泰游记》。

四、马可·波罗的中国之行

在外国访华的人群中，最具有代表性的旅行家要属马可·波罗了。

马可·波罗（Marco Polo）是意大利威尼斯人，公元1271年11月随父亲和叔父前往中国。在元大都，他们一行三人受到元世祖忽必烈的接见和宠爱，均被委以官职，供奉朝廷。

在中国，马可·波罗对元朝的风土人情作了全面详尽的考察。他游览了元大都的宏伟城墙、整齐的街道和壮丽的宫殿，并对此赞不绝口。在《马可·波罗游记》中，他指出："（大都）街道甚直，此端可见彼端，盖其布置，使此可由街道远望彼门也。"点明了大都城市规划和设计的一大特色，这一特色与欧洲许多城市的街道多以河流走向而弯曲，或以教堂、皇宫为中心向外辐射大相径庭，因此使马可·波罗颇感新奇，赞美之词，溢于言表："各大街两旁，皆有种种商店屋舍。全城划地为方形，划线整齐……方地周围，皆是美丽道路，行人由斯往来。全城规划，有如棋盘。其美善之极，未可言宣。"对于元朝的宫殿也有羡慕的表述："大殿宽广，足容千人聚食而有余，房屋之多，可谓奇观，此宫壮丽富赡，世人布置之良，诚无逾于此者。"他对北京的卢沟桥也作了考察："自从汗八里城发足以后，马行10里，抵一极大河流，名称普里桑乾……河上有一美丽石桥，各处桥梁之美鲜有及之者。桥长三百步，宽逾八步，十骑可并行于上，下有桥拱二十四，桥角二十四，建置甚佳，纯用极美大理石为之，桥两旁皆有大理石栏，又有柱，狮腰承之。柱顶别有一狮，此种石狮巨丽，雕刻甚精。每隔一步有一石柱，其状相同，两柱之间，建灰色大理石栏，使行人不致落水。桥两面皆如此，颇壮观也。"由于记忆有误，将11个桥拱误称为24个。马可·波罗在其游记《汗八里之星者》一章中，对元大都的观象仪作了饶有兴趣的介绍："彼等有一种观象器，上注行星宫位，经行子午线之时间，与夫全年之凶点，各派之星者每年用其表器推测天体之运行，并定其各月之方位，由是决定气象之状况。更据行星之运行状态，预言各月之特有现象。例如某月雷始发声并有风暴，某月地震，某月疾雷暴雨，某月疾病死亡战争叛乱，彼此据其观察器之指示，预言事物如此进行。"

由于出身于商人世家，马可·波罗对中国的财富十分欣羡，对工商业和物质生活及其相应的风俗习惯最感兴趣。作为异国他乡的外来者，他对闻所未闻、见所未见的新鲜事物，每每喜形于色。在他眼中，元大都是一个经济贸易十分繁华的大都会："应知汗八里城内外人口繁多，有若干城门，即有若干附廓，此十二大附廓之中，人口较之城内更众。廓中所居者，有各地来往之外国人，或来入贡文物，或来售货宫中，所以城内外皆有华屋巨屋，而数众之显贵邸舍，尚未计焉。"反映出大都是元代北方最大的商业中心，并且具有国际都市的性质。他称誉大都为"商业繁盛之城"，"外国巨价异物，百物之输入此城者，世界诸城无能与比"。当他看到中国人广泛地利用一种黑石头（即煤炭）作燃料时，觉得十分惊奇，因为欧洲直到18世纪才用煤炭冶铁。于是，他对大都居民以煤炭作燃料"效果与薪无疑，且火候较薪为优"的状况作了赞扬。他对中国的纸币印造和发行情况兴趣盎然，介绍得十分详细：首先，叙述了印造纸币的机构和货币的质地，"在此汗八里城中，有大汗的造币局"专事货币的制造。货币的质地是将"薄树皮以水浸之，然后捣之成泥，制以为纸……裁作长方形，其式大小不等"。其次，介绍了币面的印制特征，说这些纸币，幅有大小，面值不等，币面上"钤盖君主印信"。另外，还介绍了纸币的流通使用情况："凡州郡国土及君主所辖之地莫不通行……各人皆乐用此币，盖大汗国中商人所至之处，用此纸币以给费用，以购商物，以取其售物之售价，竟与纯金无别，其量甚轻，致使值十金钱者，其重不逾金钱一枚。"如果在流通过程，纸币发生"敝坏"，还可到造币局，付面值的1/3手续费以旧换新，而"伪造者处极刑"。马可·波罗还前往扬州游历，称"此城甚大"，人民"恃工商为活"。在泉州，他对这个国际性的港口的船舶如林的状况及高超的造船技术作了描绘。

马可·波罗还考察了中国的驿递制度，他称当时全中国有驿站一万多个，驿马20多万匹，每个驿站建有陈设豪华的宫殿。驿站以大都为中心，"应知有不少道路，从此汗八里道途通过不少州郡，此道通某州，彼道通别州，由是各道即以此通某州之名为名。此事颇为合理。……每驿有一大而富丽之邸，使臣居宿于此，其房舍满布极富丽之卧榻，上陈绸被，凡使臣所需之物皆备"。他惊诧道："大汗的这一切事务的管理方面，比起其他皇帝、君主或普通人都更为出类拔萃。"方便了中外信使、商旅的往来。他对中国的礼仪习俗感触颇深："其人语言和善互相敬礼，见面时貌现欢容，食时特别洁净。礼敬父母，若有子不孝敬父母者，有一特设之公共法庭惩之。"

马可·波罗在中国旅居17年（1275—1291年）后，动了回家的念头，利用护送蒙古伯牙兀惕部少女阔阔真公主嫁往伊儿汗国的机会，从元大都出发，南下福建泉州，沿着海上丝绸之路西行，在完成使命后回到阔别已久的故乡。

马可·波罗在中国的见闻和阅历，使他成为一个对世界历史产生过重要影响的人物。哥伦布横渡大西洋的历史壮举，就深受马可·波罗的影响。"哥伦布幼年喜读马氏游记，为其宣传所动。至今西班牙塞维尔市哥伦布图书馆所存水师提督哥伦布的遗物中，尚有《马可·波罗游记》一册，为拉丁译本；他不但阅读过，且于该书边的空白处加上很多注解，可见他对于此书研究的热心和影响的重大了。"①

第四节　帝王巡游的起伏

一、以隋炀帝为代表的大规模巡游

隋唐五代宋元时期，帝王巡游起伏不定。由于隋炀帝的大肆巡游，导致众叛亲离，国破人亡，因此儒臣们加强了对帝王巡游的力谏和控制，迫使帝王转而近游、宫室之游和微服巡游。

隋代，帝王巡游达到高潮。隋文帝杨坚曾于开皇十四年十二月，"东巡狩"，十五年正月，"车驾次齐州"，然后"旅王符山"，登上泰山祭祀求雨。三月，开始返回，并"望祭五岳海渎"。十一月，他又"幸温汤"。当然，杨坚此人的巡游次数少，而且并不贪

① 转引自朱谦之：《中国哲学对于欧洲的影响》，福建人民出版社1983年版，第17页。

图游乐，在巡游齐州时，亲问民间疾苦。他曾经下过一个诏书，说："人间音乐，流僻日久，弃其旧体，竞造繁声，浮宕不归，遂以成俗。宜加禁约，务存其本。"① 而到了他儿子隋炀帝那里，巡游便成了肆无忌惮的游乐活动了。

这一时期，帝王巡游的代表性人物就是隋炀帝杨广。据《隋书·炀帝纪上》载，杨广其人"美姿仪，少敏慧"，深得文帝和太后的"钟爱"。炀帝在当上太子和继承皇位之前，特别善于伪装。文帝来到他的府第，"见乐器弦多断绝，又有尘埃，若不用者，以为不好声妓，善之"。有一次杨广跟随文帝出去狩猎，"观猎遇雨，左右进油衣"，他却说："士卒皆沾湿，我独衣此乎！"令手下拿开。杨广后任扬州总管，镇守江都，因此爱上了这个风景秀丽之地。

仁寿四年，隋炀帝七月在首都长安即皇帝位，十一月便"幸洛阳"，决定营建洛阳，改为东京。大业元年三月丁未，诏尚书令杨素和将作大匠宇文恺等人"营建东京，徙豫州郭下居人以实之"，还"徙天下富商大贾数万家于东京"。为了洛阳的安全，还"发丁男数十万掘堑，自龙门东接长平、汲郡，抵临清关，度河，至浚仪、襄城，达于上洛，以置关防"。次年正月"东京成"。就在大规模营建洛阳的同时，他于大业元年三月戊申日下诏，宣布"今将巡历淮海，观省风俗"。为了在巡游江都时道路畅通，炀帝"发河南诸郡男女百余万，开通济渠，自西苑引谷、洛水达于河，自板渚引河通于淮"，在运河两岸栽种了无数的柳树。他还派遣黄门侍郎王弘等人"往江南采木，造龙舟、凤艒、黄龙、赤舰、楼船等数万艘"，其中皇帝乘坐的龙舟有四层，高8米，长76米。上层有正殿、内殿及东西朝堂，中间两层有房120间，皆用金玉装饰。元年八月壬寅，"上御龙舟，幸江都"，命左武卫大将军郭衍率领庞大的队伍为前军，命右武卫大将军李景为后军，五品以上的文武官员皆给楼船，九品以上的给黄蔑。沿途在船上大陈百戏，歌舞升平，巡游时船队共数千艘，共用挽船士兵8万余人，又有12

① 《隋书·高祖纪下》。

万卫兵乘船相护，另有骑兵沿运河两岸而行，只见水行时“舳舻相接，二百余里”，陆行时旌旗蔽野，填塞街巷，极尽人间之奢华。在江都盘游了八个月后，于二年三月庚午，“车驾发江都”。太府少卿何稠、太府丞云定兴“盛修仪仗”，下令各州县送做仪仗用的羽毛。“百姓求捕之，网罗被水陆，禽兽有堪氅毦之用者，殆无遗类”。为了回銮的仪仗，真可谓扰民至极。四月庚戌，炀帝“自伊阙陈法驾，备千乘万骑，入于东京”。三年三月，炀帝一行从洛阳“还京师”，结束了这次声势浩大的巡游。

然而，不安分的炀帝于大业三年的四月，又以“古者帝王观风问俗”为借口，“欲安辑河北，巡省赵、魏”。丙申日，“车驾北巡狩”。虽然宣布“百司不得践暴禾稼，其有须开为路者，有司计地所收，即以近仓酬赐”，但其扰民自然难免。经过赤岸泽后，于六月来到连谷，“猎于连谷”。炀帝一行向西巡游，戊子日，“次榆林郡”。突厥启民可汗听说后前来朝见，吐谷浑、高昌也遣使来贡。甲辰日，“上御北楼，观渔于河，以宴百僚”。七月甲寅日，“上于郡城东御大帐，其下备仪卫，建旌旗，宴启民及其部落三千五百人，奏百戏之乐”。八月壬午，“车驾发榆林”，启民可汗“饰庐清道，以候乘舆。帝幸其帐，启民奉觞上寿，宴赐极厚”。通过楼烦关，来到了太原。诏建晋阳宫。九月来到了济源，“幸御史大夫张衡宅，宴享极欢”，己巳日回到东京洛阳。

大业四年正月，炀帝为了方便出游，“诏发河北诸郡男女百余万开永济渠，引沁水，南达于河，北通涿郡”。在集聚百僚大射于允武殿后，于三月“车驾幸五原，因出塞巡长城”。四月下令建汾阳行宫。八月辛酉，炀帝来到北岳，“亲祠恒岳”，九月回到洛阳后，又“征天下鹰师悉集东京，至者万余人”。

五年正月炀帝将东京改为东都，并从东都返回京师长安。二月途经阌乡时，祭古帝王陵及开皇功臣墓。戊申日，“车驾至京师”，大宴耆旧四百人于武德殿。但到三月，炀帝又开始巡游了，这次“车驾西巡河右”。经过扶风旧宅时作了凭吊。夏四月，炀帝一行“大猎于陇西”。这时，高昌、吐谷浑、伊吾、党项羌都遣使来见。炀帝意气洋洋，巡兴更浓，“出临津关，渡黄河，至西平，陈兵讲武”。五月乙亥，“上大猎于拔延山，长围周亘二千里”。之后，穿长宁谷，越星岭，“宴群臣于金山之上”。丙戌日，由于御马过桥时桥忽然塌坏，便将朝散大夫黄亘及督工的九人杀掉。六月癸卯，隋炀帝率庞大的旅游团，“经大斗拔谷，山路隘险，鱼贯而出。风霰晦冥，与从官相失，士卒冻死者太半”。丙午日，来到张掖。这时，高昌王麴伯雅来见，伊吾吐屯设等则献西域数千里之地。炀帝“大悦”，设置西海、河源、鄯善和且末四郡。丙辰日，“上御观风行殿，盛陈文物，奏九部乐，设鱼龙曼延，宴高昌王、吐屯设于殿上，以宠异之。其蛮夷陪列者三十余国”。直到九月癸未，车驾才回到长安。但两个月后，炀帝又巡幸东都。

大业六年三月癸亥，隋炀帝再次巡“幸江都宫”，夏四月，在江都大宴江淮以南的父老。七年二月，炀帝登上钓台，又“临扬子津，大宴百僚”，乙亥日，他“自江都御龙舟入通济渠，遂幸于涿郡”。自称“今往涿郡，巡抚民俗”，实则是前往游玩。四月，抵达涿郡的临朔宫。也就在他巡游各地的同时，“大水，山东、河南漂没三十余郡，民相卖为奴婢。冬十月乙卯，底柱山崩，偃河逆流数十里”。

据《隋书·炀帝纪下》记载，隋炀帝于大业十一年五月己酉，又北巡山西，“幸太原，避暑汾阳宫”。八月乙丑，又“巡北塞”。不意突厥始毕可汗准备率数十万骑兵突袭炀帝，和亲的义成公主遣使告变，炀帝听说后慌不择路，“车驾驰幸雁门”。前脚刚来，突厥后脚便至，包围城堡，隋军频战不利。炀帝“大惧，欲率精骑溃围而出”，但民部尚书樊子盖“固谏乃止”。炀帝诏天下诸郡募兵勤王，突厥见势不妙，解围而去。冬十月，隋炀帝狼狈地回到东都洛阳。

炀帝玩兴不减，于大业十二年五月壬午，“于景华宫征求萤火，得数斛，夜出游山，放之，光遍岩谷”。到了秋天，他好了伤疤忘了痛，又想外出巡游了。七月甲子，他第三次准备巡“幸江都宫”。但这时大隋国运江河日下，奉信郎崔民象“以盗贼充斥”在建国门上表劝阻，称不宜巡幸。恼羞成怒的炀帝“大怒，先解其颐，乃斩之”。车驾来到汜水时，奉信郎王爱仁也“以盗贼日盛，谏上请还西京”。已失去理智的炀帝“怒，斩之而行”。十三年九月，他感到大势已去，为了笼络带出来的扈兵，“括江都人女寡妇以配从兵”，并在江都建宫丹阳。终为右屯卫将军宇文化及等人所杀，终年50岁，结束了他巡游无度的一生。

修撰《隋书·炀帝纪下》的史官评价道：杨广“矫情饰行，以钓虚名”，及至继承帝位，“即事巡游。以天下承平日久，士马全盛，慨然慕秦皇、汉武之事，乃盛治宫室，穷极侈靡”。隋炀帝“性多诡谲，所幸之处，不欲人知”。他的巡游，成为百姓的重大负担，“每之一所，辄数道置顿，四海珍羞殊味，水陆必备焉，求市者无远不至。郡县官人，竞为献食，丰厚者进擢，疏俭者获罪。奸吏侵渔，内外虚竭，头会箕敛，人不聊生”。结果“上不之恤也。东西游幸，靡有定居，每以供费不给，逆收数年之赋。所至唯与后宫流连耽湎，惟日不足，招迎姥媪，朝夕共肆丑言，又引少年，令与宫人秽乱，不轨不逊，以为娱乐”，导致“黎庶愤怨，天下土崩，至于就擒”。

唐代高宗、武则天和玄宗也曾有过较长距离的巡游，即东巡泰山进行封禅。唐玄宗于开元十三年十一月“大备法驾，至山下。玄宗御马而登，侍臣从”。玄宗“以灵山清洁，不欲多人上”，于是“享君位于山上”，而令“群臣祀臣位于山下”，并留下了石刻《纪泰山铭》：“朕统承先王，兹率厥典，实欲报玄天之眷命，为苍生而祈福，岂敢高视千古，自比九皇哉。”①

北宋皇帝也有借封禅而巡游者。真宗于大中祥符元年十月“车驾发京师，扶侍使奉天书先道”。经过澶州、郓州，“法驾入乾封县奉高宫”。己酉日，“五色云起岳顶。庚戌，法驾临山门，黄云覆辇，道经险峻，降辇步进。先夕大风，至是顿息”。辛亥，“享昊天上帝于圜台，陈天书于左，以太祖、太宗配”，“上下传呼万岁，振动山谷”。然后下山还奉高宫。经太平驿、兖州，于十一月“幸曲阜县，谒文宣王庙”，“遂幸孔林”。途中暂停中都县，“幸广相寺”。经过郓州时，“幸开元寺”。辛未日，幸河渎庙。丁

① 《旧唐书·礼仪志》。

丑日，“帝至自泰山，奉天书还宫”。①

与北宋并立的辽代皇帝，受游牧传统的影响，也好巡游。《辽史》是正史中第一个创立《游幸表》的史书。辽代设有五都，即上京临潢府（今内蒙古巴林左旗）、南京析津府（今北京）、东京辽阳府（今辽宁辽阳）、西京大同府（今山西大同）、中京大定府（今辽宁宁城），这五都犹如五顶游牧帐篷，辽代皇帝便在这五者之间游牧巡狩。这样就出现了辽代帝王巡游不断的现象。《虏廷杂记》载：“（太祖耶律阿保机）于所居大部落置楼，谓之西楼，今谓之上京。又于其南木叶山置楼，谓之南楼。又于其东千里置楼，谓之东楼。又于其北三百里置楼，谓之北楼。太祖四季常游猎于四楼之间。”辽太宗耶律德光也秉承游牧传统，好作狩猎之游。天显三年三月，“东蒐”，并“猎羖羪山”和“猎松山”。四月，又开始“东巡”，并“于猎所纵公私取羽毛革木之材”，然后又“猎三山”。五月，“建天膳堂。猎索剌山”。四年正月一日，过春节，太宗“宴群臣及诸国使，观俳优角抵戏”。接着开始巡游，“如瓜埚”，直到四月才从瓜埚回来。又拜谒太祖庙和太祖行宫。旋即“幸天城军，谒祖陵”。五月，“射柳于太祖行宫”。到六月时，又开始“西巡”，并“选轻骑数千猎近山”，不久“驻跸凉陉”。直到八月才从凉陉返回。但九月时，他又“如南京”（即东平郡），并在这里“大阅六军”。十一月一日，率师回銮，途中“观渔三叉口”。直到十二月才从南京返回都城。② 此类巡游记录，历代辽帝在在有之，兹从略。

蒙古汗国、元朝皇帝与辽代皇帝的巡游形式相似。

蒙古汗国皇帝定宗贵由，即位伊始便于冬天“猎黄羊于野马川”。次年夏天，“避暑于曲律淮黑哈速之地”。到了秋天，又开始“西巡”。但第三年的三月，定宗竟“崩于横相乙儿之地”。可以说定宗是死于巡游途中。元朝建立后，诸帝受游牧传统的影响，也频繁地巡游。元代在北京建大都，在和林建上京，元帝便在二者之间

---

① 《宋史·真宗纪二》。

② 《辽史·太宗纪上》。

来回巡狩。为了适应频繁巡游的形势，元世祖忽必烈还特地“诏上都路总管府遇车驾巡幸，行留守司事，车驾还，即复旧”①。至元九年二月改中都为大都，建中书省官署于大都，然后“车驾幸上都”。看来是在大都与上都之间来回巡游。《元史·兵志三·马政》载：“车驾行幸上都，太仆卿以下皆从，先驱马出健德门外，取其肥可取乳者以行，汰其羸瘦不堪者还于群。自天子以及诸王百官，各以脱罗氈置撒帐，为取乳室。车驾还京师，太仆卿先期遣使征马五十醞都来京师。”看来，巡回于上都与大都之间，已经成了蒙古人的巡游制度。直到元朝末年，这一制度都没有变化。据《元史·顺帝纪三》载至元四年八月“车驾还自上都”。

二、帝王被迫近游或微服出游

隋唐统一全国后，深感统一意识形态的重要性，因此重新提升儒学的地位。唐太宗时启动“五经”正义的经学工程，确立儒家经典的地位，为政权的稳固奠定了意识形态基础。然而，儒学一旦成为官方的意识形态，便反过来对皇帝的行为提出了规范，特别是对皇帝的巡游活动进行了限制。因为儒臣们认为，皇帝的巡游规模太大，消耗太多，沿途扰民，践踏庄稼，因此要求皇帝尽量不要巡游。在此背景下，皇帝的大规模巡游活动基本上偃旗息鼓，他们转而从事宫室禁苑之游，或者避人耳目地进行微服私游。

有一些唐代帝王，本欲外出旅游，但在儒臣劝谏下，最终裹足不前。据称，唐太宗有一次打算游骊山，车驾已经准备妥当，忽被魏徵碰上，极力谏止，太宗只好放弃了这次出游。唐宣宗有一次也准备巡幸骊山，命左军中尉王宗实“治道”，“将幸华清宫”。不想“两省供奉官拜疏极谏”，宣宗央求宰臣道：“华清宫是祖宗旧宫，又朝元阁圣祖现真容地，朕一纪在位，未尝瞻拜，深觉缺仪。今排比皆是军司，不劳州县，卿宜勉谕谏官，勿更论列。”宰臣奉旨而退，召两省官宣谕圣旨，岂料“俄而谏表再入”，宣宗只得对宰臣说道：“谏官疏极恳切，且言‘自穆宗巡幸之后，列圣未尝出宫，

① 《元史·世祖纪三》。

居安虑危，乞留圣虑’。朕闻此语，决不为华清宫之幸矣。宣召两省官，说我此意。”①

唐代有些皇帝原有游畋活动，经群臣劝谏后罢止。唐宪宗“喜武功，且数出游畋”，遭到了大臣们的反对。元稹在元和年间“昧死条上十事”，其中之一便是“省出入游畋”。② 吏部郎中柳公绰则奏上《太医箴》以讽喻道：“人谨好爱，能保其身，清静无瑕，辉光以新。”“唯过与侈，心必随之，气与心流，疾乃伺之。”“畋游恣乐，流情荡志。驰骋劳形，叱吒伤气。”宪宗看后，派使者对他说：“卿言‘气行无间，隙不在大’，爱朕深者，当置之坐隅。”将柳公绰升为御史中丞。③ 穆宗也好游畋，但同样遭到了儒臣们的劝谏。据《新唐书·李绛传》载：“穆宗数游畋，（李）绛率其属叩延英切谏，不纳。”于是李绛“以疾辞”，以示抗议。崔郾任谏议大夫，“穆宗立，荒于游畋，内酣荡，昕曙不能朝”，于是崔郾进谏道：“四海之大，万国之众，其治其乱，系于陛下。自山以东百城，地千里，昨日得之，今日失之。西望戎垒，距宗庙十舍，百姓憔悴，畜积无有。愿陛下亲政事以幸天下。”穆宗“动容慰谢”，升其为给事中。④ 郑覃任谏议大夫时，“穆宗立，不恤国事，数荒昵”。郑覃与崔郾等在廷对时，直言不讳地指出：“陛下新即位，宜侧身勤政，而内耽宴嬉，外盘游畋。今吐蕃在边，狙候中国，假令缓急，臣下乃不知陛下所在，不败事乎？夫金缯所出，固民膏血，可使倡优无功滥被赐与？愿节用之，以所余备边，毋令有司重取百姓，天下之幸也。”穆宗听后“不怿”，对宰相萧俛说：“是皆何人？”萧俛回答：“谏官也。”穆宗“意解”，转而赞赏道：“朕之阙，下能尽规，忠也。”于是下诏给郑覃，提出要单独约见于延英殿。⑤ 继穆宗之位的是唐敬宗，也好游畋，属于近游，但仍

① 裴庭裕：《东观奏记》下，载《唐五代宋笔记十五种》，辽宁教育出版社2000年版。

② 《新唐书·元稹传》。

③ 《新唐书·柳公绰传》。

④ 《新唐书·崔邠传附郾传》。

⑤ 《新唐书·郑珣瑜传附覃传》。

遭到了朝臣们的劝谏。据《新唐书·刘栖楚传》载："敬宗立，视朝常晏，数游畋失德。"右拾遗刘栖楚不留情面地揭露并斥责道："惟前世王者初嗣位，皆亲庶政，坐以待旦。陛下新即位，安卧寝内，日晏乃作。大行殡宫密迩，鼓吹之声日闻诸朝。且宪宗及先帝皆长君，朝夕恪勤，四方犹有叛者。陛下以少主，践祚未几，恶德流布，恐福祚之不长也。臣以谏为官，使陛下负天下讥，请碎首以谢。"于是他"额叩龙墀，血被面"。李逢吉传敬宗的诏谕："毋叩头，待诏旨。"刘栖楚手捧额头站立着，敬宗"动容，扬袂使去"。刘栖楚坚定地说："不听臣言，臣请死于此。"敬宗下诏慰谕，刘栖楚才退出朝堂。升为起居郎。后来有一次谏官在延英殿与皇帝面晤，敬宗特地问道："向廷争者在邪？"遂召为谏议大夫。正是信奉儒家"无淫于游"观念的唐朝谏官的劝谏，唐代皇帝才不敢肆意旅游，特别是不敢大肆巡游。

唐代帝王虽然巡游成习，排场也大，但多是近游和离宫之游。"大有胡气"的唐朝前期，皇帝也特好游猎和游幸。如太宗李世民便经常到骊山"幸温汤"，"猎于骊山"，或"猎于贵泉谷"、"猎于鱼龙川，献获于大安宫"、"猎于昆明池"、"幸芙蓉园"等，① 但基本上是近游。唐玄宗李隆基好游幸。据《新唐书·杜暹附鸿渐传》载，"玄宗东行河，因游畋"，杜鸿渐"上赋以风"，即写了一篇赋以讽谏。虽然没有阻止玄宗游幸的步伐，但玄宗的出游，也多少有些顾虑，多属近游和禁苑之游。据《新唐书·后妃传上·杨贵妃传》载："（杨）国忠既遥领剑南（节度使），每十月，帝幸华清宫，五宅车骑皆从，家别为队，队一色，俄五家队合，烂若万花，川谷成锦绣，国忠导以剑南旗节。遗钿堕舄，瑟瑟玑琲，狼藉于道，香闻数十里。"虽是仪仗盛大，旌旗招展，但从长安到东边的骊山华清宫，却属于近游，在儒臣们能够接受的近游范围之内。骊山华清宫中最著名的是寝宫长生殿。玄宗与杨贵妃于"七月七日长生殿，夜半无人私语时"，对天发誓"在天愿作比翼鸟，在地愿为连理枝"。华清宫内还有专供玄宗和贵妃洗浴用的贵妃池

① 《新唐书·太宗纪》。

和九龙汤，池用美玉和宝石镶砌而成，池的中间还雕有玉莲花，温汤便从莲花中喷涌而出。白居易“春寒赐浴华清池，温泉水滑洗凝脂”描写了二人洗温泉的生活场景。

由于儒臣的劝阻，君主不能随便出宫巡游，在宫中实在憋不住时，便只好微服私游。南唐后主李煜便曾微服出游。一次，他微服至妓院，不巧遇一僧人张席已先他而至。僧人见李煜相貌英俊不凡，十分敬重，亲为李煜上酒，令妓女歌吟吹弹。二人杯盏相碰，十分欢洽。李煜乘酒大书墙壁道：“浅斟低唱偎红倚翠大师，鸳鸯主持，风流教法。”以此相戏。有顷，僧人拥妓入屏帷，李煜见状，知趣地退步出庭。僧人张席最终不知来人竟是国主李煜。

微服私游的著名代表要算宋徽宗。他经常穿着寻常百姓的衣服，到各勾栏酒肆去放纵。为了到陇西氏妓院去频频幽会名妓李师师，他甚至从皇帝离宫下挖了一条地道，通向陇西氏的勾栏妓院。关于宋徽宗微服私游陇西氏妓院一事，《李师师外传》描绘得十分生动而离奇：

> 徽宗帝即位……童贯、朱勔辈复导以声色狗马宫室苑囿之乐。凡海内奇花异石，搜采殆遍。筑离宫于汴城之北，名曰艮岳。帝般乐其中，久而厌之，更思微行，为狎邪游。……翼日……诡云大贾赵乙，愿过庐一顾。姥利金币，喜诺。暮夜，帝易服杂内寺四十余人中，出东华门二里许，至镇安坊。镇安坊者，李姥所居之里也。帝麾止余人，独与（张）迪翔步而入……（李师师）淡妆不施脂粉，衣绢素，无艳服。新浴方罢，娇艳如出水芙蓉。见帝意似不屑，貌殊倨，不为礼。……姥语师师曰：“赵人礼意不薄，汝何落落乃尔?”师师怒曰：“彼贾奴耳。我何为者?”姥笑曰：“儿强项，可令御史里行也。”
>
> 而长安人言籍籍，皆知驾幸陇西氏。姥闻大恐，日夕惟涕泣……师师曰：“无恐。上肯顾我，岂忍杀我？且畴昔之夜，幸不见逼，上意必怜我。惟是我所窃自悼者，实命不犹，流落下贱，使不洁之名，上累至尊，此则死有余辜耳。若夫天威震

怒，横被诛戮，事起佚游，上所深讳，必不至此。可无虑也。”①

果然，徽宗天子没有加怒于师师，反而更敬重、更宠爱她了。于是便有了从离宫掘地道以通陇西氏妓院的行为。

隋唐五代宋元时期，不仅皇帝的巡游受到约束，宗王的旅游活动也不敢声张。李隆基为临淄郡王时，出任潞州别驾，请假回京师，“观时晦迹，尤用卑损”。正值暮春季节，“豪家子数辈盛酒馔，游于昆明池，选胜方宴”。李隆基穿着“戎服”，臂上停着一只小鹰，在草地上骑马游玩，见那帮富家子弟盛陈酒宴气焰嚣张，便突至宴前。那群小子颇露难色，其中一位少年忽然持酒盅高唱酒令道：“喝酒前要自报门族官品。”轮到李隆基喝酒时，他便大声报道曰：“曾祖天子，父相王，临淄王某也。”结果“诸少年闻之，惊走四散，不敢复视于车服”。李隆基于是连“饮三银船，尽一巨馏，徐乘马而东去”②。本来低调的李隆基，实在看不惯那群富家子弟的张狂，才暴露一次身份，抒发一次豪情。平时，他还是“尤用卑损”，不敢轻易放纵游荡的。一些宗王禁不住游畋的诱惑，如汉王李元昌便酷好游畋，但遭到臣子们的劝谏。王绑的父亲王弘直“为汉王元昌友，王好畋游，上书切谏，王稍止”。③ 看来，在“无淫于游”观念的制约下，帝王巡游的美好时代基本上结束了。

第五节 隋唐五代宋元的旅游观念与审美意识

隋唐五代宋元是儒家伦理重新抬头的时代，唐代大修“五经”正义，两宋时理学兴起，元代后半期首次确立程朱理学的官学地

---

① 《李师师外传》，载《唐宋传奇集》，上海古籍出版社 1998 年版，第 382~382 页。

② 李濬：《松窗杂录》，载《唐五代宋笔记十五种》，辽宁教育出版社 2000 年版，第 3 页。

③ 《新唐书·王綝传》。

位，这对休闲性的旅游自然会产生较为强烈的冲击和影响，特别会对皇帝的纵欲和游乐形成制约。然而，隋唐五代宋元又是文官宦游的时代，是受过良好教育，有敏锐的审美眼光的文官激情飞扬的时代，因此旅游行为上又常常冲破儒家旅游观念的束缚，形成解放人性的激进浪漫的旅游观念。

一、"省嗜欲，罢游幸"的旅游观念

儒家"无淫于游"的旅游观念在这一时期仍然有很强的影响力，旅游概念中深蕴着儒家的伦理观念和褒贬色彩。《唐才子传》在介绍唐代丞相赵隐的养子赵光远时，指出他"恃才不拘小节，皆金鞍骏马。尝将子弟恣游狭邪，著《北里志》，颇述青楼红粉之事"①。用了"恣游狭邪"来形容赵光远，反映了作者正统的旅游伦理。五代前蜀后主王衍之母顺圣皇太后率领仪仗军卫到处游山玩水，并走一地，题诗一地。游青城山时，作《题青城丈人观》诗以记之；游丹景山时，又咏《题丹景山至德寺》诗；来到彭州时，又成《题彭州阳平化》诗，云："寻真游胜境，巡礼到阳平。水远波澜碧，山高气象清。殿严孙氏号，碑暗祖师名。夜醮古坛月，松风森磬声。"当时"议者以翰墨文章之能，非妇人女子之事。所以谢女无长城之志，空振才名；班姬有团扇之词，亦彰淫思。今徐氏逞乎妖志，饰自倖臣，假以风骚，庇其游佚，取女史一时之美，为游人旷代之嗤。及唐朝兴吊伐之师，遇蜀国有荒淫之主，三军不战，束手而降，良由子母盘游、君臣凌替之所致也。于是亡一君，破一国，杀九子，诛十臣，殄灭万家，流移百辟。其次六宫嫔御，挫红绿于征途；十宅公王，碎金珠于逆旅。"② 像"游佚"、"盘游"等概念，都表达了儒家的旅游伦理。

即使像辽朝君臣，在旅游观念上也接受了儒家的思想。辽圣宗

---

① 辛文房：《唐才子传》卷5"赵光远"，辽宁教育出版社1998年版，第118页。

② 何光远：《鉴戒录》卷6，载《唐五代宋笔记十五种》，辽宁教育出版社2000年版，第26~29页。

耶律隆绪是一位汉化较深的皇帝，他曾诏令天下人讨论“治道之要”，包括“盗贼之害何可以止?”的问题。辽臣萧韩家奴上书引用了唐代的一节故事：“臣闻唐太宗问群臣治盗之方，皆曰：‘严刑峻法。’太宗笑曰：‘寇盗所以滋者，由赋无度，民不聊生。今朕内省嗜欲，外罢游幸，使海内安静，则寇盗自止。’由此观之，寇盗多寡，皆由衣食丰俭，徭役重轻耳。”辽圣宗听后，将他擢为翰林都林牙，兼修国史。萧韩家奴借修国史的机会，“每见帝猎，未尝不谏。会有司奏猎秋山，熊虎伤死数十人，韩家奴书于册”。圣宗见了，“命去之”。萧韩家奴“既出，复书”。过了些日子，圣宗回过神来，也不得不称赞道：“史笔当如是。”①

在皇帝旅游被儒家“无淫于游”观念排挤的同时，士大夫的游畋也遭到一定程度的约束。《隋书·刘昉传》载：“昉逸游纵酒，不以职司为意，相府事物，多所遗落。高祖深衔之，以高颎代为司马。是后益见疏忌。”唐代晋阳人王翰“少豪健恃才”，喜饮蒱酒，好“自歌以舞”，中进士，任驾部员外郎，“家畜声伎，目使颐令，自视王侯，人莫不恶之”。后徙为仙州别驾，“日与才士豪侠饮乐游畋，伐鼓穷欢”，结果“坐贬道州司马”，郁郁而终。② 看来，像王翰这样的文官，如果极意休闲性旅游，也是要受到罢黜的。

晚唐两宋时，理学兴起，对旅游观念产生了更深的影响。理学的先驱人物韩愈，便在旅游中自觉贯彻儒家“仁山知水”的“比德”观念，在其《燕喜亭记》中，称自己与王弘中、释景常、元慧游广东连北山时，为山水所醉，乃为北山山水取名：“其丘曰‘俟德之丘’，蔽于古而显于今，有俟德之道也。其石曰‘谦受之谷’，瀑曰‘振鹭之瀑’，谷言德，瀑言容也。其土谷曰‘黄金之谷’，瀑曰‘秩秩之瀑’，谷言容，瀑言德也。洞曰‘寒居之洞’，志其入时。池曰‘君子之池’，虚以钟其美，盈以出其恶也。泉之源曰‘天泽之泉’，出高而施下也。合而名之以屋，曰‘燕喜之亭’，取《诗》所谓‘鲁侯燕喜’者颂也。”又说：“传曰：‘智者

---

① 《辽史·文学上·萧韩家奴传》。
② 《新唐书·文艺传中·王翰传》。

乐水，仁者乐山'，弘中之德，与其所好，可谓协矣。智以谋之，仁以居之，吾知其去是而羽仪天朝也，不远矣。”这是典型的“比德”观念，通过命名的方式，先赋予自然山川以道德品性，然后通过对这些自然山川的旅游来体悟和铸造人生。自魏晋后，以适情悦性为目的的“畅神”和“澄怀”的旅游审美观念开始风行，然而，直到唐宋，中国士人似乎总也挣脱不了伦理本位和修德观念抛向旅游的万丈长缨。

宋代理学更加流行。理学家倡导安静修身，在内心中摒除私欲。张载在《太和》首篇中指出：“至静无感，性之渊源。”又在《张子语录中》谓：“静者善之本，虚者静之本。”朱熹《大学章句》曰：“知而后能定，定而后能静，静而后能安，安而后能得。”主静导致对动态的旅游活动的抑制和摒弃，修身就是要用天理来对包括休闲性旅游在内的娱乐活动等“人欲”进行扼杀。许多人的游乐天性遭到压抑，这种压抑被视为大德的表现。据李焘的《续资治通鉴长编》卷94载：天禧三年九月，给事中、参知政事兼太子宾客李迪对真宗介绍道：“昨日东宫赐宴，臣获陪侍。皇太子举动由礼，言不轻发，视伶官杂戏未尝妄笑，左右瞻仰无不恭肃。”真宗说：“常日居内庭，亦未尝妄言也。”而寇准却说：“皇太子天赋仁德，严重温裕，复禀圣训，勤道力学，实邦家之庆也!”把视游乐为无物的太子视为“天赋仁德”，足见社会是怎样在“存天理，灭人欲”。

由于儒家“无淫于游”的观念和“存天理，灭人欲”的思想，导致社会对引起欲和利的旅游活动的强烈抑制，到处弥漫着“禁游惰”的观念。《广西通志》卷64介绍了唐代官员韦丹，“元和初为容州刺史，教民耕织，禁游惰”的事迹。《旧唐书·李吉甫传》载：元和七年七月唐宪宗驾临延英殿，对李吉甫说道：“朕近日畋游悉废，唯喜读书。昨于《代宗实录》中见其时纲纪未振，朝廷多事，亦有所鉴诫。”这显然是皇帝讨好儒臣的言论，“畋游悉废”正是“无淫于游”的注脚。宋陈谟的《东宫备览》，是“取经史旧文有关于训储者，汇成一编”，分为二十条，分别是始生、入学、立教、师傅、讲读、宫僚、择术、广诲、谨习、主器、正本、问安、友悌、戒逸、崇俭、辨分、正家、规谏、几谏、监国。在自序中特别“申言二十余条中择妃嫔、简宫僚、谨游习三条，尤为切务”。去掉游乐的习气是教育太子的重要教条，足见理学对包括休闲性旅游在内的娱乐活动的警惕和排斥。这种排斥旅游的观念，并非仅仅弥漫于上层社会，而且还充斥于下层社会。宋陆九韶在《陆梭山居家正本制用篇》中认为“游”是“居家之病”：“居家之病有七，曰笑、曰游、曰饮食、曰土木、曰争讼、曰玩好、曰惰慢，有此一者，皆能破家。”把旅游与惰慢、争讼等并列，并危言耸听地指出它能破家误身。显然，游被视为“人欲”，是不正当的行为，因此被视为居家之病。因此唐宋以来，把在外旅游称为羁旅，写得十分凄凉。《敦煌曲子词》塑造了一个出行在外的游子的可怜形象：“作客在江西，寂寞自家知。尘土满面上，终日被人欺。朝朝立在市门西，风吹泪点双垂，遥望家乡长短，此是贫不归。”“作客在江西，得病卧毫厘。还往观消息，看看似别离。材人曳在道傍西，耶娘父母不知，身上缀牌书字，此是死不归。”

儒家也不是完全排斥旅游，而是竭力将旅游限制在一定的时间和范围内。宋代叶适在《醉乐亭记》中，对永嘉太守孙公“访民俗之所安而知其故，至清明节，始罢榷弛禁，纵民自饮”，又于西山建新亭以休遨游者的因民之乐而乐之的政绩作了歌颂，并发议论道：“古之善政者，能防民之佚游，使从其教；节民之醉饱，使归于德。何者？上无所利以病民也。及其后也，因民之自游而为之御，招民以极醉而尽其利。民犹有不得游且醉，则其赖于生者日已薄，而人之类可哀也已！故余记公之事，既以贤于今之所谓病民者，而推公之志，又将进于古之所谓治民者也。”

儒家还从孝道的角度，对冒险性旅游进行了限制。司马光在《家范·子》中指出：“（孝子）不登高不临深……孝子不服暗，不登危，惧辱亲也。”要求孝子不登高山，不临深渊，是怕摔死和淹死；要求孝子不服暗，是怕他身穿暗色的衣服在山林中行走，被猎人误作野兽射杀。身体发肤受之父母，如果毁伤了先人之“遗体”，便是不孝的行为。

儒家思想和理学观念的盛行，加强了三纲的伦理意识，突出了男主外女主内的观念，导致妇女独守空闺现象的加剧，引起闺怨闺思文学的泛滥。如唐温庭筠的《忆江南》就描写了一个空闺独处的寂寞少妇盼望丈夫回家的情景："梳洗罢，独倚望江楼。过尽千帆皆不是，斜晖脉脉水悠悠，肠断白苹洲。"像这样关于闺怨闺思的描写，到了宋代，更是俯拾皆是，如企盼丈夫则是"佳人妆楼颙望，误几回天际识归舟"①，思夫之愁是"无计可消除，才下眉头。却上心头"②，等等。

儒家的旅游伦理，基本格调是对旅游进行有效限制和控制，允许"游必有方"的文官旅游和百姓的节日旅游，限制皇帝的极度纵游和基层孝子的游乐欲望，其结果是约束了人们的旅游行为和游乐活动。当然，对旅游起限制作用的并非儒家一家观念，像道家和医家的某种龟缩式养生理论，对旅游也起了某种限制作用。如唐孙思邈指出："养性之道，常欲小劳，但莫大疲。"又说："养性之道，莫久行……久行伤筋也。"③ 以上的旅游观念是稳健内敛的观念，甚至是保守的观念。然而，随着社会发展、商品经济活跃和人们求知欲的旺盛，保守的旅游观念的影响日益减小，而积极、主动和乐观的旅游观念日益增强，呈彼消此长之态。隋唐五代宋元时期，旅游中激越欢快的旋律日益高昂，旅游的审美性和愉悦性也不断增强。

二、"适意为悦"的旅游观念

在儒家及其理学伦理加强的同时，摆脱其比德修身控制的纵情旅游观念也开始增强。特别是科举制度的产生和发展，促进了文人游学和文官宦游的发展。这些受过良好教育的文化之士，在比德的同时，日益倾向于在山水中纵情恣意，"适意为悦"(苏辙语)。浪漫多情、才华横溢的文人士大夫的宦游活动，既始终贯穿着游访名胜古迹的旅游活动，又不断在名胜古迹留下诗文书画等历史文物，

---

① 柳永:《八声甘州·对潇潇暮雨洒江天》。

② 李清照:《一剪梅·红藕香残玉蕈秋》。

③ 孙思邈:《备急千金方》卷26,《养性·养性序第一》。

成为后世旅游的对象。他们的活动是构成古代旅游文化的重要内容。

唐代，纵情山水、恣意旅游的观念已成燎原之势。文人士大夫的旅游本是沿着儒家的“比德”方向前进，然而，面对大自然的无限魅力，这些儒生士大夫也陶醉其中，忘了修身养德，而常常不自觉地把旅游当作适意悦情的手段。由于隋唐科举制的推行，文人儒生在功名的驱动下，外出游学、赶考、游宦，在这些活动中，他们对游览名胜产生了浓厚的兴趣。无论旅途多么艰难，仕途多么坎坷，这些饱读诗书、胸襟豁达的文人不忘游山玩水，访古探胜，甚至在谪宦边陲的途中也是如此。此时的山水诗、旅游赋和游记散文层出不穷，说明此时的人们愿意旅游，以旅游为乐趣，把旅游视为适情悦意的活动和手段，形成了“一生好入名山游”的旅游观念。

唐代大诗人李白的旅游观念是唐代士大夫文人旅游观念的代表。李白对待山川自然是极为喜好的。他 25 岁时便“杖剑去国，辞亲远游”(李白《上安州裴长史书》)。他离开四川后，过洞庭、游吴越，旅居于安陆；接着北上太原，东到齐鲁以至海滨，漫游 16 年。天宝元年起在朝廷供职三年后，又开始旅游生涯。他一生遨游名山大川，寻仙求道，纵情山水，在旅游中尝到了人生的乐趣，写下了大量的旅游诗篇，反映了他回归自然的愿望。在《朝发白帝城》中，他写道：“朝辞白帝彩云间，千里江陵一日还，两岸猿声啼不住，轻舟已过万重山。”表达了他轻松适意的审美感受。在《下终南山遇斛斯山人宿置酒》中，他咏道：“暮从碧山下，山月随人归。”“我醉君复乐，陶然独忘机。”表达了他陶醉于山水美酒之中的心态。在《庐山谣寄卢侍御虚舟》中，他写道：“五岳寻仙不辞远，一生好入名山游。”“好为庐山谣，兴因庐山发。”“先期汗漫九垓上，愿接卢敖游太清。”反映了他修道寻仙、归依自然的旅游观念。漫游中，曾与隐士东严子在今青城山“巢居数年”，远离尘嚣，以饲养和玩赏珍贵禽鸟为乐。旅居任城（山东济宁）时，与当时名士孔巢父、韩淮、裴政、张叔明、陶沔六人隐居于徂徕山中，终日酣歌舒啸，纵酒吟诗，时号“竹林六逸”。唐代喜好山水之游的诗人极多，如杜甫在《望岳》中就叙述了自己纵情山水的旅游生活："岱宗夫如何？齐鲁青未了。造化钟神秀，阴阳割昏晓。荡胸生层云，决眦入归鸟。会当凌绝顶，一览众山小。"此外，王之涣的"欲穷千里目，更上一层楼"，杜牧的"停车坐爱枫林晚，霜叶红于二月花"，白居易的"最爱湖东行不足，绿杨阴里白沙堤"和"日出江花红胜火，春来江水绿如蓝，能不忆江南？"王维的"襄阳好风日，留醉与山翁"，裴迪的"归山深浅去，须尽邱壑美，莫学武陵人，暂游桃源里"，温庭筠的"谁解乘舟寻范蠡，五湖四海独忘机"，常建的"山光悦鸟性，潭影空人心"等，都表达了唐代文人士大夫对山水自然的热爱以及对山水之游的喜好。

宋代虽然理学盛行，但当时并未立为国学，成为官方意识形态，因此在两宋时期休闲旅游愈益频繁，适意悦意的旅游观念风行一时。苏轼在《超然台记》中说："凡物皆有可观，苟有可观，皆有可乐。非必怪奇伟丽者也。哺糟啜漓，皆可以醉，果蔬草木，皆可以饱。推此类也，吾安往而不乐？"反映了"适情为悦"的旅游观念。其弟苏辙在《黄州快哉亭记》中说："士生于世，使其不自得，将何适而非快？"又盛赞张梦得"自放山水之间""无所不快"和"穷耳目之胜以自适"的旅游生活。可知北宋已倾向于将旅游的养德转向于养性养心。这是儒学与佛学及道学相融合的结果。苏辙在《武昌九曲亭记》中还叙述其兄在黄州一带山川中纵情旅游，"意适忘返，往往留宿于山上"，"有不得至，为之怅然移日。至其翩然独往，逍遥泉石，撷林卉，拾涧实，酌而饮之，见者以为仙也。盖天下之乐无穷，而以适意为悦。方其得意，万物无以易之"，"此子瞻之乐所以于乐于是也"。宋代这种以游为快的观念，使旅游成为社会上层人物生活之必需。苏舜钦在《苏州洞庭山水月禅院记》中说自己对山水名胜"若卒未果笔，则常若有物逼塞于胸中"，不游不快，不记不快。他在游洞庭山水时，"观其洪川荡漾，万顷一色，不知大地之大所能并容"，"予平生病闷郁塞，至此喝然破散无复余矣。反复身世，惘然莫知，但如蜕解俗骨，傅之羽翰，飞出八荒之外，呈其快哉"！这里的描写，与《庄子》的恣意汪洋一脉相承，反映了宋代旅游观既受儒家的影响，又受道家的影响，还受佛学的影响。后者从苏文“浮屠氏本以清旷远物事”“殊无纤介世俗间气韵”中可以得到印证。欧阳修对山水之游也是乐而醉之，在《醉翁亭记》中称“山水之乐，得之心而寓之酒也”，“乐亦无穷也”。可以说，宋代的“适意为悦”的旅游观念是一种养性养情的手段，已稍别于唐以前的“养德”。南宋遗民谢翱也是位纵情山水的文人，他喜欢“探幽发奇”，“其游迹非胜绝处不到”①。他的寄情山水，则有摆脱宋亡之烦恼的意思。

元代的文人士大夫也纵情山水，虞集曾登小孤山，“观其雄特险壮，浩然兴怀”，想到那些豪杰旷逸名胜之士和积幽愤而怀感慨的旅游者，“登兹山也，未有不廓然乐其高明远大而无所留滞者矣”。② 不仅抒发了自己登高兴怀的审美情绪，而且代表所有旷逸之士和积怨感怀的旅游者抒发了“廓然”而乐的心情。

至于当时的道士，在旅游时也以适意为悦。唐代天宝末，有峨眉山道士姓陈，“来游京邑，善长啸，能作雷鼓辟历之音，初则发声调畅，稍加散越，须臾穹窿砰磕，雷鼓之音，忽复震骇，声如辟历，观者莫不倾悚”，这种旅游时的长啸，恣情纵意，完全不顾他人的存在，已经到了忘机的地步了。③

三、“岩上无心云相逐”的隐逸闲适心态

文人士大夫达则兼济天下，穷则独善其身，隐逸山中，放浪江湖。唐代的隐士，在仕途失意后退隐山林，寄情山水，在所作山水诗中表达了以山水之游怡情悦性的闲适心态。孟浩然自从“不才明主弃”后，归隐山林，在《秋登兰山寄张五》中表达了优游山水的心情：“北山白云里，隐者自怡悦。”另一位落第隐者綦毋潜在《春泛若耶溪》中也道：“幽意无断绝，此去随所偶。晚风吹行舟，花露入溪口。”“生事且弥漫，愿为持竿叟。”吐露自己愿作钓

---

① 万凤：《谢翱行状》。

② 虞集：《小孤山新修一柱峰亭记》。

③ 封演：《封氏闻见记》卷 5“长啸”，辽宁教育出版社 1988 年版，第 27 页。

翁旅游山水间的思想念头。王维在隐居辋川别墅之后，描写自己归依自然、寄情山水的情景和心绪："空山新雨后，天气晚来秋，明月松间照，清泉石上流。竹喧归浣女，莲动下渔舟。随意春芳歇，王孙自可留。"

柳宗元也是深受儒家"退隐山林"观影响的传统士大夫。永贞革新失败后，柳宗元仕途失意，被贬永州、柳州等地。在此背景下，他开始纵情山水，希图从山水中获取道德力量，以独善其身。他在《始得西山宴游记》中写自己对游山玩水的喜好道："日与其徒上高山，入深林，穷回溪，幽泉怪石，无远不到，到则披草而坐，倾壶而醉。""以为凡是州之山水有异态者，皆我有也。""悠悠乎与颢气俱，而莫得其涯；洋洋乎与造物者游，而不知其所穷。引觞满酌，颓然就醉，不知日之久。"柳宗元在失意和抑郁之际，到山水中去旅游，以此达到物我俱忘、融入自然的目的，使自己的灵魂得到净化，使单纯的"修身""慎独"的伦理观念得到审美上的升华。在《至小丘西小石潭记》中，柳宗元说自己"闻水声，如鸣佩环，心乐之"，其间显然蕴含"知者乐水"的观念。退隐山中优游林下的观念，实际上是儒家"知者乐水，仁者乐山"观念的延伸。柳州柳侯祠的柑香亭畔，立着一块光绪十八年间柳州府事蒋兆奎所写的碑文，说他从柳宗元身上看到了学识文章、自然游观与政事的统一："夫文章政事，不判两途。侯固以文章而能政事者，而又以游观为为政之具，俾乱虑滞志，无所容入，然后理达而事成，故其惠化至今。"反映出儒家旅游审美观的道德取向。然而，在许多时候，作为被贬的谪宦，只能向山水求得心灵的抚慰，以物我两忘的心态摆脱失意的烦恼，因此，柳宗元虽有"仁山知水"的修德素养，但也常常表现出悠然自得、适意悦意的心情，在其《溪居》诗中抒发道："久为簪组束，幸此南夷谪。闲依农圃邻，偶似山林客。""往来不逢人，长歌楚天碧。"又在《渔翁》中云："回看天际下中流，岩上无心云相逐。"表达了依从自然的闲适心情。

宋代文人士大夫亦复如此。据叶梦得《岩下放言》卷下载，文彦博退居洛阳后，"日挟家童数辈，肩舆与宾客姻亲共游无虚时"。

除了文官穷则独善其身式的隐逸旅游外，还有深受道家思想影响、隐逸山林的逸士旅游。据《宋史·隐逸传》载，五代至北宋的著名隐士有陈抟，字图南，是亳州真源人。后唐长兴中，“举进士不第，遂不求禄仕，以山水为乐”。他自称曾遇孙君仿和獐皮两位隐士，对他说：“武当山九室岩可以隐居。”于是陈抟“往栖焉”，“因服气辟谷历二十余年，但日饮酒数杯。移居华山云台观，又止少华石室。每寝处，多百余日不起”。虽为周世宗召入宫中，拒不为官。北宋太平兴国中，太宗“留抟阙下，令有司增葺所止云台观。上屡与之属和诗赋，数月放还山”。另一位隐士种放，字明逸，是河南洛阳人。父亲死后，种放带着母亲“俱隐终南豹林谷之东明峰”。此后，种放“得辟谷术，别为堂于峰顶，尽日望云危坐。每山水暴涨，道路阻隔，粮糗乏绝，止食芋栗”。他性嗜酒，种秫自酿，认为“空山清寂，聊以养和”，因自号为“云溪醉侯”，自称“退士”。在山林间优游自在：“幅巾短褐，负琴携壶，溯长溪，坐磐石，采山药以助饮，往往终日。”每“值月夕或至宵分，自豹林抵州郭七十里，徒步与樵人往返”。淳化三年，当听说朝廷将征其为官时，“转居穷僻，人迹罕至”。后来兵部尚书张齐贤称“放隐居三十年，不游城市十五载，孝行纯至，可励风俗，简朴退静，无谢古人”，于是朝廷召其入朝，但种放却要求放归山林。真宗说：“放体格高古。闻其归，私居终日，默坐一室。山水之乐，亦天性也。”但还是授其官职，赐第京城。种放可谓“屡至阙下，俄复还山”，于是有人“诒书嘲其出处之迹，且劝以弃位居岩谷”。种放求归山林，但他既受爵禄，又经营田亩，每行必用官驿，“时议浸薄之”，看来也并非一位真隐之士，视隐逸为谋利求禄的手段。这在当时，也不乏其人。

四、“读万卷书，行万里路”的壮游观念

隋唐五代宋元时期，壮游天涯的旅游观念也迅速发展，并与游学相结合，形成了“读万卷书，行万里路”的壮游观念。

壮游观念在唐代颇为盛行。南朝时宗悫的“乘长风破万里浪”的壮游志向，影响了一代又一代人，唐代李白在“长风破浪会有时，直挂云帆济沧海”中表现出的雄心壮志，便得力于他的沾溉。

白居易也提出“千里始足下，高山起微尘”的旅游壮志，只要努力去行，就一定能完成旅行。后来的民间谚语对这种观念时有表达：“百日不休，万里易到”、“日日行，不怕千万里；常常做，不怕千万事”、“不怕路远，只怕志短”、“有志漂洋过海，无志寸步难行”。需要指出的是，即使是古代积极的旅游观念，对于旅行的速度也不太重视。荀子的“不积跬步，无以至千里”、“驽马十驾，功在不舍”，只强调旅行的决心，而不看重出行的速度。这是古代生活节奏舒缓，时间观念不强的反映，在古人看来，能够勇敢地迈出家门去旅游，就是了不起的进步。杜甫从长安赴奉先（今陕西蒲城）途中作《咏怀五百字》诗，其中“沉饮聊自遣，放歌破愁绝”一句，反映了他壮游天下的豪情。

至宋代，壮游天涯的旅游观念也很风行。北宋名相王安石认为，旅游必须立志，否则所获必小。他在《游褒禅山记》中指出：“夫夷以近，则游者众；险以远，则至者少。而世之奇伟瑰怪之观，常在险远，而人之所罕至焉。故非有志者，不能至也。”又说：“尽吾志而不能至者，可以无悔矣。”提出“游必立志”和“游必尽志”的观念。王得成在《登莲花峰记》中记王元冲鼓勇游山的事迹：“元冲曰：‘贤人勿谓天不可上，但虑其无志耳。’”元冲登山时遇“壁立群嶂，莓苔冷滑，石罅纵横，仅容半足，乃以死誓志，作气而登”，终于登上了山顶。通过塑造王元冲的形象，提倡壮志凌云、不畏艰险的精神。中国历史上一直有人传承着勇敢和冒险精神，如南宋杭州观潮时，就有“弄潮儿向涛头立，手把红旗旗不湿”的冒险者。南宋谢翱是一位在旅游上积极进取的旅游者，立志“欲穷山中之胜”，所以不惮“以足赴目”。

壮游天涯的观念，发展为游学合一的“读万卷书，行万里路”的旅游观念。这种观念萌生很早，荀子说：“不登高山，不知天之高也；不临深溪，不知地之厚也。”① 司马迁就曾广读天下之书，漫游天下之地，写出了纵贯古今、包容天下的百科全书式的史书——《史记》。及至唐代，“读万卷书，行万里路”的思想，蓄

---

① 《荀子·劝学》。

积而迸发，成为时代的强音。“读万卷书”来源于杜甫，“行万里路”则体现于李白。杜甫有诗云：“读书破万卷，下笔如有神。”李白则一生喜欢游历，足迹遍及大半个中国，五岳名山都留下过他的影子。他的“行万里路”与杜甫的“读万卷书”相互辉映，成为人们奉行的游学合一的准则。唐玄奘读万卷经，行万里路，西游取经，表现出强烈的求知欲望。此后“读万卷书，行万里路”，便成为读书人求知问学的两个必备途径：从书上学到理论知识，从游历中增长见识和体验。把读书与旅游并重，把书本知识与实践活动相结合，是东西方共有的求知传统。中国的求知传统生动地体现在“读万卷书，行万里路”这两句话中，西方的求知传统体现于“世界像本书，不外出旅行，仅读了其中的一页”这则英国谚语上面。读书与旅行的结合，是人类求知欲迸发的结果，亦是人类求真精神的表现。

元代吴澂的旅游观，更是“读万卷书，行万里路”的具体展现。他在《送何太虚北游序》中，详尽地阐述了旅游对于塑造旅游者求真文化人格的价值和作用。针对“不出户，知天下”的说法，提出了不同的看法，他指出：“男子生而射六矢，示有志乎上下四方也，而何可以不游也？”又用具有高智商的孔子游学的例子，说明旅游求知的重要性：“夫子，上智也，适周而问礼，在齐而闻韶，自卫复归于鲁，而后《雅》、《颂》各得其所也。夫子而不周、不齐、不卫也，则犹有未问之礼，未闻之韶，未得所之《雅》、《颂》也，上智且然，而况其下者乎？士何可以不游也！”他指出“不出户，知天下”的观念是老子的观点，老子的学问是有关身心的学问，把天下国家置之身外，所以他不主张出外游学：“然而彼谓不出户而能知者，非欤？曰：彼老氏意也。老氏之学，治身心而外天下国家者也。人之一身一心，天地万物咸备，彼谓吾求之一身一心有余也，而无事乎他求也，是固老氏之学也。”儒家学说则与此不同，需要通过旅游来求知：“而吾圣人之学不如是。圣人生而知也，然其所知者，降衷秉彝之善而已。若夫山川风土、民情世故、名物度数、前言往行，非博其闻见于外，虽上智亦何能悉知也？故寡闻寡见，不免孤陋之讥。”从交友来看，旅游也是必不可少的："取友者，一乡未足，而之一国；一国未足，而之天下；犹以天下为未足，而尚友古之人焉。陶渊明所以欲寻圣贤遗迹于中都也。然而士何可以不游也?"无论是访今友还是访古友，都需要旅游。访古友就必须对名胜古迹进行旅游。

他对于后来的旅游者外出旅游不是求知问学，而是夤缘干进的心态进行了抨击和嘲讽，指出："而后之游者，或异乎是。方其出而游乎上国也，奔趋乎爵禄之府，伺候乎权势之门，摇尾而乞怜，胁肩而取媚，以侥幸于寸进。及其既得之，而游于四方也，岂有意于行吾志哉！岂有意于称吾职哉！苟可以夺攘其人，盈厌吾欲，囊橐既充，则阳阳而去尔。"他一语道破了古今旅游在旅游目的上的本质区别："是故昔者之游者为道，后之游者为利。游则同，而所以游者不同。"他对于那些浅尝辄止、闭门造车的陋儒进行了批评，而对朋友何太虚以求知和开阔视野为目的外出旅游的行为进行了高度评价："太虚以颖敏之资，刻厉之学，善书工诗，缀文研经，修于己，不求知于人，三十余年矣。口未尝谈爵禄，目未尝睹权势，一旦而忽有万里之游，此人之所怪而余独知其心也。世之士，操笔仅记姓名，则曰：'吾能书!'属辞稍协声韵，则曰：'吾能诗!'言语布置，粗如往时所谓举子业，则曰：'吾能文!'阖门称雄，矜己自大，醯瓮之鸡，坎井之蛙，盖不知瓮外之天，井外之海为何如，挟其所已能，自谓足以终吾身、没吾世而无憾，夫如是又焉用游！太虚肯如是哉?书必钟、王，诗必陶、韦，文不柳、韩、班、马不止也。且方窥闯圣人之经，如天如海，而莫可涯，讵敢以平日所见所闻自多乎?此太虚今日之所以游也。是行也，交从日以广，历涉日以熟，识日长而志日起，迹圣贤之迹而心其心，必知士之为士，殆不止于研经缀文工诗善书也。闻见将愈多而愈寡，愈有余而愈不足，则天地万物之皆备于我者，真可以不出户而知。是知也，非老氏之知也。如是而游，光前绝后之游矣，余将于是乎观。"① 对旅游与求知的关系作了最为详明的论述，道出了求知对

① 吴澄：《吴文正集》卷34，《送何太虚北游序》，景印文渊阁四库全书本。

塑造旅游者求知文化人格的巨大功用，成为“读万卷书，行万里路”的具体阐述和生动写照。

五、旅游审美意识与日月森林意象

隋唐五代宋元时期文官宦游的盛行，丰富和发展了旅游花样和审美艺术，促进了对旅游价值功能的进一步认识，超越了先秦秦汉时旅游的社会调节论，承认旅游具有个人审美和人性调适的功能，“适意为悦”、“何适而非快”、“无所不快”和“穷耳目之胜以自适”正是人类审美意识的反映。文人士大夫在山水的畅游中，已自觉或不自觉地将旅游的养德功能转化为养性功能，这一转变其实得力于儒学与佛学和道学的融合。

与此同时，文官的多愁善感，也给旅游生涯赋上了或浓或淡的哀愁和悲别情绪，使传统旅游涂上了某种悲剧色彩，形成了特殊的审美感受。文官们离家万里、宦海浮沉，使得其旅途充满了悲壮和哀愁的格调。隋代孙万寿就把其宦游称为“羁游”，并称自己“归思常搔首”。杜甫流寓夔州后作《秋兴八首》，其一曰：“丛菊两开他日泪，孤舟一系故园心。”在《登高》中称“万里悲秋常作客”，表达了在外孤游的凄凉感受。边塞诗人李益曾游燕赵间和西北边地，作《春夜闻笛》云：“寒山吹笛唤春归，迁客相看泪满衣。”《夜上受降城闻笛》则写尽了乡思之情：“不知何处吹芦管，一夜征人尽望乡。”柳宗元的“共来百越文身地，犹自音书滞一乡”反映了他被贬后的思乡之情。张籍在《秋思》里也表达了自己的思乡情怀：“洛阳城里见秋风，欲作家书意万重，复恐匆匆说不尽，行人临发又开封。”想写家书，但又怕言不达意，以至于临行前又打开重写。杜甫在《送六侍御入朝》诗中写久别重逢，乍逢又别，别后相见无期的心情，充满着乱世人生的感慨：“童稚情亲四十年，中间消息两茫然。更为后会知何地？忽漫相逢是别筵！不分桃花红似锦，生憎柳絮白于绵。剑南春色还无赖，触忤愁人到酒边。”韦应物在《赋得暮雨送李曹》中表达了对朋友的别离之情：“相送情无限，沾襟比散丝。”司空曙《云阳馆与韩绅宿别》则惧怕别离：“故人江海别，几度隔山川。乍见翻疑梦，相悲各问年。

孤灯寒明雨，深竹暗浮烟。更有明朝恨，离怀惜共传。”戴叔伦《江乡故人偶集客舍》有同样的心绪：“天秋月又满，城阙夜江重。还做江南会，翻疑梦里逢。风枝惊暗鹊，露草复寒虫。羁旅长堪醉，相留畏晓钟。”刘长卿《饯别王十一南游》称：“望君烟水阔，挥手泪沾巾。飞鸟没何处？青山空向人。长江一帆远，落日五湖春。谁见汀洲上，相思愁白苹。”李白的“此地一为别，孤蓬万里征”，也是惜别的写照。

明知宦游途中充满孤独、艰辛和离愁别绪，但他们仍然迈步向前，使得他们的旅游在安居与远游之间形成了一种美学意义上的张力，使中国传统旅游出现了稳健内敛的特殊形态。隋唐五代宋元时期文官的宦游，与西方同时代的宗教历险和骑士探险相比，从形式上来看，没有后者那么劲厉和勇猛，但内涵却更为深邃而丰富，意境悠远深长，人文气息更为浓厚。隋唐五代宋元时期，文官宦游时表现出的丰富的审美内涵、优雅的旅游举止，优美的旅游作品和内敛的旅游性格，形成了别具一格的旅游美学形态。

具有文化眼光的文官们的宦游活动，还促进了山水审美意识的发展。王维的旅游诗句“空山新雨后”、“山色有无中”，对山水的虚与实关系作了描述，其“声喧乱石中，色静深山里”的诗句，则对山水所呈现出的动与静的关系作了描绘，其“分野中峰变，阴晴众壑殊”的诗句，对山水所具有的常与变的关系作了体察，其“白云回望合，青霭入看无”的诗句，更对山水所展现出的光与色的关系作了捕捉，形成了“诗中有画，画中有诗”的特色。以上的佳句妙语，反映了唐代文人对山水的美学特征具有细致入微的体察能力和生动形象的描绘功力。

隋唐五代宋元时期，既然是中国文官宦游的黄金时代，那么它所形成的特殊的审美偏好和审美特征，对于后世肯定会产生深远的影响。这一时期，文人士大夫在旅游过程中，对黄昏、明月和森林景象特别偏爱，这种偏爱是“原始意象”（集体无意识）经过代代遗传，在唐宋文人身上的强烈显现和集中表达，使唐宋文人对黄昏、明月和森林景象形成了一种特殊的审美意象，并将这种审美爱好沉淀在其旅游文学作品之中。

如果说西方人对地中海的蔚蓝色有所偏好的话，那么中国人则对橘黄色的落日余晖更感兴趣。夕阳和黄昏具有“群体意境”。夕阳与黄昏意象是唐宋文人山水审美的中心物象，而环绕着这个中心物象，汇聚其他陪衬物象，组成博大的意象群体，显示出广阔的情感和美学蕴涵，形成悠远深长的美学意境。夕阳作为中心物象通常与青山、古道、草树、荒村、大漠、归鸟、暮云、烟雨等组合在一起，从而使审美情感弥漫于广阔的时空。青山绿水一经夕阳的点染就表现出非凡的美学意境。宋人杨万里道：“好山万般无人见，都被斜阳拈出来。”夕阳光闪之后，青山绿水顿添魅力。正因为如此，中国的旅游者特别欣赏落日的余晖和黄昏的景色，吟咏出不朽的黄昏赞歌。唐代诗人刘长卿《送灵澈上人》描写了青山晚照的美丽景色：“荷笠带夕阳，青山独归远。”张九成的《过报恩》“远树楼头绿，残霞山外红”及戴复古的《世事》“春水渡旁渡，夕阳山外山”亦有同样的彩绘。权德舆的《晚》则刻画了夕阳草树的独特风景：“古树夕阳尽，空江暮霭收。”王勃的“落霞与孤鹜齐飞，秋水共长天一色”和白居易《暮江吟》“一道残阳铺水中，半江瑟瑟半江红”以及方文《报山绝顶》“夕阳千岭秀，春水一江明”均描绘了碧水余晖的景色。类似的赞美在北宋文人范仲淹的《苏幕遮》中也能看到：“山映斜阳天接水，芳草无情，更在斜阳外。”金朝的元好问《山居杂余》“疏烟沉去鸟，落日送归牛”，和孟洋《烟》“湘流落日处，沙回暮生烟”以及王邦畿《春郊》“云低沧海树，潮上夕阳城”，均勾画了云烟暮霞的迷人图景。

文人士大夫们对旅途中的月亮及其明辉，也有一种特殊的审美偏好。仰望明月，旅游者眼前立即展示出一种阔大苍凉的宇宙空间、浩渺悲壮的天问意识和雄浑高古的审美境界。一旦置身月光之下，便油然而生思古幽情。李白在《把酒问月》诗中喟叹道：“今人不见古时月，今月曾经照古人。古人今人若流水，共看明月皆如此。”他在巴山蜀水的旅游途中，举头望见明月，不禁叹赏不已：“峨眉山月半轮秋，影入平羌江水流。”又在《送杨山人归嵩山》中云：“我有万古宅，嵩阳玉女峰，长留一片月，挂在东溪松。”张若虚在《春江花月夜》中咏道：“江天一色无纤尘，皎皎空中孤月轮。江畔何人初见月，江月何年初照人。人生代代无穷已，江月年年望相似。”唐宋文人将月亮赋予了心灵虚静和空间澄净的审美意境，通过对月亮的观览，激发起自己妙悟宇宙万物的空灵情怀，从而进入一种无牵无累的逍遥游的自由精神世界。刘禹锡中秋于桃源赏月时，成《八月十五日夜桃源玩月》一诗，称“尘中见月心亦闲，况是清秋仙府间”。宋代文官张孝祥夜游洞庭，赋《念奴娇·过洞庭湖》词一阙云：“玉鉴琼田三万顷，著我扁舟一叶。素月分辉，明河共影，表里俱澄澈，悠然心会，妙处难与君说。”唐宋文人还将月亮赋予了温馨绰约、淡泊朦胧的审美意境，以此折射女性的光辉，表达由思念母亲引起的思乡情愫。张若虚的“春江潮水连海平，海上明月共潮生。滟滟随波千万里，何处春江无月明”，李白的“秀色不可名，清辉满江城，人游月边去，舟在空中行”，以及《静夜思》中的“床前明月光，疑是地上霜，举头望明月，低头思故乡”，杜甫《月夜忆舍弟》中的“戍鼓断人行，秋边一雁声。露从今夜白，月是故乡明”，卢纶《晚次鄂州》中的“三湘愁鬓逢秋色，万里归心对月明”，徐祯卿《月》中的“故园今夜月，迢递向人明”等，都传递出“游子思故乡”的文化信息。傅道彬认为，月亮作为原始意象，蕴含着中国人寻找母亲世界、寻找精神家园的心理，飘零在外的游子，怀念家园和父母的情思，常寄托于明月遥相传递。当孤臣浪子云游天涯之际总是把明月与故乡联系在一起，明月成为启动乡愁、寄托相思、返归家园的象征。在唐宋文人的心中，月亮还被视为逃避现实苦难、超尘拔俗、笑傲山林的审美典范。李白的《月下独酌》云：“花间一壶酒，独酌无相亲。举杯邀明月，对影成三人。月既不解饮，影徒随我身。暂伴月将影，行乐须及春。我歌月徘徊，我舞影零乱。醒时同交欢，醉后各分散。永结无情游，相期邈云汉。”张孝祥在《观月记》中指出：“观中秋之月，临水胜；临水之观，宜独往；独往之地，去人远者又胜也。”反映出月亮所具有的超凡出尘的美学意义。

唐宋文人还对森林景象形成了经典的审美意象，有着特殊的迷恋和倾心。森林树木是风景的重要的外在物质表象，然而它也深隐着先民的原始意象，被唐宋文人自觉或不自觉地体悟和揭示。森林的荣枯对旅游者情绪有很强的感染。游子常借落叶意象来表现身世飘零的伤感情怀。唐代韦应物的“窗里人将老，门前树已秋”和司空曙的“雨中黄叶树，灯下白头人”，以及陈子昂《感遇诗》“兰若生春夏，芊蔚何青青。幽独空林色，朱蕤冒紫茎。迟迟白日晚，袅袅秋风生。岁华尽摇落，芳意竟何成”，都是此一情绪的反映。当森林以苍翠欲滴葱茏繁茂的面貌展现时，就把游人带向了恬淡幽静和欢欣愉快的境地。宋梅尧臣的《鲁山山行》“适与野情惬，千山高复低。好峰随处改，幽径独行迷。霜落熊升树，林空鹿饮溪。人家在何许？云外一声鸡”，苏轼的《腊日游孤山访惠勤惠思二僧》“水清出石鱼可数，林深无人鸟相呼”，丁元珍的《和永叔新晴独过东山》“芳辰五百前，选胜到林泉。万树绿初染，群花红未然。阴岩犹贮雪，暖谷自生烟。妇汲溪头水，人耕草际田。日中林景直，风静鸟声圆。犍令多情甚，寻春最占先”，都是旅游过程中对生意盎然的森林景象的礼赞。孟浩然云“儒道虽异门，云林颇同调”，反映出儒道两家思想主张虽然龃龉抵触，但钟情山水醉心云林却颇为一致。① 对黄昏、明月和森林的审美并非始自唐宋，但一经唐宋文人的揭示和表达，便对后世产生了深远的影响。

六、隋唐五代宋元的游记

游记是旅游者对旅游过程的真实记载，特别是对游山玩水的审美性记录。完整的游记在唐代独立出现②，反映出这一时期山水审美的独立和成熟。王思任在《南明纪游序》中，认为游记始于柳宗元：“司马子长善游，天未启其聪，不晓作记。记自柳子厚开。”③ 康熙间长洲人尤侗在为《天下名山游记》作序时也指出：“古之人游名山者，亦复何限！往往见诸诗赋，而记志无闻焉。至

① 以上改写自傅道彬：《晚唐钟声——中国文化的精神原型》，东方出版社 1996 年版，第 41~66 页，谨致谢忱。

② 此说见于倪其心等：《中国历代游记选·前言》，中国旅游出版社 1985 年版。

③ 王思任：《王季重小品》，文化艺术出版社 1996 年版，第 174 页。

唐柳柳州始为小文。自时厥后，递相摹仿，载述遂多。”① 柳宗元的《永州八记》，的确成为中国山水旅游的游记典范。其中的《始得西山宴游记》和《至小丘西小石潭记》等，一直为后世游记所宗奉。唐代游记一般表达了文人士大夫对山水游赏的怡悦心情。如元结在《峿台铭序》中指出他对峿台山石取名以及对峿台的游览是“盖非愁怨，乃所好也”。他还在铭文中叙述自已脱离尘世、回归自然的心情：“湘渊清深，峿台峭陵，登临长望，无远不尽。谁厌朝市，羁牵局促。借君此台，一纵心目。”元结还写了一篇《浯溪铭序》，表达了对山水旅游之爱：“浯溪在湘水之南，此汇于湘，爱其胜异，遂家溪畔。”唐代大诗人白居易在《草堂记》中描写了庐山之奇秀以及对庐山之喜爱。他说自己“若远行客过故乡，恋恋不能去”，“其喜山水，病癖如此”，“庐山以灵胜待我，是天与我时，地与我所，卒获所好，又何以求焉？”他对庐山之爱，是因为它能怡悦心灵：“今我为是物主，物至致知，各以类至，又安得不外适内和，体宁心恬哉！”白居易认为旅游山水不仅能使身体舒适，而且能使内心适意恬静。这种旅游观念已向旅游审美的主体感受和超越道德、归依人性的价值功能迈进。两宋的游记承唐代之传统，有所发展和光大。出现了许多著名的游记，如柳开的《游天平山记》、欧阳修的《醉翁亭记》、苏舜钦的《苏州洞庭山水月禅院记》、苏轼的《石钟山记》、范成大的《峨眉山行记》、王质的《游东林山水记》等。元代的山水游记仍有出色的文章出现，像麻革的《游龙山记》、邓牧的《超然观记》和许有壬的《林虑记游》等都给人留下了深刻的印象。

到宋元之际，总结游记的著作开始出现。宋末陈仁玉编写了中国第一部游记文学史《游志》，把中国两千多年来的游记汇成一书，认为出游山川实是人性之所需，在序言中明确指出：“因怀自古山川之美，人物之胜，登览游徙之适，虽其有得于是，有感于是者不能尽同，而皆超然无有世俗垢氛物欲之累。意谓今古乐事无过

---

① 尤侗：《天下名山游记·序》，载吴秋士编：《天下名山游记》卷首，上海书店 1982 年版。

此者。”元代陶宗仪继其后又编成《游志续编》，收录了中唐以后的游记。

除了山水游记外，这一时期还出现了其他一些游记，如宗教游记、海外经行游记和社会游记等。宗教游记，是僧人求法取经过程的记录，偏重于对获得经书的过程和翻译经书过程的叙述，如法显的《佛国记》。到了隋唐宋元时代，这类作品开始增多。如唐僧玄奘将其西行天竺取经的过程，口述后由弟子写成了《大唐西域记》，记录了玄奘西行五万余里的过程，以及在印度 17 年的求法学佛的经历，涉及今印度、阿富汗、巴基斯坦等 138 个国家的历史和风情。唐代的义净从海上到天竺求法取经，回国途中，在室利佛逝撰写了《大唐西域求法高僧传》、《南海寄归内法传》二书，虽非严格意义上的游记，但部分内容涉及义净求法的过程，具有游记的性质。此外，二书记录了其他僧人的求法经历，是间接的旅游记录。如《大唐西域求法高僧传》卷上《交州木叉提婆师》记录道："木叉提婆者，交州人也。不闲本讳。泛舶南溟，经游诸国。到大觉寺，遍礼圣迹。于此而殒，年可二十四五矣。"这两部书还记录了南海诸国的情况。

海外经行游记是对商人或其他非宗教人士旅游过程的记录。如元代汪大渊的《岛夷志》便是这一类的游记。汪大渊远航回国后，开始编写《岛夷志》。据汪大渊自称："所过之地，窃常赋诗以记其山川、土俗、风景、物产。"这些诗作成为他撰写《岛夷志》的最原始的记录和回忆的线索。《岛夷志》把两次航海所经历的和闻见的各国社会经济、奇风异俗记录下来。他表示书中所记"皆身所游焉，耳目所亲见，传说之事则不载焉"。明永乐年间，跟随郑和下西洋的马欢证实了汪大渊的游记的真实性：称自己随郑和所至，历涉诸邦，"目击而身履之，然后知《岛夷志》所著者不诬"。据其书节略而成的《岛夷志略》涉及亚、非、澳各洲的国家与地区达 220 余个，记录了当地的风俗、物产和贸易。书中还记述了台湾和澎湖的情况，据其记载得知，当时的台湾属澎湖，而澎湖属泉州晋江县，盐课、税收皆归晋江县所得。《岛夷志略》还记载了澳洲（罗娑斯）的见闻，记述澳洲土著人是"男女异形，不织不衣，以鸟羽掩身，食无烟火，惟有茹毛饮血，巢居穴处而已”，有的“穿五色绡短衫，以朋加刺布为独幅裙系之”。还记述了澳洲北部海岸的安亨半岛和高达800米的基培利台地，“奇峰磊磊，如天马奔驰，形势临海”。

社会游记是旅游者对所经过的城市乡村社会情况的记录，如南宋陆游在从临安到四川赴任途中，将旅行过程逐日记录了下来，写成《入蜀记》，堪称旅游日记。书中开篇便载：“乾道五年十二月六日，得报，差通判夔州。方久病，未堪远役，谋以夏初离乡里。”正式记载从乾道六年闰五月十八日开始，“晚行，夜至法云寺。兄弟饯别，五鼓始决去”。游记中记载了许多社会民俗，如六月“二日，禺中解舟。乡仆来，言乡中闵雨，村落家家车水。比连三年颇稔，今春父老言，占岁可忧，不知终何如也”，“三日黎明，至长河堰，亦小市也，鱼蟹甚富”。① 可见此社会游记是宋代社会生活的真实见证。

游记在唐宋形成并独立，反映了中国传统旅游文化的成熟和兴盛。

第六节　隋唐五代宋元的旅游制度与风俗

一、隋唐五代宋元旅游制度

在旅行制度上，隋唐五代宋元时期又有所建设与发展。旅行制度包括车舆等级制度、清道回避制度、关禁宵禁制度等。

车舆等级制度，在当时仍然盛行。隋代即规定按级别乘坐相应的车舆和船舶。据《隋书·炀帝纪上》载，大业元年八月，炀帝将乘龙舟巡幸江都时，下令“文武官五品已上给楼船，九品已上给黄蔑”。二年二月又诏尚书令杨素、礼部侍郎许善心等人“制定舆服，始备辇路及五时副车”。其规定是：“上常服，皮弁十有二琪，文官弁服，佩玉，五品已上给犊车、通幰，三公亲王加油络，

① 陆游：《入蜀记》，上海远东出版社1996年版，第1~6页。

武官平巾帻，裤褶，三品已上给爬槊。下至胥吏，服色皆有差。非庶人不得戎服。”另据《旧唐书·舆服志》载：“隋制，车有四等，有亘幰、通幰、轺车、辂车。初制五品以上乘偏幰，其后嫌其不美，停不行用，以亘车代之。三品以上通幰车，则青壁。一品轺车，油幰朱网。唯辂车一等，听敕始得乘之。”系统制定了隋朝官民的舆服，其中的车舆制度，就属于旅行制度。这种对舆服根据品级进行使用的规定，在唐宋元代都曾实行。如唐制“天子车舆有玉辂、金辂、象辂、革辂、木辂，是为五辂，耕根车、安车、四望车，已上八等，并供服乘之用”。此外，皇帝还有指南车、记里鼓车、白鹭车、鸾旗车、辟恶车、轩车、豹尾车、羊车、黄钺车等。皇后按规定使用的车乘，有重翟、厌翟、翟车、安车、四望车、金根车六等。皇太子的车辂，有金辂、轺车和四望车。王公以下的车辂，“亲王及武职一品，象饰辂。自余及二品、三品，革辂。四品，木辂。五品，轺车”。① 元代禁止倡优出行时骑马。据《元史·顺帝纪三》载：至元五年十月壬辰，“禁倡优盛服，许男子裹青巾，妇女服紫衣，不许戴笠、乘马”。

清道回避制度，唐代在法律上有严格的规定。《故唐律疏议》卷7“卫禁”规定：皇帝出行时，行人若不知回避，甚至冲入皇帝车队中间，就要判处徒刑：“车驾行幸，皆作队仗。若有人冲入队间者，徒一年；冲入仗间者，徒二年。”“若有人误入队间，得杖九十，误入仗间，得徒一年。”仪仗距皇帝较近，故冲入或误入仗间比队间处罚要重。此外，唐代回避制度在水上行船上也有体现。《故唐律疏议》卷27“杂律”规定：“若船筏应回避而不回避者，笞五十。”

除了皇帝出行时的跸警回避制度外，官员出行也有喝道制度。唐代的喝道（传呼回避）范围从半坊扩大到两坊甚至更远，弄得民怨沸腾。温造为唐文宗时御史中丞，常在出行时令人回避，如若不避，则或捕其从人，或拖走其马。《旧唐书·温造传》对其事所载甚详：“（造）尝遇左补阙李虞于街，怒其不避，捕祗承人决脊

① 《旧唐书·舆服志》。

十下。左拾遗舒元褒等上疏论之曰：‘国朝故事，供奉官衔中除宰相外，无所回避。温造蔑视朝廷典礼，凌陛下侍臣，恣行胸臆，曾无畏忌。……（拾）遗、补（阙）官秩虽卑，陛下侍臣也；中丞虽高，法吏也。侍臣见凌，是广不敬；法吏坏法，何以持绳？前时中书舍人李虞仲与造相逢，造乃曳去引马；知制诰崔咸与造相逢，造又捉其从人。……臣闻元和、长庆中、中丞行李不过半坊，今乃远至两坊，谓之‘笼街喝道’。但以崇高自大，不思僭拟之嫌。若不纠绳，实亏彝典。’”从舒元褒的疏状中可以看出，温造之所以对不回避自己的官吏又是抓人，又是拖马，是因为他所任的御史中丞地位较高，所以他敢于仗着“贱避贵”的准则对低级官吏大要威风。而舒元褒弹劾他，是因为唐代还有一个不成文的法规，即皇帝身边的侍臣在旅行中遇见其他官员，除宰相外一律不加避让。由于是不成文法（即“故事”），所以温造才敢不加理会，照抓不误。此外，从舒元褒的疏中还可以得知，唐代的喝道回避制度越来越蔓延，回避的范围越来越大，甚至到了“笼街喝道”的地步。当舒元褒的疏状递上去后，唐文宗对这种旅行中的纠纷作了裁决。同上书载敕曰：“宪官之职，在指佞触邪，不在行李自大；侍臣之职，在献替可否，不在道路相高。……其台官与供奉官同道，听先后而行，道途即祗揖而过，其参从人则各随本官之后，少相辟避，勿言冲突。又闻近来，应合导从官，事力多者，街衢之中，行李太过。自今后，传呼前后，不得过三百步。”唐文宗的裁决是，台谏官与侍从官出行相遇时，只需互相揖让即可。此外他规定以后官员出行时喝道范围不得超过三百步。一次小小的相遇，引起这么大的冲突乃至惊动皇上，足见人们把旅行中的等级规定看得多么重要。

唐代不少记载反映了当时官吏出行时喝道的情形。韩愈在其《饮城南道边古墓上逢中丞过赠礼部卫员外少室张道士》一诗中说：“偶上城南土骨堆，共倾春酒两三杯。为逢桃树相料理，不觉中丞喝道来。”喝道之扰民与败兴，引起了很多人的不满。《义山杂纂》曾把喝道说成是“杀风景”的一种形式：“杀风景事，一曰花间喝。”喝道是古代清道回避制度的一种延伸和扩张。它是行人在很少遇见皇帝跸警的情况下，很容易遇到的一种令人惊慌胆战的场面。这种习见的喝道已成为儿童游戏的内容，正如路德延《孩儿诗》所描写的那样“排衙朱榻上，喝道画堂前”，足见喝道对人们生活影响之深。

至宋代，清道回避制度日益程式化，皇帝和官吏出行都要“喝道”以驱赶行人。“肃静”、“回避”更是出行时必不可少的两块招牌。据吴自牧《梦粱录》载，皇帝出行要实行跸警制度，要禁更、喝道。该书“驾驭出宿斋殿”条，先引“舍人殿上亲警跸，要知不是御常朝”一诗，然后指出：“上御驾出……禁卫羽林兵，俱全装铁骑，数万围绕大内”，“或作鸡鸣，是众人一同喝道”。又引前人描绘喝道场面的诗曰：“将军五使欲来时，停著更筹问‘是谁’？审得姓名端得了，齐声喝道不容迟。”然后指出：“又置警场于丽正门外，名为‘武严兵士’……宿太庙，宿郊坛青城行宫，俱用严更警场也。”①

宋代还有皇帝专用的御道。据《东京梦华录》卷2《御街》载：“坊巷御街，自宣德楼一直南去，约阔二百步，两边乃御廊，旧许市人买卖于其间，自政和间官司禁止，各安立黑漆杈子，路心又安朱漆杈子两行，中心御道，不得人马行往，行人皆在廊下朱杈子之外。”御道不许百姓行走，也算是一种特殊的清道回避制度。

关禁和宵禁制度，在隋唐五代宋元时期仍在执行，不过其间在某些时间和地点有所松弛。唐代继续实行关禁制度，设关令对来往行人进行盘查。据《旧唐书·职官志三》载：“关令各有府、史。关令掌禁末游，伺奸慝。凡行人车马出入往来，必据过所以勘之。”唐朝的宵禁令规定，更鼓一敲，行人都不得再行，市民皆不准外出。白行简《李娃传》称：“久之日暮，鼓声四动。姆曰：‘鼓已发矣，当速归，勿犯禁！’”另据《摭异记》曰：“宪宗迁葬，都人士毕至。裴通远家在崇贤里，妻女亦往纵观。日暮归至天门街，夜鼓将动，有白头妪亦忙遽而行。裴家青衣谓妪曰：‘若步履不逮，惧犯禁，车中尚可通融。’”可见唐代宵禁不仅针对男人，对女人亦是一样。如果违反宵禁制度，将受到严厉的处罚。唐

① 吴自牧：《梦粱录》，山东友谊出版社2001年版，第52~53页。

开元十九年冬，玄宗“驾东巡，至陕，以厅为殿，郭门皆属城门局。薛王车半夜发，及郭，西门不开，掌门者云：‘钥匙进内。’家仆不之信，乃坏锁彻关而入。比明日，有司以闻，上以金吾警夜不谨，将军段崇简授代州督，坏锁奴杖杀之”①。薛王就是玄宗五弟李隆业，即使贵为宗王的他犯夜禁而入，也要受到相应的惩治，而守门的将领也受到牵连。

宋代旅行法令中也有宵禁规定，但却常常有所松弛。这是因为两宋时期，商品经济繁荣，商品交换频繁，政府常常允许开夜市以促流通，如此一来，宵禁制度便不得不放松限制。此外，每逢良辰佳节，皇帝官吏追求热闹，常常通宵达旦地与民同乐，游街观玩，夜禁令也因此网开一面。据《梦粱录》卷13“天晓诸人出市”条载：“最是大街一两处面食店及西坊西食面店，通宵买卖，交晓不绝。缘金吾不禁，公私营干，夜食于此故也。”金吾即执金吾，是管理首都治安的官员。“金吾不禁”说明官府对夜市不加禁止。既然对夜市不禁，对前来交易的商旅、顾客和游人的旅行自然也不会禁止。除了因开夜市而不实行宵禁外，宋代节日之夜也不实行宵禁。据《梦粱录》卷1“元宵”条云：“正月十五日元夕节……儿童……拦街嬉耍，竟夕不眠。更兼家家灯火，处处管弦……游人玩赏，不忍舍去……公子王孙，五陵年少，更以纱笼喝道，将带佳人美女，遍地游赏。”显然，如此狂欢之夜，官府是断然不会实行宵禁的。另据卷4“中秋”条载：“八月十五中秋节……此夜天街卖买，直至五鼓，玩月游人，婆娑于市，至晓不绝。盖金吾不禁故也。”与以往朝代相比，南宋的宵禁制度大为疏阔松弛。然而，南宋的宵禁制度并未荡然无存，卷5“驾出宿斋殿”条透露：“或作鸡鸣，是众人一同喝道。自初更至四更一点方止，此谓之‘禁更’。”“禁更”就是宵禁制度。南宋的宵禁制度虽然对节日中的良民百姓开放，但对于妓女诸营班院中人，则规定他们不得夜游，同上书“元宵”条云：“诸酒库亦点灯球，喧天鼓吹，设法大赏，妓

① 钱易：《南部新书》，载《唐五代宋笔记十五种》，辽宁教育出版社2000年版，第41~42页。

女群坐喧哗，勾引风流子弟买笑追欢。诸营班院于法不得与夜游，各以竹竿出灯球于半空，远睹若飞星。”也就是说，对妓女及诸营班院的人则实行宵禁。可以这么认为，南宋的宵禁制度与以往一律禁止夜行不同，它既不是一律实行宵禁，也不是完全解除宵禁，它的宵禁和弛禁都是部分的，依地点、时间和人物对象的不同而有异，这是南宋宵禁的特点。对夜市和节日实行的解禁，对皇帝住地和部分人的宵禁，反映了商品经济发展和皇权专制加强的状况，这种经济和政治的一弛一张，反映了南宋经济和政治之间的矛盾及其调和。

与关禁和宵禁相关的通行证和身份证制度，当时仍然在执行。五代十国时，旅行时须持通行证或身份证。据徐铉的《稽神录》载：道士张谨，既失书囊行李，将及潼关，“时秦陇用兵，关禁严急，客行无验，皆见刑戮”，因不敢东渡。① 这里的“客行无验”之“验”，即指的是通行证或身份证，也就是古代的符传。宋代出入宫禁，须持有通行证“号”符，否则治罪。据吴自牧《梦粱录》“驾出宿命斋殿”条称，文武百官跟随皇帝出入宫禁斋殿时，“各给黄方号，余黄长号、绯方长号，各有入殿宫坛门去处，如无号妄入者，准违制论也”。这里的“号”符，无疑是一种通行证。

在旅行住宿时进行登记的制度，可以说是身份证制度的延伸，是朝廷对旅行进行管制的重要手段。住宿登记制度在元代有详细的文献记载。据中世纪摩洛哥旅行家白图泰（张星烺译为拔都他）的游记中游历中国记部分所载：“在中国行路，最为稳妥便利……路中各站，皆有逆旅可以栖宿，有官吏专管之。……天全黑时，管理官员及其书记来舍，将留舍客人，逐一点名记簿，盖印后，闭门，使客安睡。至次晨天明时，吏及书记复来，依名单唤客起，作一证书。”② 这里清楚地表明，客人在旅馆住宿后，当地的官吏要来登记，到第二天天亮时，官吏还要按名单把客人唤醒，逐一查

① 转引自洪迈：《容斋随笔·四笔》卷10，“过所”。

② 张星烺：《中西交通史汇编》第二册，中华书局1977年版，第75页。

对，看是否混有未经登记的客人，最后证明客店是否遵守规矩。关于元代旅客住宿登记制度，《马可·波罗游记》也作了记载："所有客栈和旅馆的老板也同样要将投宿的客人的姓名写在一个簿子上，注明他们来去的日期和时间，这种簿子每日须交送一份给驻在方形市场的那些官吏。"① 这里的登记是由店主来进行，登记完了抄一份送交负责管理的官吏。尽管以上记载没有明确记载旅客住店要出示身份证，但实际上已隐含了出示身份证明的手续。因为既然要登记，就不能由旅客凭空自报姓名里籍，必然要有一个说明身份的证明文件。

需要特别指出的是，宋代已出现了导游图，这是旅游制度的一大进步。南宋首都临安出现了《朝京里程图》(当时称为"地经")，具有今天导游图的性质，该图以京都临安为中心，把南宋所属地区通向临安的道路和里程，以及可以歇脚的凉亭、旅店的位置，标得非常清楚。据宋《尧山堂外纪》卷57载："(西) 湖南有白塔桥印卖朝京路经，士大夫往临安者必买以批阅。有人一绝云：'白塔桥边卖地经，长亭短驿甚分明。如何只说临安路，不说中原有几程。'" 当时称为"朝京路程图"或"朝京路经"。

二、隋唐五代宋元旅游风俗

并非迫不得已而是自愿选择某种骑乘方式的，就是某一个时代的骑乘风俗和习尚。隋唐五代北宋元时期，中国人的骑乘风尚主要是骑马出行，但南宋时，开始有了某种变化，无论富贵男女，开始选择乘轿出行，骑乘风尚为之一变。

隋代的男女出行均选择骑马。据《隋书·后妃传·独孤皇后传》载：隋文帝杨坚宠幸尉迟迥的孙女，好妒的独孤皇后"伺上听朝，阴杀之"，杨坚"由是大怒，单骑从苑中而出，不由径路，入山谷间二十余里"。大臣高颎、杨素等"追及上，扣马苦谏"。杨坚叹息道："吾贵为天子，而不得自由！"经过高颎等人苦劝，

① 马可·波罗著，梁生智译：《马可·波罗游记》，中国文史出版社1998年版，第212~213页。

“上意少解，驻马良久，中夜方始还宫”。杨坚离宫出走，是骑马而行。《虬髯客传》载：红拂女既夜奔卫公李靖，“乃雄服（穿男装）乘马，排闼而去，将归太原”。

到了“大有胡风”的尚武的唐朝，骑马成为普遍的时尚。唐代骑风大盛的原因，一是由于李唐皇室有游牧血统，又是从北方太原起兵，有骑马的习惯；二是唐代盛行打马球，上流人士人人善骑，连妇女也不例外。在此背景下内外官吏无不骑马出行，正如《新唐书·车服志》所称“贵贱皆以骑代车”，就连大臣和女眷上朝，也是骑马入宫。玄武门之变中，李建成等便是骑马上朝时被杀。张祜在《集灵台》中反映了妇女骑马入朝的情况：“虢国夫人承主恩，平明骑马入宫门，却嫌脂粉污颜色，淡扫蛾眉朝至尊。”武则天时四品官张衡“退朝，路旁见蒸饼新熟，遂市其一，马上食之，被御史弹奏”，结果降敕流外①。既然退朝时骑的是马，那么上朝时自然也是骑马。按唐代风尚，骑瘦马入朝会遭到轻视。薛逢“策羸”赴朝，即赶着瘦弱的马上朝，便遭到羞辱。《唐摭言》卷3载：“薛监（逢）晚年厄于宦途，常策羸赴朝。值新进士榜下，缀行而出，时进士团所由辈数十人见逢行李萧条”，乃斥令“回避”。唐诗中普遍反映了骑风之盛，“两骑翩翩来者谁”则表明宦官到市场也是骑马而行。

与京官旅行骑马一样，唐代地方官出行也骑马代步。据《开元天宝遗事》卷上载：“姚元崇初牧荆州三年，受代日，阖境民吏泣拥马首，遮道不使去，所乘之马鞭、镫，民皆截留之，以表瞻恋。”马鞭、马镫，表明姚元崇在荆州时骑的是马。“马上相逢无纸笔”则反映了边臣骑马的常态。

唐代士子赴考也多骑马而行。据《唐摭言》卷4载：“熊执易赴举，行次潼关，秋霖月余，滞于逆旅。”俄闻邻舍有吁嗟声，原来是前尧山令樊泽应制科至此，“马毙囊空，莫能自进”。执易“遽辍所乘马，倒囊济之”，泽遂登科。樊泽前往长安应制科，在潼关马死钱光，熊执易仗义疏财，把自己的马给了樊泽。这反映唐

① 张鷟：《朝野佥载》卷4。

代赶考远行多为骑马而行。又如《云溪友议》卷下载：廖有方元和末下第游蜀，在宝鸡旅馆有一位落魄秀才病人膏肓，请廖有方为他安排后事。此人死后，有方“遂贱鬻所乘鞍马于村豪，备棺瘗之。恨不知其姓字，苟为‘金门同人’”。唐末，骑马赶考风气益烈，当朝执政深以为患。据《唐摭言》卷 12 说：“咸通末，执政病举人仆马之盛，奏请进士、举人许乘驴。”

唐代贵马贱驴，有钱人乘马，贫穷者骑驴。据《任氏传》载，天宝九年夏六月，韦崟与堂姑父郑六一起前往长安新昌里喝酒。郑六好酒色，但“贫无家，托身于妻族”。两人经过宣平坊时，郑六托故先办他事，然后赶往酒馆。“崟乘白马而东。郑子乘驴而南，入升平之北门”，遇见美女任氏，“郑子见之惊悦，策其驴，忽先之，忽后之，将挑而未敢”。而任氏女却“时时盼睐，意有所受”。于是郑六大着胆子调戏道：“美艳若此，却为何徒步行走？”任氏女笑道：“有乘（驴）不解相假（借），不徒步行走怎么办呢？”郑六谦卑地说：“劣乘不足以代佳人之步，今辄以相奉。某得步从，足矣。”① 从这段记载来看，韦崟因为有钱，因此乘马，郑六因为无钱，所以骑驴，并且很不好意思地称自己的驴是“劣乘”。唐代驴常被称为“蹇驴”，赶驴被称为“策蹇”。杜牧未及第时，来东都洛阳游学，当时的主司侍郎是崔郾，于是“太学博士吴武陵策蹇进谒”，向崔郾举荐《阿房宫赋》的作者杜牧。② 光启中，僖宗在梁州，皇甫枚与裴宣成一起赶往梁州，途中“登坂长望，见官道有人行，乃策蹇驴赴之”③。

在公务之外，骑马外出旅游或远行，也是唐朝人的习俗。据《北里志·楚儿传》载：“（楚儿）字润娘，往往有诗句可传。近以迟暮，为万年捕贼官郭锻所纳。尝一日自曲江归，与锻行相去数十

---

① 沈既济：《任氏传》，载《唐宋传奇集》，上海古籍出版社 1998 年版，第 217~221 页。

② 辛文房：《唐才子传》，辽宁教育出版社 1998 年版，第 84 页。

③ 皇甫枚：《三水小牍》下，载《唐五代宋笔记十五种》，辽宁教育出版社 2000 年版，第 10 页。

步。郑光业时为补衮，道与之遇。楚儿遂出帘招之，光业亦使人传语。锻知之，曳至中衢，击以马箠，声甚冤楚。观者如堵。光业心甚悔，且虑其不任矣。明日特过其居侦之，则楚儿已在临街窗下弄琵琶矣。驻马，使人传语。润娘持彩笺送光业诗。光业取笔，于马上答之。”从这段文字中可以看出，郭锻和郑光业都是骑马游曲江的。楚儿则乘车跟在丈夫郭锻的后面，车有篷有帘。由于楚儿与郑光业两情相悦，而招致郭锻的鞭箠。光业心疼，乃于次日骑马往其住处，并在马背上写诗回赠楚儿。除了郊游时骑马外，唐朝人外出远游也多骑马。据唐张读的《宣室志》卷 10 载：元和中，青齐人许贞西游长安至陕。陕从事留饮酒，至暮方别僮仆前去，“行未十里，兀然堕马”，及寤，“已曛黑，马亦先去”。许贞前往西安旅游，也是骑马代步的。

唐代不仅男子乘马，女子也骑马往来。前说虢国夫人“平明骑马入宫门”即其一例。另据唐代画家张萱所画的《虢国夫人游春图》，所绘虢国夫人及其随从女伴，皆骑肥硕大马。徐嶷在其《物怪录》中有“从二女奴皆乘白马”的记载。白行简在其《李娃传》中描写道：“有人控（驾）大宛（马）汗流驰至”，来迎李娃。沈既济在《任氏传》中讲到，“(刁）缅使苍头控青骊（青马)，以迓任氏”，“任氏不得已，遂行，崟以马借之……任氏乘马居其前，郑子乘驴居后，女奴别乘，又在其后”，都证明唐代女子旅行时有骑马代步的风尚。不过，对于平民女子来说，乘马的机会并不多。

北宋开始重文轻武。但无论是文官还是武将，或是一般妇女，均仍以骑马为主要的旅行方式。武将骑马乃历代通例，宋代亦然，如岳飞在其诗“马蹄催趁月明归”，宗泽在其诗“伞幄垂垂马踏沙”中都曾描述了他们骑马行军的情况。两宋文官旅行基本上也以骑马为主。宋初，王禹偁在其“马穿山径菊初黄，信马悠悠野兴长”诗中，就表明自己是骑马出游的。张耒在《感春》诗中也说：“雨余尘埃少，信马不知远。”苏轼也靠骑马出游。据《词苑丛谈》载：“东坡春夜行蕲水中，过酒家，饮醉，乘月至一溪桥上，卸鞍曲肱少休，及觉已晓。”“卸鞍”说明他是骑马而行的。又载他“与子由别郑州西门外，马上赋诗寄子由”，其诗云：“登高回首坡陇隔，惟见乌帽出复没；苦寒念尔衣裘薄，独骑瘦马踏残月。”苏轼《宿南山》“横槎晚渡碧涧口，骑马夜入南山谷”，以及《江城子》“老夫聊发少年狂，左牵黄，右擎苍，锦帽貂裘，千骑卷平岗”中，都记载了他骑马旅游的经历。宋代京官出入也常骑马，在宋人《扈驾诗》“病马羸骖只自尘”中有所表露。宋代女子也有骑马出行的。《懒真子》描写道：“文枢密知成都回也，姬侍皆骑马，锦绣兰麝，溢人眼鼻。”可以说是英姿飒爽，令人艳羡。

然而，南宋以降，理学盛行，社会风尚日益文弱，文化形态日趋静态，人们贪图安逸，争相乘轿（肩舆）旅行，蔚为一代风尚。柳诒徵指出：“宋室南渡，仕宦皆乘舆，无复骑马者。……居处行动，皆求安适，人之文弱，盖缘于此矣。”① 乘轿自汉已然，唐代大臣年老或有疾者，才允许乘轿子，《唐书·崔祐甫传》称他“被病，诏肩舆至中书”。北宋已贵乘轿，但多限于高官和老人。宋太祖虽有肩舆，但并不对它进行装饰。一次女儿永庆公主与皇后一起向太祖进言：“官家作天子日久，岂不能用黄金装肩舆，乘以出入?”太祖帝笑道：“我以四海之富，宫殿悉饰金银，力亦可办；但念我为百姓守财耳，岂可妄用?”② 可见，宋太祖在乘肩舆上是很低调的。司马光因年老多病，因此“近奉圣旨，许臣乘轿子”，他提出在东西府近南处开一便门，在自己“足疾未愈”的情况下，“许乘小竹轿往诸位商量”。太后从之。③ 据《宋史·舆服志二》载：“肩舆，神宗优待宗室老疾不能骑者，出入听肩舆。熙宁五年，大宗正司请宗室以病肩舆者，踏引笼烛不得过两对。中兴后，人臣无乘车之制。从祀则以马，常朝则以轿。旧制舆檐有禁，中兴东征西伐，以道路阻险，诏许百官乘轿，王公以下通乘之。其制正方，饰有黄、黑二等凸盖，无梁，以篾席为障，左右设牖，前施帘，舁以长竿二，名曰竹轿子，亦曰竹舆。”可见，北宋乘轿主要

① 柳诒徵：《中国文化史》下，东方出版中心 1988 年版，第 495 页。
② 《续资治通鉴》卷 7，宋太祖开宝五年七月甲申。
③ 《续资治通鉴长编》卷 378，哲宗元祐元年五月甲戌。

是为了照顾老疾者。邵伯温《邵氏闻见录》卷10《神宗皇帝》载，司马光“不喜肩舆，山中亦乘马，路险策杖以行”，“王荆公辞相位，居钟山惟乘驴，或劝其令人肩舆，公正色曰：‘自古王公虽不道，未尝敢以人代畜也’”。据《爱日斋丛抄》卷1《杂家类》载，富弼出游，“乘小轿过天津，盖中州尊者用之”。北宋一般人是不乘轿子的，但这一状况至南宋时得到了彻底的改变。

南宋轿子盛行的原因，有些史籍似乎透露了一些情况。《癸巳类稿》引丁特起《靖康纪闻》云：“靖康元年十二月初五日，籍马与金人，自是士大夫出入，止跨驴乘骄，至有徒步者。都城之马，搜括无遗矣。靖康二年正月二十九日，送戚里权贵女子于金，搜求肩舆赁轿之家，悉取无遗。”这似乎是在说，南宋乘轿风气是因为金朝将北宋的马搜括殆尽造成的。有人指出乘轿始于南宋，如张瑞义《贵耳集》云：“渡江以前，无今之簥（轿）。”也有人认为，南宋乘轿风起，与高宗的允许有关。如《却扫编》云：“汴京皆乘马。建炎初，驻跸扬州，特诏百官悉用肩舆出入。”又《东南纪闻》云：“思陵（指高宗）在扬州传旨百官，许乘肩舆。”《朝野杂记》：“故事百官乘马，建炎初，以维扬砖滑，诏特许乘轿。”《演繁露》云：“寓京乘轿自扬州始，其后不复乘马。”但是，有人通过日本僧人成寻在北宋的经历和见闻，认为轿子在普及的过程中，南北存在一定的地区差异，南方轿子普及要比北方早些。① 因此，当宋室南迁后，便受到南方风俗的影响，开始允许出行乘轿。于是“王公以下通乘之”，并成为百姓乘坐工具。谢肇淛在《五杂组》中称南宋“京师之人，衣食于此（指抬轿）者，殆及万余”，足见南宋乘轿之盛。由于乘轿风行，所以轿子被文人写进诗词。南宋词人高观国在其《御街行·咏轿》中细腻地描绘了轿的形制和乘轿人的感受、姿态：“藤�巧织花纹细。称稳步如流水，踏青陌上雨初晴，嫌怕湿文鸳双履。要人送上，逢花须住，才过处香风起。裙儿挂在帘儿里，更不把窗儿闭。红红白白族花枝，恰称得寻春芳

① 曹家齐：《〈参天台五台山记〉中所见的北宋乘轿风俗》，《中国文化与典籍》2005年第2期。

意。归来时晚，纱笼引道，扶下人微醉。”

当然，乘什么工具出游，虽有普遍的社会风气，但并非笼罩一切，也不是固定不变的，即使同一人出游，前后使用的交通工具也不一定相同。在唐代，妇女出游虽然骑马，但乘牛车出行者也大有人在。宋代虽然骑马乘轿，但也有乘小车出游的。如邵雍居洛阳期间，“春秋时出游城中，风雨常不出，出则乘小车，一人挽之，惟意所适”①。

元代普遍的骑乘风气，当然是骑马了。《元史·太祖纪》载，金朝完颜永济继帝位后，召成吉思汗前往都城。成吉思汗问金使：“新君为谁?”金使说是完颜永济。成吉思汗向南唾了一口唾沫说：“我谓中原皇帝是天上人做，此等庸懦亦为之耶?”于是“即乘马北去”。元世祖中统二年，“诏定中外官所乘马数各有差”②。《元史·王思廉传》载：王思廉在“扈跸”时，“失所乘马”，世祖命“给内厩马五匹”。

除了上述骑乘风俗外，隋唐五代宋元还有出行送别时的各种风俗，如择吉、折柳、饯行、洗尘等。

择吉是即将离家远行的旅人，选择良辰吉日，以达到出行顺利的目的。隋唐五代宋元时期，在下层群众中，“出行遇凶”的观念仍在流行。在他们的心里，有无数的神煞在主宰人们的生活，包括旅游生活。出门旅行必须选择黄道吉日，以避开黑道凶煞。于是，择吉术风行于世。择吉观念产生很早，但择吉术则产生较晚，在敦煌文书中，发现了一部五代后唐同光四年的具注历，上面注明：“正月小建庚寅，天道南行，宜修南方，宜向南行。”宋代择吉术已比较成熟，与同光四年具注历一同发现于敦煌文书的还有宋雍熙三年具注历。在此历中，除了指出其他活动应注意的日期、方位外，还注明旅行应注意的日期及方位。如十二月历日说：“正月小建庚寅：自去旧年十二月十八日立春，已得正月之节，即天道南行宜向南行，宜修南方天德。”

---

① 邵雍：《击壤集》卷8，《小车行》。

② 《元史·世祖纪一》。

折柳风俗在唐代灞桥送别时最为典型。唐长安东郊的灞桥，是通向关东的必经之路，长安人送别亲朋好友，一般会在此道别，并折柳相赠，以示情意像柳条一样缠绵悠长。据《三辅黄图》记载："灞桥，在长安东，跨水作桥，汉人送客至此桥，折柳赠别。"到了唐代，这一折柳相送的风俗仍然风行不衰，表达唐人的依依不舍之情。仁裕在《开元天宝遗事》卷下记载："长安东灞陵有桥，来迎去送，皆至此桥为离别之地，故人呼之'销魂桥'也。"宋之问在《送赵六贞固》诗中咏道："日断南浦云，心醉东郊柳。怨别此何时，春芳来已久。与君共时物，尽此盈樽酒。始愿今不从，春风恋携手。"李白在《忆秦娥》中写道："箫声咽，秦娥梦断秦楼月。秦楼月，年年柳色，灞陵伤别。乐游原上清秋节，咸阳古道音尘绝。音尘绝，西风残照，汉家陵阙。"其中的"年年柳色，灞陵伤别"暗含了灞桥折柳相送的典故。他的《灞陵行送别》也倾诉了灞桥相送的心情："送君灞陵亭，灞水流浩浩。上有无花之古树，下有伤心之春草。我向秦人问路歧，云是王粲南登之古道。古道连绵走西京，紫阙落日浮云生。正当今夕断肠处，骊歌愁绝不忍听。"韦庄《灞陵道中作》："春桥南望水溶溶，一桁晴山倒碧峰。秦苑落花零露湿，灞陵新酒拨醅浓。青龙夭矫盘双阙，丹凤褵褷隔九重。万古行人离别地，不堪吟罢夕阳钟。"二作虽未直接点明折柳，都实际上包含了折柳相送于灞桥的意思。

在灞桥送别亲朋固然令人惆怅，但在阳关或玉门关送客西行则更令人销魂。因为后者是远离中原、前往荒漠的地区旅行的送别之地，其行程是艰难的，离别是长久的，甚至有可能一去不复还，能不令人黯然销魂吗？所以当地特别流行《折杨柳》的曲子。袁郊在《甘泽谣》中指出："落梅流韵，感金谷之游人，折柳传情，悲玉关之戍客。"王维在《渭城曲》中不自觉地流露出折柳相送的别情离恨："渭城朝雨浥轻尘，客舍青青柳色新，劝君更尽一杯酒，西出阳关无故人。"王之涣的《凉州词》"羌笛何须怨杨柳，春风不度玉门关"，也是真情的不自觉流露。此外，卢照邻的"攀折聊将寄，军中书信稀"，李白的"攀条折春色，远寄龙沙边"，晁冲之的"戍角断落梅，羌笛起折柳"，都是有关西北边城送别的诗作，所以都蕴含着折柳的典故和民俗。

除了唐都长安灞桥和陇西玉门关折柳风行外，其他的地方也有折柳相送的风俗。雍陶任阳安地方官时，“送客至桥，离情未已，揖让既久，欲更前车”。但客人说道：“此处呼为情尽桥，向来送迎，至此礼毕。”雍陶“下马命笔，题其桥楹，改为折柳”，并赋诗一首曰：“从来只有情难尽，何事名为情尽桥。自此改名为折柳，从他离恨一条条。”此后，阳安地方“送别咸吟是诗”。① 由于折柳风俗盛行，还被民间音乐家谱成曲子《折杨柳》，专门表达送行惜别的感情。据《宋史·五行志二》称：“其曲始有兵革苦辛之辞。”说明它极为哀婉凄绝。作为北国鼓角横吹曲的《折杨柳枝》，其词云：“上马不捉鞭，反拗杨柳枝。下马横吹笛，愁杀行客儿。”这里的横吹笛，吹的就是《折杨柳》。唐代无数的诗人写过折柳相送的情景。孟郊有“杨柳多短枝，短枝多别离。朱颜与绿柳，并在别离期”以及“莫言短枝条，中有长相思”等诗句。权德舆在《送陆太祝》诗中称“新知折柳赠，旧侣乘篮去”。李白有一次在洛阳客居，夜闻《折杨柳》曲，不禁回想起他离家远行前，家人折柳相送的情景，于是写下了《春夜洛城闻笛》诗以抒感情：“谁家玉笛暗飞声，散入春风满洛城。此夜曲中闻折柳，何人不起故园情。”折柳送行或寄赠远人以表相思，成了唐代文人士大夫之间普遍存在的一种风俗。亭前桥边的万千柳树，成了唐代文人士大夫送别亲朋表达惜别相思的一种文化符号，它那柔软绵长的柳条，日夜萦绕着天涯游子的心。

作为古代的旅游风俗，折柳送别直到宋朝仍然流行于文人墨客之间。他们用词来记录折柳惜别的行为和心理。宋代婉约派词人周邦彦在《兰陵王·柳》一词中，描写宋代文人送别时折柳的风俗：“柳阴直，烟里丝丝弄碧。隋堤上，曾见几番，拂水飘绵送行色。登临望故国，谁识，京华倦客。长亭路，年来岁去，应折柔条过千尺。闲寻旧踪迹，又酒趁哀弦，灯照离席。梨花榆火催寒食。愁一

---

① 何光远：《鉴戒录》卷 8，载《唐五代宋笔记十五种》，辽宁教育出版社 2000 年版，第 49 页。

箭风快，半篙波暖，回头迢递便数驿，望人在天北。凄恻，恨堆积！渐别浦萦回，津堠岑寂，斜阳冉冉春无极。念月榭携手，露桥闻笛。沉思前事，似梦里，泪暗滴。”朱敦儒的《柳枝》词，则直接述说宋代折柳送别的风俗：“江南岸，柳枝；江北岸，柳枝；折送行人无尽时，恨分离，柳枝。酒一杯，柳枝；泪双垂，柳枝；君到长安百事违，几时归？柳枝。”词中一共用了六个“柳枝”，以“柳枝”贯穿该词的始终，其用意在于以代表惜别相思的文化符号“柳枝”，来强调和突出闺妇送别远行夫君的缠绵悱恻之情。

饯行风俗在隋唐五代宋元时，风头正劲。唐白居易在《长乐亭留别》中称：“灞浐风烟函谷路，曾经几度别长安。昔时蹙促为迁客，今日从容自去官。优诏幸分四皓秩，祖筵惭继二疏欢。尘缨世网重重缚，回顾方知出得难。”所谓“祖筵”指的就是祖道饯行，祖道早已不兴，饯行则弥漫社会。《旧唐书·郑余庆附处诲传》载：工部侍郎郑处诲“早朝假寐于待漏院，忽梦已为浙东观察使，经过汴州，而（族父郑）朗为汴帅，留连饮饯”。连做梦都梦见有人为之饯行，足见其风之盛。皇帝也常为出外宦游的大臣设宴饯行。《旧唐书·李吉甫传》载，元和三年九月，李吉甫任淮南节度使时，宪宗“御通化门楼饯之”。《旧唐书·崔元略附铉传》载，崔铉出任淮南节度使时，“宣宗于太液亭赋诗宴饯”，结果“儒者荣之”。

与饯行相应的是洗尘风俗。据《通俗编·仪节》称：“凡公私值远人初至，或设饮，或馈物，谓之洗尘。”洗尘又称为“洗泥”。宋《宣和遗事》辛集载：“这人是李师师的一个哥哥，在西京洛阳住，多年不相见，来几日，也不曾为洗尘，今日办了几杯淡酒，与‘洗泥’则个。”苏轼《次韵钱穆父马上寄蒋颖叔》诗称“多买黄封作‘洗泥’，使君来自陇山西”。当时宫廷酿酒用黄罗帕封盖，因而称作“黄封”。“黄封”后来又被用以泛指各种美酒。《水浒传》第七十二回《柴进簪花入禁院　李逵元夜闹东京》有这样一段关于洗泥的记述，李师师道：“其实不敢相留。来日驾幸上清宫，必然不来。却请诸位到此，少叙三杯，以‘洗泥尘’。”关于洗泥一词，明人张存绅《雅俗稽言》卷17有专条解释：“凡朝臣出有赐，曰‘饯路’；反有劳，曰‘软脚’。方言有‘洗泥酒’。东坡云‘多买黄封作洗泥’是也。今俗凡于人出曰‘饯程’，反曰‘接风’。”

第七节　隋唐五代宋元的旅游设施与条件

隋唐五代宋元时期的旅游设施，包括道路、景点、餐馆、旅舍等。这一时期进行过交通道路的修筑，如隋炀帝于大业三年“发河北十余郡丁男凿太行山，达于并州，以通驰道”①。水路疏浚和建设也很发达，当时“天下诸津，舟船所聚，旁通巴、汉，前指闽越，七泽十薮，三江五湖，控引河、洛，兼包淮、海，弘舸巨舰，千舳万艘，交贸往来，昧旦永日”②。至于陆上丝绸之路和海上丝绸之路，更是扬名世界。前已涉及，兹不赘言。至于景点、餐馆和旅舍等其他设施，下文详述。

一、旅游景点的大规模建设

景点的建设虽然不少属于上层专用的离宫禁苑和别业，但公共景观的建设也有了较大的发展，寺庙和道观所建的宗教建筑对外开放，成为公共景观，各级政府为了“与民同乐”，也修建了不少公共旅游设施。特别是科举制的盛行，导致文官队伍增大，文官在宦游过程中，特别重视所任地区旅游景点的建设。

上层专用的旅游景点，最顶端的就是皇家离宫和游苑的建设。隋文帝在长安东郊的骊山温汤所在“修屋宇并植松柏千余株”③。炀帝在江都大兴土木，建设离宫别苑。此外，他还于大业元年在营建东都洛阳的同时，“又于皁涧营显仁宫，采海内奇禽异兽草木之类，以实园苑”。唐代诸帝重点经营骊山的华清宫。骊山的温泉早在秦始皇时便曾垒砌成池，称为“骊山汤”，汉武帝则在秦代汤泉

① 《隋书·炀帝纪上》。
② 《旧唐书·崔融传》。
③ 程大昌：《雍录》卷4，中华书局2002年版。

旧址上修建了离宫。唐太宗贞观年间，诏令阎立德在骊山营造宫殿、御汤，赐名“汤泉宫”，并亲赐碑文。咸亨三年，高宗将其改名为温泉宫。在唐代9个游幸过华清宫的皇帝中，唐玄宗来的次数最多，达49次。据《雍录》载：“自秦、汉、隋、唐人主皆常游幸，唯元宗特侈。开元间明皇每岁十月幸，岁尽乃归。以新丰县去泉稍远，天宝四载，置会昌县，即于汤所置百司及公卿邸第焉。天宝六载，改为华清宫，于骊山上益治汤井为池，台殿环列山谷。”经过玄宗的建设，华清宫规模变得很大，绿化也做得很好，遍山栽种的松柏花木使宫殿的亭、台、楼、阁、轩、榭等建筑掩映在一片苍翠的绿荫中。北宋修建的皇家专用旅游景观，最有代表性的要数徽宗营建的艮岳。他在苏州、杭州等地设立造作局、应奉局，搜括民间的奇石、异木、花草等，组成“花石纲”（十船组成一纲）运往汴京修建艮岳。为建艮岳，公然发布诏旨，令群臣不得反对。于是在汴京大兴土木，将天下名山之妙汇为一园，建成了园林式的大型宫苑——艮岳。整个艮岳禁苑周围十余里，有山有水，草地、沙坑、湖泊一应俱全。

除了皇家专用旅游景观的建设外，政府机构和官员也都在风景名胜区修建别业和园林，以为游玩之用。据《画墁录》记载：“唐京省入伏，假三日一开印。公卿近郭皆有园池，以至樊杜数十里间，泉石占胜，布满川陆，至今基地尚在。寺省皆有山池，曲江各置船舫，以拟岁时游赏。诸司唯司农寺山池为最，船唯户部为最。”在唐长安城的东郊修建的私人旅游景点有张司马灞东郊园、韦嗣立山庄（也称骊山别业或逍遥谷）、李公别业、浐川别业、唐卿山亭、川司直城东别业、新丰里幽居、贾岛野居、会昌林亭、浐川山池、浐水山居、城东别业、蓝溪草堂、郑侍御蓝川别业、骆家亭子、刘长卿灞陵别业、王昌龄灞上闲居、王仆射山亭18个私家园林别业。① 白居易则在偏远的庐山，修建了草堂，他在《草堂记》中描绘道：“前有平地，轮广十丈；中有平台，半平地，台南

① 参见张毅，陈正奇：《唐都长安东郊的旅游风景区》，《西安文理学院学报》2009年第1期。

有方池，倍平台。环池多山竹野卉，池中生白莲白鱼。”“堂东有瀑布，水悬三尺，泻阶隅，落石渠，昏晓如练色，夜中如环珮琴筑声……春有锦绣谷花，夏有石门涧云，秋有虎溪月，冬有炉峰雪。”

此外，隋唐五代宋元时期还修建了不少对社会开放的旅游景观。首先是寺庙建筑对游人开放。佛教为了吸引施主和香客，自然是大开山门。唐代玄奘取经回来后，仿印度雁塔样式修建了大雁塔及寺院慈恩寺，专门作为译经和藏经之所。大雁塔平面呈方形，建于 5 米高的台基上，塔身用砖砌成，共 7 层，高 64 米。塔内有楼梯，可以盘旋而上。每层四面各有一拱券门洞，在此凭栏远眺，长安风貌可尽收眼底。义净高僧西行回都后，倡议在长安荐福寺修建小雁塔。长安城内的寺观有 195 所，建在 77 个坊里，寺观多开渠引水，建成开池叠山，并遍植特色名花，如慈恩寺以牡丹和荷花闻名，唐昌观以玉蕊花著称，玄都观以桃花知名。唐代还在长安城的东门外建了镇国寺和章敬寺。镇国寺建于春明门外，僧人运平圆寂后“奉舍利塔于长安东门外镇国寺东偏，手植松柏百株”①。章敬寺在通化门外，规模宏大。唐代宦官鱼朝恩献通化门外的庄园建寺，为章敬太后祈冥福，“请以章敬为名，复加兴造，穷极壮丽。以城中材木不足充费，乃奏坏曲江亭馆、华清宫观楼及百司行廨、将相没官宅给其用，土木之役，谨逾万亿”。② 据《长安志》卷 10《郭外》载：“大历元年作章敬寺于长安之东门，总四千一百二十余间，四十八院。”这是一处遍布松竹、清净幽邃的园林式寺庙。全国其他地方也修建了不少寺庙，如五台山的寺庙宫观等。这些寺庙对外开放，成为当时的公共旅游景点。

由于文官宦游的普遍，由文官主导的各级政府十分重视公共旅游景观的修建，因此这一时期各地旅游景观的建设如火如荼，形成高潮。

唐代宗时，江华（今湖南省江华瑶族自治县）县令瞿氏曾发

---

① 《太平广记》卷 485，《东城老父传》。

② 《旧唐书·鱼朝恩传》。

现县南风景“水石相映，望之可爱”，但不可登临，于是便从洞穴而入，在险峻的地方修筑栈道，通向山顶，并在上面构筑茅亭，经此一弄，结果打开了一个全新的审美视界：“阶槛凭空，下临长江；轩楹云端，上齐绝颠。”为县城市民开辟了一个游览胜地。唐代对桂林的景点建设比较重视。市内的石山多已栽花植木，修砌磴道，建筑亭台楼阁。李渤在宝历元年以给事中出任桂州刺史兼御史中丞，任内数年，疏浚灵渠，开拓南溪山、隐山风景。城南的南溪山，四壁陡峭，石呈五彩，犹如巨屏。李渤命人“发潜敞深，磴危宅胜，既翼之以亭榭，又韵之以松竹”，将之辟为桂林重要的风景游览区。隐山原是桂州西门外不起眼的小山。李渤发现此山玲珑剔透，山腹洞洞相连，遂令人在山上建造了庆云、朝阳、夕阳诸亭，并为隐山六洞题名，使其焕发异彩。唐武宗会昌年间，元晦出任桂管观察使兼御史中丞，令人把叠彩山的风景建筑重加修葺，栽花修路，并增建销忧、拿云诸亭，结果“焕然新奇”，成为“公私宴聚较胜争美”之地。① 北宋时，公共景观的建设掀起了一个高潮。韩琦指出：“天下郡县无远迩小大，位署之外必有园池台榭观游之所，以通四时之乐。”② 长安的曲江池，在唐末一次大风雨后，“波涛震荡，累日不止”，结果“一夕无故其水尽竭，自后宫阙成荆棘矣”。到了宋代，“为耕民畜作陂塘，资浇溉之用”。但“每至清明节，都人士女犹有泛舟于其间者。九龙池，上巳日亦为士女泛舟嬉游之所”。③ 虽然景色不如以前，但仍为公共的旅游景点。柳开在邢州（今河北邢台）境内开疏泉水，“植千柳，为亭于其上，为一郡胜游之地”④。苏轼在西湖筑成苏堤，“取葑田积湖中，南北径三十里，为长堤以通行者”，“堤成，植芙蓉、杨柳其上，望

① 参见张家璠：《唐宋时期桂林的风景建设与旅游》，《广西师范大学学报》1985年第2期。

② 韩琦：《安阳集》卷21，载《定州众春园记》，景印文渊阁四库全书本。

③ 钱易：《南部新书》，载《唐五代宋笔记十五种》，辽宁教育出版社2000年版，第53页。

④ 朱弁：《曲洧旧闻》卷4，上海古籍出版社2001年版。

之如画图”。①

宋代各地政府也修建了不少旅游景观。宋朝的桂林城区及近郊的名山，都铺设了登山道路；在风景荟萃的地方，还修建了许多亭台楼阁，以供宴游休息。如在伏波山上，宋嘉祐年间曾修建有两座亭子，名叫“蒙亭”。绍圣年间，又重加修建，使伏波山一带成了“冠盖追飞，仕女笑嬉，马嘶林间，人息木阴，清歌激越，碧天云凝，鼓吹间作，山谷响答”的游览胜境。除蒙亭外，宋代在伏波山还修建有癸水亭、所思亭，在虞山筑有南薰亭，在七星山筑有替带亭、骏莺亭、环翠亭，在象鼻山筑有云崖轩、朝阳亭，在隐山筑有招隐亭、湘清阁、流州亭，在榕湖北岸筑有榕溪阁等。其中榕溪阁是南宋张栻为了纪念北宋“元祐党人”黄庭坚流放时途经桂林榕湖而修建的。宋代桂林地方政府结合水利兴修，从漓江西岸的虞山脚起，经回龙山麓、老人山东侧，至西山、隐山一带，开凿了一条水渠，名叫“朝宗渠”，把漓江、西湖、阳江、榕杉湖连通起来，使城北、城西的许多枯山，变成了山清水秀、旅客畅游之所。宋代还从老人山下起，横过独秀峰前，直至漓江，开凿了一条水渠，使潺潺漓水横贯市区，桂林不但是山城，也变成水市，山光水色，相互辉映。②

南宋时，临安西湖“四时之景不同，而赏心乐事者亦与之无穷矣”③，这与当局对西湖风景进行建设和修整有关。有人研究后指出，南宋整治西湖，从确保水质水量和矫治不法行为两方面入手。分别在绍兴、乾道、淳祐、咸淳年间进行过四次大规模的整治。内容主要是禁止往湖中“抛弃粪土”和在湖边“浣衣洗马”等污染湖水的行为，严禁栽植荷菱等水生植物保证水流畅通，禁止“包占增迭堤岸”以防止湖面缩小，同时惩治了一批犯禁者。南宋政府在西湖对原有景点进行了制度性的维护，费用由官方提供。南

---

① 《宋史·苏轼传》。

② 参见张家璠：《唐宋时期桂林的风景建设与旅游》，《广西师范大学学报》1985 年第 2 期。

③ 吴自牧：《梦粱录》卷 12，“西湖”。

宋吴自牧《梦粱录》卷1“二月”条载：“二月朔，谓之中和节……州府自收灯后，例于点检酒所开支关会二十万贯，委官属差吏卒雇唤工作，修葺西湖南北二山，堤上亭馆园圃桥道，油饰装画一新，栽种百花，映掩湖光景色，以便都人游玩。”同时，南宋政府还在西湖上建设新的景点。宝庆二年，袁韶修筑了先贤堂；淳祐年赵与蕙仿苏堤筑小新堤；景定二年马光祖建玉莲堂；咸淳三年洪焘创湖山堂。对旧景点，南宋政府则进行了改造，或重建，或改建，或增建。重建的景点有：嘉定间袁韶在苏堤重建三贤堂，赵与蕙先后重建了大石佛寺、丰乐楼、小新堤和江湖伟观。改建的景点有：小新堤“咸淳再行高筑堤路”；苏堤“咸淳间，朝家给钱，命守臣增筑堤路，沿堤亭榭再一新，补植花木”。增建的景点有：景定三年魏克愚“徙郡治之竹山阁并奉玉莲堂”；咸淳六年潜说友于灵顺庙后“拓地创华光楼，旁为射亭，为角觝台，又辟山径而夷之，以便登涉”。通过对景点的维护、新建和改造，西湖风景名胜更加美丽。如丰乐楼重建前“为游览最”，但“官酤喧杂，楼亦卑小，弗与景称”，重建后不仅“瑰丽宏特，高切云汉”，“上延风月，下隔嚣埃，遂为西湖之壮”，而且“旁为花径曲折，亭榭参差，更与兹楼映带”；再如湖山堂增建后“迩延远挹，尽纳万景，卓然为西湖最，游者争趋焉”。同时，维护、改造和新建后的西湖景点也更加方便游人，如新建的小新堤“与苏堤同通灵竺，游者便之”；又如灵顺庙增建时“辟山径而夷之，以便登涉”，所以“是岁都人办香致敬者咸趋焉”。①

二、旅途饮食条件的改善

隋唐五代宋元时期，旅游者在旅途中的饮食条件较以前有较大幅度的提高，服务环境有较大的改善。与以往的旅客常常自带干粮、自己炊爨不同，隋唐五代宋元时期的旅客已能在旅馆中享受到饮食服务。

---

① 以上参见成荫，王曦：《官方公共服务与南宋西湖旅游》，《宜宾学院学报》2005年第8期。

隋唐初期，旅客仍有自备饭食的遗风。唐小说家杜光庭的《虬髯客传》便描写了李靖与歌妓张红拂在前往太原的旅途中，于旅馆自己做饭的情况：二人来到灵石旅舍住下，摆下床，在炉子上煮肉。红拂把长发解开，几乎垂在地上，站在床前梳理；李靖正在外面刷着马毛。忽有一人，中等身材，长着红色而卷曲的胡须，乘一头跛驴而来。三人围着炉子坐下，卷曲胡子的客人问："煮的是什么肉？"李靖回答道："羊肉。大概快熟了。"卷曲胡子的客人说："我很饿。"李靖便出门买了胡饼回来。卷曲胡子的客人抽出腰间匕首，切肉共食。吃罢，把剩下的肉切烂后送给驴子吃了，动作敏捷。卷曲胡子的客人又问："有酒吗？"李靖答道："旅店主人的西边，就是酒肆。"并出去买了一斗酒回来。从这段描写来看，在旅舍中烹羊肉是李靖和红拂自己动手做的，买饼、打酒均在旅舍外面进行。其中酒是在旅舍西边的酒店里打来的。《虬髯客传》虽反映的是隋末的情况，但其所描写的旅客饮食方式则不能不说是作者按照唐时的风俗构思的。

但总体上来看，旅馆兼营饮食的经营方式，或专卖饮食的餐馆的出现，在隋唐五代宋元时期渐成气候。唐代的许多旅店兼营饮食，有的则是餐馆兼营旅店业务，食宿一体化的风尚已经形成。旅客外出旅行，已不再像汉魏以前那样需要自备粮食了。唐代一些诗歌反映了这一情况。如"万里桥边多酒家，游人爱向谁家宿？"说明酒店既卖饮食，也提供住宿，饮食与住宿更加一体化。再如"野店临江浦，门前有橘花。停灯待贾客，卖酒与渔家"，既然是停灯待贾客，说明它是一个旅馆；卖酒与渔家，又说明它还兼营饮食。据《太平广记》卷238《宁王》记载，唐代鄠县（今陕西户县）的"食店"，曾有"僧二人，以万钱独赁房一日夜"。这里的食店显然是既经营饮食又经营住宿的。这两位富僧旅行至此，既解决了肚中之饥，又解决了身体之乏。又同书卷286《板桥三娘子》讲，唐代汴州（今开封）西有一家板桥店，主人是位三十多岁的寡妇，名叫三娘子，该店"有舍数间，以鬻餐为业"，但也经营住宿业务，"远近行旅多归之"。元和年间，"客有先至者六七人，皆据便榻"。一次下榻六七个客人，若没有足够的卧具是不可能的。

如此之多的卧具，不可能是三娘子一人所用，只能解释为她专为兼营住宿而备置的。旅客在三娘子这里住宿，既受到女主人的温馨接待，又解决了吃饭问题，难怪“远近行旅多归之”呢！

唐代的旅客出门远游时，已比较容易找到餐馆、酒楼、饭铺、饼屋之类的地方解决饥渴问题。尤其是到长安旅游，更容易在林立的店铺中找到吃饭的地方。唐都长安是个国际大都市，西域各地的商人在此经商或开设饭铺餐馆。西域人尤其是波斯人，在长安开办了不少胡饼店和饽罗（一种面食）店，生意十分红火。辅兴坊的胡饼店在当时颇负盛名，连大诗人白居易都赞不绝口：“胡麻饼样学京都，面脆油香出新炉。寄与饥馋杨大使，尝看得似辅兴无？”胡饼早在东汉末就曾传入中国，赵岐曾卖胡饼为生。此时的唐都，胡饼更是深受旅客喜爱。《虬髯客传》中李靖就曾买胡饼招待虬髯客。《任氏传》描述了当时的饼店状况：“行及里门，门扃未发，门旁有胡人鬻饼之舍，方张灯炽炉。”这是胡人所开的饼店，是用炭把炉子烧得炽红，将饼拍上芝麻抹上香油，放炉中烤熟。武周时，张衡曾经买了饼，在“马上食之”。这种饼店为急于赶路的旅客提供了方便。西域女子开办的酒店，更是以其异乡情调而令人频频光顾。浪漫的李白便是长安胡姬酒店的常客。他情不自禁地写诗咏道：“王陵年少金市东，银鞍白马度春风。落花踏尽游何处？笑入胡姬酒肆中。”唐代作家段成式在其《酉阳杂俎》续集卷1“支诺皋”中，曾提到过长安东市和长安兴里的饽罗店，此店也是西域人开的。

宋代旅客在住宿旅店时，也能同时得到饮食服务，不必为吃饭发愁。当时食宿一体化的格局为此提供了保障。《续资治通鉴》卷449曾对元祐中，资政殿学士王安礼门人姜殿直，在青州城北蔡市桥开的四家既经营饮食又经营住宿的店子，作了记载。另外，北宋首都的酒楼饭店遍布街市，为过往行人提供了饮食上的方便。当时，汴梁的大酒楼有72家，“门首皆缚彩楼欢门”。其中丰乐楼在“宣和间，更修三层相高，五楼相向，各用飞桥栏槛，明暗相通，珠帘绣额，灯烛晃耀”。更有“新门里会仙楼正店，常有百分厅馆”，在此可以一掷千金，享尽人间口福。汴京有一个“川饭店”，出售富有川味特色的饭菜，如插肉面、大燠面、大小抹肉、淘煎燠肉、杂煎什件、生熟烧饭等，专门招待四川入京的商务旅行者。另一个名为“南食店”的餐馆，出售富有杭、扬二州风味的饭菜，如鱼兜子、桐皮熟脍面、煎鱼饭等，以招待江南茶商为主。汴京还有“胡饼店”，出售门油、菊花、宽焦、侧厚、油大、髓饼、新鲜满麻等，以来华西胡客商为主顾。此外，还有一些零散饭摊，随市所需，供应相应食物，满足商旅需要。如潘楼街“饭后饮食上市，如酥蜜食、枣䭉、澄砂团子、香糖果子、蜜煎雕花之类”，供应给忙于经商的客人及行色匆匆的路人。

北宋还形成了一些独特的饮食经营理念。其一，宋代的酒店讲究信用，对顾客一视同仁，常将银酒具和银器借给人用，或用银器送货。据《东京梦华录·民俗》记载，东京的“正酒店户，见脚店三两次打酒，便敢借与三五百两银器；以至贫下人家，就店呼酒，亦用银器供送，有连夜饮者，次日取之。……其阔略大量，天下无之也”。另据《说郛·摭青杂说》载，宋京师樊楼旁有小茶肆，熙丰间有士人李氏入肆饮茶，遗金数十两于桌。后数年，李氏复过此肆，主人弄明其身份和核对遗物后，如数奉还。李氏欲分一半给主人，主人坚持不受，说：“小人若重利轻义，则匿而不告，官人待如何？天不可以官法相加。所以然者，常恐有愧于心故也。”此店主人还把历年“收得人所遗失之物，如伞、扇、衣服、器皿之属甚多，各有标题曰某年某月某日，某色人所遗下者”，以便送还。其二，在店中常挂名画以招徕顾客。据吴自牧《梦粱录》卷16载：“汴京熟食店张挂名画，所以勾引观者，留连食客。”旅客在此饮食进餐的同时，也得到了艺术享受。其三，严格管理，以至于形成了独特的服务技巧，构成特殊的经营民俗。《东京梦华录·食店》载：“行菜者（跑堂的）左手杈三碗、右臂自手至肩驮叠约二十碗，散下尽合各人呼索，不容差错。一有差错，坐客白之主人，必加叱骂，或罚工价，甚者逐之。”其四，推着小食车，杯盘洁净，成为东京街头的一道民俗景观。《东京梦华录·民俗》称：“凡百所卖饮食之人，装鲜净盘合器皿，车檐动使，奇巧可爱，食味和羹，不敢草略。”其五，广告招牌成为另一道民俗风景。从《清明上河图》可见，张伞卖饮料的，悬挂着“饮子”的小布招牌；大酒店门口结着高高的彩旗，彩旗上标着“新酒”二字，门前写着“天美之禄”四字。《夷坚志》载，进贤县筒坊市，有一位农夫进山砍柴时，从一棵巨松下摘回一个大蕈（伞菌），直径有一尺八寸。酒肆王翁用钱买来，“挂于店外以诱饮客”。欧阳修曾发现“京师食店卖酸馦者，皆大出牌榜于通衢”。① 其六，每到节令，便加紧促销，制造节日气氛。东京“中秋节前，诸店皆卖新酒，重新结络门面彩楼。花头画竿”；“九月重阳，都下赏菊……酒家皆以菊花缚成洞户”。其六，主动推销，出现了“撒暂”等推销民俗。宋代“有卖药或果实萝葡之类，不问酒客买与不买，散与坐客，然后得钱，谓之撒暂”。

南宋时，尽管版图比北宋小了近半，但京城临安的繁华程度却十倍于汴京②。天下商旅游客齐聚杭州，丰富发达的饮食业为这些游人旅客提供了饮食保障。据《西湖老人繁胜录》载，临安的食店供应的饭菜品种就达上百种之多，其中有海鲜头羹、三软头羹、大片腰子、松花腰子、燥于决明、二色䕡儿、入炉坑羊、窝综强豉、八糙鸭、炕鸡、燠肝、肚肺等，不胜枚举。据耐得翁《都城纪胜》“酒肆”载：“有茶饭店，谓兼卖食次下酒是也。”包子酒店，谓卖鹅鸭包子、四色兜子、肠血粉羹、鱼子、鱼白之类。宅子酒店，谓外面装饰如仕宦宅舍，或是旧仕宦宅子改作者。“花园酒店城外多有之，或城中效学园馆装折。”在“食店”条中，耐得翁记道：“都城食店，多是旧京师人开张，如羊饭店兼卖酒。凡点索食次，大要及时：如欲速饱，则前重后轻；如欲迟饱，则前轻后重。”临安有声望的食店，大多是汴梁人南迁后所开办的。旅客若经过了长途跋涉，饥肠辘辘，进了食店，则先点“重”食，后点“轻”食；如果不是太饿，则可先点“轻”食，后点“重”食。所谓重食就是能够很快饱肚的饭食，如头羹、石髓饭、大骨饭、泡饭、软羊、浙米饭等；所谓轻食就是一些菜肴，如煎事件、托胎、

① 欧阳修：《归田录》卷2。

② 《都城纪胜序》。

嬭房、肚尖、肚胘、腰子等。临安的许多挑担端盘沿街叫卖的小吃，“如鹌鹑馉饳儿、焦馇、羊脂韭饼、饼饺、春饼、旋饼、澄沙团子、宜利少、献餈糕、炙犯子之类，遍路歌叫，都人固自以为常，若远方僻土之人乍见之，则以为稀遇”。这些小吃对远方来京的旅客，具有极大的吸引力，常常令他们一尝为快。临安这个江南城市，为前来旅游经商的外地客人提供了品目繁多的饮食，解决了他们的旅中饥渴和后顾之忧。吴自牧的《梦粱录》向我们介绍了这方面的情况。该书“铺席”条载：“向者杭城市肆名家有名者，如中瓦前皁儿水，杂货场前甘豆汤、戈家蜜枣儿，官巷口光家羹，大瓦子水果子，寿慈宫前熟肉，钱塘门外宋五嫂鱼羹，涌金门灌肺，中瓦前职家羊饭……张家元子。”此外还有张卖食面店、张家豆儿水店、蒋检阅茶汤铺、姚家海鲜铺、坝桥榜亭侧朱家馒头铺、石榴园倪家肥鲊铺等，其所卖饭菜饮食都是全城闻名的。外地旅客至京，必先访之，一食为快。“盖杭城乃四方辐辏之地，即与外郡不同，所以客贩往来，旁午于道，曾无虚日。”无论是外地旅客还是市内居民，往往多于店舍旋买饮食，甚为快便。由于外地旅客很多，所以临安的茶肆生意也很好。《梦粱录》“茶肆”条称：“今杭城茶肆……插四时花，挂名人画，装点店面。四时卖奇茶异汤，冬月添卖七宝擂茶、馓子、葱茶，或卖盐豉汤，暑天添卖雪泡梅花酒，或缩脾饮暑药之属。”

饮酒也像饮茶一样，为南来北往的旅客解除了饥渴疲乏。据“酒肆”条记述，临安有许多有名的酒店酒肆，其中有一个“武林园”酒店，“店门首彩画欢门，设红绿杈子，绯绿帘幕，贴金红纱栀子灯，装饰厅院廊庑，花木森茂，酒座潇洒”。此外还有南瓦子“熙春楼”酒店、新街巷口“花月楼”酒店、融和坊“嘉庆楼”酒店、金波桥“风月”酒店、灵椒巷口“赏新楼”酒店、坝头四市“双凤楼”酒店、下瓦子前“日新楼”酒店等，都备有酒食歌妓，以招待四方来京的游客。

元代杭州市民就集资在西湖上经营饮食业，为旅游者提供方便。据《马可·波罗游记》载，西湖湖心有两个小岛。每个岛上都有一座壮丽的建筑物，里面分隔着许多精室巧舍，本市的居民，每逢男婚女嫁或举办豪华饮宴的时候，就来到岛上。他们所需要的物件，如器皿、桌巾、台布等在这里一应齐备。这些家具用品，甚至亭台楼阁，都是市民集资建设起来的。有时，开办婚丧喜庆的筵席，同一时间内，多达一百来起，然而整个布置和安排，井然有序，各家都能安排到房间或亭子，不会彼此混乱，互相干扰。元代饮食服务行业，制造节日气氛，元末熊梦祥《析津志》载："每元会圣节及元宵三夕，于树身悬挂诸色花灯于上，高低照耀，远望若火龙下降。树旁诸高人数，发卖诸般米食，饼爊、枣糕之属，酒内茶汤无不精备，游人至此忘反。"构成一道旅游民俗景观。

三、公私馆驿和旅舍的发展

隋唐五代宋元时期，是中国历史上基本上处于大一统时期，中央政府为了加强对全国的控制，建立了完善的官方驿传系统。与此同时，由于国家的统一，为商品流通和商业发展提供了良好的社会环境，于是私人旅馆业趁机发展起来了。这一时期又是中国佛教和道教的重要发展时期，因此寺院客舍也向僧俗旅客提供了食宿服务。

第一，私营旅馆业的繁荣。

遭受无数重农抑商政策打击的私人逆旅业，在"唐宋变革"的背景下，终于发展了起来。唐小说载，妓女王幼玉"常幽艳愁寂"，人或询之，她回答道："今之或工或商或农或贾或道或僧，皆足以自养。惟我俦涂脂抹粉，巧言令色，以取其财，我思之愧赧无限。"① 从她的话中可见，此时工、商、贾都是一种正常的职业，而旅馆业本身就是商业，同时也为商业提供服务。已经变得自信的唐代私人旅馆，专门开设在官办驿馆旁边，以展开竞争态势。唐代私人逆旅主开办了一种被称为驴驿的旅馆，仿照官办驿传形式，进行连锁经营，沿途开分店，并以驴为交通工具，运送旅客。据《通典》卷7《食货典·历代盛衰户口》载，"东至宋汴，西至岐

① 柳师尹：《王幼玉记》，载《唐宋传奇集》，上海古籍出版社1998年版，第371页。

州，夹路列店肆，待客酒馔丰溢。每店皆有驴，赁客乘，倏忽数十里，谓之驴驿。南诣荆襄，北至太原、范阳，西至蜀川、凉府，皆有店肆，以供商旅。远适数千里，不持寸刃。”其良好的经济效益，使得政府官员也加入到开办私营旅店的行业之中。《朝野佥载》记：“定州何名远大富，主官中三驿。每于驿边起店停商，专以袭胡为业，赀财巨万。”① 这种现象引起皇帝的警觉，玄宗曾下令禁九品以下官员开办旅店，但对八品以上的则无法控制。唐小说载，东都洛阳人柳富遇妓女王幼玉，两人一见钟情。“富因久游，亲促其归。幼玉潜往别，共饮野店中”，“是夕同宿江上”。② 这个野店既能够饮食又能够住宿。《南部新书》载：“野狐泉店，在潼关之西，泉在道南店后坡下。旧传云：‘野狐掊而泉涌，店人改为冷淘，过者行旅止焉。’”③ 唐代旅馆业繁荣的突出现象，是城市旅店的兴盛，部分改变了隋代“禁游食，抑工商，民有向街开门者杜之”④ 的禁令。唐都长安的东西二市，据《太平广记》卷 10 载，东市“街市内货财二百二十行，四面立邸，四方珍奇，皆所积集”。王布在东市开了个邸店，“商旅多宾之”。西市的格局与东市相仿。据《太平广记》卷 243 载，西市南有十几亩洼地，富商窦义买下后于洼地中立一旗，令小孩用瓦块击之，中者奖煎饼团。于是小儿辈竞相用瓦块投掷，不出一月，洼地为平。窦义于其上盖店肆二十间，日获利数千。不仅大街上有店肆，连小巷子里也开了小店。据段成式《剑侠传》卷 1 载：“东市一小曲内，有临街店数间，相与直入，舍宇甚肃然。”

宋代由于里坊制的崩溃，城内临街而市，开办了许多面向大街的旅馆，旅馆形成行会及其负责人行老。私营客店与其他各种店铺一起遍布城市的繁华闹市地区。尤其是在首都汴梁城内，州桥东街

① 张鷟：《朝野佥载》卷 3，中华书局 1979 年版，第 75 页。

② 柳师尹：《王幼玉记》，载《唐宋传奇集》，上海古籍出版社 1998 年版，第 371～372 页。

③ 钱易：《南部新书》，载《唐五代宋笔记十五种》，辽宁教育出版社 2000 年版，第 39 页。

④ 《隋书·令狐熙传》。

巷迤东，“沿城皆客店，南方官员商贾兵级，皆于此安泊”①。宋代旅店已形成了行会，据《居家必用事类全集》辛集载：“司县到任，体察奸细、盗贼、阴私谋害不明公事……旅店各立行老。”说明旅店行业还有负责人——行老。宋朝旅行者所投宿的私营旅店，其店名都颇有诗意，如东京汴梁的“清风楼客店”、“熙熙楼客店”等，这无疑增加了客人投宿的兴趣。

元代接待旅行者的私营旅馆遍布城乡。当时出现了不少“招商店”。据元杂剧《独角牛》所载宾白云：“我来到这泰安州，我可便不住您那招商店。”在另一部元杂剧《金凤钗》中亦谓：“问甚将着行货，做甚买卖，有甚资财，你把行旅招商店开！”大都郊区也有许多私人旅馆。据《马可·波罗行记》载：“商人和来京城办事的人都在郊区住宿。”“在近郊，距都城也许有一点六里远的地方，建有许多旅馆或招待骆驼商队的大客栈，为来自各地的商人提供住宿。”尽管失去了首都的地位，元代的临安城仍然十分繁华，旅店林立。据另一位意大利旅行家鄂多立克在《鄂多立克东游录》中称：“我来到杭州，这个名字义为‘天堂之城’。它是全世界最大的城市……那里有很多客栈，每栈内设十或十二间房屋。”在山西永济县永乐宫元代壁画中，画有元代的旅馆，有店门、院墙、厨房、客厅、客房等建筑。王实甫《西厢记》中曾记张珙投宿过一个客店，叫状元店。

第二，官办驿站的发展。

隋唐五代宋元时期，方便文官旅游的是四通八达的官办驿路和驿站。驿站的建立较早，而其发展鼎盛期则在唐宋元时期。驿站（也称传舍、亭、驿馆、候馆、站赤等）是官办招待所，为游宦的文官提供食宿条件，使他们摆脱了旅途中的食宿之忧，能够尽兴地抒发情感，描绘审美感受，极大地促进了文官宦游的发展。官办驿站的高端是国宾馆，主要用来接待外国使者和高级贵宾。

隋代建立了驿站系统。《隋书·韦艺传》云：“孝宽将至邺，因诈病止传舍。”唐代的驿站比较普遍，掌管的官叫馆驿使，负责

---

① 孟元老：《东京梦华录》卷3。

驿站的管理与调整。天宝八年，“馆驿使宋浑奏移稠桑路向晋王斜。王斜者，隋炀帝在藩邸，扬州往来经此路，盖避沙路费马力也”。① 唐代驿站也叫传舍，诗人殷尧藩的诗句“万里关河成传舍，五更风雨忆呼卢”可证。“驿馆”之名始见于唐代。颜师古指出：“邮，行书舍，谓传文书所止处，亦如今之驿馆。”唐代的官设旅舍还有一个称呼是“候馆”。唐朝诗人韩愈曾有“府西三百里，候馆同鱼鳞”的诗句，反映了候馆之多。唐代的旅舍也叫亭，亦为驿传上的馆舍。李白词《菩萨蛮》记述了一位远行游人在亭的楼上感叹旅程孤苦、归途遥远的心情：“平林漠漠烟如织，寒山一带伤心碧。暝色入高楼，有人楼上愁。玉阶空伫立，宿鸟归飞急。何日是归程？长亭更短亭。”这里的亭即是旅舍。“长亭更短亭”形容路程遥远，归程无期。这位旅客见宿鸟归巢，联想到自己归家无期，不禁黯然神伤，所以在他眼里，一切变得那样灰暗、惨淡。另据唐人小说《集异论》载：“安阳城南五里有一亭，过客止辄死。有一士人不信，宿其中。”这里的亭显然是官办旅舍。又《摭异记》云：“灵壁县东界有一亭，旁有古树参天。”以上记载均可证明亭在唐代比较广布，为旅行于驿道上的客人提供住宿服务。

北宋有时候称驿站为“驿舍”，宋陶谷《清异录》载：“汤悦逢士人于驿舍。”官吏在使用驿站时，常常不遵守规定。真宗大中祥符六年，“知荆南府朱巽罚铜二十斤，荆湖北路转运使梅询削一任，通判襄州，坐擅发驿马与广州邵华子令省亲疾而马死故也”②。为了加强驿站管理，北宋实行支赐与驿券分离制度。神宗熙宁八年“诏自今差官出外，已支赐者，毋给驿券，愿请驿券者，不支赐”③。东京开封至西京洛阳之间420里，设6驿。自洛阳西行经崤山北路至陕州，计225里，再西行595里至长安以及陕甘各

① 钱易：《南部新书》，载《唐五代宋笔记十五种》，辽宁教育出版社2000年版，第39页。

② 《续资治通鉴长编》卷81，真宗大中祥符六年九月癸卯。

③ 《续资治通鉴长编》卷270，神宗熙宁八年十一月丙子。

地。① 欧阳修《洛阳牡丹记》之《风俗记三》中载："洛阳至东京六驿，旧不进花。自今徐州李相迪为留守时始进御。岁遣牙校一员，乘驿马，一日一夕至京师，所进不过姚黄、魏花三数朵，以菜叶实竹笼子藉覆之，使马上不动摇，以蜡封花蒂，乃数日不落。"驿站在金朝，或被称为"铺递"。金世宗曾对宰臣讲："朕尝欲得新荔枝，兵部遂于道路特设铺递。"②

蒙古人建立了横跨欧亚大陆的大帝国，也建立了遍布全国的驿站（元朝称为"站赤"）。《元史·兵志·站赤》载："四方往来之使，上则有馆舍，顿则有供帐，饥渴则有饮食，而梯航毕达，海宇会同，元之天下，视前代所以为极盛也。"有时候则将驿站称为"急递铺"或"馆舍"。《南浦驿记》指出：天下道路"远近纵横，经纬联络，旁午皆置馆舍以待往来"。馆舍是驿道上官办驿舍的别称。元代的驿站提供了公共旅游者的饮食保障，也保证了其旅行安全和旅行的速度。据《马可·波罗游记》，"从汗八里（北京）出发，西行 20 里，至涿州。经太原、平阳、该州，渡哈剌木连河（黄河）、哈强府、京兆、关中、阿里八里，至成都，总共 72 日程"。又据第 129 章《叙州》记载："自成都府起行，骑行 70 日，经行业已经过之诸州郡城 70 日后，抵于前已著录之涿州。又自成都骑行 5 日至土番，经建都，渡金沙江（不鲁郁思），河对押赤，再西行，经哈剌章至金齿至阿缅，共 70 日程。"则从汗八里至阿缅，共 140 余日程，为 4 个多月。如加上沿途逗留的时间，则约 6 个月。③ 这在畜力的时代，是比较快捷的。

高级驿站便是国宾馆，是接待和安排外国使臣和尊贵客人的馆驿。国宾馆一般建在国都，但也有建在地方的，预备贵宾在入境和经过时便加以接待。如唐代楚州（今江苏淮安）就设有"新罗馆"

---

① 党宾：《北宋西京洛阳市政管理研究》，华中师范大学历史文化学院硕士学位论文，2010 年，第 50 页。

② 《金史·世宗纪》。

③ 余世雄：《〈马可·波罗游记〉中几个主要问题评述》，载中国国际文化书院编：《中西文化交流先驱——马可·波罗》，商务印书馆 1995 年版。

专门接待新罗（朝鲜）客人；扬州置有“扶桑馆”，专门迎候日本客人。宋代泉州则设有专门接待各国商客的“远来驿”。外宾在地方宾馆住下后，地方官员要迅速向朝廷报告。只有接到中央的指示后，才能安排他们继续前往京城。

京城的国宾馆可以看做驿道的末端。国宾馆的名称历代不同，有叫“四夷馆”的，有称“四方馆”的，还有谓“同文馆”、“会同馆”、“迎宾馆”的。这些国宾馆均由鸿胪寺执掌。隋朝在其东都洛阳的建国门外，建有国宾馆，名“四方馆”，归典蕃署掌管。唐朝的首都长安是当时的国际大都会，各国使节、客商蜂拥而至，为此，唐政府修建了国宾馆，仍名为“四方馆”。日本人则称之为“外宅”。唐代的四方馆改隶中书省提调，并一改往日的惯例，允许使者和外商在馆内开展商贸活动。日本学者木宫泰彦在其《日中文化交流史》中指出：唐朝的典客署“兼管在蕃客住宿的四方馆进行互市”。

都于汴梁的北宋在其京城亦设立了国宾馆。据《宋史·职官志五》介绍：鸿胪寺卿，“掌四夷朝贡、宴劳、给赐、送迎之事”；“凡四夷君长、使价朝见，辨其等位，以宾礼待之，授以馆舍，而颁其见辞、赐予、宴设之式，戒有司先期办具，有贡物，则具其数报四方馆，引见以进”。可见，宋代国宾馆在接待规格上，是以宾客的地位高低及贡物数量来区分的。国宾馆设有翻译——通事、厨师及侍者。综合《宋史·职官志》和孟元老《东京梦华录》的记载可知，北宋的国宾馆也分为好几馆，各馆分散于城中。州桥街北设“都亭驿”，专门接待辽朝使节；梁门外安州巷设“同文馆”，负责招待高丽使者；“都亭西驿”专管西夏使臣的接待；“怀远驿”和“瞻云馆”负责接待南蕃、西蕃、交州、大食等地使者；另有“礼宾院”则专门负责回纥、于阗、吐蕃、党项、女真等使者的接待。

南宋在其首都临安也修建了国宾馆，其名有“班荆馆”和“都亭驿”等。班荆馆是接待北使的宾馆，据周密《武林旧事》载：“北使到阙，先遣伴赐筵于赤岸之班荆馆中，使传宣抚问，赐龙茶一斤，银合三十两。次日，至北郭税亭茶酒上马，入余杭门，至都亭驿中。”这“都亭驿”是接待各国使臣的国宾馆，不仅金朝使臣最终落脚于此，而且其他各国使臣也下榻于此。据吴自牧的《梦粱录》卷10“馆驿”载：“都亭驿在候潮门里泥路西侍从宅侧次，为馆伴外国使人之地也。”

元朝也建立了国宾馆，马可·波罗曾见过接待外宾的迎宾馆。

第三，寺院旅舍的普及。

隋唐五代宋元时期寺院的客舍普遍向游人开放，投宿僧寺的客人越来越多。唐代，寺庙似乎吸纳了大唐对外开放的气度，接纳了更多的非释僧旅客。据《太平广记》卷96，李泌曾在衡岳寺中留宿并苦读过。此外韩愈曾在洛阳的惠林寺中住过。他为此写过一首《山石》诗，描写寺中幽雅清逸的环境和自己舒适满足的感受：“山石荦确行径微，黄昏到寺蝙蝠飞。升堂坐阶新雨足，芭蕉叶大栀子肥。僧言古壁佛画好，以火来照所见稀。铺床拂席置羹饭，疏粝亦足饱我饥。夜深静卧百虫绝，清月出岭光入扉。天明独去无道路，出入高下穷烟霏。山红涧碧纷烂漫，时见松枥皆十围。当流赤足踏涧石，水声激激风吹衣。人生如此自可乐，岂必局束为人鞿？嗟哉吾党二三子，安得至老不更归！”韩愈的诗表明了住寺院旅舍与住其他旅舍的不同之处和特殊感受。唐代诗人元稹曾写了一篇小说《莺莺传》，故事就发生在寺院旅舍中：“张生游于蒲，蒲之东十余里，有僧舍曰普救寺。张生寓焉。适有崔氏孀妇，将归长安，路出于蒲，亦止兹寺。”与元稹齐名的诗人是白居易，也曾有留宿寺舍的经历，为此写了一些诗如《仙游诗独宿》、《宿清源寺》等加以记录。

宋以后，文人及一般旅客止宿寺庙已成一时风尚。曾公亮在《宿甘露寺僧舍》中写道：“枕中云气千峰近，床底松声万壑哀。要看银山拍天浪，开窗放入大江来。”这首诗反映了僧舍的幽深开阔的环境。陆游曾住僧寺客舍，并写《宿华严寺》一首，描写住宿的情况与感受。柳月涧也曾在黄山花山寺留宿过，并写了《花山寺看黄山》一诗：“借得云房半榻眠，三生夙结静中缘。茶炉漫着松枝火，趺坐蒲团听夜禅。”南宋词人辛弃疾曾赴金中都燕京（今北京）应试，所住之处便是寺院旅舍——悯忠寺。元代寺庙旅舍对外营业，收取住宿费。当时的大护国寺，拥有数以百计的旅店酒馆等店铺，接待旅客食客等人，牟取利润。

我们在文官留下的旅游诗词和游记中，看到了这些宦游人游山玩水时的雍容优雅和激情飞扬，然而，这背后若没有优越的设施和条件的支持，不可能使之产生如此广阔的游踪和如此闲适的心态。只有旅游设施的发展和旅游条件的改善，才使得隋唐五代宋元时期的文官宦游在中国旅游史上大放异彩。

第五章

明清旅游的异动与衰微

明清时期（1368—1839年）是中国旅游史上发生异动、趋向衰微的时期。所谓异动，是指明朝政府在海洋时代来临时，派郑和带领大规模的船队率先迈入海洋，领先世界航海史近一个世纪，然而正当西方也酝酿进入海洋、开展大航海和大探险时，明朝政府却退出了大洋竞技场。这对于明清两朝都是致命的，它导致了中国面对海洋从此采取守势的局面，而西方则通过跨越海洋将世界逐渐连为一体，形成了以欧洲为中心、其他各洲为边缘的近代化格局。法国史学家布罗代尔指出："征服海洋使欧洲在世界居领先地位达几个世纪。"① 在此格局下，中国的海外旅游停滞不前，对外部世界知之甚少，旅游者缺乏探险的勇气与毅力，显得暮气沉沉，与西方旅游者的冒险勇进形成对比，中国传统旅游史呈现衰微的趋势。

---

① ［法］布罗代尔著，顾良、施康强译：《15至18世纪的物质文明、经济和资本主义》第一卷，三联书店1992年版，第474页。

第一节　明清帝王巡游的起落与式微

明代日益强大的程朱理学，以“格君心之非”为目的，迫使贵为天子的皇帝的巡游跌入谷底。明代帝王巡游，除了太祖、太宗、宣宗、武宗皇帝之外，其他的帝王基本上放弃了巡游的打算，即使像武宗这样敢作敢为的皇帝，在群臣强大的劝谏攻势下，也不得不多次进行微服私游。清代建立后，由于皇室来自白山黑水间的游牧民族，早期皇帝血管里流淌着游牧的血脉，因此出现了康熙、乾隆各六下江南的大规模巡游活动，使得帝王巡游得以在特殊的背景下复兴。然而，后期的几位皇帝，由于基本上已经汉化，除按惯例前往承德避暑山庄游玩外，多数时间深居皇宫和禁苑，帝王巡游与大清国运一起趋向衰微。

一、明代皇帝的巡游

明代初期，皇帝出行的劳作性质比较明显。太祖朱元璋半生征战，出行频繁，加之出身卑微，并不贪恋游乐。太宗朱棣多次北征蒙古，虽然一路上与群臣唱和，但仍然属于劳作性旅行。

到守成皇帝宣宗时，对游玩性质的巡游开始追求，不满足于深宫禁苑中的玩耍嬉戏，来到了更加广阔的郊野旷原和遥远的北方边关。由于与尽孝、观风、习武和国防相联系，他的郊外漫游和边关巡游蒙上了一层政治意义，因此在当时没有受到文臣们的反对和抨击，这或许让仿行他的后代皇帝武宗，百思不得其解。

宣宗多次率领内外臣属和羽林禁卫，浩浩荡荡地穿越北京城门，到郊区的山林河谷去游猎和观览。他曾前往北京的西北郊旅游，经过清河店，并在此游猎，即兴所赋的《清河道中小猎》就是这次游猎生活的写照：“暖日晴风沙草肥，桃花未谢杏花稀。道傍狐兔避行骑，引起苍鹰掠地飞。”有时，宣宗还向北京的西南方向游览悯忠阁、卢沟桥等景观，曾有《经悯忠阁故址》和《芦沟观涨》等诗。有时他还向东来到京郊踏青旅游，曾写《东郊春晓》诗，描写“青春三月时，芳卉稍已歇”，“山色既清润，川光乍明灭”的景色。宣宗去得最多的还是北京西郊，常常是为了体验“纵横猎骑草间飞”的乐趣。西山是一处“层峰叠嶂、清泉曲涧”的旅游胜地。宣宗经常光顾此地，因为这里有他认为风景最美的西山和香山红叶，为此他写了大量的吟咏西山的诗篇。他还对西山境内的香山红叶很感兴趣，常观览咏赞：“红叶舞丹霜后落，青山如画马前看。”

宣宗不仅从事京郊漫游，还曾经有过三次巡边的远游活动。第一次，是宣德三年八月二十七日至九月二十四日，历时 27 天。据《明宣宗实录》卷 46 记载：八月二十七日，遣前锋先发。二十八日，宣宗的车驾正式从北京出发，渡潞河，驻跸虹桥。他特地召诸将晓谕道：“朕深居九重，岂不自乐？但朝夕思念保民，才有此次远行。今日渡河，发现所经道路两边皆遭到水潦之害，秋田颗粒无收，朕念农民艰难，心中特别怜悯。你们将士谁敢有一毫侵扰老百姓的，必杀不赦。”宣宗虽自称“深居九重，岂不自乐”，但实际上宫中之乐，抵不上郊野之乐。比如他经过潞河时，观赏着“倚岸青旗皆酒肆”的风光，听闻着“临流绿树隐渔歌”的歌声，就不禁赋《晓望潞河》诗，其感受与宫中自是两个天地。九月二日，宣宗巡游队伍来到石门驿时，听说蒙古兀良哈部万余人侵犯边境，决定亲征，选择精锐骑士三千人，每人两匹马，各带十日干粮，准备战斗。在宽河与兀良哈军相遇，宣宗命铁骑分为两翼，夹击敌人，兀良哈人马死者大半，其余的全部溃逃。于是宣宗班师而回，经过喜峰关时，守关指挥奏报，说关隘附近有猛虎，多次出来为害，已命都督率壮士前去围捕。宣宗与群臣前往观战，只见老虎为壮士所围，正在发怒，宣宗拈弓搭箭，一箭射去，老虎倒地，遂被壮士所擒。九月二十四日，宣宗车驾返抵京师，万众一片欢腾。

第二次巡边，从宣德五年十月九日至二十五日，共 16 天时间。十月九日，宣宗以农事既毕，决定巡游边关，于是车驾发京师，驻跸龙虎台，令光禄寺赐扈从官酒馔，晚上召英国公张辅、成国公朱勇、尚书蹇义、学士杨士奇、杨荣、金幼孜、杨溥至帷幄中，问郊外民事及边备。过居庸关时，他诗兴大发，作《居庸清晓》诗一首：“群山万叠晓光寒，记得曾从马上看。咫尺悬崖如虎踞，分明翠巘似龙蟠。天垂绝顶华夷隔，月照重关鼓角残。胡虏风尘今已净，秋风何用此登坛。”十二日，在岔道进行狩猎活动，当时天气晴朗，将士喜悦，宣宗派宦官将所获鹿送回京师，敬献皇太后。十四日，驻跸怀来。十五日，驻跸雷家站，与学士杨士奇、杨荣、金幼孜、杨溥等人谈论历史掌故，相谈甚欢。十八至二十日，驻跸洗马林时，宣宗亲至城堡营垒，检阅将士及马匹铠甲旗帜，见关堡森严，心中大悦，召见各位将帅，加以慰劳。二十日，宣宗举行狩猎活动，只见旌旗蔽日，烟尘四起，众扈从驱赶鹿、兔等猎物，由宣宗发箭射之。晚上，宣宗则与杨荣等在帐篷中谈古论今，心情非常舒畅。二十一日，回銮驻泥河，并让将士们围猎，大造声势，以掩护宣宗车驾顺利还京。经过怀来、岔道，于二十五日回到京师。

第三次巡边，从宣德九年九月九日至十月三日，共24天时间。九月九日，重阳节，宣宗赐文武群臣宴，然后从容上车，从京师出发，当晚驻跸唐家岭。十日，驻跸龙虎台，十一日，车驾度居庸关，驻跸岔道。十二日，在岔道举行围猎活动。十三日，驻跸怀来，夜晚召少傅杨士奇至幄中，问道途所见。君臣二人为一路上所见的人口增多和丰收景象所鼓舞。宣宗还拿出御制诗数篇，告诉杨士奇说：“这是朕在马上遣兴之作。”士奇拜观后，宣宗命左右取楮笔，命士奇赋诗唱和，然后赐给他酒馔。十四日，驻跸雷家站。然后经过宣府泥河、万全、安家堡来到洗马岭，宣宗亲自经历城堡检阅兵备，对兵备严密状态感到满意。二十四日，举行大型围猎活动，随从驱赶禽兽，让皇上引弓射之，以为娱乐。二十五日，宣宗车驾回銮，驻跸沙岭。然后原路返回，经过宣府泥河、雷家站、怀来、龙虎台、唐家岭，于十月三日，顺利地返回京师，结束了这次愉快的公费旅游。

宣宗的这三次巡边，除第一次与蒙古兀良哈打了个遭遇战外，其他两次连蒙古骑兵的影子都没见着。这三次巡游，实际上是将巩固国防、观察风俗与远游散心相结合。蓝天白云、高山深谷、沙漠草原、边关长城、帐篷夜话、银亮铠甲、战马奔驰，一派壮观景象，对深居宫中的青年皇帝来讲，的确具有无穷的魅力。

宣宗后，英宗御驾亲征蒙古，被俘于土木堡，使得大明政府对皇帝的出游视为洪水猛兽，加之理学将帝王游乐视为人欲，必欲置之死地而后快，因此此后的皇帝巡游受到严格的限制。

然而，武宗继位后，却不顾一切地外出巡游，并为此不惜与大臣们决裂。武宗生性好动尚武，酷爱率军出征，以游幸与巡游为乐，留下了逸游的串串脚印。武宗在宦官刘瑾的诱惑下，主要在京城附近游玩。在边将宠臣江彬的诱导下，则远及宣府、密云等地。

正德十二年八月，江彬为了摆脱武宗的旧宠钱宁的影响，“欲导帝巡幸远宁”，对武宗说，宣府乐工中多有美人，而且“可观边衅，瞬息驰千里，何郁郁居大内，为廷臣所制”？武宗于是微服出游昌平，至居庸关，被御史张钦所拦，不得已打道回宫。几天后，武宗先让太监谷大用代替张钦守居庸关，然后再次乘夜出行，让谷大用放走自己，而后闭关拦住追赶并谏阻自己的廷臣。武宗顺利地度过居庸关，来到宣府。江彬为“镇国公”武宗建镇国府第，并将豹房珍玩、女宠全运到府中。江彬带着武宗，多次夜入民宅，索取良家妇女。“帝大乐之”，把北京宫中忘得一干二净，称宣府镇国公府第为“家里”。九月，武宗从宣府巡幸山西阳和。恰遇蒙古鞑靼五万骑入侵，将领王勋等在应州力战退敌，斩首十六级，明军却死了数百人，但武宗还是“以捷闻京师”。至十三年正月始还京城。

刚在宫内住了半个月，武宗又闲不住了，再次出巡宣府，并幸大同，但因太皇太后崩，不得已还京主办丧事。两个月后，乘到昌平发丧之际，又前往黄花、密云，掠良家妇女数十车随驾而行。正德十三年五月一日，武宗驻跸大喜峰口，下令朵颜三卫花当、把儿孙等至关宴劳。巡抚蓟州都御史臧凤十分担心，指出这些夷人“豺狼之性难驯”，未必会来，即使来了，也可能会有“无厌之请”。大学士杨廷和等人也说“虏情狡诈，尤难料度”，要求武宗“回居大内，颐养圣体，以尽孝道，以襄陵寝大事”。六科十三道甚至指责武宗“山陵祭告毕，车驾遂幸银山，又幸蓟州、遵化，又及大喜峰口，所至皆以为乐土，淹留浃月，独不思梓宫发引之有期，几筵奠祭之久旷”，但武宗一概不听。①

正德十三年七月，即密云之行后的第三个月，武宗又听从江彬之言，以边关多事为由，率师亲征，实际上是为了遍游塞上。经过宣府、大同，从大同渡过黄河，来到榆林，最后到达绥德，幸总兵官戴钦府第，纳其女。然后开始返程，由西安历偏头关，沿途游山玩水，大征女乐，纳晋府乐工杨腾妻刘氏，江彬与近幸之臣都以事母之礼对待她，称为“刘娘娘”。直至十四年正月到宣府，最后返回北京。“帝东西游幸，历数千里，乘马，腰弓矢，涉险阻，冒风雪”，随从的人很多在途中生病，而武宗竟毫无倦容。回京后，孙懋弹劾江彬，实际上是敲山震虎：“彬枭桀桧邪，挟至尊出居庸，无大臣保护，独处沙漠将半载。”②

正德十四年二月，刚从太原回来不到一个月的武宗又打算南巡，阁臣闻之，上疏劝谏。武宗大怒，将兵部郎中黄巩等 6 人关到狱中，其余 107 人罚跪于午门外五日，又廷杖于庭，杖毙 11 人。但武宗也因此十分扫兴，南巡之议搁置下来。至六月，江西宁王朱宸濠反，正好给了武宗一个亲征叛乱的南游借口。八月，武宗率军离开北京南下，不料二十六日刚到涿州，南赣巡抚王守仁的捷报便飞报而至，称叛乱已于七月二十七日平定。武宗恐他人知道后劝阻，秘而不宣，继续南巡，经临清、淮安，十二月至扬州，把民居改为都督府，“遍刷处女、寡妇”，“导帝渔猎”。同月抵达南京。随行官员达十万余人，日费万金，加上近臣乘机敲诈勒索，应天府尹胡宗道因无力供应，竟忧惧而死。据《武宗实录》卷 186 载：“值乘舆南狩，供亿日以万计，近幸求索倍之，倥偬不能支，数为校卒窘辱，等于传吏，竟以忧惧卒。”武宗还准备“幸苏州，下浙江，抵湖、湘”，因群臣力谏乃止。武宗在南京一住就是大半年。正德十五年六月幸牛首山，护驾的军队夜惊，传说江彬将谋逆，过了很久传闻才平息。当时朱宸濠已就擒，绑系江上舟中，民间多次讹传朱宸濠将为变。武宗起了疑心，便于闰八月从南京出发北归。

---

① 《明武宗实录》卷 162，正德十三年五月癸卯。

② 《明史·孙懋传》。

九月，他在清江浦（江苏清江市）积水池捕鱼时船翻落水，遂得病。十月，武宗一行至通州，江彬还准备劝武宗巡幸宣府，当时武宗身体“惫甚”，经左右力劝乃止。十二月武宗回到京师，次年三月一命呜呼。

自武宗以后，明代诸帝的大规模巡游盛况不再，世宗皇帝除了回了一趟湖北钟祥省亲外，再未进行过远游，而神宗皇帝几乎终身居于紫禁城内，未踏出过宫门。皇帝巡游的式微状况，在游猎民族建立的清朝得到较大的改变。

二、清代皇帝的“下江南”活动

清代皇帝出身于游牧民族，因此在生活习惯上带有浓厚的游牧习气，入关后，除了建都北京外，还将沈阳定为盛京，时有巡幸旧都之行；又在河北承德建立避暑山庄，每年夏天幸临休憩。与明代皇帝相比，清帝的活动范围大得多，巡游的次数和规模都有过之而无不及，使皇帝巡游得以复兴。

清代皇帝的巡游，以康熙和乾隆各自的六次下江南活动最为著名。为了考察水患以便治理，并与南方汉族地主联络感情，康熙帝决心下江南巡游。他从康熙二十三年（1684 年）31 岁开始，到四十六年（1707 年）54 岁止，六次“下江南”，分别是康熙二十三年、二十八年、三十八年、四十二年、四十四年、四十六年，巡游时间加起来长达 520 天，其中以第五次南巡时间最长，共历四月，多达 118 天，是清朝 12 位皇帝中，第一位跨过海河、黄河、淮河、长江、钱塘江五大江河的君主。康熙南巡，一般是沿着运河南下，经过扬州、南京、苏州，到达杭州。其南巡的规模宏大，正如《红楼梦》第 16 回中凤姐所说“比一部书还热闹”。康熙二十三年十月二十六日，康熙帝到达苏州，下榻在苏州织造祁国臣家里，据姚廷璘的《历年记》记载：

> 次日皇爷早起，问曰：“虎丘在那里？”工部曰：“在阊门外。”上曰：“就到虎丘去。”祁工部曰：“皇爷用了饭去。”因而就开场演戏，至日中后，方起马。……竟到虎丘，到山门即

下马进去，自己上山，并无扶援者。登大殿，拜三世佛。拜毕，即到后殿看宝塔，又走至四贤祠，回出到大殿，对正门东向坐。……传苏州清客打十番，打完，上曰："好，果然好。但是只晓得南方的音，还不晓得北方的音。叫小番来，打一番与你们看。"即刻飞传舡上小番来，俱十五六岁俊俏童子，一样打扮，俱穿酱红缎衣，头戴红纬貂帽，共一十六个，各持乐器上山，在大殿前两旁边立，打一套十番，果然好绝，姑苏极老班头，亦从未闻见者。约有一个时辰方毕，时已黄昏矣。上起而出，到天王殿，见下边百姓拥挤，塔上俱点红灯，照耀满山，看者不肯散去。上曰："上边百姓都已听见了，下边的还没有听见，再打一套去。"随坐千人石上，打起十番。上自动手打鼓，后乃连打数套，逐渐弄过，直打至二更时方完。即随二将军及长随哈等，在人丛中挤出山门，竟下舡，如飞开去，星夜出关，转至常州府，甚是戒严。①

这是康熙帝第一次南巡，此后，又陆续进行了五次。当时的画家集体创作了 12 卷《康熙南巡图》，详细描绘了第二次南巡的经过。康熙皇帝后来曾经回忆说："朕每至南方，览景物雅趣、川泽秀丽者，靡不玩赏移时也。虽身居九五，而乐佳山水之情与众何异？"②

康熙帝六下江南，有治水、巡视、省耕、睦情等多重目的。其南巡的主要目的是治理黄河。明末清初，黄河多年失修，淤沙堵塞河道，导致洪水泛滥，仅顺治至康熙初年，黄河大的决口便达 80 余次，不仅导致鲁南苏北一片汪洋，而且危及淮河与运河，造成漕运受阻。于是他决心巡视河工，康熙二十三年第一次南巡时，便亲临工地，了解"河势之汹涌漶漫，堤岸之远近高下"，严令加固运河堤岸。三十八年，第三次南巡时，他"亲乘小舟，不避水险，

① 姚廷璘：《历年记》下，载《清代日记汇抄》，上海人民出版社 1982 年版，第 120 页。

② 转引自赵世瑜：《腐朽与神奇——清代城市生活长卷》，湖南出版社 1996 年版，第 130 页。

各处周览”，提出“治河上策，惟以深浚河身为要”，结果治河成效渐显，“黄河畅流入海，绝无倒灌清口之患”。其次是考察和咨询吏治民情，笼络江南汉族士大夫。顺治帝为了用武力强行统一，在江南实施了高压和屠杀政策，康熙帝为了缓和矛盾，南巡时谒孔庙，拜禹陵，祭明太祖陵，以迎合汉族士大夫的心理。他现场办公，增广江南学额，甚至亲自接见江南知识分子，以示恩宠。如第四次南巡时，对著名学者胡渭赐扇，赐馔，并赐题“耆年笃学”的匾额。与此同时，他也注意考察吏治，指出：“臣下之贤否，朕处深宫，何由得知。缘朕不时巡行，凡经历之地，必咨询百姓，以是知之。”在巡游中，发现左都御史郭琇在任吴江知县时，“居官甚善，百姓至今感颂”，于是立即升其为湖广总督。他还发现靳辅对河务“实心任事，劳绩昭然”，并听到“江南淮安诸地方，自民人船夫皆称誉前任河道总督靳辅，思念不忘”，于是迅速恢复靳辅官职。康熙帝还重视了解民情，为百姓兴利除弊。第一次南巡时，看到高邮一带庐舍田屋仍被水淹，百姓皆“择高阜栖息”，当即“登岸巡行十余里，召耆老详问致灾之故”，令地方官吏“浚水通流”，于是百姓“欢悦，不胜鼓舞感激”。康熙帝南巡时，不讲排场，“不设营幄，不御屋庐”，不骚扰百姓。他多次告诫臣下，南巡是“为百姓阅视河道，咨访闾阎风俗”，“非为游观也”。二十八年，康熙巡游江宁，地方官吏“装饰舟船以待”，他弃而不乘，下令“将造饰物料俱行拆毁，于应用处用之”。法国传教士、在清廷供职的白晋指出：那种“亚洲的君主们在所到之处，都喜欢炫耀自己的豪华和奢侈”的情形，“在康熙皇帝周围是根本看不到的”。①

乾隆皇帝作为康熙帝的孙子，也仿效其祖的行为六下江南。但乾隆所处的历史条件不同，因此其南巡的目的和效果与前者大不一样。乾隆帝南巡的主要目的，是为了游山玩水。作为好大喜功的君主，他自以为建立了“十全武功”，自称是“十全老人”，为了仿

---

① 王俊义，黄爱萍：《康熙和乾隆为何皆六下江南》，《文史知识》1985年第8期。

行祖父“盛典昭垂，衢谣在耳”的盛举，于乾隆十六年、二十二年、二十七年、三十年、四十五年、四十九年，先后六次巡游江南。乘船顺大运河南下，游览了两岸城市济宁、扬州、镇江、南京、无锡、苏州、杭州等。

第一次南巡，是乾隆十六年（1751 年）。正月十三日，乾隆帝奉皇太后离京，经过直隶、山东到达江苏清口。二月八日，渡黄河阅天妃闸、高家堰，经过淮安，由运河乘船南下，经扬州、镇江、丹阳、常州至苏州。三月，抵达杭州，参观敷文书院，登观潮楼阅兵，遍游西湖名胜。返回时，绕道南京祭拜明太祖陵，陪皇太后到织造机房观织。然后沿运河北上，从陆路到泰安，入泰山岳庙烧香。五月四日，返抵圆明园。此次南巡，历时五月有余，往返行程水路约五千八百里。

第二次南巡，是乾隆二十二年（1757 年）。正月，乾隆帝奉皇太后升銮出京，二月五日到达天妃闸，阅龙木，十三日到达范仲淹高义园，二十日到达苏州，奉皇太后参观织造机房，在嘉兴和石门镇阅兵，二十七日，偕皇太后来到杭州。三月十八日，至江宁府，祭明太祖陵。四月四日，往徐州阅视河工。五日，至孙家集阅视堤工，下令将河堤改用砖砌。六日，到荆山桥、韩庄闸巡视。十日来到曲阜拜谒孔林。二十六日，返回北京圆明园。

第三次南巡，是乾隆二十七年（1762 年）。正月初二起驾，经过直隶、山东、安徽等地灾区时，蠲免这些地方的税赋，并下拨赈灾钱物。还审查了前两次敕修的工程之进度。经过杭州后，到海宁阅海塘，登观潮楼，检阅福建水师。在江宁巡视织造机房，祭拜明太祖。回程中，在邹县祭孟子庙，重拜孔庙，登临泰山玉皇顶。五月经涿州回到圆明园。

第四次南巡，是乾隆三十年（1765 年）。仍然是正月驾发北京，其时间、路线和主要行程安排与第三次南巡基本相同。

第五次南巡，是乾隆四十五年（1780 年）。正月十二日，乾隆帝一行从京师出发，宣称出巡目的是“省方观民，勤求治理”，故沿途多次颁发谕旨，免去直隶、山东等地应征 3/10 的地丁钱粮。来到山东后，派官员祭祀孔子。在杭州、江宁等地均举行了阅兵仪式，并再一次拜谒明太祖的孝陵。五月九日，驾回京师。

第六次南巡，是乾隆四十九年（1784年）。正月二十一日，帝銮起驾，所经之地的地丁钱粮多有减免。在德州晏子祠行宫，撰写《济文考》一文。经曲阜时，拜谒孔子庙。经过江浙时，视察水利和沿海工程，派员祭祀了明太祖的孝陵。四月二十三日，驾返京师。

对于南巡，乾隆自视甚高，自言“予临御五十年，凡举两大事，一曰西师，一曰南巡”，还特地撰写了《南巡记》一文，总结六次南巡的原因、目的及成效。虽然他在南游时也曾宣称“南巡之事，莫大于河工”，并对海塘工程给予关注，然而作为康乾盛世时期的“太平之君”，他习于安乐和骄奢，游山玩水成性，嗜建园林成癖，又纵情声色，挥霍无度，因此他六次下江南的主要目的就是为了游山玩水，一如他自己所称，“江南名胜甲天下”，正可借南巡之机，“眺览山川之佳秀，民物之丰美”①。乾隆帝与康熙南巡“非为游观”不同，每次在南巡前一年，就派亲王一人任总理行营事务大臣，负责勘察路线、修桥铺路、葺治名胜、兴建行宫等事宜。南巡中，除皇太后、皇后、嫔妃外，另有扈从官兵，上至王公大臣，下至章京侍卫，多达两千五百余人，兴师动众，前呼后拥，浩浩荡荡。行进中，陆路用马五六千匹，大车四百余辆，征调夫役不计其数；水路则用船一千多只，首尾衔接，旌旗招展，声势浩大。沿途还兴建行宫三十多处，供停留歇息。因乾隆讲究排场，地方官吏自然竞相逢迎，献媚争宠，惟恐落后。每到一地，“圣驾入境前一日”，地方官员便专程出境迎接，并准备大量美食佳肴，“以便取用”，甚至差遣猎户，捕捉麻雀、野兔等禽畜，以供乾隆随身所带鹰犬食用。尽管乾隆于每次巡行之前，都照例申饬一番，要求地方官吏，“各敦本业，力屏浮华”，“时时思物力之维艰，事事惟奢靡之是戒”，但不过是沽名钓誉的官样文章。实际上乾隆对地方官的逢迎，不仅默许，甚至奖励。如三十年，乾隆奉皇太后南巡，“地方大吏以慈驾临驻旃庐，究不若屋宇之安善”，纷纷葺建

---

① 《清高宗实录》卷350，乾隆十四年十月庚辰。

行宫，加以修饰。乾隆不仅不予劝止，反从公项内拨出巨款，凡有行宫之处，各“赏银二万两充用”。素以豪华著称的两淮盐商，每在乾隆南巡时，都献纳巨款，供其挥霍，乾隆不仅不予推辞，还称赞他们“踊跃急公，捐输报效”，甚至特意加恩赏赐。靡费之风一开，各地群起效尤，对社会风气造成极坏影响。江苏学政尹会一曾上奏章说南巡造成“民间疾苦，怨声载道”，乾隆看后大为恼火：“民间疾苦，你指出什么地方疾苦？怨声载道，你指出什么人载道？”直到临死之前，他才意识到：“六次南巡，劳民伤财，作无益害有益。”劝诫后世之主，不要再像他那样南巡了。①

再往后，当满族贵族被汉化和儒学化后，清代帝王大肆巡游的活动便基本上偃旗息鼓了。乾隆时代，汉民族稳健的旅游性格已经开始发挥作用。乾隆二十八年，弘历巡幸承德府，至密云时，霖雨数日，潮河水骤发，帝欲乘骑渡河，直隶按察使敬保叩马谏曰：“千金之子，坐不垂堂，况万乘至尊，岂可轻试波涛。使御驷有失，虽万段臣等之躯何可追悔？”乾隆帝“以满洲旧俗，宜亲习劳勚，以扬武勇为言”。敬保说：“皇上此行，奉太后乘舆同至，即使上渡河安便，独不识太后之舆安奉何所？”结果“上动容，为之回辔”。② 这反映出中庸稳健文化对满洲游牧民族旅游性格的同化。

三、理学氛围中明清帝王巡游的式微

在明清程朱理学盛行的氛围中，皇帝的巡游受到极大的牵制和约束。作为帝国意识形态的理学观念，对于被其视为人欲的皇帝的游乐活动也加以阻击和制止，甚至引起君臣的激烈争斗。

明孝宗朱祐樘“游后苑，左右谏，不听”。王鏊“讲文王不敢盘于游田，上为罢游”。讲罢，孝宗将其宠幸的宦官李广召来，戒

---

① 王俊义，黄爱萍：《康熙和乾隆为何皆六下江南》，《文史知识》1985 年第 8 期。

② 昭梿：《啸亭杂录》卷 4“三文敬公拦驾”，中华书局 1980 年版，第 111 页。

之曰："今日讲官所指，殆为若等，好为之。"① 礼科给事中王纶也希望孝宗"远宗帝王，近守家法，目不接优伶之戏，耳不入淫哇之声。听断之余，惟事诗书，燕闲之际，不忘义理"②。

明武宗朱厚照，为出游南京与大臣们发生激烈冲突，杖毙了11位拦阻的大臣，并惩罚其他的大臣在午门外长跪。然而，在一般的情况下，武宗仍然不敢公开触犯儒家"罔游于淫"的伦理，经常只带少数随从，微服出游，夜入民宅淫乱。为了怕儒臣们知道其行径，他自称"大将军朱寿"，瞒天过海，出外游荡，受到大臣们的严厉谴责。正德元年，南京六科给事中任惠、十三道御史姚学礼等引益告舜的话"儆戒无虞，罔失法度，罔游于逸，罔淫于乐"，批评武宗"颇喜逸乐骑射之事"的娱乐行为，要求皇上"退朝之暇，玩习经史，讲求治道。凡有所得，见诸躬行，一切逸乐之事即皆禁止"。③ 大学士刘健等也要求武宗"屏去玩戏，放逐鹰犬。万几之暇，将旧日所进讲章直解不时省阅，以开广聪明，穷究义理"④。儒臣在劝谏武宗巡游时，用了十分尖锐的词汇，如正德十二年，六科都给事中朱鸣阳、十三道御史刘廷簠等各上疏言："五月十八日传闻圣驾私幸南海子，臣等尝具疏谏止，未蒙批示。兹复闻圣驾西经畏吾村大佛寺以临西山，当此炎暑，不俟仪卫，策马远出，独不念宗社付托之重哉？陛下临御十有二年，虽尝盘游，惟在禁苑。今春始因郊祀而幸临南海子，继乃有教坊之游。今又有西山之游，遂以为常。"并严厉地指出："臣等历观前代，人君逸予无度皆由群小蛊惑，以致危亡。今日之事，所以深忧大惧而不能已于言也。伏望尊居九重，禁止游幸。亟将群小明正典刑，以为憸壬误国之戒。"⑤

嘉靖皇帝在这种背景下，尽量做到与儒家"同乐"和"无逸

---

① 焦竑：《玉堂丛语》卷3，《讲读》，中华书局1981年版，第73页。
② 《明孝宗实录》卷四六，弘治三年十二月戊辰。
③ 《明武宗实录》卷17，正德元年九月辛巳。
④ 《明武宗宝训》卷1，《听纳》。
⑤ 《明武宗实录》卷149，正德十二年五月辛丑。

于游”的观念相符合，曾御无极殿东室，召来大学士费宏、李时，说：“今日闲暇朕出游，召卿等来，庶几君臣同游之意。”并让他们出观殿宇规制。只见“殿东壁书《无逸篇》，北壁则皇考所作《农家忙》诗。上跋其后，述王业以农功为重，欲子孙万世念创造艰难。豳风亭东壁书《七月》诗，北壁则上所题《豳风图长句》”。①

当穆宗朱载垕一宣布将于隆庆元年五月十二日出幸旧邸时，礼部尚书高仪等便“以巡幸无名，恐开逸游之端，疏请停寝”。礼部给事中何起鸣、河南道御史王好问等“亦疏谏”。② 可见当时皇帝的游乐环境是十分压抑的。

明神宗时，大学士张居正向皇帝朱翊钧灌输帝王不能随便旅游的道理，让人将历朝《宝训》和《实录》“逐一简阅，分类编摩，总计四十款”，这四十个类目如创业艰难、励精图治、勤学、敬天、法祖、保民等都是有关怎样当好皇帝、治理好国家的，其中有一个类目就是“戒游佚”。神宗在儒臣们的教导和包围下，不敢随便出游，仅仅在宫中读书，其娱乐活动也仅仅是练练书法和画些画儿。万历九年，张居正上疏对神宗说：“眼见得皇上近日以来，留心书画，对一切嬉游无益之事全部屏弃不为，可见皇上睿志清明，为上端庄，臣等不胜欢欣鼓舞。虽然书法和画画这种笔札小技，与君德治道关系不大，但可以调适性情，收敛心志，比那些珍奇玩好、嬉游玩乐之类却要高尚得多，也可以作为进德养心的一种辅助功夫。”③ 正是在大臣们的教育下，贵为皇帝的神宗几乎终生未踏出紫禁城一步，成为大明帝国的一具活着的木乃伊。

南京兵部尚书陈道亨、右侍郎岳元声等曾要求熹宗“视朝勤政，讲学不懈，并闻宫中不迩声色，不事逸游，不贵玩弄难得之物，不厌披阅章奏”④。

---

① 《明世宗实录》卷178，嘉靖十四年八月乙巳。

② 《明穆宗实录》卷8，隆庆元年五月甲子。

③ 《明神宗实录》卷108，万历九年正月己卯。

④ 《明熹宗实录》卷44（梁本），天启四年秋七月丁丑。

由上可见，明代基本上自始至终，皇帝的巡游和游乐活动都遭到理学的排斥。明代理学的代言人是儒臣，他们与代表皇帝“人欲”的宦官展开了激烈的斗争。皇帝身为帝国元首和最高统治者，负有帝国行政运作和国家长治久安的责任，因此被要求“躬行节俭，力戒骄奢”，“日勤万几，燕娱靡暇”，如临深渊，如履薄冰，然而，皇帝也是人，有追求游乐的天性与权利。可是，在以“道德立国”的明代①，道德的代表——儒臣总是将皇帝的游乐纳入礼乐制度的范围，加以规范和限制。从明初洪武年间开始，明代便建立了完善的礼乐制度，在宫中制定了许多中规中矩的庆典仪式和与之偕配的乐曲及歌舞②，但是，这种礼乐制度下的娱乐形式，充满政治说教和礼典化、程式化、僵化的特点，庄严肃穆，一成不变，不能满足皇帝求新求异和与时俱进的娱乐口味。当皇帝的新奇娱乐受到明代儒臣的忽视和漠视后③，心领神会的宦官便乘虚而入，诱导皇帝突破礼乐制度的限制，将游乐向纵深发展，甚至经常走向极端。作为外朝官的儒臣是帝国意识形态儒家思想和程朱理学的负载者、宣传者和执行者，从长治久安的角度维护皇帝的政治权力和王朝利益；作为内朝官的宦官是皇帝自然人性的触发者、娱乐行为的诱导者和推动者，从皇帝个性舒张和生命冲动的角度，维护皇帝的娱乐权利，两者之间形成紧张的对立关系，互相争抢着万乘之尊的皇帝，竭力将皇帝拉向自己设定的工作或生活轨道。儒臣想将皇帝拉向经筵日讲的课堂，向其灌输治国理念，而宦官则竭力将皇帝拉向游乐场，以此固宠专权。于是，儒臣与宦官展开了激烈的皇帝保卫战和争夺战。武宗“倾耳于太监丘聚、魏彬、马永成之流”，“陷其术中而不悟”，故“恣意于驰射钓猎之乐，而国政圣学则怠于究心”。工科给事中陶谐要求“查究日逐侍从游逸诸人如聚等，

---

① 黄仁宇指出：“中国二千年来，以道德代替法制，至明代而极，这就是一切问题的症结。”见《万历十五年》自序，中华书局 1982 年版。

② 这种礼乐制度下的娱乐内容，多见载于《明史》的礼志与乐志。

③ 当富有诱惑的鄙俚杂剧滥入礼典时，通常会遭到正统儒臣的激烈反对。《明史·礼志》载，弘治初，孝宗“亲耕耤田，教坊司以杂剧承应，间出狎语。都御史马文升厉色斥去”。

数其误国之罪，告于先帝，罪之弗赦”，同时“别选端静之人以充侍从”，在“痛戒逸游”后“如旧日讲，亲君子而远小人”。① 试图将皇帝从游乐场拉回经筵日讲的讲堂。入直经筵的翰林院学士刘忠也与太监刘瑾展开了争夺武宗的斗争：“正德二年，刘瑾用事，日导帝游戏，乱祖宗旧章。忠上言戒逸游、崇正学数事。已，因进讲与杨廷和傅经义，规帝阙失，而指斥近幸尤切。帝谓瑾曰：‘经筵，讲书耳，浮词何为？’瑾素恶两人，因讽吏部尚书许进出之南京。”② 刘瑾以及马永成、魏彬、傅兴、罗祥、谷大用等“八虎”深知“欲擅主权，必先蛊其心志。如赵高劝二世严刑肆志，以极耳目之娱；和士开说武成毋自勤约，宜及少壮为乐；仇士良教其党以奢靡导君，勿使亲近儒生，知前代兴亡之故”。③

在儒臣与宦官关于皇帝娱乐的较量中，儒臣占有道义上的优势，而宦官拥有人性上的优势。相比较而言，在农业为本的社会中，儒臣正统的娱乐观念居于主流，成为全社会奉行的准则。上至皇帝，下至庶民，在一般的情况下都认同儒家节制娱乐的观念。明代也有某些儒臣设想将皇帝的工作与娱乐结合起来，达到良性的和谐，但绝大部分道学先生和“理学名臣”决心为帝王之师，指导并要求皇帝积极负起国家兴盛的责任，远离逸乐，使得明朝的皇帝在巡游上日趋式微。

清代的皇帝早期挟着游牧习气，成功地实行了康熙和乾隆的各自六下江南，然而，越往后汉化和理学化的趋势越明显，皇帝的巡游也日趋式微。康熙与乾隆除了大肆巡游江南外，也常常微服私游，以至于民间流传了大量关于他们微服私访和游玩的故事。嘉庆时，帝王巡游风光不再。当嘉庆帝东巡泰山，返回途中遇到理学名臣吴熊光等人时，便受到讥讽。据《清史稿·吴熊光传》载：

> 及（嘉庆皇帝）东巡返，迎驾夷齐庙，与董诰、戴衢亨

---

① 《明武宗实录》卷 14，正德元年六月庚午。

② 《明史·刘忠传》。

③ 《明史·陆昆传》。

> 同对。上曰："道路风景甚佳!"熊光越次言曰："皇上此行，欲稽祖宗创业艰难之迹，为万世子孙法，风景何足言耶?"上有顷又曰："汝苏州人，朕少扈跸过之，其风景诚无匹。"熊光曰："皇上所见，乃剪采为花。苏州惟虎丘称名胜，实一坟堆之大者！城中河道逼仄，粪船拥挤，何足言风景?"上又曰："如汝言，皇考（指乾隆）何为六度至彼?"熊光叩头曰："皇上至孝，臣从前侍皇上谒太上皇帝，蒙谕'朕临御六十年，并无失德。惟六次南巡，劳民伤财，作无益害有益。将来皇帝如南巡，而汝不阻止，必无以对朕'。仁圣之所悔，言犹在耳。"同列皆震悚，壮其敢言。后熊光告人，"坟堆"、"粪船"两语，乃乾隆初故相讷亲奏疏所言，重述之耳。

吴熊光公然扫嘉庆皇帝的游兴，表明理学大臣将巡游已视为劳民伤财的"人欲"，必欲置之死地而后快。到了慈禧太后的儿子同治皇帝那里，巡游更是无法张口之事，只得偷偷地微服出游，深入小巷妓院，寻花问柳。至于光绪皇帝，由于特殊的政治处境，被囚于瀛台，更是无法跨出小岛一步，巡游成为遥不可及的活动。只是当八国联军打到北京时，才被慈禧太后裹挟着来了一次逃往西北的"巡狩"之旅，但其感受与随心所欲的"巡游"相隔天壤。

第二节　明清航海旅游与国际旅游

一、领先世界的郑和下西洋

华夏民族本为稳健内敛的旅游性格，"从不作海外发展之想"（梁启超语），然而，到明代永乐、宣德时期，却率先大规模进入海洋，掀起了第一波跨越海洋的历史巨浪。这次率师远航的人并非正统的儒臣和将领，而是一位非主流的宦官。作为皇权异化物并为正统儒臣所贱视的宦官，有着坚韧刚毅的非常气质和变态心理，能够克服主流社会稳健内敛的性格弱点，勇敢无畏地迈向广阔无垠和变幻莫测的大洋。郑和"下西洋"这种空前绝后的国际航海旅游便是在这种情况下产生的。因此，郑和下西洋并非中国国民性的自然流露，而是一种历史的异动，最终因政府的重陆轻海观念和闭关锁国政策而偃旗息鼓。

郑和下西洋前后七次，远达亚、非三十多个国家，举世瞩目。郑和（1371—1433 年），回族人，姓马，排行老三，人称“三保”，是云南昆阳人（今昆明市晋宁县）。12 岁时被阉为宦，入燕王府为太监，在“靖难之役”中功勋卓著，赐姓“郑”。成祖朱棣称帝后，郑和任内官监太监，官至四品，地位仅次于司礼监太监。宣德六年（1431 年）钦封郑和为“三保太监”。成祖为了宣威海外，派遣郑和率明朝水师进入南太平洋和印度洋，基本上属于“西洋”范围。明朝称婆罗洲（今印度尼西亚加里曼丹岛）以东为东洋，以西为西洋。郑和下西洋的七次过程大致如此：

第一次下西洋（1405—1407 年）。永乐三年六月，郑和率领船队南行，其船队拥有小型船只 62 艘，船员达 28 000 人。到达爪哇岛上的麻喏八歇国。当时该国的东王、西王正打内战。郑和船队士兵上岸到集市从事买卖，被西王军队认为是东王的援军而误杀了 170 人。郑和手下将领要求报复。西王惧，请求赔偿 6 万两黄金谢罪。郑和上疏朝廷，提议和平解决，于是明朝放弃对麻喏八歇国的赔偿要求，西王极为感动，从此与明朝和睦相处。这次出行，最远抵达印度。

第二次下西洋（1407—1409 年）。永乐五年九月十三日，郑和再次远航，主要目的是送外国使节回国。沿途经过占城、渤尼（今文莱）、暹罗（今泰国）、真腊（今柬埔寨）、爪哇、满剌加、锡兰（今斯里兰卡）、柯枝、古里（在今印度境内）等。在锡兰，郑和船队向佛寺布施了金、银、丝绢、香油等，并在此立《布施锡兰山佛寺碑》。永乐七年夏回国。此次下西洋人数据载有 27 000 多人。

第三次下西洋（1409—1411 年）。永乐七年，郑和船队又来到满剌加建造仓库，囤积下西洋所需的钱粮物资。在锡兰，郑和另派出一支船队到加异勒（今印度半岛南端东岸）、阿拔巴丹和甘巴里。郑和则亲率船队来到小葛兰、柯枝，最后抵古里，于永乐九年六月十六日回到了祖国。

第四次下西洋（1412—1415年）。永乐十年十一月十五日，郑和进行了规模更大的一次远航，环绕亚洲海岸，直至波斯湾口霍尔木兹海峡之端及亚丁。其航行先经过占城，然后驶往爪哇、旧港、满剌加、阿鲁、苏门答腊，郑和派一支船队到溜山（今马尔代夫），而主力船队则从苏门答腊开往锡兰。在锡兰再次派一支船队到加异勒，而主力船队继续驶往古里，经由古里航行至忽鲁谟斯（今伊朗波斯湾口霍尔木兹海峡）阿巴斯港格什姆岛，然后返航。途经溜山国时，将此作为横渡印度洋前往东非的中途据点。永乐十三年七月八日，船队回到祖国。此次下西洋人数为27 670余人。

第五次下西洋（1416—1419年）。永乐十四年十二月十日，郑和奉命送19国使臣回国，首先来到占城，然后前往爪哇、彭亨、旧港、满剌加、苏门答腊、南巫里、锡兰、沙里湾尼（今印度半岛南端东海岸）、柯枝、古里。在锡兰，郑和依旧派一支船队驶向溜山，然后由溜山向西航行抵达非洲东海岸的木骨都束（今索马里摩加迪沙）、不剌哇（今索马里境内）、麻林（今肯尼亚马林迪）。主力船队来到古里后，又分成两支，一支驶往阿拉伯半岛的祖法儿、阿丹和剌撒（今也门民主共和国境内），一支直抵忽鲁谟斯。永乐十七年七月十七日郑和率船队回到明朝。

第六次下西洋（1421—1422年）。永乐十九年正月三十日，郑和奉成祖命，送16国使臣回国。为了赶上东北季风，郑和率船队立刻出发，顺风来到占城，然后航行至暹罗、忽鲁谟斯、阿丹、祖法儿、剌撒、不剌哇、木骨都束、竹步（今索马里朱巴河）、麻林、古里、柯枝、加异勒、锡兰山、溜山、南巫里、苏门答腊、阿鲁、满剌加、甘巴里、幔八萨（今肯尼亚的蒙巴萨）。永乐二十年八月十八日郑和率船队回国，随行朝明的有暹罗、苏门答腊和阿丹等国使节。

第七次下西洋（1431—1433年）。这次是受新君宣宗的派遣，于宣德五年闰十二月初六日，从龙江湾（今南京下关）启航，六年二月三日集结于刘家港，郑和在此立《娄东刘家港天妃宫石刻通番事绩碑》。船队到达福建长乐太平港后，他又在南山三峰塔寺立《天妃灵应之记》石碑。十二月九日船队从五虎门扬帆出海，远航占城、爪哇的苏鲁马益、巨港、苏门答腊、锡兰、古里，到达霍尔木兹，一位穆斯林出身的中国使者从这里登陆，随后可能转道前往麦加朝圣。船队继续航行至东非的竹步，复向南抵达非洲南端接近莫桑比克海峡处，调头返航。当船队来到印度古里时，劳累过度的郑和于宣德八年四月初病逝，终年62岁。船队由正使、太监王景弘率领返航，经太仓刘家港，于七月回到南京。此次下西洋人数共有27 550人，乘坐大小舰船900艘。

郑和下西洋是空前的、震惊世界的航海国际旅游，费正清等人认为："在此之前，世界上从未有过如此大规模的航海活动。这些中国舰只横跨印度洋，较葡萄牙人1498年，绕过非洲到达印度的远航差不多早一个世纪，较西班牙舰队震动西方历史的绕英格兰短途航行早约一个半世纪。"① 保罗·肯尼迪认为："关于郑和所率船队的规模、实力和适航能力来看，其中几艘运载金银财宝的大船长约400英尺，排水量超过1 500吨，这些船只完全可以绕过非洲航行，并'发现'葡萄牙，而其发现时间比航海家亨利（葡萄牙亲王）真正开始向休达以南进行探险早好几十年。"② 法国史学家布罗代尔甚至做了一个发人深省的设想："如果中国的帆船当时向好望角以及印度洋和大西洋之间的南大门埃吉海角继续前进，那又会造成什么结果？"③ 这似乎给人带来了一种乐观的估计：世界近代化的浪潮可能由东向西扩散。然而，由于中国稳健内敛的国民性格、重义轻利的伦理观念、重陆轻海的政策，导致下西洋运动戛然而止，远洋水手被迫在运河小船上当船工，规模庞大的郑和船队也在各港口遭受雨打风吹后逐渐腐烂。然而，郑和船队庞大的规模和强大的军事实力，在面对弱小而分散的"西洋"各国时，基本上

---

① ［美］费正清，赖肖尔，克雷格著，黎鸣等译：《东亚文明：传统与变革》，天津人民出版社1992年版，第135~137页。

② ［美］保罗·肯尼迪著，蒋葆英等译：《大国的兴衰》，中国经济出版社1989年版，第7~10页。

③ ［法］布罗代尔著，顾良、施康强译：《15至18世纪的物质文明、经济和资本主义》第一卷，三联书店1992年版，第480页。

未使用武力解决问题，多是靠和平手段实现交往。这也让西方史学家惊诧莫名和赞叹不已。

二、明清对外贸易与航海旅游

明朝政府撤回下西洋的远洋船队后，实行严厉的闭关锁国政策，下令禁止建造远洋船只，甚至禁止保留拥有超过两根以上桅杆的帆船。嘉靖十二年（1533年），明廷再次规定，“一切违禁大船，尽数毁之”，“沿海居民，私与贼市，其邻居不举者连坐”。二十六年（1547年）六月，明廷命副都御史朱纨为浙江巡抚，兼提督福建福、兴、漳、泉、建宁五府海防军务，严禁一切海外贸易。

然而，明代中后期商品经济的强劲发展，瓷器、丝绸、布匹、茶叶等商品的高额利润，吸引着无数沿海居民从事海外贸易和走私活动，嘉靖朝的“抗倭”，沉重打击了内外勾结的武装走私集团，但仍然无法禁止民间外贸活动和由此带动的航海旅游。中国的民间商人冒禁与朝鲜、日本、东南亚乃至东非进行贸易往来。成化间，“湖海大姓私造舰，岁出诸番市易，因相剽杀”①。“成弘之际，豪门巨室，间有乘巨舰贸易海外者”②。嘉靖十三年（1534年）泉州海商林昱等驾舟50余艘“冒禁入海”，从事大规模的商务旅游和航海旅游。英国人孟德斯·宾多在《漫游记》中记载他的保护人曾于1537年（嘉靖十六年）在南中国海看到40艘大帆船的中国商船舰队。当时中国为防“倭寇”，已实行了海禁政策，不许百姓下海贸易，孟德斯·宾多所见当属沿海居民犯禁航海者。当时福州“闾巷少年仰机利，泛溟渤，危身取给，不避刀锯之诛”③。“漳、泉等府黠猾军民，私造双桅大舡下海”④。惠州府海丰县“贫民亦能忍嗜欲，远服贾，操尺寸之料，以游于深山海国”⑤。《明经世

---

① 何乔远：《闽书》卷64，《文范志》。

② 张燮：《东西洋考》卷7，《饷税考》。

③ 万历《福州府志》卷7，《土风》。

④ 《明世宗实录》卷54，嘉靖四年八月甲辰。

⑤ 嘉靖《海丰县志》上，《舆地志·产物》。

文编》卷280载："漳、泉……今虽以充军处之条，尚犹相结成风，造舡出海，私相贸易，恬无畏忌。"卷321载："沿海民犯禁，福建尤甚，往往为外国所获，有伤国体。""直隶、闽、浙滨海诸郡奸民，往往冒海禁入海，越境回易以规利。"① 嘉靖二十一年（1542年）泉州沿海居民冒禁与番舟夷商进行贸易，出海商船"往来络绎于海上"。

为了与政府的海禁政策相抗，沿海走私商人形成武装集团，如福建诏安人曾一本，聚众数万，夺船海上，据载："曾一本自羊城鼓浪还潮，浮海数百艘，夜燃灯系帆竿，累累如贯珠，长可数十里。"比较著名的则是汪直（一作王直），徽州歙县柘林人。据《筹海图编》称他"少落魄，有任侠气。及壮，多智略，善施与，以故人宗信之"。《天下郡国利病书》则称其成年后，认为"国中法制森严，动辄触禁，孰与海外逍遥哉"，于是和叶宗满等人南下广东，"造巨舰，收带硝黄、丝棉等违禁之物抵日本、暹罗、西洋等国，往来互市"，开始了他的国际航海和冒险旅行生涯。

中国沿海商人航海旅行范围广阔，"东连日本，西接暹罗，南通佛郎、彭亨诸国"，形成了一定的航线。向东航行，形成了通往日本、朝鲜和菲律宾的固定航线。在嘉靖二十三年至二十六年的两年多里，到日本从事走私贸易，但因风漂至朝鲜并被解送回国的福建商人就达1 000人以上。其中仅嘉靖二十三年（1544年）十二月一次被解送回国的就有漳州人李王乞等39人；嘉靖二十六年二月被解送回国的则有福清人冯淑等341人。除了到朝鲜和日本外，中国海商还航海至菲律宾做生意。据载，有"商贩者数万人"航海至吕宋岛，从事商贸活动，其中福建漳州海商占"十之八"。明代后期闽人开辟了从漳州月港经台湾南部至菲律宾的新航线，从而大大缩短了航程。而且，菲律宾的西班牙殖民当局鼓励中国商船到马尼拉通商，于是从1571年至16世纪末，开往菲律宾的中国贸易帆船（其中大多是福建商船）从每年的三四艘增为三四十艘，许多小商人、失地农民和手工业者纷纷随船赴菲律宾谋生。

① 《明世宗实录》卷166，嘉靖十三年八月。

向南航行，形成了开往泰国和印度尼西亚的航线。到泰国的商船是从福建漳州出发的："时漳州月港，家造过洋大船，往来暹罗、佛郎机诸国，通易货物。"① 到印度尼西亚的航线也是从漳州始航的。据16世纪葡萄牙人的记载，通商于满剌加的中国海船，均从漳州月港启航。② 在葡萄牙人尚未到达满剌加之前，漳州每年都有四艘商船运载金银生丝，来此换回印度的产物。③ 后来，葡萄牙人和荷兰人来到印尼爪哇下港，中国商人既与当地土酋贸易，也与葡萄牙和荷兰人贸易。据载："华船将到，有酋来问……立华人四人为财副，番财副二人，各书讫。华人谙夷语者为通事，船各一人。其贸易，王置二涧，城外设立铺舍，凌晨，各上涧贸易，至午而罢。王日征其税。又有红毛番来下港者，起土库在大涧东；佛郎机起土库在大涧西。二夷俱哈板船，年年来往贸易。用银钱，如本夷则用铅钱。"④ 从17世纪20—30年代，平均每年有5艘中国帆船开往巴达维亚（今雅加达）。如1622年，有三艘中国商船从漳州抵达巴达维亚；1625年由泉州开去一艘中国商船，其中随货同往的有360人，都是肩挑中国瓷器到处叫卖的小贩。

清朝入主中原后，于顺治十二年（1655年）实行严厉的海禁政策，规定沿海不准片帆下海。十八年八月，清廷颁布迁界令，强迫闽、浙、粤等沿海居民内迁30～50里，片板不得下海，违者处死。康熙二十三年（1684年）九月，康熙皇帝下旨解除海禁，允许"百姓制造装载500担以下船只，出海贸易、捕鱼"。海禁至此告一段落。五十一年二月，清廷下令福建沿海地区禁用双桅捕鱼船，不准渔民越省行走。五十六年（1717年），清廷又下令禁止与南洋贸易。六十年，清廷禁止商人出海贩米。雍正五年（1727年），清廷废除关于南洋贸易的禁令，福建福、兴、漳、泉、汀五

① 顾炎武：《天下郡国利病书》卷96，《福建六》。

② 小叶田淳：《足利后期遣明交船通贸易的研究》，《台北帝国大学史学科研究年报》第四辑。

③ 小叶田淳：《中世南岛通交贸易史的研究》，日本评论社1939年版。

④ 张燮：《东西洋考》卷3，《西洋列国考》。

府开禁放洋，但对航海的干涉和严管始终未曾松手。

民间航海贸易为何屡禁不绝呢？清人洪科捷在《防海议》中有解释，称东南沿海的福建等省土地少，盐业又为政府所禁，只得靠商船维持生计，因为“商船一只，内有管船搭客、舵工水手数十人。闽之商船不下数万，此其所借以生者，又何止数百万家”①。因此，远赴南洋群岛的中国远洋帆船航运业，到18世纪中叶，在数量上仍非西方国家在南洋一带的航运势力所匹敌。②

在海外贸易发达的背景下，文学作品也集中地反映了中国商人和文人海外旅游的生活状况。小说《镜花缘》虽然以唐代武则天时代为背景，实际上描述了明代海外贸易发达背景下的国际海上旅游盛况。据明代市井小说《初刻拍案惊奇》载，成化间，苏州文人文若虚，琴棋书画，吹弹歌舞，件件粗通。但当他把祖宗家产坐吃山空后，便不得不放下架子，出门做生意。先赴北京卖扇子赔了本，后与一帮“走海泛货的邻近”，搞海外贸易，结果暴发成巨富。③

商人在海上航行时，对于变化多端的海上景色十分痴迷，对此，小说中的描写比较细致和生动：“开得船来，渐渐出了海口，只见银涛卷雪，雪浪翻银。湍转则日月似惊，浪动则星河如覆。”海上的风暴，是商人又怕又喜的景致：“行了数日，忽然间天变起来。但见：乌云蔽日，黑浪掀天。蛇龙戏舞起长空，鱼鳖惊惶潜水底。艨艟泛泛，只如栖不定的数点寒鸦；岛屿浮浮，便似没不煞的几双水鹈。舟中是方扬的米簸，舷外是正熟的饭锅。总因风伯大无情，以致篙师多失色。”这般光景，是在陆地生活的人所见不到的。商人在海上旅行，对海岛的风景也多有观赏：“那船上人见风起了，扯起半帆，不问东西南北，随风势漂去。隐隐望见一岛，便带住篷脚，只看着岛边使来。看看渐近，恰是一个无人的空岛。但

---

① 洪科捷：《防海议》，载陈国仕编：《丰州集稿》卷11。

② 樊百川：《中国轮船航运业的兴起》，四川人民出版社1985年版，第83~84、31页。

③ 《初刻拍案惊奇》卷1，《转运汉遇巧洞庭红，波斯胡指破鼋头壳》。

见：树木参天，草莱遍地。荒凉径界，无非些兔迹狐踪：坦迤土壤，料不是龙潭虎窟。混茫内，未识应归何国辖；开辟来，不知曾否有人登。”苏州商人文若虚想“上岸去岛上望望则个”，众人道：“一个荒岛，有何好看？”文若虚道：“总是闲着，何碍？”于是他“扳藤附葛，直走到岛上绝顶。那岛也苦不甚高，不费甚大力，只是荒草蔓延，无好路径。到得上边打一看时，四望漫漫，身如一叶，不觉凄然吊下泪来。”商人对于海外的经历，也有游观的浓厚兴趣：“三五日间，随风漂去，也不觉过了多少路程。忽至一个地方，舟中望去，人烟凑聚，城郭巍峨，晓得是到了甚么国都了。”于是上岸交易，对当地人的风俗颇为好奇。①

反映明代航海背景的《镜花缘》，也刻画了外贸商人以及随行文人的旅游经历。商人林之洋要到海外经商，妹夫唐敖执意随行，并“开发船钱，把行李发来。取了一封银子以作舟资饭食之费，林之洋执意不收”。唐敖“带了水手，走到市上，买了许多花盆并几担生铁回来”。林之洋道：“妹丈带这花盆，已是冷货，难以出脱；这生铁，俺见海外到处都有，带这许多，有甚用处？”唐敖道：“花盆虽系冷货，安知海外无惜花之人。倘乏主顾，那海岛中奇花异草，谅也不少，就以此盆栽植数种，沿途玩赏，亦可陶情。”置办停当，“大家另坐小船，到了海口。众水手把货发完，都上三板渡上海船，趁着顺风，扬帆而去。此时正是正月中旬，天气甚好，行了几日，到了大洋。唐敖四围眺望，眼界为之一宽，真是‘观于海者难为水’，心中甚喜。走了多日，绕出门户山，不知不觉顺风飘来，也不知走出若干路。唐敖一心记挂梦神所说名花，每逢崇山峻岭，必要泊船，上去望望。林之洋因唐敖是读书君子，素本敬重；又知他秉性好游，但可停泊，必令妹夫上去。就是茶饭一切，吕氏也甚照应。唐敖得他夫妻如此相待，十分畅意。途中虽因游玩不无耽搁，喜得常遇顺风；兼之飘洋之人，以船为家，多走几时也不在意。倒是林之洋惟恐过于耽搁，有误妹夫考试；谁知唐

① 《初刻拍案惊奇》卷1，《转运汉遇巧洞庭红，波斯胡指破鼋头壳》。

敖立誓不谈功名，因此只好由他尽兴游了”①。这些小说的描写，弥补了其他文献对航海旅游记载的缺漏，说明了从事海外贸易时，商人也是有游览海景之浩兴的。

此外，为了建立水师，清代对于善于航海旅游者大力擢用。“福文襄王督粤时，简练水师，募奇材异能之士，优为赏擢。有守备黄标者，由水师步卒，以善泅水著。其能于海洋中出没月余，视波中之鱼鳖，历历可数。王奇其才，立擢参将，后洊至左翼镇总兵官，捕获海盗，尤多伟绩云。”② 像黄标这样的善于航海旅游者，在这个航海时代算是有了用武之地。

三、西方传教士和商人的中国之旅

明代是世界从陆地走向海洋、从分散走向统一的时期，中国自动放弃了对海洋的征服，西方则后来居上，跨越海洋，将其探险旅游的步伐迈向世界各地。于是，欧洲传教士和殖民商人来到了东方的中国，成为中国旅游史上特殊的历史记忆。

15 世纪末 16 世纪初“地理大发现”后，全球航海业增加了三条通向东方的新航线，它们分别是拉丁美洲—菲律宾—广州航线；欧洲—广州航线；日本—广州航线。西方传教士、商人甚至海盗，便沿着这些航线，纷纷来到中国。后来，葡萄牙殖民者骗占了澳门，于是澳门成为欧洲人来华的重要落脚点和中转站。

明代中后期，欧洲传教士开始涉足中国。最先来华的传教士是沙勿略，但直到去世，他都只能停留在广州海外的上川岛，始终没有踏上中国大陆。此后，耶稣会士罗明坚和利玛窦，从澳门进入两广总督的所在地肇庆，在那里建立了中国大陆的第一个天主教堂。出生于意大利斯皮拿卓拉小镇的罗明坚神父，于 1578 年初偕同巴范济、利玛窦和罗道尔富等人在里斯本上船，经过 7 个月的海上旅行，于 1578 年抵达印度果阿城。1579 年 4 月搭乘从交趾驶往中国的航船，于 1579 年 7 月来到澳门。从 1580 年 12 月起，他们曾多

① 李汝珍：《镜花缘》，华夏出版社 1994 年版，第 30 页。

② 昭梿：《啸亭杂录》卷 4，“黄标”，中华书局 1980 年版，第 214 页。

次随同允许到广州做生意的葡萄牙商人进入该城。1583 年 9 月初，罗明坚和利玛窦乘官船离开澳门，抵达肇庆，拜见知府王泮，王泮准许他们在肇庆东郊江边崇禧塔前建教堂。于是，一座采用欧式风格并以青砖白灰建筑的教堂，第一次出现在中国大陆。罗明坚离开中国后，耶稣会在中国的传教活动由利玛窦负责。利玛窦在失去肇庆教堂后，来到韶州传教。万历二十三年（1595 年）四月，利玛窦随回京的兵部侍郎石星同船北上，告别了已生活 11 年的广东省，带着在磨难中逐渐成熟的适应性传教策略，踏上新的旅程。1595 年 4 月，他们翻越梅岭，从南安乘船抵赣州。在贡水与章水交汇处的十八滩，因水流湍急、暗礁密布，船被打翻，利玛窦落水被人救起，而同行的传道员若望则溺水身亡。5 月 31 日，利玛窦到达南京，后沿水路于是年 6 月 28 日返抵南昌。1598 年 6 月 25 日，利玛窦随南京礼部尚书王忠铭一起从南昌出发，再次到达南京，随后来到明朝的首都北京。利玛窦在北京旅居两月，想借献贡品的机会拜见神宗皇帝，但不得其门而入，不得不沿运河南下。因为冬季来临，河流结冰，船至临清已难以前行。利玛窦取道陆路直奔苏州教徒瞿汝夔处，然后重返南京，在此居留。1600 年 5 月，利玛窦一行出发，沿运河北上前往京城。途经山东济宁时，在河道总督刘东星的家中，与旧友李贽重逢。李贽对利玛窦的态度十分友好，赠与纸折扇，并题有短诗，赞其不远万里观光上国的精神。万历二十八年十二月二十一日（1601 年 1 月 24 日），利玛窦一行从天津进入北京，终于获得允许留居北京传教，并在他死后获赐宣武门外一块墓地，在此建成了北京的第一座天主教堂。①

在传教士中，比较著名的旅行家要数鄂本笃。鄂本笃 1561 年生于葡萄牙的圣格尔岛，年轻时当水兵长驻印度，加入耶稣会成为一名修士，精通印度、波斯语，熟悉中亚的历史、地理以及风土人情。为了探察“契丹国”的存在，鄂本笃于公元 1603 年从腊和儿（今巴基斯坦拉合尔）起程，扮作商人与前往喀什的商队结伴同

---

① 以上参见沈定平：《明清之际中西文化交流史——明代：调适与会通》，商务印书馆 2001 年版。

行。鄂本笃由腊和儿经白沙瓦到可不里（今阿富汗的喀布尔），再由此向北，越过兴都库什山，进入葱岭（帕米尔高原），经塔什库尔干到达叶尔羌（莎车）。1604年，鄂本笃随另一个商队，从叶尔羌起程，经阿克苏、库车到达焉耆。在这里鄂本笃遇到从中国内地返回的商人，通过他们获悉有关明朝的信息以及耶稣会利玛窦等人在北京传教的情况。鄂本笃据此省悟，马可·波罗所说的契丹就是支那，汗八里就是明朝的首都北京。兴奋过后的鄂本笃，毅然决定随商队继续东行，经吐鲁番、哈密，入嘉峪关，到达肃州（酒泉）。鄂本笃本来准备在肃州过冬后，再起程前往北京，但不幸在那里身染重病，不治而亡。鄂本笃死后，北京耶稣会的利玛窦等人，根据鄂本笃的日记及其伙伴亦撒克的回忆，撰成了《鄂本笃访契丹记》。

晚明，到中国来旅游的西方传教士日益增多，他们对中国的风土人情很感兴趣。明末一位西方传教士对北京城的坚固和雄伟赞叹不已。他发现：北京城市“格局相同，呈四方形，城砖由用以烧制瓷器的粘土覆盖，历久弥坚，锤子不能砸开。……城墙宽广，配以古式城楼，形状酷似古罗马的城防工事。通常有两条大街在城市中心作十字相交。街道宽广平直，纵横贯穿全城；不管该城有多大，行人站在十字路口必能望见四门”。他还发现，北京的城墙远比欧洲城市的城墙雄伟，“其宽度足够十二匹马并驾齐驱，互不相撞……白天仅有太监把门，目的在于收税，不在警戒”。1577年，一位西班牙传教士形容北京街上的拥挤程度时指出：“假如有人扔下一颗麦粒，这麦粒也不会掉到地上。”① 1577年，贝拿第诺·德·爱斯加朗特根据来华传教士的叙述，写成了一本书，提到中国富人的“园林”饶有“花园、林木、禽栏、池塘”之胜。

清朝入关后，耶稣会士汤若望、南怀仁等继续服务新朝，并陆续将西方传教士迎到中国。在顺治和康熙时期，一度出现了天主教徒大量涌入中国的黄金时期，但随着罗马教廷与清廷之间发生的

① 见［法］布罗代尔著，顾良、施康强译：《15至18世纪的物质文明、经济和资本主义》第一卷，三联书店1992年版，第586~587、649页。

“礼仪之争”，大量的天主教传教士被遣送回国。欧洲传教士在清代传教期间，成为观察风俗和风景的旅行家，对中国的风土人情极感兴趣。据布罗代尔称，马加良恩斯神甫曾说：“（北京）这座城市居民数量之多，我不敢说出确切数，说了也无法取信。旧城和新城的每条街巷，无论大小，无论位于中心还是僻处一隅，莫不住满了人。各处人群之拥挤，我们欧洲只有集市上和宗教游行时的盛况差堪比拟。”1735 年，杜赫德神甫也指出北京“街上人山人海，数量多得惊人的马骡、驴、骆驼、马车、手推车、轿子，更使交通堵塞。此外，每隔一段路面就有一二百人扎成一堆，围住一个算命先生，一位耍杂技的，某个唱曲的艺人，某个善讲滑稽故事的说书人，乃至某个吹嘘自己的药方灵验的江湖郎中。有身份的人上街必须有骑马的随从在前面开路，警告闲人散开，否则他们寸步难行”①。

除了来华的天主教传教士外，西方的商人和殖民者也纷纷涌入中国。

嘉靖二十六年（1547 年），佛郎机（今葡萄牙）海盗商船满载货物来到中国东南沿海，停泊在浯屿，漳州和泉州的商人前往贸易，“巡海使者柯乔发兵攻夷船，而贩者不止。都御史朱纨获通贩九十余人，斩之通都，海禁渐肃”②。然而，这并不能禁止欧洲殖民商船到东方来淘金。“泉之安海（即安平），向虽通番，犹有避忌。迩年番舶连翩径至，地近装卸货物皆有所倚也。”③ 有人研究后指出，在嘉靖二十年间，漳州海面商船往来不绝，葡萄牙商人留居漳州的达 500 人之多。④ 明廷一方面实行闭关锁国政策，拒西方殖民商船于外，一方面也开通了广州、泉州、漳州和宁波等港，让外国商人合法地在中国做生意。明代的广州，每年举行两次集市交

① 见［法］布罗代尔著，顾良、施康强译：《15 至 18 世纪的物质文明、经济和资本主义》第一卷，三联书店 1992 年版，第 646 页。

② 张燮：《东西洋考》卷 7，《饷税考》。

③ 胡宗宪编：《筹海图编》卷 4。

④ ［日］小叶田淳：《中世南岛交通贸易史的研究》，东京刀江书院 1941 年版。

易，叫“定期市”，1月和6月，外国船只载着香料、珍珠、琥珀、犀角、象牙、琉璃、玳瑁等名贵特产进港，然后在划定的市舶区交易。至清代，西方商人仍然渡海来到中国，从事商务旅游活动。18世纪广州开辟至北美的海上航线。美国360吨“中国皇后”号商船载40吨西洋参，1784年2月2日启航，同年8月24日到达广州黄埔港，开了中美两国直接贸易的先例。外国商船前赴后继地开往中国的港口城市广州、泉州和宁波，从事海外贸易和商务旅游，使海上丝绸之路在明清两代仍然发挥着作用。

在从海上进入中国的同时，西方商人也从陆上丝绸之路进入中国。外国商人以贡使的名义，通过丝绸之路与中国进行着广泛而频繁的商贸活动。对于他们带来的所有物品，除粗劣之物外，明朝一概准许入境。其主要物品有马匹、骆驼、狮子、钻石、卤砂、宝石、地毯、纸张、葡萄干、金银器皿、宝刀等。西域商人以此来换取中国的瓷器、红玉、丝绸、布匹、棉花、花毯、茶叶、乌梅、麝香、大黄、颜料、金箔、桐油等。正如《明史·西域传》所载：“回人善营利，虽名朝贡，实图贸易。”明朝政府制定了一系列严格的管理措施，规定每一使团进入嘉峪关时，必须出示关文，并逐一登记，不能随意入关。无关文者或超过关文所载人数者不得进入。外商出关时，也要接受严格检查，凡携带违禁物品者，将予以没收。明朝对于合法的商人，在其入关之时，由甘肃镇官员设宴欢迎。入关以后，明朝为其免费提供食宿和驿递。这些外国商人在前往北京的途中，“舒适安歇而不缺乏任何东西”，“到处都设备齐全，在往返途中都一样，任何时候都有同样的排场”。他们代表所在国国王，并随身携带部分侍从，通过肃州（今酒泉）、甘州（今张掖）、凉州（今武威）、庄浪、兰州、平凉、西安、潼关、临清等地而至北京，须在春节之前到达，利用新年之际觐见皇帝。他们每到一地，当地官员都要组织一次出色的盛会，欢迎他们的到来。同时，起送使臣可以在所经过的城镇作短暂的游览，但不得从事交易。他们的大部分行李存在甘州等地，只携带一部分优质商品前往北京。在由驿递运至北京后，一部分贡献于皇帝，另一部分允许在北京市场上出售，并可获得皇帝的优厚赏赐，以体现明朝在朝贡贸易中所奉行的“厚往薄来”原则。据葡萄牙人曾德昭所著《大中国志》载：“这些撒拉逊人告诉我，他们献给皇帝的礼物，在他们本国不过值7 000克朗，但皇帝为他们使团旅行而赏赐他们的不少于50 000克朗价值，颇有赢余。”在觐见完毕后，起送使臣由原路返回。终明之世，丝绸之路上的外商不畏艰险，络绎于道，接踵叩关。① 然而，随着海上通往中国的航线开通，以及奥斯曼帝国占领东罗马帝国的首都君士坦丁堡，欧洲商人从陆上丝绸之路进入中国变得越来越困难，虽然仍有人往来，但大不如前。清朝入主中原之初，天山南路、北路处于准噶尔贵族控制之下，乾隆平定了准噶尔贵族叛乱后，仍有商人通过陆上丝绸之路来到中原，但其速度和效率均不如从海上进入。

除了传教士和商人外，西方使者也在明清时期纷纷进入中国，对中国的风土人情和自然风景进行着饶有兴趣的打量。1693 年 11 月，莫斯科公国的大使抵达北京近郊，赞叹“京城的官员和居民拥有许多别墅或华美的府第……每所房屋前面有一宽广的水渠，上架石桥”。这里讲到中国一个古老的传统：至少不晚于 11 世纪，中国文学已赞美这类环水建造的住宅的优雅妙趣，宅畔总有一口盛开“姹紫嫣红”的莲花池塘。在那里安置书房，观赏天鹅戏水或者“白鹭逐鱼”；窥视“狡兔出窟”，待它们甫离洞口便引弓射杀。1795 年，一位法国人作为荷兰使团成员在北京受到接见。他对中国的坐跪风俗印象深刻，说：“官员们本想让我们盘腿而坐。看到我们很不习惯这种姿势，他们就把我们领到一间设有桌椅的大厅里去。”②

乾隆五十八年（1793 年）英国派特使马戛尔尼以为乾隆祝寿的名义，带着英国最新的工业品、机械模型、科学仪器和军事武器，如战舰模型、榴弹炮、迫击炮以及手提武器卡宾枪、步枪、连

① 以上参见田澍：《明代丝绸之路上的外国商人》，《光明日报》2003 年 1 月 28 日。

② 见［法］布罗代尔著，顾良、施康强译：《15 至 18 世纪的物质文明、经济和资本主义》第一卷，三联书店 1992 年版，第 332、343 页。

发手枪和“削铁而不卷刃的利剑”等，不远万里航海来到中国。他们通过此次旅行，发现了清朝日益衰落的征兆，同时也对中国的风俗人情和都市面貌颇感兴趣。其中一位随团人员记载北京“到处都能见到带着工具寻找雇主的工人和串街走巷的货郎”，他还指出，1793年北京的面积远不及伦敦，但人口为伦敦人口的两三倍。他对中国的工具制造技术作了仔细的观察：“那里的普通用具在构造上有点特殊，其实也不过是细小的差别，但这种差别表明，各国用具的作用虽然大同小异，但决不是互相模仿：铁钻在别处是略带倾斜的平面，在中国则呈凸状。”关于铁匠炉的风箱，他也指出：“风箱形状如普通箱子，开有一活动风门，当向后拉风门时，箱内产生真空，促使空气从阀门口涌进箱内，而在向前推风门时，风从相反方向的另一口子出去。”他得出结论道：“这同欧洲铁匠炉的皮风箱相去甚远。”① 这种具有科学考察性质的旅游，与中国文人士大夫的心性之游有较大的不同。

第三节　明清文人漫游与文官宦游

一、以徐霞客为代表的文人漫游

明清时期，在大陆上游山玩水最为尽兴和独占鳌头的要数文人和士大夫。文人漫游与士大夫的宦游不同，文人是在野的读书人，漫游时多靠己力，而士大夫就是所谓的文官，他们的宦游是借助公费和官府的力量。比较起来，明清文人的漫游，更让人敬佩。

明清时期文人中有的有济世之志，却未能成就举业，有的则孤傲厌世，不乐仕进，因此都寄情山水，探幽胜，嗜吟咏，“此山林之士所擅而乐也”②。这些文人“无禄位以萦其心，无文牒簿书以

① 见［法］布罗代尔著，顾良、施康强译：《15至18世纪的物质文明、经济和资本主义》第一卷，三联书店1992年版，第649、667页。

② 邵长蘅：《青门剩稿》卷5，《弹山吾家山游记》。

分其时日，故能盘桓倚徙，尽得其所谓山水之乐焉”①。如沈周、史鉴、朱存理、王宠、王稚登、宋懋澄、俞允文等人，都是每到一地，就访求池台亭榭，征歌选舞。明代性格孤僻的无锡人华应象，家贫，不治生业，却“好游山水，人皆目为华高人”②。如皋人冒辟疆，足迹踏遍名山胜景，“其生平踪迹，于金陵，于吴郡”③，是处可见。清丹徒诗人、《文选》研究专家杨铸，“好作山泽游”，铜官、离墨、支硎、天平、灵岩、莫釐、缥缈诸峰都游览一空，“动辄经旬，穷探幽胜”，虽家饶于赀，然终“以好游好诗贫其家”④。曾任翰林院待诏的文徵明，辞归江南后，“每及春时，风日和畅，招携名辈，选胜遨游”⑤，优游林壑三十余年。明末清初的王夫之（1619—1692年）反清失败后，隐遁漫游于湘西和永州、郴州、涟州、邵阳一带，寄情于自然，同时著书立说。他的《小云山记》，以质朴流畅的笔调，记述湘西山水四季不同的景色，倾注着他无限的爱国热情。清代袁枚（1716—1797年），字子才，号简斋，人称随园先生，钱塘（今杭州）人。乾隆四年进士，历任翰林院庶吉士，溧水、江浦、沭阳、江宁知县。性喜游，自称“江山无我亦虚生”⑥，“得逢佳节须行乐，莫待萧萧两鬓催”⑦。乾隆十四年他不愿意“为大官作奴”，挂冠弃官，寓居南京，“足迹造东南山水佳处皆遍”，最常游的地方是苏州，所谓“年年吴下往来频”，“七十年来几度游”⑧，一生任情旅游。乾隆四十九年，

---

① 汪琬：《钝翁类稿》卷29，《江南游草序》。

② 光绪《无锡金匮县志》卷26，《隐逸》。

③ 吴伟业：《吴梅村全集》卷36，《冒辟疆五十寿序》。

④ 光绪《丹徒县志》卷33，《文苑》。

⑤ 何良俊：《何翰林集·奉寿衡山先生三首序》，载《文徵明集》附录。

⑥ 袁枚：《端州纪事》，转引自李伯齐主编：《中国纪游文学史》，山东友谊书社1989年版，第438页。

⑦ 彭谦：《重游茭山》，载嘉庆《溧阳县志》卷1。

⑧ 袁枚：《小仓山房诗文集》卷24，《留别南溪太守》卷32，《留别苏州故人兼寄汪砚香太守》。

年近古稀，仍从事岭南之游，经过庐山、罗浮山、桂林、南岳、洞庭、鄱阳，归家后高吟道："自觉山人胆足夸，行年七十走天涯。公然一万三千里，听水听风笑到家。"① 77岁时，又重游天台山，自赞道："一息尚存我，千山不让人。重携买寿杖，直渡大江春。柳絮飞如雪，桃花吹满身。亲朋齐莞尔，此老越精神!"② 到了80岁，还游览了四明山、雪窦山、山阴等地，正如他自己所说"遨游两万里，东南山川，殆被麻鞋踏遍"。

明清文人的漫游，以明代的徐霞客和清代的顾炎武最为典范，而影响最大的，则非徐霞客莫属。

徐霞客（1586—1641年），名弘祖，字振之，号霞客，出身于明代南直隶江阴（今江苏江阴市）南旸岐村的一个书香世家，父亲徐有勉淡泊名利，既不愿为官，也不愿与权势交往，而喜欢游览山水。徐霞客受父亲影响，自幼喜读历史著作、地经图志以及游记之书，自少便立下"大丈夫当朝碧海而暮苍梧"的旅游宏愿。15岁曾参加童子试，未获成功。从此放弃科举之路，转而广览群籍，誓做博学之人。家中有祖上所留名"万卷楼"的藏书楼，为徐霞客读书提供了极佳的条件。家中没有的奇书，只要一经他看到，就一定想方设法地购买。其族兄徐仲昭曾说他"性酷好奇书，家中未见书，即囊无遗钱，亦解衣市之，自背负而归。今充栋盈箱，几比四库"。19岁时，徐霞客父亲去世。徐霞客守孝三年后，虽想出游，但碍于"父母在，不远游"的古训，不得不在家侍奉老母。其母却鼓励儿子志在四方，到广阔的山川中去增长见闻。徐霞客十分感动，头戴母亲亲手做的远游冠，迈出了旅游的步伐。是年，他22岁。

徐霞客的旅游生涯，可分为前后两个阶段。第一阶段是万历三十五年至天启四年（1607—1624年），是他22岁至38岁时期。这

---

① 袁枚：《新正十一日还山》，转引自李伯齐主编：《中国纪游文学史》，山东友谊书社1989年版，第438页。

② 袁枚：《二月十八日讲出门重游天台》，转引自李伯齐主编：《中国纪游文学史》，山东友谊书社1989年版，第438页。

一阶段，由于老母健在，不宜远游，因此他坚持“每岁三时出游，秋冬觐省以为常”，有时候带着母亲一起出游。1607 年，22 岁的徐霞客新婚伊始，便在母亲的鼓励下，出游太湖，登东西洞庭山；1609 年，“历齐、鲁、燕、冀间，上泰岱，拜孔林，谒孟庙三迁故里，峄山吊枯桐”；1613 年，入浙，从曹娥江独走宁波，渡海游落迦山，三月游天台山、雁荡山；1614 年冬，游金陵（南京）；1616 年，游白岳、黄山、武夷山、九曲溪、杭州西湖；1617 年，发妻病逝，停止旅游；1618 年再游黄山、庐山，过鄱阳湖，年底续娶后妻，1619 年因后妻生子，停止旅游；1620 年，游浙江仙游九鲤湖，观钱塘江潮；1621 年至 1622 年，母病危，停止旅游；1623 年，游嵩山、华山、太和山（武当山）；1624 年，陪母亲游荆溪、勾曲（在浙江）。在这 16 年里，徐霞客西至华岳，东游落迦（即今浙江舟山的普陀山），北访燕冀，南历庐山。这一时期，出游的时间较短，所游之处也是交通较方便的地方，出游目的偏重于游览名山大川。

在这个阶段，徐霞客不畏艰难，“高而为鸟，险而为猿”，攀登在高山险谷之间。28 岁时，游雁荡山，记起古书曾说雁荡山顶有大湖，于是向山顶攀登，将达山顶，只见山脊笔直，几无下脚处，绝无存在大湖之可能。他心有不甘，继续前行，至一大悬崖前，路忽断绝。探身观察悬崖，见崖下有平台，于是以长带系崖顶岩石，手握布带悬空而下，及达平台，始知台下谷深百丈，无法再下，只好手握长带，脚蹬悬崖往上攀爬，不料布带裂断，身子失控，幸好抓住一块突出的岩石，否则就会坠入深渊。徐霞客重结断带，用力攀上崖顶。还有一次去黄山游览，途遇大雪。当地人告诉他有些地方雪深及腰，山路尽掩，劝他不要前行，但他坚持上山，拄一铁杖探路，行至山腰，山势愈陡。背阳的山路凝结成冰，一走一滑。他就用铁杖在冰上凿坑，然后脚踩冰坑艰难攀登，终于登上山顶。山上僧人见到他时惊奇莫名，原来他们被大雪困在山上已达数月，这期间从无人上来过。徐霞客还走过福建武夷山的三条险径：大王峰的百丈危梯，白云岩的千仞绝壁和接笋峰的“鸡胸”、“龙脊”。当他登上大王峰时，日暮天暗，下山寻路不见，于是用手抓住悬着的荆棘，“乱坠而下”。在中岳嵩山，他也是从太室绝顶上顺着山峡悬溜而下。

第二阶段，从天启五年至崇祯十三年（1625—1640年），是他39岁至55岁时期。前三年，即1625年至1627年，因母亲去世，在家守孝，停止旅游。从1628年起，他开始了在全国的漫游生涯，是年游历福建；1629年，游北京、天津蓟县盘山；1630年，再游福建；1631年，息游一年；1632年，游天台山、雁荡山，泛舟太湖；1633年，北上游五台山、恒山；1634年至1635年，长媳生长孙，次子娶妻，停止旅游两年；1636年至1640年，这是他长途跋涉艰苦旅行的时期，足迹由浙、赣、湘、桂的平原、丘陵、山区，直到云贵高原的深山险谷、人迹罕至的荒蛮地区。

在这个阶段，徐霞客历经艰难，曾经多次遭遇强盗并钱尽粮绝。1636年，51岁的他第四次出游，打算游历湖南、湖北、广西、贵州、云南等地。崇祯十年正月十九日，由赣入湘，从攸县进入今衡东县境，游历了衡山（县）、南岳、衡阳、衡南、常宁、祁东、耒阳各地，饱览山川胜景和人文景观，其中包括石鼓山和石鼓书院。在湖南时，徐霞客在湘江遭遇强盗打劫，一时火炬乱晃，刀光剑影交错。在大难临头之际，徐霞客飞身入江，逆流而行，躲进其他船中。这次遇劫，同伴受伤，他的行李、旅费被洗劫一空，自己也险些丧命。有人劝他知难而退，他却坚定地表示：自己以一锹自随，何处不可埋其尸骨！于是继续前行，断粮后就用身上带的绸巾换几竹筒米；旅费用尽，就用身上穿的夹衣、袜子、裤子去换几个钱。此次游历，从湖南进入广西，再进入贵州和云南，最后一直到达中缅交界的腾越（今云南腾冲），行至丽江时，因足疾无法行走，地方官用车船送徐霞客返回江阴。回家后一病不起，在病中还不断研究自己收集的岩石标本。1641年病逝于家中，终年56岁。

从22岁起，徐霞客从事旅游和考察30余年，四次开展远程跋涉，游踪遍及今江苏、浙江、山东、河北、山西、陕西、河南、安徽、江西、福建、广东、湖南、湖北、广西、贵州、云南和北京、天津、上海19个省、市、自治区。东到浙江的普陀山，西到云南的腾冲，南到广西南宁一带，北至河北蓟县的盘山，踏遍大半个中国。所游名山胜水无数，名山如泰山、普陀、天台、雁荡、九华、黄山、武夷、庐山、华山、武当、罗浮、盘山、五台、阻山、衡山、九嶷等；胜水如太湖、岷江、黄河、富春、闽江、九鲤湖、钱塘江、潇水、湘水、郁江、黔江、黄果树瀑布、盘江、滇池、洱海等。他自背行李赶路，主要靠徒步跋涉，有时也骑马和乘船。所行多为荒凉的深山老林和人迹罕至的边疆地区。他不避狂风暴雨，不畏毒蛇猛兽，与长风相伴，与云雾为友，以野果充饥，用清泉解渴，数遭大难，出生入死，备尝旅途的艰辛。

徐霞客不是一般的随意旅行，而是带有考察性质，每天不管多累，都要将当天的所见所闻记录下来。常常在跋涉一天、疲惫至极后，仍然在荒村野寺的油灯下，或露宿残垣老树的篝火旁，坚持写他的游记，最终给我们留下了60余万字的《徐霞客游记》。近年来，人们将徐霞客誉为“游圣”。

清代文人漫游的典范则是顾炎武。

顾炎武（1613—1682年），字宁人，号亭林，南直隶苏州府昆山（今属江苏）人。明末时为诸生，后屡试不中，“感四国之多虞，耻经生之寡术”，从27岁起，放弃科举之路，转而致力于经世致用之学，遍览历代史乘和文集、章奏之书。清兵入关后，顾炎武被推荐为南明弘光政权的兵部司务，取道镇江赴南京就职，未至而南京已为清兵攻克，于是参加了王永柞领导的反清义军，并参与昆山的抗清活动，均遭失败。唐王朱聿键在福州建立隆武政权后，顾炎武被遥授为兵部职方司主事，由于嗣母新丧，未能赴任。参与策动清将吴胜兆反清，事泄，顾炎武被迫离家出逃，更名为商人蒋山佣，在吴、会之间奔波。顺治十一年，顾炎武迁居南京神烈山（今钟山）南麓，“遍游沿江一带，以观旧都畿辅之盛”(《神道表》)。十二年，顾炎武因“杀有罪奴”入狱，次年出狱，决计离乡北游。

顺治十四年（1657年）元旦，45岁的顾炎武拜谒明孝陵后，返回昆山，将家产全部变卖，从此离开故乡，再未返回。十六年，他来到山海关，凭吊古战场。此后，他孑然一身，游踪不定，足迹遍及山东、河北、山西、河南，“往来曲折二三万里，所览书又得万余卷”①，结识了许多同道友人；晚年，始定居陕西华阴。康熙七年，因莱州黄培诗案再次入狱，经友人营救出狱。十年，他出游京师，住外甥徐乾学家，熊赐履力邀其与修《明史》，断然拒绝。十七年，开博学鸿儒科，顾炎武也拒绝参加。二十一年正月，顾炎武在山西曲沃上马时不慎失足而卒，终年70岁。

顾炎武以布衣文人身份，漫游华北20余年。旅行时，他以二骡二马驮书，每至一地，访问当地耆宿，考察风俗民情，游览名胜，交结名士，搜集大量资料。在漂游四方时，始终以“读万卷书，行万里路”自励。他的朋友王弘在《山志》一书中介绍顾氏道：“顾亭林，古所谓义士，不合于时，以游为隐者也……四方之游，必以图书自随。手所钞录，皆作蝇头行楷，万字如一。每见予辈或宴饮终日，辄为攒眉。客退，必戒曰：‘可惜一日虚度矣！’其勤励如此。所著《昌平山水记》二卷，巨细咸存，尺寸不爽，凡亲历对证，三易稿矣，而亭林犹以为未惬。”他的学生潘耒在《日知录序》中也称：“先生精力绝人，无他嗜好，自少至老，未尝一日废书。出必载书数簏自随，旅店少休，披寻搜讨，曾无倦色。”全祖望在《鲒埼亭集·顾亭林先生神道表》中叙述道：“凡先生之游，以二马二骡载书自随。所至阨塞，即呼老兵退卒询其曲折。或与平日所闻不合，则即坊肆中发书而对勘之。或径行平原大野，无足留意，则于鞍上默诵诸经注疏。偶有遗忘，则于坊肆中发书而熟复之。”顾炎武自己在《金石文字记序》中承认一生将读书与旅游相结合：“余自少时，即好访求古人金石之文，而犹不甚解。及读欧阳公《集古录》，乃知其事多与史书相证明，可以阐幽表微，补阙正误，不但词翰之工而已。比二十年间，周游天下，所至名山巨镇，祠庙伽蓝之迹，无不寻求。登危峰，探窈壑，扪落石，履荒榛，伐颓垣，畚朽壤，其可读者，必手自钞录。得一文为前人所未见者，辄喜而不寐。一二先达之士，知余好古，出其所蓄，以至兰台之附文，天禄之逸字，旁搜博讨，夜以继日。遂乃抉

① 顾炎武：《书杨彝万寿棋〈为顾宁人征天下书籍启〉后》，载《亭林佚文辑补》。

剔史传，发挥经典，颇有欧阳、赵氏二录之所未具者，积为一帙，序之以贻后人。”这种求知的精神感动后人。

明清之世，文人漫游有了新的形式，那就是画家旅游，尤其是山水画家的旅游。他们放情山水之间，师法造化。明代的沈周、清代的扬州八怪等都是寄情山水的画家和旅游爱好者。沈周，字启南，长洲（今苏州）人。工诗善画。作为一个山水画家，他的居住环境十分优雅，“所居有水竹亭馆之胜，图书鼎彝充牣错列，四方名士过从无虚日，风流文彩照映一时”。他的山水画《庐山高图》、《春山欲雨图》、《舟过百花洲》、《登大朝山绝顶图》多是他旅游山川、师法造化的结晶。明代文人陈继儒，“兼能绘事”，“暇则与黄冠老衲穷峰泖之胜，吟啸忘返”。著名画家唐寅是一位风流文人，“终日诗酒，或漫游名山大川，致力于绘画”。他曾有诗述志云：“不炼金丹不坐禅，不为商贾不耕田，闲来写就青山卖，不使人间造孽钱。”其作品《山路松声图》、《青山伴侣图》等是其旅游生活的反映。清代山水画家极多，他们大多游历四方，注意自然山川。王翚，字石谷，号耕烟，常熟人，受到画家王鉴、王时敏的赏识，“时敏复挈之游江南北”。康熙时召入供奉内廷，主绘《南巡图》，但旋即辞归。黄鼎，字尊古，“遍游名山，独往客”。论者谓“鼎看尽九州山水，下笔具有生气”。汤贻汾，字若仪，江苏武进人。曾一度为官，后退居南京。“生平足迹遍大江南北，曾去泰山、西湖、罗浮、桂林、衡山诸胜，都得饱游饫看。”金农“性好游历，曾先后至齐、鲁、燕、赵、秦、晋、楚、粤诸名胜，饱览名山大川，考察各地的人情风俗”。罗聘“生平好游历，曾到过越、楚、齐、豫、燕、赵等地”。① 这些画家使文人漫游有了更丰富的内容和游踪。

二、发展高峰的明清文官宦游

明清科举制发达，文官宦游随之兴盛，成为旅游史上辉煌的一

① 王伯敏：《中国绘画史》，上海人民美术出版社 1982 年版，第 467、590、607、615、556、165 页。

页。明清文官宦游范围大、行程远、游兴长。如王思任在《倪翼元宦游诗序》中描述其好友倪翼元的宦游事绩时，便称其“宦游闽越，经吴、楚、燕、齐、秦、蜀之郊，探奇吊古，感怀即事，兴至而吟”①。这是文官宦游的基本形象。明安亭人张意，性喜山水，任工部郎时前往湖广采木，“日登黄鹤楼，赋诗饮酒”，晋升为山东按察副使后，“谒孔林，登岱宗，观沧海日出之处”，也是一位典型的宦游人。

明清的江南地区不仅经济发达，而且旅游也十分繁荣，许多官宦前往旅游。苏州、南京、扬州等地名胜古迹，无论春秋冬夏，花晨月夕，“四方宦游之辈，靡不毕集”于此②。明吴江人顾大典任南京吏部郎中时，“暇即呼同曹郎载酒游赏，遇佳山水，辄图之，或晨夜忘返，而曹事亦无废”③。据乾隆《元和县志》卷1称，虎丘山塘，无论春秋冬夏，花晨月夕，“四方宦游之辈，靡不毕集”于此。王士禛在顺治时任扬州府推官，“江淮山水无不搜”，公务之余往金陵旅游，“燕子矶边每停棹，凤凰台上几多眺。雨花木末恣扶筇，桃叶青溪仍垂钓”④。顺治十七年秋冬之交，王士禛遍游镇江的名胜古迹，“登浮玉，入焦岩，东望海，上三神山”，又“循江岸，道象山，振衣北固之多景楼，扳萝扪石，吊海岳净名于崩崖败壁中，低徊不能去，复折而访黄鹤、招隐诸山，与高僧野老执拂挥麈，考山中逸事”。⑤

在明代宦游的文官中，公安三袁、冯梦桢、李日华、王士性、王思任等都是比较著名的。

袁宗道、袁宏道和袁中道兄弟三人，湖北公安人，皆属酷好旅游的文官。其中以袁宏道最为知名。他在万历间任吴县知县，借勘灾之便，放舟五湖，信宿缥缈峰顶，揽七十二峰形胜，还观览馆娃故址，

---

① 王思任：《王季重小品》，文化艺术出版社1996年版，第172页。

② 乾隆《元和县志》卷10，《风俗》。

③ 乾隆《震泽县志》卷19，《人物七·文学》。

④ 方文：《“余山山，余在上，二山并列在下”山续集》卷2，《金陵五峰行送王阮亭祠部北上》。

⑤ 张九徵：《过江集序》，载《丹徒县志摭余》卷21。

寻访西施履迹。他对山水有一种疯狂的痴迷，曾在《开先寺至黄岩寺观瀑记》中自白道："今与客从开先来，敧削十余里，上烁下蒸，病势已作，一旦见瀑，形开神彻，目增而明，天增而朗，浊虑之纵横，凡吾与子数年淘汰而不肯净者，一旦皆逃匿去，是岂文字所得诠也。"袁宏道生长在江汉平原，方圆百里无片石，因此他"野性癖石"，每登山，则先问山岩几处，肤色何状？万历二十二年，同友人陶望龄游西洞庭山，归纳了洞庭西山的七大胜，即"山之胜"、"石之胜"、"居之胜"、"花果之胜"、"幽隐之胜"、"仙迹之胜"与"山水相得之胜"。他经常感叹做官之苦，恨不得立刻辞官放浪江湖。

冯梦祯（1546—1605年），字开之，嘉兴秀水人，万历五年举会试第一，选翰林院庶吉士，累官翰林院编修。十五年，京察时以浮躁谪官，里居十年，纵情山水之间，品香斗茗，直到万历二十一年才复官，后升南京国子监祭酒，被劾去官。他开始大彻大悟，像闲云野鹤一样，乘船往各地旅游，有时大半年不归。筑庵于杭州西湖孤山，称其堂为快雪堂，著有《快雪堂日记》，自谓："余自丁亥游天目以后，日所历，夜必记之。甚庞杂不次，今芟其什三为日记，每一批览，陈迹如新，省心寡过，亦一助也。"有学者指出："他几乎每年有四十至五十天在旅游，平均每月有四天；较远跨度而长时间的旅游，几乎每年有一至四次，大约会花上七天左右。从他的旅游活动约略可以看到季节性，因为他居住在江南，所以冬季较不畏寒，但夏季酷暑难耐，所以七八月间的旅游活动相对较少。"就旅游地点而言，冯梦祯平日经常在杭州附近从事一天的旅游，因为他住在西湖边，所以招待亲友时常"设席湖中"，顺便以舟载友旅游。最常去的景点就是附近的天竺山、灵隐寺、飞来峰、岳飞坟、湖心亭与陆祠等。至于远距离的旅游，多是前往苏州、常州，甚至于在万历十七年一年之中就曾往二地各两次。他也曾远游浙江中部诸山。他罢官之后，更常到苏州、嘉兴、松江与湖州等江南的大城市游玩。参访游玩的场所，除了山水景胜之外，园林与佛寺也是常去之处。①

① 参见巫仁恕，狄雅斯：《游道——明清旅游文化》，三民书局2010年版，第73~74页。

李日华（1565—1635年），字君实，号九疑，浙江嘉兴人。万历二十年进士，曾任西华县令，官至太仆少卿。平常喜欢阅读游记，如范成大的《揽辔录》、《骖鸾录》与《吴船录》等。曾从《石湖春晓卷》上抄写彭隆池题在上面的《冬游石湖记》。李日华从西华县令退休后，写了一部《味水轩日记》，从中可见其旅游频率很高，一至两天的行程频率非常高，几乎每个月有一两次，而长距离的远游，几乎每年有两至四次，每次旅游的时间多在五至十日。短行程的原因可能是天气晴朗适游，或友朋相招。短距离的旅游地点，大多在其住所附近，最常看到的是他乘舫出游湖上，他称之为“浅游”。如万历四十年八月十一日记其饭罢与儿子步游湖边宝叔塔与景观楼：“坐见全湖，远望江海，南北诸峰俱在枕席间。晴峦湿霭，顷刻百变。余为湖面浅游，当以宝叔塔为第一。”如果是较长距离的远游，会顺便访友、吊唁、讲会、购物、看神会等。远游最常去的城市是苏州与杭州，甚至在万历四十三年一年中各去了两次，隔年则各去了三次。他最远则是到了徽州。①

晚明以旅游闻名的文人士大夫，还有王士性。朱国祯指出：“近来士大夫称善游者，莫如临海王公士性。公字恒叔，万历甲戌进士，五岳俱遍，皆有记，瑰丽可诵。性既好游，而天又助之。宦迹半天下，云、贵、广西、四川皆遍，此四省，非五岳所丽，而山水尤奇，不亲履不图，不宦游，亦不能履也。公以行人、给事中至藩、臬，后老炼丹，家贫，盖敬所先生之侄也。”② 从朱国桢的话中可见，文官如果前往具有名山胜水的省份任职，是受到人们普遍羡慕的，因为可以就近到名山胜水中游览。王士性虽然没有到有五岳名山的省份任职，但所宦游的云南、贵州、广西、四川省份的“山水尤奇”，也让其他文官艳羡不已。

在晚明的文官宦游中，王思任是比较有代表性的一位。王思任（1574—1646年），字季重，号谑庵，又号遂东，山阴（今浙江绍

① 参见巫仁恕，狄雅斯：《游道——明清旅游文化》，三民书局2010年版，第74~76页。

② 朱国祯：《涌幢小品》卷10，文化艺术出版社1998年版，第221页。

兴）人。万历四十七年（1619 年）进士，历任兴平、当涂、青浦知县，袁州推官和江西按察司佥事。清兵破南京，鲁王在绍兴监国，以王思任为礼部右侍郎兼詹事，进尚书。顺治三年，鲁王政权覆灭，王思任弃家遁入城南风林山中，自号采薇子，建孤竹庵独居，发誓不剃发，不入城，不见清朝官吏，在清朝当局一再逼迫出山的情况下，绝食而死。王思任的仕途三起三落，正如其《感述》诗所说“骨傲口不驯，触眼遭时忌，贬逐走东西，稍登忽韭替”，加之处于明王朝千孔百疮、大势已去的时代，他极其羡慕陶潜那样的出世态度，向往悠然自得的生活，以纵情于山水为追求。一生爱游，著《游唤》和《历游记》等多种游记。

明代谪宦更是倾心于山水之游。明小说中，石不磷道：“如今谪官，还要做前任模样。倨傲的讨差回家，或是轻侮同列；懒惰的寻山问水，不理政事。”因送谪宦秦凤仪“在金、焦两山登眺了两日。不磷又见柳州在蛮烟瘴雨中，怕他不堪，路上还恐有险阻，要同他到任”①。从石不磷的话中可知，当时的谪宦对政事心灰意冷，转而寄情于山水之中。

清代文官宦游也直追明代。

清代前期文官卢见曾（1690—1768 年），字抱孙，号雅雨山人，山东德州人。任两淮盐运使时，“凡名公巨卿，骚人词客至于其地者，公必与选佳日，命轻舟，奏丝竹，游于平山堂下，坐客既醉，劈笺分韵，啸傲风月，横览古今，人有欧苏、渔洋复起之恭。”② 清中期官员焦循（1763—1820 年），字理堂，一字里堂，晚年自号里堂老人，江苏甘泉（今扬州）人，嘉庆六年举人。阮元督学山东、浙江时，皆曾招焦循往游。焦盾所著《理堂日记》记录了嘉庆元年（1796 年）七月至十二月，他从浙江省阮元处归扬州后，再由扬州远行到嘉兴、湖州、杭州、严州、金华等地游玩

① 梦觉道人，西湖浪子：《三刻拍案惊奇》，岳麓书社 1993 年版，第 109～112 页。

② 沈起元：《运使卢雅雨七十寿序》，载《敬亭文稿》卷 8。转引自尚小明：《学人游幕与清代学术》，社会科学文献出版社 1999 年版。

的过程，途中经过常州、苏州、衢州等地。八月以后的日记，除了记录他一路上的考官工作以外，还载有途中所游览的名胜：八月十二日，游烟雨楼，夜游太湖。九月二日，上船出苕溪至菱湖王状元所居，一路观赏游览，“其畔真如画也”。九月八日，登吴山绝顶。九月二十四日，记其至严州府城间一路行经旅游景点。十月十六日，上船游鸡鸣塔、孟家塔，二者合称双塔，为衢州名胜处。十月十九日，“早起舍舟上竹舆，行山冈上，视白云杂雾……（观日初），后入金华府，是日行香放告”。他所到之处，地方官通常还会宴请演戏，有时观戏至很晚才散场。① 稍晚的文官梁章钜(1775—1849年)，字闳中，又字茝林，福州人。乾隆五十九年举人，嘉庆七年进士，历任湖北荆州知府，江南淮海道，江苏、山东、江西按察使，江苏、甘肃布政使，道光时曾任广西巡抚、江苏巡抚，兼署两江总督。所著《梁章钜日记》为其道光年间任广西巡抚时所记。从中可见，每个月会有一至四次甚至更多的出游日，大多是跟着他的好友一起去的。通常他旅游的地点，大致有三类：一是园林，尤其是日记所描述的李园与五咏堂是他最常去的地方；二是附近地区的景点，特别是山洞，如隐山六洞、风洞山、还珠洞、七星岩与刘仙岩等；还有一类旅游的活动，是他常去某些庙宇行香，包括了神龙庙、武庙、文庙、城隍庙、天后宫、火神庙、文昌宫等。这说明官员在任职期间，可以旅游的机会较少，通常只能在辖区内浅游。② 文官宦游，如果已在任地，当然旅游机会较少，但若是迁转和赴任，则旅游的范围广，距离远，内容丰富。

关于清代文官的赴任旅游过程，在小说中有生动的描述：“谭抚台到任。先一日黄河大渡官船彩画的如五色大虬一般……中间一根钻天高大桅，半空云中飘着一面大旗，上写‘巡抚部院’黑布缝的字画。随带五六只大船，四乘轿，二马车，大车十辆，皮箱几

① 参见巫仁恕，狄雅斯：《游道——明清旅游文化》，三民书局2010年版，第77~78页。

② 参见巫仁恕，狄雅斯：《游道——明清旅游文化》，三民书局2010年版，第78~79页。

百个，被套衣褡数十捆，从陈桥摇摆而来。这南岸鸾铃报马望见，早飞鞭向南跑讫。船至中间，又一匹报马望南电奔河南彩棚。这数十员官员，文员之胥役是棍板，武职之目丁是弓箭，早在黄河南岸聚了几千人……及下船时，跪下几十员官，中军官喝一声'免!'都起身雁行而立。所过村庄，俱有盒酒迎接……旗帜前导，旌旄后拥。"① 该小说又写道："谭绍闻到张家湾，梅克仁觅飞沙船一只，太平船一只，行李皮箱早已装妥，单等下车登舟。过通州、抵天津，泊在老君堂边。一条黄布旗，上写'奉旨特授黄岩县正堂'大字，飘在半空中。……顺风开舟。过武城，入子游祠，看牛刀所、割鸡处。过鱼台，考鲁隐公矢鱼于棠。过微子湖，问微山殷姓三百家。过露筋祠，读朱元璋碑。过平山堂，凭吊欧阳文忠公遗迹。过焦山，寻《瘗鹤铭》古拓。过金山，求郭青囊葬处。过姑苏，登虎丘山，坐千人石。又五百里，到了武林。回思夷门，云树渺渺，朗吟宋人诗句'直把杭州作汴州'，以寄倚闾之思。进的省城，先见了兄藩大人。次谒抚台，谒道、府。又讨闲出了涌金门，游了半日西湖，这苏公堤、林和靖孤山，尤为属意。次日上黄岩去。路过定海寺，寺僧捧茗谒见。"② 虽是小说，实可见清代文官宦游之一般情形。

第四节　其他社会阶层的旅游

一、商人国内游贾

明清承宋代之后，出现了商品经济繁荣的局面，商人周游海内外，将手工商品和农副产品行销各地。商人的海外旅游，前已述及，这里仅就商人在国内的游贾活动，作一叙述。

明代中后期，由于商品经济的刺激，为儒家"农本"观念所排斥的"工商游食之民"，在经济利益的驱动下，冲破礼仪和禁

① 李绿园：《歧路灯》，中州古籍出版社 1998 年版，第 782~783 页。

② 李绿园：《歧路灯》，中州古籍出版社 1998 年版，第 771 页。

令，且商且游，真可谓“人为铜钱，游遍世间”①。浙江商人蒋生怀着自卑的心理追求汉川富户马少卿的女儿马云容时，马少卿却安慰他说：“经商亦是善业，不是贱流。”② 据方志记载，明代许多地方都出现了商人游贾盛行的风气。如湖广辰州府“力厚者，贸易江湖”③。据《喻世明言》卷18称，一位西安周至人杨老八，欲经商，征求妻子的意见，妻子回答很干脆：“妾闻治家以勤俭为本，守株待兔岂是良图，乘此壮年，正堪跋涉，带整行李，不必迟疑也。”重商观念带来了商务旅游的发达，参与商业旅游活动的旅游者甚众。明清时期，徽商游踪遗迹可谓遍及神州，一些偏僻的山区被商人的足迹踏遍了。如《铅书》卷1《食货》便记述了江西广信府属的铅山“其货来自四方”和“商船往来”的状况。徽州商人黄汴曾撰写了一部《全国一统路程图记》，对当时的大小商路作了介绍，有时还特地标记出沿途的旅游景点：“淮安由徐州至汴城为北河，即黄河……船止于集津，三门在集津之西，神门、鬼门、人门，以缓急而名也。三门广仅二十丈，水声如雷，门之东百五十步，河中孤石如柱，即砥柱，禹凿为三以疏黄河水也。汉时运船由此入关，石上缆痕尚存，今不能上矣。”

明代弘治和正德时，商品经济开始发达，商人游贾各地，追逐微末之利，同时也将旅游的目光，洒向沿途的风景。如长途贩运商人黄崇敬“初游齐、鲁、燕、赵之间，既而止淮扬，效猗顿氏，治鹾能择人任时……赀大饶裕”④。成化至嘉靖时的席铭，“历吴越，游楚魏，泛江湖，懋迁居积，起家巨万金，而蒲称大家必曰南席云”⑤。正德、嘉靖时的许秩：“遂束装，南讫闽广，北抵兖冀。……积十余年，已殷殷盛矣。岁丙午（嘉靖二十五年）自青齐入湖湘。明年，复自湖湘北上，致息数倍。又明年，归自济北，

① 朱载堉：《山坡羊·钱是好汉》。
② 《二刻拍案惊奇》卷29，《赠芝麻识破假形，撷草药巧谐真偶》。
③ 万历《辰州府志》卷4，《风俗》。
④ 歙县《竦塘黄氏宗谱》卷5，《明处士竹窗黄公崇敬行状》。
⑤ 韩邦奇：《苑洛集》卷6。

资财甲于乡，为大贾人。……买舟浙江，溯流而上，直达成都，历川峡之胜，迁厥物产于齐鲁间，如是往来者再，资用益饶。”① 嘉靖时的歙县商人许尚质“负担东走吴门，浮越江南，至于荆（江陵），遂西入蜀。翁既居蜀，数往来荆湖，又西涉夜郎（贵州正安县西北）、牂牁（贵州黄平县西北）、邛（四川邛崃）、笮（四川成都东南）之境”②。另一位商人郑石陵“南游楚，东入吴，北涉淮、泗、陈、豫，几半天下，而孺人亦日夜操作，矻矻以佐之，于是家业大起”③。万历时的商人陈碧山“自甘、鄯、银、绥、云中、上谷、辽左诸塞沿以内若燕、秦、青、豫、阳、吴、蜀、楚，通都大邑，凡居货之区，莫不有碧山公使焉”④。万历时的商人翁笾，“字文夫，号少山……少挟资渡江逾清源，清源百货之凑……乃治第，四出临九逵，招来四方贾人，至者襁属，业蒸蒸起。……以布缕、青靛、棉花、花赂往来荆襄、建业、闽、粤间，甚至辽左、江北闻其名，非少山布勿衣勿被。于是南北转毂无算，海内有‘翁百万’之称”⑤。万历时人张翰在《松窗梦语》卷4中记载了当时商务旅游发达的状况，当时商人的足迹，北至塞外、真定、永平、广大、顺平，“南北舟车，并集于天津，直下沽渔阳”；南抵两粤云贵，“食不待贾，而贾云集”；东达齐鲁闽越，“多贾治生，不待危身取给，若岁时无丰，食饮被服不足自通”；西到巴蜀汉中关外，“往来贸易，莫不得其所欲”。福建平安经商成风，且旅游足迹遍布各地：“贾行遍郡国，北贾燕，南贾吴，东贾粤，西贾巴蜀，或冲风突浪，争利于海岛绝夷之墟，近者岁一归，远者数年始归。”浙江衢州府的龙游县，其民也“往往糊口四方”，“贾挟资以出守为恒业，即秦、晋、滇、蜀，万里视若比舍”，故当时有“遍

---

① 歙县《许氏世谱·平山许公行状》。

② 歙县《许氏世谱·朴翁传》。

③ 歙县《双桥郑氏墓地图志·明故处士石陵郑君暨配洪孺人合葬墓志铭》。

④ 张四维：《条麓堂集》卷23。

⑤ 康熙《县区志》卷13，《人物篇·货殖》。

地龙游”之谚。① 当时的商人走遍天下，“自杭走汴，水陆二千里，如游乡井，如入堂奥，如息卧内”②。《天工开物·序》也有“滇南车马，纵贯辽阳，岭徼官商，衡游蓟北”的感叹。商人游贾都是长途旅行，旷日持久。据《三刻拍案惊奇》载，杭城箭桥大街的“桥边有个张二娘……嫁与张二官，叫名张彀。张家积祖原是走广生意，遗有帐目，张彀要往起身进广收拾，二娘阻他，再三不肯，止留得一个丫环桂香伴他。不料一去十月有余，这妇人好生思想”③。张彀这一去，游山水观风俗自不在话下。《金瓶梅》写西门庆对伙计韩道国说道：“二千两一包，着崔本往湖州买绸子去。那四千两，你与来保往松江贩布，过年头赶水船来。”④ 崔本和韩道国分别前往湖州和松江买绸子和布匹，少不了会在沿途游山玩水。商人的休闲性旅游，在吴宽（1435—1504 年）的《送章廷佐还金华序》中可以得到印证。他指出，金华到南京一带风景绝佳，旅游人数很多，其中有不少是商贾：“非必供职役，服商贾而有事于兹者，皆可游也。”

清代经过初期的动荡后，也进入了商品经济繁荣的时期，商人的商务旅游自然也随之兴起。古代商务旅游一般是比较辛苦的，据清代小说称：“生意人，江湖上久走，真正经的风波，说起来把人骇死；遇的凄楚，说起来令人痛煞。无非为衣食奔走图挣几文钱，那酸甜苦辣也就讲说不起。”又称：“作客商，离乡井，抛亲属，冒风霜，甘淡薄。”⑤ 然而，“奇景属商”，由于清代商人的跋山涉水，使得他们看到了优雅的文人士大夫们所看不到的风景。

二、市民都市旅游

商务活动的频繁导致都市旅游发达。互通有无的商人，其步伐

① 万历《龙游县志》卷 8，《风俗》。

② 孙作：《沧螺集》卷 2，《送淮南省椽梅择之序》。

③ 梦觉道人，西湖浪子：《三刻拍案惊奇》，岳麓书社 1993 年版，第 220 页。

④ 兰陵笑笑生：《金瓶梅》，三秦古籍书社 1991 年版，第 979 页。

⑤ 李绿园：《歧路灯》，中州古籍出版社 1998 年版，第 358、494 页。

不仅迈向深山泽国，而且频繁地踏入都市。北京、南京、成都、苏州、扬州、临清等大都市，以及汉口、佛山等新兴名镇商业繁荣，旅客往来如梭，成为举国闻名的旅游目的地。据《皇清奏议》卷24载，清代北京“辇毂之下，聚数十万游食之徒”。明代官员霍与瑕称：“(佛山)两广铁货所都，七省需焉。每岁浙、直、湖、湘客人腰缠过梅岭者数十万，皆置铁器而北。”崇祯初年，汉口的“两岸居民，不啻若九牛一毛，而万舰千艘，有如靸者，如革履者，如箕如斗者，衔尾络绎，衩岸几里许”①。大量的人口向城市聚拢，有不少行商留在当地，成为市民。

行商积攒够本钱后，往往转化为“坐贾”，即在城市开店和摆摊的市民。清代小说描述了商人成为坐贾的过程：“到了腊月，舅爷王春宇的生意已发了大财，开了方，竟讲到几十万上。年来，在汉口成了药材大庄，正要上京到海岱门东二条胡同如松号发卖。……缘天下都会地方，都有各省会馆，而河南独无；惟汉口有河南会馆，以其为发卖怀庆地黄之故。所以王春宇多在汉口。”②

明代中期以后，随着商业城镇的崛起，市民队伍急遽增加，市民旅游也随之兴起。他们多到本市的风景名胜地近游。明清时南京的秦淮河、栖霞山、清凉山，北京的什刹海、西山，苏州的虎丘、太湖，杭州的西湖和扬州的瘦西湖等地，均成为市民的旅游胜地。除了本市市民外，其他地方的士绅和百姓也前往日益繁荣的都市旅游，共同奏响了明清都市旅游交响曲。据黄省曾的《吴风录》记载，在江南苏州的虎丘、南京的秦淮河、无锡的惠山、镇江的金山、常熟的虞山、扬州的保障湖和平山堂等名胜地，“四时游客无寥寂之日”。明代小说《金瓶梅》讲述道，扬州广陵城内员外苗天秀，收到其表兄东京开封府通判黄美邀其至京“游玩”的信后大喜，对其妻妾说道：“东京乃辇毂之地，景物繁华，吾心久欲游览，无由得便。今不期表兄书来相招，实慰平生之意。”③ 都市旅

① 王葆心：《续汉口丛谈》卷1。

② 李绿园：《歧路灯》，中州古籍出版社1998年版，第793页。

③ 兰陵笑笑生：《金瓶梅》，三秦古籍书社1991年版，第657~658页。

游的兴起，还与游览者的从众心理有关，不少人到都市旅游，是为了赶时髦，怕人笑他们落伍。清代壮者的《扫帚迷》云："俗语道：'苏杭不到枉为人'。今日我既游杭，又去游苏，那就可免此姗笑了。"据清代小说《玉娇梨》载一老者的心理活动道："我闻武林西湖，乃天下之名胜，文人才子往往流寓其间。我乘此春光，何不前去一游？一则娱我老怀，二则好歹择一佳婿……"①

明清两代的首都北京，颐和园、北海及中南海都是皇家的禁苑，所以什刹海成了市民旅游的胜地。据清代震钧的《天咫偶闻》载："都人士游踪，多集于十刹海，以其去市最近，故裙屐争趋。长夏夕阴，火伞初敛。柳阴水曲，团扇风清。几席纵横，茶瓜狼藉。玻璃十顷，卷浪溶溶。菡萏一支，飘香冉冉。想唐代曲江，不过如是。"明代北京市民在官方祭祀完毕后，"都人陈鼓乐、旌帜、楼阁、亭彩，导仁圣帝游。帝之游所经，妇女满楼，士商满坊肆，行者满路，骈观之。帝游聿归，导者取醉松林，晚乃归"②。都市旅游一片繁荣。北京的天桥在明代和清初是一片郊外的自然景色，市民常常到此踏青郊游。嘉道以后，这里逐渐变成小商贩及民间艺人云集的热闹场所，各种杂耍、说唱表演在此上演，茶楼酒肆、各色买卖在此经营，使此地成为都市旅游的胜地，以至于"酒旗戏鼓天桥市，多少游人不忆家"。清代小说《歧路灯》以明代为背景，描写了谭孝移在北京赶考时，下榻在柏公花园，长班告辞时问他："老爷看丰台不看？"孝移问其所以，长班回答道："丰台在这城外西南角，离此只六七里。那是种花所在，有一二十个花园，百样花草俱有。如今芍药正开，老爷看看如何？这个路，可以坐自己的车，回来进彰仪门。"谭孝移应允，随从德喜、邓祥俱有喜色。次日吃了早饭，果齐赴丰台。"时值芍药盛开之候，天气有些热了。孝移遍看亭台园篱，泉涓木欣，春花争放光景，却也甚饶清兴。买了肆中几碗茶，吃了点心。这仆役三人，也沽了两瓶帘儿

① 天花藏主人编次：《玉娇梨》，华夏出版社1995年版，第109页。

② 刘侗，于奕正：《帝京景物略》，北京古籍出版社1982年版，第64页。

酒，热的绵衣都沾了汗”。回程中，长班引路，“偎城边道儿，上彰仪门来。……一路绀宫碧宇，古柏虬松，亦复不少，煞甚好看”。①

南京也是明清两代市民和外来游客旅游的理想佳地。据民国时编的《旌德会馆志·原始》称南京在清代“四方走集，衣食于斯者，八皖之民倍于他省”。前来南京经商采办的外来旅客云集蚁聚，有的人在饱尝了都市文明之后，便留在了南京“衣食于斯”。南京的秦淮河，是市民游览的名胜之地，每当入夏时，秦淮水盈满，两岸楼台分峙，亭榭参差，火树银花，光夺桂魄，为天下丽景。当时，“游人如云”，“画船箫鼓之游，至于达夜”。② 河上游船往来不断，“裙屐笙歌，依然繁绝”，从利涉桥到武定桥，两岸河房之中，苏、扬各帮妓女竞相争艳，“茶寮酒肆，东西林立”，游人如织，游遨其中。③ 南京城内外的其他景点，如燕子矶、鸡鸣山、雨花台、牛首山、清凉山等地也常年游人不绝，章绂之儒、湖海之豪、辞赋之客、百氏九流之家，皆“往往结辙于道”④，探幽揽胜。清吴敬梓《儒林外史》第33回《杜少卿夫妇游山》，讲述一位南京市民杜少卿牵着妻子的手游清凉山的故事。

杭州虽然失去首都地位，但其旅游吸引力在明清两代依然不减。这在清代小说中有生动的反映。一退休老者白玄称：“莫若乘此春光，往武林一游。”在西泠桥旁一所庄院租房住下，“每日布衣草履，叫人携了文房四宝，或是小舟，或是散步，流览那两峰六桥之胜”。“一日，偶在冷泉亭上闲坐，赏玩那白石清泉之妙”，这时来了六七个少年邀白玄同坐会饮，白玄不好意思，而众少年却道：“山水之间，四海朋友。这何妨的！”其中一人问白玄从何而来，白公道：“我是金陵人……因慕贵府山水之妙，故到此一游。”那少年又问白玄是干什么的，白公道：“只有两亩薄田，在乡间耕

① 李绿园：《歧路灯》，中州古籍出版社1998年版，第56~57页。
② 吴应箕：《留都见闻录》下，《河房》。
③ 余怀：《板桥杂记》；珠泉居士：《续板桥杂记》。
④ 余孟麟：《秣陵集序》，载《明文海》卷264。

种而已。”那少年道：“老兄既是乡下人，晓得来游山水，倒是个有趣的人了。”①

苏州一年四季游事不绝，春天光福探梅，夏天荷花荡观荷，秋天虎丘听歌、石湖赏月，充满“管语丝哇之奏，眼花耳热之娱”②。明代“天启壬戌六月二十四日，偶至苏州，见士女倾城而出，毕集于城门外荷花宕。楼船画舫至鱼艫小艇，雇觅一空。远方游客，有持数万钱无所得舟，旋岸上者。余移舟往观，一无所见”③。中秋夜，虎丘听歌时热闹非凡，只见“士女倾城而往”④，土著流寓、士夫眷属、女乐声伎、名妓戏婆、民间少妇、崽子娈童及游冶恶少、清客帮闲、奚僮走仆之辈，莫不靓妆丽服，齐聚虎丘山听歌。归庄在《虎丘山三首》中描述道：人们来到虎丘“坐待明月上”，“徘徊林壑间”，稠人广众，听者如堵，“游者何啻万”。从生公台、千人石、申文定祠，到试剑石、二山门，“皆铺毡席地坐，登高望之，如雁落平沙，霞铺江上”⑤。清代苏州的阊门以外，商业极为繁华，是“京省商贾所集之地”，于是钱泳在《履园丛话》卷7中把这一带地方与江宁的秦淮河和扬州的平山堂并称为“醉乡”，是人们“忘归”之地，又称“金、阊商贾云集，宴会无时，戏馆酒馆凡数十处，每日演剧，养活小民不下数万人”。乾隆时苏州市民沈复在《浮生六记》中叙述了他与妻子陈芸恩爱旅游的故事。陈芸是一位有着很高情致和品位的妇女，幻想游览天下名山大川，情不能已，便化装游庙，以至私自远出，去观玩风景。沈复主动支持她走出闺门，出外旅游。沈复曾对陈芸说：“惜卿雌而伏，苟能化女为男，相与访名山，搜胜迹，遨游天下，不亦快哉！”陈芸则答道：“此何难，俟妾鬓斑之后，虽不能远游五岳，而近之虎阜、灵岩，南至西湖，北至平山，尽可偕游。”沈复重视

---

① 天花藏主人编次：《玉娇梨》，华夏出版社 1995 年版，第 112~117 页。

② 吴锡麒：《吴门画舫录叙》。

③ 张岱：《陶庵梦忆·西湖梦寻》，中华书局 2007 年版，第 17 页。

④ 李流芳：《檀园集》卷 8，《游虎丘小记》。

⑤ 张岱：《陶庵梦忆》卷 5。

实现妻子的愿望，在住处“与芸垂钓于柳荫深处。日落时，登土观晚霞夕照，随意联吟”。当妻子想去游庙，但又有所顾忌时，沈复让她女扮男装，与沈复一起“悄然径去，遍游庙中”。当沈复老师病故，欲往吴江吊唁时，陈芸私谓沈复曰：“吴江必经太湖，妾欲偕往，一宽眼界。”沈复回答得很干脆：“正虑独行踽踽，得卿同行固妙。”陈芸抵太湖，见风帆沙鸟，水天一色，感叹道：“此所谓太湖耶？今得见天地之宽，不虚此生矣。想闺中人，有终身不能见此者。”她于某年秋与沈母同游虎丘，“携手登山，备览名胜。芸独爱千顷云高旷，坐赏良久”。后陈芸得病将死，遗言自己能与夫恩爱一生，共同旅游，死而无憾：“妾已此生无憾。若布衣暖、菜饭饱，一室雍雍，优游泉石，如沧浪亭、萧爽楼之外境，真成烟火神仙矣。神仙几世才能修到，我辈何人，敢望神仙耶！”陈芸以其毕生的努力和生命的代价，向世间发出了妇女应该冲出闺门漫游天下的呐喊，反映了社会转型时期妇女有冲破礼教牢笼、出外旅游的愿望。

扬州的旅游也很繁盛。该城自古为佳丽之地，竹西歌吹，琼观烟月，“民生其间，冶游成性”①。清代孙嘉淦《南游记》称：“南至于扬州。扬州自古繁华地，当南北水陆之冲，舟车辐辏，士女游冶，兼以盐商聚处，僭拟无度，流俗相效，竞以奢靡，此其弊也。”扬州风景以保障湖（即今瘦西湖）一带最佳，士女盈集，度曲听歌，游戏赏景。胡善麟《小秦淮赋》曰：“当夫春风初暖，冬冰未彻，暑雨乍收，秋云正洁，相与呼俦命侣，络绎纷纶，乘画舫，出重闉，随轻飙，泛清沦。丝管竞奏，肴核杂陈。或赏静于蒙密，或乐旷于空明，或观奇而暂止，或趋胜而径行，或孤游而自得，或骈进而纷争，或鱼贯而委蛇，或蝟集而纵横。游艢匿影，啼鸟藏声。”② 画舫终日游于湖上。李斗的《扬州画舫录》记载尤详：“画舫有堂客、官客之分，堂客为妇女之称。妇女上船，四面

① 范景文：《文忠集》卷 6，《扬州重修石塔寺常住碑记》。

② 李斗：《扬州画舫录》卷 9，《小秦淮录》，江苏广陵古籍刻印社 1984 年版，第 206 页。

垂帘，屏后另设小室如巷，香枣厕筹，位置洁净。船顶皆方，可载女舆。家人挨排于船首，以多为胜，称为堂客船。”可见，市民旅游中，妇女旅游成为重要的组成部分。此外，清人小说对此也有形象的描写。据《平山冷燕》载，陶进士、柳孝廉等人怂恿宋信与扬州郊外的才女冷绛雪比诗，陶进士说：“我们总是要到郊外闲耍，借此去一游。”柳孝廉道：“待我明日叫人携酒盒随行，只当游春。”次日约好，“果然备了酒盒轿马，同出南城。一路上寻花问柳，只到傍午方到得香锦里。问人浣花园在那里”。① 该小说又载，燕白颔、平如衡二人“悄悄雇船，从苏州、常州、镇江一路而来。在路上，遇着名胜所在，二人定要流览题诗，发泄其风流才学，甚是快乐。一日到了扬州，见地方繁华佳丽，转胜江南，因慕名，就在琼花观作了寓所，到各处去游览。闻知府城西北，有一个平山堂，乃宋朝名公欧阳修所建，为一代风流文人胜迹，遂同了去游赏。寻到其地，只见其基址虽存，而屋宇俱已颓败，惟有一带寒山高低遮映，几株残柳前后依依。二人临风凭吊，不胜盛衰今昔之感。因叫家人沽了一壶村酒，寻了一块石上，二人坐着对饮”②。

此外，无锡在春秋两季游事也相当繁兴，据《锡山景物略》卷2载：“每春日和好，士女骈阗，绮罗珠翠，杂出花幡香影间；秋月凄清，宾朋携尊，随地布置，飞觞度曲，月落天空，尚闻呼啸。”而常熟也是每当春和秋爽，虞山之巅，尚湖之涯，画船箫鼓，“游乐者常满”③。

城市旅游不仅风行于大都市，就连一些新兴的市镇也在流行。如晚明兴起的四大名镇之一的汉口，其城市旅游之风也日益高涨。汉口的后湖，是市民旅游的胜地。据清代《汉口丛谈》卷1载：“春时丛树扶疏，芳草鲜美，覆云在地，流霭接天……于是士女出游，咸憩坐啜茗而留览焉。”又描绘说：“弦歌喧耳，士女杂坐，

---

① 天花藏主人编次：《平山冷燕》，华夏出版社1995年版，第205页。

② 天花藏主人编次：《平山冷燕》，华夏出版社1995年版，第205、257页。

③ 弘治《常熟县志》卷1，《风俗》。

较上湖游人更盛。”盛泽镇是专业市镇，其旅游之风也随着其商品经济的发展而渐趋高潮。据沈云的《盛湖杂录》载，明代的盛泽“远商鳞集，紫塞、燕门、粤闽、滇黔，辇金至者无虚日。以故会馆旅邸，歌楼舞榭，繁华喧盛如一都会焉”，这些人显然是从农村或其他地区前来盛泽采买货物乃至参观市容、开开眼界的都市旅游者。

都市旅游并非都是本市市民开展的，很多游客来自外地和乡村。《歧路灯》载，开封人盛希侨到北京后，游览街市，拜客看戏。“街头看见戏园报帖，某日某班早演，某日新出某班亮台，某日某班午清谈平话、杂耍、打十番，某日某楼吞刀吐火，对叉翻筋斗。嗣后设席请年谊兄弟、同乡众先生。又看了天坛、地坛、观象台、金鳌玉蝀、白塔寺，以及各古刹庵观庙宇。凡有可以游玩者，咸历其大半”，还“偶游正觉寺”。谭绍闻、盛希瑗“时而到寓，时而同游”。①

都市旅游的发展导致市民对城市风景的喜爱，纷纷对本市名胜之地加以遴选，并冠以“××八（十）景”之名，如燕京八景、羊城八景、西湖十景，等等。早在明宣宗时，就曾赋诗咏颂著名的北京西山十八景。对于西山之美，明宣宗在《望西山》诗中把它与庐山、峨眉、终南、太华等山相比拟：“万仞西山紫翠重，九霄削出玉芙蓉。清如匡阜峨眉秀，势比终南太华雄。佳气昼腾昏作凤，密云春起亦随龙。都畿右拱真形胜，沧海回环近在东。”燕京八景，乾隆十六年（1751 年）在御制《燕山八景诗》中定为：居庸叠翠、蓟门烟树、卢沟晓月、玉泉趵突、西山晴雪、琼岛春阴、太液秋风和金台夕照，并在每一景点竖御碑一块，正面是八景名称，背面是七律一首。近年在北京朝阳区施工现场，挖出了一块长达 2.7 米的卧碑和大型夯土台，是乾隆御题的“金台夕照”之所在。金台，即黄金台，是指公元前 3 世纪燕昭王为礼贤下士所筑之土台，上置千金，以礼聘天下俊才。据清丁克柔《柳弧·名胜诸景》载：“京师八景：太液晴波，琼岛春云、西山霁雪、玉泉垂

① 李绿园：《歧路灯》，中州古籍出版社 1998 年版，第 740 页。

虹、金台夕照、卢沟晓月、蓟门烟树、居庸叠翠。”“潇湘八景：山市晴岚、洞庭秋月、江天暮雪、烟寺晚钟、远浦归帆、渔村夕照、平沙落雁、潇湘夜雨。”“西湖十景：双峰插云、三潭印月、雷峰夕照、柳浪闻莺、曲院风荷、断桥残雪、苏堤春晓、平湖秋月、花港观鱼、南屏晚钟。”“又增修西湖十八景：湖山春社、功德崇坊、玉带晴虹、海霞西爽、梅林归鹤、鱼沼秋蓉、莲池松舍、室石凤亭、亭湾骑射、蕉石鸣琴、玉泉鱼跃、凤岭松涛、湖心平眺、吴山大观、天竺香市、云栖梵径、韬光观海、西溪探梅。”这些都市诸景的形成，正是都市旅游兴盛的表现。

三、百姓进香与时令旅游

作为社会最基层的农民，被朝廷附着于土地上，一般来说是很少出游的，但也有一些农民，在宗教信仰的支配下，前往本埠寺观或深山古刹中去进香，并借助寺庙道观的场所从事商品交易和参加节日聚会，于是形成了进香之旅和庙会之游。明清时期的百姓，便兴起了进香旅游的小热潮，有学者专门研究过明清时期武当山的朝山进香旅游①。

据陈建勤研究后指出，明清时期，凡遇宗教节令，如佛神、道神的诞辰，成道的祭日，寺庙宫观都要举行声势浩大的法会和香会，各地善男信女便成群结队前来烧香求拜，成为朝山进香之游。在无锡乡村，自二月至四月，凡清明、三月三日、三月八日等日，“必有会，或于山，或于庙，或赛神，或传经，男女杂沓，喧哗扰攘”②。如四月初八浴佛节，为释迦牟尼诞生纪念日，这天，无锡青山华藏寺为传经会，“村姬野媪以与会为幸，近数里，远数十里，八面奔赴，崖谷为满”③。二月十九日观音生日，六月十九日观音成道日，九月十九日观音涅槃日，扬州四乡八邻及坊铺街巷民

---

① 梅莉：《明清时期武当山朝山进香研究》，华中师范大学出版社2007年版。

② 黄印：《锡金识小录》卷1，《备参·补正节序》。

③ 王永积：《锡山景物略》卷5。

众，率至北郊观音山朝山进香。据崇祯《吴县志》卷10《风俗》载，苏州男女也于观音纪念日进香支硎山观音殿。归庄二月游此山，在《观梅日记》中说："是日连阴初霁，游女如云。"六月十九日这天，南京城东石观音庵，香火繁盛，"都人士瞻礼不绝，至十八日，则竟夜喧矣，习以为例"①。南通的狼山，春天上山进香者"往来如蚁"，"乘车者，跨马者，控卫者，坐肩舆者，徒行者"，相属于道，钱兆鹏不禁感叹道："世俗有好媚佛如是。"②

关于进香和庙会之游，古人多有记载。明代谢肇淛在《五杂组》中描述道："齐、鲁人多以正月十六日游寺观，谓之'走百病'。"③ 清代北京的庙会之游也很盛行，"（正月）十九日，都城人谓之燕九节，倾城士女曳竹杖，俱往南城长春宫、白云观宫观，蒇扬法事烧香，纵情宴玩以为盛节"④。据潘荣升《帝京岁时纪》载，仅北京的琉璃厂，每年正月的厂甸庙会就是"百货云集，灯屏琉璃，万盏棚悬，玉轴牙签，千门联络，图书充栋，宝玩填街。更秦楼楚馆遍笙歌，宝马香车游士女"。庐山真君庙会时，进香旅游达到高潮："岳帝王生辰，倾城士庶官员、诸色妇人，酧还步拜与烧香者不绝。"⑤ 据明代小说《金瓶梅》的描述，西门庆妻子月娘在泰山碧霞宫上香旅游时，住在山中的一个道观里，岂料到了半夜，高太守妻弟殷天锡从地洞爬进房内，对月娘欲行奸淫，将月娘吓得魂飞魄散。清代小说《歧路灯》也有关于百姓进香之旅的描写："且说腊尽春来，到了正月初四日。王春宇与那同社的人，烧了发脚纸钱，头顶着日值功曹的符帖，臂系着'朝山进香'的香袋，打着蓝旗，敲着大锣，喊了三声'无量寿佛'，黑鸦鸦二三十

① 棒花生：《画舫余谭》。

② 钱兆鹏：《述古堂文集》卷7，《游狼山记》。

③ 谢肇淛：《五杂组》卷4，辽宁教育出版社2001年版，第22页。

④ 转引自胡锐：《试论道教庙会的发展及特点》，《宗教学研究》2005年第5期。

⑤ 转引自胡锐：《试论道教庙会的发展及特点》，《宗教学研究》2005年第5期。

人，上武当山朝顶去了。”① 清代苏州吴县人钱辰（1808—1863年），在其《篇翁日记》中，常载有他到各地寺庙烧香的情形，并且见到妇女进香旅游十分盛行，他对此表示不满："妇女入庙烧香，臬司出示严禁，奈何许多妇女犹公然朝山进香耶。"

朝山进香旅游蔚然成风后，引起了清朝当局的警觉。乾隆帝对"小民知识短浅，种种惑于鬼神，祈求祷祀，为费不赀，如越省进香一事，程途则有千余里及二三千里之遥，时日则有一月及二三月之久。以有限之盖藏，坐耗于酬神结会之举。直隶、山东、山西、陕西等处风俗，大率如此，而河南为尤甚"的现象表示不满，要求"各省督抚访察所属有越省进香者，善为化导，徐徐转移。毋得呼朋聚众，跋涉山川，以致误农耗财，渐成人心风俗之害"。嘉庆帝也指出："朕在藩邸时，即素知民间有赴丫髻山、天台山等处进香之事。而近京各省，相习成风，亦所不免，往往千百为群，填塞街道。其间男女杂遝，奸良莫辨，不独耗费钱财，且恐别滋事端。风俗人心，殊有关系。在蚩蚩者氓，于福善祸淫之理，不能深晓，每以进香虔礼，即可仰邀福佑，又或遇父母疾病，许愿酬神，以冀速痊，殊不知父母有疾，正当亲身侍奉汤药，焉可越境远离？而神灵随处降格，即于本境祠庙虔诚祝告，亦无不可。况小民果能竭诚事亲，诸恶莫作，众善奉行，自蒙神祇默佑，又何必远劳跋涉，为此无益之祈祷乎！是此等酬神之事，其始原为求福免祸起见，但分途四出，结队成行，其为会首者借此敛钱滋事。日久相沿，人数众多，渐至流为邪教。此而不严行禁止，何以正人心而厚风俗？"他要求"嗣后京城内外及各直省，所有民间一切越境酬神、联群结会等事，俱着该管衙门及各督抚等出示晓谕，严行禁止，违者按律惩治"。② 反映出专制制度对民间旅游的恐惧和防堵，阻碍了旅游的发展。

除了进香旅游外，明清的百姓还钟爱传统节日游。斯时，人们群集风景名胜地，欢度佳节。在苏州，"吴人岁时节令，里社醵

① 李绿园：《歧路灯》，中州古籍出版社1998年版，第65页。

② 《清仁宗实录》卷66，嘉庆五年闰四月甲戌。

饮，士女杂沓”①。三月三日上巳节，吴人倾城而出，游于石湖山水间，“饮博、交易、闲视者不下万人”②。寒食清明，春光明媚，展墓者招募毕，席地饮胙，轻车骏马，箫鼓画船，踏青赏春。六月廿四日荷花生日，苏州士女竞游荷花荡观荷纳凉，以鞋趿不至为耻。是日，游冶子弟，轻舟鼓吹，往来如梭，“靡沸终日”③。袁宏道说“苏人游冶之盛，至是日极矣”，他在《荷花荡》中是这样描述荷花荡游人之态的：“其男女之杂，灿烂之景，不可名状。大约露帏则千花竞笑，举袂则乱云出峡，挥扇则星流月映，闻歌则雷辊涛趋。”无锡惠山，明清时士女“蚁附而上，弥崖遍谷”④。常熟虞山，踏青士女“连袂接衽，摩肩促步，循月堤，穿水阁，笑呼喧阗，游尘合沓”⑤。扬州清明，张岱《陶庵梦忆》卷5有描写：“是日，四方流寓及徽商西贾、曲中名妓，一切好事之徒，无不咸集。长塘丰草，走马放鹰；高阜平冈，斗鸡蹴鞠；茂林清越，劈阮弹筝。浪子相扑，童稚纸鸢，老僧因果，瞽者说书。立者林林，蹲者蛰蛰。”端午节衍生出来的竞渡游，既是一项体育旅游项目，又融斗唱游戏于一体。清南汇人杨光辅有《淞南乐府》曰：“淞南好，重五闹龙舟。破浪快船夸技勇，凌风画舫斗歌喉。樯火照江楼。”当时，浦中竞渡，少年驾快船阑入龙舟队里，更番奏技，往来如织，富人所坐沙飞船则清曲阵阵。“龙舟绕船游戏，以博酒粽之犒，或放鸭波心，弄潮儿泅水取之。”吸引了无数看客，游人如织，人声鼎沸。据彭宗孟《京江纪游》载，镇江万历二十四年的竞渡，“士庶女妇，俱服倾城出游，绿杨万树中，红紫若织，映水尽作绛霞，与云物相裴，康庄间填委几不能步”。苏州龙船会，据顾禄《清嘉录》卷5所载，是男女耆幼倾城出游，七里山塘，“几无驻足之地，河中画楫，栉比如鱼鳞，亦无行舟之路，

① 李维桢：《大泌山房集》卷127，《虎丘僧募修塔疏》。
② 乾隆《吴江县志》卷39，《风俗》。
③ 张岱：《陶庵梦忆》卷1。
④ 王永积：《锡山景物略》卷1。
⑤ 钱谦益：《牧斋初学集》卷5，《花信楼记》。

欢呼笑语之声遐迩振动”。南京操五色龙舟者，多美少年，“箫鼓若沸，歌笑声动天地”，从桃叶渡口上下五六里，“士女相邀观渡”①。九月九日重阳登高节，大江南北又都有登高远眺的习俗。苏州登高地在吴山，“何许更登高，吴山黄花节”②。申时行《吴山行》诗中，描写了吴人于吴山登高之盛况：“九月九日风色嘉，吴山胜事俗相夸。阖闾城中十万户，争门出郭纷如麻。拍手齐歌太平曲，满头争插茱萸花。”③ 是日，宜兴“少长登高游览”④，南山等风景地皆为土著寓公登高之所。百姓节令之游规模宏大，常常是万人空巷，“摩肩连衽，不下数万人”⑤。

百姓旅游的特点是人数众多，全民狂欢，而文人旅游则为小团体，常“集良朋”出游，以十人左右的团体比较普遍，偶尔也有几十人、上百人的团体旅游。如明人李维桢游林屋洞，仅举烛者就有“数十人”⑥。百姓旅游则是群体性和全民性的。袁宏道在《楞伽》中，记二三月间楞伽山，“游人甚胜，朱楼复阁之女，骚人逸士之流，狭斜平康之伎，社南社北之儿”，杂沓山间。尽管他们的身份不同，兴趣也不尽一致，但嬉笑游乐没有区别。与士大夫旅游注重情趣不同，百姓旅游则比较倾向于看热闹。据陈去病《五石脂》载，八月十八夜吴人游石湖，文士看的是串月幻趣，而“群人第知灯船泛湖之乐，不复赏及幻趣”。

明清市民都市旅游和百姓进香及时令旅游，推动了大众旅游的兴起，促进了旅游业的形成，旅游消费又促进了手工业、农业和服务业的生产，并因此扩大了社会就业门路，给部分“小民”提供了新的生存空间。⑦

---

① 袁中道：《珂雪斋集》卷13，《记二十五》。

② 邵长蘅：《冶游》，载乾隆《元和县志》卷35。

③ 崇祯《吴县志》卷10，《风俗》。

④ 嘉庆重刊《宜兴县旧志》卷1，《风俗》。

⑤ 潘介：《中泠泉记》，载光绪《丹徒县志》卷56。

⑥ 李维桢：《大泌山房集》卷60，《太湖两洞庭游记》。

⑦ 以上参见陈建勤：《论明清长江三角洲地区旅游活动及其社会意义》，《扬州大学学报》1999年第5期。

四、明清僧道云游

明清时期是佛教和道教发展的时期，僧道除在寺观住持和修行外，还云游各处，从事禅义和道术的交流，也与士大夫一起漫游。因此，这一时期的僧道云游，也是一个比较普遍的旅游现象。

僧人常与士大夫一起出游名山胜景。袁宏道在游盘山时，便曾与僧人死心、宝方和寂子三人同游。据《金瓶梅》写道，永福寺一僧人，在有人问他来历时，粗声应道："你问我怎的？贫僧行不更名，坐不改姓，乃西域天竺国密松林，齐腰峰，寒庭寺下来的梵僧，云游至此，施药济人。"① 自称为云游僧人。另《三刻拍案惊奇》称，一僧人无垢带着百余两银子，"要往南京印《大乘》诸经，来寺中公用，使自得翻阅。师父也不阻他。他便将房屋封锁，收拾行李就起身"。其师父嫌年纪小，不曾出过门，让他带着种菜的聋道一起走，无垢回答道："一瓢一笠，僧家之常，何必要人伏事？""竟自跳船到南京。各寺因上司禁游方僧道，不肯容他，只得向一个印经的印匠徐文家借屋住宿。"徐文"见他口声来得阔绰，身边有百来两之数，听了不觉有些动火"，想道："看这和尚不出，倒有这一块，不若生个计弄了他的！左右十方钱财，他也是骗来的。"② 这位无垢僧人的云游，算是遇到了险恶处境。

除了僧人外，道士也云游各处。据《金瓶梅》描述：有一位道士吴奭，道号守真，人称吴神仙，"自幼从师天台山紫虚观出家"，经过山东西门庆家时，自称"云游上国，因往岱宗访道，道经贵处"。在给西门庆家人看相算命后，西门庆重赏白银五两，但吴神仙再三推辞道："贫道云游四方，风餐露宿，要这财何用？决不敢受。"后给了他一匹大布，方才接受，飘然而去。③ 另据《歧路灯》称，一位道士经过河南祥符，黄道官介绍说："他是云游道

① 兰陵笑笑生：《金瓶梅》，三秦出版社 1991 年版，第 695 页。

② 梦觉道人，西湖浪子：《三刻拍案惊奇》，岳麓书社 1993 年版，第 205 页。

③ 兰陵笑笑生：《金瓶梅》，三秦出版社 1991 年版，第 421 页。

人，说是先祖师烧香南顶，在周府庵有相与。”① 看来，当时确有不少僧道云游各地。

第五节　明清旅游观念与思想

明清是旅游大繁荣的时期，也是旅游观念大发展的时期。这一时期的旅游观念，比较丰富多样，既有传统的旅游比德观，也有具有时代特色的旅游人性论（独抒性灵），既有旅游正当论（游政合一），也有旅游败德论，还有丰富和发达的旅游审美观念和意识。其主流则是以独抒性灵为主的旅游人性论。这一观念，在清初发展成为唐甄的“游者人之恒情也”的旅游思想。

一、明清旅游功能论

明清旅游观念和思想，首先表现在对旅游功能的认识上。旅游功能论认为，旅游有益于求道和国家政事，亦有益于个人磨炼意志和促进求知。

对于旅游的功能，明清人有不同的认识。有人指出，旅游的功能，有求道与干禄的不同。清人张海珊在《游说》中指出“古之时所谓游之说者二焉：有孔孟之游，有战国之士之游”，认为“孔之周游，孟之游齐梁诸国，曰以行道也，以救民也”。而“今世之所谓游，则战国之士之游而已矣”，学校之生员“大都游手空食，更不能自为生计，则皆从事于游。昌黎所谓奔走形势之途，伺候公卿之门，足将进而趑趄，口将言而嗫嚅者。其视战国之士，抵掌捭阖，且以为豪杰之士，不可多得”。这就是讲旅游的功能，分为求道之游与干禄之游两种，并分其高下。② 还有人指出，旅游有各种实用的功能。清孙嘉淦在《南游记》中，则声称：“游亦多术矣。昔禹乘四载刊山通道以治水，孔子、孟子周游列国以行其道，太史

---

① 李绿园：《歧路灯》，中州古籍出版社 1998 年版，第 566 页。

② 贺长龄，魏源编：《清经世文编》卷 6，“学术”六，中华书局 1992 年版，第 170~171 页。

公览四海名山大川以奇其文。他如好大之君，东封西狩以荡心；山人羽客，穷幽极远以行怪；士人京宦之贫而无事者，投刺四方以射财，此游之大较也。"①

还有人认为旅游的功能是促进政事。明初的某些帝王和士大夫认为旅游可以促进政事，是正当的行为。如明太宗朱棣曾"命驾观猎"。当时"风日暄霁"，他情趣高涨，对侍臣们说道："朕岂以畋猎为乐，顾见将士驰骤健捷，皆适于用，有可乐者耳！夫曰：古人春搜夏苗，秋狝冬狩。皆顺时，为民去害，且讲武事，然亦存爱物之仁。圣人著于经政，欲垂法后世耳。"②

旅游功能论最主要的表现，是认为它能够磨炼意志。旅游免不了跋山涉水，通过这种艰苦的运动，不仅能够锻炼身体，更能够磨炼意志。袁宏道认为，旅游是一种危险的活动，若遇山高路险时，常令"行者股栗"，所以他认为旅游者必须立志，才能体会到无限风光在险峰的快意："世上无拚命人，恶得有此奇观也？"③ 他还对畏怯艰险的同行游客说道："恋躯惜命，何用游山？且而与其死于床笫，孰若死于一片冷石也？"结果"客大笑，勇百倍。顷之，跻其巅"。④ 傅山在其《霜红龛集》卷37中指出，"俗骂龌龊不出气人曰窝囊，窝言其不离窝，无四方远大之志也。"那么，怀"四方远大之志"的"离窝"，当然是指外出旅游，如游学、游宦、商游了。把守土龟缩、不旅不游的人斥之为"窝囊"，反映此时的人们"安土重迁"观念已开始动摇和瓦解，积极旅游已成了时代之所需。清张裕钊在其《北山独游记》中，对自己因克服倦惧之心最终攀登上北山的心理活动作了描写："吾于是慨乎其有念也。天下辽远殊绝之境，非先蔽志而独决于一往，不以倦而惑且惧而止者，有能诣其极者乎？是游也，余既得其意而快然以自愉，于是叹

---

① 贺长龄，魏源编：《清经世文编》卷6，"学术"六，中华书局1992年版，第171~177页。

② 《明太宗实录》卷264，永乐二十一年十月丙寅。

③ 袁宏道：《由水溪至水心崖记》。

④ 袁宏道：《开先寺至黄岩寺观瀑记》，载《袁中郎随笔》，作家出版社1995年版，第50页。

余向之倦而惑且惧者之几失之，而幸余之不以是而止也，乃泚笔而记之。”向读者表明，只要“独决于一往”，就可以“诣其极”并“快然以自愉”。

旅游的另一功能是促进求知，开阔胸襟。清小说写一士人游京师的经验道：“整闲无事，因往书肆中购些新书，又向古董铺买了些故书旧册，翻披检阅。又兼睹皇居之壮丽，官僚之威仪，人烟货物之辐辏，自觉胸怀比前宏阔。兼以翻阅书籍，学问也较之旧日，越发博洽。”① 这显然是在说旅游有助于求知和开阔胸襟。传统的“读万卷书，行万里路”观念，正是促进求知和开阔胸襟的重要手段，也是旅游功能论阐述的对象。万历间，冯梦祯在为王士性的《广志绎》所作的序中指出：“司马子长旷世逸才，然必周行万里，网罗见闻，然后著为《史记》；杜子美诗人冠冕，遭乱流离，三巴、吴、楚，游踪颇阔，故曰：‘不开万卷，不行万里，不能读杜诗。’良然。岂非名山大川足以涤人胸怀、发人才性，而五方谣俗、方言物产、仙踪灵迹、怪怪奇奇，其于新耳目、廓拘蔽，良有助焉。”并指出王士性“叙山川离合、南北脉络，如指诸掌……至谭河漕、马政、屯田、盐筴、南北控御方略，具有石画，不为卮言。跃马中原，揽辔关河，可谓有天下之志，此当不在史迁、杜诗下”②，对旅游的求知功能作了充分肯定。清代钱泳在其《履园丛话》卷23《杂记》中指出：“语有云：‘读万卷书，行万里路。’二者不可偏废，然二者亦不能兼。每见老书生矻矻纸堆中数十年，而一出书房门，便不知东西南北者比比皆是。然绍兴老幕，白发长随，走遍十八省，而问其山川之形势，道里之远近，风俗之厚薄，物产之生殖，而茫然如梦者，亦比比皆是也。国初魏叔子（即魏禧）尝言，人生一世间，享上寿者不过百岁，中寿者亦不过七八十岁，除老少二十年，而即此五六十年中，必读书二十载，出游二十载，著书二十载，方不愧‘读万卷书，行万里路’。”清代小说《儿女英雄传》卷40云：“古人有云：读万卷书不可不行万里路。

① 李绿园：《歧路灯》，中州古籍出版社1998年版，第59页。
② 冯梦祯：《广志绎·王恒叔广志绎序》，中华书局1981年版。

如你这等英年，正是为国宣力的时候，作这趟仕游也好。”张潮在其《幽梦影》中，论述了读书与旅游的关系：“文章是案头之山水，山水是地上之文章。”又说：“山水亦书也……善游山水者，无之而非山水，书史亦山水也，诗酒亦山水也，花月亦山水也。”他还多次表达了“读万卷书，行万里路”的志向：“昔人欲以十年读书，十年游山，十年检藏。予谓检藏尽可不必十年，只二三载足矣。若读书与游山，虽或相倍蓰，恐亦不足以偿所愿也。”均是对“读万卷书，行万里路”观念的阐发。清初著名学者顾炎武在《菰中随笔》卷3指出：“必有体国经野之心，而后可以登山临水；必有济世安民之识，而后可以考古证今。”张舜徽指出：“按此论甚警，非有大抱负者不能道……亭林以南士而羁旅于北，往来秦、晋、冀、豫、齐、鲁之间，继庄以北人而徙家于南，遍历吴、楚、湘、鄂之域，其行事甚相类，而其志固不在游览山水也。”① 可谓读书与旅行相结合的注释。另一位学者刘献廷在《广阳杂记》卷2中认为：“昔人五岳之游，于以开扩其胸襟眼界，以增其识力，实与读书、学道、交友、历事相为表里。吾辈登一名山，览一奇境，而自审其胸襟眼界，依然吴下阿蒙。又何苦费时日精神，劳仆夫之筋骨，而登降上下为耶?”清代尤侗针对“诗书之子，闭置一室，目极千里，虽丘陵培塿如蓬莱、方丈，几望见之而已”的现象，强调读书要与旅游结合。② 张海珊在《游说》中指出：“孔子虽生知之圣，然必如周观礼，自卫反鲁，然后乐正。孟子七篇，亦大都成于游齐梁之时。其论士曰：有一乡之士，有一国之士，有天下之士，是故苟自命士矣，则天下之理皆我所当知，天下之事皆我所当为。生民之故，郡国之利病，虽尝得之于简册，而苟非目稽口询，确然有得于其中，则他日或当其任，将遂有嗛然不足之患，此其道固非游不可。”又引顾亭林《与人书》中的话“人之为学，不日进则日退，独学无友则孤陋而寡闻，久处一方则习染而不觉，不幸而

① 张舜徽：《清人笔记条辨》，中华书局1986年版，第22~23页。

② 尤侗：《天下名山游记序》，载吴秋士编：《天下名山游记》卷首，上海书店1982年版。

在穷僻之域，无车马之资，犹当博学审问”，然后指出：“古人与稽，以求其是非之所在，庶几可得十之五六。若既不出户，又不读书，则是面墙之士，虽子羔、原宪之贤终无以济于天下矣。”① 魏源等人指出：“古者男子生而有四方之志，惟二十以前，博学不教，内而不出，及三十而后，则友天下之士，出门交有功，固断不可少者矣。太史公自叙所学，而以浮江淮登会稽为言，邴原游学四方，乃成名儒，明儒胡敬斋，晚年自以足迹不出乡里，无以广其见闻，发其志意，乃遍游吴越楚粤而后返，以此为游，夫岂犹夫世俗之守瓮牖与夸结驷者乎？”② 在信息不灵的古代，旅游常常是古人获取知识的必要手段。旅行，不仅可以了解到一定的自然地理知识，也可了解到诸如风土人情等方面的人文地理知识，更能体察社会，感受生活。因此，求真求实求知成为古人旅行的重要目的。

明清时，许多士人认识到旅游在求知上的新价值，即有助于科学考察。徐霞客在全国旅游时，不仅游山玩水，而且注重科学考察，对喀斯特熔岩地貌和江河之源进行探索和考究。清帝康熙也注重应用旅游进行科学考察。康熙二十三年第一次南巡时，他便亲临工地，了解“河势之汹涌漶漫，堤岸之远近高下”，严令加固运河堤岸。三十八年，第三次南巡时，他“亲乘小舟，不避水险，各处周览”，又登上堤岸，用水平仪亲自测量。通过这些实地考察，康熙了解到山阳、高邮等七州县被淹，是由于洪泽湖的水位低于黄河水位，“以致河水逆流入湖，湖水无从出”，造成水患。因而提出“治河上策，惟以深浚河身为要”。在疏通河身的同时，又指示在两岸修筑堤坝，约束河水，利用水流自身的力量，冲刷淤沙，使河水夹带泥沙顺流入海。经康熙多次实地指点谋划，治河逐步收到成效，“黄河畅流入海，绝无倒灌清口之患”。四十四年，康熙于第五次南巡时，叙述亲眼所见情形：“初次到江南时，船在黄河，

① 贺长龄，魏源编：《清经世文编》卷6，“学术”六，中华书局1992年版，第170～171页。

② 贺长龄，魏源编：《清经世文编》卷6，“学术”六，中华书局1992年版，第171～177页。

两岸人烟树木，皆一一在望。康熙三十八年，则仅见河岸。四十二年，则河去岸甚低，是河身日刷深矣。”又说：“下河两岸皆大熟，亦从前所未有也。”此后，河道尽管仍时有溃决，但终康熙之世，水患已经大大受到控制。康熙的六下江南，虽然引起了一些保守士大夫重谈旅游败德论，但更多的人则认识到康熙旅游的科学考察性质。

在旅游功能论提出的同时，旅游败德论在儒家思想特别是程朱理学的推动下，更是风势猛烈，防止逸游和节制娱乐的观念在传统惯性的作用下，风靡一时。旅游败德论认为，旅游不是一种必需的休闲活动，常常瓦解人们的意志，败坏人们的道德，因此强调抵制游乐。洪武十三年，谕皇太子、诸王道，“吾持身谨行，汝辈所亲见。吾平日无优伶亵近之狎，无酣歌夜饮之娱。正宫无自纵之权，妃嫔无宠幸之昵”，“苟非有疾，不敢怠惰”。① 有人指出“高皇帝每得章奏，便思亟行，每夜间度事，当速行者，笔记待旦。有奏正心之说者称为大儒，有请及时娱乐者目为赵高”②。明代宣宗皇帝曾前往香山附近的汤山泡温泉，舒松筋骨，在《汤山温泉》诗中，盛赞“汤山蔚灵秀，温泉出其侧”，温泉则是“清涵玉镜影，浅漾桃花色”。它的功用则是“肤疾既能愈，物垢皆可涤”。然而，宣宗立刻警示自己，勿作玩物丧志之人，以诗明志道：“尝闻华清池，天宝几陷溺。”因此决定汤山温泉任由樵牧随时洗浴。由汤山温泉联想到华清池温泉和安史之乱，表明宣宗虽然经常游乐，但却时时以逸游为戒，因此在他任内，并没有因为他的游乐而造成政治动荡和社会动乱。宣宗死后，礼部尚书张昇等上尊谥时将他塑造成“内远声色，掖庭无歌舞之娱；外绝游畋，苑囿无车马之迹”的勤奋君主形象③，就表明当时儒家是以旅游败德观为标准来看待宣宗的行为。世宗也是“重念宫生内长之主宴安游娱忘其先烈”④。甚

① 《明太祖宝训》卷2，《正家道》。
② 《明神宗实录》卷194，万历十六年正月丙午。
③ 《明武宗实录》卷2，弘治十八年六月丁巳。
④ 明神宗：《明世宗实录序》。

至一些宦官也持儒家的旅游败德观。穆宗朝内官监太监李芳，有鉴于“司礼诸阉滕祥、孟冲、陈洪方有宠，争饰奇技淫巧以悦帝意，作鳌山灯，导帝为长夜饮”的情况，“切谏”不已。① 清代也是如此，前引《清史稿·吴熊光传》所载，吴熊光等人对嘉庆帝旅游兴致的打击，也是在旅游败德论的支配下进行的。尽管清廷有游猎的习惯，但帝王旅游仍被限制，不得不微服出游。据载：“乾隆己巳，上命工部侍郎三和修理静漪园别馆。中有复道可通西苑，上机暇之余，尝乘小舆率诸内侍数人，由复道往监工，外庭殊未知也。”② 由于持旅游败德观念，因此嘉庆年间，满族人少保岳起，清介自命，任江苏巡抚时，“禁止游船妓馆，无事不许燕宾演剧，吴下奢侈之风，为之一变，实数十年中所未有者”③。可见，在明清两代，旅游败德论还是很有市场的，它对约束君主的肆意游乐起了一定的作用，但也妨碍了旅游正面意义的认知和旅游活动的发展。

也有一些人对旅游的性质和价值有不同的认识，他们虽然没有把旅游上升到崇高的地位去认识，但也没有把旅游视为败德的因素，而是指出，在诸多生活习惯和消费中，旅游算是比较优雅的活动，至少比贪恋酒色要强。明末清初东古鲁狂生在其小说《醉醒石》中指出：“到那第五个公子，疾蠢不晓读书，不晓营家。又不晓谈琴著棋，游山玩水，以消白昼。……酒不离口，色不离身。人是金石形骸，也要消坏，竟成弱症身亡。”④

清人对城市旅游有了新的认识，认为进城旅游可以解闷。小说《歧路灯》通过一段对话，说明当时的人对城乡差别与旅游的关系有一定的认识。小说中，张类村道：“老哥轻易还进城来游游哩?”惠养民道：“弟素性颇狷，足迹不喜城市。”张类村道：“乡间僻

① 《明史》卷305，《宦官列传二·李芳传》。

② 昭梿：《啸亭杂录》卷8，“陈提督”条，中华书局1980年版，第255~256页。

③ 昭梿：《啸亭杂录》卷4，“岳青天”条，中华书局1980年版，第85页。

④ 东古鲁狂生：《醉醒石》，上海古籍出版社1992年版，第61页。

静，比不得城市烦嚣，自然是悠闲的。”惠养民道：“却也有一般苦处，说话没人，未免有些踽踽凉凉。”①。因此，惠养民进城旅游，就是为了解闷去忧。

明清士人还认识到旅游的解忧功能。晚明余姚人邵以贯，在明朝灭亡后，本想殉国，但“以母老不果，遂祝发为头陀，狂走入雪窦山中妙高台”。后因“省母，返居潭上园”。与黄泽望志同道合，共读《谢皋羽游录》而羡慕之，说：“方今豺虎满天下，五岳之志不可期矣。四明二百八十峰，近在卧榻，峰峰有吾两人屐齿。”于是二人“始遍走山中”。不久，“入绝谷，不知所向，茫然求故道，不可得。俄而峰回路转，松竹梧桐甚盛，有鸡犬声，趣就之，茅舍一椽”，这时从中走出一个头戴幅巾的人，问他们从何而来，听说后笑道：“吾亦姚人，避世居此，不虞君之涉吾地也。”于是接纳二人留宿，并告诉二人这里是石屋山，自己也是遭难后“来此山中，遂与世人绝”。二人相顾叹曰：“是真桃源矣。”黄泽望尝说：“以贯自甲申后，辅颊间无日不有泪痕，其稍开口笑者，则游山耳。”② 从这段记载来看，当时的人是把旅游视为解忧的手段，只有游山时才能令人开口而笑。

还有丧妻后为解忧而旅游者，显然是将旅游视为排遣的工具。明小说称，王端孟“丧了妻，也不复娶，把田产托了家奴管理，自客游钱塘”，“每遇时和景明，便纵酒西湖六桥之上，或时周游两峰、二竺，登高陟险，步履如飞”。他还说：“我如今去便遨游五岳三山，做个放人。归只饮酒、做诗，做了废士甚要紧？五斗折腰，把这笑与陶渊明笑！”于是“走登州，看海市。登太山，登南天门，过东、西二天门，摩秦无字碑，踞日观，观日出，倚秦观望陕西，越观望会稽，上丈人、莲花诸峰，石经、桃花诸峪；过黄砚、雁飞众岭；入白云、水帘、黄龙、各洞、盥漱、玉女、王母、白龙各池；又憩五大夫松下，听风声。然后走阙里，拜孔庙，遨游

---

① 李绿园：《歧路灯》，中州古籍出版社 1998 年版，第 277 页。

② 谢正光，范金民编：《明遗民录汇辑》，南京大学出版社 1995 年版，第 423~424 页。

广陵、金陵、姑苏，半载方到家”①。这种旅游也是为了解忧。

二、旅游伦理与比德观念

明清时期是程朱理学盛行之时，因此儒家的旅游伦理和比德观念对民间的旅游影响很大。

孔子的“父母在，不远游”思想，仍然大有市场。明代邵璨在其小说《香囊记》卷4中写道：“语云：‘父母在，不远游。’孩儿情愿在膝下习些孝悌之道，不敢违亲远出。”明代佚名的《王中书劝孝歌》，就对为什么要遵循“父母在，不远游”作了解释：“儿至十五六，性气渐刚强，行止维拘束……子出未归来，倚门继以烛。儿行十里程，亲心千里逐。”原来，儿子出游常会让父母担忧，秉烛倚门以待，千里亲心相悬，故儿子远游就是不孝，对不起生他养他的父母。由于孝的约束，孝子平时是不轻易出门的，若万一有不得已的事情出门，则必须及时禀告老人。正如宋司马光所说的那样：“为人子者，出必告，反必面。所游必有常。”不过，明清时也有不少人克服了不远游的心态，远游干禄。《金瓶梅》称，扬州员外苗天秀，欲前往开封“一则游玩，二者为谋其前程”。其妻劝其勿往，苗天秀怒叱道：“大丈夫生于天地之间，桑弧蓬矢，不能遨游于天下，观国之光，徒老死牖下无益矣。况吾胸中有物，囊有余资，何愁功名不到手。”②

明清时，比德观念仍然比较风行。比德产生的哲学基础是中国古代盛行的“天人合一”和“天人感应”的哲学观念，人们认为，自然对象本身也具有人的品德。清人张潮认为不同的景物具有不同的德操，与不同的道德之士相应：“玉兰，花中之伯夷也。葵，花中之伊尹也。莲，花中柳下惠也。鹤，鸟中之伯夷也。鸡，鸟中之伊尹也。莺，鸟中之柳下惠也。”“鹤是禽中之老庄，梅是花中之仲（孔子）尚（吕尚）”。正因为古人认为自然与人之间有一种天然

---

① 梦觉道人，西湖浪子：《三刻拍案惊奇》，岳麓书社1993年版，第95~96页。

② 兰陵笑笑生：《金瓶梅》，三秦古籍书社1991年版，第657~658页。

的对应关系，因此只要观赏相应的景物，就能获得相应的品德。朱锡绶在其《幽梦续影》指出："名山镇俗，止水涤妄，僧舍避烦，莲花证趣。"一方面，道德取向无疑深化了旅游审美，使旅游成为包含人的思维活动的精神生活；另一方面，道德泛化也使旅游负载了过于沉重的政治内涵，甚至使旅游活动出现异化倾向，将人类社会的伦理强加在自然对象身上。张潮曰："古谓禽兽亦知人伦，予谓非独禽兽也，即草木亦复有之。牡丹为王，芍药为相，其君臣也；南山之乔，北山之梓，其父子也；荆之闻分而枯，闻不分而活，其兄弟也；莲之并蒂，其夫妇也；兰之同心，其朋友也。"另一位清代文人江征含一语破的："纲常伦理，今日几于扫地，合向花木鸟兽中求之。"已将自然对象视为现实伦理的延伸，使审美情趣荡然无存。

甚至在启蒙先驱唐甄那里，思想深处仍然保留着旅游修身的观念。认为士大夫最主要的目的是修身养性，成就道德，至于是通过山林之游或是干脆身居闹市，都只是一种形式而已。一次，有一位黄山道人拜访唐甄，送上别人写的《赋归黄山》诗，诗中仅描写了黄山的景物，而没有抒发归隐山林的志向。于是，唐甄议论道："斯人也与作诗者，皆不善居山。居山者，乐其有乔林幽谷乎？乐其有鸟鸣游鱼乎？乐其茅宇场圃之安乎？古之贤者，避世而入于深山之中，虽乐其有此，而所乐不在焉。"指出旅游者游于深山，最终目的并非是为了审美，而是为了向善。他甚至主张，只要是能够修行，随时随处都可以成为善人，而有人之所以选择深山修行，则是由于他没有上圣和贤者的德性的缘故："上圣即性而善，贤者动于遇而善，未贤者择所处而善。目不睹营营之形，耳不闻攘攘之声，居不见巍巍之象，所以远习也。"其实，即使居住在闹市，也能够清修德性；而隐居山林，本是为了不被动心的事物干扰了心境，便于自修，但若真是因了山水才能修身，那么这种境界就较为肤浅，山水也成了沉溺心性的俗物："市朝之间，岂不可以为学哉？（居山者）不于动心者制心，亦便于自修也。若见山而后乐，见水而后乐，乐不在心而在外，则山与水虽远于俗，亦溺心之物耳。"如果人们的心性完全靠山水来调适，那么这种人就不是把山水当作寓志之物，而是当作专情之物，那么山林幽谷就跟城市一样，鸣鸟游鱼就跟戏子唱歌跳舞一样，草房园林就跟华丽的建筑一样，逃离红尘、修身养性的目的就达不到："见山而适，有夺其山者而不适；见水而适，有夺其水者而不适。不寓于山水而一于山水，则乔木幽谷，犹之城郭市廛也；鸣鸟游鱼，犹之优伶歌舞也；茅宇场圃，犹之峻宇雕墙也。"① 显然，唐甄这里所说的"寓于山水"就是寓志于山水；"一于山水"就是专情于山水。"寓于山水"者把山水当作修身寄志的对象，"一于山水"者把山水当作审美专情的对象。说穿了，在唐甄和大多数士大夫的眼里，退隐山林的最终目的不是为了审美，而是为了向善。旅游的道德取向十分明显。可见，唐甄的旅游观虽然强调自然人性论，但仍有道德修身的传统观念。

明清的小说中，反映旅游修身观念的例子比比皆是。明代《三刻拍案惊奇》中，十分注重旅游途中的道德修养，称旅客"鳏居消索，旅馆凄其，怎能宁奈？况遇着偏是一个奇妙女，娇吟巧咏，入耳牵心，媚脸妖姿，刺目挂胆。我有情，他有意，怎不做出事来"？然后叙述弘治年间苏州府昆山士子陆容，"凡人少年进学，未经折挫，看得功名容易，便易懈于研墨，入于游逸。他却少年老成，志向远大，若说作人讲学，也不辞风雨，不论远近；若是寻花问柳，饮酒游山，他便裹足不入。当时有笑他迂的，他却率性而行，不肯改易"。② 显然称颂讲学修身式的旅游，排斥"饮酒游山"式的休闲性旅游。该书还记叙了另一个故事，说有人将一位美貌少女（扬州瘦马）托秦凤仪带给两千里外的窦主事。秦凤仪推托不过只好在中舱另铺一个床位，给少女住了，自己在桌上焚香读书，一路无犯，被窦主事称为"圣人"。③ 窦主事感叹之余，向秦观仪讲述了另一个故事，说一个秀才探亲途中，"泊船渭河，夜

---

① 唐甄：《潜书》上篇下，《居山》，中华书局 1963 年版，第 91 页。

② 梦觉道人，西湖浪子：《三刻拍案惊奇》，岳麓书社 1993 年版，第 18 页。

③ 梦觉道人，西湖浪子：《三刻拍案惊奇》，岳麓书社 1993 年版，第 109～111 页。

间崖上火起，一女子赤身奔来，这秀才便把被与他拥了”，也是一夜无犯，结果在科场中奇异高中，小说将之归为“阴德”，意在赞美明人“存天理灭人欲”的旅游伦理。

然而，明清时的旅游修身效果是有限的。出门在外，见到不平时，往往持事不关己、高高挂起的态度。明小说称，一帮进京选官的武举，晚上住在邯郸县南关里，“店邻有个泼妇，夜间凌辱婆婆，隔墙听的明白，合店人无不旁仇。争乃行路之人，事不干己，只得由他。个个掩耳，不有安寝”。① 旅游修身的观念，在一般人那里，也并不能遵行。

三、明清旅游审美意识

与旅游的实用功能不同，旅游的审美意识是一种形而上的观念和思想。孙嘉淦认为自己的旅游没有实用的功能：“盖余之少也，淡于名利，而中无所得，不能自适，每寄情于山水。”② 没有实用功能的旅游，多属于审美旅游。旅游审美意识是一种主动的山水审美体验，一般是文人士大夫们的精神活动。百姓们日事劳作，对于寻奇探幽并不关心，“不知登眺，亦且不暇”，“樵者日入山而不知山之美，渔者日游水而不知水之美。非山水不能悦愉其心，彼其中本无丘壑川泽故耳”。从事远游者，“大抵非仕宦则商贾，或作游客”，其中商贾也无暇细品风景之美，游宦的文官则对山水之美有特殊的追求。乡绅文人虽多作近距离旅游，但对风景之美也有敏锐的感受，“于一二百里之内，一丘一壑，随处登临挥洒也”。

明清时旅游比德观虽然仍在发生着影响，但以审美为精髓的旅游怡情论却更为流行，成为文人士大夫们奉行的旅游准则。随着旅游的日渐普及，旅游观念倾向于畅神和怡情，把游山玩水看做怡情养性的手段。尤其是明代心学的兴起及“性灵”文学的发展，使旅游更加倾向于弘扬人的个性，和对不断强化的伦理道德的超越。

---

① 李绿园：《歧路灯》，中州古籍出版社 1998 年版，第 754 页。

② 贺长龄，魏源编：《清经世文编》卷 6，“学术”六，中华书局 1992 年版，第 171~177 页。

这种怡情与畅神实际上是旅游审美的表现。审美意识超越了旅游的比德观和政事论，将人的审美欲望直接投注于山水之间。

通过旅游对象的审美，达到审美主体的愉悦，成为明清文人的时代追求。明代刘基在《松风阁记》中叙述观赏松风的感受，表达了旅游怡情的观念："盖松之为物……风之过之，不壅不激，疏通畅达，有自然之音；故听之可以解黩，涤昏秽，旷神怡情，恬淡寂寥，逍遥太空，与造化游。宜乎适意山林之士，乐之而不能违也。"作者的这种旷神怡情的旅游感受，使他流连忘返："予尝过而止之，洋洋乎若将留而忘归焉。""观于松可以适吾目，听于松可以适吾耳，偃蹇而优游，逍遥而相羊（即徜徉），无外物以汩其心，可以喜乐，可以永日。"高启认为山水与游人、客体与主体不易相合，故人游山、山悦人是一件难得的美事。他在《游灵岩记》中指出："天于诡奇之地不多设，人于登临之乐不常遇。有其地而非其人，有其人而非其地，皆不足以尽游观之乐也。"这是一种主客交融而生美感的游乐审美观念，是"天人合一"观念在旅游中的显现。杨慎在《游点苍山记》中说自己"一望点苍，不觉神爽飞越"，"余时如醉而醒，如梦而觉"，一见奇景异观，"不觉惊喜，拍手大笑"，"殊觉快适"。杨慎也是个一生专好名山游的学者，自称"号称名山水者，无不游"。张居正也认为旅游山川能适性悦情，所以要不断抽空旅游，"唯当乘间求自适耳"！他自己"每值山水会心处，辄忘返焉。盖其性然也。夫物，唯自适其性，乃可永年要欲"，"当遍游寰中诸名胜，游目骋怀，以极平生之愿。"① 王慎中指出："登高望云，揽山水之奇变……天下之乐宜无此逾者！"② 陈献章也具有强烈的旅游审美意识，称："丙戌之秋，余策杖自南海循庾关而北涉彭蠡，过匡庐之下，复取道萧山，义溯桐江，舣舟望天台峰，入杭观于西湖。所过之地盼高山之漠漠，涉惊波之漫漫。放浪形骸之外，俯仰宇宙之间。当其境怀心融，时与意

---

① 张居正：《游衡岳记》。

② 王慎中：《游清源山记》，载《明文海》卷355，景印文渊阁四库全书本。

会，悠然而适，泰然而安。物我于是乎两忘，死生焉得而相干？亦一时之壮游也。迨夫足涉桥门，臂交群彦，撤百氏之藩篱，启六经之关键。于焉优游，于焉收敛。灵台洞虚，一尘不染。浮华尽剥，真实乃见。鼓瑟鸣琴，一回一点。气蕴春风之和，心游太古之面。其自得之乐，亦无涯也。"① 旅游以至于物我两忘，的确是达到了悦神悦意的境地。对于陈献章的旅游行为，明人曾有描绘："暨归，杜门独扫一室。日静坐其中，虽家人罕见其面。如是者数年未之有得也。于是迅扫夙习，或浩歌长林，或孤啸绝岛，或弄艇投竿于溪涯海曲，忘形骸、捐耳目、去心志，久之，然后有得焉。"②将自己与大自然合而为一，融入其中，身世两忘。

袁宏道将适情悦意的旅游审美观念向前发展，在王阳明的"心学"和李贽的"童心说"的基础上，提出了"独抒性灵，不拘格套"的旅游观念，指出文人士大夫对山水的游览，应当成为抒发自己主体性灵和情感的活动。他以风雅自命，对功名富贵表示厌恶，把做官当作是自陷险境或苦不堪言的事，向往闲适自在、不拘世俗礼法的生活。他指出："奔走尘土，无复生人半刻之乐，名虽作官，实当官耳。"③ "弟作令备极丑态，不可名状。大约遇上官则奴，候过客则妓，治钱谷则仓老人，谕百姓则保山婆。"④ 甚至说："人生作吏甚苦，而作令为尤苦，若作吴令则其苦万万倍，直牛马不若矣。何也？上官如云，过客如雨，簿书如山，钱谷如海，朝夕趋承检点，尚恐不及，苦哉！"⑤ "自入秋来，见乌纱如粪箕，

---

① 陈献章：《湖山雅趣赋》，载《陈献章集》，中华书局1987年版，第275页。

② 张诩：《白沙先生墓表》，载《陈献章集》附录二，第883页。

③ 袁宏道：《答林下先生》，载《袁中郎随笔》，作家出版社1995年版，第73~74页。

④ 袁宏道：《丘长孺》，载《袁中郎随笔》，作家出版社1995年版，第75页。

⑤ 袁宏道：《沈广乘》，载《袁中郎随笔》，作家出版社1995年版，第82页。

青袍类败网，角带似老囚长枷，进退狼狈，实可哀怜。”① 因此，他极想弃官而放浪山水，反复提到“放浪丘壑，怡心山水”，“任心到此，安得不适”，“自适至极”，“彻底快活”，自称“世间大自在人”、“逍遥缠外人”，以为“情随境变，字逐情生，但恐不达，何露之有”②。“他年若得休致，但乞黄山数亩闲地，茅屋三间，志愿毕矣。”③ 又称：“千金买一舟，舟中置鼓吹一部，知己数人，游闲数人，泛家浮宅，不知老之将至……快活也。……大抵世间只有两种人，若能摒绝尘虑，妻山侣石，此为最上；如其不然，放情极意，抑其次也。”④ “有酒可醉，茶可饮，太湖一勺水可游，洞庭一块石可登，不大落寞也。”⑤ 他还表白道：“余性疏脱，不耐羁锁，不幸犯东坡、半山之癖，每杜门一日，举身如坐热炉。以故虽霜天黑月，粉庬冗杂，意未尝一刻不在宾客山水。”“始知真愈病者，无逾山水，西湖之兴，至是益勃勃矣。”⑥ 又说：“湖水可以当药，青山可以健脾，逍遥林莽，欹枕岩壑，便不知省却多少参苓丸子矣。”⑦ 对于旅游生活，津津乐道：“自堕地来，不曾有此乐。前后与石篑聚首三月余，无一日不游，无一游不乐，无一刻不谈，无一谈不畅。不知眼耳舌身意何福！……西湖看花是过去乐，黄山聚首是见在乐，与诸客南游是未来乐。此后家何处，

---

① 袁宏道：《罗郢南》，载《袁中郎随笔》，作家出版社 1995 年版，第 87 页。

② 袁宏道：《小修诗叙》，载《袁中郎随笔》，作家出版社 1995 年版，第 166 页。

③ 袁宏道：《答诸舅》，载《袁中郎随笔》，作家出版社 1995 年版，第 83 页。

④ 袁宏道：《答林下先生》，载《袁中郎随笔》，作家出版社 1995 年版，第 73~74 页。

⑤ 袁宏道：《丘长孺》，载《袁中郎随笔》，作家出版社 1995 年版，第 75 页。

⑥ 袁宏道：《游惠山记》，载《袁中郎随笔》，作家出版社 1995 年版，第 14~15 页。

⑦ 袁宏道：《汤郧陆》，载《袁中郎随笔》，作家出版社 1995 年版，第 89 页。

客何处，总不计较。”① 袁宏道酷嗜旅游，寄情山水，把旅游当作超越道德、独抒性灵的活动。他的游记情景逼真，别开生面，饶有风趣，清新活泼，富于禅机。他不仅好游，而且产生了自己作为山川主人的观念。当他游完天目山准备离开时，诸僧谦虚道：“荒山僻小，不足当巨目，奈何？”他幽默地答道：“天目山某等亦有些分子，山僧不劳过谦，某亦不敢面誉。”② 在这里，他不仅是游山的旅客，而且是山的主人了。这种自然与性情之通融，在王思任那里也有表述：“夫游之情在高旷，而游之理在自然，山川与性情一见而洽，斯彼我之趣通。”③

独抒性灵观念对清代旅游也产生了显而易见的影响。郑日奎在《游钓台记》中道出了自己对山水之游及文化旅游的热爱。他追慕严子陵，“因忆富春、桐江诸山水，得借先生以传，必奇甚，思得一游为快”。由于是乘舟沿水夹山而过，“于是足不及游而目游之”、“鼻游之”、“舌游之”、“神游之”、“梦游之”、“耳游之”，最后说：“快矣哉，是游乎！”这种旅游强调人的主观思想的积极作用，游出了水平，游出了神韵。张道浚把游劳山当作一大心愿，“固所深愿”。在《游劳山记》中说：“余心慕之，三年愿莫能申。”足见当时的人对旅游是多么的喜爱。文学家袁枚指出自己“少时不省山水之乐。今隔五十年而重来，一丘一壑，动生感慨，矧诸山之可喜、可愕哉”，反映出人对山水旅游的认识有个过程，人生经历是山水审美的一大条件。心学影响下的独抒性灵的旅游审美观念，使文人士大夫将旅游审美视为调适心性的手段，甚或将自己的生命与自然山水融为一体，反映出超越道德回归自然的倾向。这种自然既是自然山水，又是自然性情。独抒性灵讲究的是保持心灵的纯净和平衡，厌恶现实俗务的干扰，张潮谓：“厌催租之败

---

① 袁宏道：《伯修》，载《袁中郎随笔》，作家出版社 1995 年版，第 97 页。

② 袁宏道：《天目一》，载《袁中郎随笔》，作家出版社 1995 年版，第 32 页。

③ 王思任：《石门》，载《王季重小品》，文化艺术出版社 1996 年版，第 53 页。

意，亟宜早早完粮；喜老衲之谈禅，难免常常布施。”独抒性灵是对山水自然的痴迷，是清人李圣许的“有青山绿水，乃可酌美酒而咏佳诗，是诗酒又发端于山水也”；也是李长蘅的“每个峰头住一年”；在这种意义上，张潮也有表达：“春听鸟声，夏听蝉声，秋听虫声，冬听雪声”，“白昼听棋声，月下听箫声，山中听松声，水际听欸乃声，方不虚此生耳”，他还说：“风流自赏，只容花鸟趋陪。真率谁知，合受烟霞供养。”又说：“天下……无名山则已，有则必当游；无花月则已，有则必当赏玩。”独抒性灵是感情的自由抒发。张潮谓：“清宵独坐，邀月言愁，良夜孤眠，呼蛩语恨。”朱锡绶亦称：“奇山大水，笑之境也；霜晨月夕，笑之时也；浊酒清琴，笑之资也；闲僧侠客，笑之时侣也；抑郁磊落，笑之胸也；长歌中令，笑之宣也；鹘叫猿啼，笑之和也；棕鞋桐帽，笑之人也。”独抒性灵又是情绪的自由宣泄。独抒性灵是对情调的讲究、游伴的挑剔和环境的追求。张潮《幽梦影》谓：“上元须酌豪友，端午须酌丽友，七夕须酌韵友，中秋须酌淡友，重九须酌逸友。”“赏花宜对佳人，醉月宜对韵人，映雪宜对高人。”又称：“若无诗酒，则山水为具文；若无佳丽，则花月皆虚设。”清人张竹坡附和道：“美人令众卉皆香，名士令群芳俱舞。”旅游者若携美人、邀名士则情趣盎然，美感陡增。朱锡绶曾说：“花底填词，香边制曲，醉后作草，狂来放歌，是谓遣笔四称。”另一方面，独抒性灵又不讲究环境，重在心灵的特殊感受，如张潮所说“胸藏邱壑，城市不异山林，兴寄烟霞，阎浮有如蓬岛”。

明清对旅游对象的审美意识有深刻的体悟。认识到山水有客观的美，因此“历历得奇观，行行事攀跻”。他们对湖光、山色、泉、风、苔藓、云、霞、日、月等自然景观都怀有浓厚的兴趣。明人徐渭在《灵岩寺重修大殿疏》中自白道：“今之登山者，酌清泉，闻松风，观苔藓筱荡之静密、云霞日月之高明、山色湖光之奇丽。”王思任对山峤间的云气和秋色有一种发自本能的审美冲动。他在《南明》中写道：“过剡溪十五里，青骡背上，望见二山……每出寺门，望云飞多龙气，往来各峤。熟看大枫树，若至深秋，便如万点硃砂，映发出土绣绿，小桥红寺。骑驴至此，或当醉心绝倒，亦直得号天泣地也。”① 清王士禛在《红桥游记》中对江南小桥流水的风光，痴迷不已，以饱含感情的笔调描写道：“出镇淮门，循小秦淮折而北，陂岸起伏多态，竹木蓊郁，清流映带。人家多因水为园亭树石，溪塘幽窈而明瑟，颇尽四时之美。拿小艇，循河西北行，林木尽处，有桥宛然，如垂虹下饮于涧；又如丽人靓妆袨服，流照明镜中，所谓红桥也。”写出了扬州红桥一带的风景节奏和动感。袁宏道在《游盘山记》中，瞩目于盘山及其小潭的审美特征，注重自己的性灵抒发：“泉莽莽行，至是落为小潭，白石卷而出，底皆金沙，纤鱼数头，尾鬣可数，落花漾而过，影彻底，忽与之乱。游者乐，释衣，稍以足沁水，忽大呼曰奇快。”徐霞客在《游黄山日记后》中，对高山与浓雾的静与动、恒与变、显与隐的奇妙关系作了动情的描述：“（登上天都峰）万峰无不下伏，独莲花与抗耳。时浓雾半作半止，第一阵至，则对面不见。眺莲花诸峰，多在雾中。独上天都，予至其前，则雾徙于后；予越其右，则雾出于左。其松犹有曲挺纵横者；柏虽大于如臂，无不平贴石上、如苔藓然。山高风巨，雾气去来无定。下盼诸峰，时出为碧峤，时没为银海。再眺山下，则日光晶晶，别一区宇也。”文官宦游导致的旅游审美意识的高涨，对帝王也产生了影响。明宣宗对北京郊区的山水有一种明晰的审美意识，并将这种意识诉诸笔端。明宣宗在御制文集《红叶》诗中自述道，他于“朔雁南飞秋满天”时来到香山，欣赏“千林红叶色相鲜”的美景，尽管“萧条已是清霜后”，然而“烂漫偏宜落照前”。宣宗对香山的云树也奉上《香山云树》的赞美之诗：“都城四面多幽胜，惟有香山势最奇。峰顶白云春缥缈，岩前翠树晓依微。”这些诗凝结着这位年轻皇帝对自然风景的审美情操。

明清士人不仅认识到自然山水的美，而且还发现，自然山水会因人文因素而变得更加丰富和美丽。王浑在《游东山记》中提出“山以贤称，境缘人胜”的著名命题。李东阳在《蓉溪书屋诗·

---

① 王思任：《南明》，载《王季重小品》，文化艺术出版社 1996 年版，第 41 页。

序》中认为："予惟士之生必得其地，故山川之奇秀，往往钟而为人。人之情志亦有取诸物，以为儆戒游息之用。虽草木之华实，亦所不弃。及其至也，则所谓物者，终托乎人以传，此所谓物之灵。"① 道出了山水因人而传名的想法。钟惺在《蜀中名胜记·序》中也指出："游蜀者，不必其入山水也。舟车所至，云烟朝暮，竹柏阴晴，凡高者皆可以为山，深者皆可以为水也。游蜀山水者，不必其山水之胜也。舟车所至，明有眺听，林泉众独，猿鸟悲愉，凡为山者皆可以高，为水者皆可以深也。一切高深可以为山水，而山水反不能自为胜。一切山水可以高深，而山水之胜反不能自为名。山水者，有待而名胜者也，曰事，曰诗，曰文，之三者，山水之眼也，而蜀为甚。"② 意思是说，蜀中的山水都因为故事、诗词和文章而成为名胜了。康熙间长洲人尤侗在《天下名山游记》的序中指出：自己尝有感于羊太傅之言："自有宇宙，便有此山。由来贤达胜士，登此远望，如我与卿者多矣。皆湮没无闻，使人悲伤。如百岁后有知，魂魄犹应登此。"因此他指出："山水文章，各有时运，山水藉文章以显，文章亦凭山水以传。士即负旷世逸才，不得云海荡胸，烟峦决眥，无以发其嵚崎历落之思，飞扬跋扈之气。至于千岩竞秀，万壑争流，若无骚人墨客，登放其间，携惊人句，搔首问青天，则终南、太华，等顽石耳。"③ 显然，自然的美，离不了人文因素的塑造和洗礼。

在旅游审美思潮的影响下，清代出现了高扬旅游人性论的思想家，他就是唐甄。

---

① 李东阳：《李东阳续集》，载《文续稿》卷3，岳麓书社1997年版，第178页。

② 钟惺：《隐秀轩集》卷16，上海古籍出版社1992年版，第243页。

③ 尤侗：《天下名山游记·序》，载吴秋士编：《天下名山游记》卷首，上海书店1982年版。

四、唐甄“好游者，人之恒情也”的旅游观

清初著名思想家唐甄的《潜书·善游》① 篇，提出了一种具有“自然人性论”的旅游观念，反映其来自传统又超越传统的旅游见解。尽管他也有比较浓厚的旅游修身思想，然而，在他看来，旅游更多的是一种“人情之所乐”和“人之恒情”的合乎人性的活动，不应加以排斥；而数千年来被公认为正确的谏阻皇帝游乐的行为，其实并不值得效法。显然，唐甄的旅游观有一股扑面而来的清新气息，是对“旅游败德论”的一个有力的批判，从一个侧面反映出中国文化走出传统旧轨的愿望和要求。

唐甄的旅游观之所以有一种新的气息，是因为传统的旅游观给旅游留下的空间并不多，反而认为旅游是一种败德妨政的行为。传统社会虽然在某些特定的节日给旅游留下了一个狭小的空间，如唐制规定：“百官于春月旬休，选胜以乐。”② 但整体上仍加以遏制。因为古人认为，旅游固然能够调节身心，君主也可以借机“与民同乐”③，但作为一种游戏活动，旅游对农本经济和宗法专制制度起到了瓦解作用。乔治·桑塔耶纳曾解释过这种现象，指出当生产力尚不发达时，社会便滋生出一种道德判断以强调“工作”的意义和人生的责任，从而反对与“工作”相对的“游戏”(游乐)：“严肃的人们，感到人生的责任和尊严，便反对正确行为的目的在于享乐这种学说。在他们看来，快乐往往是一种诱唆；有时候他们甚至认为回避快乐是一种美德。”④ 旅游无疑属于游戏和享乐，是一种颇能代表人性自由的活动，但在“粒粒皆辛苦”的传统农业社会，被作为是一种能够涣散人们意志的“幽灵”而遭到排斥。

---

① 唐甄：《潜书》下篇上，《善游》，中华书局1963年版，第149~151页。

② 于慎行：《谷山笔麈》卷3，《恩泽》，中华书局1984年版，第27页。

③ 《孟子·梁惠王》。

④ ［美］乔治·桑塔耶纳著，缪灵珠译：《美感》，中国社会科学出版社1982年版，第16页。

自从中国进入农本社会以后，正统的旅游观便对旅游这种能够引发人们愉悦和自由的活动加以抑制，给它套上了伦理的络头。早在中华元典《尚书》中便提出了针对旅游的伦理规范——“君子无逸”，也就是要求人们“无淫于观、于逸、于游、于田”① 及“罔失法度，罔游于逸，罔淫于乐”②。将《尚书》奉为经典的儒家始祖孔子，更提出了“知者乐水，仁者乐山”的“比德”的旅游观。在比德观看来，旅游不是自由抒发人性的活动，而是从山水中获取道德力量的修身手段。宋明理学兴起后，旅游似乎成了士大夫塑造仁智品德的专用工具，其他社会阶层的旅游或其他性质的旅游就几乎成了伦理的排斥对象。正如于慎行所说的：“近年以来，上以文法束吏，下以刻核取名，今日禁宴会，明日禁游乐，使阙廷之下，萧然愁苦，无雍容之象。”③ 田汝成撰《西湖游览志》时，便有人指责此书“多述游冶之事，歌舞之谈，导欲宣奢，非以长化也”④。即使是帝王巡游，也大多要受到儒臣的反对和直言强谏。明武宗好游，便遭到了群臣的强烈反对。明穆宗欲出游，礼部尚书高仪等“以巡幸无名，恐开逸游之端，疏请停寝”⑤。明代大学士张居正鼓励神宗小皇帝“一切嬉游无益之事悉屏不御”的行为⑥。下层被统治阶级，尤其是广大农民，更是一直被附着于土地上，被剥夺了旅游的权利。

但是，向往旅游是人类追求自由的本性，只要有可能，人们总是希望外出旅游以调节身心，摆脱“工作”的束缚和生活的烦恼。士大夫们不断摆脱伦理的束缚，将旅游视为“畅神”“骋怀”的活动和独抒性灵的工具。魏晋南北朝时期，士大夫们在儒家学说受到佛道冲击而出现动摇之际，趁机恣意纵游。明代心学兴起以后，旅

① 《尚书·无逸》。

② 《尚书·大禹谟》。

③ 于慎行：《谷山笔麈》卷3，《恩泽》，中华书局1984年版，第27~28页。

④ 田汝成：《西湖游览志·自序》，上海古籍出版社1980年版。

⑤ 《明穆宗实录》卷8，隆庆元年五月甲子。

⑥ 《明神宗实录》卷108，万历九年正月己卯。

游日益成为不少文人士大夫们所追求的人生目标之一，袁宏道不断感叹身为做官之累，一心想优游山林，徐霞客终身不仕，一意“问奇名山”。也正是在这种背景下，唐甄提出了富有时代感的“旅游观”，打出了“好游者，人之恒情也”的人性解放的旗帜，反映出中国文化的新动向。

唐甄的旅游观集中体现在他的《潜书·善游》篇中，该篇共约1441字（以下引文除注明外，皆出是篇）。在此之前，尚未发现有如此之长的关于旅游的专论。《善游》篇可以说是中国第一个系统地论述旅游的“自然人性”本质的论著。唐甄的旅游观，有以下几个方面的特点：

第一，唐甄承认旅游是“人情之所乐”和“人之恒情”的符合人性的活动，他的旅游观是建立在“自然人性论”基础上的具有“启蒙”性质的观念。他开篇即指出：“陟高山而远望，游长川而安流，望之苍然，临之漪如，斯亦天下之美观，人情之所乐。”人们面对苍然漪如的自然山川，审美之情油然而生。这种超越身之所受的局限，向往外部世界的欲望和本性，甚至是连动物都具有的一种自然本能：“揵锢闭幽者，忧之象也；启辟涣散者，乐之情也。鸟守故巢，亦翔于丛林；鱼潜在渊，亦洄于荡泽。”既然连动物都有这种趋向自由的愿望，人类怎能没有这种愿望呢：“鱼鸟有情，何况于人，人无贵贱，孰能闭户操作，暮春清秋不一睹山川景物乎！”不仅一般的平民是如此，即使是贵为天子也具有相同的旅游欲望：“人亦孰不欲遂其情！天子虽尊，亦人也。”于是，他得出了这样的结论：“好游者，人之恒情也。”“好游”就像“好色”、“好财”、“好古器”和“好宫室”一样，都是人之常情，人之本性。在“人欲”几被“天理”扼杀的背景下，唐甄公开肯定旅游的合理性，无疑具有进步意义。

第二，唐甄论证了游观与政事相统一的观点，以此为旅游行为辩护和松绑。他认为，旅游其实可以与政事相统一，做到“游戏”与“工作”两不误，帝王可以通过巡游，在欣赏和享受原野之旷、田舍之逸和山川之色的同时，了解民情，察吏奸伪：“古有省耕之事焉，亲民之事焉，巡岳之事焉，礼也。于省耕，乐原野之旷；于亲民，乐田舍之逸；于巡行，乐山川之色，礼也而寓游之乐焉。于斯时也，履亩，入舍，抚其妇子，视其寝处，观其稼之厚薄，察其藏之多寡，问其食之足不足。吏之清浊，狱之枉直，横征之有无，皆可问之。民即畏官，不敢以告，睹其形，察其情，知其苦乐，加之以素所咨访，吏之贤不肖，其安所遁哉！即以是行诛赏，虽偶行于一方，不周于五岳，四海之民闻而大悦，惟恐天子之不好游也。”其结果是一举两得，旅游与工作相得益彰：“然则一举而政修治兴，民心悦服；山川之色，更益美观；流览之怀，更为悦豫；岂非天下之至乐哉！”如果处理好游观与政事的关系，那么好之又有何妨！唐甄试图通过论证二者的统一关系来为旅游行为辩解。

第三，唐甄对传统社会抑制旅游的行为作了抨击，论证了旅游不当废的原因。他在反对传统社会对旅游所做的种种限制时，矛头直指传统伦理观念和道学先生，反映他因人好游之性而顺其自然的旅游观。唐甄主张，既然旅游是一种符合人性的事物，那么社会就不应加以限制，也只有这样才能成就事业：“君子不拂人情，不逆众志，是以所谋易就，以有成功。”他虽然没有点明旅游，但上下文都明指“君子不拂人情”就是不违人的旅游天性。顺应了人们的这种天性，也就使人们的性情和情绪得到了调适和平衡，从而取得进一步的成就。对于君主的旅游欲望和需求，也应该持理解和同情的态度：“善事君者，敬之如天而处之无异于人，同其情而平其施。”把天子也当作一般的人，承认他所具有的好游天性，而不能因为君主地位尊贵而威严，便矫情地把自己扮成刚直的人，去反对天子的旅游欲望，使他不能忍受：“何必望其尊威，矫为亢直，而犯之以其所不能受！”

他从正反两方面论证了旅游之不当废。正面，他用了“古之帝王贤哲”旅游的大量例子来证明旅游是正当的符合人性的事物：“是以黄帝游于釜山，尧游于康衢，舜游于四岳，禹游于会稽，文王乐于灵台，武王浮于河流，成王偕馌于南原，周公举觞于洛水，仲尼登太山，游于舞雩，曾点浴于沂水，由是观之，古之帝王贤哲，未闻以游为败德而绝其履迹也。”以此证明旅游是“君子所不废”的活动。反面，他用了因游败乱的君主的例子，证明这些君主败乱并非是由于旅游的原因，而是他们本身失德，即使未去旅游，也会导致败乱，从而对后世的人们利用这些因游败乱的例子反对一切旅游的观点，表达了不同的看法："人见太康游而有穷拒河，穆王游而淮徐作乱，遂谓败德之事莫过于游。夫二君荒淫昏髦，先自败德矣。百姓积怨，国事不修，虽不好游，亦有内起之变，外发之寇，岂待游而后致乱哉!"

这样，他就证明了旅游的意义并确立了旅游的地位，从而对那些一味反对君主出游的死谏之臣提出了批评："昧于事君之道者，于其出游，不能因其势而利导之，即其事而奖掖之，徒立直谏之名，惩荒游之祸，扼于殿上，沮于道中，引裾裂衣，当车断靷。忠则忠矣，我以为多事矣。"他接着对不分因由的刚直之臣及排斥人性的道学先生限制君主旅游的做法进行了猛烈抨击："刚直之臣，不能匡君，耻于屈伏，乃不避杖夹斩磔之刑，以与天子争胜，必欲伏至尊而使出我下。郊社之外，制之不使轻出；苑囿之中，制之不使轻入；天子则不得已而从之。又有道学师傅，正色拱立其侧，使天子严惮，非时之枝，不敢妄折；非名之菜，不敢妄食，亦不得已而从之。"在唐甄看来，这样直言强谏的结果，扼杀了天子的本性，不仅无助于天子走正道，反倒使他们憋闷宫中，亲近宦官，最终借助宦官肆其欲望，导致局面不可收拾："久之不便于私，郁郁不乐，乃渐畏正人而疏之矣。于是阴行乐于深宫，诸奴间入，施其排斥，天子引以为助。始焉屈于名义，今也得遂其欲。如久郁之阳，忽焉横泄；如久壅之川，忽焉溃决。诛戮直臣，放流贤士，乾坤晦塞，君臣昏迷，虽有善道者，亦无所施其术矣。"可见，他认为人的欲望是不可遏制的，如果久郁和久壅，便会忽焉横泄和溃决以至于不可收拾，所以他主张对人的欲望尤其是旅游欲望应适当宣泄。这一点，他似乎发挥了柳宗元"夫气烦则虑乱，视壅则志滞"的观点。因此，他对于自古以来劝阻君主旅游的"死谏之臣"，"敬之，难之，而不深与之"，就是认为天子的旅游活动符合人的本性，没有必要横加干涉。

唐甄在这里，其实是想借助古代"礼顺人情"的元典精神，来反对后世将人情与礼相对立、用"天理"来窒息人性的理学观点。这就不免有类似于"文艺复兴"性质的突破旧的传统束缚的新思想。

唐甄的旅游观，从一个侧面反映出中国文化转型的某种趋向，即在明清之际中国面向市场的手工商业（原初工业化）发展的经济土壤上，在市民阶级兴起和大众文化产生的社会关系和生活方式中，形成的一种具有近代倾向的旅游观念。如果说魏晋南北朝时期"游目骋怀"的旅游观念是由于儒家伦理受到佛道的冲击后才在上层贵族中形成的话，那么明代中后期文人士大夫们所兴起的适情悦意的旅游观念，则无疑是在儒家思想内部发生变化尤其是受到市民文化影响后产生的，具有转型的意义。唐甄的旅游观产生于传统的呆板的生活方式即将被活泼、富有朝气的新的生活方式取代之际，它所具有的意义是显而易见的。根据桑塔耶纳的观点，生产力的提高和征服自然的能力增强，使人们不再强调工作压倒一切的地位，"不再以游戏表示徒劳无功的事情，而是指任何发乎自然为自己而做的事情"，于是"游戏可能是我们最有用的事情"①。在这种背景下，唐甄公开为旅游平反，反对限制人的旅游天性，便无疑具有文化转型的意蕴。②

第六节　明清游记的性灵之光

一、明清游记

王思任在《南明纪游·序》中，对游记的发展历史作了简单的勾画："司马子长善游，天未启其聪，不晓作记。记自柳子厚（宗元）开。其言郁塞，山川似藉之而苦，吾何取焉？苏长公（轼）之疏畅，王履道（安中）之幽深，王元美（世贞）之萧雅、

---

① ［美］乔治·桑塔耶纳著，缪灵珠译：《美感》，中国社会科学出版社1982年版，第19页。

② 参见谢贵安：《从唐甄的旅游观看中国文化的转型》，《旅游学刊》2000年第3期。

李于鳞（攀龙）之生险、袁中郎之俏隽，始各尽记之妙，而千古之游，乃在目前。”① 诚如王思任所言，游记到明代之后，出现了更加多样的风格，像王世贞之萧雅、李攀龙之生险、袁宏道之俏隽等，各呈其姿。周振鹤将《四库全书》、《四库存目丛书》、《四库禁毁丛刊》中收藏的近千种明人文集进行检索，发现游记约450篇，牵涉的作者115人，占被检索的明代作者的1/8弱，占明后期作者的1/4~1/3，其他的作者并非不游，只是没有游记专篇。明代大量游记的出现，表明旅游在文人中的风行程度。②

明清时期，文人士大夫的游记层出不穷，游记涉及的内容十分丰富，旅游的取向和特色也相当鲜明，有关于海外旅游的游记，如费信的《星槎胜览》、马欢的《瀛涯胜览》和巩珍的《西洋番国志》等；有关于山水旅游的小品，如明王思任的《游唤》、张岱的《西湖梦寻》等；有关于旅行生活的记录，如明冯梦祯的《快雪堂日记》、李日华的《味水轩日记》，清谈迁的《北游录》、孙嘉淦的《南游记》、焦循的《理堂日记》、梁章钜的《梁章钜日记》等；还有文人写的蕴有旅游观感和经验的笔记，如明谢肇淛的《五杂组》、王士性的《广志绎》、清刘献廷的《广阳杂记》等；更有具有系统的游记专书，如徐宏祖的《徐霞客游记》等。此外，明清文人还编纂了有关某些景点的旅游史志，如明刘侗、于奕正的《帝京景物略》，田汝成的《西湖游览志》和《西湖游览志余》，同时还编纂了游记文集，如清代吴秋士的《天下名山游记》等。这些游记既记载了明清士人的旅游生活，也记下了他们的审美体验，同时也总结了大量的旅游艺术——“游道”，是中华旅游文化的珍贵精神财富。

明清时期，游记属于“史部”的“名胜”类，据《姚际恒著作集·好古堂书目·史部·名胜》载，著录了如下著作：“《游名山记》十七卷十三本，（明）何镗；《胜游类编》一本，（明）凌

---

① 王思任：《王季重小品》，文化艺术出版社1996年版，第174页。

② 周振鹤：《从明人文集看晚明旅游风气及其与地理学的关系》，《复旦学报》2005年第1期。

登明；《游唤》、《游匡庐记》一本，（明）王思任；《四岳游记》一本，（国朝）吴源起；《南畿名胜志》二十卷十二本，（明）曹学佺；《南滁会景编》十卷五本，（明）赵廷瑞；《石钟山集》九卷二本，（明）沈诏；《黄海》一本，（明）潘之恒；《白岳游草》一本，卢习；《述虎丘志》十卷二本，（明）顾湄；《苎萝志》七卷二本，（明）张夬徵；《横溪集》八卷五本，（明）徐鸣时；《西湖游览志》二十四卷十一本，（明）田汝成；《志余》二十六卷；《净慈寺志》十卷五本，（明）释大壑；《破山寺志》一本。”① 乾隆时编《四库全书》，将“游记”置于“史部”的“地理类”下。无论如何，旅游都与史部脱不了干系。

在明清游记中，《游唤》、《广志绎》、《西湖游览志》、《南游记》都是比较具有代表性的。下面逐一介绍。

《游唤》是王思任的游记集。王思任著有《王季重十种》，《游唤》为其中一种。《游唤》不分卷，万历末初刻单行本一册，前有陈继儒序与王氏自序。《游唤》成书于万历三十八年。张岱在《王谑庵先生传》中记载王思任“自庚戌（万历三十八年）游天台、雁宕（荡），另出手眼，乃作《游唤》，见者谓其笔悍而胆怒，眼俊而舌尖，恣意描摩，尽情刻画，文誉鹊起”。《游唤》收有《纪游引》、《东山》（上虞）、《剡溪》（嵊县）、《南明》（新昌）、《天姥》（新昌）、《天台》、《雁荡》（乐清）、《孤屿》（永嘉）、《华盖》（永嘉）、《仙岩》（瑞安）、《石门》（青田）、《小洋》（青田）十二篇游记。有人认为，王思任以《游唤》、《历游记》两种游记成就最高，《小洋》、《天姥》诸篇尤为著名。而《小洋》和《天姥》都出自《游唤》。《游唤》在状摹景色、抒发性情上面，均达到了极高的艺术境界，特别是其写景时，描摹刻画工致细丽，是王氏游记的一大特色。《小洋》写晚霞时奇丽的景色：“落日含半规，如胭脂初从火出。溪西一带山，俱似鹦绿鸦背青，上有猩红云五千尺，开一大洞，逗出缥天，映水如绣铺赤玛瑙。日益曶，沙滩色如柔蓝懈白，

① 林庆彰主编：《姚际恒著作集》第6册，台湾“中央研究院”文哲研究所1994年版。

对岸沙则芦花月影，忽忽不可辨识。山俱老瓜皮色，又有七八片碎剪鹅毛霞，俱金黄锦荔，堆出两朵云，居然晶透葡萄紫也。又有夜岚数层斗起，如鱼肚白，穿入出炉银红中，金光煜煜不定。”描绘得工腻细密，五色斑斓，读之身临其境，景色如现眼前。

王思任的《游唤》等游记为历代学者交口称赞。晚明陈继儒在《晚香堂小品·王季重游唤叙》中称“王季重笔悍而神清，胆怒而眼俊”。陆云龙在《皇明十六家小品·王季重先生小品序》中指出：“而其借灵山川者，又非山川开其心灵，先生直以片字镂其神，辟其奥，抉其幽，凿其险，秀色瑰奇，踞其巅矣。”今人卢善庆也对《游唤》作过研究，称王思任在《游唤·序》提出的“瓦一压而人之识低，城一规而人之魄狭”的观点，意在告诉人们，人工的建筑（瓦房、城池）限制了人的见识和精神。因为空间，不仅给人的活动提供场所，还刺激和诱发人活动的欲望。费尔巴哈说过：我们在户外和室内判若两人，狭窄的地方压迫着心和头，宽阔的地方舒展它们，哪里没有活动的广阔的空间，哪里便没有对活动的渴望，至少没有真正对活动的渴望。自然山水的自由空间，给人一种有别于久居一地的解放感，按王思任的说法，“大天大地大山大水之所托以恒不朽也”。旅游在自然山水广阔的空间，增长见识，陶冶精神，与天地共存，与山水增寿。这也成了他撰写《游唤》的初衷。然而，要真正能够提高人们旅游的兴味和层次，培养审美能力，获得精神上的享受，不仅要从感性上作出“游唤”，奉劝人们不要像蜂蚁那样，“守闺阈，不敢空阔一步”，而且要从理性上研究“游道”，真正对自然山水进行审美观照。正如作者在《小洋》中所说：“夫游之情在高旷，而游之理在自然，山川与性情一见而洽，斯彼我之趣通。”这种情理结合，自是一种最佳的旅游境界。作者提出的“避所忌而趋所吉，释其回而增其美”的原则，能够归结为“吉”、“美”，也就是从旅游美学的角度思考问题，含有一定的辩证因素。但也应该指出，王思任《游唤》尽管萌动着旅游美学思想，但不是一本系统性的理论著作。该书除《纪游引》一文，其余 11 篇，皆为游记，充其量只能看做作者感性的“游唤”与理性的“游道”相结合的思想的实践，比起他的另两本《历游记》和《游庐山记》来说，多少有些不同。①

如果说《游唤》代表游记小品的话，那么《广志绎》则代表那种蕴有旅游观感和经验的文人笔记。《广志绎》是明王士性所著。王士性，字恒叔，号太初，浙江临海人，万历五年进士。历仕北京、南京、河南、四川、广西、贵州、云南、山东等地，宦迹遍及中国。《广志绎》注重亲身见闻和实地考察，写实性强。万历间，冯梦祯曾为王士性的《广志绎》作序，指出："余友天台王恒叔才既高华，而宦辙几遍天下，视子长、杜陵所到，不啻远过之。诸名山，自五岳外，探陟最广，赋咏亦多，无论名山，即一岩洞之异，无勿搜也，一草木物产之奇，无勿晰也。他若堪舆所述，象胥所隶，輶轩所咨，千名百种，无不罗而致之几席之下、笔札之间，如五岳游记、广游志其大者。"又指出，王士性"既改南鸿胪，闲曹无事，杜门却埽，追绎旧闻，复为《广志绎》六卷以示予"。这六卷分别是：一、方舆崖略，二、两都，三、江北诸省，四、江南，五、西南，六、四夷辑。冯梦祯称："恒叔自言，他人所述，每每藉耳为口，缘虚饰实，余言则否，皆身所见闻也。"②

与《广志绎》注重亲身见闻不同，《西湖游览志》则是一部以记录西湖名胜的掌故传说为主要内容的笔记，是纂集之作，既有亲身游览的经历，更有他人游览的记载。作者田汝成，字叔禾，钱塘（杭州）人，嘉靖五年进士。曾做过南京刑部主事，历员外郎，迁礼部祠祭郎中，出为广东提学佥事，降知滁州，迁贵州佥事，进广西右参议，迁福建提学副使。罢官归家后，游览湖山，探访浙西各地名胜。除《西湖游览志》、《西湖游览志余》外，还撰有《炎徼纪闻》、《辽记》和《武夷游咏》等。大多是他历官各地和罢官后游览湖山时亲身见闻的记录。田汝成在《西湖游览志·自叙》中称："客有病予此书多述游冶之事，歌舞之谈，导欲宣奢，非以长化也。予则以为志者，史家之一体也，史不实录，则观者何稽

---

① 卢善庆：《萌动旅游美学思想的专著——〈游唤〉》，《旅游学刊》1991 年第 4 期。

② 冯梦祯：《广志绎·王恒叔广志绎序》，中华书局 1981 年版。

焉？”他有感于黄勉之“西湖无志，犹西子不写照，霓裳不按谱”的感叹而撰成此书。此书显然是以西湖为对象，也就是以旅游客体为内容而撰写的，与一般的游记以旅游主体为线索不同。《西湖游览志》刻于嘉靖二十六年，万历十二年巡按浙江监察御史范鸣谦重修。范鸣谦撰序称，他买了此书后，“买棹一至湖上，辄按志而索其处，依依不能去”，西湖“经兵民递变之后，湖山黯淡，海内结鞫之士，相戒引避，不肯入。……岁且大登，氓嬉士逸，各获其所。忘前事之惨载，观阛阓之闲风，亦骎骎视昔渐醇，鲜复靡者”，“嗟呼！此一湖山也，曩为畏途，今为乐土。李文叔谓：名园之兴废，系洛阳之盛衰，窃疑其言大而无当，今殆然矣”，认为旅游的盛衰其实反映了社会的兴废和人心的活跃与沉闷。

记载亲身见闻之社会风俗的游记，清代除谈迁的《北游录》等书外，还有孙嘉淦的《南游记》、顾彩的《容美纪游》等作品。

孙嘉淦于康熙五十八年夏“以母病告假归省，其秋遂丁内艰，罔极未报，风木余悲，加以荆妻溘逝，稚子夭残，不能鼓缶，几致丧明。学不贞遇，为境所困”。于是他“欲复寄踪山水之间，聊以不永怀而不永伤焉”，将这次出游过程写成《南游记》。该书不仅记载作者的行程和游览活动，而且记载了许多社会风俗和民间情况。他先是“东出故关，道井陉，过真定，历清苑，观脊水于获鹿，食麦饭于滹沱，望恒岳于曲阳，访金台于易水，仰伊祁于庆都，思轩辕于涿郡，已而北走军都，临居庸，登天寿，东浴汤泉，遂至渔阳，上崆峒，下玉田，涉卢龙，怀孤竹，浮沉其中者又累月。家世塞北，今到辽西，三过风景，约略相同，时值冬暮，层冰峨峨，飞雪千里，丛林如束，阴风怒号，不自知其悲从中来也”。于是“决计南行”，在返都准备行李时，遇友人李景莲因科举考试不顺，于是两人结伴而游，于康熙六十年二月二十四日出都。“出春明门，觉日白而天青，过卢沟桥至琉璃者，桑干也。琉璃河者，圣水也。南至白沟，昔宋辽分界之处。南至雄县，有湖，一望烟水弥漫，河北巨观也。过任邱，有颛顼氏之故城。南至于河间，九河故道，漫灭不辨，滹沱、易、清、衡、漳、潞、卫、高、交、淇、濡，皆经其境以入海。南出阜城，至景州。”然后又东至德州，入山东境，登泰山，拜曲阜、邹峄，进入苏北宿迁，南下扬州、镇江、无锡、苏州，再南行至杭州。从萧山来到严州、兰溪，复登舟至于江西的广信，进入鄱阳、分宜、袁州，过萍乡，复登舟径至醴陵，出渌口，至湘江，入湖南境。南至衡州，又从长沙溯湘江下桂林，避完暑，登舟返棹，北至于长沙，进入洞庭，过武昌，北入孝感，至于信阳、叶县，渡汝水，至襄城，再北至登封，由孟津渡河至孟县，北渡沁水，上太行。过太行而北，就回到了他的老家山西境内。

《南游记》中，记载了不少途中所见的各地风土人情，如到了山东德州，发现“州城临运河，船桅如麻”。他准备登泰山时，当地百姓告诉他：“不可！山顶有娘娘庙，领官票而后得入。票银人二钱，曰香税。”他对此颇为不满，称“东岳自有神，所谓娘娘者，始于何代，功德何等，愚民引夫妇奔走求福。为民上者，既不能禁，又因以为利”。但不得已，“亦领票”。二更起，只见“贫民男女数千宿止道旁，燃炬以丐钱，教养失而民鲜耻，可慨已”！在扬州，他发现“当南北水陆之冲，舟车辐辏，士女游冶，兼以盐商聚处，僭拟无度，流俗相效，竞以奢靡”。来到苏州发现“阊门内外，居货山积，行人水流，语其繁华，都门不逮。然俗浮靡人夸诈，百工士庶，殚智竭力以为奇技淫巧”。登虎邱而四望，“竹树拥村，浓阴沉绿，然赋税重，民不堪命焉”。南出吴江，由蓝溪至浙东，“嘉、杭之间，其俗善蚕，地皆种桑，家有塘以养鱼，村有港以通舟，麦禾蔚然，茂于桑下，静女提篮，儿童晒网，与三吴之繁华又别矣”。在杭州云林（即灵隐）寺，“时值四月八日，寺于此日斋僧，远近僧来者甚众，本寺住持披法衣上堂讲经，其大和尚曰‘谛晖’，年可九十余矣，巍然据高座。首坐二人，侍者八人，其下行列而拜跪者可三百众，比邱与比邱尼咸在，其威仪俯仰皆娴谨，独惜所讲无所发明，即成书而诵之，其下不必尽闻，闻者不必尽解，徒听侍者拜云则拜，起云则起而已”。他认为人们出家为僧的原因，“盖有所不得已也。贫无所养，不能力作，因削发而为僧。而天下之愚夫愚妇，非为殿宇庄严，戒律威仪以耸动之，不能发其信心而得其布施，故此济济而楚楚者，名为学佛，实为救饥计也”。来到萧山湘湖，他得知“产蓴丝嘉鱼，旱则引湖水以溉田，潦泄于海”。在江西贵溪，“闻贵溪有象山，陆子静读书其上”，但“问之人而不知，知有龙虎山、张真人而已”。在湖南，他发现：“右江风俗，胜于三吴、两浙，男事耕耘，兼以商贾，女皆纺织，所出麻枲棉葛松衫鱼虾米麦，不为奇技淫巧，其勤俭习事，有唐魏之风。独好诈而健讼，则楚俗也。”来到桂林消夏，“时时跨马出游郊坰，负郭山水之胜，皆见之。兹行也，在桂林之日为久，瑶苗土壮，蚺蛇山羊，锦鸡孔雀，黑白之猿，荔枝佛手之树，黄皮白蜡之林，芭蕉之心，长大如椽，天雨之花，其红射日，可谓见所未见。独其俗凶悍偏小，嗜利好杀，天地之灵钟于物而不钟于人，何哉”！他在汉阳“尝登大别（即龟山）之巅以望三楚，荆衡连镇，江汉朝宗，水陆之冲，舟车辐辏，百货所聚，商贾云屯，其山川之雄壮，民物之繁华，南北两京而外，无过于此。然江漂湖汇，民多水患，盗贼乘之，楚俗慓轻，鲜思积聚，山薮水洳，流民鸠处，其人率呰窳庞杂而难治”。① 这些记载，是珍贵的社会风俗史史料。

较孙嘉淦稍早的顾彩，于康熙四十二年（1703 年）应容美宣抚使田九峰之邀游历土司各处，成《容美纪游》一书，对当地风物多所记载。对产茶及其风俗曾有记述：“诸山产茶，利最溥，统名峒茶，上品者每斤一贯，中品者，楚省之所用，亦曰湘潭茶，故茶客来往无虚日。茶客至，官给衣食，以客礼待，去则给引。”

山水游记在清代也十分兴盛。袁枚一生好游，其游记属于独抒性灵的文学作品，“袁枚的纪游文……不仅长于山水的描画、鉴赏，更表露出摆脱束缚、追求个性自由的倾向；文笔清新流动，散、骈皆工”②。以袁枚的《游桂林诸山记》为例，该记以独特的眼光打量桂林的山水形态：“大抵桂林之山，多穴，多窍，多耸拔，多剑穿虫啮；前无来龙，后无去踪，突然而起，戛然而止；西

① 贺长龄，魏源编：《清经世文编》卷六，“学术”六，中华书局 1992 年版，第 171~177 页。

② 李伯齐主编：《中国纪游文学史》，山东友谊书社 1989 年版，第 443 页。

南无朋，东北丧偶；较他处山尤奇。余从东南粤来，过阳朔，所见山，业已应接不暇。单者，复者，丰者，杀者，揖让者，角斗者，绵延者，斩绝者，虽奇鸧九首，獾疏一角，不足喻其多且怪也。得毋西粤所产人物，亦皆孤峭自喜，独成一家乎?”用主观的感觉描写客观的山势，是作者心灵在山水上的投射。姚鼐（1732—1815年），字姬传，是桐城派文学的代表人物，其“游记文悠闲从容，迂回储蓄，清隽古淡，富有情韵”①，如在《游双溪记》中写道：“其会曰双溪。松堤内绕，碧岩外交，势若重环。处于环中，以四望烟雨之所合散，树石之所拥露，其状万变。夜共一灯，凭几默听，众响皆入，人意萧然。”真具有“文章之境莫佳于平淡”和“神韵缥渺”的特点。在《登山记》中，一反其阴柔的文风，显现出阳刚之气：“戊申晦，五鼓，与子颍坐日观亭，待日出。大风扬积雪击面。亭东自足下皆云漫。稍见云中白若樗蒲数十立者，山也。极天云一线异色，须臾成五采，日上正赤如丹，下有红光动摇承之。或曰，此东海也。回视日观以西峰，或得日，或否，绛皓驳色，而皆若偻。”写泰山日出，姚鼐别出法眼，写出了特色。

在明清甚至整个中国古代，最有影响的游记，还是《徐霞客游记》。

二、明清游记的代表之作——《徐霞客游记》

在明清游记中，没有哪部著作像《徐霞客游记》这样具有如此大的影响力。这部游记是徐霞客攀援险峰、“问奇名山”的结晶。在漫长的艰苦旅途中，徐霞客披星戴月、餐风饮露，或下榻于寂寞的深山破寺，或露宿于黑夜古松之下，足迹踏遍了大半个中国，游览和考察的山川难以计数。在身体疲乏、条件恶劣的情况下，仍然坚持每天写日记，记录下自己的旅途经历、途中见闻和考察心得，使《徐霞客游记》成为旅游史、历史地理和科学考察的重要著作。清陆以湉指出：“明江阴徐霞客宏祖《游记》，叙生平

① 李伯齐主编：《中国纪游文学史》，山东友谊书社 1989 年版，第 464 页。

游历之处，由中国遍及遐荒。自万历丁未年二十二即出游，至崇祯己卯自滇得足疾归，几于无岁不游，无地不到。其游也，持数尺铁作磴道，穷搜幽险。能霜露下宿，能忍数日饥，能逢食即饱，能衹被单夹耐寒暑。其尤异者，脚力健捷，日从丛箐悬崖，历程过百里，夜即就破壁枯树下，然松拾穗记之。盖他人之游，偶乘兴之所至，惟霞客聚毕生全力，专注于游，勇往独前，性命不顾。其游创千古未有之奇，其《徐霞客游记》遂擅千古未有之胜。"①

《徐霞客游记》是以日记体来记载旅游经历的游记著作，是他30余年旅行经历的心血凝结，原有260余万字，其死后由外甥季梦良、王忠纫等人整理成册，人称"季本"，但经过明末战乱，大部分散佚，幸世上尚有10卷、12卷和20卷等数种抄本流传，但都有讹误和残缺。后来经季会明和徐霞客第四子李寄（亦名李介立，其母、徐霞客侍妾周氏孕后"不容于嫡，改嫁于李"）的多次搜集、辨伪和整理，形成了比较可靠的版本，人称"李本"。清乾隆间，徐霞客族孙徐镇又将各种抄本与李本重新对勘补缺后付梓，是《徐霞客游记》的第一个刻本，但仍然有缺失。嘉庆十三年，藏书家叶廷甲又对徐本进行了校勘，并增辑补编一卷，其中收集了不少徐霞客及其亲友的诗文、题赠、书牍，成为最通行的本子。此后印行的版本都以叶本为底本。民国初年，丁文江撰写了《徐霞客先生年谱》，编绘了旅行地图，与《徐霞客游记》合印发行。近年在北京图书馆善本特藏书库发现了季本的残存部分——《徐霞客西游记》，比通行本更为详细、具体和生动。1980年，上海古籍出版社以季会明抄本《徐霞客西游记》和徐镇本为底本，参考多种抄本和印本，出版了到目前为止最为完善的本子，共60余万字。

据目录载，《徐霞客游记》共有《游天台山日记》前后、《游雁宕山日记》前后、《游白岳山日记》、《游黄山日记》前后、《游武彝山日记》、《游庐山日记》、《游九鲤湖日记》、《游嵩山日记》、《游太华山日记》、《游太和山日记》、《闽游日记》前后、《游五台

① 陆以湉：《冷庐杂识》卷1，《徐霞客游记》，中华书局1984年版。

山日记》、《游恒山日记》、《浙游日记》、《江右游日记》、《楚游日记》、《粤西游日记》一至四、《黔游日记》一至二、《滇游日记》一至十三、《游太华山记》、《滇中花木记》、《游颜洞记》、《随笔二则》、《盘江考》、《永昌志略》、《近腾诸彝说略》、《鸡山志目》、《鸡山志略》一至二、《丽江纪略》、《法王缘起》、《溯江纪源》(一作《江源考》)。该书是把文学描绘与科学观察熔为一炉的人间"奇书"，被誉为"世间真文字、大文字、奇文字"，具有以下三个特点：

第一，《徐霞客游记》是旅游文学的集大成之作，具有文美、景奇、质实、情长的特点。

清代杨名时为是书作《序》称："其所自记游记，计日按程，凿凿有稽，文词繁委，要为道所亲历，不失质实详密之体；而形容物态，摹绘情景，时复雅丽自赏，足移人情。"是书在文学上的特点为：其一，写景记事，都是亲身经历，故描述真切，有真情实感。其二，游记脉络清晰，有条不紊，针对景观、方位和线路的复杂状态，《徐霞客游记》常以游踪贯穿始终，通过作者足迹所涉、目光所及的前后顺序，依次描写，逐层展开，再渲染登顶的感受和远眺的全貌，最后描写下山的过程。其三，写景状物，多用动态描写或拟人手法，比前人所写游记更为细致生动，如"松影筛阴"、"上负绝壁，下临宫厢，殿下云级插天，庑门上下，穹碑森立"。其四，有详有略，详略相宜，有时对出发时间和天气情况略写，重点详写上山登顶的经过，对沿途的景物、地名都写得仔细，对下山的过程，若是原路返回，则一笔带过。其五，寓情于景，情景交融，注意表达作者在游览山水时的主观感受，处处流露着热爱、惊喜和向往的感情。在描写福建九祭的奇景时，自称"数里之间，目不能移，足不能前"。游黄山时，以热情细腻的笔触，描绘了一幅千岩竞秀、松涛云海的壮丽图画；游雁荡山时，描绘了"峰峰奇峭，离立满前"的奇峭景象；而游天台山时，写的是"荒草靡靡，山高风冽"的另一番景色；他在游九鲤湖时，描写了九漈之间"万马初发"、"澄碧一泓"、"玉龙双舞"、"瀑流交映"、"颓波突浪"等不同奇景。他把广西桂林的江上奇峰比做"青莲出水"，称阳朔周围是“碧莲玉笋世界”，对石灰岩形成的圆锥形山峰则描写为“石峰离立、分行竞奋……磅礴数千里，为西南奇胜”，完全把感情投身其中了。其六，观察细致，发人之所未发，如对土中露出的煤炭、土石的颜色、江河之源的来龙去脉等，都有极细微的体察和记述。

以《游恒山日记》为例，该篇描写了作者游恒山登临峰顶的经过，表现出不畏艰险、勇于探索的精神。这篇游记按游览进程，逐步展开，叙述了游历全程，用生动和简练的笔墨，描述了北岳的全貌。第一部分，交代了“风翳净尽，澄碧如洗”的天气情况后，道明登山的方向是“面东而上”，开头的地貌特征是“土冈浅阜”，登山之初的感受是“无攀跻劳”，显然比较轻松。第二部分，以游踪为线索，依次记叙上山登峰的过程，可谓一步一景，引人入胜，作者则逐景记录。上山一里后北行，见到露出地表的煤炭，再走一里，发现“土石皆赤，虬松离立”。此后，记述了依次经过的望仙亭、虎风口、“朔方第一山”牌坊、寝宫、飞石窟、北岳殿、会仙台等景点，并作了细致而生动的描述，如写牌坊内的“官廨厨井俱备”；写会仙台，称“台中像群仙，环列无隙”，写得活灵活现。绕过岳殿东上，顺“登顶间道”行两里至“危崖”，但见“短树蒙密，槎枒枯竹”，一幅人迹罕至的景象。《游恒山日记》不仅写景色，而且写游者的行动和感受。如遇“石路萦回”时，游者须“循崖乘峭而上”，遇险道要“解衣攀蹑”，至危崖则“仰望绝顶，犹桀然天半”，满山荆棘，“钩衣刺领，攀践辄断”，不进则退，只有“鼓勇而上”。所见生所感，所感烘所见，真是相得益彰，技巧熟练。第三部分，写登上峰巅后远眺所见的四周景象。登上山顶，顿觉“日色澄丽”，回顾来路，只见“崩崖乱坠，杂树密翳”。然后开始享受登顶的成果，放眼四周的山色，犹如全景拍摄，按方位和远近描述恒山绝顶远眺、雄视四方的效果。向北打量，“是山土山无树，石山则有。北向俱石，故树皆在北。”恒山北麓，是浑源州城，更远之处“隔山一重，苍茫无际”。这种由近及远的描写，使读者目光从恒山向外延伸至无垠的空间。向南打量，“南惟龙泉”。向西打量，“西惟五台”。龙泉山与五台山一片青色，与恒山为伴。而向西横贯的龙山，支峰与恒山相连，状如“比肩连袂，下扼沙漠”。《游恒山日记》对四周山峰的描述，把恒山的地理位置交代得十分清楚。第四部分，叙述从西峰下山，到飞石窟的过程。作者本欲循上山之道而下，竟然遍寻不到。“忽回首东顾，有一人飘摇于上，因复上其处问之，指东南松柏间。望而趋，乃上时寝宫后危崖顶。”通过问路，才找到上山的原路。下山路上，发现此前从山顶远望松柏林“如蒜叶草茎”，从这里经过竟然发现它们“合抱参天”，感叹视角和距离不同，所见景物的形象竟大相径庭。下山相当顺利，从山崖隙缝直下，竟然回到了飞石窟。结尾的叙写，与登山呼应，有回环对应之妙。

第二，《徐霞客游记》在记游的同时，还常常兼记晚明的社会史实，如沿途城镇聚落、交通状况、经济形势、居民生活、风土人情、少数民族的分布、土司之间的兼并争夺等，多为官方正史和稗官野史所不载，此外该游记中还涉及很多古地名、古民族名和古代历史遗迹，使是书具有历史学、民族学和社会史的价值。

第三，《徐霞客游记》是中国古代少见的科学考察报告，具有重要的地理学、地质学、植物学和旅游资源学的价值。

《徐霞客游记》对地理、地质、水文、植物等自然现象，均有详细的观察和记录。归纳而言，是书有如下科学意义：其一，具有地理学上的价值。是书开辟了系统观察自然并加以描述的学术风格，首先表现在对中国地貌和地质状况的考察、分析。对中国喀斯特熔岩（即石灰岩）地区的类型分布和各地区间的差异，尤其是溶洞的特征、类型及成因，有详细的考察。仅在广西、贵州、云南3省，《徐霞客游记》记载的徐霞客亲自探查的洞穴就达270余个，对其方向、高度、宽度和深度有具体的记载，还初步探讨其成因，认为岩洞是水的侵蚀所造成，钟乳石是含钙质的水滴蒸发后逐渐凝聚而成。在湘南九嶷山，徐霞客闻知有飞龙岩，就请当地和尚做向导，燃炬以观。他没有任何仪器，全凭目测步量，但其考察数据大多可靠。如对桂林七星岩十五个洞口的记载，同现代地理研究人员的实地勘测，结果大体相符。徐霞客去世百余年后，欧洲人才开始考察石灰岩地貌。此外，《徐霞客游记》还记载了云南腾冲打鹰山的火山遗迹，解释了火山喷发出来的红色浮石的质地及成因，对地热现象作了详细描述。《徐霞客游记》还对水文情况作了考察、描述和探讨。通过亲自踏勘，徐霞客在其游记中，纠正了文献记载的关于中国水道源流的一些错误。如否定自《尚书·禹贡》以来流行1000多年的“岷山导江”旧说，徐霞客“北历三秦，南极五岭，西出石门金沙”，查出金沙江发源于昆仑山南麓，比岷江长一千多里，断定金沙江是长江的源头。关于怒江、澜沧、红河的走向，徐霞客怀疑《一统志》的记载不准确，遂于崇祯十二年四月，从保山到腾冲，再从腾冲到顺宁、云州，往返四月，沿途深入调查访问，证实了三江分流入海的事实，并写入其游记。《徐霞客游记》还指出，河岸弯曲或岩岸近逼水流之处，冲刷侵蚀的程度，与河床坡度及侵蚀力的大小成正比。对喷泉的发生和潜流作用的形成，也有比较科学的解释。该游记还记载了徐霞客对福建建溪和宁洋溪水流的考察，黎岭和马岭分别为建溪和宁洋溪的发源地，两座岭的高度大致相等，可是两条溪水入海的流程相差很大，建溪长，而宁洋溪短。《徐霞客游记》指出，宁洋溪的水流比建溪快的原因是“程愈迫则流愈急”，也就是说路程越短，水流越急。这个地理学上的著名结论，就是由徐霞客通过实地考察得出来的。

其二，具有植物学价值。徐霞客在旅游途中，很重视标本的采集和研究，在武当山等地冒险采集了榔梅；在嵩山采集了当地一种形似菊花的特产——金莲花；在五台山采集了天茶花等珍稀名贵植物；在玛瑙山上采集了“石树”；在蝴蝶泉边采集了花树的枝叶。与此相应，《徐霞客游记》记载了各地的珍稀植物，并对植物因地势高度不同而变化等自然现象作了描述，明确提出了地形、气温、风速对植物分布和开花早晚的各种影响。

其三，具有旅游资源学的价值。徐霞客“闻奇必探，见险必截”，一遇奇峰、古洞、深林、幽篁、名刹、温泉、飞瀑等奇异景观，就不顾安危，前往攀援观摩。杨名时在《序》中指出徐霞客“亘古人迹未到之区，不惜捐躯命，多方竭虑以赴之，期于必造其域，必穷其奥而后止”。在云南腾越，为了探明岩洞，冒死攀上悬崖；在湖南茶陵，孤身闯进神秘的麻叶洞；在广西融县真仙岩，为探索石洞，竟从巨蟒身上跨过。云南有《鸡山志略》，记载了五台山、峨眉山和鸡足山等地的“放光瑞影”现象，这种五彩光圈被认定是“佛光”或“宝光”。《徐霞客游记》则从地形角度，解释其为一种正常的自然现象。该游记还对山川自然的各种地形作了勾勒。在《鸡山志》“名胜分标”中，把鸡足山的所有自然形态，分作峰、岩、洞、台、石、岭、梯、谷、峡、菁、坪、林、泉、潭、瀑、涧、温泉17种。这是对旅游资源所作的摸底和考察。《徐霞客游记》对普通读者而言，是一本难得的旅游指南。

当然，《徐霞客游记》也存在一些缺点，主要的问题是观察多而解释少，这与当时中国科学技术不受重视的背景有关，也与徐霞客自身科学知识的储备不足有关。徐霞客前期从事以八股文为特色的科举考试，后来虽然抛弃了科举之路，但其科学知识的习得之途，未无史料予以证实。如他在《游恒山日记》中，已经发现了只有恒山北坡长树的现象：“是山土山无树，石山则有。北向俱石，故树皆在北。”但未加解释，也无法解释。恒山的土山没有树，石山才有树，是非常奇怪的自然之秘，后来有学者解释，山西干旱少雨，山南向阳多蒸发，虽土山也少有树；山北是阴坡，化雪时间长，又少蒸发，所以较湿润，虽然多石，也长了许多树木。这是科学的分析。徐霞客亲临实地，准确、细致地观察，为后来的科学分析提供了依据，可惜他自身却无力解释。

《徐霞客游记》是时代的产物。稍早，李时珍为了考证药典，辨明药性，也前往深山老林进行过科学考察，故《徐霞客游记》的产生并非绝响。

《徐霞客游记》产生了深远的历史影响。自是书流传于世，引起不少学者的重视和赞誉。明末清初的钱谦益指出：“霞客先生游览诸记，此世间真文字、大文字、奇文字，不当令泯灭不传，仁兄当急为编次，谋得好事者授梓，不惟霞客精神不磨，天壤间亦不可无此书也。”民国作家张恨水在《金粉世家》序中指出：“忆吾十六七岁时，读名人书，深慕徐霞客之为人，誓游名山大川。”英国科学家李约瑟在其《中国科学技术史》中指出：“《徐霞客游记》读来并不像是17世纪的学者所写的东西，倒像是一位20世纪的野外勘测家所写的考察记录……世界上最早一部记载石灰岩地貌的著作，是中国明代地理学家徐弘祖的《徐霞客游记》。他比欧洲最早对石灰地貌进行考察和描述的爱士倍尔早一百年，比欧洲最早对石灰岩进行系统分类的瑙曼早两百多年。”21 世纪，中华人民共和国国家旅游局宣布：自 2011 年起，将《徐霞客游记》开篇日的 5 月 19 日定为“中国旅游日”。

总之，明清游记是中国旅游文学史上的大丰收时期，各种游记和旅游文学作品灿然纷呈，令人目不暇接。

第七节 明清“游道”的艺术视野

游道，明清时人也称之为“游政”和“游山学”①。清魏源说：“人知游山乐，不知游山学。”② 明确提出“游山学”，已将山水旅游视为一种专门学问。陈建勤将“游道”归纳为“游地”、“游具”、“游时”、“游伴”及“游术”等方面，指出由此可窥视明清文士的人生观与社会观。③ 游道其实就是讲究旅游意义、类型、方式、途径、花样或游览艺术的道理和理论。中国文人士大夫特别注重“游道”的发现和实践，指出“游道如海”，十分精深而丰富。对旅游审美有高标准高追求的人，都精通游道。据笔者所知，明清游道的确深广如海，博大精深，除了陈建勤所言具、时、伴、术外，还有对旅游性质意义和类型的认识（笔者称之为游义与游型），对旅游者自我素质的要求（笔者称之为游主）等，因此将游道作如下概括和阐述。

---

① 对“游道”的研究，有巫仁恕和狄雅斯的《游道——明清旅游文化》(三民书局 2010 年版)、陈建勤的《论“游道”——明清文士旅游观研究之一》(《旅游学刊》2000 年第 4 期）和《议景观——明清文士旅游观研究之二》(《扬州大学学报》2003 年第 4 期）等论著，本书于此多有借鉴，谨致谢忱。

② 魏源：《魏源集》下，《游山吟》，中华书局 1983 年版。

③ 陈建勤：《论“游道”——明清文士旅游观研究之一》，《旅游学刊》2000 年第 4 期。

一、游义与游型

所谓游义，是指明清文人对旅游意义的认识。据笔者观察，明清文人士大夫对旅游的认识，不仅在于游览艺术的细节，还在于对旅游意义和本质的认识，而后者才是游道之大端。当时便有人探讨旅游的本质，认为旅游是天赋之人性。王思任在《游唤·序》中指出："天地定位，山泽通气，事毕矣，而又必生人，以充塞往来其间。则人也者，大天大地大山大水之所托以恒不朽者也。人有两目，不第谓其昼视日、夜视月也；又赋之两足，亦不第欲其走街衢田陌、上长安道已也。"① 天之生人，是为了让其走进自然观察山水的，是为了让其旅游的。旅游是上天赋予人的本性，是人的本质的体现。他对那些"所谓贤者，方知儿女子守闺阈，不敢空阔一步"进行了批评，认为"实在是负天地之生而羞山川之好"②。明清文人不仅认识到旅游在求知上的意义（第五节已详述，兹不赘），而且还认识到旅游对游人健康的正面意义，即旅游审美可以提神祛病。袁宏道称："今与客从开先来，攲削十余里，上烁下蒸，病势已作，一旦见瀑，形开神彻，目增而明，天增而朗，浊虑之纵横，凡吾与子数年淘汰而不肯净者，一旦皆逃匿去，是岂文字所得诠也。"③

游义还表现在认识天下山水大势，体会到山水与民情和人性的紧密关系。孙嘉淦在《南游记》的最后有一段总结："总而计之，天下大势，水归二漕，山分三干：河出昆仑，江源岷蜀，始于西极，入于东溟。大河以北，水皆南流；大江以南，水皆北注。汉南入江，淮北入河，虽名四渎，犹之二也。太行九边，西接玉门，东抵朝鲜，是为北干；五岭衡巫，西接峨嵋，东抵会稽，是为南干；岷嶓华嵩，是为中干。岱宗特起，不与嵩连，亦中干也。"然后谈

① 王思任：《王季重小品》，文化艺术出版社 1996 年版，第 260 页。

② 王思任：《游唤·序》，载《王季重小品》，文化艺术出版社 1996 年版，第 260 页。

③ 袁宏道：《开先寺至黄岩寺观瀑记》，载《袁中郎随笔》，作家出版社 1995 年版，第 50 页。

到地理方位与山水特色的天然关系："北方水位，故燕秦三晋之山，色黑而陂陀若波；东方木也，故齐鲁吴越之山，色青而森秀若林；楚南闽粤，峰尖而土赤；粤西黔蜀，石白而形方。天有五行，五方应之。江性宽缓，河流湍急，焦白鄱红，洞庭澄清，其大较也。斯行也，四海滨其三，九州历其七，五岳睹其四，四渎见其全。"又讲到不同地域与不同人的相应关系："帝王之所都，圣贤之所处，通都大邑，民物之所聚，山川险塞，英雄之所争，古迹名胜，文人学士之所歌咏，多见之焉。"他觉得山水与人性实有关系："然苟吾心之善取，则于山见仁者之静，于水见智者之动，其突兀汹涌，如勇士之叱咤，其沦涟娟秀，如睹淑人君子之温文也。然则谓吾日遇其人焉可也。"通过旅游，他认识到地理环境与文明生发有密切关系："抑又思之天地之化，阴阳而已，独阴不生，独阳不成，故大漠之北不毛，而交广以南多水。文明发生，独此震旦之区而已！"他叙谈自己旅游过程中南北气候和季节之差异："吾以二月出都，河北之地，草芽未生，至吴而花开，至越而花落，入楚而载秧，至粤而食稻，粤西返棹，秋老天高，至河南而木叶尽脱，归山右而雨雪载途，转盼之间，四序环周，由此言之，古今亦甚暂也。"不同的季节浓缩在其旅程中，让他觉得古今甚暂。他始终认为，对外部景物的旅游观光，与对内心的安适的调理，同样重要，不能完全靠外部景色来调适心情："心不自得，而求适于外，故风景胜而生乐；心不自定，而寄生于形，故时物过而生悲。乐宁有几，而悲无穷期焉。"要靠心的包容。他借宋濂"古之人如曾参、原宪，终身陋室蓬蒿没户，而志意充然，有若囊括于天地者，何也？毋亦有得于天地之外者乎"的话，和孟子的"万物皆备于我矣"的名言，老子的"不出户知天下"的话，证明心有吞纳宇宙之志："为地所囿，斯山川有畛域；为形所拘，斯见闻有阻抑，果其心与物化而性与天通，然则自兹以往，吾可以不游矣。"但他觉得自己显然并无心与物化、性与天通的本事，因此"吾乃无时不游也已"。① 从物游谈

① 贺长龄，魏源编：《清经世文编》卷 6，"学术"六，中华书局 1992 年版，第 171~177 页。

到心游，更上一个层次。在他看来，旅游的意义在于拓展视野，开阔心胸，认识外在的世界和内在的人之本心。

所谓游型，是指明清文人对旅游类型的认识。明清游道颇为关注旅游的类型，作过许多讨论和归纳。湛若水指出："有形游，有神游，有天游。"所谓"形游者，步趋之间，如子之之楚若干程，过清远若干程，过连州取捷径若干程，至茶陵访罗子钟，乃同子钟、一泉若干程，谒衡山守蔡白石，谒兵宪潘石泉若干程，抵衡山又若干程，入衡岳精舍，登祝融峰以息焉，此之谓形游"；所谓"神游者，心思之间，不疾而速，不行而至，如子之思一泉，即是到茶陵；仰企石泉、白石，即是衡州；情精舍上封，即是登祝融，此之谓神游也"；所谓"天游者，与道同流，天地万物同体，勿忘勿助之间，无在无不在之妙。不疾不徐，浑与道俱。（所）过者化，所存者神；化故不滞，神故不测，无入而不（自）得。昊天曰明，及尔出王，昊天曰旦，及尔游（衍，此之谓）天游也"。①形游指具体的游程，神游不需要实地前往，用想象即可致游，天游则是要与道德同流，与自然同体，做到天人合一，感受真正的快乐。对于游型，邹迪光则提出了另一种分类："夫游有三，一天游，一人游，一俗游。"什么是天游，他描述道："无町无畦，无畛无域，审乎无假，挥斥八极，出入六合，挠挑无垠，乘夫莽渺之岛，而息夫亡（何）有之乡，是谓天游。"什么是人游，他认为："天宇晴空，惠风时至，朗月继照，诸品一涤，枕石漱流，听禽坐卉，横槊抽毫，登高能赋，野老与之争席，麏麇因而相狎，是谓人游。"什么是俗游，他指出："靡曼当前，钟鼓列后，丝幛延袤，楼船披靡，山珍水错，充溢圆方。男女相错，嬲而杂坐。涟漪不入其怀，清音不以悦耳，是谓俗游。"他表达了自己在三者之间的取舍和立场："余不能天游而大厌俗游，庶几人游已乎。……夫山无尽而吾有尽，吾不以有尽尽无尽，则一往即百来，跬步亦千里也，是真方外之游。"② 王士性的观点与邹迪光有同有异，把旅游审美

① 湛若水：《泉翁大全集·甘泉先生续编大全》卷2，《序》。
② 邹迪光：《郁仪楼集》卷36，《游吴门诸山记》。

分为三个境界：天游、神游、人游，没有俗游一说，多了一个神游。他认为天游是最高境界。《广志绎》谓："夫太上天游，其次神游，又次人游，无之而非也。""上焉者形神俱化，次焉者神举形留，下焉者神为形役。""若士汗漫于九垓是天游也；轩辕隐几于华胥，是神游也；尚子长敕断婚嫁、谢幼舆置身丘壑，是人游也。"① 天游是形神俱化，与天地合一；神游是神举形留，身虽在旅游现场，但灵魂已受到大自然魅力的召唤开始飞升；人游是神为形役，认识到山川自然的美，但只是被动地感受，旅游者有许多牵挂，故尚未全身心地投入。

关于旅游的类型，王思任从旅游的社会阶层、年龄构成、时间宽闲、旅游态度、游伴多寡等方面作了总结，在《游唤》的《纪游引》中，归纳了23种游型：

> 予尝谓官游不咏，士游不服，富游不都，穷游不泽，老游不前，稚游不解，哄游不思，孤游不语，托游不荣，便游不敬，忙游不慊，套游不情，挂游不乐，势游不甘，买游不远，赊游不偿，燥游不别，趁游不我，帮游不目，苦游不继，肤游不赏，限游不逍，浪游不律。
>
> 而予之所谓游，则酌衷于数者之间，避所忌而趋所吉，释其回而增其美，游道如海，庶几乎蠡测之矣。至于鸟性之悦山光，人心之空潭影，此即彼我共在，不相告语者。今之为此告语，亦不过山川之形似，登涉之次第云耳。嗟呼！游何容易也，而亦何容易告语人也。②

它的意思是：借助官宦身份旅游不高雅，士人旅游不能到甸服以外的地方，富人旅游难以优美，穷人旅游不会光鲜，老人旅游无法一

① 王士性：《五岳游草自序》，载贺复征编：《文章辨体汇选》卷333，景印文渊阁四库全书本。

② 王思任：《纪游引》，载《王季重小品》，文化艺术出版社1996年版，第138页。

马当先，少儿旅游不能理解，一哄而起的旅游不能思考，孤独的旅游无人说话，寄托于他人中的旅游不会荣耀，随便旅游对山水不敬，慌忙仓促的旅游不会令人满足，俗套的旅游没有情趣，牵挂他事的旅游不会令人快乐，借势的旅游难以尝到甘甜的滋味，靠钱买游不会走得很远，赊钱而游不会得到补偿，急躁的旅游不会区别山水之异趣，趁便的旅游难以体现自我，成群结帮的旅游不会有审美发现，艰苦的旅游难以为继，肤浅的旅游无法深入欣赏，自我设限的旅游不能逍遥自在，放浪的旅游没有规律。这些违情背理的"游道"许多是相对而出、相形而见的，如官游—士游、富游—穷游、老游—稚游、哄游—孤游、买游—赊游、限游—浪游等。王思任的目的是"酌衷于数者之间，避所忌而趋所吉，释其回而增其美"，避免旅游之短而扬其长，或者将二者折中，如"哄游不思"与"孤游不语"可以综合。俗话说"一人苦读，二人伴游，三人饮酒"。二人相伴而游，可以彼此倾诉旅途感受，交换审美心得，不至于寂寞，但游伴太多，哄然杂乱，无复旅游之道。王思任对游道的思考，后来有所不同。他在《游庐山记》中，对"官游不韵"的提法进行过反省："予曾谓官游不韵，乃今知韵竟以官也。不以官，则九奇庵发足，即无所托宿矣。"王思任提出的"避所忌而趋所吉，释其回而增其美"的原则，能够归结为"吉"、"美"，也就是从旅游美学的角度思考问题，含有一定的辩证因素。至于对23种不合"游道"的辨析，在中国旅游美学的发展史上，算得上是个很大的贡献。①

明清文人对旅游性质和类型的探讨，对中国人对旅游客体的认识和欣赏，对中国旅游学和旅游史的发展，均起到了重要的作用。

二、游地与游时

"游地"与"游时"，是所谓"天时、地利、人和"中的前两位因素，是旅游成功的两大因素。所谓游地，是指旅游目的地，特

---

① 参见卢善庆：《萌动旅游美学思想的专著——〈游唤〉》，《旅游学刊》1991年第4期。

别是风景秀丽之地，或其中的山川名胜。

1. 游地

明清文人认为，旅游目的地受到游客关注的因素，取决于其自身魅力的大小，以及与城镇距离的远近。吴宽认为："其地美，虽远不可不游。"① 但现实却是，人们选择旅游目的地一般却是城镇附近和交通易达之地。谢肇淛认识到旅游客体的位置和处所，对于其被注意和观览有很大的关系："山川须生得其地，若在穷乡僻壤，轮蹄绝迹之处，埋没不称者多矣。如姑苏之虎丘，邹之大峄，培塿何足言？而地当舟车之会，遂令游咏赞赏，千载不绝。岂非有幸不幸耶？"② 明末清初，湖北孝感人、寓居南京的程正揆也指出："山水之妙，无地不曲尽其致，但以近江河通游人为易显尔。吴浙间，拳石土阜，鲜有奇特，不过因舟楫之便，随意可到，兼有山寺雅僧精舍借榻，文人墨客题咏点缀，遂冒名山"。他为家乡孝感打抱不平，指出，孝感风景"幽邃险僻，奇区异境，不可枚举"，为吴越山水无法比拟，只是因为僻处深山，"习而忘之，无复有灵运开山、桃源问渡者矣"！因此未能成为旅游名胜。他在《自题卧游卷》中曾分析孝感山水不能为众所知的原因道："但憾溪河迅急，舟行可一日二三百里，不敢登；去县七八十里，舆马多劳；山中乏主，人不能竟日；或少深入，辄见虎豹足痕，且闻哮声，震人心胆。其泉流至平畴者，多从农家沟灶边行，与牛溲马渤相乱，此山水一大厄。"理想的旅游景观，虽需靠城镇近，但亦不能处在闹市中，"近者迫于市嚣"，"游女贩夫，尘嚣若市，斯其趋不能以逸"，③"远者车马怠，而供张易竭"，舆夫不愿跻攀，佳丽也不愿随游。④ 于是人们"所恒游者，特其至近人迹者耳，至于幽僻奇绝

① 吴宽：《家藏集》卷39，《送章廷佐还金华序》，四部丛刊初编本。

② 谢肇淛：《五杂组》卷4，辽宁教育出版社2002年版，第71页。

③ 汪琬：《钝翁前后类稿》卷33，《登玄墓傍小丘记》，四库全书存目本。

④ 王世贞：《越溪庄园记》，崇祯《吴县志》卷23，天一阁藏明代方志选刊本。

之境，固莫至也”①。有些人不善远游，便对居住周围的山川熟察细品。吕大来“居南明（山名，在浙江新昌县南）而游南明，譬之写东邻对户之照，熟察其意思所在，已非一年一日。酌墨呼酒，生描而活绘之，遂使山川自笑，草木狂舞”②。清人也有不少人持近城之游观点，洪亮吉崇尚的风景是：“山不甚高，而石脉万窍；水不甚广，而泉灵一盂；林壑之美，无心自呈；日夕所需，不求已给。升山采菌，便可盈斛；沿境拾果，先能满怀。”③ 认为这是“养性乐生之境”。显然他是对既有寂静的环境，又不太荒远的近郊地貌感兴趣。这样既离开了嘈杂的城市，又比较安宁幽静，方便就餐和休眠，无途穷疲累之苦。而愿意攀登险绝之地，观赏奇异之景的都不是一般的游人。陈继儒在《卧游题辞》中指出：“巨灵五丁洗凿之地，半出于神鬼护呵，俗子命车，则风雷雨雹随其后，非夙具灵根者，不能游；猱岩虎窟、蛟穴鼍宫，与夫族家丛祠之林，狐狸啸而休鹠啼，非有胆智者，不能游；栈腐梯残，葛枯萝脆，非捷如猿鸟而顽如樵牧者，不能游。”这也是文弱的明清文人士大夫的软肋。对于一些游地，有一些旅游者是难以适应的。谢肇淛指出：“苦寒之地，有唾出口即为冰者，五岭炎暑之地，有衣物经冬不晒晾即霉湿者。天地气候不齐乃尔。然南人尚有至北，北人入南，非疟即痢，寒可耐而暑不可耐也。”④ 可见，两广之地也是游人难至之地。

正因为如此，在旅游实践中，游人渐渐瞩目于经济、文化较为发达的江浙、福建等东南地区，如西湖、天台、雁荡山等名胜景观，其他地区的景观也以易达为原则，如庐山之类。在所有旅游地的选择中，杭州的西湖和苏州的虎丘成为游人向往的旅游目的地。清代小说称一位富家公子盛希侨欲借“往浙江送家眷”，“要去看

① 杨循吉：《灯窗末艺・西山游别诗后序》，四库全书存目本。

② 王思任：《南明纪游・序》，载《王季重小品》，文化艺术出版社1996年版，第174页。

③ 洪亮吉：《更生斋文乙集》卷1，《游京口南山记》。

④ 谢肇淛：《五杂组》卷4，辽宁教育出版社2001年版，第78页。

看西湖”。然而，其长辈“怕少爷到杭州西湖上花钱，不想叫去”，没去成。① 看来西湖的销金锅的名声，让当时的节俭的长辈对此望而却步。清孙嘉淦在其《南游记》中称“钱塘、西湖之胜，自幼耳熟”。除西湖外，像天台、武夷、雁荡等东南名胜，以及庐山等易达之地，也是明清人有心前往的旅游胜地。《歧路灯》载，一道士说：“贫道此时，心厌省城烦嚣，意欲上江西匡庐、浙江雁荡两处名山游玩一番，不能讨暇。等待他年再遇缘吧。”② 而像徐霞客这样游遍全国名山特别是西南地区山川的文人，则十分鲜见，因此他成为众所瞩目的伟大旅游家。

明清文士对游地的探讨，不光在于离城的远近，更多的则是对风景名胜的审美个性与共性的认识和品评。清代张星鉴在《游齐山记》中，认为不同的山有不同的审美形态，将山分为“以雄壮胜”、“以幽瘦胜”、“以古怪胜”、“以空灵胜”等类。对山水审美个性的探讨，还有与地方特色相结合的。袁宏道称：“东南山川秀媚不可言，如少女时花，婉弱可爱。楚中非无名山大川，然终是大汉、将军、盐商妇耳。”③ 王思任在《淇园序》称：“天下山水，有如人相；眉巉目凹，蜀得其险；骨大肉张，秦得其壮；首昂须戟，楚得其雄；意清态远，吴得其媚；貌古格幻，闽得其奇；骨彩衣妍，滇粤得其丽；然而韶秀冲停、和静娟好，则越得其佳。”④ 人们还进一步对某地的具体山川的审美个性及其内涵意蕴作更高层次的勾勒和品评。如镇江的金、焦二山都是长江中的孤山，金山兀立江中，寺院密布；焦山坡缓，长满树竹。清王士慎曾对焦山和金山作过比较，品评道：“焦山幽冶，金山绮艳；焦山骨胜，金山肉多。”⑤ 王思任在《游焦山记》中，也对金、焦二山作过形象的比喻和评论：“金以巧胜，焦以拙胜；金为贵公子，焦似淡道人；金

① 李绿园：《歧路灯》，中州古籍出版社1998年版，第559、580页。

② 李绿园：《歧路灯》，中州古籍出版社1998年版，第566页。

③ 袁宏道：《吴敦之》，载《袁中郎随笔》，作家出版社1995年版，第102页。

④ 王思任：《王季重小品》，文化艺术出版社1996年版，第166页。

⑤ 王士禛：《渔洋山人文略》卷4，《金山题名记》。

宜游，焦宜隐；金宜月，焦宜雨；金宜小李将军，焦则大米；金宜神，焦宜佛；金乃夏日之日，而焦则冬日之日也。”朱察卿在《游金陵诸山记》中，对南京各山的不同神韵作了点评：“牛首玮宝杂陈，若良贾坐肆中；祖堂外息诸缘，若高僧面壁枯坐；栖霞孤標洁操，若贞士幽人；燕矶凌险安危，若怒夫烈士；钟山则王气郁郁，诸山环拱若星。”对具体山川的审美个性的讨论，袁枚喜欢在“以文论山”中加以展开，在《游武夷山记》中品评道：“武夷无直笔，故曲；无平笔，故峭；无复笔，故新；无散笔，故道紧。”特别嘱咐“不必引灵仙荒渺之事，为山称说”，只要相信武夷山的自身魅力就够了。当然，对山水审美个性的勾勒和品评，会带上旅游者个人的眼光，如张星鉴对山体以“雄壮”、“幽瘦”、“古怪”、“空灵”来形容，并非完全得之于山体的客观形式，而含有作者对山体的个人观感和思考。

明清文人还注重“游地”景观构件的特殊美学形式，对不同的景观构件如石、水等独特美感作了观察和评论。袁宏道认为最能够表现山的质感和形象的因素是石，认为石就是山之骨，指出：“凡山之名者，必以骨。”华山就是如此，“表里纯骨者，唯华为然。骨有态有色……华之骨如割云，如堵碎玉，天水烟雪，杂然缀壁矣”①。明清文人对于石及其堆叠的峰的外在形态，作了“因物肖形”的探讨。清代谢章铤在《华對寻石记》中论石道：“石之奇，以理、以形、以态、以窍。五色成文，理具矣；比物能似，形具矣；起伏千里，垒砢百仞，若拱若揖，偃蹇一拳，态具矣；离缀数穴，窈若灵洞，陷者池，断者峰，穹窿者为岫为坑，窍具矣。”这里的“形奇”、“态奇”和“巧奇”皆属“肖形”而成。陈钟麟在《阳朔永鄄记》中，指出“其态有万，殊形无一”的桂林象形山石，有状若笋、菌者，有如城郭、宫室者，有似塔幢者，又有貌狮猊、蛟螭者，并一一作了刻画。他还指出七星岩洞的岩石，有“花果山”、“须弥山”、“仙人田”、“银丝网”等状，此外还有像

① 袁宏道：《华山记》，载《袁中郎随笔》，作家出版社 1995 年版，第 57 页。

佛、仙、磐、床、犀、象、狻猊、驼、虎和珍禽异卉的奇石，令人叫绝。然而，也有人对这种“象物以名”的作法表示不同意见。郑板桥在《题程羽宸黄山诗卷》中就讥讽黄山诸峰的名号：“天都强名目，芙蓉谬借奖。”沈德潜在《登狮子峰望石笋矼》中也直言“物象随人名，俚俗半堪哂”。除石外，明清文人还对风景的另一构件水作了讨论。袁宏道认为水性千变万化，因物赋形，极具风景塑造之功能：“天下之物，莫文于水，突然而趋，忽然而折，天回云昏，顷刻不知其几千里，细则为罗縠，旋则为虎眼，注则为天绅，立则为岳玉，矫而为龙，喷而为雾，吸而为风，怒而为霆，疾徐舒蹙，奔跃万状。故天下之至奇至变者，水也。”又称：“余所见之文皆水也。今夫山高低秀冶非不文也，而高者不能为卑，顽者不能为媚，是为死物，水则不然，故文心与水机一种而异形者也。”① 周流无滞的水充满着生机，为厚重挺拔的山增添了活力和生气。

无论是石，还是水，都是审美客体构成的具体构件，这样的构件还有许多，像云、雾、松、鸟等。除了单独强调某构件有某审美特征外，明清士人还特别重视各构件的组合效果和审美感受。他们对于青山绿水、云雾烟霞、亭台楼阁等景观的组合效果十分重视，提供了很多经验，作了许多探讨。景观的主要构件是山（石）与水，蔡羽称“山以水袭为奇，水以山袭尤奇”②。“山之有水，犹美人之有妆也，山不水不色，水不山不姿”③。归有光在《游宝界山居记》中提出“天下之山，得水而悦”和“天下之水，得山而止”的观点。邵长蘅称“山与水相遭，则大奇遭”，“山与水势足相敌，则益奇”。④ 山水的组合，有人提出武夷山和庐山是两个范例。庐山是水在山外，长江奔流，鄱阳浩荡，然“终是主客相偶，

---

① 袁宏道：《文漪堂记》，载黄宗羲编：《明文海》卷339，景印文渊阁四库全书本。

② 蔡羽：《销夏湾志》。

③ 程正揆：《青溪遗稿》卷18，《洪山寺记》。

④ 邵长蘅：《青门剩稿》卷4，《金焦集序》。

不能尽发其奥”；而武夷山中盘绕九曲清溪，“一石一木，皆相映左右”①，是最为有机的组合。钟惺认为水体对武夷山起的作用尤大，在《游武夷山记》中指出：“山之情候在溪，溪九曲，山或应或违，而无所不相关。”

除了石（山）与水的组合外，还有更多构件的组合，其带来的审美感受更是十分丰富多彩。袁宏道认为山石、悬岩、白云、树木、茶香、笋味、庵宇等“七绝”的组合，构成了天目山的美丽和幽深，使之成为修真栖隐的名山胜地。杭州西湖既因为其湖里山中和山屏湖外的绝妙结构，也因为有城郭作伴和亭台点缀的组合效果，而名震遐迩。史鉴在《晴、雨、雾三游西湖》就认识到西湖“重山环之，名藩枕之，凡峰峦之脉络，城郭之逶迤，台殿亭榭之参错，举凌虚乘空以临其上，天光水色，颠倒上下，烟云起灭，其状万殊”。花草树木、鸟语蝉鸣，都是自然景观的重要组成部分，缺一不可。有人认为，树木花卉等构件在组合中的角色更为突出，如黄山、盘山等山上的奇松，能“令观者改视，闻者耸听”②，袁中道甚至认为名山之美不在“整丽”，而是以奇形古树为胜。姚希孟也认为“树为山之衣”，“好山无美树，如天女无五铢衣，而太真无霓裳粗服”，并在《游京口诸山记》中指出镇江的焦山优于金山的原因，不在寺宇，也不在万壑千岩，主要是“其在树”，焦山的一树一石，皆令人来回欣赏，不忍舍之。

在景观组合中，以人文景观与自然景观的组合最为受人关注。明清人认为，自然景观与人文景观虽各有所胜，最后仍然胜在人文：“地之胜，有天胜，有人胜，崇山大川，殚秀蓄奥，凭望寥廓，灵异所栖，胜以天也；遐陬僻土，一丘一壑，昔贤所憩，厥壤用彰，胜以人也。”③ 与山水结合最多且最有美感的人文景观，有寺观、园林与名人遗踪等。明人张岳在《信芳亭记》中说：“盖凡湖山以胜名，则必带林麓，穷岩壑，有宫室亭榭之观，而前世又有

---

① 吴拭：《武夷游记》。

② 程瑶田：《通艺录·游盘山记》。

③ 施润章：《学余堂文集》卷13，《青溪庵记》。

高人逸士留故事以传……然后其名始盛，而游者踵至。”① 《慧山志》卷2《寺》中径谓“山之胜，莫大于寺”。莫是龙《笔尘》称“山无樵牧不佳，山无寺观不佳”。钱兆鹏云“夫美不自美，因人而彰”②。黄州赤壁在苏轼未游之前，不过一片顽石，“苏公既游之后，虽荒台残榭，赤壁一名山也”③。

在认识到山水组合之效后，明清士大夫开始营造园林，将景观组合搬于家中，形成了园林学，出现了园林学的著名专著、计成的《园冶》，强调与自然的和谐，“虽由人作，宛自天开”，并通过借景，将园林与自然山川融为一体。明代苏州隐士杨循吉认为园林是将山水、建筑与植物组合，以便游观的人造景观，山水、亭台、花木是园林的构成要件，缺一不可，在《周氏池亭记》中指出：“有名园而无水，是尘土犹未涤也；有水而无临观之亭，亦弃水耳，所谓园者，林木一胜也，水二胜也，有是二胜，又必亭馆点饰，而后可游。”画家沈周指出“为园之道”，关键在于“多种树，少起屋”④。谢肇淛在《五杂组》卷3指出：“工者，事事有致，景不重叠，石不反背，疏密得宜，高下合作，人工之中，不失天然，偏侧之地，又含野意。勿琐碎而可厌，勿整齐而近俗，勿夸多斗丽，勿太巧表真。令人终岁游息而不厌，斯得之矣。”莫是龙在《笔尘》也指出，以叠石为山，“纵令纡回奇峻，极人工之巧，终失天然。不若疏林秀竹间置磐石，缀土阜一仞，登眺徜徉，故自佳耳”。

然而，他们也对旅游客体的缺陷和偏颇作了概括和归纳，以为游道之参考。姚希孟把景观单一、自然与人文景观不能相配的现象，称为“小漏”(小缺陷)：“夫有山不得水，有山水不得古刹，有古刹不得嘉禾，皆漏也。”并指出太湖中西洞庭山“缥缈峰头无净庐可憩，仅破庙颓垣，殊不韵；石公、大龙渚无树石之新，洁者

---

① 张岳：《信芳亭记》，载黄宗羲编：《明文海》卷332。
② 钱兆鹏：《述古堂文集》卷7，《游北山记》。
③ 董以宁：《文友文选》卷1，《游赤壁记》。
④ 褚人获：《坚瓠秘集》卷6。

无苔藓斑，诸名刹俱少精舍，不能撮湖山之全；石公庵负壁而瞰湖，所据最胜，惜梵宇稍隘；消夏湾，湖中佳处，名最古，乃多町畽（田界，村庄），秋末枯菱败菰（野稻，稗草），颓唐水次”①。袁宏道对“山之病”也有自己的认识：“凡山深僻者多荒凉，峭削者鲜迂曲，貌古则鲜妍不足，骨大则玲珑绝少，以至山高水乏，石峻毛枯，凡此皆山之病。”② 清人胡薇元在《峨眉山行记》中只承认“高寒绝险”才是胜境，“凡境之可以一蹴至者，必非佳境”，实际上是对晚明文人局限于东南之游、坎井之蛙的眼光的批评。

对于人造景观的失误，明清文人士大夫也有尖锐的批评。谢肇淛在《五杂组》卷 3 中，对于贾竖和阉宦造园时，“必壅蔽以亭榭，妆砌以文石，缭绕以曲房，堆叠以尖峰，甚至猥联恶额，累累相望”进行了抨击，认为“滋胜地之不幸，贻山灵之呕哕”。张岱强烈反对对历史古迹的附会与修建。绍兴东郊的西施山（土城山），传越王勾践为教西施歌舞而筑。明嘉隆间有造园者在此搜剔山石，遍置怪石，匾额、门帖都与西施挂钩，如“响屧廊”、“脂粉塘”、“锦帆”、“竺罗”之类。张岱在《西施山书舍记》中对此严厉痛斥：“将西施、范大夫句句配合，字字粘捻，见者无不哕噫欲呕，我西子绝代佳人，如此刻画，真村庄农妇之不若矣！”清人沈复甚至认为苏州狮子林奇巧百态的山石失去了自然特性，在《浮生六记·浪游记快》指出狮子林虽然石质玲珑，中多古木，“然以大势观之，竟同乱堆煤……全无山林气势”。

对于另一些人来说，“游地”的探讨还包括各地的地方特产，这些特产非旅游则难以食到。李渔谓：“予游闽粤，幸得饱啖（荔枝）而归，庶不虚此生此口，但恨造物有私，不令四方皆出。”③

最后，明清文人士大夫将自然山水与艺术中的山水和观念中的

---

① 姚希孟：《洞庭小漏记》，载《循沧集》卷 1。

② 袁宏道：《天目一》，载《袁中郎随笔》，作家出版社 1995 年版，第 31 页。

③ 李渔：《闲情偶寄·声容部·薰陶》，作家出版社 1995 年版，第 134 页。

山水作了比较。清张潮称："有地上之山水，有画上之山水，有梦中之山水，有胸中之山水。地上者妙在丘壑深邃，画上者妙在笔墨淋漓，梦中者妙在景象变幻，胸中者妙在位置自如。"① 陈建勤指出："景观作为旅游活动的客体，是人们游赏的主要对象物，其形态与内涵素质，直接影响到人们的游兴，关系到旅游的质量。"②因此，明清文人在论游道时，给予了特别多的关注，也留下了许多宝贵的见解。对游地的认识，最高层次的还是旅游资源保护的观念。黄汝亭在《天目游记》中批评官府准许在天目山景区开岩石和硫矿，造成赤地焦土，黑烟毒雾，"千年之树摧枝折干，僧众闻而毒死者甚众"③。袁宏道在《齐云》中提出要保护景区："夫山之树木，犹人之须眉衣佩，伐去之，已不成妍。"痛斥在名胜景区乱刻乱画和乱立碑："齐云天门奇胜，岩下碑碣填塞，可厌耳。徽人好题，亦是一癖。仕其土者，熏习成风，朱题白榜，卷石皆追，令人气短。余谓律中盗山伐矿，皆常刑，俗士毁污山灵，而律不禁，何也？佛说各种恶业，俱得恶报。此业当与杀盗同科，而佛不及，是缺典。青山白石，有何罪过，无故黥其面，裂其肤。"这是游地理论的升华。

2. 游时

在解决游地问题的同时，明清文人士大夫又开始关注游时。因为江贝在《游山记》中所云"有其具而无其时，不乐也；有其时而无其地，亦不乐也"。游地也需与游时相配。所谓游时，便是旅游的时机和季节。旅游是一个季节性很强的活动，同时旅游也是一个需要闲暇的活动。

游道对旅游的闲暇十分讲究，指出旅游须有闲暇和悠闲的心

---

① 张潮等：《幽梦三影·幽梦影》，湖北人民出版社 1992 年版，第 67 页。

② 陈建勤：《议景观——明清文士旅游观研究之二》，《扬州大学学报》2003 年第 4 期。

③ 转引自郑焱：《中国旅游发展史》，湖南教育出版社 2000 年版，第 243 页。

态。清人张潮指出："人莫乐于闲，非无所事事之谓也。闲则能读书，闲则能游名胜，闲则能交益友，闲则能饮酒，闲则能著书，天下之乐，孰大于是。"① 忙是迫于生计的活动，闲才是一种自主的状态，才能够有自由的创作和审美的灵动。《陆宫保适园序》在引苏东坡的话"山川风月本无常，闲者便是主人"后，称赞说"此善适山川风月者也"。闲则能卧林赏花，并借此窥透数千年的历史盛衰。陈继儒在《花史跋》中指出："若果性近而复好焉，请相与偃曝林间，谛看花开花落，便与千万年兴亡盛衰之辙何异！"② 袁宏道认为"天下有大败兴事三"："山水朋友不相凑，一败兴也；朋友忙，相聚不久，二败兴也；游非其时，或花落山枯，三败兴也。"③ 这三者都是在讲"游时"，其中一二更是在讲闲暇。闲暇并非永远都有，因此一有旅游山水的时机，便不能放过，所谓机不可失。李渔指出："有山水之胜者，乘此时蜡屐而游，不则当面错过。何也？前此欲登而不可，后此欲眺而不能，则是又有一年之别矣。"④ 旅游的机缘非常难得。当张潮称"天下……无名山则已，有则必当游；无花月则已，有则必当赏玩"时，一个自称弟木山的人说："谈何容易，即我家黄山，几能得一到耶。"⑤ 张潮其实也认识到这个问题，指出："游玩山水亦复有缘，苟机缘未到，则虽近在数十里之内，亦无暇到也。"⑥ 旅游的时机与人可以出游的时间密切相关。陈继儒《卧游题辞》说："诸游具矣，而纠于俗

① 张潮等：《幽梦三影·幽梦影》，湖北人民出版社1992年版，第72页。

② 陈继儒：《花史跋》，载贺复征：《文章辨体汇选》卷371《跋》，景印文渊阁四库全书本。

③ 袁宏道：《吴敦之》，载《袁中郎随笔》，作家出版社1995年版，第102页。

④ 李渔：《闲情偶寄·颐养部·秋季行乐之法》，作家出版社1995年版，第336页。

⑤ 张潮等：《幽梦三影·幽梦影》，湖北人民出版社1992年版，第122页。

⑥ 张潮等：《幽梦三影·幽梦影》，湖北人民出版社1992年版，第128页。

务，顿于老疾，左于非时，甚则兴尽者，才尽，才尽者，山川之秀亦尽。”看来，旅游既要有时间有雅兴，也要趁青壮年身体健康的时候。都穆在《游观音岩记》中指出：“疾病患难，欲游而不可得。出而游也，风雨冥晦，虽游而不能乐。必暇而游，游而乐。”

“游时”特别讲究旅游的季节，袁宏道在游赏花卉上，提出了四季不同的条件：“不得其时，而漫然命客，皆为唐突。寒花，宜初雪，宜雪霁，宜新月，宜暖房；温花，宜晴日，宜轻寒，宜华堂；暑花，宜雨后，宜快风，宜佳木荫，宜竹下，宜水阁；淳花，宜爽月，宜夕阳，宜空阶，宜苔径，宜古藤巉石边。”赏花若“不论风日，不择佳地”，“此与妓舍酒馆中花何异哉”？① 不同的游人偏好不同的季节。孔尚任认为，春游多为豪华士女，秋天则合乎诗人之致，故秋游多为吟眺之诗人。不过，大多数的人倾向于春秋两季旅游。春天气候回暖，桃红柳绿，“猫冬”了一季的人们，争先恐后来到户外，享受明媚的春光；秋天秋高气爽，万山红遍，也是游山赏月的好时节。清代裘君弘在《春游所宜》中，提出“游最宜春”的观点，并具体指出“春游有三：游山宜幽人，游湖宜风雨，游园宜伉俪”。他还刻画了一幅生动迷人的游春图卷：“万花深处，百草丛中，燕燕于飞，莺莺巧唤，步步怜香踏去，齐齐带月归来，真一刻千金也。”② 李渔则偏向秋季出游，在《闲情偶寄》中说明：“过夏徂秋……又值炎蒸初退，秋爽媚人，四体得以自如，衣衫不为桎梏，此时不乐，将待何时？况有阻人行乐之二物，非久即至。二物维何？霜也，雪也。霜雪一至，则诸物变形。非特无花，亦且少叶；亦时有月，难保无风。若谓‘春宵一刻值千金’，则秋价之昂，宜增十倍。”③

不过风雅之士则能在四季之中游出不同的韵味，感受不同的光

① 袁宏道：《瓶史·清赏》，载《袁中郎随笔》，作家出版社1995年版，第256页。

② 裘君弘：《妙贯堂余谈》，四库全书存目本。

③ 李渔：《闲情偶寄·颐养部·秋季行乐之法》，作家出版社1995年版，第336页。

景。明代高濂在其“高子游说”中阐述了四时游览山水的游道。春游之道是：“时值春阳，柔风和景，芳树鸣禽，邀朋郊外踏青，载酒湖头泛棹。问柳寻花，听鸟鸣于茂林；看山弄水，修禊事于曲水。香堤艳赏，紫陌醉眠。杖钱沽酒，陶然浴沂舞风；茵草坐花，酣矣行歌踏月。喜鸂鶒□鸟之睡沙，羡鸥凫之浴浪。夕阳在山，饮兴未足；春风满座，不醉无归。此皆春朝乐事，将谓闲学少年时乎？”夏游之道是：“夏月则披襟散发，白眼长歌，坐快松楸绿阴，舟泛芰荷清馥，宾主两忘，形骸无我。碧筒致爽，雪藕生凉。喧卑避俗，水亭一枕来薰；疏懒宜人，山阁千峰送雨。白眼徜徉，幽欢绝俗，萧骚流畅，此乐何多？”秋游之道是：“秋则凭高舒啸，临水赋诗，酒泛黄花，馔供紫蟹。停车枫树林中，醉卧白云堆里。登楼咏月，飘然元亮高闲；落帽吟风，不减孟嘉旷达。观涛江渚，兴奔雪浪云涛；听雁汀沙，思入芦花夜月。萧骚野趣，爽朗襟期，较之他时，似更闲雅。”冬游之道是：“冬月则杖藜曝背，观禾刈于东畴；策蹇冲寒，探梅开于南陌。雪则眼惊飞玉，取醉村醪；霁则足蹑层冰，腾吟僧阁。泛舟载月，兴到郯溪，醉榻眠云，梦寒玄圃，何如湖上一蓑，可了人间万事。”因此感叹道：“四时游冶，一岁韶华，毋令过眼成空，当自偷闲寻乐。”① 对大部分的人来说，一年中大部分节令是人们的“游时”，可以出游玩赏。清人郎廷极《胜饮编》所列的“良时”达几十个之多，其中有许多是固定的传统节日，如上元灯宴、探春宴、踏青、春秋社会、修禊、泛浦、观竞渡、避暑会、巧夕、中秋等，贯穿一年四季。

旅游客体不仅讲究四时的变化，而且讲究早晚阴晴的殊异。景观的形成与时辰和日月紧密相关，吴从先称“晓看山，则青葱而玲珑，山如树也；晚看树，则盘郁而溟濛，树如山也”②。袁宏道认为西湖只有“朝日始出，夕春未下，始极其浓媚”，此中佳趣“安可为俗士道哉”！唐诗有“阴晴众壑殊”之说。明清人更能抓住阴晴变化的难得时机，来观赏不同的景致和况味。明成化间人史

① 高濂：《遵生八笺》之《起居安乐笺》下，“溪山逸游”。

② 吴从先：《小窗自纪》，湖北辞书出版社 1993 年版。

鉴便在雨中、雨霁的不同时节对同一景物进行游览。史鉴等人先在晴朗时游西湖，然后于雨中游西湖，发现景色别有一番情趣："是日风雨交作……顾望四出，云雾蒙幂，霮雺淋漓，俨如水墨画中。"同游者继南笑指曰："天殆欲别出一奇乎？"两天后雨霁，史鉴等又游西湖，"时宿雨新止，天宇朗然，日光漏云影中，乍明乍灭。群山尽洗，绝无尘土气。空翠如滴，众壑奔流，水色弥茫，湖若加广，草木亦津津然有喜色焉。遥望云气出山腹，如白浪大湖中汹涌不定"。① 史鉴等人可谓深通游道。《锡山景物略》卷2对春申涧的"时景"有生动的描绘：每当山雨欲来或秋水时注，急流湍飞，自峻岭争道而下，势如奔马，声如轰雷，愈上愈奇，游人"须逆流疾赴，始竟其妙，迟则逝矣"。"游时"还有赖于潮涨潮落所提供的特殊景致和难得时机：太湖石公山，"山小只里许，三面临水……以石擅天下"。但水浅时，玲珑石未见其奇。待秋水时至，嵌空玲珑，"皆汩没波涛中，独得其噌吰镗鞳、砯戛击之声"。②

时不我待，秉烛夜游。明清文人士大夫已经清晰地认识到"游时"的重要性了。

三、游主与游伴

游主，指旅游者本人，这里借"旅游主体"的部分词汇来指代主要游人。今天的术语"游客"将旅游者视为客人，而明清文人则将自已视为旅游对象的主人。袁宏道称"天目山某等亦有些分子"，就是这种意愿的表达。故本人以"游主"称主要旅游者。游伴，指"游主"的旅行伴侣。

明清文人士大夫对旅游者自身的旅游素质和眼界有许多要求。首先认为旅游者本人应该具有自由意志和自我精神。一位明代文人在陆树声的适园旅游后，作《陆宫保适园序》，强调旅游的自我

---

① 史鉴：《晴、雨、霁三游西湖》。

② 张海珊：《林屋纪游》，载谭其骧主编：《清人文集地理类汇编》第6册，浙江人民出版社1990年版，第997页。

性、自主性，说，“园之界限不在大小，以目与足所道为界”，“园之权在目与足，而目与足之权在我”，“先生以我适园而不以园适我，故杖履所至虽撤土卷石，宛若五岳砺而五湖带焉”。又说：“园有大小，景有高下，唯我是适，方得为山川风月之主。”他们对那些虽然身在山水之中，心却纠缠于俗务的旅游者，提出了讽刺。王思任《淇园序》指出：“有身处山而目不见山者，有目见山而心不见山者。”这些人算不了游主。游主应该是游览山川时融入自然，心与山水相合，才能真正欣赏自然美景，个人的心性才真有所获，为客体激发出热情。周忱认为旅游主体应具备“能至”、“能言”和“能文”三种素质。能至与其兴趣、闲暇和经费有关，能言、能文与其文化修养有关，三者皆备的旅游者并不常见：“天下山川，好之者未必能至，能至者未必能言，能言者未必能文。”游主的素质对于旅游效果的能否达成十分关键。《陈伯孺游草序》称：“夫游之难，游而有所受焉之难也。灵閟足以会心，陈迹足以兴感，流览足以畅耳目，啸咏足以俟千秋，伯孺于是为不廉矣。”沈恺在《环溪集·奇游漫记序》中也指出：“环宇内称山川之奇者不为少也，然奇不在山川，而所恃者以为奇者，岂不以人哉！”是人的感受成就了山川之奇妙。

在旅游主体与客体的关系中，明清文人认为山水与我合为一体，但以我为主，而以山水为宾。谢肇淛指出：“夫山水吾自有之，则吾主而山水宾也，吾借之以供杖履焉。赏谐而心会，一再游足矣。吾苟不自有之，而以还之天地，则天地无尽，而代吾有之者亦无尽，吾以倏然忽然之身，过其隙如山狨、海黾，老且死焉，不知其足也。不然者是其摩崖而颂，蜡屐而登，歔欷堕泪，而欲托焉者，尚未改色而白骨累累，已成劫灰矣。”① 不过，至明末，徐霞客则将这一观念发展为以山水为主，以我为宾，“以身许山水”，“丈夫当朝碧海而暮苍梧”，达到了以客观描写天下为己任的境界。②

① 谢肇淛：《小草斋文集》卷4，《游燕二集自序》。

② 周振鹤：《从明人文集看晚明旅游风气及其与地理学的关系》，《复旦学报》2005年第1期。

“游主”在旅游时，许多人是为了增长学问，锻炼文章，因此旅游者十分重视山水与文章的通融，认识到好文章一定要在游山玩水中产生，文章是靠山水自然涵养滋润的。钟惺在为曹学佺的《蜀中名胜记》作的序中称：“要以吾与古人之精神，俱化为山水之精神，使山水文章不作两事，好之者不作两人。人无所不取，取无所不得。则经纬开合，其中一往深心，真有出乎述之外者矣。”通过山水与文章的融合，实现物我合一、天人合一的最高境界。将文字与山水相比附，意在说明文字与山水具有通融性。陈仁锡在《昭华管序》中指出：“文字，山水也；评文，游人也。夫文字之佳者，犹山水之得风而鸣，得雨而润，得云而鲜，得游人闲懒之意而活者也。游人有一种闲懒之意，则评文之一诀也。”

“游伴”是“游主”的配角。现代英雄式的探险旅游强调个人的独行，以挑战生理极限；而在中国古代，旅游须结伴而行。如果孤身独往，会出现马致远《天净沙·秋思》所描写的断肠景象。结伴而游，穿行于山川之间，凭吊于古迹之上，相互切磋，其乐趣远胜孤身独游。归庄前往吴中赏花时，同游“无一俗士”，多为地方骚客酒人、道流名僧，甚惬其心，因而感叹道：“亦穷愁中一快事也!”① 好的游伴往往令人旅途愉快。明代邹迪光一行七人乘舟游览吴门，七人各逞技能，或善绘，或善诗，或善琴，或善管，或善歌，或擅丝竹，边行边乐，其乐融融。与此相对，李流芳一人夜游虎山，虽有月下清景，但因其四位好友未能共此“清缘”，游趣随之减半。然而，在旅游中，“觅侣政自难”，志同道合的游伴也不是好寻的。袁中道在《偶游图小序》中指出：“忙不与吾之闲相契，则不可侣；闲不与吾之闲相值，则亦不能侣。”游伴的邀请应与游赏的对象相适应、相结合。吴从先在《小窗自纪》中提出应视游览对象的差异而选择不同的游伴：“赏花须结豪友，观妓须结淡友，登山须结逸友，泛水须结旷友，对月须结冷友，待雪须结艳友，饮酒须结韵友。”然而，真正按此标准寻找，有时根本无法如愿，因此对于游伴要能求同存异。张海珊认为，有的游伴“事事

① 归庄：《归庄集》卷6，《观梅日记》，中华书局1986年版。

求精，常欲求所为洞天福地、瑶阶玉房者，非是则不乐”，有的游伴“志在栖隐，一树一石皆可盘礴以终日”，这都无碍大局，跟着这些同游人，求同存异，甚至能培养自己的审美情操。他在《林屋纪游》中说：“或小异而不害同，所以增长道心，消除习气。”

对于游伴的探讨，谢肇淛有深刻的体会。在《五杂组》中指出：旅游时与做官的朋友同游，有利于经费、舟车和人员的解决：“游山不藉仕宦，则厨传舆儓之费无所出。”但与做官的朋友同游，又有许多问题：“仕宦游山，又极不便。侍从既多，不得自如，一也；供亿既繁，彼此不安，二也；呵殿之声，既杀风景，冠裳之体，复难袒跣，三也；舆人从者，惮于远涉，羽士僧众，但欲速了。崄巇之道，恐舁夫之谇语；奇绝之景，惧后来之开端。相率导引于常所经行而止，至于妙踪胜赏，十不能得其一二也。”他提出旅游的游伴最好是志同道合的当地朋友，或者是当地的道士与高僧，“故游山者须藉同调地主，或要丘壑高僧策杖扶藜，惟意所适。一境在旁，勿便错过；一步未了，莫惮向前。宁缓毋速，宁困无逸，宁到头而无所得，毋中道而生厌怠”。旅游时的游伴不要太多，“携友勿太多，多则意趣不同……勤干见解之奴，常鼓其勇；富厚好事之主，时借其力”，特别是“勿偕酒人，勿携孱伴”。①

游伴的讲究，是游道的重要内容之一，对于提升旅游品质、增强旅途的愉悦有极大的帮助。当然，游兴的提高，还有赖于游具与游术的支持。

四、游具与游术

1. 游具

“游具”也是游道讨论的内容之一。所谓游具，就是出游时选择的代步工具和携带的生活用品，如车船、轿舆、茶酒具等物。游具可以极大地方便人们出游，提高游主的游兴。关于游具，明清文人都有不同的总结和研究。

---

① 谢肇淛：《五杂组》卷4，辽宁教育出版社2001年版，第70页。

明人高濂在其《遵生八笺》之《起居安乐笺》下卷“游具”条中，对旅游的工具作了详细的解说。这些游具有：一、竹冠：以偃月和高士两种制式为佳，间以紫檀黄杨制作，后来多用瘿木制作，但“以此束发，终少风神”。二、披云巾：踏雪时应当制成臞仙云巾，用缎或毡制作。“扁巾方顶，后用披肩半幅，内絮以绵，或托以毡，可避风寒，不必风领暖帽作富贵态也。”三、道服：以白布制作的为佳，四边镶以黑布也行。次用茶褐布为袍，四周缀以黑布或黑绢，是“策蹇披雪避寒”不可少的服饰。四、文履：用白布作鞋，用一尺三四寸的黑丝绦一条，折叠后装饰鞋头。五、道扇：有用纸糊的，有用竹编的。以竹根紫檀妙柄为美。六、拂尘：古有红拂麈尾，红拂是富贵家所用之物，与麈尾一样，都不容易获得。后来以天生竹边如灵芝如意形状的，斫为拂柄，甚雅。其拂则以长棕制作，以白尾为妙。七、云舄：以蓑草及棕毛制作，云头像芒鞋。有时以白布制鞋，青布作高挽云头，鞋面以青布作条，是“山人济胜之具”。八、竹杖：惟合竹为佳，也有用字竹、方竹、老竹鞭制作的。后来有用荆木制作成杖的，在其根部雕成双芝，“摩滑如玉，亦可人意”。九、瘿杯：用长成杯形的木节，制作成杯，以桃杯、莲杯和芝杯为最佳。十、瘿瓢：“山人家携带用以饮泉”，大者不过五六寸，而小者只有它的一半。十一、斗笠：一种是云笠，用细藤编成，宽二尺四寸，以黑绢蒙在外缘，“以遮风日”。一种是叶笠，以竹丝编成，上用槲叶细密铺盖。十二、葫芦：以天生一寸小葫芦，最可人意，“用以缀为衣纽，又可悬于念珠”。有的在杖头挂带二三寸的葫芦，用以盛药。十三、药篮：内装应验方药、膏药，以便随处济人，山童携之，“亦多物外风致”。十四、棋篮：以藤编为篮，内装围棋罐子。永嘉人以藤编为罐，制巧用坚，虽坠地触石，毫无损裂。携带棋篮，轻便可爱，“诚游具中一妙品也”。十五、诗筒葵笺：诗筒就是贮诗稿的竹筒。葵笺是用带露的蜀葵叶研汁，将汁用布揩抹于竹纸上，俟稍干，用石压平作成的稿笺，“绿色而泽，入墨觉有精采”。十六、韵牌：即刻诗韵上下二平声为纸牌，每韵一叶，总三十叶。“山游分韵，人取一叶，吟以用韵，似甚便览”。因为“山游水泛，无暇作长篇仄韵”，于是创制此韵牌以便取用。十七、叶笺：用蜡板在纸上碾磨上光成叶纹，剪裁成叶状，“红色者肖红叶，绿色者肖蕉叶，黄色者肖贝叶”。用蒲团、棕团或青毡围坐，席地赏花，随意赋诗于叶笺上。十八、衣匣：以杉木制成，外蒙以皮，高五六寸，“携于春时，内装绵夹便服，以备风寒骤变。夏月装以夹衣。秋与春同。冬则绵服暖帽围项等件。匣中更带搔背、竹钯，并铁如意，以便取用”。十九、便轿：坐身凉簟，而凉簟用机关装置，无论上山下山，都能保持平衡，如履平地，没有前扑后仰之患。二十、轻舟：“用以泛湖棹溪，形如划船，长可二丈有余，头阔四尺，内容宾主六人，僮仆四人。中仓四柱结顶，幔以篷簟，更用布幕走檐罩之。两旁朱栏，栏内以布绢作帐，用蔽东西日色，无日则悬钩高卷。中置桌凳。后仓以蓝布作一长幔，两边走檐，前缚中仓柱头，后缚船尾钉两圈处，以蔽僮仆风日，更着茶炉，烟起恍若图画中一孤航也。舟惟底平，用二画桨，更佳。”二十一、叠桌：“二张，一张高一尺六寸，长三尺二寸，阔二尺四寸，作二面折脚活法，展则成桌，叠则成匣，以便携带席地，用此抬合，以供酬酢。其小几一张，同上叠式，高一尺四寸，长一尺二寸，阔八寸，以水磨楠木为之，置之坐外，列炉焚香，置瓶插花，以供清赏。”二十二、提盒：高一尺八寸，长一尺二寸，入深一尺，像小厨一样。“下留空，方四寸二分，以板匣住，作一小仓，内装酒杯六，酒壶一，箸子六，劝杯二。上空作六格，如方盒底，每格高一寸九分。以四格，每格装碟六枚，置果肴供酒觞。又二格，每格装四大碟，置鲑菜供馔箸。外总一门，装卸即可关锁，远宜提，甚轻便，足以供六宾之需”。二十三、提炉：形如提盒，高一尺八寸，阔一尺，长一尺二寸，作三撞。“下层一格，如方匣，内用铜造水火炉，身如匣方，坐嵌匣内。中分二孔，左孔炷火，置茶壶以供茶。右孔注汤，置一桶子小镬有盖，顿汤中煮酒。长日午余，此镬可煮粥供客。傍凿一小孔，出灰进风。其壶镬迥出炉格上太露不雅，外作如下格方匣一格，但不用底以罩之，便壶镬不外见也。一虚一实共二格，上加一格，置底盖以装炭，总三格成一架，上可箭关，与提盒作一副也。”二十四、备具匣：以轻木制作，用皮蒙之，涂以厚漆，高七寸，阔八寸，长一尺四寸。“中作一替，上浅下深，置小梳匣一，茶盏四，骰盆一，香炉一，香盒一，茶盒一，匙箸瓶一。上替内小砚一，墨一，笔二，小水注一，水洗一，图书小匣一，骨牌匣一，骰子枚马盒一，香炭饼盒一，途利文具匣一，内藏裁刀、锥子、挖耳、挑牙、消息肉叉、修指甲刀锉、发刡等件，酒牌一，诗韵牌一，诗筒一，内藏红叶各笺以录诗，下藏梳具匣者，以便山宿。外用关锁以启闭，携之山游，似亦甚备”。二十五、酒尊：“注酒远游，古有窑器甚佳，铜提次之，近以锡造者恶甚。余意磁者负重，铜者有腥，不若蒲芦作具，内用坚漆，挟之远游，似甚轻便。山游当与已上三物，束以二架，共作一肩，彼此助我逸兴。”高濂提出的“游具”，有许多是他自己的发明，对一般人而言，如果将上述游具置齐，不仅繁琐，而且也是一个沉重的负担，对游兴也有打击。当然，对高濂这种有条件的风雅之士，有了上述游具的保障，游兴或可更高。正如谢肇淛所言“资粮勿太悭，悭则意兴中败”。①

除了高濂外，明清还有不少人对游具有探究。屠隆在《游具笺》中对游具也有介绍，计有：笠、杖、渔竿、舟、叶笺、葫芦、瓢、水火篮（即药篮）、衣匣、叠桌、提盒、提炉、备具匣、酒尊等。有不少与高濂所述相同。曹庭栋在《老老恒言》中，也列有茶具、果饵、食篦、小舟、游山鞋、折叠凳、笠、将军套等游具。

游具方便了旅行生活，解除了后顾之忧。如竹杖，是游人登高下山的辅助工具，袁枚在《杖铭》中指出：“自得此君，山之巅，水之薮，俱为吾有。”除拄杖外，旅游鞋、登山负物木架等，对登山涉水也有相当大的帮助。清代皇帝便备有此等游具。昭梿曾讲述道：“盛京清宁宫贮文皇帝时糠灯，屡见纯皇帝之诗。又崇谟阁藏高皇帝旧履，以牛皮为之舄，护以绿皮云头。又有先朝登山负物木架，所持拐杖，皆白木为之，制甚朴素。”②

游具中，旅游图和导游画册是明清游人十分看重的。晚明出现

---

① 谢肇淛：《五杂组》卷4，辽宁教育出版社2001年版，第70页。

② 昭梿：《啸亭杂录》卷8，“盛京先朝旧物”，中华书局1980年版，第249页。

了图文并茂、介绍山川景点的书籍。此风起自万历三十七年（1609年）杨尔曾辑刻的《新镌海内奇观》一书，内有全国各地风景名胜130余幅，开后世“名山记”有图之先河。清代取而代之的是个别的山川地理志的大量出版，通过冠以某某“图经”或某某“志”，以为清代士大夫在旅游时提供参考。同时，晚明流行写实山水画，被人称为“卧游册”，比游记更具直观性和吸引力。何良俊《四友斋丛说》称：“余观古之登山者，皆有游名山记，纵其文笔高妙，善于摩写，极力形容，处处精到，然于语言文字之间，使人想象，终不得其面目。不若图之缣素，则其山水之幽深，烟云之吞吐，一举目皆在，而吾得以神游其间，顾不胜于文章万万耶。”① 在旅游风气的影响下，明中期以后兴起了一种新形态的山水画作——“纪游图”，是画家在游览后画下的山水风景，并标出名胜或风景的名称，且在画面上时常有一条明显的游览路径，以及游人的观赏活动或行进的过程。如沈周的《张公洞图卷》及《虎邱图册》、吴宽的《虞山纪游图卷》，陆治和钱谷各自的《白岳游图册》等，画中主要描绘前往白岳沿途的美妙风光与游览路线，并且以文字述说各景点的史迹与自己游历的经过，② 显然可以将其作为旅游的指南。明末清初，人们还发明了旅游手帕。1997年，在三峡车溪一个农民家中发现了一块古代“旅游手帕”。在一块40公分见方的明末清初手帕上绣着24句回文诗，记载了中国古代18个省的主要名胜地名。手帕质地为白色“家织布”，上面用黑色丝线绣出了168个汉字，这些字横排14格，竖排12格，横竖都能形成句子，共可以读出18个省的名山秀水和旅游地名。

在诸多游具中，明清文人对舟最为偏好。文震亨《长物志》卷9特别指出，舟行为人生适意之事：“用之祖远饯近，以畅离情，用之登山临水，以宣幽思；用之访雪载月，以写高韵。或芳辰缀赏，或靓女采莲，或子夜清声，或中流歌舞，皆人生适意之一端

---

① 何良俊：《四友斋丛说》，中华书局1982年版，第257页。

② 参见巫仁恕，狄雅斯：《游道——明清旅游文化》，三民书局2010年版，第101~106页。

也。”认为“宏舸连轴，巨舰接舻”，非“素士”所能置办，而蜻蛉、蚱蜢等普通小舟“不堪起居”，楼船、方舟等又“皆俗”，可行的方案是将船造成具有“俨若精舍”的雅观外形，具有“登山临水”、“访雪载月”的实用功能，容积大小要能够容得下歌伎戏班；若是小船，则应“以蓝布作一长幔，两边走檐，前以二竹为柱，后缚船尾钉两圈处，一童子刺之”，以此“执竿把钓，弄月吟风”，方显雅士的风流。伍光宇十分讲究游艇的游具之道，陈献章对此十分羡慕，指出：“南山之南有大江，君（指伍光宇）以意为钓艇，置琴一张，诸供具其中，题曰‘光风艇’。遇良夜，皓魄当空，水天一色，君乘艇独钓，或设茗招予共啜。君悠然在艇尾赋诗，傲睨八极，予亦扣舷而歌，仰天而啸，飘飘乎任情去来，不知天壤之大也。”① 明代渔读居士何绍元“取适于‘渔’”，喜欢驾艇出游：“尝读书遇良夜，皓魄当空，水天上下一色，居士手持竿线，呼童冠三五，高歌走舴艋，遨嬉于江。归则焚香呫哔，坐窗下吟哦，过夜分不寐，以为常。尤喜饮酒，子弟取杜诗之可歌者为越声，歌以侑觞，居士然颓真率。从之饮者，孔伯平、胡孟时、吴侃、王子儒，皆乡之名士，非四人之俦者，弗与饮焉。”② 文人雅士依据特殊的审美对象而选择相应的游具。清孙嘉淦在《南游记》中记载了舟游之乐：“人在舟中，两岸之山，次第从船窗中过，如画图徐展。舟行之乐，无逾于此。”据陈去病《五石脂》载，有些士大夫甚至家置游艇一艘，以备旅游：“据父老说，第就松陵下邑论，则垂虹桥畔，歌台舞榭相望焉。……而松陵水乡，士大夫家，咸置一舟，每值嘉会，辄鼓棹起之，瞬息百里，不以风波为苦也。”乘船旅游的确是一种重要的旅游方式，至今也有富豪家置游艇一艘，不过都是在海中漫游，与古代多置艇于江河湖泊中漫游稍异。

---

① 陈献章：《伍光宇行状》，载《陈献章集》，中华书局1987年版，第103~104页。

② 陈献章：《渔读居士墓志铭》，载《陈献章集》，中华书局1987年版，第95页。

古人偏爱舟游，有其原因，乘车则陆游，乘舟则水游，陆行则劳，水行则逸，故游居于山水间“莫宜于舟”①。康熙帝《操舟说》道：“器之利用而致远者，陆行莫如车，水行莫如舟。舟之为用也，逸于车。”舟游可随处而憩，在风景不佳时可就寝赶路。魏源《西湖夜月吟》所说：“游湖贵以舟为屋，切莫住城与住陆。夜移湖畔晚就山，所至湖山同寝宿。”潘子恒半生游吴越，大多水宿舟居，对舟游体会颇深，以为舟居胜于岩楼陆处，“以游以遨，无昼无夜，可坐卧而行远也”！② 乘舟以行，可一边赏风景，一边以诗酒取乐。袁中道于万历间买一小楼船“汎凫”，内载书画，由公安沿江东下南京，一路上尽览两岸风物，“当其波光皓淼，远山点缀，四顾无际，神闲意适，或驾长风，一刻百里；或泛明月，积雪照人，曷尝不快”！又赖“舟中力”，“一入舟，则诗思泉涌”，真可谓“天下之乐莫如舟中”！③ 无锡人邹迪光与七位各怀妙技的游伴舟游吴门诸山，舟行途中行酒取乐，好不快哉：“同行者有微酡者，有既醉者，有傞傞以舞者。酒半，各以技进，先歌，次琴，次管，次诗。”邹氏为诗一章，令他人用羽声嘘之，悠扬之声，使“渚云不流，汀鸟群集”。④ 陈继儒在《岩栖幽事》中，兴高采烈地阐述了舟游之乐：“住山须一小舟，朱栏碧幄，明棂短帆，舟中杂置图史鼎彝，酒浆荈脯。近则峰泖而止，远则北至京口，南至钱塘而止。风利道便，移访故人，有见留者，不妨一夜话、十日饮。遇佳山水处，或高僧野人之庐，竹树蒙茸，草花映带，幅巾杖履，相对夷然。至于风光淡爽，水月空清，铁笛一声，素鸥欲舞。斯也避喧谢客之一策也。”在某景点专门置备的游船，分画舫、楼船、划船、小船等类，对于有曲房露台、畅如熙春式的画舫楼船，文士雅士斥之为“诸式皆俗”，而对轩敞无障蔽之水筏，觉得与水贴

---

① 厉鹗：《樊榭山房文集》卷5，《舟庵记》，四部丛刊初编本。

② 潘子恒：《南陔六舟记》，《说郛》本。

③ 袁中道：《珂雪斋集》卷15，《前凫记》，上海古籍出版社1989年版。

④ 邹迪光：《郁仪楼集》卷36，《游吴门诸山记》，四库全书存目本。

近，更为自然，称之为“水嬉之大观备是矣”！①

明清人的日记与小说中，记载了旅游时所使用或携带的游具和行李情况。焦循嘉庆元年九月二十一日记：“收拾行李，与江补僧约坐船回家”，所带的行李有“竹包箱、包袱、行李、帽盒、铜盒、二子竹箱包袱、便壶、马子”。② 小说《歧路灯》称谭绍闻“叫德喜跟着，拿了银子到笔墨铺、绸缎店置买东西。装了一个皮箱。又买了商家一个桐木货箱，装上笔墨。遂叫的小车行雇觅一把双手孝感车儿（一种供人乘坐的独轮手推车），择日起程。王氏叫巫翠姐整了饯行小内宴。次日出门，皮箱货箱煞在车上，褡裢被窝装在一旁，谭绍闻或坐或走，公然是个走世道、串衙门的行径”③。该小说还叙述某年二月初二日，“谭抚台到任”时所使用的游具：“先一日黄河大渡官船彩画的如五色大虬一般，闯门大敞，纱窗四张，中间一根钻天高大桅，半空云中飘着一面大旗，上写‘巡抚部院’黑布缝的字画。随带五六只大船，四乘轿，二马车，大车十辆，皮箱几百个，被套衣褡数十捆，从陈桥摇摆而来。”④ 这些记载，从一个侧面反映了明清游具的情况，以及文人们对游具讲究的时代背景。

2. 游术

“游术”是明清文人士大夫们讲究的具体的旅游方式和游览花样，通过对游术的追求，以达到旅游审美的最大收获和最高的娱乐兴致。商人的游术十分简单明了，路程书提醒商旅“日怕调包，夜防偷换、打闷棍者”。然而，对于有文化素养的明清文人士大夫而言，游术是一个十分复杂而困难的理论问题。洪若皋提出“游

① 潘子恒：《南陔六舟记》。

② 参见巫仁恕，狄雅斯：《游道——明清旅游文化》，三民书局 2010 年版，第 77~78 页。

③ 李绿园：《歧路灯》，中州古籍出版社 1998 年版，第 532 页。

④ 李绿园：《歧路灯》，中州古籍出版社 1998 年版，第 782~783 页。

名山固未易言也”① 的命题，就强调了“游术”的重要性和复杂性。为了提高游览的效率和审美的兴致，明清文人士大夫提出要有对旅游行程的合理安排和旅游线路的设计方案。如对元墓探梅这一著名景点，据《吴郡岁华纪丽》卷 2 载，袁景澜在实地考察后，设计了探梅的程序与路线，不仅指出了游览最佳路线，而且还介绍了沿途所观赏的主要景点。在旅游技巧处理上，董闻京认为，善游者，应“乘兴往，择地息，留余返，与木石鹿豕相燕处焉”②。沈德潜在《游虞山记》中也说：“得半而止者，转使人有无穷之思也。”认为旅游应留有余地和余韵，以便下次还有游览的欲望。不过也有不同意见，谢肇淛在《五杂组》中认为“一境在旁，勿便错过；一步未了，莫惮向前。宁缓毋速，宁困毋逸。宁到头而无所得，毋中道而生厌怠”。

明清游术中，有强调遇景则游，实景实游者，而与此相反的，则强调脱离实景的“神游”或“卧游”。自然山川有其自身的美感，“凡物之生而美者，美本乎天者也，本乎天自有之美也”③，因此对自然景观，必须实景实游。周镐在《游北固山记》中指出“善游者，目无虚视，耳无虚听，足无虚步”，强调旅游必须身体力行，“非亲览不知”，不能纸上谈游，依据前人或他人所作记文图画去作“神游”或“卧游”，那样难以有体验的愉悦感。④ 王士性的观点与此相似，提出遇景则游，胜于枕上读游记或图经：“吾视天地间一切造化之变，人情物理，悲喜顺逆之遭，无不于吾游寄焉。当其意得，形骸可忘。”⑤ 在《五岳游草自序》中，他还指出：“昔人一泉之旁，一山之阻，神林鬼塚，魑魅之穴，猿狖所家，鱼龙所宫，无不托足焉，真吾师焉。岂此于枕上乎何有？遇佳

① 洪若皋：《南沙文集》卷 4，《鲍让侯天台山游草序》，四库全书存目本。

② 董闻京：《复园文集》卷 4，《游西山记》，四库全书存目本。

③ 叶燮：《已畦集》卷 6，《泾水园记》，四库全书存目本。

④ 姚鼐：《惜抱轩文集后集》卷 10，《宁国府重修北楼记》。

⑤ 王士性：《王士性地理书三种》，上海古籍出版社 1993 年版，第 29 页。

山川则游。"① 实景实游要求对风景深入细致的观赏，反对旅游时走马观花。清朱锡绶称："美味以大嚼尽之，奇境以粗游了之，深情以浅语传之，良辰以酒食度之，富贵以骄奢处之，俱失造化本怀。"② 与实景实游相反，一些人则强调脱离具体景观的"神游"或"卧游"。据《兔柴记》称："余村居二纪，不能买山乞湖，幸有《草堂》、《辋川》诸粉本，著置几案。日夕游于枕烟庭、涤烦矶、竹里馆、茱萸沜中，盖公之园可画，而余家之画可园。"有人则迷恋于逍遥之游般的"神游"：《记游稿序》称"吴人游者始于季札"，作者于是决心"候天下他日游道少清，我当从尔，骑泱莽之鸟，相与穷无穷而极无极"。后一种旅游，其收获显然不如前者。

游术在欣赏自然景物上，不仅要求实景实看，而且讲究超越实景，从宇宙间灵秀清雅环杰之气的高度去观察。唐顺之认为观山有肉眼、法眼、道眼之分，但不论何"眼"，总离不开"眉发相山川"与"精神相山川"两种："若以眉发相，则谓剑阁之不如秦中，而金陵、吴会之不如剑阁，可也。若以精神相，则宇宙间灵秀清雅环杰之气，固有秦中所不能尽，而发之剑阁；剑阁所不能尽而发之金陵吴会；金陵吴会亦不能尽，而发之遐陋僻绝之乡。"③ 这样才能将悦耳悦目，提升到悦心悦意乃至悦志悦神的高度。在欣赏自然景物时，游术还讲究及时领略，并及时记录："每到境界，切须领略。时置笔砚，以备遗忘。此游山之大都。"④

不守成规或创造性地旅游，让人更能体会景物的美丽和特色。孙嘉淦在《南游记》讲他在杭州见到钱塘江后，"急欲至湖上"。当地居民告诉他："游西湖者，陆轿而水船。"他却回答道："不

---

① 王士性：《五岳游草自序》，载贺复征编：《文章辨体汇选》卷 333，《序》。

② 张潮等：《幽梦三影·幽梦续影》，湖北人民出版社 1992 年版，第 165 页。

③ 唐顺之：《荆川先生文集》卷 7，《答茅鹿知门县》，四部丛刊初编本。

④ 谢肇淛：《五杂组》卷 4，辽宁教育出版社 2001 年版，第 70 页。

然，江山之观，一入轿船，则不能见其大，且异境多在人迹罕至之处，轿与船不能到也。”于是步行至苏堤，展开其丰富多彩的西湖之游。① 袁宏道《雨后游六桥记》创造性地将赏落花与饮酒作罚结合起来：“寒食后雨，予曰：此雨当为西湖洗红，当急与桃花作别，勿滞也。午霁，偕诸友至第三桥，落花积地寸余，游人少，翻以为快。忽骑者白纵而过，光晃衣，鲜丽倍常，诸友白其内者皆去表。少倦，卧地上饮，以面受花，多者浮，少者歌，以为乐。偶艇子出花间，呼之，乃寺僧载茶来者。各吸一杯，荡舟浩歌而返。”②表现出十足的雅趣，是对游术的创新。

游术讲究根据自然景观的本身特点，来确定游览的角度和距离，达到最佳的欣赏效果。慎蒙就曾提出，自然景观有以“外景而增胜者”，有“直自本体而称胜者”，前者只能远视，如镇江金山；后者则非进山不能领略其美，如焦山。③ 因此，不同的山川景物，应有不同的观赏方法，根据距离的远近、景物的取舍和角度的变换等，掌握不同的审美技巧。程正揆提出：“曲山看水，幽山看云，密山看雨，旷山看雪，髡山看石，淡山看烟，亢山看月。”④袁中道在《三游洞序》中提出：“江声滂湃，听宜远；溪声涵淡，听宜近。”谭元春在《游玄岳记》中认为：“善游岳者先望，善望岳者逐步所移而望之……善辞岳者亦逐步回首而望之。”有人则对旅游客体的观察视角及其效果有深刻的体察：“夫山远而缓，则乏神；逼而削，则乏态。”⑤

① 贺长龄，魏源编：《清经世文编》卷六，“学术”六，中华书局 1992 年版，第 171～177 页。

② 袁宏道：《雨后游六桥记》，载《袁中郎随笔》，作家出版社 1995 年版，第 18 页。

③ 慎蒙：《镇江纪行》，四库全书存目本。

④ 程正揆：《青溪遗稿》卷 18，《白云看月记》，四库全书存目本。

⑤ 袁宏道：《由水溪水至水心崖记》，载《袁中郎随笔》，作家出版社 1995 年版，第 54 页。

明清文人深知“游道如海”，“游何容易也，而亦何容易告语人也”。① 旅游的效果还与途中的遭遇有密切关系。明末长洲人杨补在《游黄山记》中称：“景象晦明，伴侣静躁，胜具艰易，兴志坚堕。随所遭而乖合攸分，游政之成败系焉。”“游道”的综合性与复杂性，使得形神一致的高质量的旅游常难企及。对此，文人士大夫提出虽然旅游环境无法改变，但能够改变游主的心境。清人李渔便特别提出了“道途行乐之法”，指出：“‘逆旅’二字，足概远行，旅境皆逆境也。然不受行路之苦，不知居家之乐，此等况味，正须一一尝之。予游绝塞而归，乡人讯曰：‘边陲之游乐乎？’予曰：‘乐。’有经其地而惮焉者曰：‘地则不毛，人皆异类，睹沙场而气索，闻征鼓而魂摇，何乐之有？’予曰：‘向未离家，谬谓四方一致，其饮馔服饰皆同于我，及历四方，知有大谬不然者。然止游通邑大都，未至穷边极塞，又谓远近一理，不过稍变其制而已矣。及抵边陲，始知地狱即在人间，罗刹原非异物，而今而后，方知人之异于禽兽者几希，而近地之民，其去绝塞之民者，反有霄壤幽明之大异也。不入其地，不睹其情，乌知生于东南，游于都会，衣轻席暖，饭稻羹鱼之足乐哉！’此言出路之人，视居家之乐为乐也；然未至还家，则终觉其苦。又有视家为苦，借道途行乐之法，可以暂娱目前，不为风霜车马所困者，又一方便法门也。向平欲俟婚嫁既毕，遨游五岳；李固与弟书，谓周观天下，独未见益州，似有遗憾；太史公因游名山大川，得以史笔妙千古。是游也者，男子生而欲得，不得即以为恨者也。有道之士，尚欲挟资裹粮，专行其志，而我以糊口资生之便，为益闻广见之资，过一地，即览一地之人情，经一方，则睹一方之胜概，而且食所未食，尝所未尝，蓄所余者而归遗细君，似得五侯之鲭，以果一家之腹，是人生最乐之事也，奚事哭泣阮途，而为乘槎驭骏者所窃笑哉？”② 这是深通游道

① 王思任：《纪游引》，载《王季重小品》，文化艺术出版社 1996 年版，第 138~139 页。

② 李渔：《闲情偶寄·颐养部·道途行乐之法》，作家出版社 1995 年版，第 333~334 页。

的认识。通过心境的转换，也能使旅途生活十分愉快。

游术还包括旅游经验，徐霞客在长期的旅游生涯中，形成了许多行之有效的经验：注意循溪谷而行，登山时注意依山脊而行，以节省体力；每至一地，必定寻当地向导，模仿他们的攀登动作，冬季用杖在冰地上凿孔以便措足，游岩洞则匍匐蛇行等。

明清文人士大夫从游道中体悟出许多人生哲理。清人朱锡绶在《幽梦续影》中指出："高柳宜蝉，低花宜蝶，曲径宜竹，浅滩宜芦，此天与人之善顺物理，而不忍颠倒之者也；胜境属僧，奇境属商，别院属美人，穷途属名士，此天与人之善逆物理，而必欲颠倒之者也。"① 对于明清文人士大夫中"游道"盛行的原因，巫仁恕用柯律格的理论指出，士大夫在日益受到富商阶层权势挑战而"焦虑"不已的语境中，用生活的高雅"品位"来保持社会地位。因为旅游本身是一种"炫耀性消费"，但是明代中期以后已经从士大夫向大众倾斜，富商的雄厚财力对士大夫形成了更大的冲击，士大夫只得以"游道"的雅俗之别来贬低对手的豪奢，强化自身的身份象征。② 针对豪富而区分雅俗的动机的确存在，陈继儒就说"毋与客贾肩随而趋，为青莲老子所笑"，但此动机是否完全属于"身份地位的危机感与焦虑感"仍值得探讨。其实，中国文化本身自古就存在着独立于社会权势竞争之外的雅俗之别，不应该完全断定是士人受到冲击而刻意用雅来对抗富豪之俗的一种"焦虑"行为。

第八节 明清旅行设施

明清旅行游览设施，像前代一样，也包括景观设施、道路、驿站、旅舍、餐饮店等，只是这些设施较前代更加完善和方便。道路桥梁的建设，属于交通史的范围，本书不拟多言，重点对其他旅行

---

① 张潮等：《幽梦影·幽梦续影》，湖北人民出版社 1992 年版，第 180 页。

② 巫仁恕，狄雅斯：《游道——明清旅游文化》，三民书局 2010 年版。

游览设施一一介绍。

一、遍地兴建的景观设施

明清时期，随着商品经济的繁荣，旅游活动大兴，与之相应，各地的旅游景观开始较大规模地建设。

首先是皇帝大规模兴建供游玩用的离宫禁苑。这是继承了商纣王鹿台、汉武帝上林苑、宋徽宗艮岳的传统。明代皇帝在紫禁城的东边修有东苑，西边修了西苑，还有南边建有南苑。西苑即今中南海，皇帝不仅与其太后、后妃和皇子在此游乐，有时还与大臣同游禁苑，通过“君臣同游”加强君臣之间的感情沟通，据《皇明异典述》卷六《赐禁苑乘舆》载，宣宗时，“张太师辅、蹇少师义、杨少傅士奇、夏少保原吉、杨宫傅荣、金宫保幼孜于西苑燕游，俱骑而从。时致仕少保黄淮以谢恩至京，亦得从，因病瘵，特给肩舆”。嘉靖中，“勋辅郭太师勋、夏少师言等前后以入直西城，赐乘马；夏公及翟少傅銮乃私以小舆，使人腰之而行。上闻不善也。最后，分宜以老，特许乘腰舆，年八十加恩赐肩舆。俱禁中古今所未有之典”。《明世宗宝训》载，嘉靖十二年四月戊子，世宗“游西苑宝月亭，召大学士张孚敬、李时、方献夫、翟銮”，对他们说“此亭去年讫工时，卿孚敬不在。今与卿等同游”，遂“命赐茶，仍命司礼监官引入遍观”。世宗则“驾发御清馥殿，复召孚敬等入见左室”，对他们说：“前是锦芳亭修旧耳，因荒落，故建此殿。去年讫工时，亦因卿孚敬不在，故与卿等同观。”复赐酒饭，赐扇，赐芍药花。三天后，世宗“复幸南城，演新乘马，御环碧亭，召孚敬等入见。寻华殿赐孚敬等酒饭”，谕之曰：“今日朕以演马出，与卿等同游。即以其事为题，卿等人各作七言律二章、古乐府二首来看。”这是西苑的建设与游玩的情形。

南苑时亦称南海子。据《帝京景物略》载，南海子，方一百六十里，中有殿。殿旁晾鹰台，台临三海子，筑七十二桥以渡。元之旧物也。正德十一年，录自宫男子 3 400 余人，到南海子充海户，维护和管理南苑的动植物。正德十二年正月，武宗在郊礼天地后，驾临南海子游猎。黎明时分，文武诸大臣追赶而至，当时武宗正在“纵猎”，下令关闭苑门，不让群臣进入。晡时传旨，令诸大臣先还宫，候于承天门。夜半，武宗车驾始回皇宫，御奉天殿，群臣行庆成礼。第二天，将在南海子猎获的獐、麂、麞、兔，分赐给府部大臣、翰林五品以上及科道官员。同时在左顺门赐文武群臣银牌，一、二、三品官员的银牌上镂刻着“庆功”，四、五品镂刻的是“赏功”，各披以红簪花，次第而出。这次幸南海子前，武宗虽然时常微服出行，但还比较隐讳，到这时，竟明目张胆地宣谕，外廷大臣无人敢争。十天内，武宗再次游猎南海子。七月，武宗又私幸南海子，西行经畏吾村、大佛寺，然后登临西山。

清代皇家修离宫禁苑超过了明朝，像颐和园与圆明园这样的大规模游苑，就为前明所不及。乾隆斥巨资在北京西北郊营造繁华无双的皇家园林“圆明园”。东造琳宫，西增复殿，南筑崇台，北构杰阁，处处巍峨华丽。又令文人学士和良工巧匠，精心布局，倾力营造，凿池叠石，栽林莳花，繁丽之中，点缀景致，春秋冬夏，四时相宜。还下令各省地方官搜罗珍禽异卉，古鼎文彝，把中外九万里的奇珍，上下五千年的宝物，一齐聚藏离宫，陈列园内，作为皇帝的清玩。圆明园被八国联军焚毁后，清廷又倾全国之力营造颐和园。清代康熙、乾隆，还在河北保定的白洋淀的东西二淀，依村傍水修建了数座行宫，作视察河工的驻跸之用，同时观赏东西二淀秀丽的自然风景。

除了皇家外，一般的官员也在各地兴建了一批批的旅游景观。明万历十五年（1587），新安县知县尹从教在白洋淀边（今端村南）修建“北地西湖”亭一座，两柱联云：“水会九流，堪拟碧波浮范艇；荷开十里，无劳魂梦到苏堤。”成为当地名胜。任丘六景中“长堤烟柳”，雄州八景中“莲蒲晴游”，益津八景中“堂淀风荷”和“苑口秋涛”，文安八景中的“胜水荷香”和“万柳金堤”，均指白洋淀。清代袁枚对峡江兴建的旅游设施方便了游客深有感触，在《峡江寺飞泉亭记》中指出：“余年来观瀑屡矣，至峡江寺而意难决舍，则飞泉一亭之为也。凡人之情，其目悦，其体不适，势不能久留。天台之瀑，离寺百步；雁宕瀑旁无寺；他若匡庐，若罗浮，若青田之石门，瀑未尝不奇，而游者皆暴日中，踞危崖，不得从容以观。”

明清士人富户开始大规模兴建园林，成为部分人的旅游客体和游览景观。明末《醉醒石》作者曾对园林之造有个人见解：

> 人常笑富贵的人。道富贵的人，只好画上的山林亭台，不好真山水亭台。是道富贵的人，终日拿这算子，执这手板，没个工夫到园圃。不知园圃也是个假象。曲栏小槛，.种竹栽花，尽可消遣。究竟自受享能几时，游玩能几日？总劳我一人精神，供他人娱悦。甚至没园圃，闻得其人的好，百计谋来，园圃小，充拓得，某人的好，百计窥占。某人的布置好，须要依他。某家花竹好，也要寻觅。千方打算，一刻不宁。忙了几时，不过博得人几声好。况且任你大园子，日日在里边，眼熟了也就不奇。不如放开脚，处处是我园林。放开眼，处处是我亭榭。还落得个光景日新，境界日变。
>
> 如今有好园林的，无如权贵人家。不知权贵最易消歇。只因权贵没个三五十年的。园子好，最易起人眼。相争相夺，那个能长久得？这可以冷人一片图夺谋占的心了。世间人那晓得，有一时势，使一时势。却不道势有尽时。势到皇帝极矣，楼阁是阿房、迷楼，极天下之奇巧；山林是艮岳，聚天下之花石。国运一移，何处寻他一椽一栋、一树一石？次之，宰相李德裕平泉园，道子孙失我一石一树，非子孙也。而今何在？①

徐达后代魏国公徐弘基“有事要离王府时，总是坐八个仆人抬的大轿。他的花园、王府以及其中的陈设，在各个方式都是王家气象。有一天，这个人派他的叔父邀请利玛窦神父到他府上（即徐达宅瞻园）去；神父到达后，在全城最华贵的花园里受到接待。他参观花园中许多赏心悦目的事物，看到了一座色彩斑斓未经雕琢的大理石假山。假山里面开凿了一座奇异的山洞，内有接待室、大

① 东古鲁狂生：《醉醒石》，上海古籍出版社1992年版，第130页。

厅、台阶、鱼池、树木和许多别的胜景。很难说究竟是艺术还是奢侈占了上风。修筑这座洞天是为了在读书或娱乐时避暑之用。洞穴设计得像一座迷宫，更加增添了它的魅力；它并不太大，尽管全部参观一遍需要好几个小时，然后从一个隐蔽的出口走出。所说的这个人是一个年轻的贵族。他听说过从欧洲带进来某些珍奇，因此急于先睹为快"①。在江南的苏州、无锡、杭州等地，明清两代都修有许多私家园林。私家园林不是公共旅游资源，但却是小众的生活设施和旅游景观。据《扬州画舫录》记载，扬州周叟有私家园林，"是园有园票，长三寸，宽二寸，以五色花笺印之，上刻年月日园丁扫径开门，旁钤'桥西草堂'印章"②。但这则记载过于简略，无法证明私家园林是否对公众售票和开放。

二、殷勤接待的私人旅馆

旅游者在外漫游时，遇夜幕降临，必须下榻歇息。为了满足旅客的需要，沿途出现了许多私人旅馆。

私人旅馆最初叫"逆旅"，后来名称十分繁杂，有叫野店、旅舍、客舍、旅店、饭店、宾馆等名称的。"旅舍"一名，常见于明清文献中。如《雪涛小说》载："两人同憩旅舍，一人置伞于门，无伞者夺之，曰：'予伞也。'互争焉，诉典史。"典史令从中剖为两半，结果"一人甚戚，一人微笑"。典史便下令停止剖分，"命畀戚者，笞笑者"。③"旅店"一名在明清两代时有所见。如清小说称："安公子一人落在茌平旅店，遇见一个不知姓名的女子，花容月貌，荆钗布裙，本领惊人，行踪难辨，一时错把他认作了一个来历不明之人，加上一番防范。"④还有叫"饭店"的。据《儿女英雄传》载："那太太到了淮安，还那里找甚么公馆去？暂且在东

① ［意］利玛窦、金尼阁著，何高济等译：《利玛窦中国札记》，中华书局1983年版，第357页。

② 李斗著，周光培点校：《扬州画舫录》卷10，江苏广陵古籍刻印社1984年版，第229页。

③ 江盈科：《雪涛小说》，上海古籍出版社2000年版，第55页。

④ 文康：《儿女英雄传》，中州古籍出版社1998年版，第55页。

关饭店安身。"① 饭店与公馆相对，说明公馆档次高，而饭店档次低，且属于私人经营的性质，既然能够安身，则说明是食宿兼营。

明清旅店的情况，正史记载较略，而小说描写较详。《二刻拍案惊奇》讲述了汉阳马口的一个旅店的情况：蒋生“一日置货到汉阳马口地方，下在一个店家，姓马，叫得马月溪店。那个马月溪，是本处马少卿家里的人，领着主人本钱，开着这个歇客商的大店。店中尽有幽房邃阁，可以容置上等好客，所以远来的斯文人，多来投他。店前走去不多几家门面，就是马少卿的家”②。马家客店是一个比较高级的旅店，与一般的鸡毛小店自是不同。《三刻拍案惊奇》载：湖广蒋德林，字日休，家住武昌。父亲蒋誉叫他出去到汉阳贩米。汉阳原有蒋誉旧相与主人熊汉江，住在大别山（即今龟山）前，专与客人收米，止有一个女儿，叫做熊文姬，年纪 17 岁，而且生得标致。蒋日休见了，动了心，上前唱一个肥诺。文姬也回个万福。四目交盼，觉得有情，“只是文姬，虽是客店人家，却甚端重”。蒋日休道：“旅馆凄冰，得姐姐暂解幽寂，正要姐姐夜夜赐顾。”于是二人尽鱼水之欢，只是如此二十余日，“没有个龠夜来就使他空回之理，男欢复女爱，把一个精明强壮后生，弄得精神恍惚，语言无绪，面色渐渐痿黄”。③

清代小说描写了山东茌平悦来客店状况，规模还比较可观：“约莫有巳牌时分，（公子安骥）就到了茌平。果然好大一座大镇市！只见两旁烧锅当铺、客店栈房，不计其数。直走到那镇市中间，路北便是那座悦来老店。那店一连也有十几间门面，正中店门大开，左是柜房，右是厨灶，门前搭着一路罩棚，棚下摆着走桌条凳，棚口边安着饮水马槽。那条凳上坐着许多作买作卖单身客人，在那里打尖吃饭。旁边又歇着倒站驴子，二把手车子（独轮推

① 文康：《儿女英雄传》，中州古籍出版社 1998 年版，第 29 页。

② 《二刻拍案惊奇》卷 28。

③ 梦觉道人，西湖浪子：《三刻拍案惊奇》，岳麓书社 1993 年版，第 168~172 页。

车)，以及肩挑的担子，背负的背子，乱乱哄哄，十分热闹。"①安公子决定在此歇脚，进了店，公子一看，"只见店门以内，左右两边都是马棚、更房，正北一带腰厅，中间也是一个穿堂大门，门里一座照壁，对着照壁，正中一带正房，东西两路配房。看了看，只有尽南头东西对面的两间是个单间，他便在东边这间歇下"，然后将被套、衣裳包袱、装钱鞘马子（即褡裢）、吃食娄子、碗包等件行李和物件一起搬了进去。②《歧路灯》描写了河北邯郸的旅店情况："单说到邯郸县，恰遇京上下来钦差上钟祥去，将关厢店口占了一半。这盛希瑗五辆车，自南而北，因看店的人到的早，已经讲明牲口草料、主仆饮食，店主与家人门前等候。及车到时，占了上房五间，陪房六间，马棚四间，一座店几无空闲之处。剩余之房，到日夕时，有两个挑担行客因无店可住，情愿多出店钱。那店小二见无甚出息，不肯容留，那人只得走开。"太阳将落时，有个少年孤客，骑了一头骡子，行李甚重。店小二拉住牲口嚼环硬往内拉。少年只得下了牲口，先问店钱，店小二道："一州无二例，上房爷们怎的，你也怎的就是了，难说多要一个钱不成。"店小二"一面说着，一面送脸水，提茶壶"。那少年洗手漱口已完，少歇一会，便喂牲口，问麸料草价，店小二道："一个牲口尽喂管饱，总是一百大钱，水钱两人越外。"③《歧路灯》中描写了一家私人旅馆"鼎兴店"，有柴床一张，竹笆一片，稻苫一领，苇席一条，木墩一枕，晚上提供蜡烛。谭绍闻"少不得解开褡裢，展被睡下"。起床后，"当槽送脸水已到。洗了脸，要上街上走走"，当槽送来锁钥说道："相公锁了门，自带钥匙，街上游玩不妨。"谭绍闻"将零钱并剩下银子四两，一齐装入瓶口。走到街头饭铺里吃了茶，用了点心"。④ 可见，他住的这家旅馆并不提供饮食服务。

有些边远地区的旅店设施简陋，男女同宿，犹如今之船上、火

---

① 文康：《儿女英雄传》，中州古籍出版社 1998 年版，第 43 页。
② 文康：《儿女英雄传》，中州古籍出版社 1998 年版，第 43~44 页。
③ 李绿园：《歧路灯》，中州古籍出版社 1998 年版，第 737 页。
④ 李绿园：《歧路灯》，中州古籍出版社 1998 年版，第 317 页。

车上。谈迁在其《北游录·纪闻上》，记“永顺保靖二司土风”时称：“夜寝，男女同一室，炕上仅距尺余，幔隔之。”①

有些地方的旅店里还有土娼，诱惑着来往的单身男客。谭绍闻等人“到了一个镇店，叫张家集。店户留宿，讲了房火店钱，一同歇下”。当槽的对谭公子说道：“相公今晚请个客罢？”绍闻道：“我出门的人，请什么客？”当槽笑道：“堂客。现存的有，我先引相公相看，拣中意的请。”原来此店，是个韩秀才开的。这秀才虽名列胶庠，却平生嫖赌，弄到“三光者”地位，此时“专借开场诱赌，招致流娼，图房课以为生计。因雇个刁猾当槽，开设店口。店后土娼，有七八家子。今日当槽见绍闻是个青年书生，行李重大，遂以宿娼相诱”。② 但这土娼是暗娼，是不合法的营生。该小说还写道，盛希瑗等人在河北邯郸的一家客店也遇到了土娼。睡到将近五更，他们忽听院内一片嚷声，只听店小二对一个年轻的嫖客说：“八两银算那一样儿罢，江瑶柱，沙鱼翅，好官燕碟子，够那一样儿钱？状元红一百壶，我们该替你赔银子打酒么？单说送梳笼匣子，我们怕惊动客长，就替你赏了两吊大钱。”明显在算计那位嫖客。盛希瑗看不过去，便过问道：“胡说！江瑶柱、燕窝，是饤碟子东西么？这江瑶柱，慢说您店家包饤碟子，就您邯郸老张，还不曾见过哩。”一掌将店小二打倒，并向邯郸知县举报“店主包揽土娼，讹诈客商”。邯郸知县“是吏员出身，深明下情，明白廉干，一声叫当槽过来，按的跪下。轿中只说一个打字，衙役按倒在地，扒了裤子，乒乒乓乓二十大板”，并决定让两个差头“今晨早堂，连土娼、店主一齐带到衙门严处”，但是两个负责办理此事的差头，勒索了一大笔钱财后，以“查无实据”禀报知县完事。店小二并不后悔，只笑道：“点儿低，说什么呢？”③《儿女英雄传》也描写道：跑堂对安公子说道：“想来是将才串店的这几个姑娘儿，不入你的眼，要外叫两个。你老要有熟人，只管说，别管是

---

① 谈迁：《北游录》，中华书局1960年版，第333页。

② 李绿园：《歧路灯》，中州古籍出版社1998年版，第540~541页。

③ 李绿园：《歧路灯》，中州古籍出版社1998年版，第732~737页。

谁，咱们都弯转的了来。你老要没熟人，我数给你老听：咱们这儿头把交椅，数东关里住的'晚香玉'，那是个尖儿。要讲唱的好，叫'小良人儿'，你老白听听那个嗓子，真是掉在地下摔三截儿！还有个'旗下金'，北京城里下来的，开过大眼，讲桌面儿上，那得让他咧！这还有个'烟袋疙瘩儿'，还是个雏儿呢。你老说，叫那一个罢？"① 可见土娼现象在当时旅店之猖獗。

除了提供住宿、饭食外，明清旅馆还提供喝的开水、洗脸脚的热水、驱蚊虫的香火等。跑堂的曾问安公子："要开壶啊，你老？"② 说明是提供开水服务的。清小说写道："傍晚时，店小二提壶水，到少年住房。"显然也是供应开水的。③

明清旅店也负起旅客在店时的人身财产的安全责任。清小说称，老仆华忠道："这一路是贼盗出没的地方，下了店不妨，那是店家的干系，走着须要小心；大道正路不妨，十里一墩，五里一堡，还有来往的行人，背道须要小心；白日里不妨，就让有歹人，他也没有大清白昼下手的，黑夜须要小心。就便下了店你切记不可胡行乱走。这银子不可露出来。等闲的人也不必叫他进屋门，为的是有一等人，往往的就办作讨吃的花子，串店的妓女，乔妆打扮的来给强盗作眼钱看道儿，不可不防。一言抄百语：你'逢人只说三分话，未可全抛一片心'，切记，切记！"④ 该小说还写道：那女子说："你道是为怕店里闲杂人搅扰，你今日既下了这座店，占了这间房，这块地方今日就是你的产业了。这些串店的固是讨厌，从来说'无君子不养小人'，这等人，喜欢的时节，付之行云流水也使得；烦恼时节，狗一般的可以吆喝出去。你要这块石头何用？再要讲道夜间严谨门户，不怕你腰里万贯，落了店，都是店家的干系，用不着客人自己费心。况且在大路上大店里，大约也没有这样

---

① 文康：《儿女英雄传》，中州古籍出版社 1998 年版，第 50~51 页。
② 文康：《儿女英雄传》，中州古籍出版社 1998 年版，第 50 页。
③ 李绿园：《歧路灯》，中州古籍出版社 1998 年版，第 737 页。
④ 文康：《儿女英雄传》，中州古籍出版社 1998 年版，第 41 页。

的笨贼来做这等的笨事。"① 该小说又描写道：安公子与一年轻女客攀谈，店主人"是个老经纪，他见那女子行迹有些古怪，公子又年轻不知庶务，生恐弄出些甚么事来，店中受累，便走到公子房中"，问道："客官，你要知我们开了这座店，将本图利，也不是容易。一天开开店门，凡是落我这店的，无论腰里有个一千八百、以至一吊两吊，都是店家的干系。保得无事，彼此都愿意；万一有个失闪，我店家推不上干净儿来。事情小，还不过费些精神唇舌；到了事情大了，跟着经官动府，听审随衙，也说不了。这咱们可讲得是各由天命。要是你自己个儿招些邪魔外祟来，弄的受了累，那我可全不知道。据我看，方才这个娘儿们太不对眼，还沾着有点子邪道。慢说客官你，就连我们开店的，只管甚么人都经见过，直断不透这个人来。我们也得小心。客官，你自己也得小心！"②

旅店有时还提供额外的服务。有些旅店还出租陪客人赶路的"店伙"，店伙有时还帮助客人送信，收取一定的费用。据清小说载，安公子前往山东，叫了一个店伙，"那跟来的店伙惦着他店里的事，送下公子，忙忙的在店门口要了两张饼吃了，就要回去。公子给了他一串钱，又给嬷嬷爹写了一个字条儿，说已经到了茌平的话"。③

旅店有时免费提供医药治疗，是怕人死在里面，影响生意。清小说描述道：老仆华忠"才得躺下，忽又起来开门出去"腹泻，"一连就是十来次"。而店主人点了个灯笼进来一看，说："不好！这是勾脚痧，转腿肚子！快些给他刮出来打出来才好呢！"于是为病人刮痧、扎针灸，公子连连给那店主人道谢，就要给他银子。店主人说："客人，你别！咱一来是为行好，二来也怕脏了我的店。真要死了，那就累赘多了。"④

明清旅馆内生活无聊，寂寞难耐，遂生思乡之情。自古游客都

① 文康：《儿女英雄传》，中州古籍出版社 1998 年版，第 57 页。
② 文康：《儿女英雄传》，中州古籍出版社 1998 年版，第 59 页。
③ 文康：《儿女英雄传》，中州古籍出版社 1998 年版，第 44 页。
④ 文康：《儿女英雄传》，中州古籍出版社 1998 年版，第 39 页。

不外“白天看庙，晚上睡觉”，旅途生活相当贫乏和寂寥。明代小说引《阳关引》一阕描述旅店寂寞的情形：“破壁摇孤影，残灯落红烬。旅邸萧条谁与伴？衾儿冷。更那堪风送？几阵砧声紧。打门剥啄，隐隐惊人听。猛然相接也，多娇靓。喜萧斋里，应不恨更儿永。又谁知错认，险落妖狐阱。为殷勤寄语少年，须自省。”① 清代皇族昭梿记载了一位拜访洪文襄的同乡士人，被拒后“士人归旅邸，无聊甚”的状况。② 据清小说载：谭绍闻在“鼎兴店”住的时候，当槽“送上烛来，往墙上一照，题的诗句，新的，旧的，好的，歪的，无非客愁乡思”。谭绍闻“坐了一回，好生无聊”，只好“展被睡下”。他回想家中之乐，近日读书之趣，忍不住心上生酸，眼中抛珠，暗暗地哭了一会。哭得睡着了，梦里见了母亲，还是在家光景。叫了一声：“娘!”却扑了一个空。醒时正打五更。二目闪闪，直到天明。这一夜真抵一年。他到街上闲逛，有两句话，说得游子客况的苦境：“虽然眼前有景，争乃举目无亲。”谭绍闻“游了一会，转回店里，闷坐到日夕”。起先二日还往街头走走，“走的多了，亦觉没趣。穷极无聊，在店中结识了弄把戏的沧洲孙海仙。这孙海仙说了些江湖本领，不耕而食，不织而衣，遨游海内，艺不压身。谭绍闻心为少动，遂要学那仙人种瓜，神女摘豆，手巾变鬼，袜带变蛇的一般武艺儿”。③ 人多的时候，则在旅店中闲聊和评论旅吟文学。据《歧路灯》载，谭、盛、娄三人“闭了上房门，品评起墙上的旅吟来。说这一首苍老奇古，笔力不弱。又说这首闺秀诗，婉丽姿态，淡雅辞采，自是一首好诗，惜题于店壁，令人有芳卿之呼，是自取没趣。又照烛看墙角一首，令人捧腹，乃是和女郎诗，强押韵脚，百方赶趁，犹不自知其丑”。④

北方旅馆还存在着取暖问题，一般的旅店用煤炭生火。《利玛

① 梦觉道人，西湖浪子：《三刻拍案惊奇》，岳麓书社 1993 年版，第 168 页。

② 昭梿：《啸亭杂录》卷 8，中华书局 1980 年版，第 253 页。

③ 李绿园：《歧路灯》，中州古籍出版社 1998 年版，第 317 页。

④ 李绿园：《歧路灯》，中州古籍出版社 1998 年版，第 737 页。

窦中国札记》载："北京样样物质丰富，大部分是由外面运进来的……这里经常缺乏薪火，但这种匮乏可由一种沥青物质补充，它缺乏一种更好的名称，我们称它为沥青或矿物胶旨（即煤）。这是一种从地下挖出来的化石焦，象列日附近的比利时人所用的那种一样。中国人用它来烧饭和在几乎达到北极区域温度的冬季最寒冷时候室内取暖。这种物质的丰富很好地弥补了薪火的不足。这里的床是用砖砌的，下部是中空的，壁炉管道就从里面通过，形成了床下的暖室。夜间不必维持热度，因为暖室是长期保暖的。北方各省普遍使用这种类型的炕床。"① 清小说《歧路灯》描述邯郸那间客店道：盛希瑗起来后开了上等客房的门，叫当槽的。店小二飞也似地上来，说道："要添炭呀？"盛希瑗道："添炭，拿开水来。"② 上等客房住的谭、盛、娄三人"正谈论间，仿佛听的城内定更，说：'咱睡罢。火盆休断了火，明早五更太冷'"。③

三、依然维持的官办驿站

明清时期，官办驿站仍然继续存在并发挥着为公差服务的职能。"自京师达于四方，设有驿传。在京曰会同馆，在外曰水马驿并递运所，以便公差人员往来。其间有军情重务，必给符验以防诈伪。至于公文递送，又置铺舍以免稽迟。及应役人等，各有事例。"④ "驿站"一名源于元代而始用于明清。据《元史·兵志》称，元代的驿站名为"站赤"，此为驿站名称之起源，"驿站"二字连用则见于明末清初的《内阁揭帖》。清顺治三年六月二十二日《黄微胤为良乡驿站协银济银必先拨足事揭帖》也用了"驿站"之称。驿站因其为政府官员提供住宿，故亦称"驿馆"或"馆驿"。据明代《改建芜湖县馆驿》称芜湖为"天下要冲也，故有馆驿"。

---

① ［意］利玛窦、金尼阁著，何高济等译：《利玛窦中国札记》，中华书局1983年版，第330~331页。

② 李绿园：《歧路灯》，中州古籍出版社1998年版，第737页。

③ 李绿园：《歧路灯》，中州古籍出版社1998年版，第737页。

④ 李东阳等纂：《大明会典》卷145，《驿传一·会同馆》。

明代也有称之为铺舍的，据《宛署杂记》载："古，步递曰邮，马递曰驿。……铺陈置传或舍，一宿以去，遂有铺舍。"明清的公差人员，便在遍布全国的驿站上来往奔驰。

明代的驿站情况，来华的传教士有所见闻。利玛窦等人被太监马堂送往北京时，就是通过驿站到达的："城堡的官员们为这次的北京之行准备了八匹马和三十名脚夫，并且每天在驿站更换。在这次旅行中，神父们一路上都住在各地官员的府邸里。他们非常受敬重，并且没有付任何费用。……到达后就在城厢的一座太监府邸里下榻。他们在这里把礼物整理停当，以便第二天进贡。第二天这些礼物招摇过市地穿过城市运至皇宫，在那里和马堂早先送来的东西放在一起。"① 然而，由于中国讲究人情和关系，许多不应该由政府驿站承担的旅行供应也压在了驿站身上。如传教士范礼安神父，决定带在澳门的郭居静神父作伴到内地去旅行时，为了更加可靠，他们便要求好几位大臣写证明信，"而他们的朋友把整个路线安排得非常好，全部的旅行费用都由国家开支。他们走水路时有一艘官船供他们使用；走陆路时，则备有三匹马和六台轿。黄明沙修士最先使用了这些信，他到广东省去接回几位神父，靠着这几封信不但不用花旅费，而且只要拿出信来，连吃饭都有供应，不必花钱"。②

不同地方的驿站，其建筑情况和条件会出现相应的差异。在地方的驿站，相对简单一些，山东东平府恩县太平驿，万历年间重修，有匾曰"宾至如归"。后堂为重华馆，中为正堂三间，有耳房二间，库房十四间，厩房三十间，仪门一座，大门一座，下为券，上为楼，置鼓角。驿站在首都的终点，是高级的迎宾馆，名"会同馆"。明代在首都南京就建有"会同馆"，后迁都北京，便增设北会同馆，以应付日益增多的来华使节。据《京师坊巷志稿》载："南会同馆在东交民巷玉河桥西街北，正统六年盖造，弘治五年改

---

① ［意］利玛窦、金尼阁著，何高济等译：《利玛窦中国札记》，中华书局1983年版，第402页。

② ［意］利玛窦、金尼阁著，何高济等译：《利玛窦中国札记》，中华书局1983年版，第520页。

作，凡屋三百八十七间。”又说：“北会同馆在澄清坊大街东，正统六年建，弘治五年改作，凡屋三百七十六间。”在二会同馆内，先后开设了“蒙古”、“女真”、“西番”、“西天”、“百夷”、“高昌”、“缅甸”、“八百”、“暹逻”等馆。明政府专门在会同馆内设馆夫四百名，“南馆一百名，北馆三百名，专造饭食，以供使客”①。清政府在明南会同馆旧址上重建了“会同四夷馆”，内设俄罗斯、高丽、琉球、越南、老挝、暹逻、苏禄、缅甸等馆（《钦定大清会典》卷三十九《主客清吏司》）。此外，清人还在王府大街建兵部所属的会同馆。清末宣统时又在东单石大人胡同建外交部所属的“迎宾馆”。

然而，由于使用无度，导致入不敷出，政府驿站特别是边远地区的驿站几乎难以为继。明代边远地区的驿馆残破不堪，已到了破产的地步。旅行家徐霞客在广西、广东地区的旅行经历已证明了这点。崇祯九年（1636年）十月初八日，徐霞客来到了广西少数民族地区宋村，“万历初移大滩驿于此，然无邮亭、驿铺，第民间供马而已”。宋村已无驿馆可居。而太平府的驿站虽存铺舍，但残破凄凉，“暮抵太平站。孤依山麓，止环堵三楹，土颓茅落，不蔽风日，食无案，卧无榻……是夜明月如洗，卧破站中，如濯冰壶。五更，风峭寒不可耐，竟以被蒙首而卧”。崇祯十一月二十七日，他住宿都结州驿铺，“宅无垣墙，靡亦聩圮。铺司狞甚，竟不承应，无夫无供”②。清代的驿馆在为公务旅行者提供服务的同时，也显出它的衰败来。

明清地方官署都建有提供官员与士大夫住宿的建置，除了官宅内有客房以外，在官衙外还建有公馆、府馆、迎宾馆与接官亭等。从地方志的记载来看，这类公馆（府馆）大多建于明代中叶。有鉴于官员到外地“僦居旅店，统体卑亵”，所以才有此建置。③ 明

① 李东阳等纂：《大明会典》卷145，《驿传一·会同馆》。

② 徐霞客：《徐霞客游记》之《粤西游日记三》。

③ 詹怡娜：《明代的旅馆事业》，转引自巫仁恕，狄雅斯：《游道——明清旅游文化》，三民书局2010年版，第83~85页。

代小说《三刻拍案惊奇》载："嘉兴有个张巽解元……在宾馆中遇一吏部，是本府亲家。吏部谭文，将解元文字极其指摘唾骂，骂了请教姓名，他正是解元，自觉惭惶。"① 清代较常见地方衙署招待官员旅游或巡视时住宿这类建置的记录。之所以常见这种建置的记载，可能和清代官场盛行招待旅游的风气有关。风气所及，清代的富贵人家也为了招待游人而建有所谓的"宾馆"，《履园丛话》述其原因："若拒之，必生众怨，众怨一生，便多浮言，殊非处世保家之道。"② 明清的官员便在国家设立的驿站、地方官员办的宾馆中住宿和下榻，保证其旅行的顺利进行。

四、扶危济困的寺院旅舍

寺院旅舍在明清旅游中起到了重要的供应和保障作用。若从官道和一般的道路出发，则寺院旅舍的作用还不太明显，但若到深山老林中游山玩水，则寺院旅舍的作用就不可代替了。从《徐霞客游记》中记载的1070天（包括几天合计的天数在内）中统计不同住宿地点的天数和比率，其住宿地点所占比率便分别为寺观占30.5%，旅店占22.6%，民家占8.9%，船占13.2%，友人和结识者家占9.2%，官府接待处占9.6%。③ 其中寺观比例最大。这说明寺院旅舍为真正的山水旅游者提供了最主要的服务和保障。

有学者研究后指出，旅游活动虽然从晚明以后就已经非常商品化，许多风景点的旅店设备也相当普及，但是佛教寺庵或道教道观仍是接待游客的重要场所。在交通不便的山区，尤其需要这样的场所提供住宿。实则晚明以来许多旅游风景区的开发，僧人羽士扮演了重要的角色。就以黄山为例，晚明许多僧人进入此区域，在山区各处筑庵清修，使得寺庵广布黄山诸峰，无形中也解决了当时旅客

① 梦觉道人，西湖浪子：《三刻拍案惊奇》，岳麓书社1993年版，第243页。

② 巫仁恕，狄雅斯：《游道——明清旅游文化》，三民书局2010年版，第83~85页。

③ 陈晖莉：《晚明文人佛寺旅游研究》，福建师范大学博士论文，2009年，第108页。

游黄山时的食宿问题。①

佛寺道观一直都设有“客堂”和负责接待客人的“主客僧”，为游人和善男信女提供安歇之地。不过，只有在特定的日子才会有进香投宿者入住寺院旅舍，而明清的文人士大夫则偏好到释道寺院的客舍中下榻。明人顾起元曾自称：“余性好山寺，每一游历，意辄欣然，尤于荒凉岑寂之区，倍为延伫。”② 明清文人所撰的许多天台山游记，都说是投宿在寺庵，且称此为“方外之胜游”。因为寺院具有宁静、安详的景致，以及具有文化庇护的功能，遂使士大夫视之为退隐静修的理想境地。③ 明代士大夫常常前往寺庙旅游，晚上便在寺庙中歇息。于慎行在北京做官时，曾前往西郊的摩诃庵游览，作了一首诗《暮春游摩诃庵，听无弘上人弹琴，因饮南园》：“别有幽园胜，偶来人自幽。僧茶陪客酒，借坐节林游。雨色先惊幌，钟声远过楼。仆催归路晚，晚更一宵留。”从诗中可知，当时仆人催促说天色已晚，赶快回城，而于慎行干脆在寺庙中住了下来。徐霞客在旅游时，留宿深山寺庙成为家常便饭。一次在江西贵溪马祖岩寺庙求宿时，起初寺庙拒不纳外客，后才允许。明代文人在赶考时，也常投宿寺庙。如史可法在赶考时，投宿一寺院，夜读书，倦而眠。时逢左光斗过寺，乃以衣加可法身。

清朝的世俗旅行者，也常投宿寺院旅舍。当时的祥符寺就常接待游客。僧人画家石涛曾在其《汤泉》诗中反映道：“游人若宿祥符寺，先去汤池一浴之。百劫尘根都洗净，好登峰顶细吟诗。”北京的寺庙则为清代进京赶考的举子提供住宿服务，成为这些异乡考生在京的落脚点。据《天咫偶闻》载：“每春秋二试之年，去棘闱最近诸巷，西则观音寺、水磨胡同、福建寺营、顶银胡同……家家出赁考寓，谓之状元吉寓。”其中观音寺、福建寺营等，就是寺院旅舍接待考生者。清代竹枝词《赁小寓》则说明了寺院旅舍生意

---

① 林皎宏：《晚明黄山旅游的兴起》，《史原》1993 年第 19 期。

② 顾起元：《客座赘语》，中华书局 1982 年版，第 85 页。

③ 巫仁恕，狄雅斯：《游道——明清旅游文化》，三民书局 2010 年版，第 83~85 页。

兴隆的原因："每逢大比士观光，泡子河边赁寓房。贪向仙祠祈好梦，多金租到吕公堂。"原来举子争向投宿祠（寺庙及道观）的原因，是想得到神佛的保佑，所以寺院也就趁机招揽生意，成为科举旅游中的一大风尚。

寺院旅舍在庙会之际，则多服务于进香的香客和普罗大众。庙会是在宗教节日到寺院里进香求神，并借寺庙道观的场所开展节日聚会和商品交易活动。齐、鲁人"多以正月十六日游寺观，谓之'走百病'"①。清代北京的庙会也很盛行，正月"十九日，都城人谓之燕九节，倾城士女曳竹杖，俱往南城长春宫、白云观，宫观蒇扬法事烧香，纵情宴玩以为盛节"②。据潘荣升《帝京岁时纪》载，仅北京的琉璃厂，每年正月的厂甸庙会就是"百货云集，灯屏琉璃，万盏棚悬，玉轴牙签，千门联络，图书充栋，宝玩填街。更有秦楼楚馆遍笙歌，宝马香车游士女"。庐山真君庙会"岳帝王生辰，倾城士庶官员、诸色妇人，酹还步拜与烧香者不绝"③。远来的香客，夜晚便下榻在寺院和道观的客舍中。明代小说《金瓶梅》写道，西门庆妻子月娘在泰山碧霞宫上香旅游时，住在岳山的一个道观里，被一位庙祝道士安排住下，岂料到了半夜，高太守妻弟殷天锡从道士早就准备好的地洞里爬出来，对月娘欲行奸淫，着实使月娘胆飞魄散。一行人拼命躲避殷天锡的追赶。至清中期，进香之游蔚然成风，引起当局的警觉。乾隆帝发现"小民知识短浅，种种惑于鬼神，祈求祷祀，为费不赀，如越省进香一事，程途则有千余里及二三千里之遥，时日则有一月及二三月之久。以有限之盖藏，坐耗于酬神结会之举。直隶、山东、山西、陕西等处风俗，大率如此，而河南为尤甚"，因此要求各省督抚"访察所属有越省进香者，善为化导，徐徐转移。毋得呼朋聚众，跋涉山川，以

① 谢肇淛：《五杂组》卷4，辽宁教育出版社2001年版，第22页。

② 转引自胡锐：《试论道教庙会的发展及特点》，《宗教学研究》2005年第5期。

③ 转引自胡锐：《试论道教庙会的发展及特点》，《宗教学研究》2005年第5期。

致误农耗财，渐成人心风俗之害”。嘉庆帝也称自己在藩邸时，便“素知民间有赴丫髻山、天台山等处进香之事。而近京各省，相习成风，亦所不免，往往千百为群，填塞街道。其间男女杂遝，奸良莫辨，不独耗费钱财，且恐别滋事端。风俗人心，殊有关系”。严厉要求“嗣后京城内外及各直省，所有民间一切越境酬神、联群结会等事，俱着该管衙门及各督抚等出示晓谕，严行禁止。违者按律惩治”①。这一举措无疑打击了进香旅游，同时也殃及寺院旅舍。

在寺院旅舍住宿也有一定的风险。有一些强盗和坏人便占据偏僻的佛寺，以其旅馆相诱，劫掠游客的钱财。清小说《儿女英雄传》描写道，安公子被骡夫带到一个破败得不成个模样的“能仁古刹”，“那东边角门墙上却挂着一个木牌，上写‘本庙安寓过往行客’。隔墙一望，里面塔影冲霄，松声满耳，香烟冷落，殿宇荒凉。庙外有合抱不交的几株大树，挨门一棵树下放着一张桌子，一条板凳。桌上晾着几碗茶，一个钱笸箩。树上挂着一口钟，一个老和尚在那里坐着卖茶化缘”。只见左边的那座角门哗啦一响，早走出两个和尚来，一齐问安公子：“施主寻宿儿呀？庙里现在的菜饭，干净房子，住一夜，随心布施，不争你的银钱。”这能仁寺中的旅馆设施，小说中有描写：“一进门，见是极宽展的一个平正院落，正北三间出廊正房，东首院墙另有个月光门儿，望着里面象是个厨房样子。进了正房，有槽槅断，堂屋、西间一通连，西间靠窗南炕通天排插。堂屋正中一张方桌，两个杌子。靠东墙正中一张条桌。左右南北摆着一对小平顶柜。北面却又一槅断一层，一个小门，似乎是个堆零星的地方，屋里也放着脸盆架等物。”其服务情况是：“那当家的和尚让公子堂屋正面东首坐下，自己在下相陪。……有一个十五六岁的小和尚点了两个蜡灯来，又去给公子倒茶打脸水。门外化缘的那个老和尚也来帮着穿梭也价服侍公子。公子心里十分过意不去。”提供的饭菜情况是：“一时茶罢。紧接着端上菜来，四碟两碗，无非豆腐面筋青菜之流。那油盘里又有两上盅子，一把酒壶。那老和尚随后又拿了一壶酒来，壶梁儿上拴着一

① 《清仁宗实录》卷66，嘉庆五年闰四月甲戌。

根红头绳儿。”① 当然，安公子在里面险些丧命。

五、出借出租的一般民宅

除了下榻私人旅馆、官办驿站和寺院旅舍外，明清旅游者出行还有借宿民家甚至干脆租用民宅的情况。

中国古代很多旅行者是寄住在亲戚朋友家，只有沿途和目的地没有亲友的情况下，才会住宿在旅馆。明代传教士利玛窦神父，前往苏州乡下的丹阳时拜访他的朋友瞿太素。瞿太素“表现得友好而愉快地接待了神父，那在欧洲亲密朋友相逢时也很少看到。他当时住在一座和尚庙宇中，地方很简陋。他把自己的床让给他的朋友，但利玛窦神父没有同意而自己睡在地板上。他由于工作和旅行过于劳累而患病，几乎死去。但瞿太素如此之殷勤的照看他，以致他病倒不到一个月，他的健康就完全恢复了，他感觉病后比病前还要好。为了回报他的好意，他送给瞿太素几件礼物，其中有一件就是著名的玻璃三棱镜”。② 虽然利玛窦是住在寺院里，但这里是瞿太素临时的家，由后者收留他住下。有些旅游者，则留宿在并不认识的百姓家。如徐霞客在旅游时，便常常住在民户家中。

明清时期的富有旅客，到某地旅游或办事时，有时不住旅馆，而是租房居住。《歧路灯》称，谭孝移在北京先住联升客寓，但受不了那里脏乱差的环境，于是让班役另寻一处清净房宇，到第三天搬了进去。这是一处在悯忠寺后街上的宅院，第一好处是两邻紧密，不怕小偷生心，这是“客边栖身最为上吉要着”。谭孝移进院一看，“房屋高朗，台砌宽平，上悬一面‘读画轩’匾，扫得一清如水。院内两株白松，怪柯撑天；千个修竹，浓荫罩地；十来盆花卉儿，含蕊放葩；半亩方塘，有十数尾红鱼儿，衔尾吹沫，顿觉耳目为之一清。及上的厅来，裱糊的直如雪洞一般，字画不过三五张，俱是法书名绘，几上一块黝黑的大英石（英德产观赏石头），

① 文康：《儿女英雄传》，中州古籍出版社 1998 年版，第 62~65 页。

② ［意］利玛窦、金尼阁著，何高济等译：《利玛窦中国札记》，中华书局 1983 年版，第 339 页。

东墙上挂一张大瑶琴，此外更无长物。推开侧房小门，内边一张藤榻，近窗一张桌儿，不用髹漆，木纹肌理如画，此外，两椅二兀而已”。谭孝移喜其清雅，连声称好。“这些铺床叠被，安笥顿笈的话，何必琐陈。当晚睡下”。① 他下榻的是一处私人出租的房子，并非旅馆，但却可作旅馆用，环境十分清洁优雅。该小说还描写道，盛希侨“不耐旅舍繁嚣，早起即叫能干家人另觅京城出赁房屋”。这位家人上街后，看了栅栏墙头上贴的“赁官居住，家伙俱备”的广告，照着所写胡同觅去，找到绳匠胡同严府花园南边路东一所赵姓的宅子。“院子宽敞，亭轩整齐，厨房马厩俱备，月台照壁并新。讲定月租价钱，回店说知。盛希侨即令搬移。”②

明清时期，旅客如果赶往目的地时迟了，还有住不上店的情况。明小说写，某李姓公子七月赶考之际，动身远行，“跟的小厮挑了行李，赶不得路，一路行来，天色已晚。捱城门进得，各饭店都已关了，无处栖止，公子叫小厮暂在人家檐下看着行李，自到按院前打听。清晨寻歇家，在院前行来行去，身子困倦，便在西廊下打盹”。③ 这是明清旅馆业发展中的缺陷。

六、随地而见的饭铺酒馆

明清时期，由于商品经济的发展，旅游者能够很容易地找到饮食之所。明代中后期，手工商业繁荣兴旺，商人足迹遍及城市乡村，游客络绎于旅游胜地，为适应商务旅行者和游览者的需求，各地都出现了餐馆酒店。

在都市旅游区，饭馆酒肆遍地都有。据李斗《扬州画舫录》所载，清初，扬州的北郊旅游盛行，酒肆也就集中在北郊的虹桥一带，著名的有“野园”、“冶春社”、“跨虹阁”等。这些酒肆虽然“壶觞有限，不过游人小酌而已”，但还有饭、菜供应，一应俱全。

---

① 李绿园：《歧路灯》，中州古籍出版社 1998 年版，第 53 页。

② 李绿园：《歧路灯》，中州古籍出版社 1998 年版，第 740 页。

③ 梦觉道人，西湖浪子：《三刻拍案惊奇》，岳麓书社 1993 年版，第 133 页。

当时，保障湖上还有流动食船供应游人饭酒，一种是画舫随带的“伙船”，由家厨料理饭菜，另一种叫“沙飞船”，专门接待湖上普通游客。扬州茶肆设于交通要道、闹市，或园林、风景点附近，如位于辕门桥的“二梅轩”、“蕙芳轩”、“集芳轩”，教场地区的“腕腋生香”、“文兰天香”，琼花观巷的“文杏园”，花园巷的“小方壶”，等等。“多有以此为业者”，专供游人喝茶品点心，“杯盘匙箸，无不精美”。扬州还有深受游客欢迎的特色茶肆，最有名的要数位于北门桥的“双虹楼”，占湖山之胜，所产烧饼“开风气之先”，有糖馅、肉馅、干菜馅、苋菜馅之分。其他茶肆或为“荤茶肆”，或是“素茶肆”、“薰芳轩”、“集芳轩”的糖窖馒头，“合欣园”的酥儿烧饼，“二梅轩”的灌汤包子，“雨莲”的春饼，“文杏园”的烧卖，“品陆轩”的淮饺，“小方壶”的菜饺等，皆“各极其盛”。每当清明节放纸鸢、端午龙船市、九月重阳、九皇会、斗蟋蟀、看菊花的时节，茶肆生意最为兴隆。清代苏州的餐饮业也相当发达，据清乾隆间徐杨所作《盛世滋生图》看，共绘有230余家有市招的店铺，其中，饭馆13家，供应五簋大菜、馄饨、馒头、三鲜大面等；糕点6家，供应状元糕、乳酪酸、五露霜、太史饼等茶食点心；酒店12家，供应各种名酒菜食。① 其中有不少是以接待游客为主的，如“山景园”、“聚景园”、“李家馆”等酒楼，“只招市会游屐”，于每年清明前开炉安锅，过十月朝节，就“席冷尊寒，围炉乏侣”了，② 可算是典型的“旅游饭店”。时令节日之际，饮食摊铺更是大量出现，五月端午龙船市，于竞渡河边，“土人供要货食品，所在成市，凡十日而罢”③。苏州茶坊“遍于里巷”，门临塘河，危楼杰阁，装点书画，“聚四方游手闲谈游嬉”④。尤当春秋花市及竞渡时，裙屐争集于斯。清代南京的秦

---

① 参见李华：《从徐扬“盛世滋生图”看清代前期苏州工商业的繁荣》，《文物》1960年第1期。

② 顾禄：《桐桥倚棹录》卷10。

③ 顾禄：《清嘉录》卷5。

④ 乾隆《长洲县志》卷11，《风俗》。

淮河两岸，众多茶馆酒楼耸立于青楼之间。其中，酒店著名的有“泰源”、“德源”、“太和”、“来仪”、“便意馆”、“新顺馆”、“一品轩”等。“新顺”为吴人所开，馆中扣肉、荷包蛋、卤鱼、焖肉、煮面筋、螺羹等菜肴，以及酒碟之鲜洁，酒味之醇厚，一时无出其右。茶馆则以文星阁东首之“鸿福园”、“春和园”、贡院前之“金陵春”、“金陵村”，利涉桥之“阳春斋”、“海天春”，淮青桥之“四美斋”，中正街之“悦宾楼”，最为有名。茶馆中供应皋兰水烟、霞漳旱烟，茶叶有云雾、龙井、珠兰、毛尖，随客所欲，中间还佐以酱干花生、瓜子、酥烧饼、春卷、水晶糕、花猪肉、烧卖、饺子等。① 这些茶馆实际上同上述酒店一样，是为适应秦淮冶游而开设的饮食企业。②

明代的旅店常常兼开饭店，食宿一体。《二刻拍案惊奇》卷 27《伪汉裔夺妾山中，假将军还姝江上》就讲过一个旅店，既可吃饭又可睡觉：张相“一日偶到个地方，投店中住止。其时适有一伙大盗劫掠归来，在此经过，下在店中，造饭饮酒，枪刀森列，形状狰狞。居民恐怕拿住，东逃西匿，连店主多去躲藏”。虽然是强盗自己造饭饮酒，但那是因为主人已经出逃，不得不自己动手。清小说所载山东茌平的一家悦来客店，便是食宿兼营。安公子一进来，便有跑堂的过来问“客人吃饭哪”。③《歧路灯》载，谭绍闻等一行“到了一个镇店，叫张家集。店户留宿，讲了房火店钱，一同歇下”。只听绍闻在上房道：“叫主人拿饭来，吃了好各人睡。”④显然是一个食宿一体的旅店。

除了食宿合一的旅店外，明人还开设一些专门经营饮食的小店。有卖饼的小食店，《歧路灯》卷 15《韩侍郎婢作夫人，顾提控掾据郎署》讲述：弘治年间直隶太仓州城外就有“一个卖饼的江

---

① 参见范金民：《清前期南京经济略论》，《清史研究通讯》1989 年第 4 期。

② 以上摘自陈建勤：《论明清长江三角洲地区旅游活动及其社会意义》，《扬州大学学报》1999 年第 5 期。

③ 文康：《儿女英雄传》，中州古籍出版社 1998 年版，第 44 页。

④ 李绿园：《歧路灯》，中州古籍出版社 1998 年版，第 539、541 页。

家”，“那江老儿名溶，是个老实忠厚的人，生意尽好，家道就过得”。后遭人诬陷窝赃，为官府所拘，家境败落下来，“那江家原无甚么大根基，不过生意济楚。自此一番横事剥削之后，家计萧条下来”，“做下饼食，常管五七日不发市，就是馊蒸气了，喂狗也不中”。也有卖酒的小酒店。卷21《许察院感梦擒僧，王氏子因风获盗》讲了一个开酒店的人的故事：镇江市上有一个破落户，姓王名林，开着一个酒店，“有妻冶容年少，当垆沽酒”。袁将官曾“约了五六个伙伴，到王林店中来买酒吃”。卷28《程朝奉单遇无头妇，王通判双雪不明冤》也讲述了一对以卖酒为生的夫妻：“且说徽州岩子街边有一个卖酒的，姓李，叫做李方哥。有妻陈氏生得十分娇媚，丰采动人。”这样众多的小酒店，给明代旅游者提供了饮食上的保障。

清代，旅游者也能在各地比较方便地吃上饭菜。有些饭铺专门供应茶食。前述谭绍闻下榻的鼎兴店便不提供饭食，因此他“将零钱并剩下银子四两，一齐装入瓶口。走到街头饭铺里吃了茶，用了点心”。① 有些专门的餐馆，提供的菜肴是荤素兼有。清代小说反映：“单讲宋云岫，邀谭、娄二公到晋郇馆，点了几碟子菜儿，不过是珍馐鸡鱼，熏腊腌糟等物，吃了数瓶南酒。德喜儿、邓祥、多魁及宋宅跟的，共成醉饱。开发食饭银两，出的馆门。”② 不过，明清人认为请朋友和亲人上饭馆吃饭，不能表达情谊，一般在家中宴请，在饭铺一般是宴请客人，这对餐馆业的发展有一定的影响。《歧路灯》中的蓬壶馆便是一个餐馆，在里面还可以边吃边看戏。王隆吉想把盛希侨请到蓬壶馆，“现成的戏，咱定下一本，占个正席，叫厨上把顶好上色的席面摆一桌。中席待家人。盛大哥他是公子性情，一定好看戏的。事完了咱与馆上算算账，你我同摊分赀如何”？于是盛希侨被请到了王隆吉家，到客室坐下，便笑道：“这不像请客的模样，桌椅都散放着。”隆吉道：“其实席没在家里。”希侨道：“又在地藏庵么？”隆吉道：“在蓬壶馆里。”希侨道：“贤

① 李绿园：《歧路灯》，中州古籍出版社1998年版，第317页。
② 李绿园：《歧路灯》，中州古籍出版社1998年版，第86页。

弟，你是做生意人，请那苏、杭、山、陕客人，就在饭园子里罢了。你我兄弟们，如何好上饭铺子里赴席?”隆吉脸红道：“只因哥好乐，那里有戏，所以请在那里。”希侨道：“贤弟一发差了。我们要看戏时，叫上一班子戏，不过费上十几千钱，赏与他们三四个下色席面，点上几十枝油烛，不但我们看，连家里丫头养娘，都看个不耐烦。若是饭铺子里，有什么趣处?”谭绍闻道：“俺已是定下席面，戏本都说明白，大哥若不去，就难为死人。”希侨道：“谁说不去?贤弟休着急，要去如今就去。”王隆吉道：“戏子也只怕等着咱开本哩。”① 这段对话，形象生动地说明当时上馆子请客主要是请生意上来往的人。

比较幸运的话，旅客还可能在途中遇到佛寺施饭的情况。清小说载，公子谭绍闻落难后，只好到度厄寺吃饭，该寺“是挂钟板吃饭。常住接众的大丛林”，在“那可吃一两天饭，慢慢回家”。有位老教读告诉他：“北京八大常住，天下闻名。你们河南，也有常住，开封府相国寺，登封少林寺，汝州风穴寺，淅川香岩寺，裕州大乘寺，俱是钟板大丛林。我少年都走过。”谭绍闻充满疑问：“他不认得，肯给饭吃么?”老教读道：“若一定认得才给饭吃，如何叫接众哩。凡钟板寺院，勿论和尚道士，游方化斋，都许到寺里挂单随堂吃饭。吃过三天，职堂的就问愿住愿行，要走的随走，要住的便派个职事，会农务的就做庄稼，会厨子就掌锅，会针工就缝衣，会读书的与他教小和尚念经。但想吃闲饭儿却不能。”谭绍闻道：“也许咱俗家人吃他的饭么?”老教读道：“只要你有个武艺儿，不然者，你就与他挑水，打柴，喂牲口都行的……你如今不如投奔度厄寺，吃过三天，或住或走，再酌夺主意。”谭绍闻忍饿来到度厄寺门口，“头陀上下打量，不是捏言，告于职客和尚”，当即“邀进随堂吃饭”。谭绍闻“饱餐一顿”。② 但这样的机会毕竟不多。

---

① 李绿园：《歧路灯》，中州古籍出版社 1998 年版，第 145~147 页。

② 李绿园：《歧路灯》，中州古籍出版社 1998 年版，第 320 页。

第九节 明清旅行制度与风俗

明清旅行制度依旧沿袭传统，其旅行风俗仍然不改传统旧轨，但这些制度和风俗已经逐渐遇到了来自欧罗巴传教士的挑战，并在相形之下，映照出了中国传统旅行制度和风俗的衰落趋势。

一、明清旅行制度

明清在政治上更加强化皇权，这影响到了旅行制度。

为了维护社会的稳定和皇权的巩固，明初仍然继续推行重农抑商政策，打击商人，抑制商贾旅行和旅游。太祖称“朕思足食在于禁末作”①，规定“商贾之家，只许穿布，不得穿着绸纱绢”②。洪武二十二年下令“做买卖的发边远充军”③。洪武二十四年又下令“若有不务耕种专事末作者，是为游民，则逮捕之”④。对一般的农民，也采用各种措施，限制其出行和旅游。然而，这一措施到明代中后期，基本上失效。

为了加强皇权，明代规定皇帝专用道路是神圣不可侵犯的。《明太祖实录》卷106载，洪武九年五月辛丑，礼部上奏：“凡殿庭颁降诏书册命，宜从中道中门出，近东而行，其内外官员赍捧御制文字及御用之物进呈，不许直行中道，或左或右，取便以行，至御前则正中跪进。光禄司进御膳等物，亦不可当中道直行，许于正道边左以进。凡御座处即为正道。如上御奉天门，则于正门边东入，将至御前，正中供具膳毕而出，亦如之。若上常所往来处，其奉御内使捧执御用之物，听使令者皆须近后取便左右行，不许随后径驰中道。违者杖一百。”太祖准奏，并要求作为法令执行。明代

---

① 《明太祖实录》卷175，洪武十八年九月戊子。

② 徐光启：《农政全书》卷3，农本。

③ 顾起元：《客座赘语》卷10，“国初榜文”，中华书局1987年版，第346页。

④ 《明太祖实录》卷208，洪武二十四年三月癸亥。

小说也反映了皇帝对旅行道路的垄断情况。当西门庆恭身进了蔡太师的大门后，“只见中门关着不开，官员都打从角门而入”。西门庆便问：“为何今日大事，却不开中门?”翟管家道：“中门曾经官家（指皇帝）行幸，因此人不敢走。”① 虽讲的是宋朝事，但实际上反映了明代的社会现实。在官民之间，也实行贱避贵的制度。明小说载：“西门庆……公事毕，方乘了一乘凉轿，几个牢子喝道，簇拥来家。”喝道，就是让百姓回避。②

为了维护政权稳定，明清加强路引与旅客身份检查制度。

路引是百姓旅行的通行证。《大明律》卷15《兵律三》规定：“若军民出百里之外，不给引者，军以逃军论，民以私度关津论。”告讨路引是出外旅行者或经营工商业者碰到的第一道难题。要取得路引，必须先向官府提出申请，说明理由与去向，由官府酌情审批。万历时出版的《新刻皇明诸司廉明公案》卷4“汤县主告给引照身”中，保留了一份请求官府发给路引的申请书：“(浙江）江山县游扬状告为给引便照事：……身带资本前往南京生理，旅途往返，不无关津盘诘，告给路引，以便照验。庶使奸细不致混淆，商路程限，免为留难。”路引制度在整个明代都存在着。据《明英宗实录》卷44载，正统时，湖广襄阳府宜城县知县廖任介绍说“诸处商贾给引来县生理”。明天启时出版的《士商类要》卷2《客商规略》，在“为客十要”部分，规定了这样的一条：“凡出外，必先告引。”这一制度，一直延续到明末。

路引制度在明代来华的外国人那里，也被严格执行。1584年，罗明坚和利玛窦在肇庆建成了一座采用欧式风格并以青砖白灰建筑的教堂。不久，“传教士又收到两份盖有肇庆知府官印的文件。一份是捐赠盖房地皮的证明，另一份是准允传教士去广州、澳门或国内其他地方旅行的文书”。1595年，祖籍肇庆附近的兵部侍郎石星奉召赴北京履任，因久仰利玛窦的学识和品德，遂途经韶州时，主动邀请利玛窦同船北上，并“令属下迅速办妥旅行的执照”。来到

---

① 兰陵笑笑生：《金瓶梅》，三秦古籍书社1991年版，第787页。

② 兰陵笑笑生：《金瓶梅》，三秦古籍书社1991年版，第793页。

南京，利玛窦等人准备前往北京，他们找到祝世禄，祝世禄表示，“旅行的证件不必担心，将由他主管的部门予以特别批准。得到这样的承诺，利玛窦等人欢欣鼓舞”，不久，“果然从信守诺言的祝世禄处领到了有利的证件”。①

有了路引，还得过关。明清仍然推行关禁制度，不过查禁违法人员已退到其次，主要在于征税。清代小说《歧路灯》写道，谭孝移进京，黄河已渡，夜宿晓行，过邺郡，历邢台，涉滹沱，经范阳，到良乡住下，离京只有六十里，他以为“明日再起五更，傍午可以进京”，但雇的长班却说“明日日落时进京，就算极早”，因为要“过税”，即经过关卡时对所带的物品征税。谭孝移说：“带的东西该过税，就上几两银子，不过开开箱笼，验看物件我们再装一遍，有甚延迟？”长班道：“嘻！要验箱子却好了。那衙役小班，再也是不验的，只说是赏酒饭钱。开口要几十两。这个饭价，是确切不移的。要不照他数目，把车儿来一辆停一辆，摆的泥屐儿一般。俟到日落时，要十两给他八两，也就行了。若说是个官员，一发他不理。俗话道：‘硬过船，软过关。’一个软字，成了过关的条规。”一行人抵达税亭，“果然不验箱笼，不言税课，只以索饭钱为主”，管税的“衙役小马之辈，一口咬定二十两”。谭孝移吩咐送银十六两，以合说十两与八两之数。“班役袖着银子，藏过两个锞儿，交与税桌十四两。那小马仍然不肯依。但欲已满了八分，也就渐渐收下”。②

到达目的地后，入住旅馆，则有登记制度。明代旅店一般有一本登记簿，叫“店历”，起初侧重于对商旅进行征税之用，如《明史·食货志》称：“关市之征，宋、元颇繁琐。明初务简约，其后增置渐多，行赍居鬻，所过所止各有税。”又称：“凡纳税地，置店历，书所止商氏名物数。”但到后来，店历便侧重于维护社会治安，成为对旅客住宿进行登记以备检查的记录凭据了。据《万历

① 沈定平：《明清之际中西文化交流史——明代：调适与会通》，商务印书馆 2001 年版，第 239~341 页。

② 李绿园：《歧路灯》，中州古籍出版社 1998 年版，第 52~53 页。

会典》卷35载："凡客店，每月置店历一扇，在内赴兵马司，在外赴有司，署押讫，逐日附写到店客商姓名人数、起程日月。月终，各赴所司查照。"尽管此时的店历不排除作为征税的依据，但它更主要的作用则是防奸止盗。这种住宿登记，想必是以身份证为依据的。明代旅店还保留着元代"不下单客"的制度。《醒世恒言》借叙述唐代的故事，反映了明代"不下单客"的旅行规制。书中讲道，正当王臣与店家叙谈乡谊时，"忽听得背后有人叫道：'主人家，有空房宿歇么？'主人家答应道：'房屋尽有，不知客官有几位安歇？'答道：'只有我一人。'主人家见是个单身，又没包裹，乃道：'若止你一人，不敢相留。'那人怒道：'难道赖了你房钱，不肯留我？'主人家道：'客官不是这般说。只因郭令公留守京师，颁榜远近旅店，不许容留面生歹人。如隐匿藏留者，查出重治。况今史思明又乱，愈加紧急。今客官又无包裹，又不相认，故不好留得。'"① 这里虽写的是安史之乱时的事，但遍考唐代典籍均无"不下单客"的记载，显然，冯梦龙是在用明代的历史背景铺陈唐代的历史故事，这种手法在古代小说中是屡见不鲜的。

与上述制度相应的是宵禁制度。

明清宵禁制度依然延续着。开封实行宵禁，在清代小说《歧路灯》中有不少反映。有一位仆人德喜曾说："街上又撞着一位老爷查夜，把俺两个盘了又盘，只说俺犯夜。后来说到萧墙街谭宅，那老爷提起俺老爷名子，俺说是老家主。那老爷点点头儿，抖开马才走了。再不敢黑夜在街里走。"② 有人谎称王隆吉病，要谭绍闻送药去，谭绍闻道："街上夜紧，盘查也厉害。我明早去罢。"王氏道："你快跟的去，明早回来也不妨。"③ 还有一次，谭绍闻与夏逢若二人"转至大街往东正走，只见碗口大字一个灯笼，上面写着'正堂'两个字，有四五个人跟着，一位老爷骑着马"。谭绍

① 冯梦龙编：《醒世恒言》，载《三言》，浙江古籍出版社1993年版，第766页。

② 李绿园：《歧路灯》，中州古籍出版社1998年版，第181页。

③ 李绿园：《歧路灯》，中州古籍出版社1998年版，第195页。

闻吓了一惊，而夏逢若却道："怕啥哩！"一直往前撞去。只听跟随人役大声喝道："什么人？"逢若不慌不忙说道："是取药哩。"那老爷在马上即接口道："拿药来验。"夏逢若从袖中取出一封药，上面还叠着一个方子。随从拿起灯笼，那老爷展方一看，问道："是你什么人害病？是何病症？"夏逢若从容回首："小人母亲害心疼。"那老爷微笑了一笑，说道："医生该死。"将药递于从人转付夏逢若，又问："那一个人呢？"逢若道："是小人兄弟。"那老爷说道："去吧。"二人走开。脱险后，夏逢若笑着对谭绍闻说："晚上街头走动，说是取药，就不犯夜了。这一包子金银花我已使过三遭了。"绍闻道："假如没有药时？"逢若大笑道："那就没法子么？就说是接稳婆。难说做老爷的，去人家家里验女人不成？"① 还有一位叫王中的人到王氏家去，敲门后，王氏问道："你怎到的这样早？"王中道："我昨晚想赶进城来，到南门时，门已关了。店里住了一夜，闪开门就进来。"② 说明王中进城时，城门因宵禁已闭，只得等到天明后进城。晚清时，宵禁令在上海依然实行。

旅店也得配合实行宵禁令。《歧路灯》写道，有三位旅客住店，"开了东厢房门，叫店人点灯收钱"。店人道："天色尚早。大老爷有告示，放客早行，路上失事者，店主三十板。怎敢放你们早走？"那三人道："死店活人开，你看我三人一路，怕些什么？况且上房的客，随后也要起身。一发一路人多，更是不怕的。"店人料着无事，收钱已足，把门闪了一尺放行。还有一次，谭、盛、娄住在上等客房，"正谈论间，仿佛听的城内定更……果然街上鸣锣，店中敲梆"。③ 看来，旅店是配合打更的人，在店中敲梆催睡，以实行宵禁令。

宵禁令在明朝初期执行较为严格，后期比较松懈。万历四年，浙江按察司佥事徐廷祼、杭州知府姜召重等人建湖心亭，徐廷祼与

① 李绿园：《歧路灯》，中州古籍出版社 1998 年版，第 196 页。
② 李绿园：《歧路灯》，中州古籍出版社 1998 年版，第 201 页。
③ 李绿园：《歧路灯》，中州古籍出版社 1998 年版，第 737 页。

门人在湖心亭对月吟诗："此地夜游经几度，未知谁解探骊珠。"①这里的夜游，显然是宵禁松弛的印证。同时，作为等级社会的中国，不同的人，在宵禁中的境遇是不一样的。《歧路灯》载，有一帮人"赌到五更，把淡如菊、钱万里打发走开。——你道省会之地，如何夜行呢？原来一个打着布政司小灯笼，一个打着满城县旧灯笼，所以街上无阻"②。看来，只要是官府的人，就能在宵禁时畅通无阻。

除了宵禁令外，明清旅行制度还延续着"贱避贵"的规定。官差特别是皇差，拥有旅行优先权和交通工具征用权。清小说称，明北直隶南宫县人窦丛，在河南省城贩棉花，开白布店，正月十七日要回家探亲，出了省城，才只走了十里，遇见本街一个交好的客商，说："今日不能过河。皇上钦差大人，往湖广承天府钟祥县去，把船都拿了，伺候皇差。咱同回去罢，另择良辰起身。"③与此相应，古代贱避贵的制度也在执行和延续。

二、明清旅行风俗

明清时期，除了旅行制度外，还流行着一些旅行的风俗。如出行前的择吉、饯行，到达后的接风洗尘等。

出行宜忌和择吉风俗在明清时仍然风行。出行宜忌，是方士制定的出行吉日和禁忌之期。择吉就是选择出行的好日子。择吉术源于术士们玩弄的居家旅行宜忌，后者常常令旅行者裹足不前。谢肇淛《五杂组》指出："今阴阳家禁忌，可谓极密，一年之中，则有岁破、死符、病符、太岁、劫杀、伏兵、灾杀、大祸、岁杀、岁刑、金神、将军诸方。一月之中，有月忌、龙禁、杨公忌、瘟星、天地凶败、天乙绝气、长短星、空亡……月破、月厌、月杀等日。一日之中，则有白虎、刀砧、天火、重丧、天贼、地贼、血支、血

① 田汝成：《西湖游览志》，上海古籍出版社 1980 年版，第 309～310 页。

② 李绿园：《歧路灯》，中州古籍出版社 1998 年版，第 184 页。

③ 李绿园：《歧路灯》，中州古籍出版社 1998 年版，第 367 页。

忌、归忌、黑道……灭门等凶神。盖一岁之中，吉日良时，无凶神恶煞者，不过数日耳，而又加以方向之不利，生命之相妨，仇难二星之躔度，太白日神之游方，一一择而忌之，则虽终岁不作一事可也。而穷村深谷之家不知甲子，愚冥狞犷之辈不信鬼神，何尝见其祸败之相仍哉？太史公谓阴阳之术太详，而众忌讳使人拘而多畏。"① 然而，民间却极信这种禁忌。明瞿佑在《居家宜忌》中谓："八月，行路间勿饮阴地流泉，令人发瘴脚软。"谢肇淛引《养生论》曰："二月行路，勿饮阴地流泉，令人发虐。"并谓"此不可不知也"。② 由于这种禁忌，行人出门前，便不得不择吉以行了。

明人高濂称："五岳之神，分掌世间人物，各有攸属。如太山乃天帝之孙，群灵之府，为五岳祖，主掌人间生死贵贱修短。衡岳主掌星象分野，水族鱼龙。嵩岳主掌土地山川，牛羊食啖。华岳主宰金银铜铁，飞走蠢动。恒岳主掌江河淮济，四足负荷等事。"还引《抱朴子》曰："修道之士，栖隐山谷，须得《五岳真形图》以佩之，则山中魑魅虎虫、一切妖毒皆莫能近。"又称汉武帝元封三年七月七日，受之西王母，该图遂流布人间。后太初年中，李充自称冯翊人，三百岁，荷草器负图遨游，武帝见之，封负图先生。"故世人能佩此图，渡江海，入山谷，夜行郊野，偶宿凶房，一切邪魔、魑魅魍魉、水怪山精悉皆隐遁，不敢加害。家居供奉，横恶不起，祯祥永集云。故此图不独用为佩轴，家居裱成画图安奉亦可。"③ 高濂还在《三才避忌条》中称："吾人起居，不知三才避忌，必犯灾害，何以能安乐哉？"其中"行住坐卧莫裸体，以亵三光"，"大风大雨大雷大雪大露不可出行，当静坐敬畏"，"重雾三日必大雨，未雨不可出行"，"远出触寒而归，勿面向火，勿就吃热食。衣湿汗即脱，勿开口喝冷。大寒大暑勿可出入"，"日出则出，日入则入，朝出莫饥，暮息莫饱"，指出这是"天时避忌之要

① 谢肇淛：《五杂组》卷 2，辽宁教育出版社 2001 年版，第 36~37 页。
② 谢肇淛：《五杂组》卷 4，辽宁教育出版社 2001 年版，第 23 页。
③ 高濂：《遵生八笺》之《起居安乐笺》下卷中，《藏经》。

略”。又指出地道诸忌：“入深山当持明镜以行，使精魅不敢近。入山念仪方二字以却蛇，念仪康二字以却虎，念林兵二字以却百邪。入山至山脚，先退数十步方上山，山精无犯。入山将后衣裾摺三指挟于腰，蛇虫不敢近。渡江河朱书禹字，吉。写土字于手心，下船无恐怖。深山流出冷水不可饮，水有沙虫处不可浴。有水弩虫处不可渡，虫射人影即死。先以物击水，虫散方可渡。行热勿以河水洗面。陂湖水有小影，是鱼秧勿食。”指出“此地忌之大略”。关于人事诸忌，他指出：“持重远行，汗出于肾，骨劳气越，肾复过疲，故持重远行，汗出于肾也。疾走恐惧，汗出于肝，暴役于筋，肝气疲极，故疾步恐惧，汗出于肝也。摇动劳苦，汗出于脾，动作用力，谷精四布，脾化水谷，故汗出于脾也。”“行走勿语，行远乘马勿回顾，伤神。行远常存魁星在头上。夜行宜数叩齿，鬼神畏齿声也。夜行及冥卧，心中惧者，当存日月光，入我明堂中，百邪自散。勿久行，伤肝；勿久立，伤骨；勿久坐，伤肉。”“大树下不可坐，防阴气伤人。坐卧莫当风。冷石不可坐，成疝。日晒热石不可坐，生疮”，指出“此为人事之忌大略”。① 由于这种禁忌，因此人们出行便要注意回避禁忌，并选择吉日。

然而，受到基督教影响的中国人，开始破除出必择吉的观念。明代通政使许胥臣加入基督教后，遇丁忧，于是准备回家守孝，他对神父们说：“我故意选择今天进行我的旅行，因为在中国历书上标明这一天是严禁出行的，我这样做是向魔鬼对着干，这个魔鬼已经骗了我好多年了。”②

也有一些中国人，出行择期，完全以天气凉热、时间缓急为考虑因素。因此，不再遵循迷信的禁忌和择吉术。据清小说描写道，有五位被保举为贤良方正的乡绅接了咨文后，相约来到谭宅碧草轩，商定入京之期。“有说如今即便起身，要到京上舍亲某宅住的；有说天太热的；有说店中壁虫厉害的；有说热中何妨热外的；

① 高濂：《遵生八笺》之《起居安乐笺》下卷中，《三才避忌条》。

② ［意］利玛窦、金尼阁著，何高济等译：《利玛窦中国札记》，中华书局 1983 年版，第 596~597 页。

有说臭虫是天为名利人设的；有主秋凉起身的；有说秋天怕雨多，河水担心的；有说冬日起身的；有说冬日天太冷的；有说冷板凳是坐惯了，今日才有一星儿热气儿，休要叫冷气再冰了的。说一会，笑一会，众口纷喙，毕竟上京日期，究无定准。”这时娄潜斋说道：“弟倒有一个刍荛之见，未必有当高明。即如河南，喜诏到了大半年，如今才有了一定的人，才办就上京咨文。那滇、黔、闽、粤地方，未必办得怎样快。即令目今人文俱妥，他上京比咱河南路又远了两三个月。礼部办这宗事，或者汇齐天下各省人文到部，方好启奏引见，未必是一省到就启奏一省的。即令分省各办，诸公到京，一齐投咨，也不致等前等后。看来不妨诸兄各自回家，等过了新年进省，到省中过了灯节上京，又不热，也不太冷，不怕河，也不怕壁虫。未知诸公以为如何?”于是一言而决，就这么定了日期。①

明清依旧延续并流行饯行和洗尘、接风的风俗。饯行是为远行人摆酒送行。清小说《歧路灯》写道：“谭绍闻得了母亲怂恿，叫德喜跟着，拿了银子到笔墨铺、绸缎店置买东西。……择日起程。王氏叫巫翠姐整了饯行小内宴。”② 又一次，“诸事已毕，盛希瑗于绍闻临行前夕，备了一桌酒饯行。只此二人，别无陪客”③。

洗尘是为远游归来的人设宴欢迎。《歧路灯》写道：德喜路上遇见截路断道的贼，吓病了，正躺在床上。夏逢若来了说：“我今日之来，一来为贤弟压惊，二来为贤弟洗尘，三来为贤弟道喜，备了个菲酌，明日请到我家吃杯水酒。”④

“洗尘”也叫洗泥、濯足。明人陆嘘云《诸书直音世事通考》卷上称，接待远来之客的“洗泥”风俗，又称之为“濯足”。“濯足”的来历显然与唐代马周有关。明代小说《喻世明言》卷5《穷马周遭际馅媪》中，称马周初入逆旅，说道：“俺一路行来，

---

① 李绿园：《歧路灯》，中州古籍出版社1998年版，第48页。
② 李绿园：《歧路灯》，中州古籍出版社1998年版，第532页。
③ 李绿园：《歧路灯》，中州古籍出版社1998年版，第770页。
④ 李绿园：《歧路灯》，中州古籍出版社1998年版，第532页。

没有洗脚，且讨些干净热水用用。”王公道：“锅子不方便，要热水再等一会。”马周道：“即如此，先取酒来。”王公于是按照马周的要求，吩咐店小二，“一连暖五斗酒，放在桌上，摆一只大磁瓯，几碗热菜之类。马周举瓯独酌，旁若无人。约莫吃了三斗有余，讨个洗脚盆来，把剩下的酒，都倾在里面，躧脱双靴，便伸脚下去洗濯”。洗尘又叫“拂尘”和“掸尘”。《金瓶梅》载，陈敬济从东京回来后遇见了一个“识熟朋友”铁指甲杨二郎，“杨二郎招了敬济，上酒楼饮酒：‘与哥拂尘’”。①“拂尘”字面上讲就是拂去尘土，它与掸尘的意思是一样的，因此，洗尘又称“掸尘”。《红楼梦》第十六回《贾元春才选凤藻宫　秦鲸卿夭逝黄泉路》又写作“掸尘”：贾琏远路归来，凤姐笑道：“国舅老爷大喜！国舅老爷一路风尘辛苦！小的听见昨日的头起报马来说，今日大驾归府，略备了一杯水酒‘掸尘’，不知可赐光谬领否？”

洗尘风俗常常被称为“接风”。“接风”的说法，见于明代小说《水浒传》第五十回《吴学究双掌连环记　宋公明三打祝家庄》：宋江率众打祝家庄得胜回寨，“寨里头领晁盖等擂鼓吹笛，下山来迎接，摆了‘接风酒’”。第五十四回《入云龙斗法破高廉　黑旋风下井救柴进》也说，戴宗、李逵、公孙胜等来到高唐州前线宋江军中，“宋江、吴用等出寨迎接，各施礼罢，摆了‘接风酒’”。《金瓶梅》载，某次，西门庆远行回来后，月娘便“分付整饭伺候，一面就和六房姊妹，同伙儿到厅上迎接”。“众妻妾一齐相迎进去。西门庆先和月娘厮见毕，然后孟玉楼、李瓶儿、潘金莲，依次见了，各叙寒温”。西门庆把路上辛苦并到翟家住下、感蔡太师厚情请酒并与内相日日吃酒事情，备细说了一遍。“月娘一面收好行李及蔡太师送的下程，一面做饭与西门庆吃。到晚又设酒和西门庆接风”。② 看来，接风是很正式的仪式。清代小说《儒林外史》第十回《鲁翰林怜才择婿　蘧公孙富室招亲》中，也可以看到同样的风俗：“两公子欢喜不尽，当夜设席接风。”《红楼梦》

① 李绿园：《歧路灯》，中州古籍出版社 1998 年版，第 550 页。

② 兰陵笑笑生：《金瓶梅》，三秦古籍书社 1991 年版，第 791 页。

第四回《薄命女偏逢薄命郎　葫芦僧乱判葫芦案》称，薛蟠为争夺小妾英莲，将冯渊打死，“便将家中事务，一一嘱托了族中人并几个老人家，自己同着母亲妹子，竟自起身长行去了”。他们“在路不计其日”，来京城投奔荣国府王夫人。“忽家人报：‘姨太太带了哥儿姐儿合家进京，在门外下车了。’喜得王夫人忙带了人接到大厅上，将薛姨妈等接进去了。姊妹们一朝相见，悲喜交集，自不必说，叙了一番契阔，又引着拜见贾母，将人情土物各种酬献了。合家俱厮见过，又治席接风。”《歧路灯》也有多处接风的记载：“王氏见兄弟久客而归”，心下喜欢，把王中叫到楼门交代：“东街舅爷回来，还送了些人事东西儿，咱也该备一盅酒请舅爷，接接风。”但王氏与其弟王春宇“话不投机，虽说摆席洗尘，未免不乐而散”。① 还有一次，盛希侨差侍童宝剑送谭宅家书，谭家母亲王氏建议：“咱也该去盛宅走走，约他家大相公来吃一盅接风酒。”② 洗尘不仅叫接风，而且叫“软脚”，清小说《歧路灯》描写道：“谭孝移自丹徒回来，邻舍街坊，无不欢喜，有送盒酒接风的，有送碟酌洗尘的，也有空来望望的。”谭孝移也“答些人情，巾帕、扇坠、书联、画幅，都是江南带来的物端”。又一日，有两个人“抬了架漆盒儿进门”，揭开盒儿一看，“无非是鸡鸭、鱼、兔、水菜之类”。拜盒内一张帖子上写着五位前来接风的人名。谭孝移躬身致谢，那五位说：“远涉而归，公备水菜局软脚，恕笑。”③ 这里，同一件设宴之事，被分别称为接风、洗尘和软脚，可见属于同一种风俗。

此外，明代还曾流行玩旅游游戏图的风尚。所谓旅游游戏图，是以纸画出旅游线路，由多人参与游戏，以投色子“占点”，决定扮演不同的角色，根据角色执行相应的指令，看谁最先到达目的地。《歧路灯》载：

---

① 李绿园：《歧路灯》，中州古籍出版社 1998 年版，第 203 页。
② 李绿园：《歧路灯》，中州古籍出版社 1998 年版，第 752 页。
③ 李绿园：《歧路灯》，中州古籍出版社 1998 年版，第 7 页。

盛希侨道："昨日浙江朋友，送了我一幅西湖图酒令，只用一个色子，各人占点，有秀士、美人、缁衣、羽士、侠客、渔翁六样儿。如今现有六个人，不用占点，谭贤弟就是秀士，晴霞就是美人，老慧就是缁衣，老满就是羽士，王贤弟就是侠客，我一发就是个打鱼的渔翁。瑶琴儿，你把西湖图展开，放在桌上，把碟子去了几个，好玩。"众人看那图时，犹如儿童掷的围棋一般，螺道盘中，一层一层儿进去。开首是涌金门，中间是一个湖心亭。众人道："不懂的。"满相公又讲了一会，说："有现成令谱。"希侨道："我就先掷。"恰恰掷了一个幺，就是涌金门。展开令谱儿看，上面写了六行字，一行云："渔翁货鱼沽酒。饮巨杯，唱曲。"希侨笑道："坑死我！我实不能唱，你替我罢。"晴霞道："不准替。"希侨道："我就唱，难为不死人。我唱那《敬德钓鱼》罢。"只唱了一句《新水令》，忍不住自己笑了。说："算了罢，算了罢。"没人再好意思催他，只得罢了。叫宝剑把一个铜渔翁放在涌金门上，记了马儿。轮着满相公掷，掷一个四点，数在三生石上。令谱上写："到此满座皆饮，掷者说笑话。"……宝剑儿把一个莱石仙家放在三生石上，记了。王隆吉掷一个六点，数在岳坟上。揭开令谱，上边写着："侠士到此，痛饮三巨杯。一杯哭，二杯笑，三杯离座大舞。"……宝剑儿把一个蜜蜡金老虎，放在岳坟上。该晴霞掷，晴霞拿起色子说道："能好掷个不要百戏的罢。吃酒还不难。"掷一个五点，数在苏公堤上。令谱云："桃柳交加，美人、秀士同饮三小杯。"宝剑儿斟了三小杯。希侨道："你两个该一递一口儿把这三盅酒吃了。"……二人果然依令而行。宝剑儿把一个玉琢的靠石坐的美人，放在苏公堤上记住。……绍闻……心中还想数着一个有情趣的地方，不料数了一个冷泉亭。令谱云："凡到此者，饮凉水一小盏。"……宝剑儿取过一个盘螭未刻的水晶图书，放在冷泉亭上。该慧照掷。慧照掷一个三点，数在放生池上。令谱云："缁衣放生，合手念阿弥陀佛。"……宝剑儿又取了一个象牙雕的弥勒佛，记在放生池上。……大约掷了四五周，才到中间湖心亭上。①

这种游戏，表明旅游不仅已成为一种生活方式，而且成为一种游戏形式和艺术方式，弥漫在明清人的周围，渗透进明清人的心中。

三、明清骑乘风尚

明清时期，人们选择的旅行方式很多，水行乘船，陆行乘车、骑马、步行等，然而，在自由选择的基础上，出现了骑乘的时尚，那就是社会风行乘轿。

明清江南文人喜欢乘船出游。巫仁恕在其《明清游道》一书中已有证明。乘船似乎无关风尚，它是迫不得已的一种出行方式。《利玛窦中国札记》载：南京礼部尚书王弘诲决定带利玛窦到北京去，“他本人必须由陆路北上……他的行李由两个差役押运从水路前往；他邀请神父们作为他的家属，同差役一起乘船航行。这种特别类型的船有些象一艘古希腊三层式的战船，因为速度快，中国人称它为马快船。为了在航程中有更多的自由，神父们宁愿另外包一间房舱，而不愿和仆役们在一起。它还向他们提供充分的地方存放行李”。结果在山东临清，利玛窦等人落入了太监马堂的手里。“收税官马堂除了建筑各式各样的官邸和庙宇之外，还造了一只很讲究的大船，甚至于适合皇帝乘坐；船上的大厅、房间以及众多的舱室都极为精致而宽敞。走廊和窗框是用不腐的木材制造的，雕刻着各式各样的图案，镶着金并用中国漆涂得光亮。他常常沿河巡游；他就是乘这只船来拜访神父们的。……马堂提出要帮助神父们把礼物献给皇帝；然后，他命令把礼品转移到他的船上，以便更仔细地检查它们”②。除了乘船外，人们出行还骑马和骡。《歧路灯》描写了谭绍闻的一次骑马旅行的过程，说谭绍闻“下的马来。衙役、德喜赶上，将马拴在柳荫槽边”，“绍闻主仆吃了些野饭，牲

① 李绿园：《歧路灯》，中州古籍出版社1998年版，第137~139页。

② ［意］利玛窦、金尼阁著，何高济等译：《利玛窦中国札记》，中华书局1983年版，第320、390页。

口吃了些麸草，依旧搭上行李，径往前行”。①

然而，这些骑乘方式不属于明清风尚。风尚是建立在自由选择的基础上，由时尚所决定。据清小说载：安公子的父亲中进士后，授了河工知县，“那些家人回说：钦限紧急，请示商量怎的起行？那些家人也有说该坐长船的，也有说该走旱路的，也有说行李另走的，也有说家眷同行的”。② 可见，有多种出行方式可供选择。明清时期，在众多的交通工具和骑乘方式中，社会主流选择了乘轿，因而乘轿也就成了明清时期的骑乘风尚。

妇女的骑乘方式中，乘轿是一种主要的形式。明代民间嫁女便用花轿迎送。《醒世恒言》“乔太守乱点鸳鸯谱”中载，孙寡妇嫁女，“到了黄昏时候，只听得鼓乐喧天，迎亲轿子已到门首”，“宾相念起诗赋，请新人上轿”。《歧路灯》称：“抚台太太坐下吃了一杯茶，说了几句安慰话，吩咐一声回衙。丫头传与家人，家人传与伺候人役，将八座放正，伞扇排开，二乘送女客轿子，随着一切家人媳妇婢女二人小轿七八乘，吩咐不鸣锣不喝道，径回院署而去。”③ 长途跋涉则乘骡子拉的驮轿。盛希侨道称：“家母昨日从山东家母舅家才回来，驮轿上坐了一千多里，如今在楼上睡了。好几天还歇不过来哩。”④

妇女乘轿历史上有传统，男人乘轿，则是在南宋以后，是时代风气所致。明清以后，官员自县令以上，皆乘轿子出行，并通过轿子帷幕的颜色来区别官吏的级别。只有武官才骑马旅行。据黄佐《翰林记》载，明初，风尚比较质朴，庶吉士多步行，有的则乘驴行走。后来形成规矩：翰林院官员都乘马，但迁至三品以上，就照例可以乘肩舆。说明乘轿是地位的象征。除官员外，民间出行乘轿也蔚然成风。徐霞客旅行考察时，也常乘轿子。由于他手中有官府发的“马牌”，所以沿路驿站及为驿站承差的村民都要为他准备肩

① 李绿园：《歧路灯》，中州古籍出版社 1998 年版，第 539 页。
② 文康：《儿女英雄传》，中州古籍出版社 1998 年版，第 18 页。
③ 李绿园：《歧路灯》，中州古籍出版社 1998 年版，第 791 页。
④ 李绿园：《歧路灯》，中州古籍出版社 1998 年版，第 131 页。

舆。他坐的轿子比较简陋，是“以竹椅缚舆”，即把竹椅绑缚在横竖四根竹竿上，由村民抬着他“度小溪”,“越小水”，“入土山之峡”，“跻土山而上”，“跻山之巅”。有一次“村人不肯缚舆，欲以牛车代”，徐霞客不干，“相持久之，雨丝丝下，即而草草缚木于梯架”，徐霞客这才“持伞登舆”。① 徐霞客坚持乘轿而不坐牛车，反映明代旅游时尚的特色是贵轿子而贱牛车。

在传教士眼中，明代的乘轿之风甚盛。肇庆“教堂四周的街上常挤满轿子，河上拥塞着小艇和官员们的大船，它们体积大，装饰华丽，引人注目，显得很有气派”。利玛窦来到南昌，遇到一个朋友，是省城人，“他送他一顶轿子，以备他要外出时使用”。“除去骑马旅行而外，到处都是抬官员们和要人们的轿子。北京的这种乘坐工具要比南京或者中国其它地方的花费大得多”。②

清朝八旗尚武尚骑，但面对汉族老臣，则允许其乘车。据《清仁宗实录》卷66载：嘉庆五年闰四月壬申，谕内阁：“朕恭阅皇考《高宗纯皇帝实录》，以大学士赵国麟向有足疾，不能骑马，着坐车进紫禁城，到内阁办事。仰见皇考体恤癃病老臣，至为优渥。”因此，仁宗也考虑到“现在大臣中，曾经赏给紫禁城骑马者，在满洲蒙古大臣，于乘骑素为娴习，而汉大臣则乘马本非所长，设遇衰年有疾，仍勉强策骑入朝，未免转形劳顿。嗣后降满洲蒙古大臣外，所有汉大臣曾经赏马者，或偶因患病，或适有足疾不能乘骑，着自行具折奏明，准其坐车进紫禁城，至向例下马处下车。疾愈后仍照常骑马，以示朕眷念耆臣恩加无已至意”。汉族大臣骑马坠地后，有时便改为乘轿。据《清史稿·朱珪传》载：彭元瑞于西华门内坠马，朱珪“呼其舆入舁之，为御史周栻所劾”。不久朱珪的舆人（抬轿夫）殴伤禁门兵，被皇帝以“造次不检”予以“申戒”，被褫宫衔，解三库事，镌级留任。

到了后来，不仅汉族大臣皆乘轿，而且满蒙贵族、八旗子弟也

---

① 徐霞客：《徐霞客游记》之《粤西游日记三》。

② ［意］利玛窦、金尼阁著，何高济等译：《利玛窦中国札记》，中华书局1983年版，第217、293、330页。

都被汉化，无论文武男女老幼，都以乘轿为荣，朝廷只得严禁武将乘轿。顺治九年不得不规定乘轿的制度，并强调武官不得乘轿，只能骑马。到了乾隆以后，除了太监以外，便无人再乘马车了，他们大多数改乘轿子。清代的官轿一般由官员自备，也有皇上赏赐的。清代武官乘轿在《啸亭杂录》中有详细规定："旧制，武官一品皆乘轿。纯皇帝以满洲大员皆宜夙习劳勚，不可耽于安逸，故将都统、将军、提督等乘轿之制，尽行裁革。惟令侍卫内大臣例无明文，然向率以诸王大学士兼之，未有单衔者，故皆因循乘轿。惟英诚公阿无栋阿一人初无他官，以家室贫乏，不能豢养舆夫，故独乘车以行。后超勇王拉旺多尔济以足疾，喀尔沁贝勒丹巴多尔济以受重创故，皆特旨赐轿。继其位者为科尔沁郡王索诺木多布斋、科尔沁贝勒鄂尔哲依图，皆因循坐轿。丙子冬，上特旨罢斥，仍交部严议焉。自是武臣无乘轿者。"① 当着皇帝的面无人乘轿，但私下里，无不乘轿。官轿夜行时，还有人在前面打着灯笼照路，灯笼上写着该官员的姓名和功名。清代有首《竹枝词》描绘一个小官乘轿夜行的情况道："二人小轿走如飞，跟得短僮着僮衣。一对灯笼红蝙幅，官亲拜客晚才归。"乘轿方式的流行，使人们追求舒适和派头，而放弃了对社会节奏的追求。

第十节　明清传统旅游的衰落

一、人口快速增长，旅游供应短缺

明清政府坚持提倡多世同堂和多生多育政策，导致人口急剧增长，使人均土地面积相对减少，同时它又固守以农为本和重农抑商的国策，使人口不能有效地向手工业、商业和旅游业转移，使人均资源分配下降，粮食短缺，肉类更是匮乏，人口贫困化加剧，出现黄宗智所说的"增长而不发展"的"内卷化"趋势。②

---

① 昭梿：《啸亭杂录》，中华书局 1980 年版，第 393 页。

② 黄宗智：《长江三角洲小农家庭与乡村发展》，中华书局 1992 年版。

清廷为了稳定税额，于康熙五十一年（1712 年）宣布：以康熙五十年丁银额为准（当年丁 2 462 万，银 335 万两），以后“盛世滋生人丁，永不加赋”。到雍正时，又实行“摊丁入亩”(即“地丁合一”)，将人丁税并入田亩征收，从此不再征收人头税了，使得穷苦无地的人免征人头税，减轻了农民对专制政府的人身依附关系，但也刺激了人口的快速增长。清康熙三十九年（1700 年）人口数为 1.5 亿，乾隆五十九年（1794 年）时达到 3.1 亿，道光时更增至 4 亿多。人口迅速增长带来了巨大的生存压力。乾隆六年人均占有土地约 6.2 亩，到乾隆三十一年，人口数约为208 095 796，田地为7 414 495顷，平均每人为 3.56 亩；至道光元年，人口数已增至355 540 258，田地并没有增加多少，人均土地面积大约只有 2.09 亩。人口压力导致部分人口流动和迁徙，从人稠地少的地区向地广人稀地区迁移；也促使部分人口向手工商业转移，但因受专制政府政策的影响，未能从根本上解决问题，使得广大农民日益穷困。这些问题，在旅游业上得到充分暴露。

除了大中城市的部分旅游企业外，其他小城镇和乡村的旅游设施简陋、肮脏不堪，与此相应，这些旅游企业提供的餐饮质量也比较低下，常常出现供应短缺的现象。

首先是旅游设施和旅游企业条件低劣简陋。明清旅馆就是如此，不仅条件低劣，而且环境嘈杂肮脏。北京的联升客寓“店房中乃是混乱杂区，喧豗闹场”，让谭孝移“如何支持得住”?① 下榻的显然是一处十分混乱肮脏的私人旅馆。在外省，环境和条件更为恶劣。生于富厚之家，长于娇惯之手、柔脆之躯、温饱之体的谭绍闻，在“连日披风餐露”后，晚上住到了一家名叫“鼎兴店”的私人旅馆，设施只有“柴床一张，竹笆一片，稻苫一领，苇席一条，木墩一枕”②。清小说《歧路灯》描述河北邯郸的一家旅馆的嘈杂环境：“嚷闹中间，听的车夫添草声，马索草声，车夫张冻口，唱《压压油》……唱完，打了个呵欠，喊道：‘老爷们起来

① 李绿园:《歧路灯》，中州古籍出版社 1998 年版，第 53 页。

② 李绿园:《歧路灯》，中州古籍出版社 1998 年版，第 317 页。

罢。’这院内七嘴八舌还嚷的不定交。”① 旅店里臭虫满床，卫生条件极差，常致腹泻。清小说描述道：“一日，正走到茌平的上站。这日站道本大，公子也着实的乏了，打开铺盖要早些睡，怎奈那店里的臭虫咬的再睡不着。”而其老仆华忠“才得躺下，忽又起来开门出去”腹泻，“一连就是十来次”。② 旅店供客人洗脸的木盆肮脏不堪。清小说载：“早有跑堂儿的拿了一个洗脸的木盆，装着热水，又是一大碗凉水，一壶茶，一根香火进来”，但公子“看了看那木盆，实在腌臜，自己又不耐烦再去拿那脸盆饭碗的这些东西。怔着瞅了半天，直等把那盆水晾得凉了，也不曾洗”。③ 这是个既提供住宿又提供饭食的旅店，但条件太差了。旅店服务质量低劣，人所共愤，有“世上最难缠的无过‘车船店脚牙’”之说，是指车夫、船夫、店家、脚夫、牙行经纪人五种行业。旧谚有“车船店脚牙，无罪也该杀”，是说这五种人最难应付。④ 明清旅店还弥漫着浓烈刺鼻的烟味。这是元以前旅馆所没有的现象。明代中期以后，吸烟风俗随着西方殖民者的到来，从东南沿海传入中国，于是各旅店便充斥着这种令人皱眉的烟味。清小说称：“那跑堂儿的瞧见，连忙的把烟袋杆望巴掌上一折，磕去烟灰，把烟袋掖在油裙里。”⑤

明清饭店供应的饭菜多是素食，很少有肉食供应。清小说所载山东茌平的一家悦来客店，还算是一家比较大的企业，但供应粗疏简陋，安公子一进客店，便有跑堂的过来问：“客人吃饭哪，还等人啊？”公子说：“不等人，就吃罢。”“接着饭来了，就用那店里的碗筷子，淬茶胡乱吃了半碗，就搁下了。”⑥ 从这里可见，当时的旅途餐饮是相当简陋的。清初，意大利那不勒斯人热梅利·卡勒曾从广州到北京旅行，又从北京回到广州，穿行于中国，康熙三十五

---

① 李绿园：《歧路灯》，中州古籍出版社 1998 年版，第 737 页。
② 文康：《儿女英雄传》，中州古籍出版社 1998 年版，第 39 页。
③ 文康：《儿女英雄传》，中州古籍出版社 1998 年版，第 44 页。
④ 文康：《儿女英雄传》，中州古籍出版社 1998 年版，第 39 页。
⑤ 文康：《儿女英雄传》，中州古籍出版社 1998 年版，第 50 页。
⑥ 文康：《儿女英雄传》，中州古籍出版社 1998 年版，第 44 页。

年（1696年），他对客店供应的素菜大为恼火，按他的口味，这些菜索然寡味。他不得不在住宿的旅店附近和在集市上碰运气另购食物：如鸡、蛋、野鸡、兔子、火腿、山鹑等。有的记载则透露，明代有些旅店招徕客人时说店里有酒有肉，一旦客人住下，就什么都拿不出来。不仅诚信上出了问题，也反映了某些地方食物的匮乏和贫困。据明代小说载："有一个好事的客店，姓钦名信"，听信了一位"圣姑"的话，要善待一位姓陈的贵人，于是"这家子洒扫客房，整治饮食等候。将次晚了，却见一乘骡轿，三匹骡子随着，到他家来下，却是庐州府桐城县一个新举人，姓陈，号骝山，年纪不及三十岁"。于是钦信将陈骝山请下了轿。陈骝山"走进他家，只见客房一发精洁得紧"。到掌灯时分，听见钦信喊道："请陈相公吃晚饭。"陈骝山"到客座时，主人自来相陪。先摆下一个攒匾儿，随后果子、肴馔，摆列一桌，甚是齐备"。陈骝山想道："一路来客店，是口里般般有，家中件件无；来到镇上，拦住马道：'相公，我家下！吃的肥鹅、嫩鸡、鲜鱼、猪肉，黄酒、烧酒都有！'及至到他家，一件也讨不出。怎这家将我盛款，莫不有些先兆？"便问客店主人贵姓，钦信答道："小人姓钦，外面招牌上写的'钦仰楼安寓客商'就是在下了。"陈骝山道："学生偶尔侥幸，也是初来，并未相识，怎老丈知我姓，又这等厚款！"① 从陈骝山的话中可知，当时许多客店供应不了丰富的食物，但却以提供这些食物为由招徕顾客。乡间的饭铺更是简陋。《歧路灯》写道，谭绍闻"走了半日，见道旁一座破寺，旁边有三五家人家，大柳树两三株。草房三间，一张桌子，放了一尊小弥勒佛，靠个炊饼，乃是村间一个饭铺子"。只听"掌锅"高声邀道："相公歇歇，吃了饭去。"谭绍闻下马，"主仆吃了些野饭，牲口吃了些麸草，依旧搭上行李，径往前行"。② 而官办的驿站，在边疆和偏远地区，则几乎完全破产和荒废。

---

① 梦觉道人，西湖浪子：《三刻拍案惊奇》，岳麓书社1993年版，第198页。

② 李绿园：《歧路灯》，中州古籍出版社1998年版，第539页。

长途旅行时，为防止前不着村后不着店的情况，客人有时也自己带做饭的炊具和碗筷。清小说载，安公子在山东茌平悦来客店下榻时，将被套、衣裳包袱、装钱鞘马子（即褡裢）、吃食娄子、碗包等件行李和物件一起搬了进去。① 其中的吃食娄子、碗包等行李便是明证。

二、乘轿之风盛行，社会节奏变缓

中国古代旅游者使用的交通方式，每一个时代都有一种主要的工具在流行。像先秦两汉时的马车，魏晋南北朝时期的牛车，隋唐北宋的骑马，但是到了南宋和明清，中国社会竟流行乘轿。骑乘方式的选择，其实反映了一个时代的精神风貌，并进而影响到社会节奏。唐代流行骑马，则大唐气象便展现出恢弘、阳刚和快节奏的特色；而南宋、明、清流行乘轿，则显现出这几个朝代的孱弱、阴柔和慢节奏的特色。

乘车、乘船的出行，会促进人对自然和物理的探索，寻找到科学技术的精蕴，影响到交通动力系统的改进和科技发明，在古代岩画中，发现过一幅用操纵杆操纵前轮转动的装置，照此发展，则会出现现代汽车的方向盘和前轮驱动装置。然而，这种装置始终没有在中国发明出来，相反，明清时期，中国人不仅放弃了利用自然力驱动交通工具的努力，甚至放弃了对畜力的使用，转而役使人的同类，故意将车轮卸掉，用人的两腿代替，不仅在人的平等上愈行愈远，而且导致社会节奏的严重变慢。轿子，也就是“肩舆”，意思是用肩来扛的车。这一动力选择的转向，导致中国社会向歧路上斜行，离旅行正途渐行渐远。

明代王士性指出：“古者妇人用安车，其后又舆轿代之，男子虽将相不过乘车骑马而已，无轿制也。陶渊明病足，乃以意用篮舆，命门生子弟舁之。王荆公告老金陵，子侄劝用肩舆，荆公谓，自古王公贵人无道者多矣，未有以人代畜者。人轿自宋南渡始。故

① 文康：《儿女英雄传》，中州古籍出版社 1998 年版，第 43~44 页。

今俗惟杭最多最善，岂其遗耶?”① 何孟春《余冬序录》卷5《外篇》指出：“达官寻常出入乘轿，不知始何世。或谓命车制废则有之。”何孟春指出：“唐、宋前，未尝着许乘轿事也。朱子《语录》，宋南渡前，士大夫皆不甚用轿，如荆公、伊川，皆云不以人代畜。朝士皆乘马，或有老病，朝廷赐轿，犹力辞乃受。南渡后，则无人不乘轿矣。春考，《汪浮溪集》有行在百官，谢许乘轿表，正是南渡后事。今制，两京文职三品以上官，听乘轿，四品以下，虽堂官，亦只乘马，得以方杌随，余持交床。在外司府州县，大小官，并有钦给马。若武臣，虽勋爵侯伯而下，制止乘马，亦不得持床杌，不然以违制论。士夫老病闲退，去京远者从便。我国家令式之详如此。”然而，这些规定只是一纸空文。

如果说唐代骑马风俗使“马上”、“立马”这样的时间副词受到重视的话，那么明清的乘轿，则使得国人办事拖拉、民风萎靡。清代西方传教士对中国人的乘轿风尚和由此引起的不守时、慢吞吞的国民性多次提出讽刺。对明清乘轿现象的风行，尚秉和先生一针见血地指出：“民气之委靡，去隋唐远矣。”②

三、局限于国内旅游，缺乏对世界的游历

明清旅游，虽然有郑和下西洋的辉煌和商人海外走私的一度繁兴，但中国的社会主体和精英——文人士大夫则很少到海外旅游，特别是极少到欧美游历。明代中后期，欧洲传教士陆续来到中国，罗明坚、利玛窦、南怀仁、汤若望等前仆后继地进入中国，他们先到广东肇庆、韶关，时机成熟后来到江西的赣州和南昌，再进入南京，最后沿运河进入明帝国的心脏北京，并在北京扎下根，甚至担任帝国的钦天监正。他们对中国有十分详细的了解，写了大量的信件寄回罗马天主教廷。反观中国，却没有史料证明有人前往欧洲游

---

① 王士性：《广志译》卷之四，“江南诸省”，中华书局1981年版，第68页。

② 尚秉和：《历代社会风俗事物考》，江苏古籍出版社2002年版，第125页。

历。而当时的欧美，则正处于自文艺复兴以来的持续发展中，英国甚至开始了工业革命，领导世界大踏步地迈向近现代社会。与此相反，乘着轿子慢悠悠地在中国大陆往来的文官们，却严厉推行闭关锁国政策，严禁制造超过两根桅杆的帆船，打击入海经商的航海旅游者和外贸商人。当英王使臣马嘎尔尼来到中国，要与乾隆皇帝面商通商大计时，遭到断然的拒绝。从康熙、雍正到乾隆时期的“礼仪之争”，清政府赶走了罗马天主教徒，从此使中国失去了了解对欧洲的窗口。当鸦片战争爆发后，清廷竟然不知“英夷”来自何处。中国旅行者缺乏航海的经历，更遑论跨洋奔赴欧美各地。

中国稳健内敛的民族旅游个性，使明清一般的航海者缺乏冒险直进的勇气，在航海时多是紧贴海岸线行船，且一站一站地往前挪动。布罗代尔指出，“(中国航海者）最大的困难是要敢于冒险”，“16至18世纪的观察家和海员注意到，中国和日本的航海业与欧洲完全不同；他们无法理解为什么唯有欧洲才从事远洋航行”。门多萨神甫于1577年断言：中国人“害怕大海，不习惯远航”①。因为，在远东地区，海船是一站一站地停靠。杜哈德神甫于1693年也声称，中国人“善于近海航行，不善于远洋航行”。② 巴罗于1805年写道：“他们尽可能紧贴海岸，除非迫于无奈，才远离陆地。”③ 中国这个大陆民族尽管也曾有过下西洋的壮举，但是，明清时的中国仍是一种大陆文明而非海洋文明，明清人的旅行方式仍以陆行为主，旅游审美对象仍主要是五岳山川而非蔚蓝色的大海。

直到咸丰九年（1859年），中国天主教徒郭连城前往意大利孟加利厄利的绘像馆参观，绘像馆的主人明确指出：“中华人来此者稀。”④ 1866年，当中国第一次派遣考察团访欧，在瑞典乘小船游

---

① 转引自［法］布罗代尔著，顾良、施康强译：《15至18世纪的物质文明、经济和资本主义》，三联书店1992年版，第484页。

② 转引自［法］布罗代尔著，顾良、施康强译：《15至18世纪的物质文明、经济和资本主义》，三联书店1992年版，第484页。

③ 转引自［法］布罗代尔著，顾良、施康强译：《15至18世纪的物质文明、经济和资本主义》，三联书店1992年版，第484页。

④ 郭连城：《西游笔略》，上海书店出版社2003年版，第77页。

览时，船夫不要中国客人的钱，说："贵国从无人至此，今大人幸临敝邑，愿效微劳。"① 说明此前中国几乎没有人到过欧洲。该考察团团长斌椿曾对英国国王说道："中国使臣从未有至贵国者，此次奉命游历，始知海外有此胜景。"② 表明在此之前，中国官方从未派人到过欧洲，对欧洲几乎一无所知。

四、制度创新不足，旅游业发展缓慢

明清两代的政治制度主要针对加强皇权而设计，而对于促进经济发展和旅游业繁荣的制度创新却十分缺乏。

明清专制政府在商品经济比较活跃的时期，仍然坚持路引、宵禁和关禁制度。崇祯时出版的《四民便用积玉全书》卷16"执照式·给引照身"中，保留了一份类似的申请路引的格式："△都△里名△籍为给引照身事：伏睹设关将御暴，文引不给，讥察难凭。自带资本前往△处生理，旅途往返，不无关津盘诘，告乞文引，以便照验。应使奸细不致混淆，商程路艰，名为留难。"路引上必须注明外出者姓名、乡贯、去向、外出原因、日期与外出者体貌特征等，以备沿途关卡和旅店的盘验。万历时，曾长期担任地方大员的吕坤，在他的《实政录·民务卷》之四中，拟定了一个《远行丁引》的式样："某州/县为远行照得本州/县某里卫/所某百户某人，年若干岁，身长几尺，无须、微须、多须，方面、长面、瓜子面，白色黑色紫棠色，有无麻疤，今由某处，前至某处，何项生理，家有父某人，母某氏，妻某氏，子某人某人，兄某人，弟某人，如无丁引，或有引而脚色不对者，所至店家邻佑，或在官各色人等，拿赴所在衙门，即以奸盗解回原籍，查究，此此，回日缴还原发衙门。须至丁引者。　右给付某处某人准此　州押印　县押印。"填写路引时，对为工或为商还略有区别。《大诰续编·互知丁业第三》载："专工之业，远行则引明所在，用工州里，往必知方。……（资本）巨者归迟，微者归疾。""商，本有巨微，货有重

---

① 张德彝：《航海述奇》，湖南人民出版社1981年版，第102页。

② 张德彝：《航海述奇》，湖南人民出版社1981年版，第79页。

轻。所趋远迩水陆，明于引间，归期难限。……若或经年无信，二载不归，邻里当觉之，询故本户。”① 明朝小说也有路引的记载，说有一个名叫冷谦的人，他的“友人遗下一张路引”②。与此同时，明清政府还有以勒索为主的关禁制度。《歧路灯》记载了一件旅行过关事件：“本日五辆车飞奔入京。到了卢沟桥报税，简明仪门验票。那个刁难逗留，讹诈侮慢，越是个官儿，一发更受难为。胜之不武，不胜为笑，况且必不能。税役们只有五个字，说‘这个办不了’，任凭什么官，再不会有法了。何况举人、贡士，一发不济事。挨到天晚，再无可争，乃得进城。”③ 宵禁制度，对旅行和旅游有限制。上揭小说载，夏逢若为了避免违反宵禁，绕道而行，他解释道：“往西要过周王府门口大街，怕校尉们拿住了。我往北去，向王府后边耿家大坑，过了冥府庙半里地，就到我家后门。”谭绍闻道：“天黑的要紧，那大坑沿一带没人家，不如从王府过去。问你时，你仍说你取药请医生，或是接稳婆。难说混不过去?”夏逢若道：“王府那管你这些闲话，拿住了锁在一间闲屋里，次日才放去。他若忘了，只管锁着。要喊一声时，开开门打顿皮鞭，还算造化哩。”④ 甚至直到晚清，这种制度依然存在。日本武士峰洁的《船中日录》更具体谈及上海城门晚十时关闭，夜行者逮捕入狱等情节。⑤ 这些制度严重阻碍了旅行的自由和旅游的发展。

明清时期，传统宗法制度和家族观念十分盛行，使企业难以向股份制发展，使旅游企业发展受限，没有出现大规模的连锁旅馆和餐馆。本章第八节中提到的那些旅游企业，扬州的酒肆，如“野

---

① 转引自韩大成：《明代资本主义萌芽发展缓慢的原因》，载《明代社会经济初探》，人民出版社 1986 年版，第 323~326 页。

② 梦觉道人，西湖浪子：《三刻拍案惊奇》，岳麓书社 1993 年版，第 152 页。

③ 李绿园：《歧路灯》，中州古籍出版社 1998 年版，第 740 页。

④ 李绿园：《歧路灯》，中州古籍出版社 1998 年版，第 522~523 页。

⑤ 冯天瑜：《“千岁丸”上海行——日本人一八六二年的中国观察》，商务印书馆 2001 年版，第 89 页。

园”、“冶春社”、“跨虹阁”，茶肆如“二梅轩”、“蕙芳轩”、“集芳轩”、“腕腋生香”、“文兰天香”、“文杏园”、“小方壶”、“双虹楼”，餐馆如“薰芳轩”、“集芳轩”、“合欣园”、“二梅轩”、“雨莲”、“文杏园”、“品陆轩”；苏州的酒楼如“山景园”、“聚景园”、“李家馆”等；南京的酒店如“泰源”、“德源”、“太和”、“来仪”、“便意馆”、“新顺馆”、“一品轩”、“新顺”，茶馆如“鸿福园”、“春和园”、“金陵春”、“金陵村”、“阳春斋”、“海天春”、“四美斋”等，虽各有特色，但基本上是各自为阵，未能出现连锁经营，更谈不上股份制了。制度创新不足，便得旅游企业难以更上一层楼，呈现小而散的局面，不易抗击风险，也难以保证质量。

明清也没有出现旅行社这种组合市场的旅游企业。当然，明清时期出现了导游。清代孙嘉淦在《南游记》中曾记载道：“四更至回马岭，阶级愈峻，如行壁上。鸡鸣至玉皇庙，谓至顶矣。导者笑曰：‘甫半耳。’”① 这里的导者，就是导游，但是否收费，孙氏未言。《歧路灯》载，谭孝移雇了个“长班”，是个京师通，专为外地进京的官员和赶考的举人作随从，名叫张升，其实兼有导游的性质。长班请示道：“老爷居住已妥，这拜客以及投文各样事，得陆续办来。老爷乡亲旧友，或是某司，翰、詹、科、道，开与小的个单子，小的都是知道寓处的。就有不知道的，不过一个时辰就访的出来。至于部里投文，小的也查问确实。这开单子拜客，是老爷的事，打点投文，是小的的事。”孝移道：“我的亲友，你如何一个时辰便知？”长班道：“小的们胸藏一部缙绅，脚踏千条胡同，有何难访难问？至于书办，小的们也怕他——怕上了他们的当。”② 看来，这种长班对当地的地理和人文环境都十分熟悉。长班还引导雇主观览当地的风景。谭孝移的长班就问雇主：“老爷看丰台不看？”孝移问其所以，长班道：“丰台在这城外西南角，离此只六

① 贺长龄，魏源编：《清经世文编》卷6，中华书局1992年版，第171~177页。

② 李绿园：《歧路灯》，中州古籍出版社1998年版，第53页。

七里。那是种花所在，有一二十个花园，百样花草俱有。如今芍药正开，老爷看看如何？这个路，可以坐自己的车，回来进彰仪门。”孝移应允，德喜、邓祥俱有喜色。次日吃了早饭，果齐赴丰台。时值芍药盛开之候，天气有些热了。孝移遍看亭台园篱，泉涓木欣，春花争放光景，却也甚饶清兴。买了肆中几碗茶，吃了点心。这仆役三人，也沽了两瓶帘儿酒，热得绵衣都沾了汗。说："回转罢。"长班引着，偎城边道儿，上彰仪门来。……一路绀宫碧宇，古柏虬松，亦复不少，煞甚好看。① 尽管有导游，但却没有导游制度。导游制度是近现代旅游制度之一，导游是旅行社中的骨干力量，但在明清时期，导游并未形成一种完善的旅游机制，有不少是临时延请的，且不给报酬，属于志愿者，也有一些地区和时段，导游成为一种服务性的行业，但未形成一种成熟的企业制度。

此外，明清旅游者在途中充满着危险。明人叶权曾指出："省城人柔和，俗亦淳庞，但去城五七里即不同，水陆行人，必持刀剑、弓矢、火器。盗白昼出，有美丈夫行途间，或劫去，俟家人以银赎始放回，行者常如对敌。此与岭北大异，以多山而近海故也。"② 明清小说中充满着旅途遇盗的描写。《儿女英雄传》讲，安公子被两个骡夫骗至黑风岗的破庙里，假和尚欲以毒酒毒死公子，因公子从不喝酒而未遂，那和尚"登时翻转面皮"，伸过手来，把公子的手腕拿住，往后一拧，把公子的手捆上。只吓得那公子魂不附体，战战兢兢地哀求。只见红铜旋子上搁着一把一尺来长的牛耳尖刀。公子一见，吓得一身鸡皮疙瘩，顶门上轰的一声。那和尚睁了两只圆彪彪的眼睛，指着公子道："……我也不是你的甚么大师傅，老爷是行不更名、坐不改姓、有名的赤面虎黑风大王的便是！因为看破红尘削了头发。因见这座能仁古刹正对着黑风岗的峰，有些风水，故此在这里出家，做这桩慈悲勾当。象你这个样儿的，我也不知宰过多少了。今日是你的天月二德。"③ 清代有一位

① 李绿园：《歧路灯》，中州古籍出版社 1998 年版，第 52~57 页。

② 叶权：《贤博编》，中华书局 1987 年版，第 44 页。

③ 文康：《儿女英雄传》，中州古籍出版社 1998 年版，第 65~66 页。

强盗头子蔡三，北游燕赵时，“道中遇一客，被服甚华侈，控骏骢四蹄，一骡车载箱箧从之，视其人面貌，若曾相识者，不便问也。是夜同宿一驿。客呼逆旅主人治酒肴，理行榻，若有待者”。蔡三觉得奇怪，“伪早眠侦客起溲，潜入其室，伏梁上”，欲行劫掠。① 看来，旅途中充满着危险，有时甚至杀机四伏。在这种背景下，旅客无心欣赏沿途景致，相反急匆匆地赶路，充满着乡思乡愁。清小说称“人生客居在外，最怕的是有病，有病最怕是孤身”②。公子安骥别了华忠上路，“那时正是将近仲秋天气，金风飒飒，玉露泠泠，一天晓月残星，满耳蛩声雁阵。公子只随了一个店伙、两个骡夫，合那些客人一路同行，好不凄惨！他也无心看那沿途的景致”③。一般民众普遍觉得旅游活动不如安居生活。《歧路灯》称某旅行者“回到楼下，因久客旅邸，不如在家安逸，又路途劳顿，不如安坐闲适”④。

由于以上的事实，明清旅游在发展的同时，深蕴衰落的因素。当西方殖民者强劲迅疾的旅行步伐逼临中国时，大清帝国则迈着老态龙钟的步子，四平八稳地缓缓走到门口，睡眼朦胧地眯瞪着这些远来的蛮夷。一旦西方坚船利炮猛轰国门，老大帝国的慢节奏生活便被彻底打破，不得不开始其艰难和屈辱的过渡时代，踏上奋发图强的转型之路。

---

① 小横香室主人编：《清朝野史大观》五《清代述异》卷12，《卢虎儿》，上海书店1981年版，第14页。

② 李绿园：《歧路灯》，中州古籍出版社1998年版，第86页。

③ 文康：《儿女英雄传》，中州古籍出版社1998年版，第43~44页。

④ 李绿园：《歧路灯》，中州古籍出版社1998年版，第96页。

第六章

近现代旅游的转型与崛起

近现代时期（1840—1949 年，广义的近现代则包括中华人民共和国成立后）的中国旅游开始进入了转型时代，并借改革开放劲风，迅速崛起。中国现代旅游的转型与发展，表现在五个方面，一是中国旅游者从遍游海内，开始向周游世界转变；二是中华民族的旅游性格，从原生的稳健内敛向冒险勇进转变；三是在西方影响下，中国产生和完善了近代旅游制度；四是城市化浪潮导致近现代都市旅游的迅猛发展。五是改革开放后，中国发展迅速，社会节奏空前加快，当代旅游业成就突出，中国作为一个旅游大国已经崛起。

第一节　近现代西方的刺激与中国旅游的转型

一、西方旅游者东进

近代，西方社会流动性增强、旅游及旅游业发展迅速，形成一种日益趋动的社会氛围，成为西方旅游者向外探险的心理基础和强大动力。与西方经济向外旅游相伴随的是西方旅游者的世界性旅游和探险。这种旅游与探险反过来又促进了以西方为中心的世界经济一体化的形成。

西方近代航海和探险旅游带来的全球一体化的格局，将世界各地都纳入其旅游者的视野之内。秉承着古希腊、罗马以来西方人一贯的冒险勇进的旅游性格，欧美旅游者义无反顾地跨出家园，向世界各地进发，以期求得发财腾达的机会。潜藏着巨大资源和机会的中国，自然成为西方冒险家涉足的旅游目的地之一。西方民族外向和扩张的旅游性格，对内敛自持的中国人产生了巨大的冲击，形成了强烈的反差。东西两大民族的旅游风尚开始接触，并发生冲突和融合。

西方的冒险家为了各种目的前往中国旅游。外交官迢递万里地来到中国旅游，1861 年，外国使节开始进驻北京。英国人威妥玛（1818—1895 年）就是出使旅游到中国的西方外交官，参加过第一次鸦片战争，先后任英国驻上海副领事、驻华公使等。法国外交官沙畹（1865—1918 年）1889 年曾作为法国公使馆随员来华旅游。

西方投机商人也旅游至中国寻找发财机会，英国人以印度为基地捷足先登，到中国的广州、上海等地从事商游活动。作为新兴的工商业都市的上海，成为西方“冒险家的乐园”。英籍犹太人冒险家欧爱司·哈同，先在上海以贩鸦片起家，后经营房地产致富。1904—1910 年他与其妻罗迦陵（字俪蕤）于静安寺路（今南京西路）兴建了沪上规模最大的私人花园，命名为爱俪园。爱俪园占地 171 亩，园内亭台楼阁、假山池塘，依照《红楼梦》里大观园设计，有铃语阁、山外山、逃秦处、柳湾、梅壑、谈圃等景观，有“海上大观园”之称。雄心勃勃的英国商人威廉·斯维尔和巴特费尔德，1866 年来到上海开设太古洋行，经营航运业。1872 年英籍犹太人沙逊也来到中国，在上海创设了新沙逊洋行。美国人甚至认为“对纽约人和波士顿人的整整一代人来说，到广州或上海比到丹佛或盐湖城去更容易，更加赚钱。19 世纪头 50 年，中国边疆比起美国边疆常常更加吸引人去做生意”①。1830 年 2 月 22 日美国

① 转引自忻剑飞：《世界的中国观》，学林出版社 1991 年版，第 298 页。

第一艘商船“罗马”号到达广州，第一批美国冒险家登上了中国的土地，开始寻找发财的机会。

西方基督教传教士乘中国衰落之际，纷纷来到中国从事传教旅游。礼仪之争后，欧洲天主教徒在18世纪后期仅有31名在中国秘密活动，到1900年已达886名。郭实腊（即古滋拉夫，1803—1851年）多次前往中国沿海从事传教旅游。基督教（新教）以前在中国没有传教士，1807年英国基督教传教士马礼逊乘美国“三叉戟”号货船来到中国传教旅游，开创了新教在中国传教的局面。麦都思、理雅各等是继马礼逊等之后来到中国旅游传教的英国新教徒。1830年美国第一个传教士毕治文（1801—1861年）到达中国广州。新教在中国的扩张最为迅速。1864年，到中国来的新教传教士有189名，10年后有436名，1889年为1 300多人，1905年上升到3 445名。俄国东正教1715年组成第一个北京传教士团，至1860年共派遣13批东正教传教士前来北京，共达155名。1860年以后开始向北京以外的地区派遣传教士，进行传教旅游。

西方各国的学者也怀着自己的目的，踏上了中国的土地进行探险和考察旅游，从事文化传播和掠夺。法国内曼1831年将大批汉文珍稀书籍运回德国。美国学者劳佛尔1898—1923年率领考察队到库页岛、黑龙江和西藏等地考察旅游。1899年，在意大利罗马召开的第12届国际东方学会议上，筹建和组织了有关中央亚细亚探险的国际组织。自此以后，世界不少国家的考古学者，开始把目光转向了中国的西部地区，特别是新疆、甘肃等省的古丝绸之路上。英籍匈牙利人斯坦因（1862—1943年），到中国西部地区进行探险式考古活动，第一次到达和阗一带，发掘了一批遗址，猎取了大批珍贵文物；第二次前往敦煌骗走了24箱写本和5箱画绣品及其他美术品遗物；第三次到新疆、甘肃等地亦掠获大批文物。1902年在德国汉堡召开的第13届国际东方学会议上，中国新疆的吐鲁番地区被划分为德国的探险考古范围。于是，德国柏林民俗博物馆印度部负责人格路维德于1902—1907年前来吐鲁番、焉耆、库车一带，获得大批佛教艺术品和珍贵写本，其中有伯孜克里克遗址的精美壁画。继其踵的德国人有勒柯克（1860—1930年），他第一次来到中国高昌、伯孜克里克、哈密等地区从事探险考古，掠取了大批写经、壁画；第二次来到吐木舒克千佛洞、苏巴什佛教遗址和吐鲁番，掠走大批佉卢文书和佉卢文碑以及壁画，勒柯克为此写下了《中国土耳其斯坦吐鲁番探险的起源、旅程及成绩略报》。法国冒险家也不甘示弱，伯希和于 1905—1909 年也来到新疆、甘肃等地探险考古。他先在库车等地发掘寺庙遗址，获得珍贵的吐火罗语木简，后又来到敦煌，骗走写本 5 000 件。伯氏撰写了《在中亚的三年》及《伯希和中亚探险报告》等书。俄国冒险家雷治尔、克力孟斯也先后到吐鲁番考古探险。1907—1909 年科兹洛夫前往蒙古和甘肃进行探险考古，发掘西夏遗址，掠得古写本《易经》、《本草》、《法华经》等数十卷，古佛画、纸币等多种，以及最为珍贵的用汉文、藏文、西夏文写成的《西夏字书韵统》。

西方旅游者借西方近代化的强劲威力，将探险、冒险的旅游步伐迈入了中国的大门，使其旅游文化也随之扩展到东方。作为旅游主体，西方冒险家不仅将中国的山川都邑、风土人情纳入其旅游客体范畴，而且将西方的旅游中介和制度引入中国。近代中国的轮船交通企业和大饭店，大多是由他们转移至国内的。如太古洋行所属的太古轮船公司就是英国冒险家在中国开办的具有西方近代性质的航运企业，它后来发展为英国在旧中国最大的航运托拉斯。再如沙逊洋行就在上海修建了一大批近代性质的大饭店、旅馆和旅游娱乐设施，如沙逊大厦（今和平饭店北楼）、河滨大楼、都城饭店（今新城饭店）、汉弥登大厦（今福州大厦）、东方饭店（今上海市工人文化宫）、瑞泰公寓、华懋公寓（现锦江饭店）、仙乐舞厅（今仙乐剧场）、国泰大戏院等。他们在租界内实施的制度，尤其是管理船运交通企业和大饭店的制度，使西方旅游文化的制度层面的内容扩及中国，使中国成为西方旅游文化体系的外环。

如果说明清时期的欧洲来华传教士对中国刺激较小的话，那么晚清西方列强的来华旅游，则深刻影响了中国人的心态，导致其旅游风尚的转变。西方列强将其制度与文化推行到中国的教堂和租界，使游览并观察西方文物制度的中国人受益匪浅。1890 年 4 月英国王子、离任的孟买将军阿拉脱来访，上海租界遍燃华灯，并制成各色各样的工艺灯，以表欢迎。据《申报》载：“（王子）先是由外洋泾桥迤北，过老大桥，以迄虹口礼查客馆，沿途遍悬五色纸灯及东洋折叠灯，高高下下，密若繁星。桥上栏杆亦有明灯遍缀。更高搭灯棚六座，缀以柏叶，悬以彩旗。五处皆作牌楼形，惟大马路外浦边，四方若亭子，高可数丈，四角装电气灯十六盏，旗帜更觉辉煌。……各洋行既于槛外挂灯，复用地火灯拗成各式花样：或作花朵，或肖树枝，或似圆球，或成方胜，或以西字拼成牌号，或回旋构曲作国徽。所最奇者，有一处装成英皇小像，眉目毕具，神致宛然，斯亦可谓匠心独运矣。至公家花园，灯尤繁盛，五光十色，掩映于红嫣紫姹间。古人春夜宴桃李园，断无如此异景。自来水塔则由上而下，灯火夭矫若游龙。入晚，万烛齐辉，云衢高照，如入长明国里，到处皆火树银花。游人联袂而来，络绎如蚁。自南而北，自北而南，但见逐浪随波，万头攒动。幸有巡捕在途照料，得免肇事之虞。浦中所泊兵轮皆悬灯桅顶，蜿蜒曲折，几疑万道金蛇。有某兵轮高燃电气灯，旋转如心，四围映照，数里之内，明若晶球。更有各西人或在浦滨，或在船上，燃放九龙、飞蝴蝶等花爆，间以花筒，光彩陆离，令人目不暇赏。斯时也，踆乌既下，玉兔乍升，清风徐来，波平如镜。绿窗丽质，试罢晚妆，多有约姊呼姨，买一叶小蜻蜓中流容与者，真良宵之胜事，芳游之外篇也。”①英租界的英国人为庆祝英王继位五十年举行庆典，曾在高大的自来水塔上用工艺电灯装扮一新，光明四射。据《点石斋画报》题曰：“自来水台在二摆渡之冰厂街，上下三层。柱栉阑槛皆以铁为之，中置大铁柱，空其腹，为水脉总汇之所。绕柱而上为铁梯，作旋螺式。登高一览，全沪在目。建造以来，迄今五六年，而点灯之举，则于此次为创见。台之顶燃电火一丛，约十余球，每层周围悬灯数百盏，密似重旒，圆如擎盖，四通八达，十色五光。朱竹垞诗云：‘夜半真如塔火明。’有此光焰，无此洞澈。”② 引得中外游客游兴不减，对中国旅游者刺激很大。

---

① 《迎宾志盛》，《申报》1890 年 4 月 9 日。

② 《点石斋画报》，《寓沪英人望祝英君主陟位五十载庆典第六图》。

西方的探险旅游家来华，更是直接展示了西方的旅游文化。清末宣统三年，荷兰环球旅游者抵北京，引起国人轰动。据蒋芷侪《都门识小录》载："有和兰国新闻记者两人，环游地球，沿途演唱，以取游资，刻已到京，外交团颇致欢迎。十九日晚，在六国饭店演技唱曲，所得馈金甚丰。一二日即他行。彼无资而远游者，可以取法。"① 蒋氏"可以取法"的表态，证明中国已认识到西方旅游文化的可贵。

当然，西方人来到中国后，也有许多观感和收获。清代，一个曾到天京游历的英国人记载天京妇女的情况说："这里跟全国我所曾游的其他城市大异的地方，即是妇女随便游行，或乘马于通衢大道，而又绝不装模做样害怕外国人如其他中国妇女所常为者，亦不回避我们。"② 西方旅游者亲身感受到了太平天国妇女解放的社会状态和妇女的精神面貌。不过，更普遍的情况是，处于低势位的中国文化受到西方旅游文化的影响更为深远。

二、中国旅游者西行

与西方社会相比，中国社会近现代旅游尤其是国际旅游显然慢了一拍，它是在近代西方冒险者的刺激下才发展起来的，不过，一经觉醒，就急起直追。

1840 年，中国紧闭的国门被打开，在外国冒险家和旅游者涌入的同时，中国传统社会的精英——文人士大夫开始积极应对，他们中的一部分成员转化为留学生和外交官的身份，率先跨出国门，到世界各地游学和游宦，使中国传统旅游发生了新的飞跃。

中国留学生到国外游学，经历了三个阶段。第一个阶段是到美国留学。中国近代第一个跨国出游的留学生是容闳，广东香山人，7 岁时即入澳门的"西塾"读书，1847 年，19 岁的他受教会资助赴美国留学，考入耶鲁大学。他留学的目的是为了使中国早日赶上欧美发达国家。学成归国，他来到南京，向太平天国领导人建言中

---

① 胡寄尘编：《清季野史》，岳麓书社 1985 年版，第 120 页。
② 转引自罗尔纲：《太平天国史稿》，中华书局 1955 年版，第 92 页。

国富强之术，志业不遂，乃襄助洋务派官僚举办洋务，并建议政府组织学生到国外留学。几经周折，19世纪70年代清政府终于派遣了四批共120名学童到美国公费留学。其中有詹天佑、欧阳赓、唐绍仪、邝荣光、梁金荣、程大业、陈金揆等。他们的学习精神使耶鲁大学校长卜德为之动容，曾联名致信清总理衙门："中国派遣之青年学生，自抵美以来，人人能善用其光阴，以研究学术，以故于各种科学之进步，成绩极佳。"第二个阶段是到欧洲去留学，严复、何启等人都是跨出国门前往欧洲的游学名人。严复是学习海军军事的，后改行成了著名的启蒙思想家。何启曾留学英国，先后学医、法律，毕业后回香港以律师为业，又创办西医书院，有着浓厚的民主意识。第三个阶段是前往日本留学。由于甲午战争日本战胜了中国，使中国人幡然猛醒，遂前往这个东方近邻，学习他们现代化的措施和方法。1896年第一批13名学生来到日本。1897年德国侵占胶州的行动，使赴日留学浪潮加剧。像张之洞那些具有改革思想的总督，以及像康有为、梁启超等在维新运动中受挫的知识分子，特别重视去日本留学。到1899年，在日本的留学生超过100名，并不断增多。在20世纪的最初十年中，前往日本留学是当时世界上最大规模的学生出洋游学活动，产生了民国时期中国的第一代领袖和思想家，如陈天华、邹容、秋瑾、鲁迅、郭沫若、蒋介石等，在规模、深度和影响方面，留日学生远远超过了前往其他国家的中国学生。

与此同时，中国的外交官也开始走向世界。根据西方人所规定的国际外交礼节，中国这个昔日的"天朝上国"也开始派遣驻外公使到世界各地"游宦"。这是中国士大夫第一次前往非中国附属国的国家去进行外交旅游。

1866年，中国第一次派人到欧洲访问、考察和游览。当时恭亲王奕䜣向皇上及太后上了一个专门奏折，表达了中国人在外国冒险家来华旅游的刺激下，开始向外拓展、到西方旅游考察的愿望："自各国换约以来，洋人往来中国，于中自一切情形日臻熟悉；而外国情形，中国未能周知，于办理交涉事件，终虞隔膜。"于是"久拟奏请派员前往各国，探其利弊，以期稍识端倪，借资筹计"。

这样，趁在华担任总税务司职务的英国人赫德回国之际，清政府派总理各国事务衙门副总办官、三品衔斌椿，率领同文馆“于外国语言文字均能粗识大概”的学生张德彝、凤仪、彦慧三人，随赫德经东南亚前往欧洲考察，自仲春至中秋，半年之间，往还八万余里，水陆兼程，身历诸国，观海外奇观。从此，清廷派遣了一批又一批的出国考察团，到欧美先进国家考察政情和文化。1868 年，中国聘请在华任美国公使的蒲安臣充当特使，率领第一个中国使团访问欧洲。这是中国破天荒第一次试图按西方国际法进入西方国际社会的尝试。蒲安臣在旧金山发表了那篇著名的演说：“中国鉴于另一种文明已从四方八面逼临而来，已经睁开了它的眼睛。”① 随同蒲安臣出使的有志刚和孙家谷以及作为通事（翻译）的张德彝。这次出使旅游，先经日本到美国，然后过大西洋到欧洲，在欧洲历经英法两国后，张德彝因故提前回国。他出地中海，过印度洋入南海，正好自西徂东环游世界一周，著成游记《欧美环游记》(原名《再述奇》)。此后，清政府派员考察欧美、日本的越来越多。1877 年，郭嵩焘出使英法，同行的有黎庶昌等。这是中国第一次向外国派出常驻的使臣，也是中国第一批专任外交官开始走向世界。黎庶昌随郭嵩焘出使英法后，又转任驻德国和驻西班牙使馆参赞，后又升为出使日本大臣，携杨守敬等人到日本赴任。黄遵宪曾任日本、美国等国的外交使臣，作为外交官漫游日本、美国、英国、南洋等地。洋务派改良思想家薛福成曾出使英、法、意、比诸国，留下了新型游记——《出使日记》，记录了他游历各国的旅行。他尝“游巴黎蜡人馆”，又听“译者称西人绝技，尤莫逾油画”，遂“驰往油画院”，并从《普法交战图》上体会到鉴败知耻的爱国主题。清末曾派五大臣出国考察宪政，以便仿行。1905 年夏，清政府特派载泽、戴鸿兹、徐世昌、端方、绍英五大臣出洋考察政治。后因故由李盛铎、尚其亨代替徐世昌和绍英。

踏出国门、游历欧美日本、走向世界的中国人越来越多。王韬

① ［美］丹涅特著，姚曾廙译：《美国人在东亚》，商务印书馆 1962 年版，第 328 页。

长期旅居香港，并游历英、法、俄、日等国，接受西方资产阶级的社会思想。他晚年自谓“逍遥海外作鹏游，足遍东西历数洲”①。在清代末叶，他的确是一个罕见的“曾经沧海，遍览西学”的中国学人。他的这种经历，反映在他的《扶桑游记》、《漫游随录》等游记中。严修（1860—1929年）是光绪进士，曾任翰林院编修、各直省乡试试卷磨勘官。于1902年、1904年先后两次东渡日本考察教育情况，用行草小字写下了《严修东游日记》，主要包括《壬寅东游日记》和《第二次东游日记》，记录他旅游的所学所见所感，日记由往及返，无一日间断。

近代跨出国门的旅游者们，具有鲜明的时代特征。戊戌变法后，康有为流亡日本，浪迹天涯。过马关，泊船二日，凭吊李鸿章议和立约遇刺的地方，伤怀久之，遂赋诗一首：“碧海沉沉岛屿环，万家灯火夹青山。有人遥指旌旗处，千古伤心过马关。”其忧国之心显现出鲜明的时代特征。梁启超于1899年往游美洲，不仅没有流浪海外的旅愁凄苦，反而坚定了改造社会的远大志向。1894年6月孙中山上书李鸿章时称：“文籍隶粤东，世居香邑，曾于香港考授英国医士。幼尝游学外洋，于泰西之语言文字，政治礼俗，与夫天算地舆之学，格物化学之理，皆略有所窥；而尤心于其富国强兵之道，化民成俗之规；至于时局变迁之故，睦邻交际之宜，辄能洞其阃奥。”② 秋瑾1904年夏东渡日本，同年冬返国，次年再赴日本。她曾对好友吴芝瑛说：“吾以弱女子只身走万里求学，往返者数。”在二赴日本途中，成《黄海舟中日人索句并见日俄战争地图》一诗：“万里乘风去复来，只身东海挟春雷。忍看图画移颜色？肯使江山付劫灰！浊酒不销忧国泪，救时应仗出群才。拼将十万头颅血，须把乾坤力挽回。”徐锡麟“以观博览会赴日本，得同志数人，且购图书刀剑以归”，从事革命活动。“革命先行者”孙中山为推翻专制政府奔波于海外，漫游美国、日本、南洋等地。周

① 王韬：《漫游随录·自序》。

② 孙文：《上李鸿章书》，载《孙中山选集》，人民出版社1981年版，第1页。

恩来、邓小平、陈毅、蔡和森、朱德等中共元老也曾赴法勤工俭学，寻求救国之路。转型期的文人义士为社会政治变革浪迹漫游，与传统文人为个人仕途所进行的宦游，有着本质上的不同。“招国魂兮何方？大风泱泱兮大潮滂滂！”这是19世纪末梁启超越洋东渡时在太平洋中发出的浩歌——《二十世纪太平洋歌》。它标志着中国人的觉醒，揭示了中国近代旅游的奋斗目标，也昭示着中国旅游跨越海洋迈向未来的坚定信心。

三、国内近现代旅游的兴起

中国人在走向世界的同时，也在国内从事着旅游活动，这些活动，有的延续传统的形式，有的则带有近代的色彩。

晚清时，中国农村变化很慢，但城市变化较大，特别是沿海城市和通商口岸，更是日新月异，不断受到西方文化的影响，成为中国人争往旅游和“看西洋景”的地方。

上海是近代中国首屈一指的繁华都市，是旅游者争相旅游的场所。咸丰九年（1859年）四月二十日，来自湖北的天主教徒郭连城乘船到了上海县，在董家渡上岸，寄住在天主堂。他发现：“上海县天主堂高十丈，内外铺设甚美，脊上竖大十字架，两旁有自鸣钟楼，声闻市野，堂侧建有修院，俱有轮奂之美。”二十二日，他又“自御界桥与峻文舟至董家渡”，当晚，“有耶稣会士携来木匣一个，匣内有逼光玻璃灯一盏，灯光直射粉墙之上，灼灼如大车盖形，后将画成之玻璃小像置于匣内，墙上之灯光处即有形影，其灯光处所有之形影百倍大于小玻璃上所绘之像。像天地人物、雨雪风霜等类则极其肖似，像天堂地狱、鬼神禽兽等类则令人慕畏，此所谓‘西洋镜’也”。①

上海租界比教堂展开的西方天地更大。黄懋材在《沪游脞记》中谈到他旅游上海租界后的感受，指出上海租界所在地界“原系荒野，一望苍茫”，淤泥覆地，坟冢累累，“自西人至此，遍造楼房”，十余年间情形大变：“洋楼耸峙，高入云霄，八面窗棂，玻

① 郭连城：《西游笔略》，上海书店出版社2003年版，第8、10页。

璃五色，铁栏铅瓦，玉扇铜环，其中街衢弄巷，纵横交错，久于其地者，亦易迷所向。取中华省会大镇之名，分设道里。街路甚宽广。可容三四马车并驰，地上用碎石铺平，虽久雨无泥淖之患。"康有为光绪五年与光绪八年"薄游香港"与"道经上海"，"览西人宫室之瑰丽，道路之整洁，店铺之严密，乃始知西人治国有法度，不得以古旧之夷狄视之"。① 租界的示范作用，使中国人明白了近代资本主义制度与古代专制制度的明显区别。

晚清时期的上海，由于电灯的出现，使都市夜色更加绚丽，因此增加了人们旅游的兴趣。1879 年 5 月 17 日，美国前总统格兰脱卸任伊始即到上海访问，公共租界当局特意从国外运来小型直流发电机和灯具，安装在黄浦江外滩，并于 17 日、18 日两天燃灯以示欢迎。初刻于 1883 年的黄式权的《淞南梦影录》卷 4 指出："近有西人名立德者，在租界创设电气灯，其法以机器发电气，用铅丝遍通各处，用时将机括一开，则放大光明，无殊白昼。……近日沿浦路旁，遍设电灯，以代地火之用，而戏园，酒馆，烟室，茗寮，更无不皎洁当空，清光璀璨。入其门者，但觉火凤拏云，普照长春之国，烛龙吐焰，恍游不夜之城。"可见，戏院、烟馆、酒楼等最先成为室内电灯用户，上海已被弧光电灯点缀成火树银花不夜天的繁华世界了。黄式权还引友人之赋描绘上海的灿烂夜景道："泰西奇巧真百变，能使空中捉飞电，电气化作琉璃灯，银第光摇目为眩。一枝火树高烛云，照灼不用蚖膏焚。近风不摇雨不灭，一气直欲通氤氲……申江今作不夜城，管弦达旦喧歌声，华堂琼筵照夜乐，不须烧烛红妆明。吁嗟乎！繁华至此亦已极，天机至此亦已泄。"② 发表于 1887 年的《申江百咏》对明亮的弧光电灯作了热情的讴歌："天际无端献玉盘，雨中犹见月团团。万家灯火无颜色，疑是明皇入广寒。(又有电气灯，一名自来月，高与楼齐，一灯可照百

① 《康南海自编年谱》，中国近代史资料丛刊《戊戌变法》(四)，第 115 页。

② 黄式权：《淞南梦影绿》，上海古籍出版社 1989 年版，第 144 页。

步，其光如中秋月。自此灯作而地火又黯然无色矣。）”① 这对许多中国游客来说，可以说是见所未见，甚至闻所未闻。

中国游客对西方人在中国兴建的新型旅游项目备感精彩。西方人在中国的口岸城市和租界中，修建了不少与中国传统旅游项目不同的新颖别致、功能专一的旅游项目和主题公园，如公园、博物馆、动物园、海滨浴场、风景度假区等，使中国人眼界大开，不少来到大城市和通商口岸的人急于前往游览。晚清时，随曾国藩赴天津办教案的幕僚，一进天津就直接奔向外国人的游乐景点，希望一睹“西洋景”②。

然而，中国人在都市的租界旅游时，又受到外国殖民者的欺凌和侮辱。上海租界有许多外国人建的公园，曾明确规定华人不得入内③。1909 年 1 月 27 日的《申报》上曾刊登外滩公园照片，标题为“不准华人入内之上海公园”。法租界的顾家宅公园（即法国公园）于 1909 年 8 月开放时，公园章程“第一条第一项便明白规定，不许中国人入内，但是照顾外国小孩的阿妈，加套口罩为条件”。④ 天津租界的公园直至 20 世纪 30 年代仍然坚持不对华人开放，英国公园规定“华人非与洋人相识者不得入之”，而意大利公园虽允许华人入内，却划分活动区域，“东有中国儿童之游戏场及避雨亭，西有西童游戏场及小花亭”。⑤

在西方所建公园的刺激和示范下，中国的近代城市也建设了一批公园，吸引了大量的中国游客，一定程度上促进了中国近代的旅游。公园是文明的象征，人们游园时要求着装整齐，“衣衫不整齐的人们且被拒绝‘买票’”⑥。清末公园制定了详细的《公园游览规则》，这对规范游览秩序、培养国人遵守公共道德有一定的积极

---

① 辰桥：《申江百咏》上。

② 《李兴锐日记》，中华书局 1987 年版，第 31 页。

③ Handbook of the Shanghai Municipal Police Force. Shanghai: Celestial Empire, 1881.

④ 德麟：《顾家宅公园》，《上海生活》1940 年第 8 期。

⑤ 《天津志略》。

⑥ 茅盾：《秋天的公园》，载《茅盾散文》(一)，第 207 页。

意义。这些公园是由清政府投资和管理的，也有少量的公园为士绅或商绅阶层所兴建，对外开放，方便了游人。不过，近代城市的旅游，反映了传统文化向近代文化过渡的特点。政府所建公园不限制妇女游览，这是一个进步，是对“妇女不出闺门”教条的突破，但它又不允许男女同游，而是采取了折中的方法，让男女分开轮流入园参观。如天津植物园游览章程规定男女必须分开游览，“星期一、二、五、六，准男客入览。星期四、日，独许女客入览”①。河北保定莲花池公园也规定“星期六只准妇女游览，不准男子入内”②。这些规定随着清廷覆灭、妇女解放运动兴起而逐步得到改变。还有一些规定，也耐人寻味，天津公园规定“严禁唱时曲小调，有伤大雅”③。这些规定还散发着较浓烈的传统气味。

北洋政府时期，中国旅游有了标志性的成就，银行家陈光甫在其上海商业储蓄银行下设立了“旅行部”，专门经营旅游业务，为出游者安排行程，办理各种相关事务，这标志着中国近代旅游业的产生。1924年，旅行部第一次组织了国内旅游，由上海赴杭州旅游。1925年，又承办了出国旅游业务，组织20余人的旅行团前往日本观赏樱花。这些成绩根植于社会流动性的增强。美国学者毕乃德指出：“村社和代代相传的社会群体普遍解体，导致个人有更大的社会流动性，个人在社会中的行为具有更广泛和多种不同的范围。……从古到今，官吏的地位一直是最有抱负的中国人奋斗的最高目标。但是，到了1919年，医生、律师、工程师等现代职业以其在现代商业和金融业中的领导地位已被开始认为具有同样高贵的社会地位。随着自我改善地位的新机会在他们面前出现，空间流动性增强，社会流动的速度也加快了。”④ 这就给旅游业带来了发展时机。

---

① 《种植园游览章程之迂滞》，《大公报》1907年9月12日。

② 《改莲池为公园》，《大公报》1907年7月24日。

③ 《天津指南》卷5，《食宿游览》，第8页。

④ 奈特·毕乃德：《现代化与近代初期的中国》，载［美］布莱克编，杨豫等译：《比较现代化》，上海译文出版社1996年版，第225页。

南京国民政府时期，中国的旅游业有了较大的发展。表现如下：第一，在江南等旅游市场成熟地区，旅游活动开始走向大众化，江南成为民国最主要的旅游目的地和客源产生地。随着江南经济发展和游憩需求增强，以中产阶级为主的团体旅游开始兴起，一般的公务员、专家、学者、职员、教师、工人、学生、部分农民成为旅游成员，旅游主体空前扩大。上海、南京、苏州、杭州、宁波、莫干山、雁荡山、太湖等是当时市民旅游的热点城市和风景区。江南地区旅游业到20世纪二三十年代达到较好的水平。除了江南外，当时中国还在其他地区也形成了一批有名的旅游度假地，如庐山、北戴河、鸡公山等。第二，中国于20世纪30年代，在上海和杭州分别举办了具有相当规模的国货博览会和西湖博览会，借此推销中国的旅游产品。第三，中国的旅游业开始形成并兴起，成为一个新兴的服务行业，并粗具规模，食、住、行、游、购、娱等各种机制相继建立并逐渐发展起来。在上海、南京、杭州等大城市，旅游服务设施和专门化的旅游组织得到较快的发展，出现了西方近代旅游业的某些特征，并形成了以旅行社、旅馆业、交通业为主体的行业规模，具有了一定的旅游接待能力，旅游从业者开始顾及下层百姓的旅行需求。有代表性的是中国旅行社的成立。1927年6月，陈光甫将其上海商业储蓄银行所属“旅行部”加以改组，成为独立经营的旅行机构，正式更名为“中国旅行社”，在全国各地遍设分支机构，有力地推动了旅游的发展。第四，国民政府时期，旅游形式多种多样，人数越来越多，行程越来越远。企业等组织开始用旅游作为激励员工的新手段，团体旅游（在民国又称为集团旅游）也应时而兴，民间创办的“友声旅行团”、“萍踪旅行团”等团体旅游兴盛一时。其中1937年的京滇旅行团，是民国时期规模庞大的团体旅游，该团180余人，乘坐大小汽车20余辆，其游迹遍及西南川滇黔桂四省。国民政府的开放性，使得外国人以传教、公务、商务、军事、观光、文化交流等各种方式，来到中国游历，与此对应，中国的国际旅游也有大幅度增加，有官方考察旅游、外交使团出使、驻外使节游宦、留学生游学、商业经营考察旅游等，为此，中外旅行社开始相互组团旅游。①

不过，民国时期的旅游发展缺乏稳定环境，影响了全国旅游业的正常发展，不过也使某些地区的旅游业意外发展起来。如抗战爆发后，西南地区的旅游业就发展迅速。由于东部人口、资金和物资流入，西南地区城市的街头高楼大厦开始增多；城市街道不断拓宽，入夜灯火辉煌，霓虹闪烁；没有空袭的时候，游人如织。西迁人口中，政府官员、公务人员、教师、学生、专家、学者及文化工作者占有相当的比例，他们大多来自东南沿海地区，已经养成了旅游爱好，偏安西南后，或执行公务，或采访民风，或考察资源，出行时都抱以旅游的心态，他们甚至主动寻芳出游，观览胜景，“凡春秋佳日及星期休沐，城中士女，往游者甚众。盖非特经济，且亦取其便利也”②，“春秋佳日，冠盖云集”③。集团旅行在西南地区逐步发展，如青年会在新年举办了昆明环湖旅游，三青团组织了石林旅行团，西南联大组织了两广学生石林旅行团等，促进了西南旅游业的繁荣。④ 此外，由于战事的原因，在西南地区还出现过跨国旅游，当时南洋华侨曾对四川、昆明进行了“慰劳之旅”，“本团体一行五十四人乘飞机来渝，受到重庆各界、党政军各机关的代表和民众团体的热烈欢迎”⑤。此外战时期间，出境之旅亦时有发生，但仅限于政府官员或受政府委托处理相关事务的特派员，并没有对普通大众产生根本的影响。具有近代特征的民国旅游，为当代旅游的发展奠定了基础。

四、中国旅游者的世界观察与全新视野

迈出国门的中国外交官和留学生，打开了他们封闭已久的视

---

① 孙萍：《民国时期江南旅游的近代化历程》，《江苏商论》2008 年第 10 期。

② 邱培豪：《闲话重庆南泉》，《旅行杂志》1939 年第 10 期。

③ 黄卓秋：《昆明风景线》，《旅行杂志》1941 年第 2 期。

④ 贾鸿雁：《略论民国时期旅游的近代化》，《社会科学家》2004 年第 2 期。

⑤ 纪若明：《南洋华侨慰劳团莅渝记》，《旅行杂志》1940 年第 7 期。

野，发现了一个前所未有的世界，并写下了许多游记，记录了他们出国旅行的经历，从中反映出中国旅游文化的近代转型过程。

这些以亲身经历写下的海外游记，与传统的辗转相抄的《咸宾录》和《西洋朝贡典录》等不同，与《星槎胜览》、《瀛涯胜览》等以天朝视野看待行经地也不同，是一种拥有全新视野和特殊感受的新式游记，通过比较，对西方先进文化有了深刻的认识，对中国传统文化的弊端也有了体察。这类游记很多，如容闳的《西学东渐记》、张德彝的《航海述奇》、《欧美环游记》、斌椿的《乘槎笔记》、黎庶昌的《西洋杂志》、王韬的《漫游随录》、康有为的《欧洲十一国游记》、梁启超的《新大陆游记》、志刚的《初使泰西记》、曾纪泽的《出使英法日记》、罗森的《日本游记》、李圭的《环游地球新录》、金绍城的《十八国游记》等。

上述海外游记中，《乘槎笔记》是中国第一个考察团团长斌椿的作品，毛祥麟依斌椿旅行海外的先后经历，认为其书分为《安南记》、《新嘉坡记》、《锡兰记》、《亚丁山记》、《苏尔士记》、《麦西国记》、《马賽里海关记》、《巴黎斯记》、《伦敦记》、《瞒者思（即曼识特）记》、《拉黑（附丹麻尔）记》、《瑞典国（附克龙斯达的）记》、《彼德尔堡（附马林博尔）记》、《伯尔灵记》、《酣挪尔国记》、《北利士记》等篇，是中国近代海外旅游的特殊游记，受到晚清毛祥麟的关注，他摘录了该书，并称“此记泰西诸国之民风土俗，与凡宫室园囿，一切所闻见，亦怪亦奇，盖今时之《山海经》、《洞冥志》也。……但其命意所在，仅取新人耳目，故于各国要害之所，建置之由，无论飞行绝迹时，未遑咨度，即洋面水程，亦不尽载，罗盘南北，初未指明，致观者徒尚新奇，茫无涯涘乱。……兹故摘作十余则，编入此录。是即身非海客，而当酒阑茶话时，亦足资为谭柄云”①。

但是，与斌椿一起出国考察的张德彝，以一个 19 岁的青年的眼光，写下了另一本游记《航海述奇》，则远较持重保守的斌椿的

① 毛祥麟：《墨余录》卷 3，《摘录〈乘楂笔记〉》，上海古籍出版社 1985 年版，第 37 页。

游记生动真切。在芬兰首都游园，中国学生分别和一些外国朋友交谈，有个美国游客一听张德彝讲英语，就走近来轻佻地说："你的同伴都在和漂亮姑娘谈话，你为什么要找两个老太婆交谈呢？真是太不幸了。""难道你不喜欢年轻的女子吗？"张德彝正颜回答道："爱者人之情，男女相爱尤人之至情，然爱贵不失于正。四海一同胞耳，天下女子皆无殊于姊姐，又何不可伸吾爱？但吾辈少年，操持未定，涵养未深，其能自信耶？反不若无爱慕之心，庶不至因爱生情也。况别后则天各一方，又何必于顷刻之间，而因之欣欣然为幸哉。吾对老者谈，吾中华人也，以为年高有德，可以畅所欲言，无所顾忌，汝其知之否？""言毕，其人惭愧谢去。"① 在德国柏林敖尔佛木园，当地有许多妓女，"皆赤臂露肩，长裙委地，半启樱桃之口，一捻杨柳之腰，如花解语，比玉生香"，见中国人来，便有数妓"款步来前，故作许多娇媚引人态"，但张德彝等"弗顾也"。当时有英人疑惑不解："君等何修而至此？"张德彝等回答道："此地虽系烟花，然既游历各国，察访风俗，亦可驻足于其地，实未注意于其人。所谓'涅而不缁'者，汝知之否？"英国人"闻而大笑"，说："公言谬矣。大丈夫生于世间，何不及时行乐。倘白驹过隙，浪掷年华，则悔无及矣。君视诸妓，无不国色仙姿，令人魂飞意醉。请择其尤者告予，予必令君入巫山之梦也。"但张德彝"闻而怒斥之"。其人复笑曰："予以一言相戏耳，君何悻悻如此。"遂退。张氏最后议论道："夫妓女莫多于泰西，而携妓女又莫胜于泰西，男私女而不为耻，女通男而不为羞，更有酷好男风者。又闻男子至二十岁似应宿妓，虽父母不能禁阻；男女虽各私数人，并无彼此争竞者。幸明（德明，即张德彝）等随斌大人是晚坐于楼上，人见者少，不然几被其困矣。遂急回寓。"②

近代中国还有一位特殊的出国旅游者郭连城，原名培声，教名伯多禄，光绪十九年（1839 年）生于湖北潜江县，后肄业于武昌崇正书院。咸丰九年（1859 年）三月跟随意大利人、时任天主教

① 张德彝：《航海述奇》，湖南人民出版社 1981 年版，第 103~104 页。
② 张德彝：《航海述奇》，湖南人民出版社 1981 年版，第 117~118 页。

湖北宗座代牧的徐伯达（Ludovicus-Cel. Spelta）等人前往罗马。由湖北应城出发，经武汉、上海、香港出境，至八月中抵达罗马，在意大利盘桓数月后，翌年十月起程回国，三月中至香港，经广州、湖南北上，于六月回到应城。写下了自己旅游的亲身见闻——《西游笔略》。该游记反映了中国人对西方的认识和体会。咸丰九年五月十四，郭连城"随徐枚至洋泾浜"，晚上登"上英国火轮船"，然后驶"进东洋大海"。"火轮船行之时，有如箭鼓之声，顺风则乘风破浪，逆则火能克水，船上一股黑烟直拖海面，轮动船走如飞"。① 七月十六日，船至埃及"苏夷士"，"有火轮舟往来，故亦建有客舍数间，凡食物、需物俱由加以罗（即开罗）以骆驼或火车运至"。② 八月十五日，船泊西西里。十八日，先"抵期威大五厄格亚。午正上火车。二下二刻抵罗玛府。罗玛匪直欧罗巴之胜地，实天下之名区也。余幸旅其地，实慰平生"。于是，郭连城将他从武昌至罗马的行程列述如下："自武昌省至江西吴城镇，八百里江路，吴城至玉山县，六百六十里河路，玉山至常山县，八十里旱路，常山至杭州省，六百三十五里河路，杭州至江南松江府上海县，五百里河路，上海至香港，二千四百里海路，香港至新嘉坡（新加坡），四千三百一十一里海路。新嘉坡至锡兰岛（斯里兰卡），四千七百八十二里洋路。锡兰至亚丁（今属也门），六千四百零二里洋路，亚丁至苏夷士（埃及苏伊士），三千九百里海路，苏夷士至加以罗（开罗），四百五十里火车路，加以罗至亚立山（埃及亚历山大），四百五十里火车路，亚立山至马尔大（马耳他），三千里海路，马尔（大）至西吉里（西西里），五百五十里海路，西吉里至纳波利（那波利，即那不勒斯），五百九十里海路，纳波利至期威大五厄格亚（奇维塔韦基亚），六百里海路，期威大五厄格亚至罗玛（罗马），一百五十里火车路。"并指出："前未有火车、火船之便，中西来往者多绕阿非利加州之好望角，故有'杭（航）海九万里，泛舟三年余'之苦。目下由广东起程，只四

① 郭连城：《西游笔略》，上海书店出版社2003年版，第14~15页。

② 郭连城：《西游笔略》，上海书店出版社2003年版，第38~39页。

十五日之久，可抵大西洋意大里亚之罗玛府。火之利用，诚大矣。”①

中国近代出国旅游者，在游览了西方各国后，大开了眼界，看到了前人所从未见的景色、与东方风格迥异的风俗民情、当时中国所缺乏的先进科技成就。

其一，中国海外游人看到了美丽的西方风景。郭连城乘船来到西西里（西吉里），发现它是“欧罗巴州意大里亚国之地，山水清秀，林木荟蔚，宫院堂殿，较马尔（马耳他）尤为夺目”②。

其二，中国海外游子感受到中国与西方风俗的差异。张德彝发现：“盖西俗，无论男女，皆得遨游外国。”③ 中国游客感受最深的是中西在穿着打扮上的明显差异。咸丰九年八月十九日午后，郭连城参观圣伯多禄（圣保罗）大教堂时，外国人“众环而观之，见余发辫颇长，俱呵呵大笑”，有识者指着他说：“此期纳人也。”他自注道“‘中国’二字西音曰‘期纳’”。④ 九月初七日早晨，郭连城随徐牧师前往孟德百洛山上的教堂祭祀，因对他的着装打扮很好奇，“观者无数”；西洋各国“不精蚕桑，国人见余衣服、靴帽尽属绸缎，多有称美者，且言我中国服饰似较他乡更为文雅”。⑤ 十二月九日早晨，船泊李我诺时，船中有西方旅客对郭连城说：“前三四年间有一中国富家游至此国，其妻女皆小足，观者莫不怜笑。”⑥ 张德彝一行来到法国时，马赛街市男女见有中国人来，“皆追随恐后，左右围观，致难动履”。法国“有乡愚男妇数人”问团员德善：“此何国人也?”德善回答：“中华人也。”他们又问：“彼修髯而发苍者，谅是男子，其无须而风姿韶秀者，果巾帼耶?”德善笑答：“皆男子也。”结果“闻者咸鼓掌而笑。归时一路黄童白叟，有咨询者，有指画者，有诧异者，有艳羡者，争先睹之为

① 郭连城：《西游笔略》，上海书店出版社 2003 年版，第 48~49 页。
② 郭连城：《西游笔略》，上海书店出版社 2003 年版，第 44~45 页。
③ 张德彝：《航海述奇》，湖南人民出版社 1981 年版，第 104 页。
④ 郭连城：《西游笔略》，上海书店出版社 2003 年版，第 53 页。
⑤ 郭连城：《西游笔略》，上海书店出版社 2003 年版，第 62 页。
⑥ 郭连城：《西游笔略》，上海书店出版社 2003 年版，第 78 页。

快”。考察团到英国伦敦游水晶宫时，“游人男女老幼以数千计，见我中国人在此，皆欣喜无极，前后追随”。在瑞典斯德哥尔摩旅馆，“窗下男女老幼，如蜂拥蚁聚，群呼‘士呢司’，即瑞言中国人也”。在德国柏林，考察团到画店买画时，“店前之男女拥看华人者，老幼约千计。及入画铺，众皆先睹为快，冲入屋内几无隙地，主人强阻乃止”。① 在圣彼得堡，有一群俄国女郎，见到张德彝等留着辫发，错认为是女子。考察团“丑刻出园，车辆盈门，观者如堤。其女子见华人皆有惊讶状，指彦智轩长讴一声曰：‘赛邦不的徐奴阿司’，即华言此中国之美女子也。中有二女，与彦智轩立谈数语，询其颠末。途中又遇二女乘车，女欲隔车携手，明饬车急行，彼亦急随，盖欲并车，以便携手交谈”②，弄得他们很不好意思。

中国旅游者还感受到中西饮食风俗上的差异。郭连城称，“西洋之人多爱小犬，每闻中土有食犬肉之说，皆避不忍闻”，这天“有一小犬偶跌舱中，主母与厥子环抱而哭。待水手将小犬扶起，言安危无恙，始喜而收泪”。另一次，郭连城在罗马赴显家宴席时，“席中言及吾乡有食蚕甬、狗肉之说，皆奇而不信”。郭连城在意大利徐牧友人家午餐时，有位名叫亚伯的人质疑：“闻贵处盛馔必有燕窝，夫燕窝既无厚味，又多资价，而贵处相习成风，亦可怪矣！”郭连城回答：“彼夫茶叶、大黄，西人贵之。异地皆然，何怪之有。”③ 郭连城参加意大利大五利诺城显家的宴会，“席后，主人特为烹茶。西洋不产茶，渴则饮葡萄酒或茄菲水。（茄菲，苦豆也。）惟富豪之家方饮细茶，拌之以白糖、牛乳，以待稀客”，为此他还特地写了一首诗：“寒夜客来茶胜酒（茶贵于酒），铁炉汤沸火初红（西洋不产竹，故无竹炉）。寻常一样生风物，才到西

① 张德彝：《航海述奇》，湖南人民出版社 1981 年版，第 35、36、98 页。

② 张德彝：《航海述奇》，湖南人民出版社 1981 年版，第 107 页。

③ 郭连城：《西游笔略》，上海书店出版社 2003 年版，第 46、73、63 页。

洋便不同。”①

郭连城还发现，中西的节日与礼仪大不相同。八月十五日是中国的中秋节，而在欧洲则“是日乃主日礼期，军民俱华服鲜衣，或驾马车而驰道，或携友朋而登山”，他们看到来自中国的郭连城后，十分好奇：“土人见余衣服容貌，俱呼伴观看。”过了一会儿，月升东山，郭连城问他们：“今夕吾乡俱赏中秋佳节，不知贵处亦有此俗否？”这些人“皆回云不知”。② 九月二十一日，太湖之滨的加诺彼约镇，郭连城等人至教堂，当地人“见余跪不免冠，皆以余为不知礼”。郭连城告诉他们：“不脱帽者，是吾中华之礼也。”③ 张德彝也发现中西礼仪之别：在法国马赛郊区，遇一妇人，“曾游回国，年近四旬，颇晓回俗，喜服回装，着白服”，她向张德彝等问道：“回国见人以手摸面，此礼也；西人男女携手、免冠，礼也；不知中华何礼，乞教之。”张德彝遂告之：“男女授受不亲，礼也；以卑敬尊，必拜跪，亦礼也。”④

其三，中国海外旅游者还发现中西在计数和艺术上的差异。在运算方式上，中国与西方存在着明显的不同：“西洋诸国皆尚笔算，及见吾乡算盘，皆奇而问之。”郭连城告诉他们：“此吾中华算器也。”于是“略试数法，皆奇异之”。⑤ 欧洲的音乐也与中国大不一样。咸丰九年八月二十五日午后，郭连城与意大利古若瑟“游于街衢”时，“闻音乐之声如数十人鼓吹之状”。古公告诉他：“此西洋之自鸣琴也，每有闾巷曲谣出，即按腔而鼓吹之，听者赏西洋铜钱数文。”九月初七日早晨，郭连城来到孟德百洛山上的一座教堂，“堂内有抚风琴者，声音高雅至极”。⑥ 郭连城还发现“西洋琴歌之谱，皆画成点线，以定高低清浊”。他参加显家宴会时，看见“其客厅有洋琴，长二丈余，主人命二女共抚之，手挥

---

① 郭连城：《西游笔略》，上海书店出版社 2003 年版，第 73~74 页。
② 郭连城：《西游笔略》，上海书店出版社 2003 年版，第 44~45 页。
③ 郭连城：《西游笔略》，上海书店出版社 2003 年版，第 63 页。
④ 张德彝：《航海述奇》，湖南人民出版社 1981 年版，第 136 页。
⑤ 郭连城：《西游笔略》，上海书店出版社 2003 年版，第 55 页。
⑥ 郭连城：《西游笔略》，上海书店出版社 2003 年版，第 54、62 页。

目送，精熟如出一手”①。初六日，再一次参加显家宴会，这时“街中有鼓自鸣琴于车上者，用二犬负其车焉。观者莞尔”。十二月十三日，在显家玩时，“主人有幼女善抚洋琴，于是同人倚声而舞之”。这是一场舞会，在中国很少看到这样的场景。②

其四，中国海外游客看到了西方的科技成就，引起了他们无限的好奇、赞叹和感佩。郭连城对欧洲的蒸汽技术深感佩服。对所乘坐的火轮船和火车感觉新鲜和神奇，指出火轮船西人称为“水汽船”，“汽者，水受热逼上升为气之谓。飘扬于生气之中，其性散而不聚，若以铁气困束其质，其舒散之力烈如火药，愈束愈烈，无物可以当之，故西人用火蒸水，节取其汽以代人力，或使之行船，或使之驾车，或抽水，或锯木，或纺织，或打铁，或造军器，种种有用经营皆可为之”③。郭连城对火车也叹为观止，指出：“火轮车者，太西各国以之运货物、载客商者也，前十余年始有此制。”说自己初登岸时，“遥见房屋齐整，连络不绝，俱有玻璃门户，初以为此处之街市也，及近之，则见下有铁轨、铁轮，始知其为火轮车焉”，并感觉“烟飞轮动，远胜于飞，恍在云雾中，正是两岸猿声啼不住，火车已过万重山”。④ 这与中国放弃改进交通工具，而用人力抬轿旅行，适成对比，形成天壤之别。当徐牧师问郭连城“昨所坐之火轮车何如”时，郭答道：“较火船尤为精巧。”⑤ 郭连城在欧洲还看到了蒸汽织布机：“午后散步至水轮机院。院高十余丈，上下五层，每层俱有铁轮飞舞，自成纺织，每日可得无数起花细紬。织洋布亦此法也。”⑥ 他在亚历山大还看到了蒸汽车磨坊，效率极高。

郭连城对欧洲的机械技术充满好奇。在意大利“与二会士散步城内”时，来到一个“西洋乐器铺”，看到了一个用机械驱动的

---

① 郭连城：《西游笔略》，上海书店出版社 2003 年版，第 72 页。
② 郭连城：《西游笔略》，上海书店出版社 2003 年版，第 76 页。
③ 郭连城：《西游笔略》，上海书店出版社 2003 年版，第 20 页。
④ 郭连城：《西游笔略》，上海书店出版社 2003 年版，第 38~39 页。
⑤ 郭连城：《西游笔略》，上海书店出版社 2003 年版，第 41~42 页。
⑥ 郭连城：《西游笔略》，上海书店出版社 2003 年版，第 73 页。

"自鸣乐柜"，"其机轮与八音箱相仿，将机轮拨动，则有广大清平之声鼓吹自若"。① 他在罗马看到一个西式名苑，"中造流觞曲水，机巧异常；有铜铸各类各群鸟，遇机一发，自鼓翼而鸣"，惟妙惟肖；"有一编箫，但置水中，机动则鸣，其音甚妙"。② 他在徐牧师友人家中，但见"客厅内自鸣钟旁另安机枢，拨动则有小小火船、火车等人物上下奔走，以供玩赏"③。他对欧洲的照相技术更是佩服不已。咸丰九年十月十六日，郭连城"午后游绘像所，其绘像之法，不用笔墨，惟以薄银片、用杂药制之，蒸以沸水之气，别以玻璃作镜，如法窥戏，人即留影于银片之上，衣褶面貌，毫发不差。绘山水杂物亦然。主人以余与徐牧来自远方，故请留像于银片上，明日印成数张，言欲使余带至中国，使领略西方新巧之法云"④。他对西方兵工技术颇感兴趣，"有本城总兵引余观国工厂，厂内有金工、木工、石工、土工，制造各种新奇兵器炮弹。处处有铁轮飞舞，自成锯锉捶打。其铁轮之动，皆本水机火轮之法，所谓用力少而成功多者也"⑤。

游欧的郭连城还对汽灯、电报、新闻纸等留下了深刻的印象。

中国旅游者的西行，使他们的世界观与人生观得到改变。出国的旅游者们，从西方学到了许多新知，对西方的发达与繁荣有了认识，对中国传统社会的愚昧与落后也有了深刻的认识，促进了他们改革中国的决心和勇气。

中国旅游者认识到西方与中国文化具有同等地位，甚至优于中国传统文化。郭连城在意大利"踏月归院，得'月光原不限华夷'之句"⑥，是他摆脱传统"华夷观"的开始。康有为生长广东，早年接受严格的正统教育，后游历香港，亲见资本主义文物制度确比专制制度优越："西人治国有法度，不得以古旧之夷狄视之。"于

① 郭连城：《西游笔略》，上海书店出版社 2003 年版，第 45 页。
② 郭连城：《西游笔略》，上海书店出版社 2003 年版，第 50 页。
③ 郭连城：《西游笔略》，上海书店出版社 2003 年版，第 63 页。
④ 郭连城：《西游笔略》，上海书店出版社 2003 年版，第 69 页。
⑤ 郭连城：《西游笔略》，上海书店出版社 2003 年版，第 73 页。
⑥ 郭连城：《西游笔略》，上海书店出版社 2003 年版，第 44~45 页。

是“大攻西学书，声、光、化、电、重学及各国史志、诸人游记皆涉焉。……是时绝意试事，专精问学，新识深思，妙语精理，俯读仰思，日新大进”。① 通过旅游和亲身经历，他终于突破了夷夏大防的陈旧设限，以平等的眼光看待西方文化，无疑是一大历史进步。严复在为《法意》(即孟德斯鸠《论法的精神》）所加的按语中，称：“吾游欧美之间，无论一沟一塍一廛一市，莫不极治缮葺完。一言蔽之，无往非精神之所贯注而已。反观吾国，虽通衢大邑，广殿高衙，莫不呈丛脞抛荒之实象。此真黄白二种，优劣显然可见者也。虽然，是二种者，非生而有此异也。盖吾国公家之事，在在任之以官。官之手足耳目，有限者也。考绩之所不及，财力之所不供，彼于所官之土，固无爱也；而著籍之民，又限于法，虽欲完治其地而不能。若百千年之后，遂成心习，人各顾私，而街巷城市，以其莫顾恤也，遂无一治者。”②

郭连城从蒸汽技术的先进性，认识到中国应该在这方面加以重视：“夫水汽既有如是之功用，且庸而不奇，仍不失吾儒格物之理，高明之士，岂可徒事章句，而将此利国益民之制，置而不论也哉？”郭连城还赞美“火轮之快者，如驾一千二百马之力，曾在英国驶行厄日多国（即埃及)，历一万零二百里，只九日耳。李白之‘千里江陵’，视此犹为慢程”③，并强调“虽木牛流马之奇、追风赤逸之迅，亦不可同年而语矣”④。这已认识到西方以近代科技为基础的文化超越了中国传统文化。

海外的中国旅游者在对世界形势有了清醒认识的情况下，开始反观本民族文化的症结所在，从而加速推动中国近现代化进程。从欧洲旅行归来的王韬，对国际大势有深刻认识：“至今日而欲办天下事，必自欧洲始。以欧洲诸大国为富强之纲领，制作之枢纽，舍此无以师其长而成一变之道。”他倡议中国应“尽用泰西之所长”，

---

① 《康南海自编年谱》，《中国近代史资料丛刊·戊戌变法》(四)。
② 王栻主编：《严复集》第3册，中华书局1986年版，第985页。
③ 郭连城：《西游笔略》，上海书店出版社2003年版，第23页。
④ 郭连城：《西游笔略》，上海书店出版社2003年版，第38~39页。

变古通今，实行变法。① 在“逍遥海外作鹏游，足遍东西历数洲”的游历中，他对世界知识有了很多的了解和深刻的认识，“曾经沧海，遍览西学”。所著《扶桑游记》、《漫游随录》及《法国志略》、《普法战纪》，反映出他对西方世界和日本社会，有着相当深入的了解。其中《法国志略》，初为14卷，后重订增为24卷，将纪事本末体、编年体、典制体相结合，记述了法国的历史、地理现状，反映了资本主义制度在当时取得的历史性进步。在重订本《序言》中写道：“方今泰西诸国，智术日开，穷理尽性，务以富强其国；而我民人固陋自安，曾不知天壤间有瑰伟绝特之事，则人何以自奋，国何以自立哉！”通过比较，对西方社会先进状态及中国社会落后面貌有了前所未有的清醒认识，所论所议发人深省。他在游历英国伦敦时曾赋诗云：“尚戴头颅思报国，犹余肝胆肯输人？”“异国山川同日月，中原天地正风尘！”② 表达了他不甘沉沦的爱国情怀，显露出旅游对他的文化人格的成功塑造。

黄遵宪游历日、美诸国后，著成《日本国志》一书，在《自叙》中说：“日本士大夫类能读中国之书，考中国之事；而中国士大夫好谈古义，足以自封，于外事不屑措意，无论泰西，即日本与我仅隔一衣带水，击柝相闻，朝发可以夕至，亦视之若海外三神山，可望而不可即！”他撰日本史，初意在于“网罗旧闻，参考新政”，而后“及阅历日深，闻见日拓，颇悉穷变通久之理，及信其政从西法，革故取新，卓然能自树立”③。通过写日本国的历史，对比中日的现实，为中国维新呐喊助威。这无疑也是旅游带来的认识的飞跃。

中国近代的旅游者——留学生和外交使臣，对欧洲各国的文物制度感受尤深。西方社会林林总总的大千世界，令游历各国的中国使臣、留学生耳目一新，收藏丰富且对民众自由开放的“古物楼”、“集奇馆”、“积宝院”、“积骨楼”、“博物院”，给他们留下

① 王韬：《弢园文录外编》，中州古籍出版社1998年版，第53、51页。
② 王韬：《漫游随录》卷2，《伦敦小憩》。
③ 黄遵宪：《日本杂事诗·自序》。

了深刻印象。巴黎的卢浮宫内精美绝伦的文化宝藏令王韬流连忘返，他在《漫游随录》中称赞道："凡所胪陈，均非凡近耳目所逮，洵可谓天下之大观矣！"而伦敦博物院"百数十楹，凡天地间所有之鸟兽鳞介、草木谷果……莫不棋布星罗……纵令士庶往观，所以佐读书之不逮而广其识也"，真使他眼界大开，眼前出现了一个新的世界。

近代中国人海外旅游的经历，使他们认识到中国传统文化特别是传统民族旅游性格的缺陷，决心冲决旧文化的罗网，开展一次国民性改造运动，促进中国民族旅游性格的近代转变。

第二节　中国民族旅游性格向近代的转化

一、国民性改造与中国民族旅游性格的重塑

自近代遭遇西洋文明以后，中国旧式文明处处显出破败和缺陷，尤其是洋务运动的破产，终于引起中国先进思想家们对中国传统文化和旧国民性的警觉和思索。严复、梁启超、陈独秀、李大钊、鲁迅、郭沫若等人前仆后继，掀起了一个历时较长（从戊戌变法到五四运动）、影响甚广的国民性改造运动。由于民族旅游性格是国民性（即"民族性"）的一部分，所以改造国民性就不能不牵涉民族旅游性格的重塑。值得关注的是，近现代贤哲们不约而同地用旅游者特别是年轻旅游者的形象代表中国未来的形象，用年轻旅游者表现出的刚毅、勇猛和冒险的旅游性格代表中国未来的民族旅游性格甚至国民性格。

第一，国民性改造引发民族旅游性格的反思。

近代贤哲们是在中西文化"动"与"静"的对比中开展对中国国民性的反思和改造的。杜亚泉在《静的文明与动的文明》一文中敏感地体察到中西文化的根本差别，指出西洋人之生活为向外的，中国人之生活为向内的；西洋重竞争轻道德，中国重道德轻竞争，从而将西洋文明概括为"动的文明"，而将中国文明概括为

“静的文明”，但他认为两者“乃性质之异，而非程度之差”①，故而主张东西方文明相互补充。李大钊在随后撰写的《动的生活与静的生活》一文中也指出：“吾人于东西之文明，发见一绝异之特质，即动的与静的而已矣。东方文明之特质，全为静的；西方文明之特质，全为动的。”② “东西文明有根本不同之点，即东洋文明主静，西洋文明主动是也。”③ 在对两种文明的评判上，大多数激进思想家与温和的杜亚泉不同，认为西洋文明是先进的，东洋文明是落伍的，要求用西洋文明来改造东洋文明。李大钊便主张“竭力以受西洋文明之特长，以济吾静止文明之穷”，“竭力打破其静的世界观，以容纳西洋之动的世界观”。富有诗人气质的新文化运动健将郭沫若也指出，“我们要把动的文化精神恢复转来，以谋积极的人生之圆满”，“当于积极进取的动态中以求人生之充实”，“我们要秉着个动的进取的同时是超然物外的坚决的精神，一直向真理猛进”。④ 他们在论述中国未来国民性时，实际上是以西方民族冒险、主动、进取、勇敢的旅游性格为参照的。在他们看来，西方文明之所以主导世界，原因便在于西洋文明是“动的文明”，“动”在观念上表现为一种勇往直前的进取精神，在行为上主要表现为善于远游和冒险，正如中国近代旅游者第一次走向世界时所发现的那样：“盖西俗，无论男女，皆得遨游外国”⑤，正是哥伦布、达·伽马、麦哲伦等人的探险旅游和航海旅游，使西方在海洋时代到来时获得主动权，成为世界霸主。与此相反，中国“静的文明”，在观念上的表现是追求安稳，在行为上的表现是喜静厌动，不善远游和冒险。说穿了，东西方民族旅游性格存在着根本的差异。于是，中国近代思想家们在进行国民性改造的同时，也把目标

① 杜亚泉：《杜亚泉文选》，华东师范大学出版社 1993 年版，第 242 页。

② 李大钊：《李大钊文集》，人民出版社 1984 年版，第 439 页。

③ 李大钊：《东西文明根本之异点》，《言治》1918 年第 3 期。

④ 郭沫若：《论中德文化书》，载《文艺论集》，人民文学出版社 1979 年版，第 12、15 页。

⑤ 张德彝：《航海述奇》，湖南人民出版社 1981 年版，第 104 页。

对准了民族旅游性格。

民族旅游性格是某一民族在旅游生活中表现出的集体性格特征。① 中国旧国民性具有珍视中庸而鄙视极端、重视安稳而忽视进取、看重自适而轻视张扬、讴歌辛劳而拒斥游乐的特征，因此中国传统的民族旅游性格便具有稳健内敛的属性。稳健表现在中国古人"安土重迁"和喜静厌动，不善出门远游②，即使出行，也常通过祖道择吉、饯行折柳等种种风俗来抚慰游子心灵；在旅游中注重优游而排斥冒险。内敛表现在旅游者倾心于思乡恋家和独抒性灵，不太热衷于对山水的科学考察和对社会的客观观察；着意于中国大陆五岳山川的旅游而绝少海外旅游。这种特殊的民族旅游性格，在创造出华夏旅游文化独具特色的优雅形态的同时，也在某种程度上迟滞了中国文化在世界历史从陆地文明转向海洋文明、从静态农耕文明变为动态工商文明的过程中的自觉转换，最终引起了近现代思想家的强烈不满和深刻反思。甲午战败后，激进思想家们抛弃了"中体西用"和"西学中源"等"中国文化本位"观念，直接承认西方文化的先进性，从而也肯定了西方冒险、勇进、开拓、外张的民族旅游性格在推动历史进步上的特殊价值和意义。因此，他们以西方民族旅游性格为范本，号召中国人特别是青年人改变华夏民族喜静厌动的国民性格，以冒险、开拓、外张、行乐的旅游性格来重塑自己。

第二，冒险外张成为思想家竭力塑造的民族旅游性格特征。

与时代脉搏一脉相连的思想家梁启超，针对中国传统文化"言静而戒动，言柔而戒刚"的特点，有感于"彼西人之哀我中国之亡于静"的状况，提出用西方民族旅游性格中勇敢、冒险和刚毅的特性，来改造中国的民族旅游性格，进而改造中国的国民性的

① 参见谢贵安，华国梁：《旅游文化学》，高等教育出版社 1999 年版，第 143 页。

② 曹聚仁在《旅行》一文中指出："我们中国，这个农业社会的国家，传统地厌恶旅行这件事。"梁实秋在《雅舍小品·旅行》中也说："我们中国人是最怕旅行的一个民族。"

主张。在《新民说》中，梁启超提出了建设新的国民性（即“新民之道”）的主张。他的新国民性包括新的民族旅游性格——忍耐力（即百折不挠的精神）和胆力（即进取冒险的精神）。对于忍耐力，儒家主要是针对人的自我约束和道德的自我完善提出的，而梁启超则把它诠释成为征服外部世界和实现预期目标所具有的坚定的意志和不懈的努力。这种解释，无疑受到西方文化“理性的征服世界”的影响。他所列举的具有忍耐力的楷模也多是西方历史人物，有一些则是坚定的旅游者，如以难以想象的意志克服无数艰难和逆境，最后将犹太人从埃及的奴役中拯救出来，返回迦南乐土的摩西；以百折不挠的精神毕生以海外探险为职责的哥伦布等。梁启超指出，这种以百折不挠的精神去从事征服和追求成功，不只是西方个别人的特征，它还成为西方的民族性格。对于进取冒险精神，他也是从西方民族旅游性格中发现的。他认为，西方探险旅游者秉着这种精神，使欧洲在从陆地文明转向海洋文明的过程中，迅速而惊人地扩张。在《张博望班定远合传》中他指出：“今日阿利安民族所以殖民遍于大地，赫然为全世界之主人翁者，遵何道乎？亦曰其人有冒险进取之精神而已。”① 因此，他认为在西方文明中，没有比“进取冒险精神”更值得中国学习了：“欧洲民族所以优强于中国者，原因非一，而其富于进取冒险之精神，殆其尤要者也。”梁启超在证明冒险精神时，引述英国名将纳尔逊的一段旅游轶事来解释胆力的实质。纳尔逊5岁时，曾一人独游山野，遇暴风雨，入夜不归。其家人派人寻找，最后发现他独自坐在山巅的一间破屋中。当他的祖母问他为什么遇上暴风雨这种恐怖的现象却毫不害怕时，纳尔逊回答说：“害怕！我从未见过所谓可畏者，吾不知道害怕为何物！”在梁启超看来，纳尔逊等所代表的勇敢冒险的旅游个性，可以作为中国新的民族旅游性格乃至国民性格的样板。梁启超觉得，只有西方旅游者的登山形象，才能最集中最确切地表现西方民族的忍耐力和胆力，为此，他引用了一首西方流行的歌曲加

---

① 梁启超：《饮冰室合集·专集之五》第3册，中华书局1989年版，第15页。

以说明："不可回头，孩子，当你在途中；时间足够了，孩子，在将来的某一天。/虽然道路漫长，孩子，满怀希望去面对；不要停下往后看，当你向山上攀登。/首先要相信自己，孩子，然后勇气就会倍增；背起你的行囊，继续步行、跋涉。/当你接近险峰，孩子，从崎岖的小道；不要以为你的使命已完，不断攀登、爬行。/胜利就在顶峰，孩子，等在那里；直到勇敢而坚强的孩子，到达山顶。"（梁启超《新民说》中为英文原文，由崔志海、葛夫平译成中文）美国学者张灏指出："在对冒险精神的概括中，梁不得不举出西方历史人物，甚至引用西方歌曲，这是耐人寻味的。梁很难用中国语言刻画这种精神。"① 这样，梁启超在塑造具有时代特征的"新民"性格时，便不得不借助西方旅游者冒险进取、百折不挠的登山形象。于是，他按照西方民族旅游性格特征，刻画了中国未来的旅游者（实即新国民）的形象——年轻、行乐、豪壮、冒险、不屈不挠。他在《少年中国说》中塑造了"少年中国"的形象，而这一形象表现出全新的旅游性格。他指出"少年人常好行乐"，"惟行乐也，故盛气"，"故豪壮"；"惟豪壮也，故冒险"；"惟冒险也，故能改造世界"。把行乐、冒险等旅游性格当作少年的优良品质，并希望中国像少年一样恢复活力。

其实，在梁启超心中并不愿承认他所提倡的冒险精神完全取自西方。他曾用孟子的"浩然之气"来比附"冒险精神"。然而，在孟子思想中，"浩然之气"指的是一种来源于道德信念的不可抑制的胆力，而冒险精神的一个动力源泉是西方的浮士德和普罗米修斯精神。因此，冒险精神具有粗暴、咄咄逼人、威严的气质，这与儒家的道德规范是不相容的。他也曾在《张博望班定远合传》中强调中国亦存在张骞和班超这样的冒险旅行家形象，但张、班二人在主张"以柔克刚"和"柔远怀徕"的中国传统文化体系中并无代表意义。最后，他不得不承认东西文明在这方面存在的巨大差异，在《论中国人种之将来》中指出："欧洲人所以雄于世界者，以其

---

① 转引自［美］张灏著，崔志海、葛夫平译：《梁启超与中国思想的过渡（1890—1907）》，江苏人民出版社 1995 年版，第 134 页。

人喜冒险远游也。”虽然中国人“亦颇富于此性质”，但是中西之不同在于“彼西人之远游者，其国家奖劝之，赞助之，保护之。风气既成，国民视为乐途。其惯冒险喜远游，未足以为夸也”，而中国则“国家非惟不劝助之，且禁制之；非惟不保护之，且鱼肉之”；西方“各国民之旅居他国者，其本国政府，噢咻之抚育之，如保姆之护婴儿”，而中国政府对于“旅居他国者数百万人，譬之则如弃儿也”①。因此，他提出中国政府应当促进并发展具有“冒险独立之性质”的国民性，即应当塑造善于“冒险远游”的民族旅游性格。

著名先进思想家李大钊在《雪地冰天两少年》一文中，通过塑造两位旅游者开拓进取、勇敢无畏的形象，来重铸中国未来的民族旅游性格和国民性格。文中描写两个少年奋勇前行，直达目的，劈猛兽，思开拓，韧而坚，虽粮尽身疲，仍壮志不屈。他们以西方人发现美洲大陆的冒险精神，“经营此广漠之土地”，“以为筚路蓝缕之开拓”，他们怀抱“罗滨逊飘流孤岛自辟生活径路之决心”，为天下人谋福利；不畏艰险“步行出万里长城，越大兴安岭，沿戈壁沙漠”，“觉冒险远行之趣味”，并“足以自豪”。李大钊以无限的热情赞美道：“伟哉！雪地冰天两少年！壮哉！雪地冰天两少年！”并断言中国人“若以代表少年之精神而预示其未来无限之希望，前途无量之成功”②。这里把冒险外张的旅游性格抽象、升华并象征为整个民族精神。秉着这种精神，他豪迈地宣布：“我们应该拿出雄健的精神，高唱着进行的曲调，在这悲壮歌声中，走过这崎岖险阻的道路。”③

对旧国民性有着深刻体察并进行深沉反思的文豪鲁迅，同样借助旅游者勇敢、冒险和开拓的精神来塑造中国未来的国民性。在《故乡》中宣称：“其实地上本没有路，走的人多了，也便成了

① 梁启超著，王德峰选编：《国性与民德》，上海远东出版社 1995 年版，第 14 页。

② 李大钊：《李大钊文集》，人民出版社 1984 年版，第 577~580 页。

③ 李大钊：《李大钊文集》，人民出版社 1984 年版，第 692 页。

路。”他还在《老调子已经唱完》中说：“贪安稳就没有自由，要自由就总要历些危险。只有这两条路。那一条好，是明明白白的。”在《华盖集·北京通信》中鼓励中国青年：“生命是我自己的东西，所以我不妨大步走去，向着我自以为可以走去的路；即使前面是深渊，荆棘，狭谷，火坑，都由我自己负责。”① 以《女神》一书对中国国民性塑造起到巨大历史影响的郭沫若，竭力纠正中国文化的阴柔风格，写出了“无限的太平洋鼓奏着男性的音调”和“我在这舞蹈场中戏弄波涛”的壮丽诗句，以此促使人们改变中国几千年来重视优游而远离弄潮踏波的旅游性格。在他的《登临》一诗中，更是以登山者不畏艰险的形象，表达他心目中华夏民族应有的旅游性格特征：“终久怕要下雨吧，我快登上山去！……山顶上别有一重天地！/血潮儿沸腾起来了！山路儿登上一半了！山路儿淋漓，粘蜕了我脚上的木履。泥上留个脚印，脚上印着黄泥。/脚上的黄泥！你请还我些儿自由，让我登上山去！……”② 郭沫若的这首登山诗，显然是受到德国著名诗人歌德的直接影响。歌德在《冬游哈尔茨山·序曲》中写道：“我要登上山去，那里有清净的茅庐，那里可以自由地敞开胸膛，那里有自由的微风吹拂。”

上述思想家在肯定少年冒险旅游的同时，实际上否定了传统的“父母在，不远游”，“孝子不登高不临危”，“不行险以侥幸”的稳健甚至保守的旅游观念，从而表现了他们改造国民性、重塑民族旅游性格的坚定信念和不懈追求。

第三，民族旅游性格重塑的历史影响。

民族旅游性格的重新塑造，对中国近现代旅游产生了深远的历史影响。以前，华夏民族原生旅游性格是稳健内敛的，冒险外张曾作为性格因素孕育在华夏民族旅游性格之中，但由于受到作为主体文化的儒家“中庸”思想的抑制而未能充分发展。而此次民族旅

① 以上所引见鲁迅：《鲁迅全集》，人民文学出版社 1981 年版。

② 郭沫若：《女神》，人民文学出版社 1958 年版。

游性格重塑运动，则借助西方文化精神，打破了儒家伦理观念的束缚，推动了华夏民族旅游性格从“稳健内敛”的原生特征到“冒险外张”的次生特征的转换，适应了时代发展的需要。从此中国国民性从阴柔演为阳刚，从排斥旅行转为呼唤旅游。中国旅游文化出现了从遍游名山到环游世界、从稳健内敛到冒险外张的历史剧变。中国近现代旅游者一反古人“在家千般好，出门一时难”的心理和“一生好入名山游”的习俗，开始跨越海洋，环游世界。梁启超于1899年往游美洲，旅途中赋《太平洋遇雨》一诗：“一雨纵横亘二洲，浪淘天地入东流；却余人物淘难尽，又挟风雷作远游。”秋瑾“以弱女子只身走万里求学，往返（日本）者数”。孙中山、徐锡麟、周恩来、邓小平、陈毅、蔡和森、朱德、郭沫若、鲁迅等纷纷奔赴海外寻求救国之路。他们的世界之旅和豪迈性格为中国旅游开一代新风。五四新文化运动后不久的1930—1937年间，22岁的中国青年潘德明，从上海出发，历时7个寒暑，行程约十万里，足迹踏遍越南、印度、伊朗、埃及、希腊、美国、加拿大、澳大利亚等世界40多个国家和地区，徒步或骑自行车旅游，整整环绕地球一周，以令人难以想象的顽强意志，克服了无穷无尽的困难，终于登上了成功的顶峰。这是中国人第一次以冒险家和旅行家的身份周游世界，向全世界宣布中国的觉醒。时至今日，加上改革开放和社会发展的强劲驱动，这种越洋探险、挑战极限的冒险旅游已蔚然成风。女记者范春歌突破古代“不出闺门”的女儿规范，毅然沿郑和“下西洋”的航路周游各国；著名探险家余纯顺勇敢地行进在祖国最艰险的边疆地区，常常受到缺氧、饥饿的袭击，在徒步穿过环境恶劣的无人区罗布泊时，不幸抛尸荒野，但其冒险精神却气贯长虹。此外李孜的神农架野人探险考察，刘华的用双脚丈量祖国的海岸线，强荧的骑摩托车沿丝绸之路西行探险，以及登山、漂流、滑雪、冲浪、攀岩、蹦极等激烈的旅游运动的开展和普及，都表明中国的民族旅游性格已经普遍形成了冒险外张的次生特征。

二、中西民族旅游性格的卓立

当历史步入20世纪，中西旅游风尚正日益兼容和趋同，如探险征服式的旅游形式由西徂东，步入了人类旅游活动的空间。大探险时代虽然结束了，但西方人的探险活动至今仍方兴未艾，其目的不再带有殖民掠夺、寻找新航路的功利色彩，而是真正体现人类的非凡勇气和探险精神。50年代末，日本学者高桥敷曾在秘鲁的报纸上看见一则消息："前往亚马逊密林探险的意大利学生失去联系已达三日，有关部门甚为忧虑。失踪地点位于密林深处，从伊基托斯市出发，需要先坐两天卡车，再乘七天汽船，最后至少还要徒步四天。该地区是猎割人头祭神的土著民族经常出没的地方。"① 这则消息从某个角度向我们透露出西方民族顽强执著、勇于冒险的旅游性格和风尚。曾多次申请乘航天飞机以实现其遨游太空梦想的美国53岁的著名歌星约翰·丹佛，独自驾驶私人飞机在"高空中翱翔、俯视他所热爱的大自然"时失事。尽管机毁人亡，但他所表现出来的西方人的冒险精神却是气贯长虹的。英国亿万富翁、探险家理查德·布兰森欲乘热气球环游世界，在摩洛哥中部马拉喀什空军基地登球前，热气球被大风吹到空中。布兰森准备找回这个造价300多万美元、乘坐体积达32 000立方米的热气球后，继续飞越北非、沙特阿拉伯、印度、南中国海、太平洋和美国，最后回到英国，行程38 600公里，预计需要14～21天，"目标是打破世界纪录，将自己的名字载入吉尼斯世界纪录大全"。以上诸人均为西方主流社会成员。联想到西方潜海婚礼、跳伞婚礼、登山婚礼等平常人的行为，就能理解他们是把冒险作为人生的一种追求的。不甘平淡、勇于探索，成为西方旅游者的主导观念。西方现代的探险活动内容日益丰富多彩，除科学考察外，还有登山探险、个人航海探险、洞穴探险、地缝探险、峡谷探险、深海探险，乃至太空探险等。据1994年统计，美国从事探险旅游活动的人数达到1.5亿人

---

① ［日］高桥敷著，许金龙等译：《丑陋的日本人》，作家出版社1988年版，第20页。

次，平均每年的增长率为4%~6%。迪士尼乐园魅力经久不衰的原因之一便在于它的游乐设施和项目迎合了现代人的冒险心理。受西方人的影响，中国人也在四处探险、登山和漂流，西方激烈的旅游运动如汽车拉力赛、滑雪、划艇等已为许多中国人所接受和掌握。《长江日报》1997年12月23日《旅游》副刊曾载文《探险旅游风靡高校》，反映出当代中国人在旅游风尚上的转变。

当然，自戊戌维新以来的国民性改造和民族旅游性格重塑运动，并没有也不可能完全改变中国“稳健内敛”的原生旅游性格。尽管近现代思想家在进行民族旅游性格重塑时，大多数人毅然地以西方民族旅游性格——冒险外张来抨击中国的传统旅游性格，但实际上他们自己并没有完全摆脱华夏民族原生旅游性格的影响。中国至今仍然十分重视稳健和安全。

与此同时，中国游人仍然比较内敛。恋乡思家的情愫，是中国游子内敛性格最集中的表现，郭沫若在前引《登临》诗的最后，便不可抑制地流露出思家的情感：“山顶儿让我一人登着，我又感觉着凄楚，我的安娜！我的阿和！你们是在家中吗？你们是在市中吗？你们是在念我吗？终久怕要下雨了，我要归去。”而歌德的那首《冬游哈尔茨山·序曲》诗的最后一段却有着与此完全不同的格调：“再会吧，漂亮的大厅，漂亮的淑女，漂亮的绅士。我要登上山去，微笑着向你俯视。”西方人以征服自然表现自己的人生价值，而中国人以回顾家园表明自己的人生归宿。

尽管中国近现代以来采用了西方科学技术，改变了旅行方式和旅游者与家人的通讯方式，但中国传统的旅游生活韵味却仍具有无法挣脱的魅力。例如，近代电报引进中国后，中国旅游者也拥有了西方人与家人通讯的同样手段，然而，中国传统的夫妻别离之情益显其浓，传统的闺思闺怨更显俏丽。有一首旧体诗反映了电报给暂别的夫妻带来的影响和一如传统的相思情调：“朝寄平安语，暮寄相思字；驰书迅已极，云是君所寄。既非君手书，又无君默记；虽署花字名，知谁箝纸尾。寻常并坐语，未遽悉心事，况经三四译，岂能达人意？只有斑斑墨，颇似临行泪。门前两行树（电线杆），离离到天际，中央亦有丝，有丝两头系。如何君寄书，断续不时至？每日百须臾，书到时有几？一息不相闻，使我容颜悴。安得如电光，一闪至君旁！”此诗写近代电报技术一下子改变了夫妻通信的速度和方式，但丈夫与妻子的别离相思之情却仍如既往。照片也是近代西方传到中国来的文明成果，改变了中国古代两地飞鸿不能睹见容颜的状态，但这种改变仅仅是外在的、形式的，未能改变中国传统的夫妻别离之情和相思之意：“开函喜动色，分明是君容；自君镜匳来，入妾怀袖中。临行剪中衣，是妾亲手缝。肥瘦妾自思，今昔得毋同？自别思见君，情如春酒浓；今日见君面，仍觉心忡忡。揽镜妾自照，颜色桃花红；开箧持赠君，如与君相逢。妾有钗插鬓，君有襟当胸；双悬可怜影，汝我长相从。虽则长相从，别恨终无穷；对面不解语，若隔山万重；自非梦来往，密意何由通？”这种离情虽被涂抹上了时代色彩，但仍具有浓厚的中国特色。

弘一大师李叔同的《送别》诗，在近现代翻天覆地的变化环境里，仍具有独特的传统魅力：“长亭外，古道边，芳草碧连天，晚风拂柳笛声残，夕阳山外山。天之涯，地之角，知交半零落，一觚浊酒尽余欢，今宵别梦寒。”这首词，感动着一代又一代的现当代人，撩拨着他们感伤的心弦，从而发生惜别的共鸣。因为，离别情景是中国先民的原始意象，这种原始意象已成为一种原型而为一代又一代的中国人不自觉地重复。中国人尽管在旅游中日益采纳西方的内容和方式，但在他们的集体无意识的深处，却潜藏着祖先遗传下来的独特的有关惜别的原始意象。这种原始意象，使他们每当面对惜别时，总是显出与西方人不同的情愫。郑振铎《离别》一文中倾诉了他离开中国和妻子时的惆怅心情。当“船渐渐的离岸”，“见着许多亲友挥着白巾，挥着帽子，挥着手”，尤其是与妻子告别时，他的“眼眶是润湿了”，“装满了热泪”，最后他写道：“别离，那真不是容易说的！”中国人的旅游意象与西方大异其趣，李叔同的《春游》诗，就写出了现代中国人旅游时的独具意蕴的景象，这种景象与西方人的旅游意境相去甚远，具有中国传统旅游的独特韵味：“春风吹面薄于沙，春人装束淡如画，游春人在画中行，万花飞舞春人下。”“梨花淡白茶花黄，柳花委地芥花香，莺啼陌上人归去，花外疏钟送夕阳。”这些诗词反映了中国近现代社会所保留的传统的旅游文化风格，以及蕴藏其后的独特的内敛的旅游性格特征——阴柔、平和、舒缓、多情。

中国的思想家曾一再号召像西方旅游者那样，以勇往直前的精神去旅游，以外向性格为指导，去冒险和拓展，但恋乡情结仍然徘徊在当代中国旅游者的心田，乡愁仍然是转型期中国人的共同心理。改革开放以来，社会流动性急剧增加，人们大批地离乡别家，然而传统的思乡情绪不仅没有减少反而日益增加，以至于见诸报端的均是乡愁乡思之类的怀旧作品，如家乡故事、老母亲、节日灯市、老街上的书局、失传的小食、淳朴民风、杂要艺人、儿童记忆、早年的风景、朦胧的初恋、第一次离家远行、回乡寻根、翻查族谱、故地重游等，“乡愁在人们酒足饱饭之余，富有情调地为他们播放一曲老歌”。然而也有人认为“抒情短章所要刻意表达的乡愁，如今已显现出一种过分矫饰的风格”，并进而认为：“‘乡愁’在本质上尚不属于我们时代，因为我们时代的特点是‘离乡’。”①但是，乡愁是中国人生活中的独特情绪，已经成为一种集体无意识。尽管社会节奏加快，人们离乡也越来越频繁，但在人们的心底，却仍然保持着对家乡故土的眷恋。这是恋乡情结的现代延伸，是中国旅游性格的现代表现，是中西社会风尚和旅游风尚日益交融时所产生的对民族文化之根的执著认同和追寻。黎枝在《故乡水》中诉说道：“生命之源在内心深处涌动着，激扬着故土的情韵，故土的心语。”“人生旅途，我的跫音有时欢快，有时滞重。春花凋谢，白云流逝，秋叶飘零，往事如烟。拂之不去的积尘堆成陈垢。”李志启在《乡情》中倾诉一个旅游者的思乡之情：“乡情历来与旅人同在，乡情是你行囊中的一段深深的眷恋，是一个古老而又年轻的话题……乡情是世上最动人的旋律。”“乡情是很美的，它既有行云流水的轻盈，又有空山凝云的雅致。乡情是江南烟花三月的柳笛，是草长莺飞时节暮归的老牛，是村前水塘边女人们洗衣服时的笑语，是娘喊我回家吃饭那响亮的叫骂声。”最后他写道：

① 吴亮：《矫饰的乡愁》，《长江日报》1997年6月4日。

“我想乡情是永远解不开的情结，是你永远也走不出的风景。”①1996年，在中国流行歌坛上，《九月九的酒》以其乡愁的魅力，风靡黄河上下和大江南北：“又是九月九，重阳夜难聚首，思乡的人儿，漂流在外头。/又是九月九，愁更愁情更悠，回家的打算，始终在心头。/走走走走走啊走，走到九月九，他乡没有烈酒，没有问候。/走走走走走啊走，走到九月九，家乡才有自由，才有九月九。/亲人和朋友，举起杯，倒满酒，饮尽这乡愁，醉倒在家门口。”乡愁反映出内敛的民族旅游性格。

的确，社会越是发达，经济背景越是趋同，文化越是会有保持其传统特色的要求。经济使世界日益失去其个性的同时，文化则力图使这个世界增加其丰富性和多样性。所以未来旅游的发展，必将是多样性的统一，在趋同的前提下，保持自己的传统特色，尤其会保持其民族旅游性格。民族旅游性格是历史长期衍生和选择而成的民族个性，不可能轻而易举地加以改变，因此，中西旅游风尚的互渗，会带来中西民族旅游性格的局部特征的变化和相互靠拢，但各自性格中深蕴的民族心理积淀仍将长期存在，并成为世界旅游文化“和而不同”的根本原因。文化学理论告诉我们，世界文化趋同性正在增加，然而这种趋同却是多样性的统一，即“和而不同”。无论是冒险外张还是稳健内敛，都是一个健全的民族所必需的民族旅游性格特征，动与静的平衡才是一个国家既保持活力又保持稳定的必由之路。

第三节 近现代旅游设施与制度

中国近现代（本节指晚清至民国）旅游设施与制度，是受到西方示范和影响后产生和形成的。近代出国旅游者从西方学到了现代旅游业的许多管理知识和新鲜制度。1866年，中国考察团成员张德彝曾在法国见到过当地发行的导游手册：“城中书肆卖行路

---

① 以上二文分别见于《长江日报》1997年11月3日和1997年10月30日。

簿，内云某处山川景致幽雅，某铺服用货物佳美，某店主人周旋款洽，暨各处远近路程；又云某处每日某时开车开船，或某时某地有某处车船经过，停时久暂，皆系一定。”① 这种先进的旅游制度，给中国人留下了印象，而后产生了影响。中国近代不断学习和借鉴西方的先进经验，“对于世界先进各国，或师其意，或撷其长，量力所能，审时所当”②。1903 年张謇前往日本考察，发现日本的环境和面貌焕然一新，深感“日人治国若治圃，又若点缀盆供，寸石点苔，皆有布置。老子言：‘治大国若烹小鲜。’日人知烹小鲜之精意矣”③，激发了在中国进行旅游设施建设的宏愿。无锡的荣德生兄弟对瑞士等欧洲国家开发旅游事业、带动社会经济发展的经验十分欣赏，宣称：“世界各国之经济收入，或恃农产，或赖工业，或重经商，其道不同。然亦有别开辟蹊径于农工商外，获得特殊之收入者。如瑞士，以风景美丽驰誉寰宇，号称‘世界公园’。其国家之收入，大部有赖于风景……其他如法、如意，关于风景区之收入，亦颇不赀。”④ 于是倾力投资无锡风景旅游区的建设，使无锡在近代旅游事业发展中鞭先一着。

一、近现代旅游景观建设

中国一直都有建设旅游景观的传统，然而，到了近代，受到西方旅游文化的影响后，中国人开始学习西方的优秀理念，建立近代化的旅游景观和具有近代理念的旅游客体。有人“视英美苏联诸邦，对于旅行事业之兢兢业业，瞠乎后矣”，决心锐意于发展旅游事业，⑤ 营建近现代的旅游风景。中国近现代旅游景观的建设，包

---

① 张德彝：《航海述奇》，湖南人民出版社 1981 年版，第 41 页。

② 张謇研究中心，南通市图书馆：《张謇全集》第 4 卷，江苏古籍出版社 1994 年版，第 459 页。

③ 张謇研究中心，南通市图书馆：《张謇全集》第 6 卷，江苏古籍出版社 1994 年版，第 482 页。

④ 上海大学、江南大学乐农史料整理研究小组：《荣德生与社会公益事业》，上海古籍出版社 2002 年版，第 240 页。

⑤ 唐渭滨：《中旅二十三年》，《旅行杂志》1946 年第 1 期，第 91 页。

括五个方面的内容。

第一，仿行西方城市管理和风景建设理念，进行整体规划和建设。

近现代旅游景观的建设特别重视整体规划和建设，许多城市的旅游景观都纳入城市建设的整体规划中。南通、无锡、杭州等城市，都十分重视旅游景观与城市建设的统一与协调。南通城市建设就强调风景规划的意义。20 世纪初期，作为南通最大的资本家，张謇“拿南通当一个大花园去布置点缀，所有的心血，所有的家产，都用在这个志愿上，他拿南通地方的事，当作他自家的事”①，精心设计了“一城三镇”的布局，专门将狼山规划建设成为风景旅游区，突出其娱乐休闲功能，先后建成林溪精社、东奥山庄、西山村庐等别墅以及虞楼、梅垞、我马楼、介山楼、独秀阁、后张榭、古有有亭、沈绣楼等诸多景点。②

无锡的景观建设也被提高到城市发展的高度。富商荣德生认识到旅游业对带动地方经济发展的重要性，指出：“繁荣地方，不一其道。而赖山水名胜吸收游客，亦为繁荣地方之一道，盖可使他乡人士消耗金钱于风景区域。如舟车、饮食、旅舍，皆可借此获得直接间接之收入，为数亦属匪细。”因此决定开展“广辟风景区，点缀名胜，吸收游客，繁荣地方”③ 的规划设计，在《无锡之将来》一文中，对无锡的旅游事业进行了长远规划，提出在惠山营造大公园，在五里湖、太湖之滨建设风景区的设计蓝图，并逐步建成梅园和锦园，重修南禅寺妙光塔，营造了招鹤亭、天心台、豁然洞和念劬塔等景点。

在将旅游景观与城市建设通盘规划的城市中，杭州市是做得最好的。该市在 1927—1936 年间，明确提出了将旅游业纳入城市规

---

① 张孝若：《南通张季直先生传记》，中华书局 1930 年版，第 379 页。

② 张进：《近代商人与民国旅游事业的发展》，《南通纺织职业技术学院学报》2007 年第 1 期。

③ 上海大学、江南大学乐农史料整理研究小组：《荣德生与社会公益事业》，上海古籍出版社 2002 年版，第 354、240 页。

划并作为支柱产业的发展方向，决定以西湖景区开发为龙头，将杭州建设成旅游型城市，并将疏浚西湖、改进旅游景区作为城市建设的八项措施之二。市长周象贤宣称：“欲繁荣杭市，首当整理西湖，吸引游客，同时须注重生产建设，发展农工商业，增进富庶，使市民得安居乐业。”① 程远帆对十年间杭州市的发展历程作了回顾，指出：“惟是从前杭州市之建设，似偏重于风景之整理，欲借天赋艳丽之湖山，吸引游客，振兴市场，效欧洲瑞士之故技。此种利用环境，以繁荣都市之政策，固极正当。”② 此言表明杭州在十年间都是以旅游业发展为主。为此，负责城市基础设施建设的杭州市工务局，“莫不以布置风景，造成庄严灿烂之杭州市为主旨”③。十年来工务局“对市区以内，则按照各段情形，建筑道路，以利交通，疏浚河道，以资灌溉，而便航运。整理西湖名胜，开辟公园，俾吸引旅客，繁荣市面。对市外则谋交通之连络，分别缓急，次第举办”④。市政府大举增辟湖区公园、修缮名胜古迹、完成西湖周边造林计划、疏浚湖区、禁止营葬。市政府将此前已经破败的湖滨各公园重新改建，规划苑路、栽植花木，在沿湖地段修造水泥栏杆、装置电灯、添设椅凳，方便游客观赏休息。市政府还将横亘湖中的苏堤和白堤堤身加宽，铺筑水泥路面，并种花木立游亭，使苏白二堤“几全部改为公园矣”⑤。唐应晨在杭州参观时，就看到“现在的堤的两旁，绿树荫浓，桃柳相间。市府正利用空地，开辟

---

① 《杭州市政府十周年纪念特刊·序》。

② 程远帆：《十年来杭州市之进展与今后之展望》，《市政评论》第5卷第7期。

③ 沈景初：《杭州市工务之吾见》，载杭州市政府秘书处编：《杭州市政府十周年纪念特刊》(1937年)，转引自沈云龙主编：《近代中国史料丛刊》第三编第75辑，台湾文海出版社1998年版。

④ 陈曾植：《十年来之工务》，载杭州市政府秘书处编：《杭州市政府十周年纪念特刊》(1937年)，转引自沈云龙主编：《近代中国史料丛刊》第三编第75辑，台湾文海出版社1998年版。

⑤ 陈曾植：《十年来之工务》，载杭州市政府秘书处编：《杭州市政府十周年纪念特刊》(1937年)，转引自沈云龙主编：《近代中国史料丛刊》第三编第75辑，台湾文海出版社1998年版。

公园，游人散步其中，如置身世外"①。为使公园分布趋于均衡，市政府规划在旧抚署原址开辟上城公园，在城隍庙附近开辟吴山公园，在城区北部择地辟设城北公园，另在西湖丁家山和九溪十八涧至钱塘江滨一带的游览胜地借助天然的林木山水辟设公园，虽由于抗战的爆发而未能实现，但将旅游景区建设纳入城市整体规划的方针，具有近代意义，仍值得重视。②

第二，对旅游景点进行建设和投资。

大多数情况下，城市当局与旅游投资商更重视对旅游景观的单项建设与投资。中国旅行社创始人陈光甫，在 20 世纪 30 年代"为配合游览业务，对于风景地区之开发，曾直接斥资建筑"③，在上海金山建造了华亭，以纪念民族英雄戚继光，又在山东修缮了泰山石径，以方便游人登山。在无锡，荣德生兄弟对旅游景观建设的投入，引起了其他无锡商人建设旅游景点的热情，王禹卿、杨翰西、蔡缄三、王心如、王昆仑等先后建成蠡园、万顷堂、横云山庄、退庐、七十二峰山馆等一大批园林景观。虽然是"各自为战"，但由于荣德生此前曾有总体规划，因此基本达到了群体合力的效果。抗战时期，川黔公路局为招揽旅客、促进南温泉景区的发展，不惜重金，购买汽车，自早上 8 时起，迄午后 5 时止往来其间，拉载旅客。④ 广西桂林市对七星岩进行了大规模的修葺，开筑路径和石级，凿通前后岩，使得七星岩形成了今天这样的面貌。民国时期对旅游景观进行投资和建设的事例不胜枚举，兹不赘。

第三，对文物古迹加以保护、修缮，并向公众开放。

在大规模新建旅游景观的同时，一些知识分子、爱国商人和政府也认识到传统文化资源的旅游价值，提出保护和开放的主张。南京国民政府建立后，内政部于 1928 年颁布了《名胜古迹古物保存

---

① 唐应晨：《杭州市政的鸟瞰》，《市政评论》第 4 卷第 8 期。

② 参见赵可：《民国时期城市政府行为与杭州旅游城市特色的显现》，《中共杭州市委党校学报》2004 年第 2 期。

③ 吴经砚：《陈光甫与上海银行》，中国文史出版社 1997 年版，第 200 页。

④ 赵子明：《南温泉纪游》，《旅行杂志》1937 年第 12 期。

条例》，通过政策法规保护古迹名胜，开近代旅游立法之先声。近代著名实业家张謇主张“对于中国古迹名胜，主张保存修理”，因为它们“于历史建筑美术文学，都有国粹重大的价值”①。在担任农商总长时，他认为玉乳泉、香山寺等景观“若以二千圆拾葺治之。饮双井玉乳之水，荫香山蹬道之松，真胜处也”②。1921 年，张謇前往苏州邓尉赏梅，见香雪海亭已破败不堪，于是“捐资劝苏人重修”③，引起当地士绅广泛响应，将邓尉的千佛阁、冷香阁、社稷坛等旅游景观修葺一新。杭州市政府对西湖风景区的众多名胜古迹，进行了修缮保护。市工务局遵循“在可能范围内，大致以保留原有形式的原则，以求率真”的修缮指针④，修理或改建了花港观鱼、平湖秋月、放鹤亭、双峰插云、巢居阁、先烈寺、苏小小墓、岳庙、曲院风荷、冯小青墓、镇海楼、梅花碑、六和塔、保俶塔、武松墓、湖心亭、三潭印月等著名古迹。西南地区名胜古迹众多，但许多景区年久失修，破败不堪。抗战时，随着人力物力的西移，对这些古迹也多有修缮。

受到西方民主观念的影响，中国政府将原属皇家和官府的宅第官署、文物古迹对公众开放。1914 年 6 月，北洋政府内务总长朱启钤提出开放京畿名胜，其中包括前清遗留的皇宫及部分官署、官员花园等，以期“与民同乐”，并制定了 10 条游览章程，开启了近代名胜开放的先河。⑤ 这一措施，不仅满足了公众对原来的禁区或私密性区域的猎奇心理，而且感受到民国与帝国的根本不同。北洋政府先后将原来用于国家祭典的社稷坛、先农坛分别改造成中央

① 张孝若：《南通张季直先生传记》，中华书局 1930 年版，第 278 页。

② 张謇研究中心，南通市图书馆：《张謇全集》第 6 卷，江苏古籍出版社 1994 年版，第 702 页。

③ 张謇研究中心，南通市图书馆：《张謇全集》第 6 卷，江苏古籍出版社 1994 年版，第 889 页。

④ 陈曾植：《十年来之工务》，载杭州市政府秘书处编：《杭州市政府十周年纪念特刊》(1937 年)，转引自沈云龙主编：《近代中国史料丛刊》第三编第 75 辑，台湾文海出版社 1998 年版。

⑤ 《朱总长请开放京畿名胜》，《申报》1914 年 6 月 2 日。

公园、先农坛公园，于民国初年向公众开放；然后将故宫、地坛(改为京兆公园)、北海、颐和园、天坛、中南海、雍和宫等相继开放。① 其中，以故宫的开放最为典型。故宫在“民国十三年十月一日清帝出宫，清室善后委员会即查封各宫殿，嗣点查各宫殿物品，备异日建设博物图书文献各馆。惟点查未竣，而欲参观者日众，爰于十四年四月二十日起，先行开放”部分宫殿。② 开放日当天，北京万人空巷，涌入故宫参观。沈阳故宫在民国时期也对公众开放，清代皇帝陵寝也被改建为公园，“清之昭陵，即清太宗之陵寝也……曩昔为禁地，近始开放为公园”，即北陵公园，还有福陵即东陵，也成为东北旅游名胜。③

与此同时，各地也将清代官署或私人园林改造成公园。“成都之有公园，始于民初，其地址系由前清某将军花园改建也，即今少城公园……内有茶社可供游人憩息之所，此外提督衙门，改建中山公园”④。广州也将“前清巡抚衙署故址，民国七年改辟为公园”，即中央公园。⑤ 这一行为，不仅拓展了旅游景观资源，而且传播了民主观念。

第四，用环境保护的意识指导自然生态和风景的维护。

近现代以来，人们日益认识到环境对于旅游景点的重要。南通的张謇就对环境的保护和风景的建设，费尽心思。20 世纪 20 年代，他发现南通五山因采石而遭受严重破坏的情况后，专门提请地方政府要对五山给以保护，还严厉斥责滥挖乱采的行为，完全

---

① 商务印书馆编译所：《实用北京指南》第 9 编《古迹名胜》，商务印书馆 1930 年版，第 30~35 页；金文华：《北平旅游指南》，中华书局 1933 年版，第 58 页。

② 商务印书馆编译所：《实用北京指南》第 1 编《地理》，商务印书馆 1930 年版，第 9 页。

③ 王惠民主编：《新东北指南》，商务印书馆 1946 年版，第 188 页。

④ 周芷颖：《新成都》，复兴书局 1943 年版，第 216 页。

⑤ 广州市政府编：《广州指南》，广州市政府 1934 年版，第 18 页。

"不顾公益。实侵地权，亦碍风景"①。杭州西湖本是草木茂盛之地，但由于明清的乱砍滥伐，植被破坏得厉害。民国时，杭州市政府特别注意西湖风景区的绿化工作，以绿树密林点缀明丽的湖光山色。从1927年到1936年的十年间，市政府积极推行西湖四山造林活动，共栽植树木7 164 587株，在各公园及风景名胜区共植树18 494株，以恢复西湖的生态环境。

第五，以公益思想为指导，建设公共旅游设施。

公益性的旅游设施主要有博物馆、公园、对公众开放的私家园林等，不收门票或少收门票，极大地方便了参观的游客，也提升了城市的品位。博物馆，王韬在巴黎见过。20世纪初期张謇曾在南通作过实践，名为南通博物苑。"希望能为南通居民提供一个优美而又富有教育寓意的社会环境"②。张謇还对国家博物馆的建设提出了要求，鉴于20世纪初外国游客大量涌入中国，"但其多撢采或得于朝市之见闻，或本于闾巷之风说，语焉不详，疑而多阙"的情况，呼吁建造国家博物馆，以全面客观地展示中华民族的历史文化和民族风情，"若此馆成立之后，特许外人亦得参观，则赋上都之壮丽，纪帝京之景物，更有以知我国唐虞三代以至于今，文武典章，粲然具备，斯将播为美谈，诧为希觏矣"③。当然博物馆也对本国游客开放。

公益性的旅游设施，最普遍的还是公园。近现代的城市公园，是传统社会没有的公共旅游景观，与私家园林不同，具有开放性和公共性。陈蕴西认为，现代意义上的公园是由西方传入中国的，最早出现于上海租界，而后逐步向华界扩展，至民国时期又由沿海开放口岸向内陆城镇发展。近代中国公园的发展反映出清末民国时期中国社会在殖民主义影响下由传统走向现代的转型过程。中国最早

① 张謇研究中心，南通市图书馆：《张謇全集》第4卷，江苏古籍出版社1994年版，第494页。

② 章开沅：《张謇传》，中华工商联合出版社2000年版，第326页。

③ 张謇研究中心，南通市图书馆：《张謇全集》第4卷，江苏古籍出版社1994年版，第274页。

的公园是由英美租界工部局于1868年8月在上海建成的外滩公园，被称为"公家花园"。1904年后，"公园"一词逐步取代"公家花园"。1907年后，清朝官方提倡并投资，推动了各地公园的兴建。清廷大员端方、戴鸿慈奏请设立公园等四大公共文化设施后，各地公园数量迅速增加。1907年天津政府建成天津公园，"在锦衣卫桥之北，地基开朗，嚣尘远绝"①。稍后在新开河一带建成了一座对公众开放的植物园。此后，直隶保定也将莲池改建成公园。湖南省萍乡县安源煤矿1907年也建成安源公园。民国以后，公园成为各地市政建设的重要内容，上海、北京、南京、天津、广州、青岛、成都、武汉、杭州、西安、苏州、无锡、太原、济南等城市都有数个以上的公园，江苏常熟县竟也有北门公园，安徽宣城县则有鳌峰公园，像"广南这样一座小小山城，如今竟有三座公园"②。民国时，许多地方的公园叫中山公园，在1925—1949年间四川有11家，广西有27家，云南有7家，贵州有13家③。

还有一些私家园林对外开放，早在19世纪80年代，上海已经有不少私家园林免费或略收费用向大众开放，如张园、徐园、愚园、西园等。无锡梅园"为巨商荣宗敬之私园……可公开游览"④。还有的私园是定期向公众开放，如重庆城南的"生百世会"为汪氏私产，内有网球场、游泳池等设备，夏季对公众开放。有些则是私人修公园，对公众开放，像无锡荣德生兄弟，便出资在太湖小箕山上开辟避暑公园，开放给大众使用。私园开放及私人修建公园，是中国社会进一步走向开放的标志。⑤

---

① 《天津指南》卷5《食宿游览》；《祝天津公园之成立》，《大公报》1907年4月26日。

② 帅雨苍：《天南杂记》，《旅行杂志》1941年第9期。

③ 陈蕴茜：《空间重组与孙中山崇拜——以民国时期中山公园为中心的考察》，《史林》2006年第1期。

④ 《中国公路旅行指南》第1集第1编《江苏省》，1936年，第52页。

⑤ 以上参见陈蕴茜：《论清末民国旅游娱乐空间的变化——以公园为中心的考察》，《史林》2004年第5期。

二、西式旅馆的出现与发展

随着西方坚船利炮轰开了中国紧闭的大门，大量的欧美冒险家涌入中国，为之提供服务的西式旅馆也随之引进中国。西方旅馆经营者首先在上海、广州、天津、北京、汉口等通商口岸城市和中心城市开办西洋旅馆。成功的经验引起中国民族资本家的模仿和跟进，投资西式旅馆，并向中国人开放。中国进入了近代旅馆业的发展时期。

中国最早出现的一批近代旅馆是欧美商人投资兴建的。清末民初出版的一些旅行指南曾标注了1901—1939年“外国人经营”、“葡商经营”的旅馆，在上海的有比克顿斯旅馆、尼尔森旅馆、菲里克旅馆、伯林顿饭店、维多利亚饭店等。1866年上海英租界建造了三层高的前汇中饭店，仿欧洲19世纪的折中主义建筑造型，砖木结构，外墙为砖砌，每层均有白石檐口线脚装饰。1906年，前汇中饭店的三层建筑被拆除，重建新楼，高六层，主体局部为钢结构，其余仍为砖木结构，立面外墙为红砖所砌，每层均有线脚划分，窗间墙为白色面砖装饰，内部安置了电梯。汉口也是通商口岸之一，清末外国人也开办了一些西式旅馆，如法国人创办的德明旅馆（今江汉饭店）等。清都北京御河桥边的六国饭店（后改为国际饭店）是当时著名的西洋式旅馆，专门接待外国客商和国内贵族。其外观则完全效仿法国古典主义建筑形式，立面主体部分为三层，底层做成基座状，第二、三层用通长的柱式与窗间墙连成整体，顶部为陡峭的两折形孟萨式屋顶，上面开着一排老虎窗，里面设有阁楼作为辅助用房。1900年八国联军侵入北京后，六国饭店还曾加盖一层，以满足外国人的食宿需要。《京华百二竹枝词》描述道：“饭店直将六国称，外人情态甚骄矜。层楼已是凌云汉，更在层楼建一层。”词后加注说明：“六国饭店在中御河桥边，层楼摩天，已极宏丽。今复加筑一层，欲知穷千里目者，必当乘兴更上也。”此外，建在东长安街北边的三星饭店是西班牙人经营的，宝珠饭店是德国人开办的。1900年，法国人开办北京饭店之初，北京饭店尚是一座中国式院落，前院为餐厅，后院为客房，1917年建成了一座七层大厦，钢骨架外包混凝土结构，电梯设备齐全，正立面为土红色面砖贴面，并在适当部位做有檐口、阳台，古典细部装饰，总体造型新颖简洁，气势雄伟，成为当时北京代表性的新式建筑。每层21间客房，安装了电灯和暖气。新式旅馆是近代出现的一种重要建筑，从平面布置、建筑形式到结构都与中国传统客栈完全不同。

受到欧美旅馆的刺激，中国的民族资本家开始兴建新型旅馆。西方式大饭店、商业旅馆及其经营模式被逐渐引进中国，上海兴建的西式旅馆数量居全国首位。中国民族资本不断向旅馆业投资，并对西式旅馆做了一些本土化的改造，结果出现了一大批中西结合的新式旅馆，摆脱了传统的旅馆业的陈旧模式，开始了近代化的发展阶段。这些新式旅馆为楼房建筑，有的纯粹是西式建筑，如郑州的开通旅馆，北京的长安春饭店、西山饭店，天津的国民饭店、惠中饭店，上海的东方饭店、中央饭店、大中华饭店、大上海饭店、大江南饭店、南京饭店、百乐门饭店、国际饭店等。汉口商人修建了西式旅馆远东饭店，是钢骨水泥结构的一栋五层楼房，底层面积为200多平方米，地处繁华的六渡桥。远东饭店原是广东煤矿商人王崇佑于1920年建成，初取名“东安旅社”，因其设备豪华、房间宽敞、空气流通、交通方便，是当时武汉首屈一指的大旅社。后转租给余大宏经营，余大宏将其改名为“远东饭店”。该旅馆2人房间33间，2人以上房间47间，可住320人。1928年，汉口还兴建了另一所西式旅馆璇宫饭店，富有欧洲风情的外观，室内为木质地板，房间布置精巧。

随着近代铁路的修筑、轮船航线的开辟，传统客栈被注入了新的活力。于是，中国出现了以新式旅馆、交通旅馆和小客栈等不同层次的商业旅馆构成的遍布各地的旅馆网络。

中国旅行社老板陈光甫本着“招待所一定要设在风景名胜之区”的原则①，在国内重要的景区建立了饭店、旅舍（招待所）。

① 吴经砚：《陈光甫与上海银行》，中国文史出版社1997年版，第227页。

到抗战爆发的前夕，中国旅行社在全国各地的饭店、旅舍多达80余处，南京的首都饭店、西安的西京招待所、南昌的洪都招待所等是其中最著名的，为游客们提供了干净和舒适的住宿设施。抗战后，中国旅行社在西南地区经营的旅馆和招待所也很多，如商务酒店、重庆招待所、贵阳招待所、下关招待所、平彝特约招待所、宣威临时招待所、桐梓招待所、威宁临时招待所、内江招待所等。仅抗战爆发至1940年初，中国旅行社自营及承办的招待所便达20余家。凡是公路或铁路沿线的宿站，都有中国旅行社设立的招待所，且以清洁整齐、设备完善、收费合理，而受到游客的赞誉。其他的实业家也投资新式旅馆业，无锡商人荣德生兄弟兴办了乐农别墅、太湖饭店等新式旅馆；张謇则在南通兴建了有斐旅馆、桃之华旅馆、南通俱乐部等近代旅馆。

除私人兴建旅馆外，政府机构也投资创办饭店或招待所。如广西省政府设立的乐群分支社遍及广西各地，“该社总社设在桂林，分社遍设南宁、贵县、柳州、百色、庆远等各重要大埠，该社设备完善，布置整洁，实为桂省旅业之冠”①。乐群分支社不仅设施齐全、清洁卫生，且多备有中西餐。

与此同时，中国广大乡镇地区的旅馆，基本上仍然是传统客栈、堆店、小旅店等，条件比较简陋，卫生情况不容乐观，不过，在日益激烈的市场竞争面前，也不断加以改善。

三、西餐的引进与推广

晚清迄民国，西式旅馆和餐馆引进中国，上层社会的旅游者可以在里面吃到别具一格的西餐。对于西餐，中国人的认知不同，有人认为可口，有人认为难吃。19世纪50年代前后，人们对西餐不太感兴趣，王韬说“尤难下箸”，张德彝说“食难下咽”。洋场才子黄式权在其《淞南梦影录》中称他见了西餐后“则掩鼻不惶”。但郭嵩焘谈到咸丰年间他在上海品尝西洋葡萄酒的感觉，赞其

---

① 沈永椿：《广西指南》，商务印书馆1939年版。

“酒味甘醲”，“内地无其匹也”。①

西餐馆最先出现在广州，当时称“番菜馆”，多由广东人开办，不少菜用进口罐头和调味品做原料，烹制方法大多是不中不西。即使外国人亲自掌勺的饭店，草创时期菜馔也难免简陋。19世纪六七十年代番菜馆陆续从广州迁到上海、天津和北京。

上海的番菜馆早期集中在外虹口和徐家汇。杏花楼的前身生昌番菜号就设在虹口老大桥直街第三号门，它在《申报》做广告可以追溯到1873年12月17日，也就是同治十二年。杭州绅士葛元煦到上海时发现外国菜馆“开设外虹口等处”。19世纪90年代，西餐馆供应各种西式食品，是西人宴会之所，但“华人亦间往食焉”②。后来，上海的番菜馆开到了人烟稠密的四马路一带。黄式权在《淞南梦影录》中称，“西人肴馔，俱就火上烤熟，牛羊鸡鸭之类，非酸辣即腥膻，盖风尚不同，故嗜好亦异焉”。加上西餐馆“装饰之华丽，伺应之周到”，以至于“裙屐少年，往往异味争尝，津津乐道”，“向时华人鲜过问者，近则裙屐少年，巨腹大贾，往往携姬挈眷，异味争尝，亦沾染西俗之一端也”。戊戌变法那年，逗留沪上的孙宝瑄只对四马路五层洋楼中的一品香情有独钟：“日中共饮一品香，下不闻车马声，望极远。”这种记载在他二至三月的日记中出现过七八回。其中一次是与朋友一起在一品香为《天演论》的译者严复饯行。一品香不仅室内陈设豪华，而且闹中取静，价廉物美。曾做广州（东）布政使的姚觐元在《弓斋日记》中说：“至一品香赴伯施大餐之约，团坐共饮，味甚佳，而直亦不昂。”但同样设在四马路的海天春质量就远不及一品香，何荫柟《钼月馆日记》称：“赴海天春吃大餐，粤人仿夷式而已，亦尝所未尝，无甚足取。”

上海出现的“华楼杰阁，高大巍峨，列鼎鸣钟无异巨家阀阅”的大饭店，光绪初年已有不下十余处，其著名者如“法界之密采

---

①　郭嵩焘：《郭嵩焘日记》第1册，湖南人民出版社1981年版，第32页。

②　葛元煦：《沪游杂记》，上海书店出版社2009年版，第121页。

里，美界之礼查”。大饭店的“饭间列长桌数十，每桌长可容十人，膳时摇铃为号，膳毕亦然”。大饭店里用餐者主要是住店的旅客，西餐在中国流行靠的还是普通的番菜馆。番菜馆的饮食最初分为大餐、便食和点心三种：“大餐必集数人，先期预定，每人洋银三枚，酒价皆另给。大餐食品多取专味，以烧羊肉、各色点心为佳。”所谓大餐算是正式的宴席，而便食一般是一汤、一鱼或虾，一主菜，还有一小杯咖啡和一道甜点。面包由一个孩子用一只藤制的盘，送到餐桌前，客人可尽量取食而不收钱。凡吃西餐上海人称为吃大菜（上海话中菜与餐同音）。据报载：“西人之处此（上海）者最多，华人类多效其所为。其制造灵巧不能学，乃学其浅近者，效其语言……至于坐马车、登轮舟，华人亦皆以为乐，甚至雪茄之烟衔于口中，弹子之房游于暇日，大餐之馆座客常满，左手持叉右手执刀，以咨大嚼者，皆华人也。……酒则香饼（槟）、茶则加非（咖啡），日用之物皆以有一洋字者为佳……”①

天津的利顺德创始人是英国牧师殷森德，他在咸丰十一年（1861 年）于天津租界紫竹林造了座具有印度风情的英式平房经营餐饮、旅馆和货栈，如今天津利顺德保存的一套同治二年（1863 年）打制的金银餐具，已成了西餐传入中国的实物证明。早在鸦片战争结束不久，有一英国商人想用西餐具取代中国老百姓手中用了好几千年的筷子。然而他发现中国“对这些上等器物连看也不看。这些东西的售价还抵不上运费，在香港商店中曾井井有条地陈列了好多年，好像械库里的枪和矛一样”。

北京的西餐馆也渐渐增多。八国联军入侵北京时期，有两个法国人在今北京火车站西北苏州胡同开了家三间门面的小酒馆，除了卖一两角一杯的红、白葡萄酒外，做的也只是炸猪排、煎鸡蛋之类。后来竟然发展成如今闻名世界的北京饭店。②

---

① 《申报》1883 年 10 月 25 日。

② 以上参见王仁兴：《中国旅馆史话》，中国旅游出版社 1984 年版。

四、旅行社的出现与进步

旅行社最先出现在19世纪40年代的英国，由托马斯·库克利所创办，代办安排旅游者的食宿。曾任英国驻挪威奥斯陆总督秘书的托马斯·贝内特随后成立旅行组织者公司，提供旅游日程安排、交通工具、食品及其他旅游用品。同时，美国运通公司兼营旅游代理业务，揭开了现代交通业兼营旅游的序幕。托马斯·库克利公司的联运旅游业，很快发展到中国东北地区的中东铁路沿线。

20世纪初期，外国资本开始进入中国旅游业，“如通济隆及运通公司等远在万里之外，来吾国设立旅行机关”①，然而西方旅行社对中国人却持民族歧视态度。受到西方旅行社的刺激和影响，中国人也开始创办旅行社，银行家陈光甫就是一位先行者。20世纪20年代，陈光甫到西欧游历考察，发现英国等国的旅游业十分发达，特别是旅行社的业务起了重要的助推作用，“见各银行皆有旅行部之组织，即较大商店及百货商店，亦设有旅行部”②，决计在中国创办旅行社。他认为中国旅游资源丰富，旅行人数众多，市场前景广阔，“而吾国独无此项机关，殊足贻人口实”③，希望通过创办近代旅行社，打破外资垄断的格局，“然外人在华，投资雄厚，诚足惊人，更进而经营我国国内旅行事业，国人自甘落后，可耻敦甚！遂毅然有经营旅行社之意”④。1923年，陈光甫在上海商业储蓄银行内创立了旅行部，专门经营旅游业务，并编印出版了中国第一本旅游期刊——《旅行杂志》，专门宣传祖国的风景名胜。1927年旅行部申请营业执照，改组为中国旅行社，成为上海商业

---

① 上海商业储蓄银行：《陈光甫先生言论集》，上海商业储蓄银行1949年版，第116页。

② 吴经砚：《陈光甫与上海银行》，中国文史出版社1997年版，第216~217页。

③ 上海商业储蓄银行：《陈光甫先生言论集》，上海商业储蓄银行1949年版，第116页。

④ 上海商业储蓄银行：《陈光甫先生言论集》，上海商业储蓄银行1949年版，第9页。

储蓄银行独资经营的独立的旅游企业。旅行社下设七部一处，即运输、车务、航务、出版、会计、出纳、稽核部和文书处。提出“以应办之事，助人以必需之便”的服务宗旨，为旅客代订舟车票，预定旅舍卧铺，制定团体旅行计划，为客人提供轮船进出日期和火车往来时间。所经营的业务范围也相应扩大，包括办理国内外各种交通票据；办理和提供餐饮与住宿；组织国内外团体旅游；出版《旅行杂志》、《旅光》等旅游期刊，编译各种宣传品；代办各项旅游手续和证件等。此外，还提供旅途服务、接待前来当地旅游的游客、提供导游和各项旅行服务、代办邮政电报、经售各地的土特产、代办货物运输报关和运输保险，并代理海陆空运输业务等。上海商业储蓄银行还配合中国旅行社的业务，发行了旅行支票，这在中国是一个史无前例的创举。在此后的数年中，中国旅行社的规模、业务均有一定的发展。在此背景下，中国旅行社在国内的苏州、镇江、蚌埠、济南、天津、沈阳、武汉、南昌、广州、无锡、北京、杭州、青岛、徐州、西安15个城市设立了分支或办事机构；在国外的纽约、伦敦、河内、新加坡、马尼拉等设立了办事处，承办外国人来华旅游事宜。

为了与外资竞争，陈光甫在中国旅行社的经营上不遗余力，甚至不计成本，即使旅游部（社）连续亏损也在所不辞，许多人对此持有异议，陈光甫却指出：“旅游社之目的，在于挽回中国之利权，并不在于牟利。”① 坚持八年后终于扭亏为盈。

陈光甫有感于中国与外国旅游业的差距，决心改变这一状况。他指出：“就我个人的观感而言，每每觉得在国内旅行，反不及到国外来得容易，有时一二百里的旅程中所经历的艰难险阻，所花费的时间精力，竟较在国外远行一二千里者犹多，不能不说是一大憾事。”② 为此，他全力发展民族旅游业，提高旅行社的接待能力和

① 上海商业储蓄银行：《陈光甫先生言论集》，上海商业储蓄银行1949年版，第116页。

② 吴经砚：《陈光甫与上海银行》，中国文史出版社1997年版，第224页。

服务质量，“各地旅行社，对于介绍名胜古迹，招待旅客等事，更宜努力设计筹办，以巩固旅行社地位”①。他确立的发展旅游业的目的是服务社会和改善民生、获取信用和推进实业，因此反对“现在旅行社只招待一二等客人，而对于三等客人，毫无招待之方，殊为失宜”的势利行为，积极倡导“为服务社会计，为谋人群福利计，皆宜设一备有浴室卧所之招待所，使风尘劳顿游客，得藉安适之卧室，温暖之浴水，消减其劳乏，恢复其精神。旅行社能如此设备，方可稍达服务社会之目的，方能于社会上有立足之地”②。显然，他有一种人道主义和人文关怀情绪。

中国旅行社还善于抓住机会，扩大业务。1928 年 11 月 1 日，南京国民政府工商部在上海新普育堂举办为期两个月的中华国货展览会，期间中国旅行社在会场内设立办事处，“为便利游客计，与利利汽车行订约，备有汽车多辆，停留门外，游客他去，可向本社办事处购票。无论路途远近，一律收洋一元五角。游客深资便利，逐日售票，为数盖极可观也”。抗战爆发后，中国旅行社将其业务向西转移，“本社亦随时代潮流，而向西南西北发展，以期负起服务全国之旨趣，为旅客解决困难”③，在重庆、成都、昆明、泸州等主要城市相继设立分社，不仅开展传统旅游业务，还为难民的西迁提供咨询、订票、行李托运等特殊时期之业务，便于战时难民旅客向内地疏散。鉴于战时大西南旅游住宿条件简陋不洁，中国旅行社筹办卫生和舒适的招待所，以满足旅客的需要。其所属《旅行杂志》开始集中对西南名胜景区、风土人情和舟车信息进行介绍和报道，还先后出版《西南旅行团》、《最新重庆街道》、《重庆附近城乡图》、《重庆旅行指南》、《四川导游》、《广西导游》、《贵阳导游》、《昆明导游》、《黔江纪略》等书籍，为西南地区旅游名胜

---

① 上海市档案馆：《陈光甫日记》，上海书店出版社 2002 年版，第 129 页。

② 上海市档案馆：《陈光甫日记》，上海书店出版社 2002 年版，第 108 页。

③ 潘泰封：《中国旅行社经办招待所概况》，《旅行杂志》1939 年第 5 期。

古迹作宣传。1947年，首届伦敦国际旅游博览会召开，中国旅行社及时参加了这次展览，并悬挂巨幅“中国名胜图”吸引观众。中国旅行社服务社会、便利行旅的努力得到了人们的普遍认可，赢得了良好的赞誉。“中国旅行社，亦与交通同进，深入内地，轮船舟车，旅邸住宿，凡有真正之中国旅行社所在者，确有宾至如归之慨，而忘却风尘之仆仆矣。”①

在服务国内旅客的同时，陈光甫也将目光投向外国游客，指出中国旅行社的创办宗旨之一就是“取法外国人的办法，训练一些优秀的导游人才引导那些外来的旅客，瞻仰一些真正的名胜，借机也会让他们认识认识我们这泱泱大国的衣冠文物”②，向外国人传播中国的优秀文化，使其感受中国的五千年文明。

陈光甫一面经营银行业，一方面又经营旅游业，二者如何产生联系呢？对此，他有清醒的认识，指出“一国之风景，在国民经济与国际经济上，亦居于相当重要的地位”③，并根据“旅行社即为银行之先锋队，而旅行社之招待所，亦既为旅行社之先锋队，又为银行之尖端士卒”的观念④，通过旅行部的推介，扩展金融服务和金融产品，“办旅行部……既为社会便利计，又为本行宣传计。此事宣传力甚大，人人知有旅行社，即知有上海银行”⑤。担任上海商业储蓄银行总经理期间，陈光甫便将近代旅游业与金融业加以整合，使旅游业成为金融业发展的重要辅助手段。

除了中国旅行社一枝独秀外，民国时期的其他旅行社也有相对的发展，当时出现了精武体育会旅行部、中国汽车旅行社、浙江名

---

① 黄炎：《从重庆到上海》，《旅行杂志》1939年第8期。

② 吴经砚：《陈光甫与上海银行》，中国文史出版社1997年版，第226页。

③ 吴经砚：《陈光甫与上海银行》，中国文史出版社1997年版，第230页。

④ 上海市档案馆：《陈光甫日记》，上海书店出版社2002年版，第125~126页。

⑤ 吴经砚：《陈光甫与上海银行》，中国文史出版社1997年版，第216~217页。

胜导游团、现代旅行社，以及实行会员制的友声旅行团、萍踪旅行团等，其会员参加旅游都十分踊跃。

与此同时，政府旅游管理机构开始建立，这是民国旅游业兴起的见证，对旅游业的发展起了组织协调的作用。1934 年，浙江省名胜导游局成立，它是民国时期地方旅游管理的机构，办事处设在杭州市建设厅内。①

五、近现代旅游交通设施的建设

旅游景观只是一个个分散的点，而将这些点穿成线并形成客流的则是旅游交通设施，如道路、码头和桥梁及行走其中的车船。晚清以来，受到西方近代化火车、轮船和汽车的刺激，中国也开始进行近代交通设施的建设、引进和制造。

近代中国最突出的成就是铁路的修建。从 1840 年至 1919 年，中国的铁路建设逐步从华北、东北向全国各地延伸扩展，至 1919 年，我国铁路总长达10 926公里。1880 年修建的唐山至胥各庄铁路是中国的第一条铁路，此后洋务运动推动着铁路的大规模修建，1905 年，张之洞督修的卢汉铁路（卢沟桥至汉口）竣工，后来延伸为京广线（北京至广州）。詹天佑于 1905 年至 1909 年主持设计修筑的京张铁路（北京到张家口），全长 201 公里，穿山跨谷，难度很大，是中国铁路修筑史上的里程碑。后来，南京国民政府专门成立铁道部，负责铁路的建设，开放省办、商办及借款兴办铁路的新途径，加快了铁路的建设。铁路建设的规划，是以当时的首都南京为中心，使其逐步成为南北交通枢纽。铁路的兴建和延长，有力地推动了旅游的发展，如沪杭铁路局每逢中秋开通由上海到海宁的观潮旅游专列，往返行驶，输送游客。该铁路局还采用发售莫干山游历联票、特开假日列车等措施，促进旅游业的繁荣。

公路的历史虽然悠久，秦汉驰道、直道历历在目，但近代中国

---

① 以上参见张进：《近代商人与民国旅游事业的发展》，《南通纺织职业技术学院学报》2007 年第 1 期；贾林东，张容：《民国时期西南旅游近代化述论》，《郧阳师范高等专科学校学报》2010 年第 2 期。

修筑的公路，则是比照西方的道路标准修筑的硬质路面，极便于运输与旅行。民国时期除大修铁路外，也十分重视公路的规划和修建。南京国民政府为改变原有公路交通以省为界、各自为阵的现象，在规划修建省际公路的基础上，通盘规划全国性的公路网络，促进了城市间的交通和运输，对旅游业的发展功不可没。值得一提的是，西南地方的旅游交通设施，在抗战时得到发展的机会，涌入西南地区的人口迅速增长，经济开始繁荣，促进了交通建设的日新月异，西南公路网相继形成，“西南公路以贵阳为中心，昔时视为最贫瘠之省会，今已车水马龙，仕商云集”①。

地方政府将修建道路与旅游发展紧密结合的典范，是国民政府时期的杭州市。杭州市政府在市区道路交通建设上，着重突出街道的近代化改造及配套设施的完善。1927—1936 年，市政府总计修筑道路面积 129.28 万平方米，新筑道路面积 34.33 万平方米，原有碎石路加浇柏油 15.24 万平方米。② 新式柏油路占新修筑道路总面积的 26.61%，使市内“凡属重要街道，均建筑柏油路面”③，显示出城市政府在道路建设上的超前意识。杭州市区的人行道建设“在以前统由市民自行建筑，种类形式以及路面坡度无一相同”，市政府为求美观整齐，统一由工务局建造，而向路旁业主收取费用。十年来，市政府共计建造水泥路面人行道 9.61 万平方米。为美化市容，净化空气，市政府相当重视街道绿化工作，十年间共种植行道树17 827株，林荫大道的出现为杭州风景增色不少。游客到杭州后都感到“杭市的道路宽阔，道旁树木整齐，为国内其他各

---

① 潘泰封：《中国旅行社经办招待所概况》，《旅行杂志》1939 年第 5 期。

② 《杭州市十年来修理道路面积统计表》、《杭州市十年来新筑道路面积统计表》，载杭州市政府秘书处编：《杭州市政府十周年纪念特刊》(1937 年)，转引自沈云龙主编：《近代中国史料丛刊》第三编第 75 辑，台湾文海出版社 1998 年版。

③ 陈曾植：《十年来之工务》，载杭州市政府秘书处编：《杭州市政府十周年纪念特刊》(1937 年)，转引自沈云龙主编：《近代中国史料丛刊》第三编第 75 辑，台湾文海出版社 1998 年版。

大都市所不及"①。曾任工务局局长的沈景初对此评论说："以上工程，凡道路桥梁固为交通上所急不容缓，其余类皆偏重于风景之建设。"②

杭州原有桥梁大部分是旧式石砌拱桥，已不能适应近代市区街道发展的要求，市工务局在十年间将地处繁华路段的桥梁改造为钢筋水泥结构以适应近代交通。市区道路的改造带动了交通事业的进步。市内交通工具"向以街道狭窄，仅赖肩舆与人力车，迨后拓宽道路，市面繁荣，各项车辆，相继而兴。……迄至今日，除市内电车尚付阙如外，其他现代城市所有之车辆，几无不备"③。程远帆指出，杭州市政府成立后，"重要路线，均铺沥青，宽敞整洁，而交通车辆，亦与年俱增。当十六年初设市府时，汽车通行为数甚鲜。嗣后因路政进展，逐年增多，二十二年全市汽车，达三百二十余辆，近年市内汽车更增至四百辆以上，尤以运货汽车，增加最速。其他如人力车几达六千余辆，故市内交通日趋便利，亦即杭州市政年有发展之明证也"。④ 市内公共汽车随着道路的改善获得了大的发展，"汽车行之开设，如雨后春笋，专营出租小包车，同时复有运货汽车行之设立，营业渐形发达，截至现在为止，计有汽车行二十四家，营业汽车八十七辆，运货汽车三十九辆"⑤。市区公交线路的营运里程共达 60.96 公里，使市区与风景区形成了固定的公交线路，双层客车、游览客车、市区客车、普通客车等不同档次

---

① 唐季清：《杭州市之前瞻与后望》，《道路月刊》第 51 卷第 2 号。

② 沈景初：《杭州市工务之吾见》，载杭州市政府秘书处编：《杭州市政府十周年纪念特刊》(1937 年)，转引自沈云龙主编：《近代中国史料丛刊》第三编第 75 辑，台湾文海出版社 1998 年版。

③ 陈曾植：《十年来之工务》，载杭州市政府秘书处编：《杭州市政府十周年纪念特刊》(1937 年)，转引自沈云龙主编：《近代中国史料丛刊》第三编第 75 辑，台湾文海出版社 1998 年版。

④ 程远帆：《十年来杭州市之进展与今后之展望》，《市政评论》第 5 卷第 7 期。

⑤ 陈曾植：《十年来之工务》，载杭州市政府秘书处编：《杭州市政府十周年纪念特刊》(1937 年)，转引自沈云龙主编：《近代中国史料丛刊》第三编第 75 辑，台湾文海出版社 1998 年版。

车辆的投入使用，满足了各种消费层次的游客和市民的需要。

据杭州市区公交线路统计表载，杭州市修建的通向西湖风景区的交通道路，有1922年冬通车的杭州市区路，起湖滨，止灵隐，全长7.40公里；1928年8月通车的杭州市区一路，起拱宸桥，止三廊庙，全长12.83公里；1929年4月通车的杭州市区四路，起湖滨，止梵村，全长13.69公里；1933年2月通车的杭州市区灵隐路，起湖滨（延伸），止迎紫路，全长0.60公里；1933年3月通车的杭州市区六路，起湖滨，止留下，全长14.30公里；1933年5月通车的杭州市区五路，起湖滨，止笕桥，全长12.14公里。①

在政府进行建设的同时，地方士商也自发修桥筑路，改善交通条件。近代优秀实业家张謇在南通注重修建旅游交通道路，先后修筑了港闸路、城闸路、城山路、城港路，不仅改善了旅游条件，而且促进了经济发展，实现了“一为实业，一为风景”的双重功效。② 无锡商人荣氏兄弟在营建园林景观、兴办饭店别墅的同时，还在南通修建了开原路、通惠路等交通干道，新建了惠农桥、惠商桥、惠工桥、通惠桥等桥梁，促进了无锡旅游业的发展。以其开辟的开原路为例，改变了原来“惟循田野蹊径。天雨泥泞，污水四溅，颠仆堪虞，行人怨嗟”的状况，“更以梅园、万倾堂之风景绝佳”，可以连通梅园、鼋头渚等诸多景点，使东山、惠山与太湖等风景区连成一片。后来，荣德生还积极促成锡宜公路在无锡境内改道，主要就是“为发展湖区风景区建设开创有利条件”。③ 荣德生所修建的环太湖公路，“乃沿五里湖滨环绕建筑，规模较小，易于

① 以上参考并摘录自赵可：《民国时期城市政府行为与杭州旅游城市特色的显现》，《中共杭州市委党校学报》2004年第2期。

② 张謇研究中心，南通市图书馆：《张謇全集》第4卷，江苏古籍出版社1994年版，第443页。

③ 上海大学、江南大学乐农史料整理研究小组：《荣德生与社会公益事业》，上海古籍出版社2002年版，第359、367页。

集事。其目的是为点缀风景，吸收游客”①，直接将道路修建与旅游发展结合进行。荣德生曾对钱穆表明心迹：“我一生唯一事或可留作身后纪念，即自蠡湖直通鼋头渚跨水建一长桥”，“他年我无锡乡人，犹知有一荣德生，唯赖此桥。我之所以报乡里者，亦惟有此桥耳”②。这座桥梁既有改善交通的功能，也有连接无锡风景区旅游干线的作用，意义非凡，因此荣氏反复念叨此事。修路的同时，无锡商人还购买汽车、游船、小火车等，运送客商游览太湖的名胜古迹。其中业勤、永泰、申新、庆丰等几家纺织厂和缫丝厂，先后购进了一些游艇，以招待外地客商。随着梅园、锦园、蠡园、鼋头渚等无锡风景点陆续开放，这些游艇还承担起太湖旅游运输的业务。

轮船在近代旅游史上也起了重要的作用。中国人对西洋火轮船的威力早有领教，因此急起直追。外国资本在中国最早创办的船舶修造业，是1845年英国苏格兰人约翰·柯拜在广州黄埔长洲兴建的“柯拜船坞”，堪称中国现代造船工业的开端。洋务运动兴起后，1861年12月，曾国藩设安庆内军械所，制造枪炮。1862年，曾国藩委任中国近代科学家徐寿和华蘅芳等人，于1864年7月制造了中国自行设计的第一艘轮船，取名黄鹄号。1865年，李鸿章收购上海虹口美商旗记铁厂的设备，正式成立江南制造局。1867年，在高昌庙建立新厂，成为当时洋务派最大的一个军用工业，除了生产枪、炮、子弹、火药、水雷等武器装备外，中法战争前，也曾制造十几艘轮船。这是最早的国产蒸汽轮船。同治十一年（1872年）李鸿章在上海创办了轮船招商局，购买世界上的先进轮船，载运旅客，与美国旗昌轮船公司和英国太古轮船公司进行竞争。民国时期，卢作孚于1926年创办民生实业公司，当时仅有一只70吨的轮船，航行于嘉陵江合川至重庆线。1935年共收买华商轮船28只，并在同外轮竞争中，共收买外国轮船11只，且迫使怡

①　上海大学、江南大学乐农史料整理研究小组：《荣德生与社会公益事业》，上海古籍出版社2002年版，第354~356页。

②　钱穆：《八十忆双亲·师友杂忆》，三联书店2005年版，第232页。

和轮船公司、太古轮船公司退出川江，基本上垄断了川江航运。1935 年，民生实业公司共有轮船 40 只，总吨位16 884吨，职工 2836 人。1937 年，民生实业公司有轮船 46 只，总吨位 1.8 万余吨，承担了长江上游 70%的运输任务，在旅客的运输上起到了重要的作用，对旅游业的发展功不可没。

第四节 当代旅游的发展及其趋势

源远流长的中国旅游，终于从远古迈进了当代（本节指中华人民共和国时期），迎来了旅游发展的极盛时期，攀上了中国旅游史的最高峰。这一辉煌成就的取得，与改革开放引起的中国国力的迅速崛起和人民收入的不断增长分不开。中国成为世界制造业的中心，人们的劳动强度增大，工作节奏加快，使追赶世界的中国白领和蓝领阶层迫切需要在节假日和“黄金周”放松，前往旅游目的地游览和休憩，大众旅游迅速兴起。

一、当代旅游发展的两个阶段

当代旅游的发展明显分为两个阶段：中华人民共和国成立至“文革”是第一阶段，改革开放以后是第二阶段。

1. 第一阶段（1949—1977）

由于意识形态的影响，把旅游视为政治任务和外交义务，中国的旅游事业发展相对曲折而缓慢。中华人民共和国成立后至“文革”，政治运动接二连三，经济遭受重创，国民收入低下，限制了国人旅游的需求，国内旅游市场难以形成，来往各地的旅客多是两地分居的探亲者、进行“外调”的公差旅行者、大串联的免费旅行者、下乡知青返城探亲者；“一边倒”的国际环境，限制了西方发达国家来华的人数，而苏联和东欧国家不仅收入有限，而且受到政府的严密控制，来华旅游人数不多，国际旅游市场也无法形成。这一阶段中国旅游部门的任务主要是配合外交工作的需要，接待来华的国际友人，主要是所谓社会主义国家的客人。旅游部门只是一个特殊的接待部门，政治和外交意义超过其经济意义。

中华人民共和国成立后，为了落实侨务政策，扩大统一战线，1949 年 12 月新中国在厦门成立了国营华侨服务社，目的是保证华侨侨眷安全顺利地出入境旅行。1954 年，华侨服务社又在福建泉州成立，此后在全国十几个城市相继设立。1957 年 4 月 22 日，经国务院批准，华侨服务总社在北京成立，主要为华侨、港澳同胞回国或回内地探亲、访友、参观、旅游提供相关服务。1952 年，中国举办亚洲及太平洋区域和平会议获得成功。这次会议代表有 378 名，分别来自 37 个国家和地区。此后，来华旅游和出差的旅客开始增加，由民国时期成立的中国旅行社负责部分接待，但政府认为该社难以完全承担严肃的政治接待任务。于是，1953 年 6 月 20 日，经国务院总理周恩来批准，中国国际旅行社筹备委员会成立。1954 年 4 月 15 日，在北京正式成立中国国际旅行社（简称“国旅”）总社，并在上海、天津、杭州、南京、汉口、广州、南昌、沈阳、哈尔滨、安东、大连、满洲里、南宁、凭祥成立了 14 家分社，以后又增设至 40 多家，负责外宾的招待事宜。中国国际旅行社的经营宗旨是“收费低廉、服务周到，在尚难做到自负盈亏和上缴利润的情况下，先实行企业化管理的事业机构，承办政府各单位及群众团体有关外宾事务招待等事项；并发售国际联运火车、飞机客票”，主要目的是做好外交和政治接待。1954 年的日内瓦会议和 1955 年的万隆会议，使新中国外交工作的局面逐步打开，与中国建交的国家不断增加，来华旅游的人数开始逐年增多，绝大多数来自苏联和东欧各国。至 1957 年，“国旅”与 11 个社会主义国家建立了业务合作关系，与西方国家的 113 个旅游机构建立了联系。

1960 年以后中国与苏联关系恶化，苏联和东欧国家来华人数逐年减少，而西方国家来华的旅游人数却日益增多。1964 年，周恩来总理出访亚、非、欧 14 国，中法建交，中巴通航，这些外交领域的成功为中国的国际旅游带来了新的发展机遇。1965 年来华旅游人数达到高峰，共接待 12 877 名外国游客。值得一提的是，1964 年 7 月 22 日，全国人大常委会批准成立中国旅行游览事业管理局，是年 12 月，该局在“国旅”总社的基础上正式成立，作为外交部代管的国务院直属机构，与“国旅”总社合署办公。其职能是负责对外自费旅行者的旅游管理工作，领导各有关地区的国际旅行社和直属的服务机构的业务，组织我国公民出国旅行，负责有关旅游的对外联络工作和宣传工作。与此同时，国务院还明确规定了发展我国旅游事业的方针和目的，首先是学习各国人民的长处，宣传我国社会主义建设的成就，加强和促进与各国人民之间的友好往来和相互了解。其次，通过增加外汇收入，为国家建设积累资金。

1966 年 5 月至 1976 年 10 月，“文革”时期，中国旅游事业遭受重创并长期处于停滞状态，而这个时期正是世界范围内的大众化旅游高速发展时期。“文革”期间，华侨旅行服务社更名为中国旅行社，统一领导和承办华侨、港澳台同胞以及外籍华人的旅游探亲业务；而中国旅行游览事业管理局及与其合署办公的中国国际旅行社总社，基本停摆，只留下 12 人的业务班子，每年只接待数百名外国客人。1971 年，国务院召开全国旅游工作会议，提出“宣传自己，了解别人”的旅游工作方针。此后，中国在联合国合法地位恢复，中日和中美先后建交，促使中国旅游业开始逐步恢复和发展。

由以上事实得知，这个阶段的旅游业主要是配合政治和外交工作的需要，不重视其经济价值，设施比较落后和陈旧，接待能力很弱，创汇额很少。外国客流量非常小，1949 年至 1977 年，全国入境游客接待量总共不足 70 万人次，即使是达到高峰时的 1965 年也仅有一万余人。另一方面，国内旅游活动没有旅行社接待和服务，一般是由旅游者自己安排。①

2. 第二阶段（1978— ）

此一阶段是中国旅游业回归其经济功能并形成产业的时期，在

① 以上参见《新中国旅游的发展过程》，http：//www. xz323. com/news/342. html；《我国的旅游业在 20 世纪 70 年代得到了逐步的恢复和发展》，http：//www. xz323. com/news/343. html；国家旅游局课题组：《中国旅游业改革开放 30 年发展报告》，《中国旅游报》2009 年 1 月 5 日。

国家政策的大力推动下，中国旅游业日益成为国民经济的支柱产业。改革开放之初，由于条件的限制，国内旅游采取了“不提倡、不宣传、不反对”的政策。20世纪80年代中期以后，随着综合国力的提升，居民收入的提高，国内旅游开始兴起并日臻繁荣。1993年下半年经济过热引起的通货膨胀，1997年的亚洲金融风暴和2009年美国的金融海啸，使发展旅游扩大内需变得十分迫切；1995年“双休日”和1999年“黄金周”的推行，更使国内旅游获得空前发展和繁荣。

首先，中国政府在政策上积极推动旅游事业的发展。1978年12月，中共十一届三中全会提出了改革开放的伟大决策。改革开放以来，中国鉴于特殊的国情，确立了旅游业发展实施政府主导型的战略，各级政府积极支持旅游业发展。五届人大二次会议确定了“大力发展旅游事业的方针”。1981年，国务院召开第一次全国旅游工作会议，作出了决定，提出从中国实际出发，探索出一条适合国情的旅游发展道路，制定了“积极发展，量力而行，稳步前进”的方针和“统一领导，分散经营”的管理体制。1985年，国务院批准《全国旅游事业发展规划（1986—2000年）》，首次把“旅游业作为国家重点支持发展的一项事业”列入国民经济发展计划。1986年，国务院发布了旅游业第一部行政法规《旅行社管理暂行条例》。1988年，国务院批准国家旅游局《关于加强旅游工作的意见》，原则上明确了旅游的行业范围。1988年10月，国家公布了第一个全面、系统的旅游管理体制改革的实施方案，明确了旅游主管部门的职责和职能，旅游业从此逐步转到经济管理的轨道上。1997年3月，《中国公民自费出国旅游管理暂行办法》出台，并于这一年7月1日起正式实施，标志着国家正式允许旅行社开办组织中国公民自费出国旅游的业务，以及出国旅游市场的形成。1998年，中央经济工作会议将旅游业确定为国民经济新的增长点。1999年国家旅游局提出建设世界旅游强国的宏伟目标，旅游行业管理的重点从旅行社和饭店行业，转向大旅游、大市场和大产业，推动旅游管理向纵深发展。2000年国务院发布《全国年节及纪念日放假办法》以及《关于进一步发展假日旅游的意见》，有力地促进了旅游管理从供给管理向需求管理延伸的重大结构性转变。2001年，国务院《关于进一步加快旅游业发展的通知》指出："树立大旅游观念，充分调动各方面的积极性，进一步发挥旅游业作为国民经济新的增长点的作用。"2006年，中国制定旅游业发展"十一五"规划纲要，明确提出把旅游业培育成为国民经济的重要产业。与此相应，全国各省区市政府共出台了60余个关于发展旅游业的意见或决定，已有27个省区市把旅游业确定为支柱产业、主导产业或重要产业。从此，旅游业成为中国国民经济的一个重要部分，旅游业在旅游基础设施建设、旅游资源开发、接待能力（旅行社、旅游饭店数量与质量）、外汇收入、旅游管理、旅游人才培训和旅游高等教育等方面都取得了空前的发展。

其次，国家不断对管理机构进行调整和改革。1978年3月，与"国旅"总社合署办公的中国旅行游览事业管理局，改为直属国务院的中国旅行游览事业管理总局，仍由外交部代管，与此相应，各省、市、自治区也相应成立了旅游局。1982年8月，经全国人大常委会批准，中国旅行游览事业管理总局更名为中华人民共和国国家旅游局，简称国家旅游局。1981年又成立了国务院旅游工作领导小组，健全了各级政府行政管理组织。1982年7月，国家旅游局与"国旅"总社分开办公，到1985年1月其所掌握的旅行社的外联权、签证通知权等涉外经营权也下放到省级机构。1984年，"国旅"转变职能，成为企业单位。1986年1月30日，中国旅游协会正式成立。同年，国务院成立旅游协调小组。1988年，国务院成立国家旅游事业委员会，该委员会属于国务院常设的议事、协调机构，加大对旅游事业的领导力度。1998年，"国旅"总社、国际饭店等国家旅游局直属企业与国家旅游局实施政企脱钩。1999年5月，北京市旅游局的直属企业分离出来组建首旅集团，带动了各地的体制变化，标志着旅游企业管理体制又进入了新的阶段。①

---

① 以上摘自国家旅游局课题组：《中国旅游业改革开放30年发展报告》，《中国旅游报》2009年1月5日；《建国后中国的旅游业》，http：//www. dljs. net/dlsk/24895. html。

再次，中国旅游业重视自身形象的塑造并登上世界舞台。中国旅游局以汉代文物“飞廉铜马”为范本，设计出“天马”形象作为中国旅游的标志图案。2011年4月10日，国务院批准自2011年起，每年5月19日（《徐霞客游记》开篇日）为中国旅游日。同时，中国开始在世界旅游事业中发挥更大的作用。1983年10月，中国加入世界旅游组织，成为该组织的第106个会员国。1986年世界旅游组织亚太地区委员会第十六次会议在北京召开。1987年9月，中国在马德里参加世界旅游组织第七届全体大会，并当选为国际旅游组织执行委员会新成员，同时当选为东亚及太平洋地区委员会副主席和执委会统计委员会新成员。中国旅游业已登上世界旅游舞台。

中国在“站起来”后主动向世界敞开了胸怀，欢迎来自五洲四海的嘉宾友朋。继1988年定为北京国际旅游年之后，1992年确定的中国友好观光年开启了全国旅游主题年的序幕，1997年定为中国旅游年（China visit），世界各地的旅游者踏上有着五千年文明史的中国大地，游览中国的名胜山川，品尝中国的佳肴美食，参观中国现代化的建设成就，体味博大精深的中国文化。继1999年云南昆明举办世界园艺博览会后，上海又于2010年成功举办了综合性的、最高级别的世界博览会。2008年，北京还举办了世界瞩目的夏季奥运会，这些明显刺激了入华旅游人数的剧增，极大地推动了中国旅游的繁荣。

二、当代旅游活动的空前繁荣

在回顾了中国当代旅游事业的发展阶段后，现在开始列举其所取得的辉煌成就。

当代旅游的发展成就，为中国数千年来所未有，已达到历史上的最高水平，具体表现在如下方面：

第一，大众旅游兴起，国内旅游繁荣。从中国旅游发展史看，民国以前的中国都是以文人士大夫为旅游的主体，商人、僧人为次，商人和僧人虽时有惊人的跨国之游，不过旅游的性质一般是劳作旅游。当时占人口绝大多数的农民，很少有旅游的情况。新中国成立后，特别是改革开放后，中国的国民生产总值迅速增加，迄今已超过日本，居世界第二位。国民收入较大幅度的提高，以及1995年“双休日”和1999年“黄金周”的实行，使得中国广大群众既有一定的钱，又有一定的闲，于是争相投身旅游大潮之中。另一方面，中国的城市化过程加快，城市显得喧嚣和嘈杂。城市居民迫切向往重返没有城市喧嚣和工业污染的大自然旅游，加上传播媒介的介绍和宣传，引起了旅游者的好奇心，刺激了他们的旅游欲望，从而加入到旅游大军之中。国内旅游从20世纪80年代中期快速崛起并加速发展，国内旅游市场开始形成。1993年，国内旅游人数达4.1亿人次。据《1995年国内旅游抽样调查综合报告》显示，1995年国内居民出游率为52.4%，比上年增长8.7%；出游总人次数为6.29亿人次，比上年增长20.0%；国内旅游花费总额为1 375.70亿元，比上年增长34.4%；游客人均花费为218.71元/人次，比上年增长12.0%。① 2006年达到了人均一次以上的旅游密度。国内旅游人数已增长到16.1亿人次。2010年中国国内旅游总人数已达21亿人次，同比增长10.6%。据中国旅游研究院预计，2011年一季度国内旅游人数可达7.60亿人次，按可比口径增长15.2%。

第二，出国（境）旅游兴起，人数不断攀升。几千年来，中国出国旅游的人多是求法的僧人和外贸商人，清后期才出现了外交官出使旅游、政府官员出国考察、留学生赴欧美留学等现象，但一般的工薪阶层出国旅游的很少。改革开放后，随着国民收入的增加，出国旅游不再是遥不可及的事情。中国人出境旅游基本上是沿着“港澳游”、“边境游”和“出国旅游”的顺序渐次展开的；旅游目的从探亲访友、商贸活动，发展为观光和度假；国家政策和管理也经历了试验、放松到逐渐放开的过程。1998年8月中国旅游团首次访韩。3年后中国成为韩国第二大客源国；2000年，中国将日本纳入旅游目的地国，当年赴日旅游人数即达35万人次。8年后（2007年）赴日本旅游人数已达到94万人次，成为日本第三大

① 苏琳：《亦喜亦忧，国内旅游》，《经济日报》1996年9月22日。

客源国。2002 年以前，由于我国开放的旅游目的地较少，出境旅游主要集中在东南亚和大洋洲地区。2004 年全面开放欧洲市场，英、法、德、意、瑞士等国成为国人旅游的目的地。2008 年新增了美国和中国台湾地区。2009 年，又增加了加纳共和国、厄瓜多尔、多米尼克、阿拉伯联合酋长国等 9 个国家。

1983 年 11 月 15 日，广东第一个赴港探亲旅游团出发，开始了内地居民最早的出境旅游。1987 年 11 月国家旅游局和对外经济贸易部批准了丹东市对朝鲜新义州的一日游。随后，黑龙江、内蒙古、辽宁、吉林、新疆、云南、广西等省、自治区与俄罗斯、蒙古、朝鲜、哈萨克斯坦、吉尔吉斯斯坦、缅甸、老挝、越南等国家的边境旅游获得批准并全面展开。1988 年，国家规定由海外亲友担保和付费，允许公民赴泰国探亲旅游，这成为中国公民出国游的开端。1990 年 10 月率先开放中国公民自费赴新加坡、马来西亚和泰国三国旅游。1993 年，我国公民出境旅游人数为 374. 00 万人次；自 1997 年起，在试办港澳游、边境游的基础上，正式开展中国公民自费出境旅游业务。之后，出境旅游目的地的数量逐步增加，截至 2007 年年底，除香港、澳门两个特别行政区外，已有 132 个国家成为我国公民出境旅游目的地。进入新世纪，中国公民出境旅游人数增速迅猛，2007 年已达到4 095. 4万人次，比上年增长 18. 6%，是 1993 年的 11 倍，是 2000 年的 3. 9 倍，其中因私出境旅游人数达到3 492. 4万人次，已占到出境总人数的 85%。2003 年，中国的出境旅游人数已经达到2 022万人次，并首次超过日本而跃居亚洲第一。2008 年，虽然受全球金融危机和经济衰退以及我国年初冰冻灾害和“512”大地震的影响，我国出境旅游人数仍达到创纪录的4 584. 44万人次，比上年增长 11. 94%。2009 年，我国公民出境旅游市场继续快速发展，我国公民出境人数已达到4 765. 63万人次，比 2008 年增长 4. 0%。其中，因公出境人数 544. 66 万人次，比上年下降 4. 7%；因私出境人数4 220. 97万人次，比上年增长 5. 2%，占整个出境旅游市场的 88. 6%。其中赴台旅游发展迅猛，人数达 98. 57 万人次，增长 253. 4%。2011 年预计第一季度出境旅游人数约1 600万人次，比上年同期增长 16. 5%，其中因私旅游规模发展较快，1月至2月，因私出境旅游人数占总人数比重达到91.7%，较上年同期提高1个百分点。中国不仅是世界重要的旅游目的地，也成为主要的旅游客源地。中国人终于可以从容悠闲地迈向世界游览观光了。出国出境旅游对于中国人来说，是一个巨大的转变。他们开始改变数千年来面朝黄土背朝天，守候家园和安土重迁的形象，迈向海外，走向世界。①

第三，入境旅游红火，外国游客涌入中国。晚清民国时期，外国来华的多数是传教士、外交官和商人，到冒险家的乐园来寻找发财的机会。改革开放后，来华的大多是游山玩水和考察风情的旅游者。为了开发国外客源市场，中国出版和发行了大量的旅游图片、宣传小册子、导游图、名胜古迹专著和词典、风光片、风景光碟等。国家旅游部门还在纽约、巴黎、中国香港、东京等地也设立了旅游机构，加强宣传和信息收集，加快了海外游客来华的步伐。入境旅游高速发展的态势，从统计数据上可以直观地看出来。改革开放的第一年即1978年，中国就接待外国旅客12.4万人次，相当于过去24年接待人数的总和；接待入境过夜旅游人数为72万人次。到1987年，接待入境过夜旅游人数突破1 000万人次大关。“八五”(1991—1995年) 期间我国接待海外旅游者3 396.75万人次，平均每年679.35万人次，其中1994年中国接待的外国游客为518.20万人次，若加上华侨、港澳台同胞则达4 368.45万人次。改革开放30年间，入境旅游人数从180.92万人次增加到13 187.33万人次，增长71.9倍，年均增幅达15.9%；入境过夜旅游人数从72万人次增加到5 471.98万人次，增长75倍，年均增幅16.1%，高出同期世界旅游同类指标12个百分点。2010年，受上海世界博览会和广州亚运会的带动，入境旅游人数大幅度攀升，累计人数达13 376.22万人次，同比增长5.76%，增幅比上年同期提高了15.72个百分点；入境过夜旅游累计人数达5 566.45万人

① 以上参见柳迪：《中国出境旅游发展分析》，http：//www.u7cn.net/news/Inv_view.asp？id=1369；国家旅游局课题组：《中国旅游业改革开放30年发展报告》，《中国旅游报》2009年1月5日。

次，同比增长 9.41%，增幅比上年同期提高了 13.51 个百分点。①据中国旅游研究院预计，2011 年入境旅游人数约 3 200 万人次，同比增长 1%；入境过夜旅游人数约 1 300 万人次，同比增长 1.1%。由于世界博览会、亚运会结束，曲终人散，外国人、港澳台同胞入境旅游人数同比增幅均有较大程度的回落，但未来入境旅游的大趋势则无法改变。

三、当代旅游基础设施的大发展

1. 旅游景观的建设、保护和开发得到了极大的重视

改革开放后，中国的旅游资源开发有了长足的进步与发展。首先是将现存完整的古代历史文化遗址加以完整保护和对外开放，包括具有重要政治意义的遗址。如山西平遥县完整地保存了明清城市的格局和风貌，湖南凤凰古城和云南丽江古城等也是如此，这些历史遗迹均得到很好的保护并开放给游客。具有政治意义的遗址，如庄严的天安门城楼，也对游人开放，中南海也允许部分游客参观，反映了中国政府改革开放的决心和勇气。

其次是修复或改建名胜古迹，如武汉的黄鹤楼、南昌的滕王阁等相继重建。2005 年河北宣化古城开始修复，大新门城台、城门楼、东西城墙等古迹相继完工。2006 年 7 月，福州市政府斥资 45 亿元，对有“明清古建筑博物馆”美誉的三坊七巷进行保护和修复。苏州市则修复具有历史街区风貌的平江路，两侧拥有众多历史悠久的小巷，如：狮林寺巷、传芳巷、东花桥巷等。2009 年昆明投资 10 亿元重塑龙泉古镇，尽量保留其历史文化遗迹。安徽歙县开始复建徽州府衙，黄山市修复和改建了屯溪老街，继承了徽州民居的建筑传统风格。济南开发改造百年老商埠，开发“近代城市文化”的宝贵资源。2010 年山西大同修复古迹，如南城墙、华严寺、善化寺、东城墙、代王府、北魏明堂、鼓楼西街、东小城等修

① 国家旅游局课题组：《中国旅游业改革开放 30 年发展报告》，《中国旅游报》2009 年 1 月 5 日。

复工程，3.28平方公里的明代古城将全面修复，计划于2012年全部完工。这些修复或改建的名胜古迹，遵循修旧如旧的原则，尽量展现其原有的历史文化韵味。

再次，大规模兴建旅游景观和文化吸引物，许多地方政府与开发商合作，往往斥资几亿、几十亿、几百亿元建设新的旅游景观，以提高本地的知名度和旅游影响力。这些地方，不建则已，一建则建成中国之最或世界之最，如河南新郑在始祖山投资40亿元建设“天下第一龙”，山东济宁欲斥资300亿元打造“中国文化标志城”，湖南省郴州市永兴县耗费5万两白银打造了一座中国最大的银楼，重庆双桥区龙水湖村将整体建成以仿古建筑为主要格调的“中国第一女镇”，成都锦江区正建造“中国第一坊”水井烧坊遗址博物馆等，其中虽然含有浮夸和攀比风，但其对旅游业的重视则是值得注意的动向，何况有些确有创意。

复次，对旅游线路、区块进行宏观的规划与建设。在“七五”(1986—1990年）和“八五”(1991—1995年）期间，国家重点进行主要旅游城市和旅游线路的建设，集中人力、物力和财力进行北京（包括河北省一部分)、上海、西安、桂林、杭州、江苏（包括苏州、无锡、常州、镇江、扬州、南京)、广州及海南岛等重点旅游城市和地区的旅游开发和建设；同时重点建设第二类旅游点和旅游线路，如拉萨、日喀则线，川西旅游线，云贵旅游区，长江三峡旅游线，“三国”旅游线，济南、泰山、曲阜旅游线，山东半岛旅游风景区，中原游览区，“丝绸之路”旅游线，福州、泉州、厦门、武夷山旅游线，大同云冈石窟、浑源县悬空寺、应县木塔、五台山、太原旅游线，黄山、九华山、合肥旅游线，湖南湘西武陵源风景区，南昌、庐山、景德镇旅游线等。

此外，还在旅游风景区进行文化创新，创造出以《大唐乐舞》、《印象·刘三姐》、《云南映象》等为代表的大型旅游文艺项目。

到2007年年末，全国成规模的景区超过20 000家，A级旅游区3 100余家，其中4A级以上928家；国家旅游度假区12家，省级度假区上百家；优秀旅游城市307个，旅游强县17个；工农业旅游示范点1 098家。还有国家重点风景名胜区187个，国家自然保护区303个，国家森林公园627个，国家地质公园138个，列入《世界遗产名录》的世界遗产35个，为13亿中国人民和世界来华游客提供了优秀的旅游景观和旅游吸引物。

2. 旅游交通设施的突飞猛进

交通运输工具的进步缩短了旅行的时空距离。当代中国的旅游交通建设迅猛发展，到2007年，中国境内民用航空定期航班通航机场148个，定期航班通航城市146个；全国铁路营业里程达到7.8万公里，位居世界第三；全国公路总里程达358.37万公里，有11个省的高速公路里程突破2 000公里。到2008年年底，中国国内民航机场达到160个，铁路运营里程7.9万公里，高速公路总里程达5.5万公里，内河航道通航里程12.33万公里，整个交通运输通行里程已达到世界第二位。

航空运输是当代旅游交通的一大特色，民国时游客通过航空运输的人数很少，中华人民共和国时期航空运输有了很大的发展。中国已经拥有中国国际航空公司、北方航空公司、西南航空公司、南方航空公司、西北航空公司、东方航空公司，以及地方性航空公司如海南航空公司等，相互竞争，争相引进波音、空客等大型飞机。航空港随之四处开花，各省会、直辖市都兴建有大型机场，旅客运送能力年年递增。“十五”期间（2001—2005年）旅客运输1.83亿人次，年增长13.1%，比“九五”增加9.9个百分点，货运总数307万吨，年增长13.8%。2005年年末拥有民航机场149个，完成机场建设项目73个。截至2008年年底，我国民航拥有飞机1 961架，其中运输飞机1259架，具有独立法人资格的运输航空公司41家，开辟的定期航线总数1532条，其中，国内航线1235条（至香港、澳门航线49条），通航全国内地150个城市；国际航线297条，通航46个国家的104个城市。全国有民用运输机场（含军民共用机场）152个，旅客吞吐量超过1 000万人次的有北京、广州、上海浦东、上海虹桥等10个机场。近年来，我国民用机场进入一个新的建设高峰期。广州新白云国际机场、北京首都国际机场、上海浦东国际机场先后投巨资完成了新建和扩建。上海虹桥机场和武汉天河国际机场扩建工程也建成启用。2010 年，民用机场达 190 个，旅客运输量达到 2.7 亿人次，年增长 14.4%。我国已形成了国内四通八达、国际连接世界主要国家和地区的航空运输网络。

改革开放 30 多年来，我国民航旅客运输量以 15.9%的平均速度增长，2008 年达到 1.93 亿人次。我国定期航班运输总周转量在国际民航组织缔约国中的排名，由 1978 年的第 37 位上升至 2005 年的第 2 位。民航旅客周转量在国家综合交通运输体系中的比重由 1978 年的 1.6%上升到 2008 年的 12.3%。

水上旅客运送也有很大的发展。海上的航班在中国东部沿海开通，从上海到青岛、天津、大连，或从广州黄埔到上海等均有航班，甚至前往东南亚和欧洲等世界各地。内河交通四通八达，如长江上旅游运输繁忙，“告别三峡”使海内外游客蜂拥而至。长江国际旅游公司、长江轮船旅游总公司等所属游轮将旅客频繁地送往目的地。假日集团与中国合资兴建的豪华五星级旅游船也在长江上投入使用。

陆地上的旅游交通更是发展迅速，城市的出租车公司如雨后春笋般涌现，专线车更是多如牛毛，长途豪华双层卧铺客车不停地运送远程旅客，越来越多的人开着私家小车自驾游，他们通过高等级的公路向旅游目的地飞驰。高等级公路中，值得一提的是中国的高速公路，可谓发展迅速，四通八达。中国高速公路建设起步于 1984 年，最早开工的是沈大高速公路，最早完工的是沪嘉高速公路，至 2010 年年底，中国高速公路的通车里程已达到74 000公里，居世界第二，仅次于美国。迄今已基本上建成了五纵七横的格局。五纵是：同三高速公路（黑龙江同江—海南三亚）、京福高速公路（北京—福建福州）、京珠高速公路（北京—广东珠海）、二河高速公路（内蒙古二连浩特—云南河口）、渝湛高速公路（重庆—广东湛江）；七横是：绥满高速公路（绥芬河—满洲里）、丹拉高速公路（丹东—拉萨）、青银高速公路（青岛—银川）、连霍高速公路（连云港—霍尔果斯）、沪蓉高速公路（上海—成都）、沪瑞高速公路路（上海—瑞丽）、衡昆高速公路（衡阳—昆明），极大地方便了旅客的旅行。

中国的铁路建设也为旅客出行提供了极为便利的条件。成渝铁路、成昆铁路、南昆铁路、襄渝铁路、兰新铁路，以及新近落成的京九铁路、广梅汕铁路等，使国内陆上旅游交通条件大大改善。特别是青藏铁路的开通，结束了西藏无铁路的历史，使旅游者到向往已久的世界屋脊旅游变得方便快捷。中国高速铁路（时速 160~400 公里）更是值得骄傲的成就。它的建设始于 1999 年所兴建的秦沈客运专线。经过 10 多年的高速铁路建设和对既有铁路的高速化改造，中国目前已经拥有全世界最大规模以及最高运营速度的高速铁路网。截至 2010 年 10 月底，中华人民共和国国内运营时速 200 公里以上的高速铁路运营里程已经达到 7 431 公里。目前最著名的高速铁路为武广高铁（武汉—广州）、京沪高铁（北京—上海）、京津城际铁路（北京—天津）等。

中国已形成了陆海空立体交通网络，每时每刻都在运送旅客前往各地，中国已成为一个快节奏的、动态的、高速发展的社会。

四、当代旅游服务业的发展与进步

在旅游基础设施发展的同时，旅游服务业也获得了很大的发展，成为一个富有活力的新兴的朝阳产业。

1. 旅游业的业绩不断攀升，创汇数额不断递增

1978 年，中国接待入境过夜旅游人数仅为 72 万人次，创汇 2.6 亿美元。“八五”期间（1991—1995 年）旅游外汇收入达 275.03 亿美元，其中 1994 年中国外汇收入达 73.23 亿美元。2006 年中国旅游创汇数额为 339 亿美元，到 2007 年已达到 419.19 亿美元。2010 年中国旅游业总收入 1.57 万亿元，同比增长 21.7%，旅游直接就业达 1 350 万人。据中国旅游研究院预计，2011 年一季度国内旅游收入 5 262.27 亿元，按可比口径增长 23.3%；旅游外汇收入约 105 亿美元，同比增长 1.3%，该研究院还预计 2011 年上半年，旅游总收入有望突破 1 万亿元，增长约 15%，其中国内旅游收

入约9 000亿元，增长20%；旅游外汇收入约225亿美元，增长1.5%。在上述业绩下，中国旅游业在世界排名也持续上升。1978年中国国际旅游接待人数和国际旅游收入的排位都在世界40名以后。1980年国际旅游接待人数开始进入前20名，1988年进入前10名，1999年起进入前5名。中国国际旅游收入排名，1980年在世界仅列第34名，1982年进入前30名，1992年进入前20名，1994年进入前10名，2001年进入前5名。2010年，中国国际旅游接待人数在世界的排序从第四位上升到第三位，超过西班牙，仅次于法国和美国。1997年，联合国世界旅游组织预测，到2020年，中国将成为世界上第一大入境旅游接待国和第四大出境旅游客源国；2006年，该组织进一步修订了预测，将达到此目标的时间提前到2015年。中国旅游业用了不到1/4世纪的时间，赶上和超过了许多国家旅游业的发展步伐，大大超出了当初国内外旅游业界和学者的预期，为发展中国家实施赶超战略树立了成功典范。①

2. 旅行社的改制和兴盛

旅行社是旅游的中介服务机构，以导游为业务骨干，为旅行团从事接待和导游服务。中华人民共和国成立后，旅行社发展缓慢，且附属于政治与外交。改革开放后，以前事业单位性质的旅行社转化为企业性质，旅行社事业进入快速发展时期，除了中国旅行社、中国青年旅行社、中国国际旅行社三大国营旅行社及其在各省、市所设的分社外，还有职工旅行社、妇女旅行社、天鹅旅行社、体育旅游公司等。1984年全国有各类旅行社170多家。1987年则达到1 245家，其中经营国际旅游的旅行社为694家（一类社17家，二类社677家）。1990年，全国已有1 341家旅行社，一类社61家，二类社730家，三类社550家。到2007年年末，全国已有旅行社18 943家，其中国际旅行社1 797家。私人兴办的旅行社像雨后春笋般涌现，不计其数。

---

① 国家旅游局课题组：《中国旅游业改革开放30年发展报告》，《中国旅游报》2009年1月5日。

中国旅游产业体系的培育是从计划到市场、从封闭向开放的渐变过程。以旅行社为例，入境旅游由初创期的国旅、中旅以及20世纪80年代初成立的青旅三家国营旅行社系统垄断经营，逐步放开到10多家中央各部委主管的旅行社和30多家地方旅行社拥有自主外联权。旅行社由高度计划到充分竞争，随后又放松了对所有制的管制，允许民营资本进入。

旅行社向股份制和合资方面发展，可算是一种体制创新。我国加入世界贸易组织后，旅行社行业开始了向世界开放，大大加快了我国旅游业发展的国际化进程。目前我国旅行社行业已经向境外资本和民间资本两个市场开放，市场竞争格局全面形成。2007年已有外方独资旅行社16家，外资控股旅行社11家，外资参股旅行社8家，美国、日本、德国和英国等大型旅游集团以及一些经营高端市场的专业旅行社进入中国。① 从2003年开始，外资便可在华设立外商独资、外资控股和中外合资旅行社。中国的旅行社是先收钱后提供服务，酒店、景点、地接社则是先提供服务后结算团费，由这种结算模式形成的低价优势，令外资或合资旅行社在国内游和入境游方面，完全不具备竞争实力。内地的近30家外资旅行社中，超过九成仍然处于亏损状态。出境游的运营方式与国内模式不同，出境经营权的获得，可使外资旅行社获得翻身。

2009年8月，国家旅游局和商务部联合出台《中外合资经营旅行社试点经营出境旅游业务监管暂行办法》，14家中外合资经营旅行社提出了试点申请，最后只有3家中外合资经营的旅行社获得国家旅游局的批准，可以经营中国公民出境旅游的业务。它们是中旅途易旅游有限公司、国旅运通旅行社有限公司和交通公社新纪元国际旅行社有限公司。中旅途易旅游有限公司是国内第一家外方控股的旅游合资公司，中旅集团拥有25%的股权，另外75%的股份则掌握在欧洲最大的旅游经营商国际旅游联盟（TUI）手中；国旅运通旅行社有限公司则是首家中美合资的商务旅行社，其中国旅持

① 国家旅游局课题组：《中国旅游业改革开放30年发展报告》，《中国旅游报》2009年1月5日。

股51%，美国运通持股49%，运通的规模是中国最大的旅游企业的100倍，其一年的销售收入接近5 000家中国旅行社年营业收入的总和，目前在北京、上海和广州设有三大商旅业务中心，并在中国二、三线城市设有30多个商务旅行服务网点；交通公社新纪元国际旅行社有限公司是中信旅游总公司与日本交通公社合资的企业，交通公社占据日本国内50%的旅游市场份额，在全球设有分支机构71个以上。

到此，我国旅行社完成了改制和创新，各具特色的旅行社网络已经形成，并在为旅客服务方面取得了骄人的业绩。

3. 旅游饭店的发展与转型

改革开放前，现代化饭店数量很少，为国内游客提供住宿服务的多是各单位的招待所和街道办的小旅社。1978年以后，随着国内外旅游人数的猛增，现代化的旅游饭店也开始乘势发展，如雨后春笋般出现，遍布全国大中小城市和旅游景区。如北京饭店新楼、香山饭店、香格里拉饭店、长城饭店，上海华亭宾馆、锦江饭店新楼、波特曼酒店，武汉晴川饭店、亚洲大酒店、长江大酒店，广州白天鹅宾馆、白云饭店、中国大酒店等层出不穷，为中外游客提供了下榻的场所。香港新世界集团成功收购世界著名的旅馆联号——华美达集团，更显示了儒教文化圈崛起对旅游业的巨大影响。

2000年，中国加快了旅游饭店星级评定速度，部分地区取消了定点旅游饭店的规定，部分接待条件较好的国内旅游住宿机构进入了旅游饭店的行列，使得旅游饭店业规模有了前所未有的增长。这一年，旅游住宿机构25.43万个，较1999年增长7.3%。其中旅游饭店1.05万个，社会旅馆7.99万个，个体旅馆16.39万个。其中一、二、三、四、五星级饭店数量分别为600家、3 061家、1 899家、352家、117家，未评星级的为4 452家。全部旅游住宿机构共拥有固定资产原值5 435.28亿元，占中国旅游业的84%；共有从业人员468.6万人，分别占全国旅游业直接和间接从业人员总数的83.1%和16.74%。其中旅游饭店业共有固定资产原值2 531.75亿元，占全国旅游业固定资产原值的39.1%。直接从业人员 112.49 万人，分别占全国旅游业直接和间接从业人员总数的 19.94%和 4.02%。到 2007 年年末，全国已有星级饭店 13 583 家。在区域分布上，旅游饭店数量与旅游收入总量密切相关。2000 年国际旅游（外汇收入）排名前 10 位的省（区、市）分别为广东、北京、上海、福建、江苏、浙江、辽宁、云南、山东、广西，而在当年的10 481家旅游饭店中，排名前 10 位的则是广东1 506家、江苏 803 家、云南 629 家、山东 558 家、浙江 594 家、北京 522 家、湖北 497 家、辽宁 431 家、四川 408 家、广西 403 家。旅游饭店区域分布的另外一个特征是东部地区的拥有量远远高于中西部地区，2000 年东中西部的旅游饭店数为5 894家、2 180家、2 407家，分别占全国的 56.2%、20.8%、23.0%，这也是与中国三大地区对外开放、社会经济发展和旅游产业发展态势相符的。从经济类型上看，少量的外商投资经营的高星级饭店居于垄断地位。1999 年全国共有7 035家旅游涉外饭店，外商投资饭店 472 家，仅占 6.7%，但是拥有五星级饭店 45 家和四星级饭店 65 家，分别占同星级饭店总量的 58.44%和 31.86%。外资饭店的空间特征则是分布于旅游热点城市和地区。

1999 年全国旅游涉外饭店的利润总额为-53.64 亿元，其中内资饭店亏损 37.12 亿元，外资饭店亏损 16.52 亿元。2000 年，全国10 481家旅游饭店营业收入总额为 862.27 亿元，上缴营业税 44.07 亿元，全员劳动生产率 7.67 万元/人，分别较 1999 年增长了 2.0%、3.2%、10.2%。在国际入境旅游业中，住宿和餐饮业的外汇收入达 37.28 亿美元，占当年国际旅游外汇收入的 23%。但是这些营业收入不是均匀分布的，主要是向高星级、大规模的饭店集中：占全部旅游饭店总量 57.52%的星级饭店共实现营业收入 603.71 亿元，占总收入的 70.0%。而 1.1%的五星级饭店则实现了营业总收入的 15.0%；从企业规模来看，客房数在 500 间以上占总数 1.2%的大型饭店实现了 216.06 亿元的营业收入，享有了 24.9%的份额；从单体企业来看，2000 年营业收入超亿元的旅游涉外饭店有 76 家。其中 1~2 亿元的 56 家，2~3 亿元的 10 家，3 亿元以上的 10 家，营业收入最高的南京金陵饭店达到 5.43 亿元。

2000年年末，中国的首都北京市共有旅游定点饭店456家，其中星级饭店407家，客房数达到8.4万间。其中客房数是1995年年末5.9万间的142%，即年均增长8%。如果按年均11%~12%的增速计算，奥运会前北京饭店产业就会达到900家星级饭店、17万间客房的规模。

当代旅游饭店的发展趋势是走向集团化。中国饭店业的改革开放与境外饭店集团的介入相伴随。境外饭店集团大多是以管理合约的方式来寻求中国的加盟店，扩张其市场的。1982年香港半岛集团接管北京建国酒店是中国饭店走向集团化的开端，一批国际酒店集团随后进入中国市场。目前，美国假日集团已经管理了国内25家酒店，成为在中国酒店市场上占有率最高的国际酒店集团。后来该集团又先后将巴斯、仕达屋集团整体并购，如果加上后者旗下其他品牌的酒店，规模将会更大。此外，万豪、香格里拉、仕达屋、希尔顿、凯悦等也在中国管理较多的酒店。它们凭借其统一的国际知名品牌和统一的优质管理，借助全球统一的广告宣传和预订网络，在客房出租率、营业收入和利润等方面，都在高等级住宿市场中占有绝对的优势地位，并对国内同类的单体酒店造成竞争压力。1999年和2000年，豪生饭店集团旗下的经济型饭店品牌“天天客栈”和假日饭店集团旗下的“假日快线”进入中国市场，标志着境外饭店集团已经介入中国低端的饭店市场。

中国本土旅游饭店的集团化运行，受到国家旅游局1988年颁布的《关于建立饭店管理公司及有关问题的请示》等一系列文件精神的激励。1984年到1985年，上海相继组建了华亭、锦江、新亚和东湖四家以服务业为主的企业集团。1987年又成立了联谊、华龙、友谊饭店集团。20世纪90年代以后，以地方和部门为主体组建的饭店集团大量涌现。不过，这些饭店集团是没有资产联结的企业联合体，有的则是以国有资产划拨而成的，因此普遍发展缓慢，品牌知名度和网络化程度都比较低，而旅游业以外的为数不多的大集团、大公司组建的旅游饭店集团如凯莱饭店集团、海南航空酒店集团，却意外获得稳健的发展。1999年进入全球饭店集团300强的中国企业（不包括香港、澳门特别行政区和中国台湾地区），只有上海锦江、北京京东、凯莱国际 3 家，分别名列第 51 位、84 位、219 位。

中国的饭店集团在规模和竞争力上，都与国际饭店集团存在着很大的差距，特别是一些通过委托管理方式扩张的饭店集团，由于效益不佳使不少受托方在 20 世纪 90 年代末期退出饭店集团，结果出现了“非集团化”的逆转。

此后两年间，经过改制、上市、中外合资合作、产融结合、细分市场等市场化导向的运作，中国的饭店集团又开始了“二次集团化”的进程。一批定位于经济型酒店市场、联号式运作的民营饭店集团，如 1998 年成立的北京中江之旅、广东东方驿站等，在市场上站稳了脚跟，可能成为中国饭店集团新的增长点。①

4. 旅游人才培训与教育机构迅猛发展

1978 年 10 月，中国第一所旅游学校江苏旅游学校成立，中国旅游教育终于受到重视。随后成立了北京旅游学院、湖北旅游学校、四川旅游学校，形成了我国第一批旅游中等职业学校。迄 2007 年年底，共有中等职业学校 871 所，在校学生 37.64 万人。中国中等职业学校受旅游高等教育特别是 20 世纪 90 年代末期高校“扩招”的影响，一度受到了挤压而萎缩，此后由于市场需求的旺盛和服务层次定位的明晰，目前旅游中等职业教育的规模已与旅游高等教育相当。

1979 年中国第一所高等旅游学校上海旅游专科学校诞生，标志着我国旅游高等教育的开端。从 1980 年开始，国家旅游局先后投资，与大连外国语学院、杭州大学、南开大学、西北大学、西安外国语学院、长春大学、中山大学、北京第二外国语学院 8 所高等院校联合开办了旅游系和旅游专业。此后，全国各地旅游学院、旅游系和旅游专业纷纷成立。迄今已出现了南开大学旅游学系、北京

---

① 以上参见戴斌：《中国饭店业的现状分析与未来发展》，《2000—2002 年中国旅游发展：分析与预测》，http：//www.davost.cn/html/xueshulilun/lvyouzhusu/20060404/5147.html。

旅游学院、暨南大学中旅学院、东南大学旅游学系等有一定实力的旅游教育机构。至1995年年底，全国共有各类旅游院校622所，在校生13.9万人，培养了一大批受到专门训练的旅游人才，初步形成了全国旅游教育体系。截至2007年，全国共有高等旅游院校及开设旅游系（专业）的普通高等院校770所，在校生39.74万人。

改革开放后，旅游成人教育也受到重视。在国内旅游高校和职业中专刚办之初，人才输送能力不足，1979年国家旅游局在北京第二外国语学院举办了第一期旅游翻译导游培训班，1981年又在北戴河举办了首期全国饭店经理培训班，从此拉开了中国旅游成人教育的序幕。此后，逐步建立了国家、省级、地市级旅游部门和旅游企业的四级培训体系，旅游成人教育改变了初期的“救急角色”，成为旅游从业人员提高自身技能和素质的重要途径。迄2007年，旅游全行业在职人员培训总量达320.94万人次。

此外，为了选拔导游人才，1989年在全国实行导游资格考试。截至2007年年底，全国持有导游资格证书的人员达到58.15万人。2008年，作为国家旅游局直属专业研究机构，中国旅游研究院成立，标志着科技兴旅迈上了一个新台阶。①

五、当代中国旅游的发展趋势

中国旅游已经走过了数千年的历程，正在向未来昂首挺进。那么未来中国旅游的发展趋势是怎样的呢？

对此，国家旅游局课题组在其《中国旅游业改革开放30年发展报告》中曾作过一些预测，首先，对国内、入境和出境游三大市场的发展情况作了评估。指出：到2015年我国入境过夜旅游者将达到1亿人次，国内旅游将达到28亿人次，人均出游2次，出境旅游将达到1亿人次，三大市场游客总量达30亿人次，中国将成为世界上第一大旅游接待国、第四大旅游客源国和世界上最大的

① 国家旅游局课题组：《中国旅游业改革开放30年发展报告》，《中国旅游报》2009年1月5日。

国内旅游市场。

其次，对旅游交通和住宿的需求作了初步的预测，指出到2015年，中国乘坐飞机的乘客将达到4.5亿人次左右，需要新增飞机约1 800架、新增航班约630万架次；乘坐铁路的游客将达25亿人次左右；需新增客运车辆约5万辆，全国将新增私家车约4 000万辆，将新增客运船舶约1万艘，将新增各类住宿设施约20万家。

再次，对旅游业的产值和收入、支出作了预测，指出到2015年，全国旅游业增加值可达2万亿元，约占国内生产总值（GDP）的4.8%，约占服务业增加值的11%，旅游业对GDP增长的贡献率可达1个百分点，对服务业增长的贡献率可达2个百分点；旅游就业总量将达1亿人，旅游业对社会就业增长的贡献率可达2个百分点；中国中西部地区的旅游收入将占全国旅游总收入的50%，农村地区的旅游收入将占全国旅游总收入的1/3；中外旅游交流人数将达到2亿多人次，海峡两岸及香港、澳门旅游交流人数将超过1亿人次；中国公民出境旅游将达1亿人次，境外旅游花费可达1 000亿美元以上，相当于减少我国国际贸易顺差1 000亿美元。

最后，该报告还对中国旅游发展的内外机遇作了预测，指出，中国经济持续快速增长，必将对旅游需求的增长发挥基础性的支撑作用；城乡居民收入将稳定增长，到2020年人均GDP将达3 500美元甚至更多，这将进入世界旅游界公认的旅游业爆发性增长阶段；国家扩大内需的经济发展方略和加快推动服务业发展的决策，将为旅游业进一步发展创造新的机遇；中国对外开放的进一步扩大，将为我国旅游业在国际市场和世界舞台更好地发挥作用创造更为有利的条件；中国政通人和，社会安定，将成为世界上最安全的旅游目的地之一；随着对现行休假制度的完善和带薪休假制度的落实，将形成巨大的国内旅游消费市场。尽管当前面临百年不遇的国际金融危机，但中国经济社会发展的战略机遇没有发生逆转，我国旅游业发展仍属于上升期。①

---

① 国家旅游局课题组：《中国旅游业改革开放30年发展报告》，《中国旅游报》2009年1月5日。

据笔者的观察，认为当代中国旅游的发展会出现如下几种趋势：

第一，在大众旅游兴起的大的背景下，会出现小众化和多元化的旅游形式。旅行社“赶羊式”的旅行团方式将逐步受到冷落，年轻“背包客”的自由行、志同道合的探险游、“驴友”自行组团的形式、以家庭为单位的自驾游、避开喧闹景区专寻被遗忘的世外桃源的精英旅游等，将逐渐受到重视，成为旅游的主要方式。

第二，绿色生态旅游将被继续提倡并获得更大的发展。旅游资源开发者和经营者，在开发新旅游新景点时，会有意识地加强旅游资源的保护意识，发展无污染、不破坏环境的绿色旅游。旅游者也会自觉地维护旅游区的自然环境，创造一个人与自然和谐共处的旅游环境。

第三，对特殊旅游景区的游客实行限制流量，做到永续发展。对独一无二的历史文化遗迹、具有生物多样性保护任务的自然保护区，进行游客流量控制，将旅游发展与文物保护、生物多样性的维护和利用相结合。

第四，在自然风景被发现和开发完毕后，景观的文化内涵和历史意蕴的发掘和阐释将成为主要的发展目标。随着文化素养的提高，旅游者的兴趣将转向对景观文化内涵的理解和认识，从“悦耳悦目”的低层次感受向“悦心悦意”和“悦志悦神”的高层次需求升华。

第五，整体性的旅游开发成为政府的主要思考方向。中央政府决定建设海南国际旅游岛的决策，就标示着一种整体开发战略和旅游发展方向。

总而言之，中国未来的旅游仍将是高速发展的时期，旅游高端饭店和经济型酒店将迅猛增长，国际有影响的饭店集团将会更多地进入中国市场。作为旅游交通的航空业发展迅速，高速铁路显示其快捷方便的巨大威力。在线旅游业务与自由行各行其道，后者将逐渐成为主力。在中国从大国向强国转换的时代，会出现以高铁为代表的旅游基础设施的建设高潮，并形成国民旅游时代，以低碳为特征的绿色生态旅游成为主流。随着世界休闲时代和入境旅游时代的到来，中国将出现从“中国制造”向“中国服务”的转变和跨越，一个全新的中国旅游时代即将到来！

参 考 文 献

一、史料

1. 《十三经注疏》，中华书局 1980 年版。

2. 《诸子集成》，中华书局 1954 年版。

3. “二十五史”（从《史记》到《清史稿》），中华书局 1959—1977 年版。

4. 司马光：《资治通鉴》，中华书局 1956 年版。

5. 毕沅：《续资治通鉴》，中华书局 1957 年版。

6. 《明实录》，台湾“中央研究院”历史语言研究所 1962 年版。

7. 《清实录》，中华书局 1985～1987 年版。

8. 李东阳等：《大明会典》，广陵书社 2007 年版。

9. 何乔远：《闽书》，四库全书存目丛书本，齐鲁书社 1997 年版。

10. 顾炎武：《天下郡国利病书》，四部丛刊三编本，上海书店 1985 年版。

11. 吕不韦等编，张双棣等译注：《吕氏春秋译注》，吉林文史出版社1986年版。

12. 刘向著，王锳、王天海译注：《说苑全译》，贵州人民出版社1992年版。

13. 朱熹：《论语集注大全》，景印文渊阁四库全书本，台湾"商务印书馆"1986年版。

14. 张鷟：《朝野佥载》，中华书局1979年版。

15. 苏鹗：《杜阳杂编》，《唐五代宋笔记十五种》，辽宁教育出版社2000年版。

16. 封演：《封氏闻见记》，辽宁教育出版社1988年版。

17. 李濬：《松窗杂录》，《唐五代宋笔记十五种》，辽宁教育出版社2000年版。

18. 皇甫枚：《三水小牍》，《唐五代宋笔记十五种》，辽宁教育出版社2000年版。

19. 裴庭裕：《东观奏记》，《唐五代宋笔记十五种》，辽宁教育出版社2000年版。

20. 王仁裕：《开元天宝遗事》，中华书局2006年版。

21. 辛文房：《唐才子传》，辽宁教育出版社1998年版。

22. 何光远：《鉴戒录》，《唐五代宋笔记十五种》，辽宁教育出版社2000年版。

23. 钱易：《南部新书》，《唐五代宋笔记十五种》，辽宁教育出版社2000年版。

24. 欧阳修：《归田录》，三秦出版社2003年版。

25. 善卿：《祖庭事苑》，上海涵芬楼影印续藏经本1923年版。

26. 孟元老著，姜汉椿译注：《东京梦华录全译》，贵州人民出版社1998年版。

27. 朱弁：《曲洧旧闻》，上海古籍出版社2001年版。

28. 程大昌：《演繁露》，景印文渊阁四库全书本。

29. 程大昌：《雍录》，中华书局2002年版。

30. 陆游：《入蜀记》，上海远东出版社1996年版。

31. 耐得翁：《都城纪胜》，景印文渊阁四库全书本。

32. 吴自牧：《梦粱录》，山东友谊出版社 2001 年版。

33. 陶宗仪编：《说郛》，中国书店 1986 年版。

34. 顾禄著，王湜华标点：《桐桥倚棹录》，上海古籍出版社 1980 年版。

35. 顾禄：《清嘉录》，续修四库全书本，上海古籍出版社 2002 年版。

36. 杨循吉：《灯窗末艺》，四库全书存目丛书本。

37. 郑若曾撰，李致忠点校：《筹海图编》，中华书局 2007 年版。

38. 田汝成：《西湖游览志》，上海古籍出版社 1980 年版。

39. 高濂：《遵生八笺》，甘肃文化出版社 2005 年版。

40. 慎蒙：《镇江纪行》，四库全书存目丛书本。

41. 叶权：《贤博编》，中华书局 1987 年版。

42. 吴从先：《小窗自纪》，湖北辞书出版社 1993 年版。

43. 焦竑：《玉堂丛语》，中华书局 1981 年版。

44. 于慎行：《谷山笔麈》，中华书局 1984 年版。

45. 王士性：《广志绎》，中华书局 1981 年版。

46. 王永积：《锡山景物略》，四库全书存目丛书本。

47. 朱国祯：《涌幢小品》，文化艺术出版社 1998 年版。

48. 顾起元：《客座赘语》，中华书局 1987 年版。

49. 谢肇淛：《五杂组》，辽宁教育出版社 2001 年版。

50. 袁宏道：《袁中郎随笔》，作家出版社 1995 年版。

51. 张燮：《东西洋考》，中华书局 2000 年版。

52. 王思任：《王季重小品》，文化艺术出版社 1996 年版。

53. 刘侗，于奕正：《帝京景物略》，北京古籍出版社 1982 年版。

54. 徐弘祖：《徐霞客游记》，团结出版社 1996 年版。

55. 谈迁：《北游录》，中华书局 1960 年版。

56. 吴应箕：《留都见闻录》，金陵秘笈征献楼刊印 1948 年版。

57. 张岱：《陶庵梦忆 · 西湖梦寻》，中华书局 2007 年版。

58. 姚廷璘：《历年记》下，载《清代日记汇抄》，上海人民出版社 1982 年版。
59. 李渔：《闲情偶寄》，作家出版社 1995 年版。
60. 余怀：《板桥杂记》，上海古籍出版社 2000 年版。
61. 珠泉居士：《续板桥杂记》，南京出版社 2006 年版。
62. 褚人获：《坚瓠秘集》，续修四库全书本。
63. 唐甄：《潜书》，中华书局 1963 年版。
64. 姚际恒著，林庆彰主编：《姚际恒著作集》，台湾“中央研究院”文哲研究所 1994 年版。
65. 张潮等：《幽梦三影》，湖北人民出版社 1992 年版。
66. 裘君弘：《妙贯堂余谈》，四库全书存目丛书本。
67. 吴秋士编：《天下名山游记》，上海书店 1982 年版。
68. 黄印：《锡金识小录》，太湖王念祖清光绪活字本 1896 年版。
69. 昭梿：《啸亭杂录》，中华书局 1980 年版。
70. 棒花生：《画舫余谭》，上海申报馆清光绪间铅印本。
71. 李斗著，周光培点校：《扬州画舫录》，江苏广陵古籍刻印社 1984 年版。
72. 陆以湉：《冷庐杂识》，中华书局 1984 年版。
73. 郭嵩焘：《郭嵩焘日记》，湖南人民出版社 1981 年版。
74. 李兴锐：《李兴锐日记》，中华书局 1987 年版。
75. 王韬：《漫游随录》，社会科学文献出版社 2007 年版。
76. 郭连城：《西游笔略》，上海书店出版社 2003 年版。
77. 张德彝：《航海述奇》，湖南人民出版社 1981 年版。
78. 葛元煦：《沪游杂记》，上海书店出版社 2009 年版。
79. 毛祥麟：《墨余录》，上海古籍出版社 1985 年版。
80. 王葆心：《续汉口丛谈》，湖北教育出版社 2002 年版。
81. 高棅选编：《唐诗品汇》，上海古籍出版社 1982 年版。
82. 彭定求等编：《全唐诗》，中华书局 1960 年版。
83. 董诰等编：《全唐文》，中华书局 1983 年版。
84. 韩琦：《安阳集》，景印文渊阁四库全书本。
85. 邵雍：《击壤集》，景印文渊阁四库全书本。

86. 韩维：《南阳集》，景印文渊阁四库全书本。

87. 苏辙：《栾城集》，景印文渊阁四库全书本。

88. 朱熹：《晦庵集》，景印文渊阁四库全书本。

89. 孙作：《沧螺集》，景印文渊阁四库全书本。

90. 陈献章：《陈献章集》，中华书局1987年版。

91. 吴宽：《家藏集》，四部丛刊初编本，台湾“商务印书馆”1967年版。

92. 何良俊：《四友斋丛说》，中华书局1982年版。

93. 谢肇淛：《小草斋文集》，四库全书存目丛书本。

94. 李东阳：《李东阳续集》，岳麓书社1997年版。

95. 湛若水撰，钟彩钧汇编：《泉翁大全集》、《甘泉先生续编大全》，台湾“中央研究院”文哲研究所汉籍电子文献，2004年7月。

96. 韩邦奇：《苑洛集》，景印文渊阁四库全书本。

97. 钟惺：《隐秀轩集》，上海古籍出版社1992年版。

98. 袁中道：《珂雪斋集》，上海古籍出版社1989年版。

99. 邹迪光：《郁仪楼集》，四库全书存目丛书本。

100. 王士性：《王士性地理书三种》，上海古籍出版社1993年版。

101. 唐顺之：《荆川先生文集》，四部丛刊初编本。

102. 张四维：《条麓堂集》，续修四库全书本。

103. 李维桢：《大泌山房集》，四库全书存目丛书本。

104. 李流芳：《檀园集》，附《学古绪言（外三种）》，四库明人文集丛刊，上海古籍出版社1993年版。

105. 姚希孟：《循沧集》，四库全书存目丛书本。

106. 钱谦益撰，钱曾笺注，钱仲联标校：《牧斋初学集》，上海古籍出版社1985年版。

107. 范景文：《文忠集》，附《学古绪言（外三种）》，四库明人文集丛刊，上海古籍出版社1993年版。

108. 归庄：《归庄集》，中华书局1986年版。

109. 顾炎武：《亭林佚文辑补》，台北汉京文化事业有限公司

1984 年版。

110. 程正揆：《青溪遗稿》，四库全书存目丛书本。

111. 吴伟业撰，李学颖集评标校：《吴梅村全集》，上海古籍出版社 1990 年版。

112. 贺复征：《文章辨体汇选》，景印文渊阁四库全书本。

113. 黄宗羲编：《明文海》，景印文渊阁四库全书本。

114. 施润章：《学余堂文集》，景印文渊阁四库全书本。

115. 汪琬：《钝翁前后类稿》，四库全书存目丛书本。

116. 叶燮：《已畦集》，四库全书存目丛书本。

117. 董以宁：《文友文选》，常州先哲遗书本，盛氏思惠斋清光绪刻本。

118. 王士禛：《渔洋山人文略》，四库全书存目丛书本。

119. 邵长蘅：《青门剩稿》，毗陵邵氏，清康熙三十二年至康熙三十八年（1693—1699 年）刻本。

120. 洪若皋：《南沙文集》，四库全书存目丛书本。

121. 董闻京：《复园文集》，四库全书存目丛书本。

122. 厉鹗：《樊榭山房文集》，四部丛刊初编本。

123. 袁枚著，周本淳标校：《小仓山房诗文集》，上海古籍出版社 1988 年版。

124. 姚鼐：《惜抱轩文集后集》，续修四库全书本。

125. 洪亮吉：《更生斋集》，续修四库全书本。

126. 贺长龄，魏源编：《清经世文编》，中华书局 1992 年版。

127. 魏源：《魏源集》，中华书局 1983 年版。

128. 钱兆鹏：《述古堂文集》，鄂官书处重刻本 1912 年版。

129. 王韬：《弢园文录外编》，中州古籍出版社 1998 年版。

130. 陈国仕编：《丰州集稿》，福建南安县志编纂委员会 1992 年版。

131. 王栻主编：《严复集》，中华书局 1986 年版。

132. 梁启超：《饮冰室合集》，中华书局 1989 年版。

133. 梁启超著，王德峰选编：《国性与民德》，上海远东出版社 1995 年版。

134. 孙文：《孙中山选集》，人民出版社 1981 年版。

135. 李大钊：《李大钊文集》，人民出版社 1984 年版。

136. 杜亚泉：《杜亚泉文选》，华东师范大学出版社 1993 年版。

137. 郭沫若：《女神》，人民文学出版社 1958 年版。

138. 郭沫若：《文艺论集》，人民文学出版社 1979 年版。

139. 鲁迅：《鲁迅全集》，人民文学出版社 1981 年版。

140. 《戊戌变法》，中国近代史资料丛刊本，（上海）神州国光社 1953 年版。

141. 张謇研究中心，南通市图书馆：《张謇全集》第 6 卷，江苏古籍出版社 1994 年版。

142. 上海商业储蓄银行：《陈光甫先生言论集》，上海商业储蓄银行 1949 年版。

143. 上海市档案馆：《陈光甫日记》，上海书店出版社 2002 年版。

144. 沈既济：《任氏传》，载《唐宋传奇集》，上海古籍出版社 1998 年版。

145. 李昉等编：《太平广记》，景印文渊阁四库全书本。

146. 柳师尹：《王幼玉记》，载《唐宋传奇集》，上海古籍出版社 1998 年版。

147. 兰陵笑笑生：《金瓶梅》，三秦古籍书社 1991 年版。

148. 东古鲁狂生：《醉醒石》，上海古籍出版社 1992 年版。

149. 冯梦龙编：《醒世恒言》，载《三言》，浙江古籍出版社 1993 年版。

150. 冯梦龙编：《初刻拍案惊奇》，载《两拍》，浙江古籍出版社 1993 年版。

151. 冯梦龙编：《二刻拍案惊奇》，载《两拍》，浙江古籍出版社 1993 年版。

152. 梦觉道人，西湖浪子：《三刻拍案惊奇》，岳麓书社 1993 年版。

153. 江盈科：《雪涛小说》，上海古籍出版社 2000 年版。

154. 褚人获：《隋唐演义》，时代文艺出版社 2009 年版。

155. 李汝珍：《镜花缘》，华夏出版社 1994 年版。

156. 李绿园：《歧路灯》，中州古籍出版社 1998 年版。

157. 天花藏主人编次：《玉娇梨》，华夏出版社 1995 年版。

158. 天花藏主人编次：《平山冷燕》，华夏出版社 1995 年版。

159. 文康：《儿女英雄传》，中州古籍出版社 1998 年版。

160. 小横香室主人编：《清朝野史大观》，上海书店 1981 年版。

161. 胡寄尘编：《清季野史》，岳麓书社 1985 年版。

162. 穆根来等译：《中国印度见闻录》，中华书局 1983 年版。

163. ［意］马可·波罗著，梁生智译：《马可·波罗游记》，中国文史出版社 1998 年版。

164. ［意］利玛窦、金尼阁著，何高济等译：《利玛窦中国札记》，中华书局 1983 年版。

165. ［英］道森编，吕浦译：《出使蒙古记》，中国社会科学出版社 1983 年版。

166. 倪其心等编：《中国古代游记选》，中国旅游出版社 1985 年版。

167. 胡朴安：《中华全国风俗志》，河北人民出版社 1986 年版。

168. 谢正光，范金民编：《明遗民录汇辑》，南京大学出版社 1995 年版。

169. 蒋松源主编：《历代山水小品》，湖北辞书出版社 1994 年版。

170. 张星烺编：《中西交通史汇编》，中华书局 1977 年版。

171. 沈云龙主编：《近代中国史料丛刊》，台湾文海出版社 1998 年版。

172. 谭其骧主编：《清人文集地理类汇编》，浙江人民出版社 1990 年版。

二、专著

1. 胡世健，张敦仁：《华夏旅游史话》，旅游教育出版社 1989 年版。

2. 章必功：《中国旅游史》，云南人民出版社 1992 年版。

3. 王晓云：《中国旅游史话》，黄山书社 1997 年版。

4. 王淑良：《中国旅游史》，旅游教育出版社 1998 年版。

5. 郑焱：《中国旅游发展史》，湖南教育出版社 2000 年版。

6. 彭勇主编：《中国旅游史》，郑州大学出版社 2006 年版。

7. 马勇，余冬林，周霄：《中国旅游文化史纲》，中国旅游出版社 2008 年版。

8. 张孝若：《南通张季直先生传记》，中华书局 1930 年版。

9. 罗尔纲：《太平天国史稿》，中华书局 1955 年版。

10. 王伯敏：《中国绘画史》，上海人民美术出版社 1982 年版。

11. 黄仁宇：《万历十五年》，中华书局 1982 年版。

12. 张光福：《中国美术史》，知识出版社 1982 年版。

13. 朱谦之：《中国哲学对于欧洲的影响》，福建人民出版社 1983 年版。

14. 王仁兴：《中国旅馆史话》，中国旅游出版社 1984 年版。

15. 樊百川：《中国轮船航运业的兴起》，四川人民出版社 1985 年版。

16. 张舜徽：《清人笔记条辨》，中华书局 1986 年版。

17. 韩大成：《明代社会经济初探》，人民出版社 1986 年版。

18. 柳诒徵：《中国文化史》，东方出版中心 1988 年版。

19. 谭宗尧：《旅游营销学》，经济科学出版社 1988 年版。

20. 李伯齐主编：《中国纪游文学史》，山东友谊书社 1989 年版。

21. 罗竹风主编：《汉语大词典》，汉语大词典出版社 1990 年版。

22. 乔修业：《旅游美学》，南开大学出版社 1990 年版。

23. 张复：《旅游文化》，北方文艺出版社 1991 年版。

24. 忻剑飞：《世界的中国观》，学林出版社 1991 年版。

25. 黄宗智：《长江三角洲小农家庭与乡村发展》，中华书局 1992 年版。

26. 孙文昌主编：《旅游学导论》，青岛出版社 1992 年版。

27. 吴功正：《六朝美学史》，江苏美术出版社 1994 年版。

28. 李泽厚：《美的历程》，安徽教育出版社 1994 年版。

29. 王子今：《中国古代行旅生活》，商务印书馆 1996 年版。

30. 傅道彬：《晚唐钟声——中国文化的精神原型》，东方出版社 1996 年版。

31. 赵世瑜：《腐朽与神奇——清代城市生活长卷》，湖南出版社 1996 年版。

32. 吴经砚：《陈光甫与上海银行》，中国文史出版社1997年版。

33. 尚小明：《学人游幕与清代学术》，社会科学文献出版社 1999 年版。

34. 谢贵安，华国梁：《旅游文化学》，高等教育出版社 1999 年版。

35. 谢贵安：《旅游风俗》，湖北教育出版社 2001 年版。

36. 章开沅：《张謇传》，中华工商联合出版社 2000 年版。

37. 沈定平：《明清之际中西文化交流史——明代：调适与会通》，商务印书馆 2001 年版。

38. 冯天瑜：《“千岁丸”上海行——日本人一八六二年的中国观察》，商务印书馆 2001 年版。

39. 上海大学、江南大学乐农史料整理研究小组：《荣德生与社会公益事业》，上海古籍出版社 2002 年版。

40. 尚秉和：《历代社会风俗事物考》，江苏古籍出版社 2002 年版。

41. 钱穆：《八十忆双亲》，三联书店 2005 年版。

42. 梅莉：《明清时期武当山朝山进香研究》，华中师范大学出版社 2007 年版。

43. 陈建勤：《明清旅游活动研究》，中国社会科学出版社 2008 年版。

44. 汤用彤：《汉魏两晋南北朝佛教史》，上海书店 1991 年版。

45. 巫仁恕，狄雅斯：《游道——明清旅游文化》，三民书局 2010 年版。

46. ［日］小叶田淳：《中世南岛交通贸易史的研究》，东京刀江书院 1941 年版。

47. ［美］丹涅特著，姚曾廙译：《美国人在东亚》，商务印书馆 1962 年版。

48. ［美］乔治·桑塔耶纳著，缪灵珠译：《美感》，中国社会科学出版社 1982 年版。

49. ［日］高桥敷著，许金龙等译：《丑陋的日本人》，作家出版社 1988 年版。

50. ［美］保罗·肯尼迪著，蒋葆英等译：《大国的兴衰》，中国经济出版社 1989 年版。

51. ［法］布罗代尔著，顾良、施康强译：《15 至 18 世纪的物质文明、经济和资本主义》，三联书店 1992 年版。

52. ［美］费正清，赖肖尔，克雷格著，黎鸣等译：《东亚：传统与变革》，天津人民出版社 1992 年版。

53. ［美］张灏著，崔志海、葛夫平译：《梁启超与中国思想的过渡（1890—1907）》，江苏人民出版社 1995 年版。

54. ［美］奈特·毕乃德：《现代化与近代初期的中国》，载［美］布莱克编，杨豫等译：《比较现代化》，上海译文出版社 1996 年版。

55. 陈晖莉：《晚明文人佛寺旅游研究》，福建师范大学博士学位论文，2009 年。

56. 党宾：《北宋西京洛阳市政管理研究》，华中师范大学历史文化学院硕士学位论文，2010 年。

三、论文

1. 潘泰封：《中国旅行社经办招待所概况》，《旅行杂志》1939 年第 5 期。

2. 唐渭滨：《中旅二十三年》，《旅行杂志》1946 年第 1 期。

3. 李华：《从徐扬“盛世滋生图”看清代前期苏州工商业的繁荣》，《文物》1960 年第 1 期。

4. 张家璠：《唐宋时期桂林的风景建设与旅游》，《广西师范大学学报》1985 年第 2 期。

5. 王俊义，黄爱萍：《康熙和乾隆为何皆六下江南》，《文史知识》1985 年第 8 期。

6. 刘德谦：《秦汉旅游特征剖视》，《旅游论坛》1986 年第 9 期。

7. 范金民：《清前期南京经济略论》，《清史研究通讯》1989 年第 4 期。

8. 卢善庆：《萌动旅游美学思想的专著——〈游唤〉》，《旅游学刊》1991 年第 4 期。

9. 林皎宏：《晚明黄山旅游的兴起》，《史原》1993 年第 19 期。

10. 张舜徽：《晴川阁修复记》，《中国文化》1995 年秋季号（总第 12 期）。

11. 余世雄：《〈马可·波罗游记〉中几个主要问题评述》，载《中西文化交流先驱——马可·波罗》，商务印书馆 1995 年版。

12. 苏琳：《亦喜亦忧，国内旅游》，《经济日报》1996 年 9 月 22 日。

13. 谢贵安：《旅游概念与民族特色》，《长江日报》1996 年 10 月 15 日。

14. 谢贵安：《中国传统旅游的伦理特征》，《旅游学刊》1999 年第 4 期。

15. 谢贵安：《略论中国传统旅游的人文精神》，《人文论丛》1999 年卷，武汉大学出版社 1999 年版。

16. 谢贵安：《从唐甄的旅游观看中国文化的转型》，《旅游学刊》2000 年第 3 期。

17. 谢贵安：《“国民性改造运动”与中国民族旅游性格的重塑》，《人文论丛》2001 年卷，武汉大学出版社 2002 年版。

18. 周思琴：《魏晋旅游文化繁荣之二重因素》，《宁夏大学学报》1998年第3期。

19. 王德刚：《中国旅游学研究探源——简述〈中国古代旅行之研究〉》，《桂林旅游高等专科学校学报》1999年增刊。

20. 陈建勤：《论明清长江三角洲地区旅游活动及其社会意义》，《扬州大学学报》1999年第5期。

21. 陈建勤：《论"游道"——明清文士旅游观研究之一》，《旅游学刊》2000年第4期。

22. 陈建勤：《议景观——明清文士旅游观研究之二》，《扬州大学学报》2003年第4期。

23. 汤蓉岚：《醉心山水任意逍遥——魏晋南北朝旅游热及其原因初探》，《台州师专学报》2001年第4期。

24. 许春晓：《中国旅游史的研究成就及其学术意义》，《湖南师范大学社会科学学报》2003年第6期。

25. 田澍：《明代丝绸之路上的外国商人》，《光明日报》2003年1月28日。

26. 赵可：《民国时期城市政府行为与杭州旅游城市特色的显现》，《中共杭州市委党校学报》2004年第2期。

27. 贾鸿雁：《略论民国时期旅游的近代化》，《社会科学家》2004年第2期。

28. 陈蕴茜：《论清末民国旅游娱乐空间的变化——以公园为中心的考察》，《史林》2004年第5期。

29. 陈蕴茜：《空间重组与孙中山崇拜——以民国时期中山公园为中心的考察》，《史林》2006年第1期。

30. 陈金鑫：《从行壮志深的羁旅征戍到旷达的玄游——曹魏、西晋旅游风格初探》，《怀化学院学报》2004年第4期。

31. 周振鹤：《从明人文集看晚明旅游风气及其与地理学的关系》，《复旦学报》2005年第1期。

32. 曹家齐：《〈参天台五台山记〉中所见的北宋乘轿风俗》，《中国文化与典籍》2005年第2期。

33. 胡锐：《试论道教庙会的发展及特点》，《宗教学研究》2005年第5期。

34. 成荫，王曦：《官方公共服务与南宋西湖旅游》，《宜宾学院学报》2005年第8期。

35. 张进：《近代商人与民国旅游事业的发展》，《南通纺织职业技术学院学报》2007年第1期。

36. 孙萍：《民国时期江南旅游的近代化历程》，《江苏商论》2008年第10期。

37. 国家旅游局课题组：《中国旅游业改革开放30年发展报告》，《中国旅游报》2009年1月5日。

38. 张毅，陈正奇：《唐都长安东郊的旅游风景区》，《西安文理学院学报》2009年第1期。

39. 贾林东，张容：《民国时期西南旅游近代化述论》，《郧阳师范高等专科学校学报》2010年第2期。

40. 张楠楠：《中国旅游史研究综述》，《天中学刊》2010年第4期。

41. 戴斌：《中国饭店业的现状分析与未来发展》，载《2000—2002年中国旅游发展：分析与预测》，http：//www. davost. cn/html/xueshulilun/lvyouzhusu/20060404/5147. html。

42. 《建国后中国的旅游业》，http：//www. dljs. net/dlsk/24895. html。

43. 《新中国旅游的发展过程》，http：//www. xz323. com/news/342. html。

44. 《我国的旅游业在20世纪70年代得到了逐步的恢复和发展》，http：//www. xz323. com/news/343. html。

45. 柳迪：《中国出境旅游发展分析》，http：//www. u7cn. net/news/Inv_view. asp？ id = 1369。

46. 李家祥：《世界民用航空与中国民用航空的发展》，http：//www. airlinks. net/Article/ShowArticle. asp？ ArticleID = 6254。

后　记

当《中国旅游史》的撰写画上最后一个句号时，蓦然回首，发现我对中国旅游史的积累和研究，已有将近二十年的时间了。1993年7月，来到风景美丽的珞珈山工作时，正值历史系开办旅游专业，我奉命讲授旅游文化课程，于是仓促上阵，自己编写教材，照本宣科，临场发挥，没想到深得学生们的欢迎和好评，也坚定了我对旅游文化研究的志向。1999年，我的讲义经修改后（其中第四章为华国梁教授所写），由高等教育出版社出版，发行量很大，一时覆盖全国许多高校。此后，我在历史学院讲授《中国古代旅游文化》，也成为学生喜欢选修的课程。在研究旅游文化特别是古代旅游文化的同时，我对与之相关的中国旅游史也产生了浓厚的兴趣，于是搜集资料，储备理论，斐然有述作之意。2001年，我将中国旅游史的部分史料，按风俗体例进行撰述，写成《旅游风俗》一书，由湖北教育出版社出版，阶段性地完成了撰写中国旅游史的愿望，但写成一部体例完整、富有特色的中国旅游史的目标，仍未达成。于是继续努力，不断积累史料，在阅读古籍时，只要发现其中有旅游方面的史料，都顺手摘录下来；在阅读明清小说时，对其中生动的旅游史的材料，也随手摘录。经过近二十年的积累，发现电脑中已拥有了160余万字的资料。万事俱备，只欠东风了。

最近，武汉大学出版社学术分社拟出版《中国专门史文库》，让我撰写《中国旅游史》，于是借这股强劲的东风，我开始爬梳史料，整理旧稿，撰写《中国旅游史》。原本以为"久经沙场"的自己，写一本旅游史专著，应该不费多少事的，没想到我志不堕，但我力已衰，幸有新生代谢盛的加盟和努力，使该书撰写产生了新的动力。经过我俩一年多的努力，终于实现了自己撰写一部有特色的《中国旅游史》的多年愿望。

在撰写《中国旅游史》之前，原本以为作为朝阳产业的旅游业和旅游教育业中，会有许多中国旅游史的专著问世，但通过学术前史的考察和梳理，发现国内的类似著作并不如想象的那样多，这是因为奋斗在旅游战线的教师，基本上转向更有经济效益和发展前途的旅游资源规划与开发上面，而旅游史这种在业内被认为比较冷僻的领域，已经没有多少人去耕耘了。本书的问世，有望改变一下这种现象。现有的旅游史著作，无疑起了奠基作用，功不可没，不过在质量上也有某些缺陷，主要是从现代旅游的角度去观察古代的旅行现象，缺乏某种历史感。本书则兼顾历史与现实，认为旅游是兼具劳作与休闲双重属性的旅行现象，在旅游的发展过程中，劳作与休闲呈此消彼长的态势，最终发展到以休闲为特征的"大众旅游"的阶段，以休闲和审美为特征的旅游终于成为时代潮流。本书还从旅游的民族性上寻找中国古代旅游的特色，发现中国传统旅游具有重等级、崇道德的伦理特征，中国古代社会阶层的旅游权利、旅游特点均与此相关。这些将成为本书异于他书的基本特色。

本书得到武汉大学及历史系院"211工程"的支持。在本书问世之际，谨对武汉大学及历史学院，对《中国专门史》丛书总主编冯天瑜教授、武汉大学出版社学术分社陶佳珞社长、责任编辑李琼，对提供过资料的张群博士和宗亮硕士，一并表示衷心的感谢！

谢贵安

2011年8月8日于武昌珞珈山麓、东湖之滨